I0760157

E. Tugendhat · Der Wahrheitsbegriff bei Husserl und Heidegger

Ernst Tugendhat

Der Wahrheitsbegriff bei Husserl und Heidegger

2. unveränderte Auflage

Walter de Gruyter & Co.

Vormals G. J. Göschen'sche Verlagshandlung · J. Guttentag, Verlagsbuchhandlung
Georg Reimer · Karl J. Trübner · Veit & Comp.

Berlin 1970

Photomech. Druck: W. Hildebrand, Berlin

Für Grete Tugendhat
und Käte Victorius

Diese Arbeit wurde im Winter 1965/66 von der Tübinger Philosophischen Fakultät als Habilitationsschrift angenommen. Teile der §§ 15–16 decken sich mit einem Vortrag, den ich im Februar 1964 im Heidelberger Philosophischen Seminar gehalten habe.

Meinem Lehrer Karl Ulmer danke ich für seine stete Förderung der Arbeit. Dank schulde ich auch dem Husserl-Archiv Louvain, wo ich Einsicht in Husserls unveröffentlichte Umarbeitungen seiner VI. Logischen Untersuchung nehmen konnte; schließlich der Deutschen Forschungsgemeinschaft für die Gewährung eines Übergangsstipendiums zur Fertigstellung der Arbeit und eines Zuschusses zu ihrer Veröffentlichung.

Heidelberg, im April 1966 E. T.

INHALTSVERZEICHNIS

Zweiter Teil
Wahrheit und Erschlossenheit
(Heidegger)

EINLEITUNG

Die Frage nach dem Sinn von Wahrheit und nach den Bedingungen eines Wahrheitsbezuges des Menschen ist für die Philosophie seit jeher schon deswegen eine Grundfrage gewesen, weil sie ihre eigene Möglichkeit betrifft. Denn „Philosophie", im weitesten und zugleich im ursprünglichsten Sinn dieses Wortes, steht für die Idee, das menschliche Leben im ganzen auf Wahrheit auszurichten, d. h. für die Idee eines Lebens in kritischer Verantwortlichkeit.

Die Möglichkeit einer solchen Orientierung des Lebens im ganzen auf Wahrheit hat in neuerer Zeit immer mehr an Überzeugungskraft verloren. Gegenüber den idealisierenden und theoretisierenden Überformungen durch die metaphysische Tradition erscheint jetzt die „Praxis", die „Existenz", das „Interesse" als der Grundzug des menschlichen Lebens. Während die Skepsis der Antike und der frühen Neuzeit nur bezweifelte, ob es Wahrheit gibt und ob sie, wenn es sie gibt, erkennbar ist, wird daher seit Marx und Nietzsche schon der Sinn von Wahrheit und die Ausrichtung auf Wahrheit, das theoretische Verhalten selbst, als bedingt von anderen, praktischen Bedürfnissen in Frage gestellt. Was Wahrheit und Wahrheitserkenntnis besagt, mag verständlich sein, wo es sich um elementare Tatsachenaussagen und ihre aussagenlogischen Verbindungen handelt. Die umfassenderen Zusammenhänge aber, in die wir sie einordnen, erscheinen von geschichtlich praktischen Interessen bestimmt, und was es heißen könnte, nach der Wahrheit von diesen selbst zu fragen, ist unklar; unklar ist daher, was es dann noch heißen könnte, das menschliche Leben im ganzen auf Wahrheit auszurichten. Und auch wenn das klar wäre, kann man nun mit Nietzsche zweifeln, ob eine solche Unterordnung aller anderen Interessen unter das Interesse an der Wahrheit wünschenswert ist. Aber selbst wenn wir auch daran nicht zweifeln, haben wir doch seit Marx und Freud sehen gelernt, wie ursprünglich unser Interesse an der Unwahrheit ist, so sehr, daß es auch noch den vermeintlichen Willen zur Wahrheit zu umgreifen scheint. Gelingt es jedoch der Philosophie nicht, die Möglichkeit einer Ausrichtung des menschlichen Lebens im ganzen auf Wahrheit unter den neuen Voraussetzungen neu zu begreifen, dann gibt sie sich offenbar selbst auf.

Wie stellt sich, von der angedeuteten Problemsituation her gesehen, die gegenwärtige Philosophie zum Wahrheitsproblem? Auf der einen Seite meint man der Wirklichkeit nur so gerecht zu werden, daß man das begriffliche Gerüst der philosophischen Tradition verläßt und sich unmittelbar der Interpretation der gesellschaftlich-geschichtlichen Praxis zuwendet. In dieser gesellschaftsphilosophischen Richtung wird die Frage nach dem Sinn von Wahrheit und der Möglichkeit des Wahrheitsbezuges heute gar nicht mehr ausdrücklich gestellt. Thematisch behandelt wird der Wahrheitsbegriff heute nur dort, wo die Philosophie noch in einer Kontinuität mit denjenigen klassischen Disziplinen steht, die für die Klärung des Wahrheitsbegriffs traditionell zuständig waren: das sind auf der einen Seite Logik und Erkenntnistheorie, auf der anderen Metaphysik und Transzendentalphilosophie. Die Logik hält sich für ihre Bestimmung der Wahrheit an die Aussagewahrheit, während Metaphysik und Transzendentalphilosophie von einer umfassenden Bestimmung des Verhältnisses von Mensch und Sein ausgehen. Die beiden Zugangsweisen schließen sich nicht aus, haben sich aber heute, wohl auf Grund der angedeuteten Erschwerung des Wahrheitsproblems, bis zur gegenseitigen Verständnislosigkeit voneinander entfernt:

Die logische und erkenntnistheoretische Urteilslehre, die heute fast nur noch in England und Amerika existiert, hatte, wo sie nicht zugleich von metaphysischen Interessen geprägt war, immer schon die Tendenz zu einer möglichst brauchbaren und zutreffenden, zugleich aber möglichst unproblematischen und folgenlosen Bestimmung des Wahrheitsbegriffs. Dieses Ziel ließ sich aber mit Hilfe der gewöhnlichen Auffassung der Wahrheit als Übereinstimmung der Aussage mit der Wirklichkeit nur dadurch erreichen, daß man den Sinn dieser Übereinstimmungsbeziehung sowie der beiden Beziehungsglieder mehr oder weniger offenließ. Eine solche Bestimmung mußte dann entsprechend vage ausfallen und weiteren, metaphysischen Fragen und Interpretationen ausgesetzt bleiben. In einer Zeit nun, in der das Wahrheitsproblem im ganzen erschwert scheint, mußte das Bedürfnis nach einer klaren und eindeutigen Bestimmung der Aussagewahrheit entstehen, die keine solchen Ausdrücke wie „Übereinstimmung" und „Wirklichkeit" enthält, die ihrerseits noch expliziert werden müßten. Diese Forderung wird erfüllt von der (über die traditionelle Übereinstimmungsformel hinweg auf die Erklärung des Aristoteles[1] zurückgreifenden) Bestimmung von Alfred Tarski (1936): *„p" ist wahr ≡ p*, die in verschiedenen Abwandlungen die Diskussion über den Wahrheitsbegriff in der analytischen Philosophie heute weithin beherrscht[2]. Formeln dieser Art sind präzis und zutreffend, aber trivial; sie

[1] Metaph. 1011 b 26 f.: τὸ μὲν γὰρ λέγειν τὸ ὂν μὴ εἶναι ἢ τὸ μὴ ὂν εἶναι ψεῦδος, τὸ δὲ τὸ ὂν εἶναι καὶ τὸ μὴ ὂν μὴ εἶναι ἀληθές.

[2] Die Abweichungen beziehen sich hauptsächlich auf die Frage, wie man das „p" versteht, das Tarski als Bezeichnung des Satz-Zeichens (sentence) verstanden hat. In der gegenwärtigen Diskussion wird diese Auffassung meist zurückgewiesen und das Prädikat „wahr" vielmehr auf den durch den Satz „p" ausgedrückten Sachverhalt (proposition) oder die in ihm zum Ausdruck kommende (situationsgebundene) Aussage (statement) bezogen, vgl. z. B. Kneale (1962), S. 584–9 und die bei G. Pitcher (1964) gesammelten Aufsätze. In dieser Version, in der das Wort „wahr" theoretisch überflüssig wird („redundancy theory") und nur noch

enthalten zwar explizit keine ungeklärten Begriffe, aber sie haben den Begriff der Übereinstimmung, den sie zu vermeiden suchen, in Wirklichkeit nur ins Implizite abgeschoben[3]. Die Folge ist, daß nach einer möglichen Erweiterung des Wahrheitsbegriffs über den engeren Bereich der Aussagewahrheit hinaus nicht einmal mehr gefragt werden kann. In einer Zeit, in der die Möglichkeit von Wahrheit und Wahrheitsbezug in einem weiteren Sinn zweifelhaft geworden ist, ist dieser Rückzug auf eine gesicherte Minimalposition eine der möglichen Konsequenzen. Die Frage nach der Möglichkeit, das menschliche Leben im ganzen auf Wahrheit auszurichten, wird hier gar nicht mehr gestellt.

Eine andere mögliche Konsequenz, die dieser gerade entgegengesetzt ist, liegt in einer so umfassenden Erweiterung des Wahrheitsbegriffs, daß er nun auch die Gesichtspunkte, die seine Relevanz in Frage zu stellen scheinen, mit umfaßt. Eine solche Erweiterung ist heute innerhalb der metaphysisch-transzendentalphilosophischen Tradition, die immer schon die Tendenz hatte, den Wahrheitsbegriff relativ weit zu verstehen, insbesondere von Martin Heidegger ausgebildet worden mit seiner Auffassung von der Wahrheit als *Erschlossenheit* und *Unverborgenheit*[4]. Während Tarskis Formel den Wahrheitsbegriff auf einen Minimalbestand fixiert, so daß nicht einmal das theoretische Verhalten im ganzen auf Wahrheit bezogen werden kann, wird der Wahrheitsbegriff bei Heidegger über das Theoretische hinaus auf alles Verhalten des menschlichen Daseins erweitert und ist – als Erschlossenheit – selbst praktisch, geschichtlich, existenziell. So gelingt es hier, unter Berücksichtigung der gegenwärtigen Problemsituation die Wahrheit wieder zum philosophischen Grundbegriff zu machen und das menschliche Dasein im ganzen auf Wahrheit zu orientieren. Doch wird man fragen müssen, inwieweit denn ein dergestalt entschränkter Wahrheitsbegriff überhaupt noch dem

---

aus seiner rhetorischen Funktion zu verstehen ist (vgl. P. Strawson [1950], bei Pitcher S. 45 ff.), ist die Theorie schon von F. P. Ramsey in seinem Aufsatz „Facts and Propositions" (1927) vertreten worden (vgl. Ramsey [1931] S. 142 f., abgedruckt auch bei Pitcher S. 16 f.). In den späteren Schriften von R. Carnap verbinden sich beide Auffassungen. In einer anderen Form (bezogen auf die Urteilsakte) ist Tarskis Formel, ebenfalls auf Grund einer Kritik an der zu unbestimmten Übereinstimmungstheorie und in Anknüpfung an dieselbe Aristoteles-Stelle, schon von F. Brentano antizipiert worden, vgl. unten S. 31 f.
Im folgenden ist mit „Tarskischer Formel" nicht nur Tarskis eigene gemeint, sondern jede Formel dieses Äquivalenz-Typus, die den Anspruch erhebt, den Sinn des Wortes „wahr" anzugeben.

3 Vgl. Tugendhat (1960) S. 137–9.

4 Neben Heidegger wäre noch die ebenfalls umfassende Wahrheitsproblematik von Karl Jaspers zu nennen. Bei Jaspers wird aber der Anspruch der heutigen Problemsituation nicht mit einem neuen Wahrheitsbegriff beantwortet, sondern durch gegenseitige Ergänzung von bereits vorhandenen Wahrheitsbegriffen (worunter dann auch derjenige Heideggers aufgenommen wird), wobei es zu keiner grundsätzlichen Explikation dieser Begriffe und ihres Verhältnisses zueinander kommt, vgl. „Von der Wahrheit" S. 457 ff.

entspricht, was wir unter „Wahrheit" zu verstehen gewohnt sind; denn wenn hier, um gleich die extremste Möglichkeit zu nennen, nur Namensgleichheit bestünde, dann wäre mit der scheinbaren Rettung der Philosophie diese vielmehr preisgegeben, und an die Stelle einer Existenz in kritischer Verantwortlichkeit könnte unter der bergenden Hülle einer Begriffsverwirrung ebensogut die entgegengesetzte Haltung treten. Auf diese Frage nach dem Verhältnis seines erweiterten Wahrheitsbegriffs zu dem geläufigen gibt Heidegger selbst (wie die Interpretation zeigen wird) keine befriedigende Antwort. Darin dokumentiert sich eine eigentümliche Unbestimmtheit und Vagheit dieses Wahrheitsbegriffs, der somit auch nach dieser Hinsicht der Tarskischen Formel, die sich durch Klarheit und Präzision auszeichnet, gerade entgegengesetzt ist.

Soweit also die gegenwärtige Philosophie die Frage nach dem Sinn von Wahrheit überhaupt noch stellt, ist sie in zwei divergierende Richtungen auseinandergetreten: einer exakten, aber trivialen auf der einen Seite, die zwar eine richtige Bestimmung von Wahrheit gibt, aber eine verengte und tautologische; und einer umfassenden, aber vagen auf der anderen Seite, die zwar dem Wahrheitsbegriff seine nötige Weite sichert, aber ohne eigentliche Klarheit, ob überhaupt noch von Wahrheit die Rede ist. Entsprechend steht heute auch das allgemeine Bewußtsein dem Wahrheitsbegriff entweder, wo er als eine tautologische Eigenschaft wissenschaftlicher Sätze betrachtet wird, gleichgültig gegenüber oder, wo er mehr bedeuten soll, ist seine Vorstellung verworren: man spricht von verschiedenen Wahrheiten, von der Wahrheit der Kunst, der Wahrheit der Existenz, von der Geschichtlichkeit der Wahrheit, ohne an der Unbestimmtheit, die das Wort „Wahrheit" dann annimmt, noch Anstoß zu nehmen, denn man kann sich auf die philosophische Bestimmung der „Unverborgenheit" berufen oder auch auf die traditionelle Formel von der *adaequatio rei et intellectus*, die sich freilich auf jede beliebige Weise deuten läßt. So scheint es, als sei ein präziser Begriff von Wahrheit überhaupt nur möglich, wenn man sich auf den engsten Rahmen beschränkt, ein umfassender überhaupt nur, wenn man auf seine Bestimmtheit verzichtet.

In beiden Fällen wäre die Idee der kritischen Verantwortlichkeit preisgegeben. Sie läßt sich aber offensichtlich auch nicht durch eine bloße Kombination der beiden Richtungen erreichen. Diese sind vielmehr bereits so weit voneinander entfernt, daß es nicht einmal möglich ist, die eine vom Gesichtspunkt der anderen produktiv zu kritisieren. Wollte man z. B. vom Gesichtspunkt der Tarskischen Formel nach der Legitimität von Heideggers Wahrheitsbegriff fragen, so wäre die Antwort von vornherein negativ, man bliebe in Wirklichkeit bei der Tarskischen Formel einfach stehen und wäre außerstande, auf die positiven Möglichkeiten von Heideggers Wahrheitsbegriff auch nur einzugehen.

Eine Klärung ist offenbar nur möglich im Rekurs auf einen Wahrheitsbegriff, der weder vage noch trivial ist und der zugleich, wo er selbst noch zu eng scheint, doch so offen ist, daß er als formaler Leitfaden zur kritischen Interpretation eines umfassenderen Wahrheitsbegriffes dienen kann. Eine solche Funktion wird aber auch kaum ein beliebiger, aus der Tradition aufgegriffener Wahrheitsbegriff erfüllen können. Denn auch die traditionellen Begriffe sind entweder für die geforderte interpretatorische Hilfestellung zu eng oder für die kritische zu vage. Hier bietet sich nun aber aus der jüngst vergangenen Philosophie der Wahrheitsbegriff Edmund Husserls an. Husserl ist seit Leibniz der einzige Denker, der die beiden Traditionen des Wahrheitsproblems, die logische und die metaphysische, noch einmal produktiv vereinigt: ausgehend von präzisen und minutiösen „logischen Untersuchungen", deren Ziel das „phänomenologische" Verständnis der Wahrheit rein logischer Aussagen, zugleich aber auch die Aufklärung des Wahrheitssinns dieser philosophischen Untersuchungen selbst ist, gelangt Husserl zu einer umfassenden „transzendentalphilosophischen" Position, in der der Wahrheitsbegriff im Zentrum steht und damit eine universale Relevanz gewinnt. Husserl ist also nicht einfach, wie es in der Metaphysik meist üblich war, von einem umfassenden und entsprechend vagen Wahrheitsbegriff ausgegangen, aber auch nicht, wie es in der Logik üblich ist, bei einem engeren Wahrheitsbegriff stehengeblieben, sondern seine besondere, „phänomenologische", auf den Begriff der „Selbstgegebenheit" rekurrierende Explikation des engeren Wahrheitsbegriffs ermöglicht eine schrittweise und kritisch kontrollierbare Erweiterung, und darin liegt in der gegenwärtigen Problemsituation die besondere Bedeutung dieser Wahrheitstheorie. Auch wenn Husserls eigene Durchführung dieser Erweiterung, insbesondere seine Theorie der „kategorialen" Wahrheit, nicht wirklich befriedigen kann, und auch wenn diese Erweiterung bei Husserl selbst nicht so weit reicht wie die heutige Problemsituation es erfordern würde, behält doch der phänomenologische Wahrheitsbegriff seine methodische Bedeutung, insofern er zumindest formal angemessen scheint und nun auch auf jeder Stufe der Erweiterung eine konkrete Ausarbeitung zuläßt und fordert, so daß Schritt für Schritt geprüft werden kann, ob und inwiefern die Rede von Wahrheit jeweils noch sinnvoll ist. Daher eignet sich dieser Wahrheitsbegriff über Husserls eigene Theorie hinaus als formaler Leitfaden für eine positiv-kritische Interpretation einer solchen umfassenden, aber in bloß immanenter Interpretation nicht kontrollierbaren Wahrheitstheorie, wie es diejenige Heideggers ist.

Husserls Wahrheitsbegriff könnte sich darüber hinaus auf Grund seiner phänomenologischen Angemessenheit, seiner potentiellen Neutralität und seiner Verweisung auf konkrete Ausführung auch als formaler Leitfaden für das Wahrheitsproblem überhaupt eignen, wie es in der gegenwärtigen Situation neu gestellt werden müßte, obwohl Husserl selbst auf die neuen Schwierigkeiten, die das Verhältnis von Wahrheit und Praxis betreffen, gerade nicht eingegangen ist. Die behutsamen Vorstöße seiner Spätphilosophie zu einem Verständnis der Wahrheit von Geschichtlichem und der Wahrheit der „Lebenswelt" reichen nicht sehr weit, aber sie zeigen doch, daß der phänomenologische Wahrheitsbegriff Möglichkeiten enthält, die Husserl nur auf Grund seines absolutistischen philosophischen Ansatzes nicht voll entfalten konnte.

Ebensowichtig wie der phänomenologische Wahrheitsbegriff als solcher ist aber für die gegenwärtige Problemlage, daß auch schon Husserl, und zwar zum erstenmal seit dem deutschen Idealismus, das menschliche Leben im ganzen auf Wahrheit ausrichtet und die Philosophie als die Radikalisierung dieses Wahrheitsbezugs versteht. Das Kennzeichen dieses Wahrheitsbezugs ist nun aber für Husserl wie für keinen anderen Philosophen seit Sokrates die Idee der kritischen Verantwortlichkeit. Husserl konnte diese Idee freilich nur deswegen so selbstverständlich aufstellen und zugleich absolutistisch ausdeuten, weil er den Wahrheitsbezug nicht in Zusammenhang von Praxis und Geschichte sah. Bei Heidegger hingegen, der das menschliche Dasein viel umfassender ansetzt, wird dieses zwar immer noch im ganzen auf Wahrheit orientiert, aber der Wahrheitsbezug nicht mehr als kritische Verantwortlichkeit verstanden. Von daher leuchtet die Bedeutung ein, die eine Interpretation des Wahrheitsproblems bei Husserl und Heidegger für eine philosophisch umfassende Wiederaufnahme des Wahrheitsproblems in der gegenwärtigen Problemlage haben müßte.

Die gemeinsame Interpretation gerade dieser beiden Wahrheitsbegriffe rechtfertigt sich jedoch nicht nur aus der heutigen Problemlage, zwischen ihnen besteht auch eine innere sachlich-geschichtliche Kontinuität. Sie bilden zusammen ein geschlossenes Kapitel innerhalb der metaphysischen Tradition des Wahrheitsproblems. Dieses Kapitel ist gekennzeichnet durch Husserls Erschließung und Heideggers Radikalisierung eines bis dahin in dieser Weise noch nicht thematisierten „Bereichs", der weder schlicht objektiv noch einfach subjektiv ist und auch nicht, wie im deutschen Idealismus, die Synthesis von Objekt und Subjekt betrifft, sondern sich bei Husserl als Bereich des „Phänomenologischen", der verschiedenen „Gegebenheitsweisen" der Gegenstände zeigt und von Heidegger, nun nicht mehr in der Orientierung auf Gegenstände und nicht mehr im Rückgang auf eine transzendentale Subjektivität, als „Lichtung" gedacht wird. In beiden Fällen bildet der neuartige Bereich den Boden für die Explikation des Wahrheitsbegriffs (bei Heidegger fällt er mit diesem zusammen) und wird so zugleich zur Basis der ganzen philosophischen Position.

Der enge Zusammenhang, der zwischen Husserl und Heidegger gerade im Hinblick auf das Wahrheitsproblem besteht, wird hier nicht zum ersten Mal herausgestellt: Schon A. de Waelhens hat in seinem Buch „Phénoménologie et Vérité" (1953) den Wahrheitsbegriff Husserls zusammen mit demjenigen Heideggers dargestellt. Eine Wiederholung scheint trotzdem berechtigt und nötig. Das Buch von de Waelhens ist ganz aus der Perspektive Heideggers geschrieben, so daß die Darstellung von Heideggers Wahrheitsbegriff referierend bleibt, während die kürzere Interpretation Husserls zwar viele wichtige Beobachtungen enthält, aber im ganzen Husserls Wahrheitsbegriff nur als Vorstufe des Heideggerischen deutet und daher diejenigen Aspekte nicht genügend herausstellt, an denen gerade gegen Heidegger festgehalten werden muß.

Im übrigen ist die Literatur zum Wahrheitsproblem bei Husserl gering und bei Heidegger unergiebig. Daß in der umfangreichen deutschen Husserl-Literatur seit dem Krieg das für Husserl zentrale Wahrheitsproblem so wenig Beachtung findet, erklärt sich daher, daß man sich für Husserl meist entweder von Heidegger her interessiert und dann besonders für die Problematik von Lebenswelt und Geschichte in den Spätschriften oder aber vom Neukantianismus und dem deutschen Idealismus her und dann besonders für das Problem der „Letztbegründung" in den mittleren Schriften. Die „Logischen Untersuchungen" hingegen werden in der deutschen Husserlforschung nur noch wenig beachtet und haben überhaupt noch keine ausführliche Interpretation gefunden[5]. Für die Wahrheitsproblematik bieten die durchgeführten Analysen dieses Werkes die wichtigste Quelle. Unsere Interpretation wird dann umgekehrt zugleich zeigen, daß auch das Problem der „Letztbegründung" und die Problematik von Lebenswelt und Geschichte, von Husserl selbst her gesehen, aus dem Wahrheitsproblem verstanden werden müssen.

Nur die französische Forschung ist auf das Wahrheitsproblem bei Husserl näher eingegangen. Neben de Waelhens ist hier vor allem das Buch von E. Levinas „Le concept de l'intuition dans la phénoménologie de Husserl" (1930) zu nennen, dem sich die vorliegende Untersuchung in manchen Punkten verpflichtet weiß.

Zu Heideggers Wahrheitsbegriff gibt es bisher noch keinen Versuch einer interpretierenden Durchdringung. Auf der einen Seite wird er immanent referiert[6], auf der anderen nur von außen kritisiert[7]. Die eigentümliche Hilflosigkeit, mit der man auf beiden Seiten Heideggers Wahrheitsbegriff gegenübersteht, ist ein Reflex der ungeklärten gegenwärtigen Problemlage. So müßte es auch umgekehrt zur Klärung der heutigen Situation beitragen, wenn es gelingt, Heideggers Wahrheitsbegriff von seinem phänomenologischen Ausgangspunkt her zu entwirren.

---

[5] Das Buch von Farber (1943) ist das einzige, das eine umfangreiche Darstellung der „Logischen Untersuchungen" enthält; dieser Teil des Buches ist aber eine bloße Paraphrase und zum Teil einfach eine gekürzte Übersetzung von Husserls Text.

[6] Vgl. de Waelhens und Biemel (1952) und de Waelhens (1953). In letzter Zeit sind mehrere Bücher erschienen, die Heideggers Position im ganzen mit Recht in primärer Orientierung an seinem Wahrheitsbegriff interpretieren, vgl. Wiplinger (1961) und Bretschneider (1965). Indem dabei aber der Wahrheitsbegriff bereits von vornherein aus Heideggers Position verstanden wird, bleiben diese Versuche für das Verständnis von Heideggers Wahrheitsbegriff und seiner Position im ganzen gleich unfruchtbar. Auch die kritische Darstellung bei Versényi (1965) bleibt unkritisch in bezug auf Heideggers Wahrheitsbegriff als solchen.

[7] Vgl. Ralfs (1956/7) und Farber (1957/8). Bei Marx (1961) wird auf die Gefahren von Heideggers Wahrheitsbegriff aufmerksam gemacht (241 ff.), aber diese Gesichtspunkte bleiben zu allgemein als daß sie für die Interpretation selbst (148 ff.) hätten fruchtbar werden können.

ERSTER TEIL

WAHRHEIT UND SELBSTGEGEBENHEIT

(HUSSERL)

Die in der Einleitung genannte Charakteristik von Husserls Wahrheitstheorie, daß sie von einer engeren logischen Problematik ausgegangen und erst von da zu einer philosophischen Gesamtkonzeption gekommen ist, wird auch im Aufbau der Interpretation zu berücksichtigen sein. Daher muß die systematisch befriedigendere Reihenfolge: *erst* die Auslegung der philosophischen Grundposition und *dann* die Interpretation der konkreten Analysen, als die sachlich unergiebigere ausscheiden. Husserls Begriff der Philosophie als „transzendentale Phänomenologie", wie er in den „Ideen" entwickelt wird, erwächst erst aus dem bestimmten Verständnis des Wahrheitsbezugs, das sich aus den phänomenologischen Analysen der „Logischen Untersuchungen" (LU) ergeben hat. Und dieses „Werk des Durchbruchs" (LU I viii) ist seinerseits noch von keiner ausgebildeten Konzeption von Philosophie getragen; „Phänomenologie" ist hier zunächst nur eine Methode, die sich zur Aufklärung eines vergleichsweise speziellen Themas – der reinen Logik und ihres Wahrheitssinns – als unerläßlich erweist.

So besteht zwischen Husserls Idee der Phänomenologie und seinem Wahrheitsbegriff eine Beziehung sich steigernder wechselseitiger Begründung: in den LU dient die phänomenologische Methode zur Aufklärung eines engeren Wahrheitsbegriffs, wobei auch schon hier die reflexive Frage nach der Wahrheit der phänomenologischen Analyse selbst mit einbezogen ist und sich mit der Theorie der kategorialen Anschauung eine erste Erweiterung des Wahrheitsbegriffs ergibt (a); in den späteren Schriften ermöglicht dann der phänomenologisch geklärte Wahrheitsbegriff eine umfassende Konzeption der Phänomenologie als transzendentale Philosophie (b); und in den spätesten Schriften zeigt sich, wie die (schon in den LU implizierte, aber noch nicht durchgeführte) transzendentale Fundierung auf die konkrete Problematik zurückwirkt und ihrerseits eine Erweiterung und Verflüssigung des Wahrheitsbegriffs ermöglicht (c).

Dieser sachlich sinnvolle Zusammenhang in der historischen Entwicklung von Husserls Wahrheitstheorie, die mit der Entwicklung seiner Philosophie überhaupt zusammenfällt, läßt es am angemessensten erscheinen, auch die Interpretation in drei entsprechenden Abschnitten durchzuführen. Jeder der drei Abschnitte bezieht sich dann einerseits auf eine bestimmte Stufe der sachlichen Problematik, andererseits auf eine bestimmte Epoche in Husserls Entwicklung. Textlich beruht der erste Abschnitt hauptsächlich auf den LU, der zweite Abschnitt hauptsächlich auf der „Idee der Phänomenologie" (IdPhä), den „Ideen" I und den „Cartesianischen Meditationen" (CM), und der dritte hauptsächlich auf der „Formalen und transzendentalen Logik"

(FTL) und der „Krisis“ (K). Maßgebend bleibt aber der jeweilige Umkreis der sachlichen Problematik. Entsprechende Analysen und Fortbildungen späterer Schriften werden daher schon in dem zugehörigen früheren Zusammenhang mit hinzugezogen, weil eine durchgängige entwicklungsgeschichtliche Darstellung hier nicht Selbstzweck sein kann und nur zu unnötigen Wiederholungen führen würde.

ERSTER ABSCHNITT

Die phänomenologische Aufklärung von Wahrheit und Evidenz in der VI. Logischen Untersuchung

§ 1 Die Stellung des Wahrheitsproblems im Thema und Aufbau der Logischen Untersuchungen

Die Frage nach dem Wahrheitsproblem der LU erfordert zunächst eine Verständigung über Ort und Bedeutung dieses Problems in der einheitlichen Gesamtthematik des Werkes. Denn der Zusammenhang, in dem das Problem angesetzt ist und die Ziele, die dabei leitend sind, entscheiden wesentlich über Art und Grenzen der Fragestellung. Eine vorgängige Orientierung über Thema und Aufbau des schwer überschaubaren Werkes verschafft auch die Gewähr, daß die Interpretation weder Aussagen aus ihrem Zusammenhang herausreißt noch Analysen, die für das Problem bedeutsam sind, übersieht. Tatsächlich werden große Teile der LU zu interpretieren sein, während auf den ersten Blick nur das knappe 5. Kapitel der VI. Untersuchung von der Wahrheit zu handeln scheint.

Thema der Logischen Untersuchungen

Die Rede von einem einheitlichen Thema und Aufbau der LU mag freilich befremden. Wie aus einem Guß erscheinen wohl die „Prolegomena zur reinen Logik" des 1. Bandes mit ihrer umfassenden Kritik des logischen Psychologismus und ihrem abschließenden positiven Entwurf der „Idee der reinen Logik". Die sechs „Untersuchungen zur Phänomenologie und Theorie der Erkenntnis" hingegen, die dann im 2. Band folgen, erwecken leicht den Eindruck von nur locker zusammenhängenden Spezialuntersuchungen. In Wirklichkeit sind sie zwar äußerlich oft nur schwach verknüpft, aber ihr innerer Zusammenhang untereinander und mit dem 1. Band ist ein systematischer, der sich aus der einheitlichen Intention des Gesamtwerks ergibt, der „Neubegründung der reinen Logik und Erkenntnistheorie" (LU I vii). Diese Aufgabe wird im 1. Band noch nicht eigentlich in Angriff genommen, sondern nur negativ-kritisch vorbereitet. Die Untersuchungen des 2. Bandes sind also im Verhältnis zum 1. Band nicht speziell, sondern beginnen erst mit der positiven Ausführung seines Programms.

Zum näheren Verständnis muß man von der „Idee der reinen Logik" ausgehen, wie sie im Schlußkapitel des ersten Bandes programmatisch entworfen wird. Die reine Logik ist die Lehre von den „idealen Bedingungen der Möglichkeit von Wissenschaft überhaupt" (LU I 236), wobei „Wissenschaft" in einem prägnanten Sinn als deduktive Theorie verstanden ist. Eine „Theorie" „besteht aus Wahrheiten und die Form ihrer Verknüpfung ist die deduktive". Daher „schließt die Beantwortung unserer Frage die der allgemeineren ein, nämlich die der Frage nach den Bedingungen der Möglichkeit von Wahrheit überhaupt und wieder von deduktiver Einheit überhaupt" (237). Die an Bolzano anknüpfende Auffassung der Logik als „Wissenschaftslehre" (12) bringt es also mit sich, daß die Logik neben der Lehre von der formalen Ableitbarkeit auch die Frage nach dem Sinn von Wahrheit (und nicht nur der formal-logischen) umfaßt. Mit den reinlogischen verbinden sich also die „allgemeinsten erkenntnistheoretischen Grundfragen" (II 8).

Im einzelnen stellt Husserl in diesem Entwurf der reinen Logik drei Aufgabenkreise auf: *1.* „Fürs Erste" sind „die sämtlichen *primitiven Begriffe* festzustellen, bzw. wissenschaftlich zu klären, die ... den theoretischen Zusammenhang ‚möglich machen' ... Dahin gehören schon die Begriffe: Begriff, Satz, Wahrheit usw.", aber auch „die Begriffe der elementaren Verknüpfungsformen" und die „Komplikationsgesetze", die sich aus ihnen ergeben (I § 67). *2.* „Die zweite Gruppe von Problemen gilt der Aufsuchung der *Gesetze*", die die formale (analytische) Wahrheit der aus diesen Begriffen erwachsenden Bildungsformen regieren" (§ 68). *3.* Schließlich entsteht die Aufgabe, die mit der vorigen Stufe bereits erreichte „Idee der Theorie" zu differenzieren und die *„wesentlichen Typen möglicher Theorien"* und ihre „gesetzmäßigen Beziehungen zueinander" zu erforschen („reine Mannigfaltigkeitslehre") (§§ 69 f.)[1].

Was heute von der mathematischen Logik unter „Logik" verstanden wird, gehört in den zweiten und dritten dieser Aufgabenkreise, und auch Husserl denkt sich die konkrete Durchführung logischer Systeme schon durchaus nur noch in der Form der mathematischen Logik (§ 71). Der spezifisch philosophischen Forschung (vgl. § 71) obliegt also nur der erste, grundlegende Aufgabenkreis und lediglich die Grundlegung des zweiten, d. h. die Frage nach der Bedingung der Möglichkeit von analytischer („rein kategorialer") Wahrheit überhaupt. In diesem Aufgabenkreis also bewegen sich die Untersuchungen des 2. Bandes, aber sie bilden auch hier nur einen Anfang.

[1] Für Hervorhebungen in Zitaten wird folgende Regel befolgt: wenn nicht anders vermerkt, gibt Kursiv im Zitat stets eine Sperrung im zitierten Text wieder, hingegen gilt nicht das Gegenteil: nicht alle Hervorhebungen im Original werden beibehalten. Diese Entscheidung scheint angesichts der heute nicht mehr üblichen Sperrfreudigkeit der interpretierten Texte vernünftig. – Für die Form der Zitation der verschiedenen Bände und Auflagen der LU vgl. das Literaturverzeichnis.

Zu einer Klärung der Grundbegriffe der logischen Deduktion und Theorienbildung kommt es nicht mehr. Die elementarste Aufgabe ist ja, erst einmal den Grundcharakter der logischen (wissenschaftlichen) Gebilde überhaupt zu bestimmen, und dann, nach ihrem möglichen Wahrheitssinn zunächst dort zu fragen, wo die Wahrheit noch nicht eine deduktiv vermittelte ist. Diese beiden Aufgaben, die Klärung der logischen Gebilde als ideale *Bedeutungen* und die damit eng verknüpfte Frage nach ihrer möglichen *Wahrheit*, sind daher die beiden Hauptthemen, die die Untersuchungen des 2. Bandes leiten und im ganzen zusammenhalten.

Die phänomenologische Methode und das Verhältnis zwischen dem ersten und dem zweiten Band der Logischen Untersuchungen

Die erste dieser beiden Aufgaben hatten auch schon die „Prolegomena" zum Thema, aber ihr Ergebnis blieb doch im wesentlichen das negative, daß die logischen Gebilde als „ideale Einheiten" von den realen psychischen Erlebnissen, in denen sie uns gegeben werden, grundsätzlich zu unterscheiden sind und infolgedessen auch die logischen Gesetze nicht als psychologische verstanden werden dürfen. Zu einer positiven Aufklärung dieser idealen Gebilde kommt es erst auf Grund der in der Einleitung zum 2. Band vollzogenen Wendung zur „phänomenologischen Analyse" (II 5). Zum Verständnis des Aufbaus des 2. Bandes ist neben dem angegebenen thematischen Doppelgesichtspunkt zugleich dieser methodische Aspekt zu berücksichtigen, der dann auch für die Art, wie Husserl an das Wahrheitsproblem herangeht, entscheidende Bedeutung gewinnt:

„Phänomenologie" heißt in der 1. Auflage der LU „rein deskriptive Erforschung" der „Erlebnisse" und ist insofern „deskriptive Psychologie" (II^1 18). Eine phänomenologische Aufklärung der logischen Gebilde bedeutet also ihre Klärung im Rekurs auf die „Denk- und Erkenntniserlebnisse", in denen sie uns „gegeben" sind (II 2,5). Nachdem der 1. Band gerade gezeigt hat, daß die reine Logik auf Erlebnisse in keiner Weise Bezug nimmt, kommt diese Wendung zur Phänomenologie einigermaßen überraschend. Wodurch ist sie motiviert? Wir entnehmen den entscheidenden Gedankengang, in dem Husserl über diese Frage reflektiert, der Einleitung zum 2. Band:

Das Logische ist uns zunächst in mehr oder weniger bestimmten, mehr oder weniger äquivoken Wortbedeutungen gegeben (II 5). „Wir wollen uns" aber „schlechterdings nicht mit ‚bloßen Worten', das ist mit einem bloß symbolischen Wortverständnis zufrieden geben ... Wir wollen auf die ‚Sachen selbst' zurückgehen. An vollentwickelten Anschauungen wollen wir uns zur Evidenz bringen, dies hier in aktuell vollzogener Abstraktion Gegebene sei wahrhaft und wirklich das, was die Wortbedeutungen im Gesetzesausdruck meinen" (5 f.). „So erwächst die große Aufgabe, die logischen Ideen, die Begriffe und Gesetze, zu erkenntnistheoretischer Klarheit und Deutlichkeit zu bringen. Und hier setzt die phänomenologische Analyse ein“ (5). Obwohl also die logischen Gebilde gewiß nicht aus Erlebnissen bestehen, müssen wir doch, gerade damit wir sie als das erkennen, was sie wahrhaft an sich sind, auf die Erlebnisse reflektieren, in denen sie uns gegeben sind. Die phänomenologische Wendung wird also erzwungen aus der Reflexion auf die mögliche Wahrheit der philosophischen Analyse.

Hier kündigt sich schon eine eigentümliche Verschlingung an zwischen der Analyse des Wahrheitssinns logischer (wissenschaftlicher) Gebilde überhaupt und der Frage nach der Wahrheit einer solchen Analyse selbst: die philosophische Analyse gelangt zu ihrer Wahrheit nur als Phänomenologie, und die phänomenologische Betrachtungsweise führt dann zu einer ganz bestimmten Aufklärung von Wahrheit überhaupt. Das heißt jedoch nicht, daß die Erfüllung des philosophischen und diejenige des natürlichen Wahrheitsbezuges von derselben Art sind: auch die natürliche muß zwar vom „bloßen Wortverständnis“ auf die „Anschauung“ der „Sachen selbst“ rekurrieren, aber sie ist dabei direkt auf ihre Sachen gerichtet und reflektiert nicht phänomenologisch auf den Anschauungsakt, das „Erlebnis“. Auch die reine Logik als „Theorie“ bleibt daher, ganz im Sinn der Prolegomena, unmittelbar auf ihre idealen Objekte gerichtet (vgl. II[1] 18, II 4 f., 7). Nur die erkenntnistheoretische Analyse, deren Ziel gar keine „Theorie“, sondern die „Aufklärung“ (II 20 f.) der logischen Gebilde überhaupt und ihrer wesentlichen Unterschiede ist, kommt zu ihren eigentümlichen „Sachen“ nur in eins mit der Reflexion auf die Erlebnisse, in welchen sie gegeben sind, und zwar weil uns diese „Sachen“ unmittelbar und direkt gar nicht zugänglich sind. Das ist erst das entscheidende, in der Einleitung zum 2. Band von der allgemeinen Maxime „Zu den Sachen selbst“ nicht genügend abgehobene Motiv zur phänomenologischen Umwendung: Die grundsätzlichen gegenständlichen und bedeutungsmäßigen Unterscheidungen sind selbst nicht in direkter gegenständlicher Zuwendung zu fassen, weil es Unterscheidungen in der *Gegebenheitsweise* sind.

Insbesondere gilt das dort, wo es sich, wie bei den logischen Gebilden, gar nicht um sinnlich gegebene Gegenständlichkeiten handelt (vgl. II 182 f.). So liegt es gerade an dem Versäumnis einer angemessenen „psychologischen“, nämlich phänomenologischen Analyse, daß die logischen Objektivitäten in ihrer Eigenart verkannt und psychologisch mißdeutet werden (II 7). „Nur durch eine reine Phänomenologie“, so heißt es daher in der 2. Auflage, „kann der Psychologismus radikal überwunden werden ... Nur sie behebt den ... Schein, der uns so sehr nahelegt, das objektiv Logische in ein Psychologisches umzudeuten“ (7 f.). Die scharfe Trennung des ideal Logischen vom Psychologischen verhindert also nicht, sondern fordert gerade eine besondere „psychologische“ Aufklärung des Logischen, wobei nun das Psychische gerade dadurch vom Gegenständlichen unterschieden bleibt, daß es – als „intentionales“ – nur die Instanz ist, *dem* das Gegenständliche in den verschiedenen Weisen *gegeben* ist.

Auch so läßt sich freilich die phänomenologische Methode des 2. Bandes noch nicht widerspruchslos mit der Position des 1. Bandes verbinden: dort wurde *jede* psychologische Grundlegung der reinen Logik mit dem Argument zurückgewiesen, daß die Begründung einer apriorischen Idealwissenschaft durch eine empirische Realwissenschaft widersinnig sei (I 60 ff., 178). Erweist sich nun doch eine Psychologie-artige Disziplin zur Grundlegung der Logik als unentbehrlich, dann müßte sie ebenso apriorisch sein wie die Logik selbst. Von einer solchen Möglichkeit einer apriorischen „Psychologie" weiß der 1. Band noch nichts[2]. Aber auch die Abhebung der Phänomenologie als „deskriptiver Psychologie" gegen die genetische Psychologie, wie sie nach dem Vorbild Brentanos in der 1. Auflage des 2. Bandes aufgestellt wird, kann nicht genügen, denn „deskriptiv" heißt noch nicht „apriorisch". Husserl hat das bald nach Erscheinen der 1. Auflage erkannt[3] und die 2. Auflage an vielen Stellen entsprechend korrigiert (vgl. besonders II 17 f.): die Phänomenologie ist als eine reine, „eidetische" *Wesenslehre* der intentionalen Erlebnisse, die keine Setzungen von realem Sein impliziert, überhaupt keine Psychologie. Dieser Fortschritt gegenüber der 1. Auflage des 2. Bandes ist allerdings nur ein terminologischer. Der Tatbestand selbst kommt auch schon in der 1. Auflage zu voller Deutlichkeit (vgl. II^1 21 f.), auch hier wird die Phänomenologie nicht nur von der genetischen, sondern damit auch von der empirischen Psychologie überhaupt unterschieden (II^1 4 u. ö.), und alle phänomenologischen Analysen beziehen sich ausschließlich auf die „idealen Möglichkeiten" (II^1 19) der verschiedenen Arten der Denk- und Erkenntniserlebnisse. Dieser Tatbestand ist auch schon so weit methodisch reflektiert, daß die Frage nach der Möglichkeit der Wahrheit und Wahrheitserkenntnis solcher nicht nur formal-logischer Aprioritäten mit in die Wahrheitsproblematik der LU aufgenommen wird und eines ihrer Hauptziele bildet.

Die phänomenologische Begründung der reinen Logik ist also, wenn sie der absolutistischen Auffassung der Logik im 1. Band nicht widersprechen soll, nur als apriorische, d. h. eidetische Phänomenologie möglich. Aber solange die Apriorität der Phänomenologie nur in der Eidetik gesehen wird, schwebt sie ihrerseits gleichsam im leeren Raum: Die phänomenologische Wendung wurde doch gerade notwendig, sofern das Logische „als Forschungsobjekt unser eigen werden" soll (II 5), d. h. sofern jeder von uns es in seiner individuellen Anschauung zur „Klarheit und Deutlichkeit" bringen will (oben S. 15). Dann entsteht aber wiederum dieselbe Schwierigkeit bezüglich der phänomenologischen Wesenszusammenhänge. Wir müssen sie uns zur Gegebenheit bringen, wir, d. h. jeder einzelne von uns. So muß also die eidetische Phänomenologie letztlich auf einem individuellen Erlebnisbereich gründen, der, wenn

---

[2] Zum Verständnis hilft Husserls Bemerkung im Vorwort zur 2. Auflage (I xii), daß die Prolegomena „eine bloße Ausarbeitung" von Vorlesungen aus dem Jahre 1896 sind, also wohl abgeschlossen waren ehe Husserl mit den Untersuchungen des 2. Bandes begonnen hat. An der einzigen Stelle, wo der 1. Band in der 2. Auflage vom „phänomenologischen Ursprung" der Begriffe spricht (244), steht in der 1. Auflage (245) „logischer Ursprung".

[3] Vgl. Archiv f. system. Philos. 9 (1903), 399 f. und LU I xiiif.

die absolutistische Position der Prolegomena nicht doch noch erschüttert werden soll, seinerseits nicht psychologisch-real sein darf. Die objektiv absolutistische Position des 1. Bandes der LU verbunden mit der phänomenologischen des 2. Bandes führt also mit innerer Notwendigkeit über die eidetische Phänomenologie schließlich zu der subjektiv absolutistischen Position der „transzendentalen" Phänomenologie, die erst später ausgebildet wird[4], aber ihre unverkennbaren Ansätze bereits in der 1. Auflage der LU hat[5].

Aufbau des zweiten Bandes

Erst jetzt, im gemeinsamen Hinblick auf die aus dem 1. Band vorgegebene Themastellung und die in der Einleitung zum 2. Band motivierte phänomenologische Methode, läßt sich der innere Zusammenhang der sechs Untersuchungen verständlich machen. Die phänomenologische Analyse erscheint notwendig nicht nur für die positive Fortsetzung der im 1. Band negativ-kritisch begonnenen Aufklärung der logischen Gebilde überhaupt, sondern auch und besonders für die zweite thematische Hauptfrage, die nach der möglichen Wahrheit dieser Gebilde: Denn auch der Unterschied zwischen bloßer Bedeutung und wahrer Bedeutung ist kein inhaltlich-gegenständlicher, sondern ein Unterschied der Gegebenheitsweise. Und so stellt die Einleitung zum 2. Band diese beiden Aufgaben – die Aufklärung der Bedeutungen überhaupt und der „Idee der Wahrheit", jeweils im Rückgang auf die entsprechenden Erlebnisse – sogleich als die „Hauptziele" der folgenden Untersuchungen auf (15 f., 8 f.), und Huserl fügt hinzu, daß man diese Fragen „übrigens schon darum in Angriff nehmen muß, weil sonst das Wesen der Klärung selbst, die man in den phänomenologischen Analysen anstrebt, im unklaren bliebe" (9). Neben dem engeren logischen Interesse steht also von vornherein auch die Aufklärung der Wahrheit der philosophischen Analysen selbst ausdrücklich mit im Blick.

Die *I. Untersuchung* über „Ausdruck und Bedeutung" beginnt sogleich mit der ersten Hauptaufgabe, der phänomenologischen Aufklärung der logischen Gebilde überhaupt als „idealer Bedeutungen". Die Eigenständigkeit der Bedeutungen gegenüber dem sprachlichen Ausdruck einerseits (1. Kap.), gegenüber den begleitenden anschaulichen Bildern andererseits (2. Kap.) wird gesichert, Bedeutung und Gegenstand eines Ausdrucks unterschieden (§§ 12 f.) und die Bedeutungen schließlich, wie es die Prolegomena gefordert hatten, als Einheiten strenger Identität den mannigfaltigen und schwankenden Bedeutungserlebnissen gegenübergestellt (3. und 4. Kapitel).

Die folgenden drei Untersuchungen bauen sich auf diesem Boden auf und bringen zugleich schon Vorarbeiten für die Wahrheitsproblematik:

Die I. Untersuchung endete mit der Bestimmung der idealen Einheit der

---

[4] Vgl. unten §§ 8 f.

[5] Vgl. besonders II[1] 710–13, 335.

Bedeutung als einer „Identität der Spezies" (§ 31). Dann kann „das Hauptfundament für die reine Logik und Erkenntnislehre" nur gesichert werden durch die „Verteidigung der Eigenberechtigung der spezifischen (oder idealen) Gegenstände" überhaupt (107). Diesem Ziel dient die *II. Untersuchung* über „Die ideale Einheit der Spezies und die neueren Abstraktionstheorien". Erstens sind alle Bedeutungen als solche selbst „spezifische Einheiten", zweitens gibt es neben den Bedeutungen, die sich auf individuelle Gegenstände beziehen, andere, die sich ihrerseits auf „allgemeine Gegenstände", Spezies beziehen (107). Mit den allgemeinen Gegenständen gewinnt Husserl den für die eidetisch-phänomenologische Erkenntnis (oben S. 17) grundlegenden Begriff des „Wesens".

„Wesen" sind die Elemente einer apriorischen Erkenntnis. Diese selbst müßte auf deren notwendiger apriorischer Verbindung beruhen. Die Frage nach der Möglichkeit einer solchen notwendigen Verbindung bildet das Kernstück der *III. Untersuchung* „Zur Lehre von den Ganzen und Teilen". Die Analyse bleibt hier schlicht gegenständlich orientiert, also vorphänomenologisch, und kann daher die Problematik nur vorläufig klären. Die entsprechende phänomenologische Analyse wäre erst auf der Grundlage des geklärten Wahrheitsbegriffs möglich. Die apriorische Verknüpfung eines Wesens mit einem oder mehreren anderen gründet nach der III. Untersuchung in ihrer relativen Unselbständigkeit zueinander. Die entsprechende phänomenologische Frage, wie solche Verknüpfungen zu intuitiver Gegebenheit kommen können, wäre das Problem der apriorischen und evtl. philosophischen Wahrheit. Die Problematik der II. und III. Untersuchung wird also bei der Interpretation des Wahrheitsproblems mit aufgenommen werden müssen.

Die *IV. Untersuchung* („Der Unterschied der selbständigen und unselbständigen Bedeutungen und die Idee der reinen Grammatik") bringt die Ergebnisse der III. Untersuchung zu einer ersten elementaren Anwendung: die Lehre von den apriori möglichen Verbindungen von Bedeutungen zu neuen Bedeutungen ohne Rücksicht auf ihre Wahrheit und Falschheit. Es handelt sich hier um eine erste Stufe logischer Regeln: die in dem Programm der Prolegomena (oben S. 14) noch zu dem ersten Aufgabenkreis gehörigen „Komplikationsgesetze". Das letzte Ziel der nun folgenden Untersuchungen ist die Grundlegung der logischen Gesetze „im prägnanten Sinn" (II 96), jener des zweiten Aufgabenkreises der Prolegomena, die also die Bedeutungsverbindungen in ihrer Wahrheit und Falschheit betreffen, sofern diese rein in der „kategorialen" (logischen) Form gründen.

Diese Grundlegung der analytisch apriorischen Wahrheit und Evidenz erreicht Husserl erst am Schluß des Werkes im 8. Kapitel der VI. Untersuchung. Sie setzt eine Klärung von Wahrheit und Evidenz überhaupt voraus. Eine solche Klärung ist jedoch ihrerseits nur phänomenologisch möglich (oben S. 18). Nun waren die III. und IV. Untersuchung rein gegenständlich orientiert[6], und auch die I. Untersuchung reflektierte auf die phänomenologische Sachlage nur soweit es gerade erforderlich war (vgl. II 41). Bei der Wahrheitsproblematik werden aber die phänomenologischen Zusammenhänge entscheidend. So wird jetzt, bevor das Wahrheitsproblem selbst in Angriff genommen werden kann, eine thematische und systematische Behandlung der „Denk- und Erkenntniserlebnisse" erforderlich (II 343 f.). Dieser Aufgabe dient die *V. Untersuchung* „Über intentionale Erlebnisse und ihre Inhalte". Sie bringt die für die logisch-erkenntnistheoretische Problematik grundlegenden phänomenologischen Unterscheidungen. Die Denk- und Erkenntniserlebnisse sind ihrerseits nur näher zu kennzeichnen, indem sie in die übergeordnete Gattung von Erlebnissen – die der „intentionalen" – eingeordnet werden, und so erweitert sich die Untersuchung zur Analyse des Bewußtseins überhaupt.

Auf dieser Basis kommt Husserl endlich in der *VI. Untersuchung* unter dem Titel „Elemente einer phänomenologischen Aufklärung der Erkenntnis" zum Wahrheitsproblem selbst. Die Analyse ist jetzt eine durchgängig phänomenologische, und das ist der Grund, warum der Wahrheitsbegriff, obwohl er die ganze Untersuchung beherrscht, nur im 5. Kapitel ausdrücklich erörtert wird: der Sinn von Wahrheit „konstituiert" sich in einer bestimmten Gegebenheitsweise und d. h. korrelativ in bestimmten intentionalen Erlebnissen, die Husserl im Unterschied zu den „Bedeutungsintentionen", in denen sich die Bedeutungen als solche „konstituieren", als Akte der „Bedeutungserfüllung" („Anschauung") bezeichnet. Nur so weit als sich die Möglichkeit der entsprechenden Akte der Bedeutungserfüllung und ihrer Synthesis mit den Akten der Bedeutungsintention, also die Möglichkeit der entsprechenden „Evidenz" und „Erkenntnis" nachweisen läßt, hat die Rede von Wahrheit für uns einen ausweisbaren Sinn. Aus diesem Grund bildet die Aufklärung der intuitiven Akte und ihrer verschiedenen Stufungen den Hauptteil und die eigentliche konkrete Durchführung der Wahrheitsproblematik, die dann im 5. Kapitel nur ausgewertet zu werden braucht. Der Bereich der Bedeutungserfüllungen reicht allerdings über denjenigen, in dem wir natürlicherweise von Wahrheit sprechen, hinaus: so können einerseits gleichzeitig andere verwandte Probleme geklärt werden – wie das der „Möglichkeit" und „Unmöglichkeit" (Widersinn) von Bedeutungen im 4. Kapitel –, andererseits entsteht die Gefahr, daß die spezifischen Grenzen des Wahrheitsbegriffs verwischt werden.

Der *1. Abschnitt* der VI. Untersuchung entwickelt die allgemeinen phänomenologischen Unterscheidungen, in denen sich der Sinn von Wahrheit konstituiert, in Beschränkung auf den elementarsten Bereich, den der schlichten sinnlichen Gegebenheiten und Akte, also unter Ausschluß aller logischen Komponenten. Auf dieser Basis gelingt am Ende dieses Abschnitts

[6] Vgl. LU III 236. Statt „III. und VI. Untersuchung" ist hier offensichtlich „III. und IV. Untersuchung" zu lesen.

im 5. Kapitel eine vorläufige Bestimmung des Wahrheitsbegriffs und die entsprechende Aufklärung des Begriffs der Evidenz. Der 2. *Abschnitt* erörtert die Möglichkeit einer quasi-anschaulichen Erfüllung auch der logischen (kategorialen) Bedeutungsmomente. Husserl hat das Wahrheitsproblem so angelegt, daß bereits das Verständnis der Wahrheit eines einfachen prädikativen Satzes als eines logisch geformten Bedeutungsgebildes eine solche Erweiterung der zugrunde liegenden phänomenologischen Begriffe erfordert. Damit ist dann aber auch die Basis gewonnen für die Klärung der Wahrheit derjenigen Gesetze, die *rein* in der kategorialen Form gründen. Mit dieser Aufklärung der analytischen Wahrheit im Schlußkapitel des 2. Abschnitts ist ein Hauptstück der Grundlegung der reinen Logik erreicht[7].

Gliederung und Umfang der Interpretation

Der obige Überblick über die Problemstellung und den Aufbau des 2. Bandes der LU zeigt, daß die Aufklärung des Sinns von Wahrheit und Evidenz hier kein beliebiges Thema ist, sondern den eigentlichen Höhepunkt des Werkes bildet, der die ganze VI. Untersuchung ausfüllt, aber auch große Partien der anderen Untersuchungen bestimmt.

Unsere Interpretation gliedert sich in zwei Teile A und B, entsprechend den beiden Abschnitten der VI. Untersuchung. Teil A interpretiert die allgemeinen Bestimmungen des 1. Abschnitts der VI. Untersuchung und wird durch einen Paragraphen eingeleitet, der die vorbereitenden phänomenologischen Unterscheidungen zusammenstellt, die im wesentlichen aus der V. Untersuchung und den entsprechenden Partien der „Ideen" entnommen werden. In Teil B versucht die Interpretation, deutlicher als es bei Husserl selbst geschieht, zwischen den vorbereitenden Analysen der kategorialen *Anschauung* und der darin gründenden Klärung der kategorialen *Wahrheit* zu unterscheiden. Zur kategorialen Anschauung gehört gemäß § 52 auch diejenige der „Wesen"; so muß hier zugleich die II. Untersuchung zur Interpretation kommen. Bei der kategorialen Wahrheit wiederum fügt sich an die Klärung der apriori analytischen Wahrheit die der apriori synthetischen Wahrheit, die in der III. Untersuchung vorbereitet wurde. Hier scheint sich auch am passendsten die Interpretation des 4. Kapitels des 1. Abschnitts der VI. Untersuchung einzufügen, das von der Möglichkeit und Unmöglichkeit (Widersinn) der Bedeutungen handelt. Nur zur Abhebung knüpft sich hier

---

[7] Auf den kurzen 3. Abschnitt der VI. Untersuchung, der mit dem Wahrheitsproblem nichts zu tun hat, brauchen wir hier keine Rücksicht zu nehmen. Er beschäftigt sich mit der in §§ 1 f. der VI. U. aufgeworfenen Frage nach den Bedeutungen und bedeutungskonstituierenden Akten der Frage-, Wunsch- und Befehlssätze und entwickelt eine Auffassung, die Husserl später revidiert hat, vgl. LU III vii und Ideen § 127.

eine kurze Orientierung über die IV. Untersuchung an, die Sinn und Unsinn der Bedeutungen zum Thema hat. Die Problematik der apriori synthetischen Wahrheit führt schließlich bis an das Verhältnis von Wahrheit und Philosophie heran, das dann im folgenden Abschnitt in Anschluß an Husserls spätere Schriften interpretiert werden soll.

Die VI. Untersuchung ist von Husserl als die „in phänomenologischer Beziehung wichtigste" bezeichnet worden (LU I xvi), sie ist aber auch die undurchsichtigste. In manchen Stücken ist Husserl hier noch so verwickelt in die Schwierigkeiten, die er zu klären sucht, daß die Darstellung zum Teil nicht die Klarheit der anderen Untersuchungen errreicht hat[8]. Hier wäre ein Kommentar ein wichtiges Desiderat. Diese Aufgabe kann jedoch die vorliegende Interpretation nur partiell erfüllen. Die Auslegung der VI. Untersuchung ist für sie nicht Selbstzweck, sondern dient der Frage nach Husserls Beitrag zum Wahrheitsproblem. Sie interpretiert daher nur dort im einzelnen, wo ein wirklicher Gewinn für die leitende Absicht gegeben scheint und begnügt sich anderswo mit dem Nötigsten.

Ergebnis für Art und Umfang der Fragestellung beim Wahrheitsproblem

Abschließend stellen wir die Gesichtspunkte zusammen, die sich aus Thema und Methode der LU für Umfang und Art der Fragestellung beim Wahrheitsproblem ergeben haben:

1. Die enge Verbindung von Logik und Erkenntnistheorie in Husserls Begriff einer „Wissenschaftslehre" macht verständlich, daß die Frage auf Sinn und Möglichkeit von Wahrheit und Erkenntnis (Evidenz) überhaupt gerichtet ist, aber mit besonderem Absehen auf die rein-logische Wahrheit und Evidenz.

2. Mit dieser Zielsetzung verbindet sich noch das besondere Interesse, die Möglichkeit von Wahrheit und Evidenz der philosophischen Analyse

---

[8] Das ist auch mit der Grund, warum Husserl sich bei der Vorbereitung zur 2. Auflage von 1913 im Fall der VI. Untersuchung nicht mit den begrenzten Veränderungen begnügte, die er an den übrigen Untersuchungen vornahm (LU II xvi). Vor allem das jetzige 3. Kapitel wurde völlig umgearbeitet und stark erweitert, so daß hier schließlich 3 weitere Kapitel hinzutreten sollten. Als Husserl die ersten Fahnen des bereits verbesserten Textes zur Korrektur erhielt, begann er von neuem mit umfangreichen Veränderungen, die jedoch den Rahmen der Untersuchung zu sprengen drohten, so daß er sich entschließen mußte, auf den Neudruck der VI. U. zunächst ganz zu verzichten und bei der 3. Auflage von 1922 mit geringfügigen Veränderungen doch wieder den Text der 1. Auflage zugrunde zu legen (vgl. LU III iii).
Wie die im Husserl-Archiv in Louvain liegenden Manuskripte (M III 2 I 1, 2, 3, 4 und M III 2 II 2, 4, 6, 7 a–b–c, 8 a–b) zeigen, betreffen die Umarbeitungen neben dem 3. Kapitel nur noch das 4. und 5. Kapitel. Zur Umarbeitung des 2. Abschnitts scheint also Husserl gar nicht mehr gekommen zu sein. Aber auch die vorhandenen Umarbeitungen tragen zur Klärung der Schwierigkeiten der VI. U. nur wenig bei, daher werden sie in der vorliegenden Interpretation nur selten herangezogen. Meist hat sich Husserl von Problemen abtreiben lassen, die ihn zu dieser Zeit gerade beschäftigt haben.

selbst zu klären. Dieser Gesichtspunkt tritt ausdrücklich nur wenig hervor (vgl. oben S. 18). Aber die konkrete Durchführung der Problematik ist in ihrer Eigenart ohne Rücksicht auf dieses Motiv nicht zu verstehen. Das Interesse, neben dem analytischen Apriori der Logik auch das synthetische Apriori aufzuklären, ist dabei nicht einmal das Wichtigste (vielmehr wird sich später zeigen, daß für Husserl im synthetischen Apriori, so wie er es versteht, noch gar nicht das eigentümlich Philosophische liegt). Entscheidend ist, daß die Philosophie für Husserl als Phänomenologie eine *deskriptive* Disziplin ist. Nur von daher ist zu verstehen, daß die VI. U. den Wahrheitsbegriff überhaupt von vornherein aus der Perspektive einer deskriptiven Erkenntnis thematisiert. Dieser Ausgangspunkt, der von Husserl nicht weiter reflektiert wird, hat zur Folge, daß das Wahrheitsproblem im Vergleich zu der üblichen logischen und erkenntnistheoretischen Fragestellung eine eigentümliche Umkehrung erfährt, dergestalt, daß es nicht primär von der Aussage her angesetzt wird. Was das bedeutet, kann erst die konkrete Interpretation zeigen (§ 5).

3. Dieses zusätzliche, auf die Philosophie selbst gerichtete Motiv von Husserls Wahrheitsproblematik mag mit ein Grund sein, warum die Analyse nur bis zur Klärung der *direkten* Evidenz und der ihr entsprechenden Wahrheit gelangt, während die aus der allgemeinen wissenschaftstheoretischen Problemstellung des Werkes ebenso bedeutsamen deduktiven Grundbegriffe und damit auch die *indirekte* Evidenz und die ihr entsprechende Wahrheit nicht mehr behandelt werden (oben S. 15). Diese Beschränkung von Husserls Wahrheitsproblematik ist aber nur die zufällige Grenze ihrer faktischen Durchführung und gründet nicht in ihrem Ansatz. Weil auch Husserls spätere Wahrheitsproblematik und seine Philosophie überhaupt leicht den Eindruck erwecken, daß Husserl die Bedeutung der indirekten Erkenntnis und Wahrheit nicht genügend beachtet hat, muß das nachdrücklich betont werden. Am Ende der Einleitung zur VI. U. sagt Husserl selbst (III 7):

„Die soeben geschilderten Ziele unserer Bemühungen sind nicht die letzten und höchsten einer phänomenologischen Aufklärung der Erkenntnis überhaupt. Das so überaus fruchtbare Gebiet des *mittelbaren* Denkens und Erkennens lassen unsere Analysen, so umfassend sie auch sind, noch fast ganz unbearbeitet, das Wesen der mittelbaren Evidenz und ihrer idealen Korrelate bleibt ohne zureichende Aufklärung. Immerhin glauben wir nicht zu Geringes angestrebt, wir hoffen die untersten und ihrer Natur nach ersten Fundamente der Erkenntniskritik bloßgelegt zu haben. Auch in der Erkenntniskritik heißt es jene Selbstbescheidung üben, welche im Wesen aller streng wissenschaftlichen Forschung liegt. Richtet sich ihr Absehen auf wirkliche und endgültige Erledigung der Sachen, ... so muß sie sich auch darein finden, die Erkenntnisprobleme vorerst nicht in ihren höheren und höchsten Ausgestaltungen anzufassen, in denen sie uns am interessantesten sind, sondern in ihren relativ einfachsten Formen, in den niedrigsten der ihr zugänglichen Bildungsstufen." (Vgl. auch LU I 16.)

Was in der VI. U. geleistet (und nach dieser Hinsicht auch später nicht ergänzt) wird, bildet also nach Husserls eigener Meinung nur die erste Stufe einer Wahrheitstheorie. Mit der Aufklärung der direkten Evidenz im

Bereich des Reinlogischen (8. Kapitel) ist freilich für das Verständnis der indirekten Evidenz und Wahrheit wenigstens das Fundament gelegt.

4. Der entscheidende sachliche Gesichtspunkt für die Behandlung des Wahrheitsproblems, der sich aus der allgemeinen Ausrichtung des Werkes ergab, ist der der phänomenologischen Analyse. Seine konkrete Bedeutung kann erst der folgende Teil A schrittweise sichtbar machen, und als grundsätzliche philosophische Position wird er erst im Anschluß an Husserls spätere Schriften im 2. Abschnitt zu erörtern sein. Was er aber im allgemeinen besagt, ist oben schon bezeichnet worden (S. 18, 20 f.): der Sinn von Wahrheit soll aufgeklärt werden im Rekurs auf die *Gegebenheitsweise* der wahren Bedeutungen als wahrer. Sofern diese ausgezeichnete Gegebenheitsweise als *Evidenz* verstanden wird, ist also für Husserls Behandlung des Wahrheitsproblems charakteristisch, daß der Sinn von Wahrheit und das Wesen der Evidenz *gemeinsam* zur Klärung kommen: formal definitorisch gründet der Begriff der Evidenz in dem der Wahrheit, aber konkret läßt sich der Sinn von Wahrheit nur im Rekurs auf ihre Gegebenheit bestimmen.

Eine Auffassung dieser Art stößt heute ziemlich allgemein auf Ablehnung[9]. Man sagt, wir dürfen nicht Wahrheit und Verifikation verwechseln. Aber die Aufklärung der Wahrheit mit Rücksicht auf ihre Gegebenheit bedeutet nicht, daß sie mit dieser gleichgesetzt wird[10]. Verzichtet man hingegen auf diesen Rekurs auf die Gegebenheit, dann ist eine konkrete Aufklärung des Wahrheitsbegriffs überhaupt nicht möglich. Man kann ihn dann nur durch eine abstrakte Formel bestimmen, wie z. B. „wahr ist eine Aussage, wenn der von ihr gemeinte Sachverhalt wirklich ist"[11]. Die „Wirklichkeit" eines Sachverhalts bleibt für uns so lange ein bloßes Wort, als wir nicht wissen, wie wir sie erkennen sollen[12]. Will man auch diesen Begriff noch vermeiden, kommt man zur Tarskischen Formel oder einem Äquivalent. Die Auffassung, daß man bei der Bestimmung des Wahrheitsbegriffs auf den der Evidenz nicht zurückgreifen dürfe, hängt also mit der in der Einleitung hervorgehobenen Tendenz zusammen, den Wahrheitsbegriff möglichst trivial zu definieren.

Freilich ermöglicht auch der Rekurs auf die Evidenz keine Aufklärung des Sinns von Wahrheit, wenn die Evidenz ihrerseits als ein nicht weiter analysierbares Erlebnisdatum verstanden wird[13]. Die phänomenologische Analyse kommt hingegen zu der Unterscheidung verschiedener *Gegebenheitsweisen* von Gegenständlichem, und von daher läßt sich erst der Begriff der Evidenz seinerseits neu aufklären und nun auch weiter differenzieren.

---

[9] Vgl. z. B. Carnap (1949) und Kamlah (1962).

[10] Vgl. unten § 5.

[11] Charakteristisch für diesen Typus Wahrheitstheorie ist diejenige von Meinong, vgl. unten § 2.

[12] Vgl. Tugendhat (1960) S. 138 f.

[13] Einer Wahrheitstheorie dieses Typus kommt diejenige von Brentano nahe, vgl. unten § 2.

Dieser 4. Gesichtspunkt, der der phänomenologischen Analyse, ist es also, der Husserl eine wirkliche Aufklärung und nicht nur eine triviale Bestimmung des engeren Wahrheitsbegriffs ermöglicht, und er ist es auch, der von vornherein auf eine Erweiterung des Wahrheitsproblems angelegt ist, wie sie auch von dem 2. Gesichtspunkt schon gefordert wird.

A. Bedeutungsintention und Bedeutungserfüllung; Wahrheit und Evidenz

§ 2 *Die phänomenologische Grundlage von Husserls Wahrheitsproblematik*

Der Ansatz bei der Intentionalität

Das Charakteristische von Husserls Wahrheitstheorie ist, so sagten wir in § 1, das „Phänomenologische". Aber das Wesentliche der Phänomenologie ist noch nicht erfaßt, wenn man sie, wie es dort im Anschluß an die Einleitung zum 2. Band der LU geschah, lediglich als deskriptive eidetische Analyse der *Erlebnisse* erklärt. Entscheidend ist vielmehr, was in den LU erst in der V. Untersuchung (§§ 9–13) herausgestellt wird, die von Brentano übernommene Bestimmung der Erlebnisse durch den Grundcharakter der *Intentionalität*, demgemäß ein Erlebnis nicht nur ist, was es ist und, wie alles, was es gibt, seine absoluten und relativen Bestimmungen hat, sondern auf etwas „gerichtet" ist, etwas „meint"; diese einzigartige „Beziehung" ist keine Relationsbestimmung, denn sie gehört zum eigenen Sinn eines Erlebnisses, gleichgültig ob ihr Gegenstand existiert oder nicht[14].

Während für Brentano alle „psychischen Phänomene" durch diese Beziehung charakterisiert sind, sind für Husserl allerdings nicht alle Erlebnisse intentional. Auch die Empfindungsinhalte, die für Brentano zu den „physischen Phänomenen" gehörten, sind für Husserl „Erlebnisse" (LU II 347 ff, Ideen § 85). „Erlebnis" ist jeder reelle Teil einer „Bewußtseinseinheit", und sofern diese ihrerseits als ein „Erlebnisstrom" verstanden wird, ist „Erlebnis" also ein hinsichtlich seines Sachgehaltes nicht weiter definierbarer Grundbegriff (LU a. O., Ideen §§ 34, 36). Definierbar ist es nur hinsichtlich seiner Gegebenheitsweise: Erlebnis ist alles, was „adäquat" wahrnehmbar ist (LU II 354–9, Ideen § 42). Das intentionale Erlebnis ist aber „Bewußtsein im prägnanten Sinn" („Bewußtsein ‚von' etwas"), und die Intentionalität erst rechtfertigt" es, „zugleich den ganzen Erlebnisstrom als Bewußtseinsstrom ... zu bezeichnen" (Ideen 203). Deswegen, und weil auch die nichtintentionalen Erlebnisse auf ihre Weise in die Intentionalität mit eingehen, ist die Intentionalität, wenngleich nicht eine Bestimmung aller Erlebnisse, doch bestimmend für alle Erlebnisse (a. O.).

Ein entscheidender Gewinn der Konzeption der Intentionalität ist, daß sie die Äquivokation aufdeckt, die in dem Wort „Vorstellung" ebenso wie im Lateinischen und Englischen *idea* liegt (Vorstellen und Vorgestelltes) und

[14] Vgl. LU II 373, Brentano Psychologie II 133 f., Chisholm (1957) 168 ff.

die die ganze neuzeitliche Erkenntnistheorie bis dahin (Kant nicht ausgenommen) beirrt hat. Um diese Äquivokation zu vermeiden, wird das Wort *Akt* eingeführt. Husserl gebraucht „Akt“ einfach definitorisch für „intentionales Erlebnis“ (LU II 378)[15].

Der eigentliche Hauptpunkt der intentionalen Psychologie, auch schon derjenigen Brentanos, ist nun aber, daß die Intentionalität nicht nur ein umfassender Grundcharakter von Erlebnissen ist, sondern daß es *verschiedene Weisen der Intentionalität* gibt, so daß die wesentlichen Unterscheidungen der Erlebnisse nicht ihren immanenten Gehalt betreffen und sich auch nicht nach den Klassen der Gegenstände richten, auf die sie sich beziehen, sondern die Art und Weise betreffen, *wie* sie sich auf ihre Gegenstände beziehen. So bildet die *Art* der intentionalen Beziehung z. B. die Hinsicht von Brentanos Klassifikation der psychischen Phänomene in Vorstellungen, Urteile und Phänomene der Liebe und des Hasses.

Für Husserl ergibt sich von hier aus noch ein weiterer Schritt über Brentano hinaus, der eigentlich charakteristische seiner Phänomenologie. Wenn nämlich die wesentlichen Unterscheidungen der intentionalen Erlebnisse die Art betreffen, wie sie sich auf ihre *Gegenstände* beziehen, dann müssen ihnen auf der Gegenstandsseite korrelative Unterscheidungen entsprechen, die zwar nicht Unterscheidungen des immanenten gegenständlichen Inhalts sind, wohl aber der Gegenstände, sofern sie Gegenstände dieser Akte sind. Die Phänomenologie der intentionalen Erlebnisse ist überhaupt nur möglich bei gleichzeitiger Thematisierung der „intentionalen Gegenständlichkeit“ dieser Erlebnisse, d. h. der Gegenständlichkeit so wie sie von dem jeweiligen Akt gemeint ist. Diese gleichzeitige gegenständliche Ausrichtung macht erst den vollen Sinn der „Phänomenologie“ aus[16], so daß dieses Wort, das bei Husserl ursprünglich für die Lehre von den „Phänomenen“, d. h. den Erlebnissen steht[17], nun auch verstanden werden kann als die Lehre von den

---

15 An „den ursprünglichen Wortsinn von *actus*“ dürfe man dabei „nicht mehr denken“ (379). Aber auch der „aktuelle“ Vollzug soll nicht wesentlich zum Akt gehören, die aktuellen intentionalen Erlebnisse sind immer „von einem Hof von inaktuellen umgeben“ (Ideen 79). In den Ideen gebraucht Husserl daher wegen dieser Zweideutigkeit das Wort „Akt“ nur noch für das aktuelle intentionale Erlebnis, in dem sich das Ich ausdrücklich auf etwas richtet (206) und für den allgemeinen Begriff die Worte „cogito“ (§ 35) und vor allem „Noese“ (§ 85).

16 Er ist in den LU noch nicht so klar ausgebildet wie in den Ideen und besonders in der 1. Auflage terminologisch noch nicht berücksichtigt: „Phänomenologisch“ heißt hier noch fast ausschließlich die Analyse der Erlebnisse, vielfach sogar im Gegensatz zu der (faktisch bereits mitvollzogenen) Analyse ihrer gegenständlichen Korrelate. Vgl. LU II² 397 Anm.

17 Vgl. LU III 235 f. – Dieser merkwürdige Sprachgebrauch, wonach die Erlebnisse „Erscheinungen“ heißen (vgl. LU II 350, III 233 f.), geht offenbar auf Brentanos „psychische Phänomene“ zurück. In der Brentanoschule wurden diese auch einfachhin „Phänomene“ genannt (vgl. z. B. Twardowski S. 5). Bei Brentano kommt das Wort „Phänomenologie“ einmal im Titel einer Vorlesung vor

„Phänomenen", d. h. des gegenständlich Gegebenen im Wie seines Gegebenseins[18].

Abhebung gegen Brentano und Meinong

Der Ansatz bei der Intentionalität konnte es überhaupt nahelegen, alles, worauf sich intentionale Erlebnisse richten, als Gegenstand zu verstehen, so daß sich dann mehrere Klassen von Gegenständen unterscheiden lassen, innerhalb deren die realen Gegenstände nur eine unterste Schicht bilden. Eine Lehre dieser Art ist – teils vor, teils nach Erscheinen der LU – von *Meinong* ausgebildet worden. Verglichen mit Husserls Phänomenologie ist für Meinongs „Gegenstandstheorie" charakteristisch, daß sie die verschiedenen Aktarten zwar als Ausgangsbasis benützt um zu den verschiedenen Gegenstandsarten zu gelangen, diese dann aber absolut versteht, so daß „die den Gegenstand erfassenden Erlebnisse ... nicht etwa als für den Gegenstand irgendwie konstitutiv anzusehen sind"[19]. *Brentano* wiederum entwickelte, in dieser Schärfe erst in Reaktion auf Meinong und Husserl, eine Position, die derjenigen Meinongs genau entgegengesetzt ist: das einzige, worauf sich die Intentionalität richten kann, sind „Dinge", „Reales"[20]. Um diese Auffassung durchführen zu können, versucht Brentano alle anderen vermeintlichen Gegenständlichkeiten und gegenständlichen Unterscheidungen auf Unterschiede in der Bewußtseinsweise zu reduzieren[21]. Brentano und Meinong sind also in entgegengesetzter und jeweils einseitiger Weise den neuen Möglichkeiten nachgegangen, die die Konzeption der Intentionalität eröffnet hat: Brentano beschränkt den Gegenstand der Intentionalität auf ein Minimum, aber unterscheidet mannigfaltige Weisen der intentionalen Beziehung; Meinong unterscheidet mannigfaltige Gegenstandsarten, aber gibt ihnen ein „Sein" und „Außersein", das nicht auf die entsprechenden Bewußtseinsweisen verweist.

(„Descriptive Psychologie oder beschreibende Phänomenologie", also entsprechend Husserls ursprünglichem Gebrauch von „Phänomenologie" = deskriptive Psychologie), aber sonst scheinbar kaum, vgl. Spiegelberg I 27 Anm. 2. Für die sonstige Vorgeschichte des Terminus „Phänomenologie" vgl. Spiegelberg S. 8–19.

[18] Vgl. IdPhä 14, K 147 ff. So oder so hat „Phänomenologie" also bei Husserl immer einen spezifisch „subjektiven" Sinn und nie die Bedeutung einer gegenständlich gerichteten deskriptiven Wesensforschung wie für viele von Husserls Göttinger und Münchner Schülern.

[19] Meinong (1921) 102 f.

[20] Vgl. z. B. im Anhang zur 2. Aufl. der „Psychologie" den Abschnitt „Von den wahren und fiktiven Objekten", S. 158 ff.

[21] „Natürlich führt ... die Behauptung, daß all unser Denken nur Reales zum Gegenstande hat, dazu, eine viel größere Mannigfaltigkeit der psychischen Beziehungen anzunehmen, als wir es einst getan hatten" (Psychologie I S. L).

Die beiden Forschungsrichtungen schließen sich hier deswegen gegenseitig aus, weil beide Positionen gerade in demselben Vorurteil übereinkommen, daß jede gegenständliche Unterscheidung auch eine eigene Klasse von *Gegenständen* ausmacht, die dann ohne Rekurs auf die Intentionalität verstanden werden könnte. Das heißt aber, die Auffassung von „Gegenstand", die diesen intentionalen Theorien zugrundeliegt, ist selbst noch eine vor-intentionale. Sie verhindert Brentano, die gegenständlichen Unterscheidungen zuzulassen, die sich doch faktisch zeigen, und sie führt Meinong dazu, sie zu verdinglichen. Husserl hingegen versteht, was zum gegenständlichen Inhalt der Intentionalität gehört, von vornherein aus dieser selbst. So kann er sich einerseits wie Meinong unvoreingenommen der intentionalen Ausrichtung des Bewußtseins überlassen und die gegenständlichen Unterscheidungen zu erfassen suchen, die sich dabei zeigen, andererseits mit Brentano kritisch alle gegenständlichen Bestimmungen, die nicht „reale Prädikate" sind, von den entsprechenden Bewußtseinsweisen her verstehen; statt sie aber auf diese zu reduzieren, versucht er sie von ihnen her aufzuklären.

Gegen Husserl verliert also Brentanos nominalistische Argumentation ihre Schlüssigkeit[22], weil bei Husserl bereits eine andere Auffassung von Gegenständlichkeit vorliegt, die die Bewußtseinsweisen impliziert. Diese Auffassung hat freilich zur Folge, daß auch jene Klasse von Gegenständen, in deren Namen der Nominalismus die anderen Gegenständlichkeiten negiert, jetzt ihrerseits auf ihre „Konstitution" in Bewußtseinsweisen befragt wird. Das heißt nicht, daß Husserl alles Gegenständliche überhaupt der intentional-phänomenologischen Analyse unterwirft: ausgenommen bleibt aber nicht eine bestimmte Klasse von Gegenständen, die der realen, sondern nur diejenigen Bestimmungen innerhalb dieser Klasse, die in keinem spezifischen Korrelationsverhältnis zu bestimmten Bewußtseinsweisen stehen, also die „realen Prädikate", und die Bestimmung „realer Gegenstand" ist natürlich selbst kein reales Prädikat.

Von Meinong unterscheidet sich Husserl aber auch dadurch, daß er nicht von vornherein naiv voraussetzt, daß das volle gegenständliche Korrelat der Intentionalität immer selbst ein Gegenstand ist. Infolgedessen ergeben auch nicht die verschiedenen Bewußtseinsweisen stets verschiedene Gegenstandsklassen, sondern evtl. nur verschiedene *Gegebenheitsweisen* derselben Gegenstände oder gegenständlichen Korrelate. Und wo Husserl doch verschiedene Gegenstandsarten unterscheidet, führt die Frage nach ihrer „Konstitution" in Bewußtseinsweisen ebenfalls auf „Gegebenheitsweisen". Der Hinblick auf „Gegebenheitsweisen" ergibt sich noch nicht, wo verschiedene Bewußtseinsweisen unterschieden werden, und auch nicht, wo parallel mit

22 Das soll nicht heißen, daß man Husserls Lehre in ihrer faktischen Durchführung, die immer wieder zur Verdinglichung neigt, nicht im einzelnen mit Gewinn nominalistisch kritisieren könne, vgl. unten §§ 6 f.

ihnen verschiedene Gegenständlichkeiten unterschieden werden, hingegen ergibt er sich mit Notwendigkeit, wo die Gegenständlichkeiten im Rekurs auf die Bewußtseinsweisen – denn das heißt eben: im Rekurs auf die Art, wie sie uns gegeben werden – zur Aufklärung kommen sollen. Die Thematisierung der „Gegebenheitsweisen" ist daher innerhalb der Philosophie der Intentionalität im Vergleich zur psychologischen Position Brentanos und zur gegenstandstheoretischen Meinongs das eigentlich Neue und Charakteristische der Husserlschen „Phänomenologie".

Konsequenzen für das Wahrheitsproblem

Das ist nun aber für das Wahrheitsproblem von entscheidender Bedeutung. Zunächst bildet der Gesichtspunkt der Intentionalität überhaupt die Grundlage einer möglichen Wahrheitstheorie: leugnet man, daß Psychisches diese Eigentümlichkeit hat, etwas zu meinen, faßt man es als bloßen realen Bestand wie irgend ein natürlich Vorhandenes, dann kann man von seinen Zuständen oder Reaktionen nur sagen, daß sie vorkommen oder nicht, auch daß sie sich umweltlich passend oder unpassend vollziehen, hingegen wahr oder falsch können sie nur sein im Hinblick auf etwas, was sie meinen. Die ausdrückliche Herausstellung der Intentionalität durch Brentano bedeutete also für die Aufklärung des Wahrheitsbegriffs eine neue Chance.

Aber die Intentionalität als solche ist hier doch nur eine *conditio sine qua non*. Denken wir an normale Fälle, in denen im faktischen Leben die Rede von Wahr und Falsch aufkommt, dann können wir sagen: wäre uns das jeweils gegenständlich Gemeinte immer in gleicher Weise gegeben, dann hätten wir keine Veranlassung, nach Wahr und Falsch zu fragen. Nur weil wir die merkwürdige Möglichkeit haben, etwas zu meinen, das uns dennoch nicht „direkt" gegeben ist, und wiederum weil uns dieses selbe Gemeinte direkt gegeben sein *kann*, hat die Rede von Wahr und Falsch einen Sinn. Demnach scheint der Sinn von „Wahr" in einer eigentümlichen Differenz verschiedener möglicher *Gegebenheitsweisen derselben* Gegenständlichkeit zu gründen. Ist diese Überlegung richtig, dann ist innerhalb der Philosophie der Intentionalität Husserls „phänomenologische", auf die „Gegebenheitsweisen" gerichtete Fragestellung für das Wahrheitsproblem besonders disponiert.

Hingegen müßte sich die Einseitigkeit der Positionen von Brentano und Meinong in ihrer Wahrheitstheorie besonders auswirken:

Meinongs Wahrheitstheorie[23] läßt sich in folgende Sätze zusammenfassen: „Wahr" heißt ein „Objektiv" (ein Sachverhalt), das „tatsächlich" ist, wenn es zugleich als Gegenstand eines (wirklichen oder möglichen) Urteils gedacht wird[24]. Die

---

[23] Vgl. die vorzügliche Darstellung bei Findlay (1963), besonders S. 84 ff., 251 ff.
[24] Vgl. Meinong (1910) 93 f.

„Tatsächlichkeit", das „Bestehen" eines Objektivs ist „eine Grundeigenschaft, für die es keine Definition und ... auch keine Beschreibung gibt"[25]. Urteile, in deren Natur es liegt, die Wahrheit zu treffen, heißen evident[26]. Daß es unmittelbar evidente Urteile gibt, ist eine Erfahrungstatsache[27]. M. a. W.: die Evidenz wird lediglich als Faktum hingenommen, ihr Sinn einfach auf die Wahrheit bzw. Tatsächlichkeit des Sachverhaltes zurückbezogen und diese nicht weiter expliziert. Weil die Erklärung sich einseitig in Richtung auf das gegenständliche Korrelat bewegt und dieses daher auch nicht auf seine verschiedenen Gegebenheitsweisen befragt wird (vielmehr erscheint die Tatsächlichkeit wie eine objektive Eigenschaft), bleiben hier Wahrheit und Evidenz gleichermaßen unaufgeklärt.

Brentanos scharfsinnige Überlegungen zum Wahrheitsbegriff, die in ihren kritischen Partien manches enthalten, was auch gegen Husserl geltend zu machen wäre[28], verdienten nicht, mit Meinongs banaler Theorie zusammengestellt zu werden, wenn es nicht instruktiv wäre zu sehen, wie die Gegensätzlichkeit und Einseitigkeit in den Grundpositionen der beiden Philosophen zu einer ebensolchen Gegensätzlichkeit und beiderseitigen Unzulänglichkeit der Wahrheitstheorien führt.

Brentanos nominalistische Position verbietet die Anerkennung von „Sachverhalten". Die Wahrheit des Urteils kann also nicht in der Übereinstimmung mit einem „wirklichen Sachverhalt" bestehen[29]. Andererseits kann auch nicht von einer Übereinstimmung mit dem Realen gesprochen werden, worüber geurteilt wird: Bei negativen Existenzurteilen existiert das Reale ja gerade nicht, das wahre Urteil kann also auch nicht mit ihm übereinstimmen; womit sollte z. B. das Urteil „es gibt keinen Teufel" übereinstimmen[30]? Man muß vielmehr, so lautet das Ergebnis des Wahrheitsvortrags, die Übereinstimmung so verstehen: „Wahr sei ein Urteil dann, wenn es von etwas, was ist, behaupte, daß es sei; und von etwas, was nicht ist, leugne, daß es sei[31]." Handelt es sich aber hier nicht doch, so mag man fragen, um die Übereinstimmung zweier Sachverhalte, eines gemeinten und eines wirklichen? Für die Seite der Meinung kann dieser Einwurf Brentano nicht treffen: schon in der „Psychologie"[32] hat er alle Urteile auf Existenzurteile zurückgeführt, und der gegenständliche Gehalt des Urteils reduziert sich nun für ihn auf das (evtl. attributiv erweiterte) reale Ding, worüber geurteilt wird, während das Sein bzw. Nichtsein nur die Anerkennung oder Leugnung zum Ausdruck bringt, also zur Bewußtseinsweise gehört. Wie soll man aber die andere Seite, die der Wirklichkeit verstehen? Hier kann man doch, wie es scheint, das Seinsmoment nicht als eine Bewußtseinsweise erklären. Es ist offenbar diese Schwierigkeit, die Brentano später zu einer Revision führte, dergemäß er nun statt der obigen Erklärung sagt: Wahr ist ein Urteil, das „behauptet, was auch der evident Urteilende behaupten würde"[33]. Indem so auch die Seite der Wirklichkeit (das „wenn es ist") subjektiv als Möglichkeit eines evidenten Urteils interpretiert ist, wird die Rede von Sach-

---

25 a. O. S. 70 f.

26 Meinong (1921) 114.

27 Vgl. Meinong (1906) 30 ff., 47 ff.

28 Vgl. unten § 6 c. – Brentano hat seine Überlegungen zum Wahrheitsbegriff in einem Wiener Vortrag „Über den Begriff der Wahrheit" (1889) entwickelt und in späteren Stücken fortgesetzt, die zusammen mit dem Vortrag erst 1930 in dem Sammelband „Wahrheit und Evidenz" veröffentlicht wurden. So hat Husserl von Brentanos Wahrheitstheorie wohl nur wenig gekannt.

29 Vgl. Psychol. II 159 f. (Zusatz der 2. Aufl. von 1911).

30 „Wahrheit und Evidenz" S. 22, 134.

31 „Wahrheit und Evidenz" S. 24, Psychologie II 160 f.

32 II 56 f.; vgl. auch in den Zusätzen zur 2. Aufl. S. 164 ff.

33 „Wahrheit und Evidenz" S. 139.

verhalten (immer vorausgesetzt, daß man Brentano die fragwürdige Reduktion aller Urteile auf Existenzurteile zugesteht) vermeidbar.

Erst diese radikalere Erklärung entspricht Brentanos philosophischer Grundposition, der Reduktion aller nichtrealen gegenständlichen Differenzen auf verschiedene Bewußtseinsweisen. Bei einer solchen Bestimmung der Wahrheit im einseitigen Rekurs auf die Evidenz muß nun aber die Evidenz selbst unaufgeklärt bleiben und als eine bloße kuriose Erlebnisweise neben anderen hingenommen werden. Sie könnte nämlich ihrerseits zur Aufklärung nur kommen, indem gefragt würde, durch welche Gegebenheitsweise desselben gegenständlichen Gehaltes sich das evidente Urteil vom nichtevidenten unterscheidet. Aber einen solchen Rekurs auf den gegenständlichen Gehalt will ja Brentano mit seiner Erklärung gerade vermeiden, und die Unterscheidung verschiedener Gegebenheitsweisen ist ihm ohnehin unbekannt. Diese einseitig subjektive Erklärungsrichtung läßt also sowohl die Evidenz wie infolgedessen auch die Wahrheit letztlich ebenso unaufgeklärt wie die genau entgegengesetzte, einseitig objektive Erklärungsrichtung Meinongs.

Allerdings ist Brentanos Evidenzlehre, die ja schon längst vor dieser endgültigen Ausbildung seiner Wahrheitstheorie entwickelt worden war, faktisch besser als sie dieser Theorie zufolge sein dürfte. So wird die Frage, welche sachliche Struktur Evidenz ermöglicht, gerade in späten Abhandlungen faktisch doch beantwortet: Evidenz besteht sowohl bei „Identität des Erkennenden und Erkannten" (also bei der inneren Wahrnehmung) als auch, „wo eine Bestimmung in einer anderen enthalten ist" (in der „axiomatischen" Erkenntnis)[34], allgemein also bei Inklusionsverhältnissen, deren Negation „einen Widerspruch involvieren würde"[35]. Hier wird also *de facto* auf bestimmte formale Sachverhalte zurückgegriffen. Mit Nachdruck hat auch gerade Brentano schon früh, wie später Husserl[36], gegen die Auffassung von der Evidenz als einem „Gefühl der Nötigung" Einspruch erhoben und sie im Rückgang auf Descartes als eine eigentümliche „Klarheit" bezeichnet[37]. Die „evidenten" Urteile werden von den „blinden" unterschieden (a. O.). Wenn aber die spezifische „Notwendigkeit" der Evidenz nicht eine solche der psychischen Kausalität sein soll (a. O.), dann müßte sie, worauf ja auch das Wort „Klarheit" verweist, auf einer bestimmten Gegebenheitsweise ihrer intentionalen Gegenständlichkeit beruhen. Wo also Brentanos Evidenzlehre faktisch über die Grenzen seines nominalistischen Ansatzes hinausreicht, weist sie genau in die Richtung, in der dann Husserl weitergegangen ist. Tatsächlich hat Husserl, wie er selbst sagt[38], die für seine Wahrheitstheorie grundlegende Unterscheidung von signitiven (symbolischen, blinden) und anschaulichen Vorstellungen über Brentano rezipiert, nur daß bei Brentano diese Unterscheidung nicht zugleich als eine solche der Gegebenheitsweise verstanden war.

Die phänomenologischen Unterscheidungen

Der Überblick über die Wahrheitstheorien von Meinong und Brentano bestätigt gleichsam im Negativ die Notwendigkeit von Husserls Versuch,

---

[34] Vgl. „Vom sinnlichen und noetischen Bewußtsein" S. 6 und 9.

[35] „Wahrheit und Evidenz" S. 150.

[36] Vgl. unten § 5.

[37] „Vom Ursprung sittlicher Erkenntnis" Anm. 27 (S. 64–67); vgl. auch „Wahrheit und Evidenz" S. 141 f.

[38] „Philosophie der Arithmetik" S. 215 Anm. Vgl. auch „Erinnerungen an Franz Brentano" S. 157.

den Wahrheitsbegriff im Rückgang auf eigentümliche „Gegebenheitsweisen" zur Aufklärung zu bringen.

Welches sind nun diese Gegebenheitsweisen? Wenn allen Bewußtseinsweisen korrelative Gegebenheitsweisen entsprechen, dann lassen sich offenbar auf verschiedenen Betrachtungsebenen verschiedene Reihen von Gegebenheitsweisen unterscheiden, und die Frage ist: welche Reihe kommt für das Wahrheitsproblem in Betracht? Ferner zeigte sich schon, daß die Rede vom „Gegenstand" oder „gegenständlichen Inhalt" der Intentionalität durch die Berücksichtigung der verschiedenen Bewußtseinsweisen mehrdeutig wird, und zu fragen ist also auch: wie ist derjenige gegenständliche Gehalt zu bestimmen, der in der Wahrheitsfrage als „derselbe" den verschiedenen Gegebenheitsweisen zugrunde liegt? So ist also als erstes ein Überblick über die grundsätzlichen intentionalen – sowohl „subjektiven" wie „gegenständlichen" – Unterscheidungen erforderlich, die Husserl in der V. Untersuchung durchführt und die für die Ausbildung seiner Wahrheitstheorie den allgemeinen Rahmen abgeben. Wir berücksichtigen dabei auch schon die entsprechenden, z. T. tieferdringenden Bestimmungen der „Ideen".

Brentanos einfache Gegenüberstellung von Akt und Gegenstand erfuhr eine erste Differenzierung mit der Unterscheidung des *Aktinhaltes* neben dem Aktgegenstand durch Twardowski[39]. Aber dieser Begriff war noch so inadäquat und schillernd[40], daß er von Husserl nicht übernommen, sondern seinerseits sogleich weiter differenziert wurde: Husserl unterscheidet den *intentionalen Inhalt* vom *reellen Inhalt* der Akte (V. Untersuchung § 16).

Reeller Inhalt

Reeller Inhalt eines Erlebnisses ist alles, was in ihm „so enthalten" ist „wie im Ganzen seine Teile" und Momente (Ideen 242, 218, LU II 351, 397, 228). Ebenso gehört dann auch jedes Erlebnis seinerseits zum „reellen" Bestand des ganzen „Bewußtseinsstroms" (LU II 346–8). Reeller Inhalt ist also alles, was ein Erlebnis selbst „aufbaut" und mit ausmacht und meint einfach das, was das unqualifizierte Wort „Inhalt" bei jedem Gegenstand

---

39 Vgl. Twardowski (1894).

40 Vgl. Ideen 316. – Der „Inhalt" einer „Vorstellung" ist für Twardowski das „psychische Bild" des transzendenten Gegenstandes (a. O. S. 4, 9, 14 f.), also ein für Husserl ganz unakzeptabler Gedanke. Der „Inhalt" der „Urteile", die Twardowski mit Brentano nur als Existenzurteile versteht, ist die „Existenz" des beurteilten Gegenstandes (8 f.). Für Meinong, der den Begriff von Twardowski übernimmt, ist der Inhalt „jenes Erlebnisstück" der Vorstellung, „vermöge dessen sie gerade diesen Gegenstand hat und keinen anderen" (1921, S. 21, vgl. auch Ges. Abhandlungen II 381–5), gehört also zu Husserls „reellem Inhalt".

bedeutet (Ideen 218). Der Zusatz „reell"[41] wird bei intentionalen Erlebnissen deswegen erforderlich, weil sie (und nur sie) auch einen „Inhalt" in einem anderen Sinn haben, nämlich ihr „intentionales Korrelat" (Ideen 218), und das eben ist der *„intentionale Inhalt"* oder, wie Husserl in den Ideen sagt, das *„Noema"*.

Jedoch sind diese Begriffe nun ihrerseits mehrdeutig (LU II 399). Eine erste mögliche Bedeutung von „intentionalem Inhalt" ist der *intentionale Gegenstand* des Aktes (V. Untersuchung § 17).

Intentionaler Gegenstand

Jeder Akt hat *per definitionem* eine einheitliche Gegenständlichkeit (II 401). Bezieht er sich einheitlich auf mehrere Gegenstände, indem er sie in irgendeiner Weise (etwa der Konjunktion, der Prädikation usw.) in einem Zusammenhang vorstellt, so ist dieser Zusammenhang seine einheitliche Gegenständlichkeit. Das Vorstelligwerden einer solchen synthetischen Gegenständlichkeit setzt aber das Vorstelligwerden der ihr zugrunde liegenden Gegenstände voraus, der synthetische Akt ist daher in anderen Akten „fundiert", die die der Synthesis zugrunde liegenden Gegenstände vorstellig machen. Diese Unterscheidung eines fundierten Gesamtaktes und der ihn fundierenden „Teilakte" entspringt nicht einer primitiven Korrespondenzpsychologie, die allen realen Unterschieden entsprechende separate psychische Faktoren zuordnen zu müssen glaubt. Im Gegenteil: die synthetischen Gegenständlichkeiten, die sich hier ergeben (Mengen, Sachverhalte usw.) sind selbst keine realen Gegenstände mehr, sie ergeben sich nicht durch reale Aneinanderfügung realer Gegenstände, sondern bilden einen neuen Bereich „idealer" Gegenstände, deren synthetische Eigenart daher nur im Rekurs auf die entsprechenden synthetischen Fundierungsverhältnisse der Akte verständlich wird. Und das Verhältnis der Teilakte zu den fundierten Gesamtakten ist nicht ein Verhältnis von separaten Bestandteilen, sondern rein dynamisch zu verstehen, nämlich derart, daß ihre „Leistungen" (des Vorstelligmachens) für die „Gesamtleistung" des fundierten Aktes erforderlich sind und in sie einfließen (II 403). Die Rede von einer solchen Fundierung ist notwendig, weil sonst die Gegebenheitsweise und damit auch die Seinsart dieser Gegenstände von derjenigen der realen, sinnlichen Gegenstände, die in einem

[41] Husserl sagt „reell" und nicht „real", weil hier zwar die alte Idee der „realitas", des Sachgehalts, maßgebend ist, aber die Bedeutung der „Realität" im Sinn der „dinghaften Transzendenz" ausgeschaltet bleiben soll (LU II 399 Anm.). Was zum „reellen Erlebnisbestand" gehört, das gehört zu ihm gerade auch schon in der eidetischen und transzendentalen Betrachtung, die das Erlebnis nicht als Bestandteil der realen Welt auffaßt. Auch in der 1. Aufl. wird aus diesem Grund (vgl. LU II[1] 375 Anm.) meist schon „reell" statt „real" gesagt, aber die Terminologie ist hier noch nicht streng durchgeführt (vgl. z. B. II[1] 326 f.).

schlichten Akt vorstellig werden, nicht zu angemessener Unterscheidung käme. Auch die Gegenstände der äußeren Wahrnehmung werden uns nämlich nach Husserls Auffassung nur in einer Synthesis zugänglich, aber diese Synthesis ist nicht eine solche von Gegenständen und daher auch nicht in eigenen Akten fundiert, sondern eine Synthesis von nicht selbst vergegenständlichten Abschattungen und Aspekten eines Gegenstandes[42].

Intentionaler Sinn

Der volle intentionale Inhalt eines Aktes erschöpft sich nun aber nicht in seinem intentionalen Gegenstand. Vielmehr faßt jeder Akt seine Gegenstände in einer bestimmten „Weise" auf. Man muß daher unterscheiden zwischen dem „Gegenstand, *welcher* intendiert ist" und dem „Gegenstand, *so wie* er intendiert ist" (LU II 400), zwischen dem „Gegenstand schlechthin" und dem „Gegenstand im Wie seiner Bestimmtheiten" (Ideen § 131).

Eine entsprechende Unterscheidung ergab sich schon auf einer anderen Ebene in der I. Untersuchung (§ 12). Dort wurden die Gegenstände nicht primär aus der Perspektive der sie meinenden *Akte,* sondern aus derjenigen der sie bezeichnenden sprachlichen *Ausdrücke* betrachtet. Auch jeder Ausdruck erschöpft sich nicht darin, daß er „sich auf irgendwelche Gegenstände bezieht", er hat auch eine *Bedeutung.* Gegenstand und Bedeutung eines Ausdrucks fallen nicht zusammen. Zwei Namen z. B. „können Verschiedenes bedeuten, aber dasselbe nennen. So z. B. ‚der Sieger von Jena' – ‚der Besiegte von Waterloo'; ‚das gleichseitige Dreieck' – ‚das gleichwinklige Dreieck'" (II 47). Aber auch bei ganzen Sätzen muß man dieselbe Unterscheidung machen: „Satzpaare der Art wie ‚a ist größer als b' und ‚b ist kleiner als a' ... sagen offenbar Verschiedenes aus", haben also eine verschiedene Bedeutung, sie „drücken aber dieselbe Sachlage aus" (II 48)[43].

Dasjenige nun, was aus der Perspektive des Ausdrucks dessen *Bedeutung* ist, nennt Husserl in den LU aus der Perspektive des Aktes dessen *Materie* (II, 411–16) oder auch den „Sinn der gegenständlichen Auffassung" (416) und in den Ideen daher passender schlichtweg den *Sinn* des Aktes (§§ 129

[42] Zu diesem Absatz vgl. V. Unters. §§ 17 f. und VI. Unters. §§ 46 f. Die obigen Erklärungen sind nur vorläufig, da die angemessene Unterscheidung der idealen (kategorialen) von den realen (sinnlichen) Gegenständen erst auf einer tieferen Problemebene unter Berücksichtigung der intuitiven Akte möglich wird, vgl. unten § 6 b. Zu den fundierten „Gegenständen höherer Ordnung" vgl. auch schon „Philos. d. Arithm" S. 70 ff. und Meinongs „Über Gegenstände höherer Ordnung und deren Verhältnis zur inneren Wahrnehmung" (1899), Ges. Abh. II 377 ff.

[43] Husserl knüpft hier offensichtlich an Frege (1892) an, übernimmt aber nicht Freges merkwürdige Terminologie („Bedeutung" = Husserls „Gegenstand", „Sinn" = Husserls „Bedeutung") und auch nicht seine Auffassung, daß der Gegenstand einer Aussage ihr Wahrheitswert sei.

–131)[44]. Darin liegt ein entscheidender Schritt über Brentano und Meinong hinaus: Zwar richtet sich jeder Akt „durch" seinen Sinn immer auch auf einen oder mehrere Gegenstände (Ideen 316), aber das volle Korrelat der Intentionalität, das, „wovon" der Akt ein „Bewußtsein" hat, ist nicht ein Gegenstand, sondern *Sinn* (Ideen 218 f.).

Für diese Einsicht, daß man das volle Korrelat des Aktes nicht als seinen Gegenstand verstehen kann, war neben der angegebenen Differenz zwischen Gegenstand und Bedeutung noch ein anderer Gesichtspunkt für Husserl maßgebend. In allen synthetischen Akten stellen wir nämlich den sich in ihnen konstituierenden einheitlichen Sinn gerade nicht „gegenständlich" vor. Bei einem prädikativen Urteil z. B. ist der Gegenstand, auf den wir in diesem Akt gerichtet sind, nicht der sich in ihm konstituierende Sachverhalt, sondern das Urteilssubjekt (LU II 103); ebenso sind wir im Vollzug eines kollektiven Aktes auf die zu kolligierenden Objekte gegenständlich gerichtet, nicht auf die sich in diesem Akt konstituierende Menge. Gegenständlich gerichtet sind wir im Vollzug eines fundierten Aktes also immer nur auf die Gegenstände der fundierenden Akte. Allerdings besteht nun stets die Möglichkeit, sich auf das synthetisch Konstituierte in einem zweiten, „monothetischen" Akt zurückzubeziehen und es sich „in einer einstrahligen Thesis einfach *gegenüberzustellen*", so daß uns das Gemeinte jetzt „im prägnanten Sinn gegenständlich" wird (LU II 473 f., 481 f., Ideen § 119, FTL 100). Sprachlich drückt sich diese Vergegenständlichung darin aus, daß wir das Gemeinte *nennen*. Husserl bezeichnet daher diese äquivalente, aber nicht identische Umformung auch als „Nominalisierung" (LU II 482). Ein Name ist ein Ausdruck, der „die einfältige Subjektfunktion in einer Aussage ausfüllen" kann (463), und so ergibt sich nun auch ein präziser Begriff von „Gegenstand", nicht mehr als das Korrelat der Intentionalität, sondern als Subjekt möglicher Prädikationen (II 125, Ideen § 3). Die Möglichkeit der nominalisierenden Vergegenständlichung erstreckt sich nicht nur auf die

[44] Zwar können wir das Wort „Sinn" ebensogut auf den Ausdruck beziehen wie auf den Akt: wir können von der Bedeutung und vom Sinn eines Ausdrucks sprechen und meinen beidemal dasselbe (LU II 52 f.). Aber das Wort „Bedeutung" paßt nur zu den Ausdrücken, nicht zu den Akten.
Daß ein Ausdruck eine Bedeutung hat und ein Akt einen Sinn, sind nicht einfach analoge Verhältnisse, sondern daß die „physische Zeichenerscheinung" überhaupt eine Bedeutung gewinnt und dadurch zu einem „Ausdruck" wird, *gründet* darin, daß sie ein Akt so auffaßt, daß er ihr zugleich eine Bedeutung „verleiht" (I. Unters. §§ 9 f., V. Unters. § 19). Diese Bedeutung, die der Akt dem Ausdruck gibt, ist natürlich nichts anderes als sein eigener Sinn. Von daher kann dann rückläufig von dem Akt als einer „Bedeutungsintention" gesprochen werden.
Keine Bedeutung also ohne Sinn. Hingegen gilt das Umgekehrte nicht: ein Akt braucht sich nicht in einem Ausdruck und damit einer Bedeutung zu artikulieren. In den LU, die ja von der „logischen" Problematik bestimmt sind, bleibt aber der Gesichtspunkt der Bedeutung im Vordergrund. Hingegen tritt er in den Ideen ganz zurück (vgl. dort die freilich recht unbefriedigenden §§ 124–6).

synthetischen Sinne im ganzen, sondern auch auf die in ihnen ungegenständlich mitfungierenden Bedeutungen, insbesondere die der Prädikate (Ideen § 119, FTL 100). So sagen wir z. B. im ursprünglichen Vollzug eines Urteilssinns: „Der Strauch ist rot", und monothetisch nominalisierend: „Daß der Strauch rot ist (wird ihn freuen)" oder einfach „Das (wird ihn freuen)", und im anderen Fall: „Seine Röte (ist bezaubernd)" oder wiederum „Der rote Strauch ...". Diese Beispiele zeigen zugleich, daß die Vergegenständlichung immer dann erforderlich ist, wenn das Konstituierte seinerseits als Beziehungsglied für eine höhere Synthesis fungieren soll (LU III 157). Der volle intentionale Inhalt eines Aktes wird also normalerweise erst in einem zweiten Akt gegenständlich, dessen eigener intentionaler Inhalt wiederum selbst zunächst nicht gegenständlich „im prägnanten Sinn" ist. Und weil in der einstrahligen Vorstellung die Synthesis nur noch impliziert, nicht vollzogen ist, ist die ungegenständliche Form stets die „ursprünglichere", auf die man zurückgehen muß, wenn man den Sinn der nominalen Form „realisieren" will (II 469 f., 473 f., 482). Weil aber andererseits „bei allen Synthesen ... die fundamentale Operation der Nominalisierung möglich" ist (482), nennt Husserl oft auch das volle intentionale Korrelat des Aktes seinen „Gegenstand" (z. B. II 402 und passim) oder auch – häufiger und weniger mißverständlich – seine „Gegenständlichkeit" (z. B. II 401 und passim).

Die beiden Unterscheidungen von Sinn (Bedeutung) und Gegenstand, wie sie sich aus dieser letzten Gedankenreihe ergibt und wie sie vorher entwickelt wurde (S. 35 f.), sind von Husserl allerdings nicht zusammengebracht worden und kongruieren offensichtlich nicht[45]. Husserl ist also bei der Unterscheidung zwischen Sinn und Gegenstand nicht zu voller Klarheit gekommen, und das wird sich auch auf das Wahrheitsproblem unvorteilhaft auswirken. Insbesondere mußte für ein Denken, das von der Dualität

[45] Die Differenz zeigt sich besonders deutlich bei den Urteilen: so ist z. B. der Gegenstand des Urteils ‚a ist größer als b' nach der ersten Auffassung „dieselbe Sachlage", die auch das Urteil ‚b ist kleiner als a' zum Ausdruck bringt (oben S. 35 f.), während nach der zweiten Auffassung der Gegenstand lediglich das a ist, oder a und b. Ferner bestünde zufolge der zweiten Auffassung keine Notwendigkeit, auch bei nominalen Akten zwischen Sinn und Gegenstand zu unterscheiden. Dieser Unterschied wird aber von Husserl mit Recht festgehalten. In den Ideen wird der Gegenstand von seinem Sinn als „das pure X in Abstraktion von allen Prädikaten" unterschieden (§ 131). Diese Erklärung (deren merkwürdige Deutung bei Theunissen [1963] S. 349 doch wohl zu spekulativ ist), entspricht der ersten Auffassung, aber paßt nun wieder nur auf die nominalen Akte der untersten Ebene, während Husserls Behauptung, daß sich dieselbe Erklärung auch auf die Gegenständlichkeit eines synthetischen Aktes übertragen läßt (S. 322 f.), unexpliziert bleibt und nur schwer nachvollziehbar ist. Andererseits findet sich in den Ideen auch die zweite Auffassung (§ 119), und es ist diese zweite Unterscheidung zwischen Bedeutung und Gegenstand, die sich bei Husserls Konzeption zweier paralleler formallogischer Disziplinen, einer formalen Apophantik und einer formalen Ontologie (Gegenstandslehre) durchgesetzt hat (vgl. Ideen 295, 362 f., FTL 2.–4. Kap., besonders § 42).

Bewußtsein–Gegenstand ausgegangen war, die Frage nach dem eigentümlichen Status dieses Zwischenreichs der Sinne schwierig werden. So kam es in der I. Untersuchung (§ 31) zu der merkwürdigen Auffassung, die Bedeutung sei die Spezies des entsprechenden Aktes und verhalte sich also „zu den jeweiligen Akten des Bedeutens ... wie etwa die Röte in specie zu den hier liegenden Papierstreifen, die alle diese selbe Röte ‚haben'" (II 100). Diese Auffassung überträgt sich dann auch in der V. Untersuchung auf den Begriff der Aktmaterie (des Sinnes) wie auch auf die noch folgenden Bestimmungen der Setzungsqualität und des „intentionalen Wesens". Die Materie ist „dasjenige *im Akte*", was ihm die Beziehung auf den Gegenstand im Wie seiner Bestimmtheit verleiht (II 415). Demnach wäre also z. B. ein Sachverhalt nichts anderes als das in „ideierender Abstraktion" gewonnene Wesen des Urteilsaktes (vgl. II 103). Diese Auffassung ist offenbar nicht zu halten, weil wir sehr wohl das Wesen des Aktes von dem (freilich korrelativen) intentionalen Inhalt zu unterscheiden vermögen und dem einen und anderen andersartige Prädikate beilegen. Latent hat Husserl durch die Unterscheidung des intentionalen Inhalts vom reellen Inhalt diese Auffassung in der V. Untersuchung bereits überwunden, sie wirkt sich aber auch noch in der Wahrheitsproblematik der VI. Untersuchung störend aus. Scharf zurückgewiesen wird sie in den Ideen (234, 314 f.), wo nun das Begriffspaar Noesis–Noema eine durchgängig korrelative Problematik ermöglicht. In der Terminologie der Ideen sind in den LU die „noematischen" Unterscheidungen noch fälschlich als „noetische" verstanden worden (a. O.). Mit dem „Noema" ist ein Begriff gewonnen für jenes quasi-Gegenständliche des Sinns, ein Begriff, der allerdings wiederum die umgekehrte Gefahr enthält, die Differenz zwischen Sinn und Gegenstand zu verwischen. Gegenüber jener Subjektivierung und dieser Objektivierung müßte das Wesen des „Sinns" offenbar funktional verstanden werden, und eben in diese Richtung weist auch das recht verstandene Begriffspaar Noesis und Noema, deren Zusammenhang Husserl nicht als das sich spiegelnde Gegenüber eines subjektiven und eines objektiven Gehaltes versteht, sondern „funktional" als konstituierendes Leisten und konstituiert Geleistetes. Dieser Auffassung entspricht de facto auch schon die Konzeption der LU (oben S. 36): *Sinn* ist die Spezies nicht der konstituierenden Leistung, sondern des konstitutiv Geleisteten als Geleisteten, das erst in der nachträglichen Nominalisierung zum „Gegenstand" wird (vgl. LU II 473, 482, Ideen 294, FTL 100).

Übergang zu den Gegebenheitsweisen

Die intentionalen Gegenstände bilden nur „ein innerstes Moment des Noema", das stets von einem „Sinn" umgriffen ist (Ideen 318). Aber auch der intentionale Sinn bildet nur eine „notwendige Kernschicht" des ganzen Noema, „in der weitere Momente wesentlich fundiert sind" (223, 323). Indem durch den Sinn „nicht nur das Gegenständliche überhaupt, welches der Akt meint, sondern auch die Weise, in welcher er es meint, fest bestimmt ist" (LU II 415), ist jetzt aber die gesamte gegenständliche Beziehung eines Aktes umgrenzt, d. h. alles, was sich in einer Beschreibung erfassen läßt, die „alle ‚subjektiven' Ausdrücke vermeidet" (Ideen 319). Damit ist die Frage nach dem allgemeinsten Charakter des gegenständlichen Gehalts, der in der Wahrheitsfrage als ‚derselbe' den verschiedenen Gegebenheitsweisen zugrunde liegt (oben S. 33), beantwortet (vgl. LU III 64). Die Wahrheitsfrage betrifft nicht Gegenstände, sondern Sinn, der freilich seinerseits auf Gegenstände bezogen ist.

Der Sinn als der „Gegenstand im Wie" gründet selbst bereits in einem ersten Typus von Bewußtseins- bzw. Gegebenheitsweisen, der in sich wiederum mehrfach unterteilt ist: es sind jene verschiedenartigen Synthesen, in denen sich einerseits die sinnlichen Gegenstände, andererseits die fundierten Gegenständlichkeiten „konstituieren" (oben S. 34 f.). Aber was sich in diesen Gegebenheitsweisen konstituiert, läßt sich dann rein objektiv beschreiben. Von ihnen unterscheiden sich die Bewußtseinsweisen im engeren Sinn, in denen sich zwar auch korrelative noematische Momente konstituieren, die aber nicht mehr zum gegenständlichen „Sinn" gehören, sondern diesen nun seinerseits weiter qualifizieren.

Zwei Reihen solcher Bewußtseinsweisen werden in den Ideen besonders hervorgehoben, und in den LU sind es die einzigen, die besprochen werden: einerseits die Setzungsqualitäten, andererseits die Gegebenheitsweisen im prägnanten Sinn: die Weisen der intuitiven Fülle. Beide Reihen gehören notwendig zum vollen intentionalen Inhalt bzw. Noema. Beide sind auch für das Wahrheitsproblem in jeweils verschiedener Weise wichtig.

Die Setzungsqualitäten

Husserl gebraucht in den LU für den gegenständlichen Sinn das Wort *Aktmaterie*, wegen seines komplementären Verhältnisses zu dem, was er die *Aktqualität* nennt (V § 20). Qualitäten heißen die verschiedenen Weisen, sich auf ein und denselben gegenständlichen Inhalt zu beziehen, in der Art der bloßen Vorstellung, der Gewißheit, der Vermutung, des Zweifels, der Frage, der Freude, des Wunsches usw. „Jede Qualität ist mit jeder gegenständlichen Beziehung zu kombinieren" (II 413), und zu jedem Akt gehört notwendig sowohl Materie wie Qualität (416 f.).

Zur näheren Charakteristik halten wir uns an die „Ideen", in denen die Lehre von den Qualitäten erweitert und vertieft worden ist. In den LU wird noch nicht sichtbar, was sie zu einer einheitlichen Gattung verbindet. Außerdem werden sie noch, ebenso wie die Materie (oben S. 38), einseitig noetisch verstanden.

In den Ideen wird zunächst eine Gruppe dieser Qualitäten für sich herausgehoben, die als „doxische" oder „Glaubenscharaktere" bezeichnet werden (§ 103) und auch schon in den LU als „objektivierende" Akte von denjenigen des Fühlens und Wollens unterschieden worden waren (V. Unters. §§ 37, 41). Den doxischen Charakteren entsprechen jetzt aber auf der noematischen Seite korrelative „Seinscharaktere": der schlichten Glaubensgewißheit entspricht das schlichte Sein („gewiß oder wirklich seiend"), der Anmutung das „Möglich", der Vermutung das „Wahrscheinlich", der Frage das „Fraglich", dem Zweifel das „Zweifelhaft" (§ 103). Diese Gruppe findet nun dadurch einen wesentlichen Zusammenhang, daß sich alle anderen Charaktere als Modifikationen des schlichten Seinscharakters erweisen, indem sie sich alle auf ihn zurückbeziehen: „Das ‚möglich' besagt in sich selbst so viel wie ‚möglich seiend'" usw. (§ 104). Das Sein ist also die „Urform", und ebenso ist die schlichte Gewißheit die „Urdoxa". Eine neuerliche Modifikation aller Glaubenscharaktere ist die Verneinung, deren „noematische Leistung" die „Durchstreichung" ist, das „nicht" (§ 106). Die Möglichkeit der Negation offenbart den Grundcharakter der Urdoxa, nämlich „Position" zu sein: „Thesis"[46].

Das Sein ist aber der Urmodus auch noch in einem anderen Sinn (§ 105). Bei den Seinsmodalitäten zeigt sich nämlich dieselbe Möglichkeit der nachträglichen Vergegenständlichung wie bei den synthetischen Sinngehalten (oben S. 36 f.). In einem ursprünglichen Möglichkeitsbewußtsein z. B. sind wir auf den Möglichkeitscharakter selbst nicht gegenständlich gerichtet: wir „leben" in dem Möglichkeitsbewußtsein, ohne den Charakter, den wir dabei dem gemeinten Sinn konstituierend zuerteilen, selbst zu thematisieren. Eine derartige Umformung ist aber wiederum immer möglich: wir richten uns dann auf das Gemeinte *als mögliches*, prädizieren von ihm das Möglichsein. Dann ist uns aber die Möglichkeit ihrerseits als *seiend* gegeben (wir sagen: „es *ist* möglich"), und das Bewußtsein *von* der Möglichkeit ist seinerseits schlichte Glaubensgewißheit. Was sich als Gegenständlichkeit im prägnanten Sinn konstituiert, ist also immer ein „Seinsobjekt". Die Möglichkeit dieser (nicht identischen, aber äquivalenten) Umformung zeigt nun, daß *alle* Seinsmodalitäten (auch die Negation) potentiell *Positionen* sind: Sie alle haben thetischen Charakter (vgl. Ideen S. 278 f.).

---

[46] In EU (§§ 21, 67) wird die Negation richtiger *zwischen* das schlichte Sein und die Modalitäten gestellt: die Modalitäten haben ihren Ursprung in der Möglichkeit der Negation (vgl. auch FTL 113). In jedem Fall bleibt aber für Husserl die Negation eine Modifikation der Position und ist dieser nicht gleichgeordnet (EU § 72) (vgl. dazu kritisch Henrich [1958] S. 22). Gleichgeordnet mit der Negation ist hingegen die „Affirmation", das „unterstreichende" „Ja" (Ideen § 106, EU § 21 d).

Dieser zweite Sinn, in dem die doxischen Modalitäten auf die Urdoxa zurückweisen, ist nun aber deswegen so bedeutsam, weil dieselbe Möglichkeit der Umformung auch bei den nichtdoxischen Qualitäten besteht, bei den Akten der „Gemüts- und Willenssphäre" (237). Diese Qualitäten weisen natürlich nicht in dem ersten Sinn auf die Urdoxa zurück, sie sind daher eben keine Glaubensmodalitäten, sondern grundsätzlich „neue Charaktere", in denen sich eine „total neue Sinnesdimension" konstituiert (§ 116). Da sie aber auch Aktcharaktere sind, sich also auf Gegenstände beziehen, sind sie darauf angewiesen, daß ihnen ihre Gegenstände zunächst einmal in objektivierenden Akten vorstellig werden; die nicht-doxischen Akte sind daher, wie auch schon die LU lehrten (V. Unters. § 41), in doxischen Akten „fundiert". Nun umgreift aber die Urdoxa diese nicht-doxischen Qualitäten ebenso wie die doxischen Modalitäten (§§ 116 f.): auch hier lassen sich die ursprünglich konstituierenden Akte in vergegenständlichende umformen. Sind wir zuerst etwa in der *Weise* des Gefallennehmens auf etwas gerichtet, so können wir nachträglich das „gefällig" auch als *seiend* von dem Gemeinten objektivierend prädizieren, wodurch sich nun neue „Seinsregionen" (290), die „Wertobjektivitäten" (238) konstituieren. Das noematische Konstituierte ist nun wiederum seinerseits in der Weise der schlichten Glaubensgewißheit gegeben (258 f.). Daraus folgt aber, daß alle Qualitäten zu einer einheitlichen Gattung gehören, eben der der *Position* (Thesis, Setzung), die in der Umformung in die Urdoxa nur aktualisiert wird (§ 117). Sämtliche Qualitäten erweisen sich als Setzungscharaktere. Daß auch die nicht-doxischen Qualitäten *Setzungen* sind, zeigt sich auch daran, daß sie (und nicht erst wenn sie vergegenständlicht werden) denselben Modalitäten unterworfen sind wie die Doxa (289 f.).

Nur eine einzige quasi-Qualität ist nicht positional: die sogenannte „Neutralitätsmodifikation" (§§ 109–115). Diese besteht darin, daß wir einen Akt genauso vollziehen wie es seine Materie und Qualität verlangen, nur mit dem Unterschied, daß wir seine Setzung nicht mitvollziehen, uns nur hineindenken, die Thesis dahingestellt sein lassen (§ 109). Diese Modifikation ist offensichtlich bei allen doxischen Modalitäten ebenso möglich wie bei der Urdoxa. Die Umformbarkeit auch der nicht-doxischen Modalitäten in die Urdoxa zeigt aber, daß diese Möglichkeit auch hier besteht und somit die gesamte Bewußtseinssphäre umfaßt (§§ 114, 117)[47].

---

[47] Zum besseren Verständnis von Husserls Lehre von den Qualitäten und der Neutralitätsmodifikation mögen einige historische Erläuterungen dienlich sein.
Von der philosophischen Tradition, besonders etwa von Kant, unterscheidet sich Husserl dadurch, daß die Klassifikation der fundamentalen Bewußtseinsarten bei ihm nur ein abstraktes Moment der Akte betrifft, das bei allen Akten durch das generisch einheitliche Komplement der „Materie" ergänzt wird. Dieser Auffassung liegt die von Brentano übernommene Überzeugung zugrunde, daß auch Gefühl und Wille aus ihrem Verhältnis zu vorgestellten Gegenständen

Die Modifizierbarkeit aller Positionalität in Neutralität läßt das eigentümliche Wesen des Positionalen deutlicher hervortreten. Auch in der Neutra-

---

verstanden werden müssen. Aber bei Brentano wird diese allen Aktarten gemeinsame gegenständliche Beziehung nicht als ein abstraktes Moment der Akte selbst verstanden, sondern als ihr Fundament: sowohl den Urteilen wie den „Phänomenen der Liebe und des Hasses" liegen „Vorstellungen" zugrunde. Dieses Fundierungsverhältnis übernimmt Husserl zwar für die Akte der „Gemüts- und Willenssphäre", leugnet es aber für die Urteile. Urteile sind bei Brentano nicht durch ihren Inhalt, sondern ausschließlich durch ihre Setzungsweise charakterisiert: im Urteil wird derselbe Inhalt (Gegenstand), der in der Vorstellung nur vorgestellt wird, in seinem Sein anerkannt oder geleugnet. Demnach gibt es für Brentano Akte, die gar keinen Setzungscharakter und nur einen gegenständlichen Inhalt haben, und wiederum andere, die nur aus dem Setzungscharakter bestehen. Demgegenüber versteht Husserl (V. LU 3. Kap.) das Nichtsetzen des „bloßen Vorstellens" nicht als das bloße Fehlen von Setzung, sondern als eine Modifikation des Setzungscharakters selbst, so daß nun auch die bloßen Vorstellungen neben ihrem gegenständlichen Inhalt einen Setzungscharakter erhalten. Gegenständlicher Inhalt und Setzungscharakter können jetzt nicht mehr auf zweierlei Akte verteilt werden, sondern sind abstrakte Momente, die zu jedem Akt gehören. So kommt es zu der Unterscheidung von Materie und Qualität.
Brentanos Auffassung, daß *jede* Vorstellung einer Setzung fähig ist, daß also für die Möglichkeit einer Setzung nicht eine besondere (synthetische) gegenständliche Form erforderlich ist, wird jedoch von Husserl übernommen, nur daß Husserl nicht mehr jede Setzung „Urteil" nennt, sondern hier wieder der traditionellen Auffassung vom synthetischen Charakter der Urteile folgt (V. LU 4. Kap.). So ergeben sich jetzt neben den Urteilen als synthetischen Setzungen auch eingliedrige, „nominale" Setzungen. (Z. B. ist für Husserl jede Wahrnehmung ein eingliedriger setzender Akt im Unterschied zu einem Akt der bloßen Phantasie (LU II 465), wie auch für Brentano jede Wahrnehmung ein Urteil war.) Der Unterschied zwischen „Vorstellung" (im Sinn eines nominalen Aktes) und „Urteil" (im Sinn eines propositionalen Aktes) ist jetzt ein bloßer Unterschied der „Materie", der sich mit dem qualitativen Unterschied in setzende und nichtsetzende Akte kreuzt (II 481). So wird Brentanos Auffassung der Urteile als einer eigenen Grundklasse der Akte wieder aufgegeben, während der Unterschied zwischen setzenden und nichtsetzenden Akten keine eigenen Klassen begründet und sich schließlich in den „Ideen" auf alle Akte überhaupt erstrecken kann, weil die Nichtsetzung für Husserl keine eigene Qualität ist, sondern nur die Neutralisierung einer Qualität.
Die fundamentale Relevanz, die der Begriff der Thesis bei Husserl gewinnt, hat also historisch ihren Grund darin, daß diesem Begriff erstens schon bei Brentano als Unterscheidungsmerkmal der Urteile ein besonderes Gewicht zukam, und daß er nun zweitens, indem er bei Husserl gerade diese Charakteristik wieder verliert, für eine universale Bedeutung gleichsam frei wird. Dabei kehrt sich auch gegenüber Brentano das Verhältnis zwischen Setzung und Nichtsetzung um: für Brentano war ein nichtsetzender Akt die Voraussetzung für den setzenden; für Husserl ist umgekehrt der nichtsetzende Akt nur die Modifikation des entsprechenden setzenden Aktes.
Die Auffassung, daß auch die eingliedrigen Vorstellungen entweder setzend oder als neutralisierte quasi-setzend sind, hat natürlich große Schwierigkeiten, die sich insbesondere beim Wahrheitsproblem bemerkbar machen müssen (vgl. unten § 5).

lität ist ja die Positionalität irgendwie da, in ihrer bestimmten Qualität aufgenommen, nur nicht „vollzogen". Was bedeutet nun dieser Vollzug der Thesis? Er ist, sagt Husserl, eine *Stellungnahme* (282, 287). Jedes nicht neutralisierte intentionale Erlebnis hat demnach sein Gemeintes nicht einfach vor sich, sondern „verhält" sich dazu in dem prägnanten Sinn, daß es zu ihm so oder so Stellung nimmt. Diese Notwendigkeit der Stellungnahme setzt offenbar voraus, daß das spezifische Korrelat der Setzung (also das Sein und seine Modalisierungen bzw. das Wertsein usw.) dem Akt nicht ohne weiteres in dem gegenständlichen Sinn mit vorgegeben ist, und d. h.: daß der gegenständliche Sinn selbst *als* der, als welcher er gesetzt wird (als seiender usw.), dem Akt nicht ohne weiteres selbst gegeben ist. In der Stellungnahme geht der Akt über den gegenständlichen Sinn, wie er uns als gemeinter vorgegeben ist, hinaus. In der Setzung wird sein Sein (bzw. Nichtsein, Möglichsein usw.) nur behauptet, prätendiert. Diese „Prätention" ist es, was in dem neutralisierten Akt fehlt (266 f.).

Eine „Prätention" ist wesensmäßig „rechtmäßige" oder „unrechtmäßige" und verweist damit in eine Dimension ihrer möglichen „Rechtfertigung", an der sie sich „ausweisen" muß (§ 136). Die Rechtmäßigkeit einer intentionalen Thesis macht nun in Husserls Terminologie ihren „Vernunftcharakter" aus (a. O.). Aus diesem Grund (vgl. S. 210, 212 f.) wird in den Ideen für alle Akte überhaupt der Terminus „Noesis" gewählt: denn das eigentliche Wesen der Intentionalität, die „intentio", wird jetzt in der „Stellungnahme" gesehen (287), und diese *ist* zwar nicht Vernunft, aber der Vernunft wesensmäßig bedürftig, als Prätention auf Ausweisbarkeit angewiesen.

Materie und Qualität eines Aktes zusammengenommen nennt Husserl in den LU das „intentionale Wesen" des Aktes (II 417). Damit ist neben dem intentionalen Gegenstand und dem intentionalen Sinn (der Materie) eine dritte Bedeutung von „intentionalem Inhalt" gewonnen (II 399). Husserl spricht vom *intentionalen Wesen*, weil zwei Akte in ihrer gegenständlichen Intention in ihrem Wesen *dieselben* sind, wenn sie sowohl gleiche Materie wie gleiche Qualität haben (II 418 f.). Materie und Qualität bestimmen die „Spezies", das Wesen eines Aktes, d. h. sie eignen ihm nicht als diesem individuellen, sondern als zugehörig zu einer offenen Unendlichkeit *möglicher* Akte, die alle denselben gegenständlichen Sinn und denselben Setzungscharakter haben.

In den LU wird also die Einheit von Materie und Qualität, wie schon die Materie für sich (oben S. 38), einseitig noetisch verstanden[48]. In den Ideen

[48] Das intentionale Wesen ergibt sich durch „ideierende Abstraktion" aus dem entsprechenden Akt (II 417).
Hier ist auch der Ort, eine terminologische Ungenauigkeit zu korrigieren, die sich in der bisherigen Darstellung (oben S. 35) nicht gut umgehen ließ. Die „Bedeutung" eines Ausdrucks ist nämlich nicht mit dem gegenständlichen Sinn identisch, sondern umfaßt auch die Qualität. Sie wird daher von Husserl mit

wird daher zur Bezeichnung des einheitlichen noematischen Korrelats ein neuer Begriff eingeführt: „die Einheit von Sinn und thetischem Charakter" heißt *Satz* (§ 133)[49].

Dem vollkommenen Vernunftcharakter einer Urdoxa entspricht nun die *Wahrheit* ihres noematischen Korrelats. „Die Ausdrücke: ‚ein urdoxischer Satz, etwa ein Aussagesatz, ist wahr' und: ‚dem entsprechenden Glauben, Urteilen kommt der vollkommene Vernunftcharakter zu' – sind äquivalente Korrelate" (Ideen 342)[50]. Wenn nun sämtliche nicht neutralisierte Akte urdoxische Thesen implizieren, dann folgt, daß alle Akte, auch die der „Gemüts- und Willenssphäre", explizit oder implizit auf Wahrheit ausgerichtet sind (Ideen § 139)[51].

„Ausgerichtet" ist eine Thesis auf Wahrheit in dem doppelten Sinn, daß sie erstens, um rechtmäßig zu sein, auf ihre Ausweisbarkeit angewiesen ist, und zweitens, auch wenn sie nicht ausgewiesen ist, ihre Wahrheit immer schon „prätendiert". Das letztere gilt deswegen notwendig, weil zum Wesen jeder Prätention gehört, daß das Beanspruchte schon *als rechtmäßiges* beansprucht wird. Das bedeutet in unserem Fall, daß jede Urdoxa mit dem Sein, das sie beansprucht, notwendig auch die Wahrheit mitbeansprucht. Daher gilt: p ≡ „p" ist wahr. Diese Gleichung wird heute vielfach als Definition der Wahrheit benützt[52]. Wenn aber das Interesse dahin geht, den Sinn von Wahrheit aufzuklären, dann kann auch diese Gleichung nicht einfach hingenommen werden, sondern ist ihrerseits zu erklären. Sie scheint ihren Grund eben darin zu haben, daß jede Setzung eine Prätention ist und als solche zugleich ihre Rechtmäßigkeit prätendiert. Aber diese Antwort besagt natürlich ihrerseits noch wenig und weist über sich hinaus. Denn nun ist ja die Frage, woran es liegt, daß eine Thesis Prätention sein muß und worin ihre Rechtmäßigkeit bestehen soll. Daher ist auch die Bezeichnung der Rechtmäßigkeit eines „Satzes" als Wahrheit von Husserl noch keineswegs als eine Erklärung des Wahrheitsbegriffs gemeint.

Die Analyse der Setzungsqualitäten führt also bis an das Wahrheitsproblem heran, aber weist zu seiner Klärung in eine andere Dimension. Daß

Recht mit dem „intentionalen Wesen" eines „bedeutungsverleihenden Aktes" gleichgesetzt (II 417), obwohl er auch bemerkt, daß er „in diesem Punkte lange geschwankt" habe (III 87).

[49] Damit ist natürlich nicht der sprachliche Ausdruck gemeint. Das Wort versteht sich von der „Setzung" her. Vgl. § 133.

[50] Zur Vermeidung eines naheliegenden Mißverständnisses sei darauf hingewiesen, daß einem Akt der Vernunftcharakter auch dann zukommen kann, wenn der Akt selbst kein „Vernunftbewußtsein" hat; sein noematisches Korrelat kann wahr (ausweisbar) sein, auch wenn es nicht faktisch ausgewiesen ist. Hier wird also keineswegs Wahrheit mit Ausweisung verwechselt.

[51] Die LU, in denen die weiterreichenden Reflexionen der Ideen über die Qualitäten noch fehlen, beschränken sich freilich auf die objektivierenden Akte, und auch später hält sich die konkrete Ausführung in diesem engeren Rahmen.

[52] Vgl. oben S. 2.

es überhaupt zu so etwas wie einer „Stellungnahme", einer „Prätention" kommen kann, muß, so sahen wir, seinen Grund darin haben, daß uns das Gemeinte normalerweise nicht direkt, nicht selbst gegeben ist. Die Qualitäten weisen also auf eine andere Reihe von noematischen Charakteren hin, die die „Gegebenheitsnähe" und „Gegebenheitsferne" des Gemeinten betreffen (Ideen § 67). Insbesondere blieb bisher auch offen, in welcher Weise sich die Rechtmäßigkeit einer Prätention auszuweisen habe; wo sie ihren „Rechtsgrund" (335) finden könnte. Solange das nicht ausgemacht ist, bleibt natürlich die Rede von der Rechtmäßigkeit einer Thesis und damit die von ihrer Wahrheit gänzlich leer. Auch diese Frage scheint aber auf dieselbe neue Reihe von Gegebenheitsweisen zu führen: Wenn die Notwendigkeit der Stellungnahme darin gründet, daß das Gemeinte uns normalerweise nicht direkt gegeben ist, dann müßte andererseits diese direkte Gegebenheit jene Dimension bilden, in der sich die Wahrheit der Stellungnahme auszuweisen hat. Die beiden Reihen von Charakteren wären dann also so verbunden, daß der Urmodus der Qualitäten – die schlichte Position – in dem Urmodus der anderen Reihe, „in der originären Gegebenheit", ihren „ursprünglichen Rechtsgrund" findet (335).

Diese neue Reihe von Gegebenheiten, die Gegebenheitsweisen im prägnanten Sinn (Ideen 323), bezeichnet Husserl als Weisen der intuitiven Fülle (VI. LU § 21, Ideen § 132). Husserl versucht also, die Differenzen der „Gegebenheitsnähe" und „Gegebenheitsferne" des Gemeinten im Rückgang auf die Weisen der Anschaulichkeit und Unanschaulichkeit der Bedeutungen aufzuklären. Das setzt natürlich einen entsprechend präzisierten und auch entsprechend dehnbaren Begriff von Anschauung voraus.

Auch diese neuen Charaktere der intuitiven Fülle oder Leere gehören nicht dem individuellen Akt als solchem zu, sondern eignen ihm, sofern ihm sein gegenständlicher Sinn in einer bestimmten Weise gegeben ist, in der er auch beliebigen anderen Akten gegeben sein könnte. Wie alle noetischen Charaktere, die Korrelate von entsprechenden noematischen sind, sind daher auch diese neuen Charaktere *Wesens*bestimmungen, die die „Spezies" des Aktes betreffen. Sie gehören zwar nicht zum *intentionalen* Wesen eines Aktes (oben S. 43), weil die gegenständliche Intention eines Aktes dieselbe bleibt, gleichgültig ob das Gemeinte im Modus der „Nähe" oder der „Ferne" gegeben ist. Sofern diese Gegebenheitsweisen sich aber als ausschlaggebend für den Erkenntnischarakter eines Aktes erweisen werden, bildet eine bestimmte Gegebenheitsweise zusammen mit einem bestimmten intentionalen Wesen erst das volle „erkenntnismäßige Wesen" eines Aktes (III 96 f.). Das „erkenntnismäßige Wesen" bezeichnet eine vierte und die umfassendste Bedeutung von „intentionalem Inhalt" (III 95).

§ 3 *Signitive Intention und intuitive Erfüllung*

Der weiteste Begriff von „intentionalem Inhalt", zu dem die V. Logische Untersuchung gekommen ist, das „intentionale Wesen", erschöpft noch nicht das volle Noema. Neben Materie und Qualität eignet, wenn nicht allen, so doch vielen objektivierenden Akten auch ein Moment von Anschaulichkeit. Nach den vorbereitenden Unterscheidungen der V. Untersuchung widmet Husserl diesem zusätzlichen noetischen und noematischen Aspekt und seiner Bedeutung für die „Erkenntnis" die ganze VI. Untersuchung.

Anschauung und Bedeutung

Das 1. Kapitel der VI. Untersuchung zeigt erstens, daß die Anschauung nie die Bedeutung eines Ausdrucks, das intentionale Wesen eines Aktes mit ausmacht; zweitens sucht es zu bestimmen, wie dann doch das Verhältnis zwischen Bedeutung und Anschauung positiv zu fassen ist.

Mit der ersten, negativen These (§§ 4 f.) werden entsprechende Ausführungen aus der I. Untersuchung wiederaufgenommen:

Dort schon hatte Husserl im 2. Kapitel gezeigt, daß die Bedeutung eines Ausdrucks gewiß nicht in den begleitenden Phantasiebildern zu suchen ist. Viele Bedeutungen lassen sich entweder nicht adäquat oder aber überhaupt nicht sinnlich veranschaulichen, und die Phantasiebilder, die den verstehenden Gebrauch solcher Ausdrücke wie ‚Religion', ‚Differentialrechnung' usw. begleiten mögen, stehen nur in einem äußerlich assoziativen Verhältnis zu der gemeinten Gegenständlichkeit. Aber auch wo die Bedeutung einen sinnlichen Gehalt hat, halten wir sie als identische fest, während die anschaulichen Bilder wechseln oder sogar fehlen. Und selbst da, wo ein Ausdruck sich auf etwas wahrnehmungsmäßig Gegebenes bezieht, liegt, wie nun die VI. Unters. ergänzend ausführt, die Bedeutung nicht in der Anschauung, denn wieder kann die Wahrnehmung wechseln und sogar fortfallen, während der Sinn des Ausdrucks identisch derselbe bleibt. Sage ich, während ich in den Garten hinausblicke, „eine Amsel fliegt auf", so versteht ein Anderer diese Worte genau in dem Sinn, in dem ich sie meine, ohne in den Garten zu blicken und evtl. auch ohne jede phantasiemäßige Veranschaulichung (III 15).

Steht somit fest, daß weder die Wahrnehmung noch die Phantasie jemals die Bedeutung konstituieren, so kann nun gefragt werden, ob sie nicht doch etwas beitragen, was, wenn es auch kein Teil der Bedeutung selbst ist, ihr doch in einer bestimmten Hinsicht wesentlich sein könnte. Eine solche positive Funktion der Anschauungen für die Bedeutungen ist natürlich nur dort zu erwarten, wo das, was der Ausdruck bedeutet, nicht nur von Anschauungen *begleitet* ist, sondern selbst *veranschaulicht* wird. Damit scheiden also von der weiteren Betrachtung alle Bedeutungen aus, die gar keinen sinnlichen Inhalt haben, deren Gehalt also nicht nur (wie bei allen Bedeutungen) nicht anschaulich gegeben zu sein *braucht*, sondern gar nicht veranschaulicht werden *kann*.

Der ganze I. Abschnitt der VI. LU beschränkt sich daher (III 3, 23 f.) auf die sinnlichen Komponenten der Bedeutungen und d. h., da Husserl immer an die Bedeutung eines ganzen Aktes denkt, auf die Bedeutungen der „schlichten" nominalen Akte, d. h. derjenigen, die keine „kategoriale" Synthesis implizieren[53]. Denn einer solchen Synthesis entspricht kein sinnlicher Inhalt. Ausgeschaltet bleiben daher vorläufig auch alle Urteile.

Husserl will nun aber zeigen, daß die Funktion, die die Anschauungen für die Bedeutungen erfüllen, für den Wahrheitscharakter der Bedeutungen entscheidend ist. Daher muß er versuchen, diese Funktion, wie sie zunächst die sinnnlichen Anschauungen für die sinnlichen Bedeutungen erfüllen, so allgemein und rein funktional zu fassen, daß später im II. Abschnitt auch nach einer entsprechenden Funktion für die nichtsinnlichen („kategorialen") Komponenten der komplexeren Bedeutungen gefragt werden kann. Im Hinblick darauf hält sich auch schon der I. Abschnitt nicht immer an die vorgenommene Beschränkung auf sinnliche Bedeutungen. Im Anschluß an diese werden vielmehr zugleich schon die allgemeinen, für Wahrheitsbegriff und Wahrheitsbezug grundlegenden Bestimmungen entwickelt, ohne Rücksicht darauf, ob nicht gewisse kategoriale Bedeutungselemente für den Wahrheitsbegriff überhaupt konstitutiv sind.

Die Frage ist also, was eine Anschauung für eine Bedeutung leistet, mit der sie nicht nur assoziativ verbunden ist. Wir sagen dann, daß *dasselbe*, was der Ausdruck meint, auch angeschaut wird. Daß sich dadurch die Bedeutung nicht erweitert, haben wir gehört. Ich spreche z. B. von meiner Uhr und habe sie, wenn ich sie aus der Tasche ziehe, als genau dieselbe in der Wahrnehmung vor mir als welche ich sie vorher gemeint hatte. Sonst könnte ich sie ja nicht als meine Uhr erkennen.

Damit ist aber schon nach einer bestimmten Seite das positive Verhältnis zwischen Anschauung und Bedeutung bezeichnet (VI. LU §§ 6 f.): das in der Anschauung Gegebene wird als das *erkannt*, was die Bedeutung meint.

Von der Seite der Bedeutung kann man dann auch sagen, „der Gedanke ‚begreife' die Sache, er sei ihr Begriff" (35). Im Unterschied zu Kant denkt Husserl hier nicht nur an Allgemeinbegriffe, sondern auch, wie in unserem Beispiel, an individuelle Begriffe (30 f), und an diese zunächst sogar mit Vorrang, da ja vorläufig nur von schlichten nominalen Bedeutungen gehandelt werden soll. Bei den allgemeinen Begriffen ist das Erkennen ein Klassifizieren, das anschaulich Gegebene wird in eine Klasse eingeordnet (30). Aber auch den Individualbegriffen kommt im Verhältnis zum anschaulich Gegebenen die Allgemeinheit einer synthetischen Funktion zu: Dem Eigennamen entspricht eine „unbegrenzte Mannigfaltigkeit von Anschauungen, deren *einen und selben Gegenstand* er erkennt und dadurch nennt" (31). Erst durch Beziehung auf eine (nicht notwendig wirkliche, aber wenigstens mögliche) Nennung konstituiert sich das mannigfaltig sinnlich Gegebene zu einem Selbigen und Identifizierbaren, d. h. zu einem Gegenstand.

[53] Zur vorläufigen Charakterisierung dieser Begriffe vgl. oben S. 37 f., zur genaueren Bestimmung unten § 6.

Damit ist jedoch nur die Funktion der Bedeutung für die Anschauung angegeben, während Husserls eigentliche Frage die Funktion der Anschauung für die Bedeutung betrifft[54]. Das eine ergibt sich jedoch aus dem anderen. Die Erklärung, die Husserl jetzt im § 8 gibt, ist bereits in der I. LU vorweggenommen worden (§§ 9, 14). Wenn das anschaulich *Gegebene* als der Gegenstand *erkannt* wird, den der Ausdruck meint, dann liegt darin, daß uns das Gemeinte in der Anschauung zur *Gegebenheit* kommt (II 51). Vielleicht sollten wir vorsichtiger sagen: zur anschaulichen Gegebenheit. Aber das wäre dann nur eine Tautologie, und wenn der Ausdruck (z. B. „meine Uhr") eben jenen Gegenstand und keinen anderen meint, den wir unter Umständen in der Anschauung erkennen, dann ist die anschauliche Gegebenheit des Gegenstandes seine Gegebenheit schlechthin, sofern Gegebenheit in dem prägnanten Sinn der direkten Selbstgegebenheit verstanden ist; in einem weiten Sinn ist uns natürlich alles irgendwie Vorgestellte „gegeben", auch gerade das nur Gemeinte und nicht selbst Gegebene (Ideen 157).

Ein anderer Ausdruck für diese eigentliche „Gegebenheit" ist die „Gegenwart" des Gemeinten. So sagt Husserl an anderer Stelle: Der Ausdruck „meint etwas, und indem er es meint, bezieht er sich auf Gegenständliches. Dieses Gegenständliche kann *entweder* vermöge begleitender Anschauungen aktuell gegenwärtig oder mindestens vergegenwärtigt erscheinen (z. B. im Phantasiebilde). Wo dies statthat, ist die Beziehung auf die Gegenständlichkeit realisiert. Oder dies ist nicht der Fall ... Die Beziehung des Ausdrucks auf den Gegenstand ist jetzt insofern unrealisiert, als sie in der bloßen Bedeutungsintention beschlossen ist. Der *Name* beispielsweise nennt unter allen Umständen seinen Gegenstand, nämlich sofern er ihn *meint*. Es hat aber bei der bloßen Meinung sein Bewenden, wenn der Gegenstand nicht anschaulich dasteht ... Indem sich die zunächst leere Bedeutungsintention erfüllt, realisiert sich die gegenständliche Beziehung ..." (II 37 f.).

Dieses Zitat führt zugleich einen Schritt weiter und enthält bereits Husserls entscheidenden Gedanken. Wenn nämlich die Funktion der Anschauung darin besteht, daß sie das in der Bedeutung Gemeinte zur Gegebenheit bringt, dann bedeutet das rückläufig für den normalen, unanschaulichen Bedeutungsakt, daß er etwas meint, was ihm *nicht* gegeben ist. Er meint gleichsam über sich hinaus, indem er auf etwas gerichtet ist, was ihm nicht im eigentlichen Sinn gegenwärtig ist. Seine gegenständliche Beziehung ist „unrealisiert". Die „bloße Bedeutung" ist daher *gemäß ihrem eigenen Sinn*

[54] Daß der Unterschied der beiden Erklärungen in den §§ 6 f. einerseits und im § 8 andererseits so zu verstehen ist, läßt sich aus III 35 belegen. Der Gesichtspunkt, unter dem Husserl den Unterschied zunächst einführt, als ob die erste Erklärung das Verhältnis zwischen Anschauung und Bedeutung als statisches, die zweite als dynamisches betrachte, ist nicht durchzuhalten.

„unerfüllt", „leer" und verweist von sich aus auf die Anschauung als die „Erfüllung" ihres eigenen Sinns. Husserl nennt daher den unerfüllten Bedeutungsakt eine „Bedeutungsintention", wobei „Intention" jetzt nicht in dem allgemeinen Sinn der Intentionalität gemeint ist, sondern als das unerfüllte Abzielen, das auf eine Erfüllung verweist (III 39). Dieses Über-sich-Hinausweisen charakterisiert nicht nur den Akt, sondern auch sein noematisches Korrelat, die „leere Bedeutung", nur daß Husserl in den LU terminologisch nicht genügend klar zwischen der Bedeutung und dem Bedeutungsakt unterscheidet (vgl. oben S. 38 f.); in den Ideen spricht er aber aus diesem Grund auch von einer „noematischen Intentionalität" (254). Wie der bloße Bedeutungsakt sich in dem entsprechenden anschaulichen, intuitiven Akt erfüllt, so erfüllt sich der bloß gemeinte gegenständliche Sinn in *demselben* Sinn als anschaulich gegebenem (vgl. III 32, 118).

Die bloße Bedeutungsintention nennt Husserl auch „signitive Intention", weil die Bedeutungsakte, insbesondere die unerfüllten, normalerweise[55] in der Apperzeption eines sinnlich Gegebenen als sprachlichen Zeichens fundiert sind. Selbstverständlich meint Husserl mit „signitiver Intention" nicht, daß wir in ihr auf das bloße Zeichen gerichtet sind. Indem wir es vielmehr als Zeichen auffassen, sind wir auf seine Bedeutung gerichtet[56]. Was uns also in der signitiven Intention unmittelbar gegeben ist, darauf sind wir nicht gerichtet, und das, worauf wir gerichtet sind, ist uns nicht gegeben.

Die Bedeutung dieser Konzeption

Die Auffassung der Bedeutungen als unerfüllter Intentionen und der Anschauungen bzw. ihrer Korrelate als deren Erfüllungen ist der grundlegende Schritt in Husserls Aufklärung von Wahrheit und Wahrheitsbezug. Diese Konzeption vom Intuitiven als „Erfüllung" einer gegenständlich gleichsinnigen Intention ist, obwohl sie an die Leibnizsche Unterscheidung zwischen intuitiven und blinden = symbolischen Vorstellungen[57] anknüpft, die Husserl durch Brentano bekannt war[58], neu. Husserl hatte sie in einer ersten Form in seinen „Psychologischen Studien" (1894) entwickelt.

---

[55] Husserls Position ist hier nicht eindeutig. Einerseits weist er auf die Möglichkeit wortlosen Denkens (III 60, II 407), andererseits heißt es, daß ein bloßer Bedeutungsakt immer eines sinnlichen Ausdruckes als Stütze bedarf (III 88). „Die Bedeutung kann sozusagen nicht in der Luft hängen" (92).

[56] Zur näheren Explikation vgl. II 39–41, 406–9. Daß auch im symbolischen arithmetischen Denken und Rechnen nicht die bloßen Zeichen, sondern die „in einer gewissen Operationsbedeutung genommenen Zeichen" für die eigentliche Bedeutung surrogieren, zeigt Husserl in der I. LU § 20.

[57] Vgl. Meditationes de Cognitione, Veritate et Ideis (Erdmann p. 79–81).

[58] Vgl. oben S. 32.

Der allgemeinste Sinn von Anschauung (νοῦς/αἴσθησις; *intuitus*), der für die ganze philosophische Tradition und auch für Husserl gilt, ist der einer *unmittelbaren* Vorstellung. Diese Unmittelbarkeit wurde aber seit Aristoteles aus dem Gegensatz zum synthetisch vermittelnden, diskursiven Denken verstanden. Das Unmittelbare hatte dann zugleich den Charakter des Schlichten (Einfachen oder Einzelnen). So gesehen muß sich das intuitive Vorstellen vom nichtintuitiven auch inhaltlich unterscheiden. Es gibt Gedanken, die nur intuitiv möglich sind, und andere, die nur nicht-intuitiv möglich sind, und wo sich beides verbindet und aufeinander wechselseitig angewiesen ist, wie bei Kant, bezieht sich wiederum jedes auf verschiedene inhaltliche Momente.

Für Husserl hingegen versteht sich die Unmittelbarkeit der intuitiven Vorstellung aus dem Gegensatz zum sachfernen, bloßen Meinen. So kann jetzt jeder intuitiven Vorstellung eine inhaltlich identische nicht-intuitive entsprechen[59]. Der Gegensatz des Intuitiven und Nichtintuitiven betrifft jetzt nur die verschiedenen Gegebenheitsweisen von ein und demselben, je nachdem, ob es im prägnanten Sinn „gegeben", unmittelbar selbst gegeben ist oder nicht. Natürlich ist auch für Husserl der Gegensatz zwischen den schlichten und den synthetischen Vorstellungen von grundlegender Bedeutung, aber er *kreuzt* sich nun mit demjenigen zwischen den intuitiven und nicht-intuitiven Vorstellungen (vgl. LU III 201 f.). In der Beschränkung des 1. Abschnitts der VI. LU wird thematisch nur von schlichten Vorstellungen gehandelt, und das eigentliche Novum ist hier, daß es überhaupt entsprechende nicht-intuitive Vorstellungen gibt. Umgekehrt kann dann aber von dieser Basis aus im 2. Abschnitt auch nach den intuitiven Gegebenheitsweisen der synthetischen Bedeutungskomponenten und der allgemeinen Vorstellungen gefragt werden. Wie jeder intuitiven Vorstellung der Möglichkeit nach eine inhaltlich identische nicht-intuitive korrespondiert, so entspricht auch jeder unerfüllten Bedeutung wenigstens als Möglichkeit eine korrespondierende Erfüllung, in der sie an ihren gegenständlichen Sinn unmittelbar herankommt, weil die leere Bedeutung als unerfüllte ihrem eigenen Sinn nach auf diese Möglichkeit verweist.

Diese universale Entsprechung von intuitiver und nicht-intuitiver Gegebenheitsweise desselben gegenständlichen Inhalts ermöglicht es erst, die Differenz des Intuitiven und Nichtintuitiven zur Grundlage der Aufklärung des Wahrheitsbezugs und sogar des Wahrheitsbegriffs selbst zu machen. Zwar ist auch schon sonst, etwa bei Descartes[60], der *intuitus* als ausgezeichneter Wahrheitsbezug, als Evidenz verstanden worden, aber in-

[59] Eine Voraussetzung dieser Konzeption bilden natürlich die phänomenologischen Unterscheidungen im intentionalen Inhalt (oben § 2), die der Rede von einem inhaltlich Identischen, das doch noch weitere noematische Differenzen zuläßt, einen bestimmten Sinn geben.

[60] Vgl. Regulae ad Directionem Ingenii, Reg. III und XI.

dem dabei nicht die korrespondierende leere Intention berücksichtigt wurde und der *intuitus* auch nur auf bestimmte gegenständliche Inhalte bezogen war, konnte diese Evidenz nur als ausgezeichnetes Wahrheitskriterium verstanden werden, nicht aber zu einer Aufklärung des Wahrheitsbezugs und Wahrheitsbegriffs überhaupt dienen[61].

Die bisherigen Hinweise zeigen schon, daß das eigentliche Gewicht von Husserls neuer Konzeption des Intuitiven in seiner Auffassung vom Nichtintuitiven liegt. Zu beachten ist hier nicht nur die deskriptive Grundbestimmung, die für den Gegensatz maßgebend ist: daß die nichtintuitive Vorstellung als mit der intuitiven inhaltlich identische leere Bedeutung verstanden wird; das Entscheidende ist, daß die beiden Glieder des Gegensatzes sich nicht nur für den äußeren Betrachter unterscheiden, sondern als Intention und Erfüllung von sich aus wechselseitig aufeinander vor- und zurückweisen. Darin liegt zugleich, daß die „Intention" das eigentliche Fundament des Gegensatzes bildet. Denn wo sich zwei Elemente als Intention und Erfüllung aufeinander beziehen, ist es die Intention, die bestimmt, was ihre mögliche Erfüllung sein kann, und nicht umgekehrt. Weil also das Intuitive in seinem *Begriff* rein funktional als Erfüllung einer Intention verstanden ist, läßt sich, was jeweils als Anschauung der Sache selbst zu gelten hat, durch keine direkten Bestimmungen angeben, sondern nur im Rekurs auf die entsprechende Intention. Schon in den „Psychologischen Studien" wird das in aller Deutlichkeit ausgesprochen (S. 178): „Wir können unsere Meinung auch so ausdrücken: die Rede von einer Anschauung hat immer Beziehung auf irgendwelche Repräsentationen[62]. Die Frage, ob Anschauungen von Dingen möglich sei, führt also auf die Frage zurück, was die Meinung der entsprechenden Repräsentationen sei."

Diese Einsicht ist fundamental für alle weiteren Analysen zur Anschauung und für Husserls gesamte Wahrheitstheorie. Es ist jetzt durchaus möglich, daß sich etwas als „Anschauung" erweist, was von unserem normalen Verständnis von Anschauung weitab liegt, nur weil es in den bezeichneten funktionalen Verhältnis zu einer Bedeutungsintention steht. Ferner ist es nun auch denkbar, daß die Erfüllungen von Intentionen, indem sie diese gemäß ihrem eigenen Sinn noch nicht voll realisieren, selbst noch Inten-

---

[61] Hier liegt auch der Grund für das Unbefriedigende von Brentanos Theorie (vgl. oben S. 32), in der ja im Unterschied zu Descartes die Evidenz nicht nur das Wahrheitskriterium ist, sondern bereits wie bei Husserl zur Bestimmung des Wahrheitsbegriffs selbst dient. Brentano definiert einfach den Wahrheitsbegriff mittels des Wahrheitskriteriums, während Husserl Wahrheit und Evidenz gemeinsam im Rückgang auf die differenten Gegebenheitsweisen zur Aufklärung bringt.

[62] Mit „Repräsentationen" meint Husserl in den Psychol. Studien in etwa das, was er später und auch schon in dieser Abhandlung selbst (vgl. S. 174 f.) „Intentionen" nennt.

tionen sind und ihrerseits, wiederum gemäß ihrem eigenen Sinn, auf weitere Erfüllungen verweisen (unten § 4). Vor allem aber ist nun die Frage, wann und in welchem Ausmaß etwas zur „Anschauung" und „Selbstgegebenheit" kommt, aus dem Bereich irgendwelcher dogmatischer Festlegungen herausgenommen: ob, in welchem Ausmaß und in welcher Weise das Gemeinte selbstgegeben ist, kann sich nur daran zeigen, ob noch (evtl. unbemerkte) Intentionen dieser oder jener Art impliziert sind, die ihrer Erfüllung ermangeln[63]. Dieser Gesichtspunkt ist der entscheidende für eine sinnvolle Aufklärung des Wahrheitsbegriffs, und er enthält auch schon den Ansatz einer kontrollierbaren Erweiterung des Wahrheitsproblems. Was Wahrheit besagt, läßt sich dem intentionalen Leben weder von außen auferlegen noch aus ihm selbst direkt entnehmen, sondern nur aus der Art, wie es auf *mögliche* Wahrheit bezogen ist, die es *nicht* hat. – Andererseits weist schon die Möglichkeit verschiedener Erfüllungsstufen daraufhin, daß wir es hier zunächst mit einem umfassenderen Phänomen zu tun haben und keineswegs jede Erfüllung einer Bedeutungsintention auf Wahrheit bezogen zu sein braucht. Die Ausgrenzung des Wahrheitsbegriffs wird sich daher erst nach der weiteren Aufklärung dieser Erfüllungsverhältnisse ergeben können (§ 5).

Präzisierung durch Unterscheidung von verwandten Phänomenen

Die bisherige Kennzeichnung der Anschauungen als Erfüllungen von Bedeutungsintentionen ist nur erst eine vage Anzeige, die nun durch Unterscheidung nach außen und Differenzierung nach innen zu genauerer Bestimmung kommen muß.

Wenn die intuitiven Erfüllungen von signitiven Intentionen selbst noch über sich hinausweisen können, dann gibt es neben den signitiven Intentionen auch intuitive Intentionen (VI. LU §§ 10, 14). Für die signitiven Intentionen bedeutet das nicht nur, daß sie auch zu bloß vorläufiger Erfüllung kommen und sich infolgedessen verschiedene Erfüllungsstufen ergeben können, sondern auch, daß sie selbst nur eine Spezies innerhalb einer umfassenderen Gattung von Intentionen bilden. Die Arten von Intentionen und korrelativen Erfüllungen, die Husserl hier unterscheidet und die sich für das Wahrheitsproblem nach verschiedenen Hinsichten als bedeutsam erweisen werden, sollen erst im folgenden Paragraphen behandelt werden. Zunächst geht es Husserl um eine allgemeine Charakteristik der ganzen Gattung dieser Intentions- und Erfüllungsverhältnisse (§ 13):

Sie alle gehören offensichtlich zur Einheit einer Reihe zusammen, sofern

[63] Vgl. LU III 118: „Das Gegenständliche ist genau als das, als welches es intendiert ist, wirklich ‚gegenwärtig' oder ‚gegeben'; (d. h.) keine Partialintention ist mehr impliziert, die ihrer Erfüllung ermangelte."

alle diese Intentionen entweder signitive Intentionen oder mittelbare Erfüllungen möglicher signitiver Intentionen sind. Signitive Intentionen und ihre Erfüllungen sind nun immer *objektivierende* Akte (vgl. oben S. 40); infolgedessen ergibt sich als umfassende Gattung der signitiven und intuitiven Intentionen (und Erfüllungen) der Begriff der *objektivierenden Intentionen* (und Erfüllungen). Sie heißen „objektivierend", weil ihr intentionaler Sinn auf Gegenständliches gerichtet ist. Hingegen sind die nicht-objektivierenden Akte der „Gemüts- und Willenssphäre" auf Gegenständliches zwar mitbezogen, aber nur als auf ihr Fundament, daher sie auch stets in objektivierenden Akten fundiert sind (oben S. 41), während ihr eigener intentionaler Sinn nicht gegenständlich ist, wenn er auch – aber doch stets nur sekundär – nachträglich vergegenständlicht werden kann (a. O.). Nun finden wir auch bei nicht-objektivierenden Akten, und zwar vor jeder Vergegenständlichung, eigentümliche „Intentionen" und „Erfüllungen"; so bei Wünschen und Willensakten aller Art, bei Hoffnungen und Befürchtungen. Hier sprechen wir sogar von Intentionen und Erfüllungen in einem prägnanteren Sinn[64], und der Vergleich mit diesen „Gemütsintentionen" gibt nebenbei Gelegenheit, ein durch den Wortgebrauch naheliegendes Mißverständnis abzuwehren: die objektivierenden Intentionen ermangeln zwar der Erfüllung, aber sie sind auf die Erfüllung nicht ausgerichtet. Wo das der Fall ist, wo wir also etwa die Veranschaulichung einer signitiven Intention erstreben oder betreiben, hat sich mit der objektivierenden Intention eine Gemütsintention verbunden[65].

Im Vergleich mit den Erfüllungen von Gemütsintentionen läßt sich nun das spezifische Kennzeichen der Gattung der objektivierenden Erfüllungen zur Abhebung bringen. Charakteristisch für die Erfüllungssynthesis ist hier stets die *Identifizierung* der gegenständlichen Korrelate, bzw. die *Identität* dieser Korrelate selbst (VI. LU § 13). Hingegen sind Erfüllungen von Gemütsintentionen, z. B. Wunschintentionen, zwar stets in irgendeiner objektivierenden Identifizierung (des Gewünschten und Eingetretenen) *fundiert*, aber die Erfüllung der spezifischen Wunschqualität hat nicht selbst den Charakter einer gegenständlichen Identifikation (III 49 f.).

Dieser Charakter der Identifikation, der den objektivierenden Erfüllungssynthesen eignet, gründet offensichtlich im Wesen der objektivierenden Akte überhaupt, im Wesen der spezifisch gegenständlichen Beziehung als solcher (52). Wie Husserl später besonders in FTL ausgeführt hat (vgl. FTL 139, 143, 146, 148, 251), ist Identifizierung nicht eine beliebige Betätigung an

[64] Husserl bemerkt sogar (III 50): „Es ist nur Gleichnis, wenn wir auch außerhalb der Sphäre von Gemütsintentionen von Befriedigung, ja auch schon von Erfüllung zu sprechen lieben."

[65] Selbstverständlich ist eine objektivierende Intention auch nicht wesentlich *Erwartung* der Erfüllung (III 40).

Gegenständen, sondern in der Identifizierbarkeit konstituiert sich für uns überhaupt erst so etwas wie Gegenstand und gegenständlicher Sinn. Ein Gegenstand ist wesensmäßig nie Gegenstand eines einzelnen Aktes, sondern ist für ihn Gegenstand nur durch das vorausgreifende Bewußtsein „ich kann auf das, was ich da erfasse, immer wieder zurückkommen" (FTL 251). In diesem Bewußtsein weiß sich der Akt als zugehörig zu einer offenen Unendlichkeit weiterer Akte derselben „Spezies" (oben S. 43), und in diesem Bewußtsein konstituiert sich zugleich eine eigentümliche „Idealität" und „Transzendenz" (FTL 148), die zu jeder Gegenständlichkeit als solcher gehört, gleichgültig ob sie wirklich seiend ist oder nicht, gleichgültig auch ob sie transzendent im engeren Sinn der äußeren Gegenstände ist oder immanent (148): auch wenn ein Erlebnis sich auf ein anderes Erlebnis als seinen Gegenstand richtet, ja sogar wenn es sich auf sich selbst richtet, transzendiert das Gemeinte, sofern es immer wieder als *dasselbe* gemeint werden kann, das Meinen. Die „Transzendenz" in diesem weiten Sinn bestimmt zugleich auch einen „weitesten Sinn" des „Ansich" (CM 96).

Diese „Identifizierbarkeit" = „Selbigkeit" (FTL 139) liegt, als allgemeinste Charakteristik der Korrelate objektivierender Akte, derjenigen Identifikation, um die es sich speziell bei der Erfüllung objektivierender Intentionen handelt, offensichtlich *zugrunde*. Die Identifizierbarkeit, die zu jeder Gegenständlichkeit eines objektivierenden Aktes gehört, bedeutet nicht, daß der Akt ausdrücklich eine Identifikation vollzieht. Wo das der Fall ist, wird normalerweise auch nicht ein gegenständlich Gemeintes A mit sich selbst identifiziert, sondern zwei Gegenständlichkeiten A und A′, die jede schon für sich identifizierbar sind. Aber wiederum: auch nicht jede solche Identifizierung zweier wesentlich identischer und außerwesentlich verschiedener Gegenständlichkeiten ist eine Erfüllungssynthesis. „Beispielsweise gibt es unendlich viele arithmetische Ausdrücke, die den identischen Zahlenwert 2 haben, und so können wir dabei in infinitum Identifizierung an Identifizierung reihen", ohne daß eine „Erfüllung" statthat (LU III 66).

Wie sich die objektivierenden Erfüllungen aus der umfassenderen Sphäre von Erfüllungssynthesen überhaupt durch die Eigentümlichkeit der gegenständlichen *Identifizierung* ausgrenzen ließen, so ist jetzt also nach der anderen Seite zu bestimmen, was die objektivierenden *Erfüllungen* innerhalb der umfassenderen Sphäre der Identifizierungen auszeichnet (§ 16). Hier ist nun das Charakteristische, daß im Unterschied zur „bloßen Identifizierung" „die Erfüllungssynthesis eine *Ungleichwertigkeit* der verknüpften Glieder zeigt, derart, daß der erfüllende Akt einen *Vorzug* herbeibringt, welcher der bloßen Intention mangelt, nämlich daß er ihr die Fülle des ‚selbst' erteilt, sie mindestens direkter an die Sache selbst heranführt" (65). „In der Erfüllung erleben wir gleichsam ein *das ist es selbst*" (65).

Wir sagen dann auch, daß wir das zunächst nur signitiv Gemeinte, indem es sich mit der Sache selbst als identisch erweist, zur „Erkenntnis" bringen. Mit der (evtl. schrittweisen) Annäherung an „die Sache selbst" vollzieht sich also zugleich „eine Annäherung an ein Erkenntnisziel" (66)[66].

Diese Bestimmung des „selbst" und die dazugehörige des „Selbstgegebenseins", von denen wir schon Gebrauch machten, bleibt für Husserl auch in den späteren Schriften die eigentlich entscheidende zur Charakterisierung der intuitiven Erfüllung und damit dann auch für die Aufklärung des Wahrheitsbegriffs. Weitere Differenzierungen des „Selbstgegebenseins" werden sich mit den Differenzierungen im Begriff der intuitiven Erfüllung im folgenden Paragraphen ergeben. Zunächst geht es auch hier nur um die allgemeinste Charakteristik.

Zur Erläuterung des Begriffs „es selbst"

Die objektivierende Erfüllung ist eine Identifizierung, und jede Identifizierung setzt eines als *dasselbe* mit einem anderen, wobei jedes der Glieder als *dasselbe* mit sich selbst vorausgesetzt ist (oben S. 54). Von der Identifizie-

---

[66] Unvermerkt hat sich der Sinn von „Erkenntnis" gegenüber der Bedeutung, in der dieser Begriff zuerst eingeführt wurde (oben S. 47), umgekehrt. Dort war es das anschaulich Gegebene, was durch den Begriff (die Bedeutung) erkannt wurde, hier gewinnt die Meinung (die signitive Intention) durch die erfüllende Anschauung den Charakter der Erkenntnis; und nicht durch höhere begriffliche Bestimmung, sondern durch zunehmende anschauliche Erfüllung steigert sich die Erkenntnis.
Überhaupt tritt jene erste Kennzeichnung des Verhältnisses zwischen Bedeutung und Anschauung, die von der Funktion der Bedeutung für die Anschauung ausging, in der weiteren Untersuchung und auch in Husserls späterem Werk gegenüber derjenigen, die die Funktion der Anschauung für die Bedeutung betrifft, gänzlich zurück. Es handelt sich in Wirklichkeit auch nicht, wie Husserl meinte (III 33, 35, oben S. 48 f.), lediglich um zwei Seiten derselben Sache. In den beiden Fällen bedeutet „Anschauung" nicht dasselbe. Wo Husserl von der Funktion der Bedeutung für die Anschauung spricht, wird das in der Anschauung Gegebene als das (unbestimmt) Vorgegebene verstanden, das durch den Begriff bestimmt wird. Wo Husserl hingegen von der Funktion der Anschauung für die Bedeutung spricht, faßt er die Anschauung als einen dem signitiven inhaltlich genau entsprechenden intuitiven *Akt;* auch der intuitive Akt ist ein Bedeutungsakt und enthält, indem er im unmittelbar Gegebenen *fundiert* ist, gegenüber dem signitiven Akt nur ein Plus, nämlich die Gegebenheit des Gemeinten, aber kein Minus wie die Anschauung im Sinn des unbestimmt Gegebenen.
Daß Husserl dem ersten Erkenntnisbegriff nicht weiter nachgeht, hat daher zur Folge, daß das Problem der Bestimmung des Gegebenen in die Erkenntnis- und Wahrheitsproblematik nicht mitaufgenommen wird. Wie einseitig Husserls Konzeption der Erkenntnissteigerung ausschließlich in Richtung auf immer direktere *Gegebenheit* des Gemeinten ist, zeigt der Vergleich mit der Erkenntnisstufung in Leibniz' Meditationes (vgl. oben S. 49 Anm. 57), in der gerade die andere Seite primär berücksichtigt wird, die der progressiven *Differenzierung* des Gegebenen nach innen und außen. Auf diese wesentliche Grenze von Husserls Problematik wird noch zurückzukommen sein.

rung überhaupt soll sich nun die erfüllende dadurch unterscheiden, daß das eine der beiden Glieder durch den Charakter *„es selbst"* ausgezeichnet ist. Die beiden Bedeutungen *selbst* (αὐτό) und *dasselbe* (ταὐτό), die sich hier also verbinden, müssen zunächst deutlich unterschieden werden. In manchen Sprachen besteht nicht einmal eine Ähnlichkeit im Ausdruck, z. B. Lat. *ipsum, idem,* Engl. *itself, the same.*

Eine Überlegung zum Sprachgebrauch wird Unterschied und Zusammenhang verdeutlichen. Alle Sprachen, die für die beiden Bedeutungen dasselbe Wort in einer charakteristischen Abwandlung gebrauchen, unterscheiden die eine Bedeutung von der anderen dadurch, daß sie in dem einen Fall den Artikel vorsetzen (*le* même, *das*selbe, usw.). Von dem Wort ohne Artikel ist also auszugehen. Wir gebrauchen dieses Wort „selbst", „ipsum" allgemein um etwas besonders hervorzuheben gegenüber seiner Umgebung oder sonstwie Dazugehörigem, z. B. „er selbst (und nicht einer aus seiner Gefolgschaft) hat das getan"[67]. Die Bedeutung von „dasselbe" ist aus dieser allgemeinsten Bedeutung von „es selbst" hervorgegangen: sagen wir, B sei dasselbe wie A, so denken wir uns zunächst A für sich als „es selbst" herausgehoben und sagen nun, daß B eben mit dem, was A „selbst" ist, eins sei, daß es *dasselbe* sei.

Diese allgemeinste Bedeutung von „selbst" ist offenbar wesentlich okkasionell: sie gehört zu keinem Gegenstand besonders und kann doch jedem beigelegt werden, den wir im jeweiligen Zusammenhang gerade herauszuheben wünschen. Eine feste, wenngleich relative Zuordnung ergibt sich lediglich in dem besonderen Verweisungsverhältnis unserer „objektivierenden Intentionen". Denn hier gründet die pointierende Auszeichnung des „selbst" nicht erst in der Zufälligkeit des Kontextes, sondern in einem bestimmten sachlichen Verhältnis. Etwas verweist hier von sich aus auf ein anderes als auf die „Sache selbst".

Wie ist dieser prägnante Sinn des „selbst" näher zu fassen? Man könnte zunächst meinen, es handle sich um ein Repräsentationsverhältnis: ein „Repräsentant" verweise auf das Repräsentierte als die „Sache selbst". Repräsentanten sind neben Zeichen auch Bilder (vgl. LU II 422–24), und hier ist uns in der Tat die Rede von der Sache selbst besonders geläufig. Wir unterscheiden das Bild (oder auch das Zeichen) von der Sache selbst. Wenn nun aber für Husserl auch und besonders die Bedeutungsintention auf ein „es selbst" verweist, dann hieße das, daß sich hier doch wieder unvermerkt eine Bilder- oder sonstige Repräsentationstheorie eingeschlichen hätte, die Husserl vorher so scharf und überzeugend zurückgewiesen hat (LU II 422

67 Eine speziellere Möglichkeit dieser allgemeinsten Bedeutung von „selbst" ist der Gebrauch des Wortes zur besonderen Hervorhebung des Reflexiven: ‚er tötete sich, er tötete sich selbst.' Hier hat jene philosophische Bedeutung des Wortes ihren Ursprung, dergemäß wir vom Ich als einem „Selbst" sprechen. Sie ist in unserem Zusammenhang völlig fernzuhalten.

–425): die bloßen Bedeutungen wären nach der Analogie von Bildern verstanden. Die andere Möglichkeit, daß vielmehr die begleitenden Zeichen die eigentlichen Träger der Intention wären, wäre natürlich noch unbefriedigender.

Die Sachlage klärt sich jedoch, sobald man die Rede von der „Sache selbst" bei den Repräsentationsverhältnissen näher betrachtet. In Frage kommen hier überhaupt nur solche „Repräsentanten", deren Funktion nicht in einer echten Stellvertretung eines anderen besteht, sondern darin, daß sie das Vorstellen von sich weg auf ein anderes lenken, dergestalt daß wir „bloß das eine anschaulich gegenwärtig haben und statt seiner doch das andere meinen" (LU II 422). Wir sind hier also, auch wenn uns der Repräsentant gegeben ist, vielmehr auf das Repräsentierte intentional gerichtet (vgl. II 40 f.). Im Bildbewußtsein z. B. sind wir, indem wir das „erscheinende Bildobjekt" gegenwärtig haben, doch gerade nicht auf dieses, sondern auf das darin „abgebildete Objekt", das „Bildsujet" gerichtet (II 422)[68], *obwohl es uns nicht selbst gegeben ist.* Der letzte Zusatz zeigt, an welcher Stelle die Rede von der Sache selbst überhaupt erst eigentlich notwendig wird. Zur Abhebung des Repräsentierten vom Repräsentanten ist sie nicht erforderlich, wenngleich möglich und naheliegend[69]. Hingegen ist sie notwendig zur Abhebung des Repräsentierten *selbst* von *ebendemselben* Repräsentierten so wie es uns in der Repräsentation gegeben ist[70]. Denn hier haben wir, weil es sich um dieselbe Sache handelt, nur in verschiedener Gegebenheit, überhaupt keine andere Möglichkeit, den Unterschied zu bezeichnen.

Ist somit schon im Bildbewußtsein das defiziente Korrelat, das auf das „selbst" verweist, gar nicht der Repräsentant, dann bietet die Verweisung auf das „selbst" auch bei der Bedeutungsintention keine Schwierigkeit

---

[68] Das Bild unterscheidet sich vom Zeichen dadurch, daß es sich auf das Repräsentierte *durch Ähnlichkeit* bezieht (III 54). Aber die bloße Ähnlichkeit macht es noch nicht zum Bild (III 54, II 422). Der Unterschied liegt in dem „eigenartigen intentionalen Bewußtsein" (a. O.). Fassen wir ein Objekt A' *als ähnlich* mit einem anderen Objekt A auf, dann müssen wir auf beide Objekte (in einem synthetischen Akt) ausdrücklich gerichtet sein; fassen wir hingegen das A' als Bild von A auf, dann sind wir auf Grund des anschaulich gegenwärtigen A' nur auf das A gerichtet. Bringen wir in der Erfüllungssynthesis die beiden Auffassungen zur Ausweisung, dann vergleichen wir in dem ersten Fall die Ähnlichkeit von A' mit A, in dem zweiten Fall die Ähnlichkeit des „A wie es im Bild erscheint" mit A selbst.

[69] Das ist dann derselbe laxe Sinn, in dem wir auch das Korrelat eines echten Repräsentanten (eines Stellvertreters) als „es selbst" bezeichnen. Z. B. ‚Sein Vertreter hat es getan, nicht er selbst'. Man sieht, daß hier in Wirklichkeit nur ein besonders aufdringlicher Fall der weitesten Wortbedeutung (oben S. 56) vorliegt.

[70] Die Rede vom „Bild" ist eben zweideutig. Wenn wir das Bild von der Sache selbst unterscheiden, so ist damit nicht, wie wir es zuerst supponiert hatten, das „Bildobjekt" gemeint, sondern das Abgebildete, wie es in diesem erscheint.

mehr[71]. Die prägnante Rede von der „Sache selbst" ergibt sich also gar nicht in Abhebung gegen ein anderes Objekt, sondern in Abhebung gegen defiziente Gegebenheitsweisen derselben Sache. Darin liegt dann allerdings, daß auch der Gegenstand der bloßen Intention bereits „die Sache selbst" ist, so daß diese Terminologie den Gegensatz nun doch wieder nicht zu fassen scheint. In Wirklichkeit weist dieser Umstand nur daraufhin, daß das „selbst" in dem jetzigen Sinn überhaupt nur noch aus der Differenz der *Gegebenheitsweisen* zu verstehen ist: der Akt der bloßen Intention ist auf die Sache *selbst* gerichtet und auf keine andere, aber sie ist ihm nicht *selbst gegeben*.

Für die prägnante Bedeutung des „selbst" ist also das (in der weiten Bedeutung des „selbst" fundierte) „dasselbe" mitbestimmend, dergestalt daß von einem „es selbst" in diesem Sinn nur gesprochen werden kann in Abhebung nicht gegen irgend Beliebiges, sondern gegen defiziente Gegebenheitsweisen von demselben. Daß es solche defizienten Gegebenheitsweisen gibt, daß wir m. a. W. etwas meinen können auch wenn es uns nicht selbst gegeben ist, ist das eigentümliche deskriptive Faktum, auf das wir also bei der Erläuterung des „selbst" letztlich ebenso rekurrieren müssen wie bei der Explikation des Begriffspaares objektivierende Intention und Erfüllung. Die beiden Bestimmungen ergänzen sich gegenseitig: die „Sache selbst" ist das, worin eine objektivierende Intention zur Erfüllung kommt.

Daß das „selbst" aus dem Selbstgegebensein zu verstehen ist, das sich seinerseits aus der Erfüllung einer Intention bestimmt, bedeutet jedoch nicht, daß der Sinn des „selbst" im aktuellen Selbstgegebensein aufgeht. Hier wirkt sich vielmehr jene Selbigkeit (Identifizierbarkeit) aus (oben S. 53 f.), die, wie jeder Gegenständlichkeit (auch der bloß vermeinten), so natürlich auch jedem „es selbst" eine Transzendenz über sein jeweiliges Vermeint- und Gegebensein verleiht. Jedes „es selbst" schließt diese „Selbigkeit" mit ein[72], und das „Ansichsein", das darin liegt, ist natürlich für eine zureichende

---

71 Allerdings denkt sich Husserl auch die Bedeutungsintention stets in Verbindung mit einem Repräsentanten, einem Zeichen. Aber wie bei der Bildintention liegt natürlich auch hier die auf das „es selbst" verweisende Intention nicht im Repräsentanten, sondern im „Repräsentierten, so wie es in der Repräsentation gemeint ist". Für dieses Wie trägt jedoch bei der signitiven Intention im Unterschied zur Bildintention der Gehalt des Repräsentanten gar nichts bei (III 55), und man kann sich daher die Bedeutungsintention auch losgelöst von aller Repräsentation denken. Vgl. jedoch oben S. 49 Anm. 55.

72 Vgl. die oben S. 53 f. zitierten Stücke FTL 139 ff. und CM 95 f., wo Husserl die Selbigkeit speziell als einen Charakter des Selbstgegebenen und ohne klare Scheidung von ihm entwickelt.
In den LU wird dieser Aspekt der Selbigkeit des „selbst" nicht eigens hervorgehoben. Er ist jedoch implizite darin enthalten, daß die intuitive Gegebenheit ebenso wie die Materie und das intentionale Wesen stets die *Spezies* des Aktes betrifft (oben S. 45): Das „selbst" ist daher nicht das Korrelat eines faktischen Selbstgegebenseins, sondern der idealen Möglichkeit des Selbstgegebenseins, der eine offene Unendlichkeit möglicher individueller Erfüllungsakte entspricht.

Bestimmung des Wahrheitsbegriffs wesentlich. Andererseits ist zu beachten, daß *dieses* Ansichsein, das in der Selbigkeit liegt, noch keine besondere Auszeichnung der „Sache selbst", des „wahrhaft" Seienden ist, sondern jedem Gemeinten zukommt. Beim „es selbst" verbindet sich dieser „weiteste Sinn" des „Ansich" (CM 96) mit einem engeren, wonach „die Sache, wie sie *an sich* ist" eben dasselbe besagt wie „die Sache, wie sie selbst ist" (vgl. LU III 57). Jener weitere Sinn von „Ansich" unterscheidet jedes Gegebene (Gemeinte) von seinem aktuellen Gegebensein (Gemeintsein), dieser engere hebt speziell die „Sache selbst" von ihren defizienten Gegebenheitsweisen ab. Das Wort wird in der Philosophie sonst gewöhnlich für das wahrhaft Seiende gebraucht, also in dem engeren Sinn; seine eigentliche Bedeutung, die sich aus dem Gegensatz zum „Für-uns" versteht, paßt jedoch in erster Linie auf die weite Bedeutung. Aus diesem Grund eben gebraucht Husserl das im bisherigen philosophischen Sprachgebrauch ungewohnte, aber passendere Wort „selbst"[73]. In ihm kommt die für den Wahrheitsbegriff erforderliche Unterscheidung zum Ausdruck, die nicht gegen das Fürunssein schlechthin gerichtet ist, sondern gegen defiziente Gegebenheitsweisen. Das Wort „Ansich" legt außerdem heute leicht die abwegige Assoziation von etwas schlechthin Bewußtseinstranszendentem nahe. Wenn Husserl es gelegentlich gebraucht, betont er daher: „*an sich* in dem hier allein fraglichen und verständigen Sinne, welchen die Erfüllung der Wahrnehmungsintention realisieren würde" (LU III 57).

Erfüllung, Enttäuschung und Erweiterung der Intention

Die erfüllenden Identifizierungen hatte Husserl von den „bloßen Identifizierungen" durch die „Ungleichwertigkeit der verknüpften Glieder" unterschieden: in der Erfüllung wird die bloße Intention an die von ihr gemeinte Sache selbst herangeführt (oben S. 54). Zu dieser Auszeichnung gehört jedoch eine entsprechende negative Gegenmöglichkeit (§ 11). Wie die Intentionen der „Gemütssphäre", so können sich auch die objektivierenden Intentionen, statt sich zu erfüllen, auch *enttäuschen* (III 41).

Die Enttäuschung ist „keine bloße Privation der Erfüllung" (a. O.). Die Erfüllung bleibt in ihr nicht einfach aus, sondern realisiert sich gerade, jedoch in einer Weise, die dem Sinn der Intention entgegen ist. Im Fall der

[73] Einzig Platon hat sich auch schon, bevor sich die Wahrheitsproblematik dann in der Adäquationstheorie verfestigte, zur Bestimmung des Wahrheitsbegriffs an dem Begriff des αὐτό orientiert, wobei dieser sich auch bei ihm schon mit dem des ταὐτό verband, vgl. Tugendhat (1958) § 1. – Wie beirrend die Orientierung der Wahrheitsproblematik am Begriff des Ansich ist, zeigt die Einleitung von Hegels Phänomenologie des Geistes.

objektivierenden und speziell der Bedeutungsintentionen heißt das: das bloß Gemeinte kommt zu intuitiver Gegebenheit, aber es zeigt sich nicht so wie es gemeint war, sondern *anders* (42). Wie sich die objektivierende Erfüllung als *Identifikation* erwies, so zeigt sich die objektivierende Enttäuschung als eine spezielle Art von „*Unterscheidung*", als eine Art „*Widerstreit*". „Die Anschauung ‚stimmt' zur Bedeutungsintention nicht, sie ‚streitet' mit ihr" (42).

Der Umstand jedoch, daß die Enttäuschung nicht ein Ausbleiben der Erfüllung, sondern eine negative Erfüllung ist, weist schon daraufhin, daß es sich hier um ein komplexeres Phänomen handelt. Eine Intention kann sich nur enttäuschen, wenn sie sich erfüllt, d. h. wenn sich das intuitiv Gegebene als *dasselbe* zeigt wie das von ihr Gemeinte, sonst könnte sie von der Andersartigkeit des Gegebenen nicht betroffen werden. Die beiden Möglichkeiten der Erfüllung und der Enttäuschung sind sich also, wie Husserl nachträglich feststellt, gar nicht gleichgeordnet: „Eine Intention enttäuscht sich in der Weise des Widerstreites nur dadurch, daß sie ein Teil einer umfassenderen Intention ist, deren ergänzender Teil sich erfüllt. Bei einfachen, bzw. vereinzelten Akten ist also von Widerstreit keine mögliche Rede" (43).

Es handelt sich hier offensichtlich um dasselbe Phänomen, das schon Aristoteles dazu geführt hat, Wahrheit und Falschheit nicht als parallele Möglichkeiten zu betrachten: Falschheit nur bei Zusammengesetztem, Wahrheit auch bei Einfachem. Die logische Tradition hat dann, weil sie sich von vornherein am Urteil orientierte, die Parallelität wiederhergestellt, indem sie beide Begriffe auf Urteile und d. h. auf Zusammengesetztes beschränkte. Indem Husserl mit dem Gesichtspunkt der Erfüllung signitiver Intentionen die Wahrheitsproblematik wieder aus einem umfassenderen Horizont angeht, ergibt sich die Möglichkeit, daß der Umfang des Wahrheitsbegriffs wieder weiter reichen könnte als der des Falschen. Doch haben wir es vorerst nur mit dem Begriff der Erfüllung zu tun, und ob auf dieser Grundlage eine entsprechende Erweiterung des Wahrheitsbegriffs resultiert, läßt sich noch nicht sagen. Nur die negative Feststellung scheint unausweichlich, daß jedenfalls keinerlei Enttäuschung (und damit gewiß auch keine Falschheit) bei einfachen Bedeutungen denkbar ist.

Diese Konsequenz glaubt nun aber Husserl vermeiden zu können (§ 12). Er gesteht zwar zu, daß „bei jedem Widerstreit" zwischen Gemeintem und Gegebenem „in gewisser Weise auch partielle Übereinstimmung" vorliegen muß (44). Deswegen brauchen aber, wie er meint, die sich widerstreitenden Vorstellungen nicht selbst synthetisch-komplex zu sein; es genüge, daß sie, selbst einfach, mit anderen Vorstellungen verwoben sind, die ihrerseits zur Deckung kommen, aber nicht selbst beachtet werden. Hier haben wir dann, z. B. „wenn eine Grün-Intention in einem angeschauten Rot sich enttäuscht", den „Fall der totalen und reinen Enttäuschung" (45). Damit wäre die

Parallelität zwischen Erfüllung und Enttäuschung restituiert, nun aber auch für die einfachen Bedeutungen.

Daß diese Auffassung nicht standhält, sieht man schon am Beispiel. Eine Grün-Intention kann sich zwar in dem angeschauten Rot *nicht erfüllen*, aber sie kann sich darin nicht *enttäuschen*, weil sich eine Intention nur an dem enttäuschen kann, was sie selbst meint. Husserl hat den Grund, warum eine Enttäuschung ohne partielle Erfüllung nicht möglich ist, unterinterpretiert. Er meinte, die Enttäuschung setze nur „gleichsam einen gewissen Boden der Übereinstimmung voraus", auf dem sich die beiden entsprechenden Momente begegnen und so dann widerstreiten können (42 f.). Die beiden „entsprechenden" Momente (wenn wir etwa meinen „‚A sei rot', während es sich ‚in Wahrheit' als ‚grün' herausstellt") widerstreiten sich aber gar nicht in der Weise einer Enttäuschung, sondern inhaltlich[74], und was zur *Enttäuschung* kommt, ist vielmehr diese ganze Intention „A ist rot". Zu Unrecht nennt Husserl die Enttäuschung in diesem Fall, weil sich A identisch durchhält, eine „partielle Enttäuschung" im Unterschied zu jener angeblichen „totalen und reinen Enttäuschung". Vielmehr ist die Enttäuschung bei „A ist rot" total, weil sie die ganze einheitliche Intention betrifft, die nicht additiv auf die beiden Inhalte, sondern auf die Synthesis gerichtet ist. Für eine Enttäuschung genügt es nicht, daß ein gemeinsamer Boden da ist: sie setzt eine Identifizierung voraus, weil eine Intention sich nur an dem enttäuschen kann, was sie selbst meint, und das ist nur bei einer synthetischen Bedeutung möglich, nicht bei lediglich zusammenhängenden Bedeutungen.

Schon hier macht sich bei Husserl ein merkwürdiger Mangel an Verständnis für die Bedeutung der prädikativen Synthesis in der Wahrheitsproblematik bemerkbar. Man müßte doch meinen, daß das Phänomen der Enttäuschung in der vorläufigen Beschränkung, die sich Husserl für den

---

[74] Nachdem Husserl vorher so klar zwischen der spezifisch erfüllenden Identifizierung und der Identifizierung überhaupt unterschieden hatte, vermengt sich im § 12 der spezifisch enttäuschende Widerstreit mit einem allgemeineren Begriff von Widerstreit. Die Konfusion greift jetzt auch auf den Begriff der Identifizierung über, und so verlegt sich die Betrachtung immer mehr von einer Analyse der (positiven und negativen) Synthesis von Intention und Gegebenem auf eine Analyse der (positiven und negativen) Synthesis von Subjekt und Prädikat, ohne daß der Unterschied beachtet würde. An einer späteren Stelle wird jede Vermengung des Ist der Copula mit dem Ist des Wahrseins (in dem die Übereinstimmung des Gegebenen und Gemeinten zum Ausdruck kommt) klar zurückgewiesen (III 124), und es ist kaum denkbar, daß Husserl bei einer Umarbeitung diesen verwickelten und mißglückten § 12 so stehengelassen hätte (in den Fahnen und Manuskripten zur Umarbeitung der VI. LU im Husserl-Archiv finden sich zum ganzen 1. Kapitel keine Unterlagen). Diese *Vermengung* von prädikativer und veritativer Synthesis hat zur Folge, daß die *Bedeutung* der prädikativen Synthesis für die Möglichkeit der veritativen Synthesis übersehen wird.

1. Abschnitt der VI. LU auferlegt hat (oben S. 47), eigentlich gar nicht behandelt werden kann, sondern schon die kategoriale, synthetische Bedeutungsebene voraussetzt. Soweit Husserl hier selbst das Synthetische berücksichtigt, weist er auch selbst daraufhin, daß er vorausgreift (III 43 f., 48), aber darüber hinaus könnten sich doch grundsätzliche Zweifel erheben an der Berechtigung seiner Methode, die Problematik zuerst bei den sinnlichen Bedeutungselementen bis zu Ende zu verfolgen und erst dann, gleichsam additiv, die kategorialen zu behandeln. Tatsächlich liegt das eigentliche Motiv, warum Husserl sich solche Mühe gibt, die Möglichkeit einer vorsynthetischen Enttäuschung gegen allen Anschein zu erweisen, eben darin, daß er dann auch beim Wahrheitsbegriff nicht nur Wahrheit, sondern auch Falschheit bereits bei einfachen Akten gelten lassen will (III 125, unten § 5).

Sind hingegen unsere kritischen Bedenken richtig, dann ist die Möglichkeit der negativen Erfüllung – der „Enttäuschung" – nicht, wie Husserl will, im Wesen der Intentionen überhaupt begründet, sondern setzt eine besondere, synthetische Struktur voraus. Es gibt dann auch Bedeutungsintentionen, die sich sehr wohl erfüllen können, bei denen jedoch die Negation der Erfüllung lediglich im bloßen Unerfülltsein, im Mangel an Erfüllung liegt.

Die Möglichkeit der negativen Erfüllung einer signitiven Intention zeigt, daß sich der signitive und der ihn intuitiv erfüllende Akt auch in bestimmten Grenzen in ihrer „Materie" (ihrem „gegenständlichen Sinn") unterscheiden können. Indem der signitive Akt sich dem anschaulich Gegebenen anpaßt, muß er dann seine Materie ändern. Das widerspricht nicht der früheren Feststellung (oben S. 46 ff.), daß die Anschaulichkeit als solche zur Materie eines Aktes nichts beiträgt, sondern nur eine Differenz in der Gegebenheitsweise bedeutet. Denn die Materie des intuitiv erfüllenden Aktes, die derjenigen des signitiven widerspricht, läßt sich ja ihrerseits von der Anschaulichkeit lösen und als Materie eines bloß signitiven Aktes denken. Was die Anschaulichkeit als solche auszeichnet, ist kein Charakter der Materie, sondern nur ihrer Gegebenheit, aber das schließt natürlich nicht aus, daß die Materie, wie sie zu intuitiver Gegebenheit kommt, sich faktisch anders zeigt als wie wir sie signitiv gemeint hatten.

Außer der Enttäuschung läßt sich noch eine andere Möglichkeit denken, wie sich die Materie in der Erfüllung ändern kann: sie kann sich offensichtlich auch *erweitern*. Diese Möglichkeit liegt der traditionellen Wahrheitsproblematik so fern, daß sie von Husserl zunächst nicht ausdrücklich bemerkt wird. Sie ist aber in Husserls neuer Problemstellung sachlich enthalten und wird sich auch auswirken. In der unveröffentlichten Umarbeitung ist sie dann auch ausdrücklich genannt worden: es gibt Erfüllungen durch total identifizierende Deckung, bei gleichbleibender Materie, aber normalerweise ändert und erweitert sich die Materie: „der ... als derselbe bewußte Gegenstand kommt mit immer größerem Reichtum an Merkmalen zu eigentlicher

Intuition" (M III 2 II 2 S. 61). Während negative Erfüllungen nur bei wenigstens impliziert synthetischen Intentionen möglich sind, sind erweiternde Erfüllungen offensichtlich auch und gerade bei einfachen Intentionen denkbar. Diese Möglichkeit kann auch für den Wahrheitsbegriff bedeutsam werden.

§ 4 *Intuitive Intentionen und Stufen der Erfüllung*

Bevor Husserl die Lehre von den Anschauungen als „Erfüllungen" entsprechender „leerer" Bedeutungsintentionen für das Wahrheitsproblem auswerten kann, muß er sie präzisieren und differenzieren. Gerade bei den sinnlichen Bedeutungen, auf die sich die Untersuchung zunächst weiterhin beschränkt, zeigt sich, daß es Erfüllungen gibt, die bereits als Anschauungen anzusprechen sind, aber ihrerseits ihrem eigenen Sinn nach auf weitere Erfüllungen über sich hinausweisen, also selbst noch Intentionen sind. Diese „intuitiven Intentionen" werden im 2. Kapitel der VI. LU beschrieben und von den „signitiven" unterschieden (§ 14). Signitive und intuitive Intentionen bilden zusammen die Klasse der objektivierenden Intentionen (III 53), die ihrerseits von den Intentionen der „Gemütssphäre" durch die Charakteristik ihrer Erfüllungssynthesis als gegenständlicher Identifizierung abgehoben werden (§ 13, oben S. 53). Wenn die intuitiven Erfüllungen der signitiven Intentionen selbst noch Intentionen sein können, dann heißt das für die signitiven Intentionen, daß ihre Erfüllung unvollkommen sein kann und mehrere Erfüllungsstufen denkbar sind. Das Studium dieser Erfüllungsstufen ist das Thema des 3. Kapitels der VI. LU. Die vorbereitenden Unterscheidungen des 2. Kapitels und die sich auf ihnen aufbauenden Analysen des 3. Kapitels können hier gemeinsam interpretiert werden.

Präzisierung und Differenzierung des Anschauungsbegriffs

Im allgemeinen Sinn der (objektivierenden) Erfüllung liegt, daß das Gemeinte nicht nur gemeint, sondern selbst gegeben, gegenwärtig ist. Gibt es mehrere Erfüllungsstufen, dann verweisen sie, zumindest der Idee nach, auf ein „abschließendes Ziel", „in dem die volle und gesamte Intention ... eine endgültige und letzte Erfüllung erreicht hat" (117 f., 66). In dieser wäre das Gemeinte „genau als das, als welches es intendiert ist, wirklich ‚gegenwärtig'" (118). Wenn es nun mittelbare Erfüllungen gibt, die selbst noch Intentionen sind, dann heißt das, daß das Gemeinte zu einer Gegenwart kommen kann, die noch nicht eigentliche oder vollkommene Gegenwart ist. Entsprechend läßt sich jetzt der Begriff der Anschauung präzisieren und differenzieren. Er wird, wenigstens für den Bereich des Sinnlichen, aus der rein funktionalen, relativen Bedeutung von „Erfüllung" herausgenommen und erhält einen absoluten Sinn: intuitiv ist für Husserl jeder Akt, in dem das Gemeinte in irgendeiner Weise zur *Gegenwart* kommt (vgl. II 37), gleichgültig, ob diese Gegenwart ihrerseits noch auf weitere Erfüllung verweist oder nicht. Dieser Begriff der Gegenwart hat im Bereich des Sinnlichen eine relativ klar abgegrenzte Bedeutung: Gegenwart bedeutet hier eben sinnliche Gegenwart. So läßt sich trotz der mittelbaren Erfüllungen eine absolute Unterscheidung zwischen signitiven und intuitiven Akten durchhalten: „unerfüllt“ können auch intuitive Akte sein, der signitive Akt ist aber „leer“ (III 76), d. h. der gemeinte Gegenstand ist in keiner Weise sinnlich gegenwärtig; sinnlich gegenwärtig ist nur das Zeichen. Der komplementäre Begriff des intuitiven Aktes umgreift jetzt als einheitlicher Gattungsbegriff alle Weisen der eigentlichen und uneigentlichen Gegenwart des Gemeinten[75].

Nach zwei Hinsichten kann das Gemeinte bereits gegenwärtig sein und doch noch auf eine eigentlichere Gegenwart über sich hinausweisen, in der es sich erfüllen würde: erstens kann es, statt selbst gegenwärtig zu sein, bloß vergegenwärtigt sein. Nach dieser Hinsicht differenziert sich die Anschauung in Wahrnehmung und Phantasie. Zweitens kann auch der in der Wahrnehmung leibhaftig gegenwärtige Gegenstand noch unvollkommen gegeben sein. Nach dieser Hinsicht wird sich die Anschauung in adäquate und inadäquate unterscheiden. Allen diesen Unterschieden in der Anschauung korrespondieren entsprechende Unterschiede in der Erfüllung einer signitiven Intention. Dabei werden die jeweils defizienten Formen für das Wahrheitsproblem nicht einfach ausfallen, sondern eigene positive Möglichkeiten charakterisieren.

---

[75] Wenn es mittelbare Erfüllungen gibt, die bereits als intuitiv anzusprechen sind, dann liegt die Frage nahe, ob es nicht auch mittelbare Erfüllungen gibt, die noch als signitiv zu bezeichnen sind (§§ 17–20). Nach den obigen Präzisierungen müßte das bedeuten, daß eine Intention eine erste Erfüllung bereits erreichen kann, die jedoch noch „leer“ ist, in der also die gemeinte Gegenständlichkeit in keiner Weise zur Gegenwart kommt.
Diese Möglichkeit findet Husserl tatsächlich gegeben im Fall von mathematischen Definitionsketten. Die signitive Bedeutung $(5^3)^4$ z. B. verweist auf einen ganz bestimmten Stufengang der Erfüllung, deren erstes Glied die wiederum rein signitive Vorstellung $5^3 \cdot 5^3 \cdot 5^3 \cdot 5^3$ wäre, usw. Als intuitiv wäre erst die letzte Stufe zu bezeichnen (wenn wir sie überhaupt einheitlich vollziehen könnten), nämlich „die vollständig explizierte Summe von Einern, von der es hieße: Das ist die Zahl $(5^3)^4$ ‚selbst‘“ (69).
Husserl versucht nun zu zeigen, daß bei diesen mittelbaren Erfüllungen dennoch „Veranschaulichungen die wesentliche Rolle ... spielen“ (73). Er hat dabei aber merkwürdigerweise nicht beachtet, daß es sich hier überhaupt nicht (auch im letzten Glied der Erfüllungskette) um sinnliche Anschauung handelt. In der unveröffentlichten Umarbeitung ist dann der § 20 vollkommen umgeschrieben worden (M III 2 I 3 S. 23–26). Im Text schon hatte Husserl hervorgehoben, daß bei diesen signitiven Erfüllungen die Intention ihren Gegenstand jeweils als den Gegenstand einer anderen Vorstellung vorstellt, hatte aber nur nebenbei bemerkt, daß diese Vorstellung die „Ausführung“ einer bestimmten Operation sei (73). Die intermediäre Erfüllung bestünde dann im Vollzug dieser Operation. Die Lösung sieht Husserl im Text darin, daß in der signitiven Erfüllung immer auch die mitvorgestellte Vorstellung zur Anschauung kommt, „und diese eingewobenen *intuitiven* Erfüllungen geben der gesamten Identifikation allererst den Charakter einer Erfüllung“ (73). Diese Erklärung wird in der Umarbeitung mit Recht fallengelassen, ohne daß jedoch eine positive Alternative klar heraus-

Vergegenwärtigung, Bildbewußtsein, Phantasie

Das Gemeinte kann, statt selbst gegenwärtig zu sein, bloß vergegenwärtigt werden (II 37, III 116). In den LU wird noch alle Vergegenwärtigung als Bildbewußtsein verstanden. In diesem wörtlichen Sinn spricht Husserl hier von *Imagination* (III 56 u. ö.). Die Imagination kann entweder solche „durch physische Bilder" sein (a. O.), die „im eigentlicheren Sinn bildliche" (II 490), oder *Phantasie* (a. O.). In beiden Fällen ist es möglich, aber nicht notwendig, daß das Vergegenwärtigte als seiend vorgestellt, „gesetzt" wird. Die nichtsetzende, fingierende Phantasie nennt Husserl in den LU „Einbildung" (II 491, III 91), dann auch „bloße Phantasie" (ZB 43 u. ö.) und in den späteren Schriften mit Vorzug einfach „Phantasie".

Zum Bildbewußtsein gehört, daß etwas schlicht gegenwärtig ist, wodurch ein anderes, ihm Ähnliches, „Analoges" dadurch „repräsentiert" (79), „vergegenwärtigt" wird, daß wir das eine anschauen, aber dabei doch das andere meinen (vgl. oben S. 57). Eine „leere", signitive Intention erfüllt sich in gewisser Weise auch schon in einer bloßen Vergegenwärtigung des Gemeinten (II 37, III 76 f.), aber diese weist ihrerseits über sich hinaus auf die *Wahrnehmung*, in der „der Gegenstand ‚selbst' und nicht bloß ‚im Bilde' erscheint" (III 56, 55). Erst in der Wahrnehmung wird die signitive Intention eigentlich „realisiert", in der Imagination wird sie lediglich „illustriert" (74, 121)[76].

---

gearbeitet würde; der Hinweis auf die kategoriale Anschauung erfolgt nur nebenbei (S. 24). Verschärfend wird man jedoch sagen dürfen: Die implizierten Vorstellungen kommen in der Erfüllung nicht ihrerseits zur (sinnlichen) *Anschauung*, sondern zum *Vollzug*, und eben darin besteht das Wesen der *kategorialen* Anschauung (vgl. unten § 6 b).

Mit dem Hinweis auf die kategoriale Anschauung ist jedoch die Schwierigkeit nicht einfach erledigt. „Genau besehen", sagt Husserl in der Umarbeitung, hat „Anschauung" hier „einen von dem normalen abweichenden Sinn. Zur vorwiegenden Bedeutungstendenz des Wortes Anschauung gehört es ja, daß das ‚anschauende' Meinen in einem ‚selbst' Gegebenen als dem Angeschauten *terminiere*" (24 f.), während das hier nicht der Fall ist. Also auch im Sinn der kategorialen Anschauung kommt die von der Intention gemeinte Gegenständlichkeit in der intermediären Erfüllung nicht selbst zur Anschauung, zur „Gegenwart". Die Erfüllung als solche ist zwar *anschaulich*, aber die gemeinte Gegenständlichkeit bleibt ihrerseits noch signitiv vorgestellt.

Im Resultat stimmt jedenfalls die Umarbeitung mit dem Text darin überein, daß es keine signitive Erfüllung im strengen Sinn gibt: Der Erfüllungscharakter als solcher ist stets intuitiv.

[76] Die „bloße" Phantasie freilich bedarf, da sie ihr Fingiertes gar nicht als seiend setzt, faktisch keiner weiteren Erfüllung. Sie verweist aber wie jede Vergegenwärtigung ihrem eigenen Sinn nach auf mögliche Wahrnehmung (Ideen 268 f., 250 f.), sonst wäre sie selbst eine Wahrnehmung. Eben diese intentionale Verweisung und kein inhärenter Charakter macht sie zur Phantasie (Ideen 270 f.). – Die Intention auf Erfüllung ist auch in der „bloßen" Phantasie da, aber wird durch die „Neutralisierung" unwirksam gemacht. Hier muß man sich daran erinnern, daß „Intention" nicht „Absicht" bedeutet (oben S. 53).

Die Auffassung jeder Vergegenwärtigung, auch der Phantasie, als Bildbewußtsein, hat Husserl später korrigiert. Zum Bildbewußtsein gehören zwei Gegenstände, ein gemeinter und ein ihm ähnlicher gegebener. Von einer solchen Duplizität kann aber bei der Phantasie phänomenologisch ebensowenig die Rede sein wie bei der Wahrnehmung (Ideen § 43, Hu VIII 112 f.). Die Phantasie vergegenwärtigt zwar, aber nicht mittels eines anderen. Im Unterschied zum Bildbewußtsein ist die Phantasie „schlichte Vergegenwärtigung, die sich in ihrem eigenen Wesen, merkwürdig genug, als Modifikation eines anderen gibt" (nämlich der Wahrnehmung) (Ideen 250). In dieser schlichten Vergegenwärtigung wird das Gemeinte nicht mittels eines anderen vergegenwärtigt, sondern ist „unmittelbar angeschaut als ‚selbst'", aber in „dem modifizierten Charakter ‚Vorschwebendes'" (Ideen 99).

Schon in den „Vorlesungen zur Phänomenologie des inneren Zeitbewußtseins" wird daher die Phantasie vom Bildbewußtsein als „Selbstvergegenwärtigung" abgehoben (416), obwohl es hier andererseits mit Recht heißt: „Nicht selbst zu geben ist ja gerade das Wesen der Phantasie" (404, 400). Husserl hat sich in den Ideen dazu verleiten lassen, das „selbst" aus dem Gegensatz zum Bild zu verstehen (vgl. S. 99!). In diesem Sinn kommt aber auch in der leeren Bedeutungsintention das „Selbst" direkt zur Vorstellung. Versteht man hingegen das „selbst", wie es in Husserls Problematik durchaus erforderlich ist, aus dem Selbstgegebensein (vgl. oben S. 58), dann hätte eigentlich die Phantasie nicht als Selbstanschauung bezeichnet werden dürfen. Das „selbst" bleibt daher auch einerseits ohne weitere Qualifikation bis in die spätesten Schriften das Kennzeichen der eigentlichen Gegenwart des Gemeinten, die nur in der Evidenz der Wahrnehmung zu erreichen ist; andererseits nennt Husserl von nun ab stets, wo er terminologisch genau sein will, die Selbstgegebenheit der Wahrnehmung, um sie von der der Phantasie zu unterscheiden, *leibhaftige* oder *originäre* (Ideen 126 u. ö.). Diese beiden Worte werden gleichbedeutend gebraucht, wobei sich das „Originäre" aus dem Gegensatz zu der Verweisung auf einen anderen Akt versteht, die zu jeder Vergegenwärtigung gehört (vgl. ZB § 17)[77], das „Leibhaftige" hingegen aus dem Gegensatz zu dem „Vorschwebenden" der Phantasie (Ideen 99)[78].

Obwohl also die Phantasie sicher kein Bildbewußtsein ist, weil sie ihr Gemeintes direkt vorstellt, so ist doch bei beiden die *Erfüllungsmöglichkeit*, die sie einer Leerintention bieten, im wesentlichen dieselbe: sie besteht darin, daß sich – im Optimalfall eines vollkommen ähnlichen Bildes, einer

---

[77] Husserl spricht hier mißverständlich von „Reproduktion" (ZB § 17, Ideen 250), was natürlich nur paßt, wenn die Wahrnehmung, auf die die Phantasie verweist, eine vergangene ist. Zu dieser Terminologie ist es dadurch gekommen, daß Husserl die Vergegenwärtigung insbesondere im Zusammenhang des Zeitbewußtseins studiert hat. Entsprechend die merkwürdige Terminologie, wonach *jede* setzende Vergegenwärtigung als *Erinnerung* bezeichnet wird, auch wenn sie sich nicht auf Vergangenes bezieht (Ideen 268).

[78] In dem umgearbeiteten Halbband des 2. Bandes der LU, nicht hingegen in der VI. LU, hat Husserl das Wort „leibhaft" vielfach nachträglich eingesetzt. Eine charakteristische Stelle ist II 442. Hier hieß es in der 1. Auflage: „In der

vollkommen „klaren" Phantasie[79] – der *Wasgehalt* der Intention genauso realisiert wie er sich in der leibhaften Gegenwart des Gemeinten selbst realisieren würde. Unerfüllt bleiben hingegen die „individualisierenden Bestimmtheiten" (III 77), die zeitlich-räumlichen. Aus diesem Grund kann die phantasiemäßige Erfüllung einer Intention zwar niemals über die *Wahrheit* des Gemeinten entscheiden (in der nicht-setzenden, der „bloßen" Phantasie wird seine Wahrheit nicht einmal beansprucht), wohl hingegen, und zwar ebensogut wie die Wahrnehmungserfüllung, über seine *Möglichkeit* (III 115 f.). Diese dem Wahrheitsproblem vorgeordnete Problematik der Möglichkeit („Realität") wird dann von Husserl sogleich im anschließenden 4. Kapitel der VI. LU behandelt. Da die Phantasie weiter reicht als die Wahrnehmung, kommt ihr hier sogar ein Vorzug zu (a. O.). Ferner wird sich zeigen, daß der *Möglichkeit* einer individuellen Gegenständlichkeit stets das *wahre Sein* einer korrespondierenden allgemeinen Gegenständlichkeit entspricht. Obwohl also die Erfüllung in der Phantasie für die Wahrheit des Gemeinten selbst ohne Belang ist, wird sie sich als Grundlage erweisen für die Erfüllung des Wahrheitsanspruchs der darin fundierten Wesenserkenntnisse. Die eigentliche Bedeutung der Phantasie-Erfüllung für die Wahrheitsproblematik liegt also nicht darin, daß sie für die auf leibhafte Selbstgegebenheit ausgerichtete Leerintention als unvollkommene, illustrierende Erfüllung fungieren kann, sondern daß sie für bestimmte fundierte („kategoriale") Intentionen selbst bereits die ausreichende fundierende Unterlage der Erfüllung ist. Diese eigenständige positive Bedeutung der Phantasie-Erfüllung für das Wahrheitsproblem wird daher erst im Zusammenhang der kategorialen Anschauung zur Auswirkung kommen[80].

Phantasievorstellung erscheint er (der Gegenstand) nur im Bilde, er ist ‚vergegenwärtigt', aber nicht selbst gegenwärtig." In der 2. Auflage: „In der Phantasievorstellung ‚schwebt er nur vor', er ist ‚vergegenwärtigt', aber nicht leibhaft gegenwärtig." – Das Wort „leibhaftig" findet sich allerdings stellenweise auch schon in der 1. Auflage (z. B. II[1] 333 = 355 Zeile 5), ist dann aber natürlich nicht aus dem Gegensatz zum Vorschwebenden verstanden. Wie aus der angegebenen Stelle zu ersehen ist, bedeutete die „leibhaftige" Gegenwart für Husserl ursprünglich, daß das Gemeinte mit dem Meinen reell eins ist; so fiel hier also das „Leibhaftige" noch mit dem „Adäquaten" zusammen (a. O.).

79 In den LU wird natürlich die „Klarheit" („Lebendigkeit") der Phantasie eben als ihre Ähnlichkeit an das Original verstanden (III 77 und 83).

80 Vgl. unten § 7. Auch die Problematik von „Möglichkeit" und „Unmöglichkeit" werden wir erst in diesem Zusammenhang interpretieren. Für Husserl war es naheliegend, sie noch vor dem Wahrheitsbegriff im 1. Abschnitt der VI. LU zu behandeln, weil der Begriff der Möglichkeit formal dem der Wahrheit vorgeordnet ist, aber Husserl bemerkt nachträglich selbst (III 120), daß er dabei schon stillschweigend von der kategorialen Anschauung Gebrauch machen mußte, und die Interpretation wird zeigen, daß das in noch weit größerem Ausmaß der Fall ist als Husserl meinte.

Daß die *imaginative* Anschauung über sich hinausweist, liegt in ihrem Wesen als Ver-Gegenwärtigung. Aber auch die Wahrnehmung, die *perzeptive* Anschauung, in der das Gemeinte zu unmittelbarer sinnlicher Gegenwart kommt, kann noch zu weiterer Erfüllung über sich hinausweisen. Für Husserl ist sogar jede äußere Wahrnehmung wesensmäßig von dieser Art. Der Gegenstand ist zwar selbst gegeben, aber er ist „nicht voll und ganz als derjenige gegeben, welcher er selbst ist. Er erscheint nur ‚von der Vorderseite', nur ‚perspektivisch verkürzt und abgeschattet' u. dgl." (III 56). „Damit hängt die Möglichkeit unbegrenzt vieler, inhaltlich verschiedener Wahrnehmungen eines und desselben Gegenstandes zusammen" (a. O.). Dabei können nun diejenigen Momente, die in der ersten Wahrnehmung unerfüllt waren, in weiteren Wahrnehmungen zur Erfüllung kommen. Die perzeptive Intention erfüllt sich nicht wie die signitive und die imaginative Intention durch einen andersartigen Akt, sondern durch kontinuierliche Synthesis mit weiteren Wahrnehmungen, wodurch eine „kontinuierliche Steigerung der Erfüllung" (84) möglich wird. „Die Wahrnehmung" erfüllt sich „durch die Synthesis der sachlichen Identität, die Sache bestätigt sich durch sich ‚selbst', indem sie sich von verschiedenen Seiten zeigt und dabei immerfort die eine und selbe ist" (56).

Man muß die eigentümliche Struktur der Wahrnehmung, die es Husserl erlaubt, auch von einer perzeptiven Intention zu sprechen, von einer (leibhaftigen) Selbstgegebenheit also, die dennoch unerfüllt ist, wohl beachten. Wäre der Wahrnehmungsakt auf die einzelnen Momente selbst gerichtet, die in ihm teils zur Erfüllung, teils nicht zur Erfüllung kommen, dann wäre ein Teil des ganzen Gegenstandes wahrgenommen, und zwar voll und ganz, die anderen Teile nur signitiv gemeint. Der ganze Gegenstand wäre ein Zusammengesetztes und seinerseits in einem kategorialen Akt gegeben, der in teils perzeptiven, teils signitiven Akten fundiert wäre. Es bestünde dann kein Grund, den Begriff des Unerfülltseins in die Wahrnehmung selbst hineinzutragen.

Aber diese Vorstellung entspricht offensichtlich nicht dem phänomenologischen Tatbestand. Die normale Wahrnehmung ist auf die mannigfaltigen Aspekte und Momente gar nicht gerichtet, sondern durch diese „hindurch" auf den einheitlichen Gegenstand (vgl. II 381 f u. ö.). Die sinnliche Synthesis eines kontinuierlichen Wahrnehmungsverlaufs hat daher nicht den Charakter einer kategorialen, in Teilakten fundierten Synthesis, in der sich eine neue, in den Gegenständen der Teilakte fundierte Gegenständlichkeit konstituiert, sondern ist „eine Verschmelzung von Partialakten", die in stets verschiedener Gegebenheitsweise immer den einen und selben Gegenstand meinen, „zu einem Akt" (III 148–50). In dieser Struktur der äußeren Wahrnehmung ist es begründet, daß das Gemeinte wirklich zu leibhaftiger Selbstgegebenheit kommen und doch noch unerfüllt sein kann.

So wird jetzt eine weitere Differenzierung im Wesen der Anschauung nötig: Von der noch unerfüllten leibhaftigen Selbstgegebenheit, die ihren Gegenstand noch „unangemessen" vorstellt (97) und darum *inadäquat* heißt, unterscheidet sich das „Ideal der Adäquation", in der die Intention ihre „letzte Erfüllung" findet (66 f., § 37), die *adäquate* Wahrnehmung. Da die Phantasie die Wahrnehmung „reproduziert", überträgt sich die Inadäquatheit der äußeren Wahrnehmung auch auf die äußere Phantasie, die dann also in einem doppelten Sinn unerfüllt ist (58 f.); und auf sie übertragen sich dann auch die Steigerungsmöglichkeiten der Erfüllung, die zur inadäquaten Anschauung gehören (77).

Wenn die Wahrnehmung auch selbst auf die Momente und Aspekte, in denen sie ihren Gegenstand meint, nicht ausdrücklich gerichtet ist, so ist eine solche Reflexion doch jederzeit möglich und jedenfalls zur phänomenologischen Aufklärung der inadäquaten Anschauung erforderlich. Denn nun ist ja die Frage, wie die perzeptiven Intentionen im einzelnen zu denken sind, wie ihre partielle Erfüllung und ihr partielles Unerfülltsein zu verstehen ist und was der Unterschied des Adäquaten und Inadäquaten konkret bedeutet.

Nach der Lehre der LU weist die Wahrnehmung in zweierlei Weise über sich hinaus:

Signitive Intentionen innerhalb der Wahrnehmungen

Erstens gibt es Momente des Gegenstandes, die mitgemeint sind, aber überhaupt nicht in die Wahrnehmung fallen, wie z. B. die Rückseite eines wahrgenommenen Dinges, die Fortsetzung einer vernommenen Melodie. „Die jeweils in die Wahrnehmung fallenden Bestimmtheiten weisen auf die ergänzenden, in neuen möglichen Wahrnehmungen selbst in die Erscheinung tretenden Bestimmtheiten hin, und dies, je nach dem Maße unserer ‚Erfahrungskenntnis' des Gegenstandes, bald in bestimmter, bald in graduell unbestimmter Weise "(III 40). Husserl spricht hier von Intentionen durch „Kontiguität" (62), weil das Mitgemeinte sich an das Wahrgenommene in räumlicher oder zeitlicher „Angrenzung" anschließt (41). Was in dieser Weise mitgemeint ist, kann in der Phantasie „verbildlicht" sein (56), oder aber es wird leer vorgestellt. In dem letzteren Fall spricht Husserl geradezu von „signitiven Intentionen" innerhalb der Wahrnehmung (62 f.)[81]. Der „Gehalt" eines Wahrnehmungsaktes setzt sich demnach aus perzeptiven, imaginativen und signitiven Komponenten zusammen (§ 23), und die Steigerung der Erfüllung

[81] Diese irreführende Terminologie, derzufolge die Intentionen durch „Kontiguität" genauso bezeichnet werden wie die Bedeutungsintentionen, hat Husserl in der Umarbeitung (M III 2 II 2 S. 8 f.) zurückgewiesen. Beiden Arten der Intention ist lediglich gemeinsam, daß sie „leer" sind (das Gemeinte in keiner Weise anschaulich gegeben ist), und daher gebraucht Husserl in der Umarbeitung als allgemeinen Begriff den der „Leerintention", während der Terminus „signitive Intention" den Bedeutungsintentionen vorbehalten bleibt. Gerade die Art des „Signitiven" (Zeichenhaften) unterscheidet sich ja wesentlich in den beiden Fällen. Bei den Kontiguitätsintentionen besteht ein sachlicher Zusammenhang zwischen „Repräsentant" und „Repräsentiertem" (vgl. III 62!), bei den Bedeutungsintentionen besteht kein sachlicher Zusammenhang (vgl. III 55), vorausgesetzt, daß hier ein Repräsentant überhaupt erforderlich ist (vgl. oben S. 49 Anm. 55).

besteht nach dieser Hinsicht darin, daß sich im Wahrnehmungsverlauf immer mehr signitive Komponenten in imaginative und evtl. perzeptive verwandeln (§ 24). Das Ziel dieser Steigerungsreihe ist die „vollständige Anschauung", bzw. – sofern die Anschauung eine Bedeutungsintention erfüllt – die „vollständige Veranschaulichung" (§ 29), in der alle mitgemeinten Momente auch tatsächlich zur Gegenwart gebracht werden. „Inadäquate" Gegenwart des Gemeinten heißt also, daß nur ein Teil des Gemeinten überhaupt zur Gegebenheit kommt.

Die rein perzeptiven Intentionen als Abschattungen

Zweitens hat aber auch der rein perzeptive Gehalt der äußeren Wahrnehmung noch den Charakter einer Intention (57, 83): Auch diejenigen Bestimmungen, die in der äußeren Wahrnehmung wirklich zur Gegebenheit kommen, sind uns noch nicht adäquat gegeben: Auch die Vorderseite z. B. ist uns nur in einer bestimmten Perspektive gegeben, ihre Färbung in einer bestimmten „Abschattung". Diesen Begriff der „Abschattung", der zunächst speziell auf die Farben paßt, überträgt Husserl auf die Perspektivität aller räumlichen Bestimmungen (LU II 349). Charakteristisch ist dabei stets, daß wir die gegenständliche Bestimmung selbst, z. B. das Rot dieser Kugel, als ein Identisches wahrnehmen, während die Abschattungen, „in" denen es uns gegeben ist und die uns in der normalen Wahrnehmung selbst nicht gegenständlich werden, je nach unserer Orientierung, der Beleuchtung usw. kontinuierlich wechseln (II 349, Ideen 93). Die Gegenwart auch der tatsächlich wahrgenommenen gegenständlichen Bestimmungen ist also keine schlichte, sondern eine durch die mannigfaltigen Abschattungen vermittelte.

Das ist soweit sicherlich phänomenologisch einsichtig. Aber nun fragt sich, wie diese Vermittlung zu verstehen ist, was also Gegenwart von Sinnlichem letztlich besagt und was demzufolge die Differenz von adäquater und inadäquater Selbstgegebenheit konkret bedeutet. Hier wird nun der phänomenologische Sachverhalt von Husserl in einer Weise interpretiert, der man wohl die Evidenz nicht ohne weiteres zugestehen wird, die Husserl für sie in Anspruch nimmt (vgl. II 383). Dabei sind wiederum mehrere Aspekte zu unterscheiden, die Husserl zum Teil auch später beibehalten, zum Teil dann selbst zurückgewiesen und anders gefaßt hat.

Die Abschattungen als primäre Inhalte

Ein erster konstruktiver (wenn auch aus der Tradition wie selbstverständlich vorgegebener) Schritt besteht darin, daß Husserl meint, die Abschattungen auch außerhalb ihrer Abschattungsfunktion betrachten zu dürfen.

Als solche sind sie dann die „primären" uns vorgegebenen „Inhalte" (III 180), die „Empfindungsinhalte", in den Ideen dann auch „hyletische" Inhalte genannt (§ 85). Wenn auch phänomenologisch kaum verifizierbar, scheint es doch plausibel, daß uns, wenn alles als gegenwärtig Wahrgenommenes vermittelt ist, das Vermittelnde seinerseits als ein schlicht und absolut Gegenwärtiges vorgegeben sein muß. Die Vorstellung eines schlicht und absolut Gegenwärtigen ist als regulative Idee für die Erfüllung vorgegebener Intentionen auch gewiß unentbehrlich. Husserl geht hier aber gar nicht dem Sinn der Intentionen nach, sondern setzt, aus dem Bedürfnis nach einer letzten realisierbaren Evidenz, von vornherein eine Schicht schlichter Gegenwart voraus.

Die adäquate Wahrnehmung

Die nächste Frage ist: Wie ist schlichte sinnliche Gegenwart letztlich zu verstehen, was ist ihr Kennzeichen? Es ist sehr die Frage, ob Husserls eigentlicher phänomenologischer Ansatz in der Erfüllungsproblematik (vgl. oben S. 51 f.) eine solche Frage überhaupt erlaubt, ob man sich nicht vielmehr mit der formalen Antwort begnügen müßte: In einem absoluten Sinn gegenwärtig ist etwas eben dann, wenn es keine weiteren Intentionen enthält. Dafür glaubt nun aber Husserl ein inhaltliches Kriterium angeben zu können: In der Wahrnehmung ist erst dann, aber auch immer dann „kein Rest von Intention übrig", wenn „ihr das angeschaute Objekt selbst wahr und wirklich einwohnt" (III 240), wenn es „im Wahrnehmen selbst reell beschlossen ist" (II 355). Für Husserl ist also die zureichende Bedingung der höchsten intentionalen Gegenwärtigkeit die reelle, ontische Gegenwart des Gemeinten im Meinen. Damit ist nun zugleich der Begriff der adäquaten Wahrnehmung bestimmt (II 354 f., III 239 f.). Adäquat kann also nur die immanente Wahrnehmung sein, und alle immanente Wahrnehmung ist adäquat, sofern sie „ihren Gegenständen nichts zudeutet, was nicht im Wahrnehmungserlebnis selbst anschaulich vorgestellt und rell gegeben ist" (a. O.). An dieser Auffassung hält Husserl auch später fest (Ideen §§ 44, 46), ja sie wird grundlegend für seine Konzeption der Phänomenologie als Wissenschaft vom „reinen Bewußtsein", das sich eben durch seine adäquate Gegebenheit definiert (a. O., LU III 235 f., unten § 9c).

Die Abschattungen als reelle Erlebnisinhalte

Für die Abschattungen folgt daraus, daß auch sie, wenn sie doch schlicht gegenwärtig sein sollen, als reelle Erlebnisinhalte verstanden werden (II 348–51).

Diese Auffassung, an der Husserl ebenfalls in den späteren Schriften festgehalten hat (Ideen 94 f), erscheint besonders merkwürdig, da z. B. eine von der objektiv wahrgenommenen Farbigkeit unterschiedene Farbenempfindung als reelles Erlebnisbestandsstück (II 348 f) phänomenologisch nicht leicht aufweisbar ist[82]. Um zu verstehen, daß Husserl dennoch für diese Unterscheidung mit besonderer Emphase phänomenologische Evidenz beansprucht (II 349, 383), muß man berücksichtigen, daß er sich gegen eine Position wendet, die derjenigen entgegengesetzt ist, die uns heute selbstverständlich scheint: Wogegen er argumentiert, ist die Meinung, daß sich die Gegenstände lediglich aus reellen Erlebnisinhalten zusammensetzen (III 234 f). Dieser Auffassung hält er als Evidenz entgegen, daß die objektive Farbigkeit *nicht* ein Erlebnisinhalt ist und sich auch nicht aus Erlebnisinhalten zusammensetzt (II 348–51, 381–85). Wenn Husserl dann noch neben der objektiven Farbigkeit ein Farbenmoment als Erlebnisinhalt gelten läßt, so ist das also ein Restbestand der bekämpften Position. Erst in den Ideen (97, 249), insbesondere in einer Beilage aus dem Jahre 1916 (S. 411 f), beginnt Husserl überhaupt in Betracht zu ziehen, daß man die Abschattungen auch „ontisch" verstehen kann, als die „wechselnden Gegebenheitsweisen" des Gegenstandes, aber an den reellen Empfindungsdaten hält er auch hier fest und versteht nun die „objektiv" verstandenen Abschattungen als „noematische Parallelen" der reellen. Im 2. Band der Ideen setzt sich dann die noematische Betrachtungsweise immer stärker durch (vgl. z. B. S. 127 f.).

Im übrigen wird man diese Auffassung der Abschattungen als reeller Bewußtseinsinhalte nicht zu sehr belasten dürfen. Der eigentliche sachliche Kern dieser Auffassung liegt nicht darin, daß die Abschattungen subjektiviert werden, sondern daß ihnen ein absoluter Präsenzcharakter zugewiesen wird. Hält man eine solche schlichte Gegenwart überhaupt für realisierbar, so wird es schwer sein, sie anders zu bestimmen als durch reelles Einssein.

Die Abschattungen als Repräsentanten

Die Art, wie die Gegenwart der Abschattungen verstanden wird, muß sich nun auch auf das Verständnis der Gegenwart des Abgeschatteten auswirken, das ja irgendwie „durch" seine Abschattungen hindurch zur Gegenwart kommen soll (oben S. 71). Geht man von reellen Bewußtseinsinhalten aus, so ist Husserls Auffassung einleuchtend, daß das pure Vorhandensein von Inhalten im Bewußtsein, wie immer diese sich verbinden mögen, noch keinerlei gegenständliche Beziehung ermöglicht. Dazu kommt es erst, indem die Inhalte von „apperzipierenden" Akten gegenständlich „aufgefaßt" werden (II 75, 384 f.), sei es, daß sie nun (je nach der Art der Auffassung) selbst gegenständlich werden (vgl. III 178) – und dann kommen sie, indem sie nicht nur reell gegenwärtig sind, sondern als reell gegenwärtig erfaßt werden, zu adäquater Wahrnehmung (III 237, 239) –, sei es, daß sie selbst nicht gegen-

[82] Besonders unverständlich muß es scheinen, wie Gestaltabschattungen, denen, wenn keine Räumlichkeit (Ideen 95), so doch eine „Ausbreitung" zukommen muß (Ideen 197), reelle Bewußtseinsinhalte sein sollen. Vgl. zur Kritik Asemissen (1957) 23 ff., der auch darauf hinweist, daß man hier zwischen der Funktion der verschiedenen Sinnesarten unterscheiden müßte, während Husserl die Empfindungen nur konstruktiv-undifferenziert einsetzt, statt sie selbst phänomenologisch zu untersuchen.

ständlich werden, sondern durch sie hindurch ein anderes (II 75, 384 f.). In dem letzteren Fall fungieren sie also als *Repräsentanten* eines anderen, und zwar, je nachdem ob das Repräsentierte durch sie bloß bezeichnet oder zu bildlicher „Darstellung" oder schließlich zur „Selbstdarstellung" („Präsentation") kommt, als signitive, imaginative oder perzeptive Repräsentanten (III 78 f., 88–94)[83]. Alle Gegenstände unserer äußeren Wahrnehmung „konstituieren" sich (II 75) für uns erst, indem die reellen Empfindungsinhalte – nicht einfach synthetisch verbunden werden, sondern in der Synthesis mit anderen Inhalten intuitiv repräsentierende Auffassung erfahren. Eben dadurch werden die Inhalte zu Abschattungen.

Indem Husserl schließlich auch die adäquate Wahrnehmung als einen Grenzfall von Repräsentation versteht – „Repräsentierender und repräsentierter Inhalt sind hier identisch eines" (III 118, 83) –, kann er die allgemeinen Sätze aufstellen, a), daß zu jedem objektivierenden Akt ein repräsentierender Inhalt gehört, und b), daß ein Akt in dem Maße intuitiv (und gegebenenfalls perzeptiv) ist als dieser Inhalt als intuitiver (bzw. perzeptiver) Repräsentant fungiert (90). Den „intuitiven Gehalt" des Aktes (oben S. 71) kann Husserl jetzt als die „intuitiv repräsentierenden Inhalte *in und mit* der ihnen zugehörenden Auffassung" erklären. Er bezeichnet ihn als die *Fülle* des Aktes (78 f.). Die Erfüllung eines Aktes hängt dann also davon ab, a) wie vollkommen das in ihm Gemeinte überhaupt zu intuitiver Repräsentation kommt und d. h. „Fülle" gewinnt (das ist jetzt nur eine nähere Erklärung für die oben S. 71 bezeichnete „Vollständigkeit" der Veranschaulichung), und b) wie adäquat die intuitive Repräsentation selbst ist.

Adäquat ist die intuitive Repräsentation (und d. h. die Wahrnehmung), wenn Repräsentant und Repräsentiertes eins sind, wenn also gar keine eigentliche Repräsentation vorliegt. Die intuitive Repräsentation im eigentlichen Sinn ist somit wesensmäßig inadäquat. Worin nun aber das Wesen dieser Inadäquatheit besteht und in welcher Weise auch sie noch Steigerungsmöglichkeiten in Richtung auf das „Ideal der Adäquation" zuläßt, das muß davon abhängen, wie die repräsentative Funktion der Abschattungen näher verstan-

---

[83] Daß Husserl hier, wo es sich um reelle Erlebnisinhalte handelt, neben den imaginativen und perzeptiven Repräsentanten auch signitive nennt, bildet eine zusätzliche Schwierigkeit. Denn man wird doch (auch in Anlehnung an Husserls eigene Ausführungen LU II 39 f., 407) sagen müssen: Damit wir etwas als Zeichen und speziell als sprachliches Zeichen, als „Ausdruck", auffassen können. muß es sich erst einmal in der äußeren Wahrnehmung oder Phantasie gegenständlich konstituiert haben. So fragwürdig es also einerseits ist, ob man die perzeptiv darstellenden Inhalte (sofern man überhaupt von solchen sprechen darf) als Repräsentanten auffassen kann, so fragwürdig ist es auf der anderen Seite, ob man das, was wirklich ein Repräsentant ist, nämlich das Zeichen, als reellen Erlebnisinhalt verstehen darf. Möglicherweise hat Husserl sich dadurch irreleiten lassen, daß insofern eine gewisse Analogie besteht, als wir in dem Bedeutungsakt auf den begleitenden Ausdruck nicht gegenständlich gerichtet sind (a. O.), ebensowenig wie im intuitiven Akt auf die darstellenden Inhalte.

den wird. Hier geben nun die LU eine Deutung, die Husserl dann in den Ideen durch eine grundsätzlich modifizierte und verbesserte ersetzen wird:

„Repräsentation" heißt Vergegenwärtigung, und so sieht es geradezu so aus, als werde die äußere Wahrnehmung, trotz der vorgängigen Kritik der Bildertheorie (II 421 ff.), nun doch als ein Bildbewußtsein verstanden. Zwar wird die Repräsentation durch perzeptive Abschattung (in der Wahrnehmung) dadurch von der Repräsentation durch imaginative Abschattung (in der Phantasie) unterschieden, daß sie als *Präsentation* bezeichnet wird, die repräsentierenden Inhalte als „präsentierende" und die „Darstellung" als „Selbstdarstellung" (79, 82 f.). „Die Wahrnehmung als Präsentation faßt den darstellenden Inhalt so, daß mit und in ihm der Gegenstand als selbst gegeben erscheint" (83). Wodurch sich aber die Präsentation von der „Repräsentation in einem engeren Sinne" (79), von der imaginativen, strukturell unterscheidet, vermag Husserl nicht anzugeben. Im Gegenteil, wo er diese Präsentation durch Abschattung auf der anderen Seite von der adäquaten Präsentation unterscheiden will, kann er sie nur wieder als „Repräsentation" bezeichnen (117). „Alle Abschattung hat repräsentativen Charakter, und zwar repräsentiert sie *durch Ähnlichkeit* ..." (a. O., Hervorhebung von mir).

Die Inadäquatheit der Wahrnehmung durch Abschattung besteht demnach darin, daß der „darstellende" Inhalt dem „dargestellten" Gegenstand, statt mit ihm identisch zu sein, nur ähnlich ist. Die Steigerungsmöglichkeiten in Richtung auf das Ideal der Adäquation betreffen dann den „Grad der Annäherung der primitiven Ähnlichkeiten der Darstellung an die entsprechenden Inhaltsmomente des Gegenstandes" (83).

Diese Auffassung scheint all den kritischen Bedenken ausgesetzt, die Husserl selbst gegen die Bildertheorie und gegen eine „Repräsentationstheorie" überhaupt entwickelt hatte (II 422 ff.). Wie kann, so wird man fragen, von Ähnlichkeit und einer sich steigernden Annäherung der Ähnlichkeit gesprochen werden, wo nicht auch ein direkter Zugang zum Original gegeben ist? Auf diese Frage läßt sich jedoch aus dem Text noch eine Antwort finden. Husserl meinte offensichtlich, wie sich aus mehreren Stellen entnehmen läßt, daß in jeder Wahrnehmung *einiges* zwar „perspektivisch verkürzt und abgeschattet" erscheint, *anderes* aber „ganz so wie es ist" (III 41). Jedes gegenständliche Moment hat dann unzählige Gegebenheitsweisen, in denen es bloß abgeschattet erscheint, aber auch eine ausgezeichnete, in der es sich „als es selbst im absoluten Sinne" zeigt, so daß hier Repräsentant und Repräsentiertes zusammenfallen (117). Eine Farbe z. B. wird aus einer bestimmten Orientierung, bei normaler Beleuchtung usw. so gesehen wie sie „selbst" ist; „im Konzertsaal, an der ‚richtigen' Stelle, höre ich den Ton ‚selbst', wie er ‚wirklich' klingt" usw.[84]. Die gegenständliche Bestimmung „selbst", der die

[84] Vgl. Ideen I 102, II 59 f., wo allerdings die Deutung dieser optimalen Gegebenheit eine andere ist (vgl. unten S. 77).

perspektivische Abschattung ähnlich sein soll, ist uns also auch adäquat zugänglich, und inadäquat ist demnach der rein perzeptive Gehalt der Wahrnehmung nur deswegen, weil er niemals *alle* Seiten, die in ihm anschaulich werden, *gleichzeitig* adäquat vorstellen kann (vgl. III 67, 99). Auf diese Weise entgeht Husserl dem Vorwurf, daß er von Ähnlichkeit spricht, wo das Original nicht zugänglich ist: Das Original ist eben mit einer der Gegebenheitsweisen identisch. Und die Wahrnehmung im ganzen ist, so gesehen, kein Bildbewußtsein, obwohl sie immer Elemente enthält, die sich (in den LU) nur nach der Analogie eines Bildbewußtseins erklären lassen.

Diese Konzeption widerspricht nun aber wiederum Husserls eigener Auffassung, daß bei der äußeren Wahrnehmung das Wahrgenommene und seine Gegebenheitsweisen, das „Repräsentierte" und seine „Repräsentanten", grundsätzlich heterogen sind: Repräsentant und Repräsentiertes können hier gar nicht zusammenfallen, und wo ein Repräsentant in dieser Weise aufgefaßt wird, kommt lediglich er selbst als reeller Bewußtseinsinhalt zu adäquater Wahrnehmung und überhaupt nicht mehr das äußerlich Wahrgenommene. Der wesentliche Gehalt dieses Satzes läßt sich durchaus auch von Husserls fragwürdiger Auffassung der Gegebenheitsweisen als reeller Bewußtseinsinhalte ablösen. Er besagt dann: bei Gegenständen und gegenständlichen Momenten, die in Perspektiven gegeben werden, ist *jede* Gegebenheitsweise, und mag sie noch so ausgezeichnet sein, eben eine Perspektive und von der Sache selbst zu unterscheiden. Damit entfällt dann aber auch die Möglichkeit, das Verhältnis zwischen Repräsentant und Repräsentiertem als Darstellung „durch Ähnlichkeit" zu verstehen. Diese Auffassung wird daher auch in der Umarbeitung zurückgewiesen (M III 2 II 2 S. 97–99), nachdem Husserl in den Ideen einen Weg gefunden hat, das Verhältnis zwischen Abschattung und Sache selbst grundsätzlich anders zu fassen. So kommt es auch zu einem neuen Begriff der Inadäquatheit und der Steigerungsmöglichkeiten in Richtung auf das Ideal der Adäquation.

Die neue Lehre der „Ideen"

Die unbefriedigende Auffassung der Repräsentationsfunktion in den LU als einer Darstellung durch Ähnlichkeit ist letztlich dadurch motiviert, daß Husserl sich hier den durch Perspektiven gegebenen Gegenstand noch als einen solchen dachte, der auch perspektivenfrei in einer schlichten Wahrnehmung gegeben werden könnte, sei es daß diese adäquate Anschauung – bei einzelnen Seiten – von uns zu realisieren wäre, sei es, daß sie – vom ganzen Gegenstand – zwar „uns versagt", aber doch an sich denkbar wäre (III 99).

Demgegenüber zeigt Husserl in den Ideen (93–101), daß es „evident und aus dem Wesen der Raumdinglichkeit zu entnehmen" ist, „daß so geartetes

Sein prinzipiell in Wahrnehmungen nur durch sinnliche Abschattungen zu geben ist" (97). Diesem Gegebensein in Perspektiven und Orientierungen, die „in systematisch fest geregelter Form " (101) auf immer weitere Perspektiven und Orientierungen verweisen, liegt kein perspektivenloses Sein des Dinges selbst zugrunde, das von einem Gott in adäquater Anschauung wahrzunehmen wäre (98, 101, 371). Auch die „normale" Gegebenheitsweise unter „optimalen" Bedingungen (oben S. 75) hat nur eine relative Auszeichnung und ist nicht schon die Sache „selbst": Sie würde ihrerseits ihre Prätention, eben diese gegenständliche Bestimmung und keine andere optimal darzustellen, verlieren, wenn bei einem Orientierungswechsel die Abschattungen sich nicht entsprechend ändern würden (102). Das heißt nun nicht, daß von einer Sache „selbst" jetzt überhaupt nicht mehr geredet werden dürfe, so daß die Abschattungen nicht mehr auf etwas über sich hinausweisen würden und somit auseinanderfielen. Nur ist dieses „selbst" kein schlichtes Etwas, das von den Abschattungen durch „Ähnlichkeit" darzustellen wäre. Auch das Verhältnis der Abschattungen untereinander läßt sich nicht durch Ähnlichkeit bestimmen. Als zugehörig zueinander, und d. h. als Abschattung von „demselben", erweisen sie sich vielmehr dadurch, daß sie einer einheitlichen Regel unterstehen. Das heißt dann aber: das Ding „selbst" (bzw. jede einzelne dingliche Bestimmung: die objektive Farbigkeit, Gestalt usw.) ist gar nichts anderes als diese einheitliche Regel (Ideen II 86). Als das sich in den mannigfaltigen Perspektiven in verschiedener Orientierung als „dasselbe" zeigende, sich in ihnen als Identisches durchhaltende, *ist* das Ding selbst auch nichts anderes als die synthetische Einheit der Perspektiven, in ihnen „konstituiert" es sich nicht nur für uns, sondern wesensmäßig.

Darin gründet auch die wesensmäßige „Transzendenz" des räumlichen Dinges, auf die Husserl in den Ideen so großen Wert legt (96, 98): Das Ding ist nicht in dem Sinn transzendent, daß es von seiner Gegebenheit und damit vom Bewußtsein geschieden wäre, sondern es ist gerade so *gegeben*, daß es die schlichte Gegenwart (und d. h. für Husserl: die reelle Immanenz) transzendiert.

So zeigt sich jetzt, daß in dem Verhältnis von Perspektive und Ding selbst ein neuer Sinn von „selbst" gegeben ist, der sich nicht, wie es in den LU den Anschein hatte, auf ein Repräsentationsverhältnis reduzieren läßt. Was das Wort „selbst" besagt, läßt sich hier wie überall nur aus dem Wesen der entsprechenden Erfüllung und Enttäuschung entnehmen (oben S. 58). Jede signitive Intention ist auf ein „selbst" gerichtet und erfüllt sich in der Wahrnehmung. Aber diejenige signitive Intention, die auf ein „selbst" gerichtet ist, das wesensmäßig Regel, Identisches mannigfaltiger Perspektiven ist, erfüllt sich nur in einem kontinuierlichen und einstimmigen Wahrnehmungs*verlauf* (Ideen 97 f.). Eine Regel ist etwas, das eigentlich überhaupt nicht in einzelnen Abschattungen, sondern nur in einer Abfolge von Wahrnehmungen zur „Darstellung" kommt; in dieser kommt sie aber zu der ihr eigenen originären Selbstgegebenheit (Ideen II 43, 122), die jedoch inadäquat ist. *Inadäquat*, d. h. jetzt nicht, daß das Gemeinte nur in mehr oder weniger großer Ähnlichkeit repräsentiert wird (denn dann würde es überhaupt nicht zu originärer Selbstgegebenheit kommen), sondern daß seine einheitliche originäre Gegebenheit als partiell-einseitige stets nur eine *präsumptive*, niemals endgültige ist, weil die durch den bisherigen „einstimmigen" Wahrnehmungsverlauf sich „bestätigende" Regel immer noch durch den weiteren Wahrnehmungsverlauf „durchstrichen" werden, sich als Schein erweisen kann (Ideen I 97 f., 108, 338 f.). Damit ist zugleich die Steigerungsmöglichkeit der Erfüllung in Richtung auf das Ideal der Adäquation neu bestimmt: sie besteht nicht darin, daß die immer neuen Perspektiven dem Ding selbst immer ähnlicher werden, sondern daß sie die vorweggenommene Regel immer weiter bestätigen[85]. Weil die sich mit immer mehr Gewicht bestätigende Regel sich jedoch immer noch enttäuschen kann, ist die Adäquation jetzt kein (wenn nicht für uns, so wenigstens an sich) realisierbares Ziel wie in den LU, sondern eine „Idee im Kantischen Sinn" (Ideen 350 f.).

Die perzeptive Intention kann sich also nicht nur in bezug auf die in ihr mitenthaltenen Leerintentionen, sondern in bezug auf das, was schon in ihr selbst zu originärer Gegebenheit kommt, enttäuschen. Während aber die signitive Intention, die sich an der Wahrnehmung enttäuscht, in ihrer Prätention gänzlich entwertet wird, enthält die perzeptive Intention, da sie ja schon in Wahrnehmungen fundiert ist, auf jeden Fall einen Kern realisierbaren Sachbezugs: Enttäuscht sich die Intention, erweist sie sich auf Grund weiterer Wahrnehmungen als bloßer „Schein", so erscheint sie im Lichte einer neuen, die weiteren Wahrnehmungen einstimmig miteinbeziehenden Regel nicht als schlechthin nichtig, sondern als lediglich „einseitig", „relativ".

Aus der bestimmten Art der Erfüllung und Enttäuschung dieser Intentionen läßt sich der Sinn des „selbst", auf das sie gerichtet sind, entnehmen. Das „selbst" bestimmt sich immer aus dem Gegensatz zu gewissen „defizienten Gegebenheitsweisen" von demselben (oben S. 58). Bei den signitiven und imaginativen Intentionen bestand diese defiziente Gegebenheitsweise in der Möglichkeit, dasselbe auch dann zu meinen, wenn es entweder überhaupt nicht oder nicht leibhaftig gegeben ist. Bei den perzeptiven Intentionen besteht sie in der Möglichkeit (und Notwendigkeit), etwas einheitlich zu meinen, obwohl es nur einseitig gegeben ist. Im Gegensatz zu solcher einseitigen Gegebenheitsweise ist das „selbst" hier als das Identische der vielfältigen Perspektiven *„das Irrelative in den Relativitäten"* (Ideen II 76). Die Identität (Selbigkeit), die in einem formalen Sinn zu allem „selbst" wie überhaupt zu aller Gegenständlichkeit gehört (oben S. 58 f.), ist hier, wo sich das „selbst" speziell von seinen einseitigen Perspektiven abhebt, gerade dasjenige, was zur Erfüllung kommen muß. Die Erfüllung vollzieht sich daher nicht in

[85] Dieser Gesichtspunkt ist auch in den LU schon vorhanden, nur für die Gesamtkonzeption noch nicht maßgebend geworden, vgl. III 56: „... die Sache bestätigt sich durch sich ‚selbst', indem sie sich von verschiedenen Seiten zeigt und dabei immerfort die eine und selbe ist."

der bloßen Selbstgegebenheit einer (selbstverständlich in sich identischen) Gegenständlichkeit, sondern in der *Einstimmigkeit* der Selbstgegebenheit. Während sich in dem Bezug zu dem „es selbst" im ersten Sinn die *Sachnähe* realisiert, begründet dieser zweite Sinn die *Objektivität* (als Irrelativität).

Die Objektivität ist gegenüber der bloßen Sachnähe ein zusätzlicher Aspekt, der überall wo uns Gegenstände perspektivisch gegeben sind, wesensmäßig (das liegt im Sinn der Intentionen selbst) zur Erfüllung mitgefordert ist. Er ist aber in dem ersten Sinn des „selbst", in der Sachnähe, fundiert: d. h. gefordert ist nicht irgendeine Irrelativität, sondern ausschließlich eine solche, die sich in der Einstimmigkeit der *Wahrnehmungen* bekundet. Es besteht nun aber auch, wie Husserl im 2. Band der Ideen (§ 18) zeigt, die Möglichkeit, den Gesichtspunkt der Irrelativität zu radikalisieren, und dann konstituiert sich gegenüber dem „Sinnending" mit seiner eigenen, aber beschränkten Objektivität die in einem prägnanten Sinn objektive physikalische Natur.

Differenzierungen im 2. Band der „Ideen"

Im 2. Band der Ideen erfährt die im 1. Band auf eine neue Basis gestellte Lehre von den Abschattungen einige bedeutsame Differenzierungen.

Erstens sieht Husserl jetzt auch, daß eine Reihe mannigfaltiger Gegebenheiten nur dadurch als Aspekte eines Identischen objektivierende Auffassung erfahren kann, daß sie sich mit einer zweiten, auf „Umstände" bezogenen Reihe funktionell verbindet, so daß die einheitliche Regel stets von der Form „Wenn-So" ist. Auf der untersten Ebene, auf derjenigen der Empfindungen, verbinden sich in dieser Weise die Empfindungen, die objektivierende Auffassung erfahren, mit den zugehörigen kinaesthetischen Empfindungen (56–58, 128).

Zweitens werden nun auch mehrere, aufeinander aufbauende Stufen unterschieden, wie sich in dieser funktionell geregelten Weise Einheiten in Mannigfaltigkeiten konstituieren. Durch diese Relativierung tritt die Auffassung der Abschattungen als reeller Inhalte immer mehr zurück, da sie ja nur noch für die unterste Stufe gelten kann (130 f). Vor allem werden nun zwei (sich ihrerseits in mehreren Stufen aufbauende) Konstitutionsebenen unterschieden, eine Unterscheidung, die derjenigen Kants in mathematische und dynamische Grundsätze ungefähr entspricht: was sich in „Abschattungen" im engeren Sinn konstituiert, ist das, was Husserl ein „Schema" nennt, d. h. ein von einer sinnlichen Qualität erfüllter Raumkörper (36–41, 127–131). Auf dieser Ebene, auf die sich die Betrachtungen der LU und der Ideen I beschränkt hatten, läßt sich aber überhaupt noch nicht zwischen Realität und Schein unterscheiden. Das Schema an und für sich ist ein „Phantom" (a. O.). Eine reale Eigenschaft konstituiert sich erst dadurch, daß mannigfaltige Schemata ihrerseits „als Bekundungen eines und desselben erfahren werden", wobei sich die funktionelle Abhängigkeit jetzt nicht auf kinästhetische Empfindungen, sondern auf gegenständliche „Umstände" bezieht und daher kausal ist (41–54). Die realen Eigenschaften (wie z. B. Elastizität), als deren wechselnde reale „Zustände" jetzt die Schemata aufgefaßt werden, „drücken Vermögen aus, sie sind kausale Eigenschaften" (86)[86].

[86] Neben dieser „materiellen" (= körperlichen) Realität gibt es auch eine „seelische", die sich aus Eigenschaften aufbaut, die (als Charaktereigenschaften

Das Schema ist also seinerseits real und kein bloßes Phantom, wenn es sich als kausal-geregelter Zustand von Realem erweist.

Drittens kann nun Husserl auf dieser Grundlage zeigen, wie es auf der Basis der realen Sinnendinge zur wiederum höherstufigen Konstitution der physikalischen Natur kommt (58–90). Weil real ist, was kausal mit anderem Realen zusammenhängt, ist jede Veränderung, die sich nicht nur faktisch, sondern prinzipiell nicht mehr durch reale Umstände erklären läßt, grundsätzlich eine „Scheinveränderung"; sie erweist sich, weil nicht durch reale Umstände bedingt, als bedingt durch die Umstände „psychophysischer Konditionalität" (63 f). So führt die Erfahrung der „mit verschiedenen Sinnesvermögen begabter Subjekte und die Erkenntnis der bei jedem Individuum vorhandenen Abhängigkeit der Sinnesqualitäten von physiologischen Prozessen dahin, eben diese Abhängigkeit als eine neue Dimension von Relativitäten in Betracht zu ziehen und das rein physikalische Ding durch Denken zu konstruieren" (86), indem man „das Irrelative in den Relativitäten herausbestimmt" (76). Da alles Sinnlich-Anschauliche psychophysisch bedingt ist, hat das Objektive, das sich so ergibt, nicht etwa einen uns unbekannten, sondern „gar keinen sinnlich-anschaulichen Inhalt" (88). Es ist das Irrelative der sinnlichen Relativitäten selbst, d. h. das, was „bei allen möglichen Abwandlungen meiner Sinnlichkeit" identisch bleibt (87): es ergibt sich nicht „durch Abstraktion" vom Sinnending, sondern durch seine „Objektivierung" (88), als eine „Konstitution höherer Stufe", auf der nun das objektive Ding das „selbst" ist (75, 77, 84) und das Sinnending „den Charakter einer bloßen ‚Erscheinung' des Dinges der ‚objektiven Wirklichkeit'" annimmt (82). Wie das reale Sinnending nur im geregelten Ablauf der Schemata und Abschattungen zur Gegebenheit kommt, so ist auch das physikalische Ding gegeben und zu geben prinzipiell nur durch Erscheinungen (88, vgl. auch Ideen I 126).

Zusammenfassung; Klarheit und Vollständigkeit; der Ertrag für das Wahrheitsproblem

Die neue Lehre von der inadäquaten Wahrnehmung und ihren Steigerungsmöglichkeiten in den Ideen kann diejenige in den LU nicht einfachhin ersetzen. Zwar hat sich die Auffassung der Abschattungen als Ähnlichkeiten als falsch erwiesen, aber damit verbindet sich in den Ideen zugleich ein anderes Interesse als dasjenige, das in den LU leitend war, und so kommt es darauf an, den positiven Ertrag festzuhalten, der sich aus *beiden* Gesichtspunkten für das Wahrheitsproblem ergibt.

Die Differenz der Gesichtspunkte zeigt sich darin, daß die Inadäquatheit und die Erfüllungssteigerungen, wie sie in den Ideen gefaßt werden, nämlich als *Präsumptivität* und zunehmende *Bestätigung*, den Setzungscharakter (die „Qualität") und nicht den deskriptiven Gehalt (die „Materie") der Bedeutungsintention betreffen. Daher gelten diese Gradationen auch nur für die

usw.) ebenfalls geregelte, kausal abhängige „Einheiten der Bekundung" sind (121 ff.). So wird jetzt verständlich, was im 1. Band nur behauptet worden war (14, 96), daß nicht nur die körperliche, sondern alle Realität im Unterschied zum „reinen Bewußtseinsstrom" wesensmäßig „transzendent" ist. Die seelische Realität unterscheidet sich von der materiellen dadurch, daß sie sich nicht in Schemata, also nicht in Ausgedehntem konstituiert, sondern in Erlebnissen.

Wahrnehmung, während sie für die Erfüllung in der bloßen Phantasie, die ja ihren Gegenstand nicht setzt, ohne Sinn sind. In den LU hingegen bemüht sich Husserl, die Steigerungsmöglichkeiten der Erfüllung zunächst für den deskriptiven Gehalt der Intention zu verfolgen, so daß der Unterschied zwischen Wahrnehmung und Phantasie vorläufig am Rande bleibt. Die Untersuchung zielt ja zunächst, noch bevor sie zum Wahrheitsbegriff selbst kommt, auf eine Klärung des Begriffs der Möglichkeit, für den nur die Selbstgegebenheit des Wasgehaltes von Bedeutung ist (oben S. 68).

Die Inadäquatheit der Abschattungen bildet in den LU nur einen Teil der Inadäquatheit der äußeren Wahrnehmung. Der andere Teil bestand darin, daß es immer auch Momente des Gegenstandes gibt, die überhaupt nicht in die Anschauung fallen und daher nur signitiv gemeint sind (oben S. 70 f.). *Diese* Inadäquatheit, die in der „Unvollständigkeit" der Veranschaulichung liegt, ist, ebenso wie die entsprechenden Steigerungsmöglichkeiten, von der unzulänglichen Deutung der Inadäquatheit der Abschattungen nicht ohne weiteres betroffen. Husserl faßt die verschiedenen Gesichtspunkte, nach denen sich progressive Erfüllungsmöglichkeiten bei intuitiven Intentionen denken lassen, in den LU folgendermaßen zusammen (III 83)[87]:

„Hinsichtlich der Gradationen der Fülle an intuitivem Inhalt ... können wir unterscheiden:

1. den *Umfang* oder Reichtum an Fülle, wechselnd, je nachdem der Inhalt des Gegenstandes mit größerer oder geringerer Vollständigkeit zur Darstellung kommt.
2. die *Lebendigkeit* der Fülle als Grad der Annäherung der primitiven Ähnlichkeiten der Darstellung an die entsprechenden Inhaltsmomente des Gegenstandes.
3. den *Realitätsgehalt* der Fülle, ihr Mehr oder Weniger an präsentierenden Inhalten."

Der *Umfang* der Anschauung mit dem Ideal der *Vollständigkeit* betrifft das Ausmaß, in dem die Bestimmungen des Gegenstandes überhaupt zu intuitiver Gegebenheit kommen. Die *Lebendigkeit*, die Husserl an anderer Stelle (77) auch als *Klarheit* bezeichnet, betrifft die weitere Steigerungsmöglichkeit an Erfüllung innerhalb des rein intuitiven Gehaltes der Vorstellung, aber ohne Rücksicht auf den Unterschied zwischen Wahrnehmung und Phantasie. Der dritte Punkt schließlich betrifft das Ausmaß, in dem der intuitive Gehalt ein solcher der Wahrnehmung und nicht nur der Phantasie ist.

Die Lebendigkeit (Klarheit) wird auf Grund der unzulänglichen Auffassung der Abschattungen als Grad der Ähnlichkeit verstanden. Dagegen heißt es dann in den Ideen, die „graduellen Unterschiede relativer Klarheit bzw. Dunkelheit" hätten mit den Unterschieden der Abschattungen „nichts zu tun" (103 f.). Entsprechend wird in der Umarbeitung der VI. LU der zweite Punkt des zitierten Textes in zwei verschiedene auseinandergenommen: Der eine betrifft die „Lebendigkeit oder Klarheit", der andere die „graduellen Unter-

[87] Zur Interpretation dieses Textes vgl. auch Levinas (1930) S. 108.

schiede der Gunst und Ungunst der Abschattung" (M III 2 II 2 49 ff.), d. h. ihre Annäherung an die „optimale" Gegebenheit (oben S. 76 f.), die natürlich deskriptiv eine Bedeutung behält, wenn sie auch nicht mehr als Ähnlichkeit verstanden wird. Was andererseits die „Klarheit" nun positiv besagt, bleibt sowohl hier wie in den Ideen recht dunkel. In der Umarbeitung wird die Unklarheit als „Nebelhaftigkeit", „Vagheit", „Verschwommenheit" beschrieben, in den Ideen spricht Husserl von „kontinuierlichen intensitätsartigen Unterschieden" (158) zwischen „Klarheit" und „Dunkelheit" (156), die auf eine „absolute Nähe", eine „reine Selbstgegebenheit" verweisen (156).

Wie immer aber der Begriff der Klarheit inhaltlich bestimmt werden mag, so ist er doch formal von grundsätzlicher Bedeutung für das Wahrheitsproblem. Er bezeichnet eben jenes Ideal von Selbstgegebenheit, das in der Phantasie genausogut zu realisieren ist wie in der Wahrnehmung (vgl. Ideen 156 f., LU III 68): die volle Selbstgegebenheit des Wasgehaltes. Zu diesem prinzipiellen Begriff von Klarheit gehört dann aber neben der „Lebendigkeit" auch die „Vollständigkeit" der Anschauung. Die Gradunterschiede des *Umfangs* werden daher in den Ideen als „unechte Klarheitsstufen" den „echten" (der Lebendigkeit) an die Seite gestellt (158 f.). Die beiden ersten Punkte der Zusammenstellung in den LU bezeichnen also zusammengenommen die Steigerungsmöglichkeiten in Richtung auf das Ideal der Klarheit, während der dritte Punkt den Übergang von der Klarheit zur Wahrheit betrifft.

Von den beiden zusammengehörigen ersten Punkten ist nun die Erfüllungssteigerung hinsichtlich der Vollständigkeit in den LU die eigentlich maßgebende. Der Schlußparagraph des Kapitels über die Erkenntnisstufen (§ 29) nimmt nur noch auf sie Bezug. In der Tat läßt sich ja das Ideal der Lebendigkeit, wie es in den LU verstanden wird (vgl. oben S. 75 f.), nur in eins mit der Vollständigkeit erreichen: Wenn jede Seite des Gegenstandes aus einer bestimmten Orientierung zu adäquater Gegebenheit zu bringen ist, dann führen dieselben kontinuierlichen Synthesen von immer neuen Anschauungen, die die vorher nur leer mitgemeinten Bestimmungen allmählich überhaupt zur Gegebenheit bringen, auch dazu, daß die vorher nur abgeschattet gegebenen Bestimmungen progressiv zur adäquaten Anschauung kommen. Alle Inadäquatheit, auch diejenige der Abschattungen, reduziert sich also auf Unvollständigkeit. In anderer Weise liegt nun aber dieser Begriff der Inadäquatheit auch demjenigen der Ideen (der Präsumptivität) zugrunde: nur weil wir die Perspektiven bzw. die umständlich bedingten Aspekte eines Gegenstandes nicht *vollständig* zur Anschauung bringen können, ist die Bestimmung „selbst", die sich in ihnen bekundet, im Fall der Wahrnehmung bloß „präsumptiv" gegeben; und mit wachsender Vollständigkeit der Aspekte „bestätigt" sie sich immer mehr (vgl. Ideen 100 f., 338 f.).

Beide Werke treffen sich also in ihren Auffassungen von der inadäquaten Anschauung im Begriff der Unvollständigkeit, nur daß dabei a) in den LU die Inadäquatheit der Abschattungen von derjenigen des signitiven Gehaltes her verstanden ist, während in den Ideen diese Unterscheidung überhaupt an Bedeutung verliert (vgl. a. O.), weil die Inadäquatheit des signitiven Gehaltes umgekehrt in diejenige der Abschattungen mitaufgenommen wird – auch diejenigen Bestimmungen, die gar nicht in die Anschauung fallen (die Rückseite usw.) sind nur andere Abschattungen von „demselben" und unterstehen derselben Regel wie die angeschauten –, und daß b) die Unvollständigkeit in den Ideen zurücktritt, weil sie für die Inadäquatheit des Abgeschatteten nur die (freilich notwendige) Grundlage abgibt. In der Betrachtungsweise der Ideen interessiert die extensive Erfüllungssteigerung der Vollständigkeit, sofern sie die intensive Steigerung der graduellen Bestätigung der einheitlichen Regel fundiert; in den LU hingegen wird die Mannigfaltigkeit der Aspekte deskriptiv und additiv betrachtet. Wenn aber das Interesse auf die Klärung und nicht auf die Wahrheitsbestätigung der Intention gerichtet ist, müßte auch auf der Position der Ideen die Erfüllungssteigerung deskriptiv verstanden werden: was das in mannigfaltigen Aspekten sich als identisch Durchhaltende ist, klärt sich im phantasiemäßigen Durchlaufen der verschiedenen Phasen der einheitlichen Regel. Additiv ist dieses Verfahren freilich nicht, vielmehr wird das Mannigfaltige auch hier in der charakteristischen Perspektivensynthesis als die verschiedenen Erscheinungsweisen von ein und demselben aufgefaßt.

Der additive Gesichtspunkt der LU, der die Art der Synthesis offenläßt, behält dann aber als der unbestimmt-allgemeinere seine eigene und fundamentale Bedeutung für das Wahrheitsproblem. Nicht alle in der Erfüllung einer einheitlichen Bedeutung sich herausstellende gegenständliche Mannigfalt gehört speziell in einer Perspektivensynthesis zusammen und unter eine Regel. Husserl scheint in den LU die Problematik auch deswegen so deskriptiv durchgeführt zu haben, weil er, obwohl ständig an der äußeren Anschauung exemplifizierend, zugleich stets die phänomenologische Deskription selbst und d. h. die immanente Anschauung im Blick hatte, deren Gegenstände nicht perspektivisch und in diesem Sinn inadäquat gegeben sind (oben S. 72), aber doch in anderer Weise unvollständig zur Anschauung kommen können[88]. Die umfassende Bedeutung des formalen Gesichtspunkts der Vollständigkeit für die angemessene Erfüllung signitiver Intentionen sowohl im philosophischen wie im empirischen Bereich wird schließlich besonders deutlich, sobald man die Beschränkung des 1. Abschnitts der VI. LU auf sinnliche Bedeutungen aufhebt und an irgendwelche komplexeren Bedeutungen denkt. Um z. B. zur Erfüllung zu bringen, was „die Schlacht von Waterloo" bedeutet und d. h.

[88] Vgl. Ideen 103. Hier weist Husserl allerdings nur auf diejenige Unvollständigkeit, die jedem Erlebnis eignet, sofern es zeitlich ist. Aber auch die Überlegungen der Ideen zum Begriff der Klarheit (S. 155 ff., oben S. 81 f.), stehen im Zusammenhang einer Besinnung auf das Wesen der phänomenologischen Klärung selbst.

dann hier zugleich: was sie in Wahrheit war, ist man auf eine Mannigfalt von Bestimmungen und Zusammenhängen verwiesen, die sicherlich nicht als Perspektiven unter einer einheitlichen Regel zu verstehen sind. Natürlich wird dabei nicht ein Gesichtspunkt bloß additiver Mannigfalt genügen, aber die Art der Synthesis, in der die verschiedenen Faktoren zusammengehören, ist hier nicht wie bei der Perspektivensynthesis vorweggenommen, sondern kann selbst erst in der Erfüllung zur Bestimmung kommen.

Im einzelnen ist Husserl der Problematik, die sich hier eröffnet, auch später nicht nachgegangen; er hat aber noch in den LU die „Angemessenheit", auf der dann der Wahrheitsbegriff gründet, in einer Weise gegenüber dem traditionellen Verständnis umgedacht, die es überhaupt erst ermöglicht, eine solche Mannigfalt, die sich in der progressiven deskriptiven Erfüllung einer einheitlichen Bedeutung dadurch ergibt, daß das intuitiv partiell Gegebene selbst noch Intentionen enthält, in die Wahrheitsproblematik mitaufzunehmen. Für die traditionelle Auffassung von Wahrheit, die vollkommen bestimmte, eindeutige Urteilsbedeutungen supponiert, ist die gegenständliche Mannigfalt der Sache selbst, an die sich die Bedeutung anzumessen hat, nach Umfang und Gliederung – explizit oder (bei einer deduktiv vermittelten Verifikation) implizit – von der Bedeutung selbst vorgegeben. Die Erfüllung in der Anschauung kann dann sozusagen keine Überraschung mehr ergeben, sondern nur entweder die Bestätigung oder die Enttäuschung der Intention, daher auch in der Erfüllung nur das Entweder-Oder der Thesis in Frage steht, nicht die „Materie", der inhaltlich-deskriptive Gehalt. Wenn hingegen die intuitive Erfüllung selbst noch auf eine Mannigfalt weiterer Bestimmungen über sich hinausweist, dann heißt das, daß das, woran sich die Bedeutung anzumessen hat, sich nach Umfang und Gliederung erst *in* der Erfüllung progressiv herausstellt. Husserl unterscheidet daher (III 99 f.) bei der Erfüllung signitiver Intentionen „zwei trennbare Vollkommenheiten, nämlich: *Erstens,* daß allen Teilen (Gliedern, Momenten, Formen) der Bedeutung, welche selbst den Charakter von Bedeutungen haben, Erfüllung zuwächst durch entsprechende Teile der erfüllenden Anschauung. *Zweitens,* daß nun auf seiten der erfüllenden Anschauung für sich Angemessenheit hinsichtlich des Gegenstandes statt hat ..." Bei dieser zweiten Vollkommenheit spricht Husserl von *„objektiv* vollständiger Veranschaulichung" (100), weil das Maß der Vollständigkeit der Angemessenheit jetzt nicht durch die *Bedeutung,* sondern durch den – in der Bedeutung somit nur unbestimmt vorgezeichneten – *Gegenstand selbst* vorgegeben ist. Hier kann sich daher in der Erfüllung die Materie der Intention nicht einfach bestätigen oder enttäuschen, sondern muß sich erweitern und bestimmen[89]. Eben dies ist aber wirklich überall dort

[89] Für die Möglichkeit der *Erweiterung* der Materie vgl. oben S. 62. Für den entsprechend *unbestimmten* Charakter der Bedeutungsintention, vgl. LU III 40 (zitiert oben S. 70) und Ideen 100.

der Fall, wo wir nicht lediglich nach der Wahrheit bereits vorgegebener Urteile fragen, sondern danach, was ein – zunächst nur unbestimmt gemeinter – Gegenstand oder gegenständlicher Zusammenhang „selbst", „in Wahrheit" ist. Weil Husserl das Wahrheitsproblem nicht sogleich beim Urteil ansetzt und weil er von vornherein auch die Aufklärung der möglichen Wahrheit der deskriptiven phänomenologischen Analysen selbst im Auge hat, gelingt es hier, die Idee der Anmessung an die Sache selbst in dieser Weise aus der Orientierung an der Bedeutung zu lösen und unmittelbar auf die Sache zu beziehen.

Das ist der eigentliche positive Ertrag, der sich für das Wahrheitsproblem aus der Analyse der perzeptiven Intentionen ergibt, wie sie in den LU durchgeführt wird: Es gibt einen Sinn von *Erfüllung* einer signitiven Intention, einen Sinn von *Sache selbst*, demgemäß wir nicht fragen, ob die Intention der Sache selbst entspricht, sondern geradezu, was die Sache selbst ist. Erfüllung bedeutet hier nicht Bestätigung, sondern Klärung und Erweiterung[90].

Der positive Ertrag der spezielleren Abschattungsproblematik hingegen läßt sich nur aus der Durchführung der Ideen entnehmen. Auch er zeigt sich in einem neuen Sinn von Erfüllung und von „Sache selbst". Das „selbst" steht hier nicht der signitiven Intention, sondern der Perspektive gegenüber, und mit ihm konstituiert sich in verschiedenen Stufen im Unterschied zur bloßen Sachnähe die Objektivität (oben S. 79). Was sich wesensmäßig als Identisches mannigfaltiger Perspektiven konstituiert, hat seine eigene Art von Erfüllung, die wesensmäßig inadäquat ist, obwohl es zu originärer Selbstgegebenheit kommt (oben S. 77 f.). Hier liegt der Ansatz sowohl für Husserls Relativierung des Evidenzbegriffs als auch für seine Unterscheidung verschiedener Weisen von Wahrheit und Evidenz je nach der Art der Gegenständlichkeit.

Ein folgenschweres Vorurteil

Neben diesen positiven Ergebnissen hat Husserls Konzeption der inadäquaten Wahrnehmung auch schon eine bedeutsame Begrenzung seiner Wahrheitsproblematik gezeigt, nämlich seine Auffassung von der adäquaten Wahrnehmung, vom Ideal der endgültigen Erfüllung (oben S. 72): Die adäquate Wahrnehmung besteht für Husserl darin, daß ihr der gemeinte Gegenstand in schlichter sinnlicher Gegenwart gegeben und d. h. dann noch: reell immanent ist, und so gilt auch umgekehrt, daß in allem, was uns so

90 Allerdings läßt sich Husserl dann, wo er zur ausdrücklichen Bestimmung des Wahrheitsbegriffs kommt (unten § 5), so sehr von der traditionellen Auffassung leiten, daß diese neue Möglichkeit nicht ausdrücklich herausgestellt wird. Um so wichtiger ist es, daß wir, was sich aus den phänomenologischen Voruntersuchungen ergeben hat, auch dort nicht aus den Augen verlieren.

gegeben ist, „kein Rest von Intention übrig ist" (III 240). Diese Auffassung erschien Husserl zeitlebens evident, sie ist auch naheliegend, sofern man sich am Wahrheitsproblem orientiert und bei diesem traditionsgemäß von festbestimmten Bedeutungen ausgeht: ihre Erfüllung kann dann nur darin bestehen, daß wir uns das Gemeinte zur Gegenwart bringen, und was kann diese, wenn die Bedeutungen sich auf Sinnliches beziehen, anderes heißen als sinnliche Gegenwart? Berücksichtigt man aber, daß sich eben bei Husserl selbst gezeigt hat, daß wir auch fragen können, was die *Sache* „in Wahrheit" ist, dann wird man auch miteinbeziehen müssen, daß uns das unmittelbar Gegenwärtige unbestimmt, unklar vorgegeben sein kann, nicht nur in dem Sinn, daß es anderes impliziert, was seinerseits zur Erfüllung käme, wenn es zu unmittelbarer Gegenwart gebracht würde, sondern weil uns gerade das unmittelbar Gegenwärtige selbst unbestimmt vorgegeben sein kann, sofern wir es nicht hinlänglich von anderem unterschieden und in sich differenziert haben.

Hier kommt die Einseitigkeit von Husserls Erkenntnisbegriff zur Auswirkung, in dem die Funktion des Begriffs für das sinnlich Vorgegebene hinter derjenigen der Anschauung für die Bedeutung völlig zurücktritt und die Erkenntnissteigerung ausschließlich in zunehmender Sachnähe und nicht zugleich in zunehmender Unterscheidung und Differenzierung liegt (oben S. 55 Anm. 66). Für Husserl war die Bestimmtheit des unmittelbar Gegenwärtigen kein Problem, und deswegen fällt auch der Vergleich zwischen der inneren und äußeren Wahrnehmung bei ihm (wie in der ganzen Brentano-Schule) so einseitig zugunsten der inneren Wahrnehmung aus, genau umgekehrt wie bei jenen, für die in erster Linie der andere Erkenntnisbegriff maßgebend ist.

Das Vorteil, daß schlichte Gegenwart *eo ipso* letzte Erfüllung verbürgt, wirkt sich auch nach zwei Hinsichten ausschlaggebend auf Husserls Konzeption der Phänomenologie selbst aus. Es ist erstens bestimmend geworden für die Auffassung vom reinen Bewußtsein als einem Bereich absoluten, weil adäquat gebbaren Seins, das in der transzendentalen Phänomenologie zur Erforschung kommt. Ebenso bedeutsam ist zweitens die methodische Konsequenz, daß die phänomenologische Analyse sich lediglich an das intuitiv schlicht Gegebene zu halten habe (vgl. Ideen II 90 f.), gemäß dem „Prinzip aller Prinzipien", daß „alles, was sich uns in der ‚Intuition' originär ... darbietet, einfach hinzunehmen sei, als was es sich gibt ..." (Ideen 52). Die Vernachlässigung des Erkenntnisfaktors der „Bestimmung" führt dazu, daß das Bestimmte seinerseits naiv hingenommen und nicht berücksichtigt wird, daß es erst das Resultat eines Bestimmens und daher relativ auf dessen Zugangsweise ist. So wird die jeweilige Erfahrung verabsolutiert und ihre geschichtlichen Horizonte in die Wahrheitsfrage nicht mitaufgenommen.

Die Fruchtbarkeit von Husserls Ansatz zeigt sich jedoch gerade darin, daß sich auf seiner Basis auch diese Aspekte miteinbeziehen lassen, die

Husserl faktisch vernachlässigt hat. Wenn das Bestimmen des unbestimmt Vorgegebenen nicht nur als eine Bedingung des Wahrheitsbezugs verstanden, sondern in die Wahrheitsproblematik selbst mitaufgenommen werden soll, dann wird das überhaupt erst auf der Grundlage der neuen Wendung möglich, die Husserl dem Wahrheitsproblem dadurch gegeben hat, daß wir nicht nur nach der Wahrheit von festbestimmten Bedeutungen, sondern nach der Wahrheit der Sache fragen können (oben S. 84 f.). In dieser Weise kann man eben auch fragen, was ein absolut Gegenwärtiges, aber Undifferenziert-Unbegriffenes (z. B. ein Erlebnis) „selbst" ist. Die unbestimmte Gegebenheit des Gegenwärtigen verweist dann als Intention auf eine entsprechende Erfüllung in der Selbstgegebenheit. So läßt sich Husserls maßgebende Begrifflichkeit formal auch für diesen Fall durchhalten. Nur daß die Erfüllung jetzt nicht durch die sinnliche Gegenwart des Gemeinten erreicht wird. Und wenn man den von Husserl ursprünglich intendierten rein funktionalen Sinn von „Anschauung" restituiert (vgl. oben S. 51 f. und dagegen S. 64 f.), dann kann man auch sagen, daß man das sinnlich Gegenwärtige, in einer unbestimmten Bedeutungsintention Vorgegebene, erst in der klärend-differenzierenden Erfüllung zur „Anschauung" und zu seiner eigentlichen „Gegenwart" bringt, während im sinnlich Gegenwärtigen, solange es unbegriffen ist, die Sache „selbst" in einem übertragenen Sinn nur aus der „Ferne" intendiert ist. Aber diese übertragenen Bedeutungen zeigen doch, daß die maßgebenden Begriffe die der objektivierenden Intention und Erfüllung sind, während die anderen nur verwendbar sind, sofern sie von diesem Begriffspaar her verstanden werden.

Den Aspekt des Bestimmens des unbestimmt Vorgegebenen hat Husserl nicht mehr selbst in die Wahrheitsproblematik aufgenommen, wohl hingegen, wie sich noch zeigen wird (unten § 11 c), jenen anderen der geschichtlichen Horizonte. Was in den Ideen als „Prinzip aller Prinzipien" bezeichnet wurde (oben S. 86), ist dann zwar noch „der Anfang aller Weisheit", aber „nicht ihr Ende" (FTL 246).

§ 5 *Wahrheit und Evidenz*

Rückblick

Eine spezifisch *phänomenologische* Analyse muß sich den Wahrheitsbegriff aus dem intentionalen Leben selbst vorgeben lassen. An diesem zeigt er sich, wie wir in § 2 sahen (S. 44 f.), unmittelbar in den „Setzungen": alle intentionalen Erlebnisse, die nicht „neutralisiert" sind, sind auf Wahrheit ausgerichtet, sofern sie ihr Gemeintes explizit oder implizit als *seiend* (oder in einer Seinsmodalität) setzen. Sie sind dabei in dem doppelten Sinn auf Wahrheit ausgerichtet, daß sie 1. die Wahrheit ihres Gemeinten immer schon *beanspruchen* und 2. zur Rechtfertigung (Ausweisung) dieses Anspruchs auf die *Bestätigung* der Wahrheit angewiesen sind. Nach beiden Hinsichten weist der normale setzende Akt über sein Gemeintes, wie es ihm faktisch gegeben ist, hinaus auf eine andere Gegebenheitsweise von demselben.

Der Wahrheitsbegriff, wie er sich am Setzungscharakter der Akte zeigte, verwies also zu seinem Verständnis auf eine andere Reihe von noematischen Charakteren: die Differenzen der Gegebenheitsferne und Gegebenheitsnähe. Diese sind jetzt in § 3 durch die Unterscheidung von Bedeutungsintention und intuitiver Erfüllung und durch den Begriff der Selbstgegebenheit zur Aufklärung und in § 4 zu weiterer Differenzierung gekommen. Dieser Rückgang auf die Differenzen in der Gegebenheitsweise hat eine in sich verständliche Dimension erschlossen, aus der sich nun Wahrheit und Wahrheitserkenntnis (Evidenz) gemeinsam zu konkreter Aufklärung bringen lassen und die zugleich, wie sich schon am Ende des letzten Paragraphen zeigte, einen formalen Leitfaden zu einer konkreten Erweiterung der Wahrheitsproblematik an die Hand gibt.

Diese Dimension der intuitiven Erfüllung ist nun aber, wie sich im letzten Paragraphen zeigte, umfassender als der Bereich der Wahrheitssetzung, der uns auf sie verwies, und so muß sie nun, ehe das 5. Kapitel der VI. LU die Begriffe Wahrheit und Evidenz zur Bestimmung bringen kann, entsprechend eingegrenzt werden. Vorher hatte Husserl noch im 4. Kapitel den Begriff der „Möglichkeit" („Realität") besprochen, bei dem die intuitive Erfüllung diesen Restriktionen nicht unterworfen ist (vgl. oben S. 68).

Einschränkung auf setzende Akte

Erstens scheiden jetzt die nichtsetzenden Vorstellungen aus (III 120 f.). Der Wahrheitsbegriff bleibt also auf den Umkreis beschränkt, in dem er sich zuerst zeigte, auf den der Position.

In der VI. LU wird der Setzungscharakter überhaupt erst an dieser Stelle mitberücksichtigt, da er für die Erfüllungsverhältnisse der bloßen „Klärung" belanglos ist. Wo hingegen die *Wahrheit* einer Intention zur Erfüllung kommt, sagen wir: ‚es ist so', und darin liegt zugleich, daß auch die bloße Intention das Gemeinte schon als seiend setzt und d. h.: seine (noch unausgewiesene) Wahrheit „beansprucht".

In der Setzung wird das Übersichhinausmeinen des Aktes ausdrücklich, „so sehr, daß die Rede von einer Intention, von einem Abzielen, eigentlich nur auf die setzenden Akte zu passen scheint" (120). Wenn wir uns eine Sache lediglich vorstellen, so meinen wir auch schon dieselbe, die uns evtl. in der Anschauung selbst gegeben wäre; in der Setzung aber liegt ein ausdrücklicher „Vorgriff" auf die Sache selbst (vgl. EU 330), der in dem ‚es ist so' zum Ausdruck kommt: indem der unerfüllte Akt sein Gemeintes als seiend setzt, erhebt er den „Anspruch", daß es *selbst* so (und nicht anders) *ist*, und d. h.: daß es sich so (und nicht anders) zeigen würde, wenn es zur Selbstgegebenheit käme (und auch der erfüllte Akt erhebt, indem er das Selbstgegebene als seiend setzt, einen Anspruch, der über das faktische Gegebensein hinausreicht, nämlich, daß es in *Selbigkeit* so *ist*, und d. h.: daß es sich in wiederholten Akten immer wieder als dasselbe zeigen würde). Das „es selbst", das in der setzenden, Wahrheit beanspruchenden Intention gemeint ist und in ihrer Erfüllung zur Selbstgegebenheit kommt, hat also den Charakter *Seiendes*. Das „ist", dessen Sinn sich aus dem Gegensatz zum „ist nicht" versteht, konstituiert sich in dem ausdrücklichen Vorgriff auf das „selbst", der in der Setzung liegt, indem hier die *Möglichkeit* der Enttäuschung miteinbezogen ist und die Negation daher ausdrücklich ausgeschaltet werden muß[91].

Wenn der Akt erst als Setzung dem faktischen Gegebensein des Gemeinten ausdrücklich vorausgreift, dann ist der setzende Akt auch in besonderer Weise auf Erfüllung angewiesen, so daß auch das Wesen der Erfüllung sich hier neu bestimmen muß. In den LU allerdings hat Husserl die Erfüllungsverhältnisse zuerst so ausschließlich an der „Materie" orientiert (vgl. III 120), daß die Setzungsqualität jetzt bei der Wahrheit zwar hinzugezogen, aber ihre besondere Bedeutung für das Wesen von Intention und Erfüllung nicht her-

[91] So läßt sich auch erst rückläufig aus der Differenz der Gegebenheitsweisen der „Nähe" und „Ferne" verstehen, wie es überhaupt zu so etwas wie „Setzung" und ihren verschiedenen Modalitäten kommen kann. Wir haben das bei der Darstellung der Setzungscharaktere (oben S. 43) bereits ansatzweise vorweggenommen. Husserl selbst ist diesem Zusammenhang nur in EU nachgegangen (vgl. § 21 und besonders §§ 66 f.). Den Ursprung der Negation, des „ist nicht", sieht Husserl in der Enttäuschung (§ 21 a), und die Modalitäten im engeren Sinn (Möglichkeit, Wahrscheinlichkeit, Zweifel) gründen darin, daß im Vorgriff der über sich hinausmeinenden Intention die Möglichkeit der Enttäuschung miteinbezogen wird (§ 21 b, S. 330). Darüber hinaus wird man aber sagen müssen, daß auch die schlichte Setzung – das bloße ‚ist' – ihren Sinn darin hat, daß der Akt als *Vorgriff* auf die *Möglichkeit* der Enttäuschung und d. h. der Negation bezogen ist, wenngleich als eine Möglichkeit, die in der Setzung eben ausge-

ausgestellt wird. Erst die Ideen fassen bei setzenden Akten die Setzung als den eigentlichen Träger der Intention auf, so daß es auch die Setzung ist – natürlich als Setzung dieser bestimmten Materie –, die in der Erfüllung zur Bestätigung oder Enttäuschung kommt (§ 136). Nur als Setzung hat die Intention den Charakter der „Prätention", die „rechtmäßig" oder „unrechtmäßig" sein kann, und nur hier hat daher auch die Erfüllung den Charakter der „Ausweisung" und „Bestätigung" (vgl. auch LU 121).

Trotz der Einschränkung auf den Bereich der Thesis wird das Wahrheitsproblem von Husserl in einer ungewöhnlichen Weite und von vornherein nicht in der Beschränkung auf Urteile angesetzt. Von den Urteilen wird nur das Moment der Setzung zur Limitierung des Wahrheitsproblems übernommen. Setzend aber sind für Husserl nicht nur propositionale, „beziehende" Akte, sondern auch schlichte, nominale Akte, so daß „die Begriffe Wahrheit und Falschheit ... die Gesamtsphäre der objektivierenden Akte umspannen" (III 125). Da die nichtsetzenden Vorstellungen für Husserl lediglich neutralisierte „Schattenbilder" setzender Akte sind, bedeutet die Einschränkung auf den Bereich der Thesis überhaupt keine Einschränkung hinsichtlich der „Materie" der Akte. Auf die Schwierigkeiten, die hier liegen, soll erst nach der Bestimmung des Wahrheitsbegriffs eingegangen werden.

Einschränkung hinsichtlich der Erfüllung

Außer der Begrenzung auf setzende Akte sind nun aber für die Bestimmung des Wahrheitsbegriffs auch Einschränkungen hinsichtlich der Erfüllung nötig. Die Differenzierungen im Begriff der Erfüllung im vorigen Paragraphen zeigten schon, daß nicht jede intuitive Erfüllung einer signitiven setzenden Intention ihre Wahrheit betrifft.

Erstens kann sich die Wahrheit einer Meinung natürlich nur in der Gegenwart des Gemeinten selbst ausweisen und in keinerlei Vergegenwärti-

---

schaltet wird. Im Wesen der Setzung liegt ein „Stellungnehmen" (oben S. 43), und zu einem solchen besteht nur Anlaß, wo „Gegenmotive im Spiele" sind (EU 329). Diesen Sinnbezug des ‚ist' auf das ‚ist nicht' scheint Husserl (§ 67) nur für die „Affirmation" gelten zu lassen, von der er, als „Unterstreichung", als einer Position, die ausdrücklich auf die Negation Bezug nimmt, die schlichte Position, die schlichte Gewißheit unterscheidet (Ideen § 106, EU § 21 d, oben S. 40 Anm. 46). Die schlichte Gewißheit wäre dann überhaupt keine „Stellungnahme" (vgl. Ideen § 106, EU § 66). Aber auch „das Unbestritten weist auf mögliche Bestreitungen ... hin" (EU 102), und Husserls Bestreben, die Position als „Urmodus" der thetischen Charaktere festzuhalten, weil die anderen alle die Position implizieren (oben S. 40), läßt sich durchaus damit vereinen, daß der Sinn des ‚ist' nur aus dem Gegensatz zum ‚ist nicht' und den anderen „Modalisierungen" zu verstehen ist.

gung, die lediglich illustrieren kann (III 121). Die Erfüllungsfunktion der Phantasie scheidet also aus, und nur die Erfüllung durch Wahrnehmung kommt in Betracht (§ 37).

Zweitens muß hier aber auch die inadäquate Wahrnehmung ausscheiden (vgl. 117 f., 121 f.). Zwar kommt die Wahrheit einer Intention in der inadäquaten Wahrnehmung zur partiellen Bestätigung, aber der *Begriff* der Wahrheit läßt sich nur im Rückgang auf die Idee der adäquaten Wahrnehmung, der „endgültigen und letzten Erfüllung" (118) bestimmen, in der „es selbst im absoluten Sinn" (117) gegeben ist. Erst wenn der *Begriff* der Wahrheit im Rekurs auf das „Ideal" der adäquaten Erfüllung bestimmt ist, läßt sich überhaupt angeben, was die inadäquate Wahrnehmung zur Wahrheits-*Erkenntnis* beiträgt; daß sie nur eine unvollkommene und graduell wachsende Bestätigung ermöglicht, setzt ja voraus, daß der Wahrheitsbegriff im Rekurs auf eine vollkommene Bestätigung definiert ist. Ist die adäquate Erfüllung in einem Gegenstandsbereich nicht realisierbar, so heißt das daher nicht, daß sie hier überhaupt keine Rolle spielt, sondern, wie später in den Ideen betont wird (350–52), daß sie, und mit ihr die Wahrheit, eine „Idee im Kantischen Sinne" ist und als solche für die Erfüllungssteigerung regulativ bleibt.

Der erste Wahrheitsbegriff

Wie die meisten philosophischen Wahrheitstheorien, so geht auch diejenige der LU von der traditionellen Formel *veritas est adaequatio rei et intellectus* aus (III 5, 118). So gewiß man aber bei der Wahrheit von einer „Übereinstimmung" sprechen kann, so unangemessen ist doch die Vorstellung, die von dieser Formel nahegelegt wird, es handle sich bei der Wahrheit um die Übereinstimmung von „Geist" und „Sein", um die „Einheit" von „Subjekt" und „Objekt". Die meisten umfassenderen, metaphysischen Wahrheitstheorien, die sich nicht auf die Urteilswahrheit beschränkten und sich daher abstrakt an der Adäquationsformel orientierten, haben sich von dieser irreführenden Vorstellung mehr oder weniger mitbestimmen lassen[92]. In Wirklichkeit müssen natürlich *beide* Glieder der Übereinstimmung *noematisch* verstanden werden, und der entscheidende Gewinn der „phänomenologischen" Analyse ist nun, daß die beiden Glieder sich durch die verschiedene Gegebenheitsweise desselben noematischen Gehaltes unterscheiden, so daß das ganze Verhältnis konkret realisierbar wird:

Der Rekurs auf die (noematischen) Gegebenheitsweisen impliziert einen Rekurs auf die entsprechenden (noetischen) Akte. Husserl unterscheidet nun

---

[92] Vgl. z. B. Schelling, System des transzendentalen Idealismus § 1. Auch für Hegels Wahrheitsbegriff ist die Vorstellung von der Subjekt-Objekt-Einheit maßgebend, wenngleich nicht allein bestimmend.

zwischen „Adäquation“ und „Übereinstimmung“, indem er die Übereinstimmung noematisch, die Adäquation noetisch versteht (vgl. III 35, 118, 122). Die Adäquation ist die „Deckungssynthesis“ der „setzenden Intention“ mit der „korrespondierenden und vollangepaßten Wahrnehmung“, in der sie zu vollständiger Erfüllung kommt (121 f.). Das Erlebnis dieser „vollkommensten Erfüllungssynthesis“ ist die *Evidenz* (a. O.): „Der Gegenstand ist nicht bloß gemeint, sondern so wie er gemeint ist und in eins gesetzt mit dem Meinen, im strengsten Sinn *gegeben*“ (122). Auf Grund dieser Bestimmung der Evidenz läßt sich nun die *Wahrheit* als deren „objektives Korrelat“ definieren (122): Sie ist „als Korrelat einer deckenden Identifizierung eine *Identität: die volle Übereinstimmung zwischen Gemeintem und Gegebenem*“ (a. O.). Die Evidenz ihrerseits ist das „Erlebnis der Wahrheit“ (a. O.). So ermöglicht die noetisch-noematische Unterscheidung der Gegebenheitsweisen eine Bestimmung von Wahrheit, die weder auf einen abstrakten und hinsichtlich seiner subjektiven Realisierbarkeit unbestimmten Begriff von Wirklichkeit rekurriert noch auf eine Evidenz, die bloß als subjektives Datum aufgefaßt wäre. Vielmehr kommen jetzt Wahrheit und Evidenz gemeinsam zur Aufklärung aus dem phänomenologisch konkret vorgegebenen Spannungsverhältnis zwischen (setzender) Intention und (letzter) Erfüllung.

Natürlich darf die Korrelation zwischen Wahrheit und Evidenz nicht so verstanden werden, daß die Wahrheit das Korrelat des einzelnen Evidenzaktes ist, so daß sie geradezu im *Gegebensein* der Sache selbst bestünde. Diese Konsequenz, dergemäß etwas immer nur dann wahr wäre, wenn es gerade zur Selbstgegebenheit (und d. h. zur Erkenntnis) kommt – eine Konsequenz, die dem Sinn von Wahrheit offensichtlich widerspräche –, ist in Husserls Auffassung keineswegs enthalten. Vielmehr reicht, wie jedes noematische Korrelat eines Aktes, so auch das spezifische Korrelat der Intention und ebenso das des erfüllenden Aktes und daher natürlich auch dasjenige des beide identifizierenden Evidenzerlebnisses (die Wahrheit als Identität) als jeweils *Selbiges* über das aktuelle Gegebensein im einzelnen Akt hinaus (vgl. oben S. 58 f.). Husserl trägt diesem Umstand in den LU dadurch Rechnung, daß er die Korrelate des leeren, des erfüllenden und des identifizierenden Aktes als Korrelate nicht der einzelnen Akte, sondern der *Idee* des jeweiligen Aktes, d. h. seines „erkenntnismäßigen Wesens“ versteht (III 123, vgl. oben S. 45, 58 Anm. 72). Das objektive Korrelat des einzelnen Aktes reicht in derselben Weise über ihn hinaus, wie das Wesen dieses Aktes selbst. Konkret bedeutet das – wie im Anschluß an FTL gezeigt wurde (oben S. 53 f.) –, daß der einzelne Akt sich so auf seine Gegenständlichkeit bezieht, daß zugleich die Möglichkeit vorweggenommen ist, in beliebigen Akten *desselben Wesens* auf sie zurückkommen zu können. – Im speziellen Fall der Wahrheit kann die Identität des Gemeinten mit der Sache selbst nur in einer aktuellen Identifizierung des Gemeinten mit dem Selbstgegebenen zur Gegebenheit kommen, aber was da zur Gegebenheit kommt, erschöpft sich gemäß dem eigenen Sinn des Aktes nicht in der Identifizierung bzw. in der Selbstgegebenheit, sondern besteht „an sich“. So kann also selbstverständlich auch nach Husserls Auffassung eine Wahrheit an sich bestehen, ohne erkannt zu sein; es besteht dann zwar kein entsprechender einzelner Evidenzakt, aber doch die „Idee“ dieses Aktes, d. h. die ideale Möglichkeit, daß das Gemeinte in einem solchen Akt zur Gegebenheit kommt, und ohne den Rekurs auf diese *Möglichkeit* des *Selbstgegebenseins* verliert die Rede vom „selbst“ und von der Wahrheit jeden Sinn (vgl. Ideen 349).

Der dritte und der vierte Wahrheitsbegriff

Neben diesem ersten Wahrheitsbegriff, der als Identität von Gemeintem und Gegebenem bestimmt wurde, unterscheidet Husserl in den LU (III 122 f.) noch drei andere, „die alle in der besagten phänomenologischen Sachlage wurzeln" (122,5). Wir übergehen zunächst den *zweiten*, der uns auf eine besondere Schwierigkeit in Husserls Wahrheitstheorie aufmerksam machen wird, während der *dritte* und *vierte* mit dem ersten unmittelbar auf einer Linie liegen.

Die Wahrheit ist gemäß dem ersten Wahrheitsbegriff ein Verhältnis zwischen zwei Gliedern. Ein solches Verhältnis kann nach drei Hinsichten betrachtet werden. Entweder das Verhältnis selbst ist der logische Gegenstand, keines der beiden Glieder wird bevorzugt – dem entspricht der erste Wahrheitsbegriff; er ist ein zweistelliges Prädikat. Oder eines der beiden Glieder ist der logische Gegenstand und die Frage ist, welcher Charakter ihm im Hinblick auf das Verhältnis zu dem anderen Glied zukommt – dieser Charakter ist dann ein einstelliges Prädikat. Dem entspricht, je nachdem welches der beiden Glieder bevorzugt wird, der dritte und der vierte Wahrheitsbegriff. Dabei muß sich natürlich die Ungleichwertigkeit der beiden Glieder auswirken.

Der *vierte Wahrheitsbegriff* betrifft den Charakter, der der *Intention* (der Meinung), sofern wir sie als solche festhalten, auf Grund ihrer Identität mit der Sache selbst zukommt. Ist der Gegenstand des signitiven Aktes mit dem des intuitiven Aktes und d. h. mit der Sache, wie sie selbst ist, *identisch*, dann können wir geradezu sagen: der Gegenstand des signitiven Aktes *ist* die Sache wie sie selbst ist. Die beiden Gegenstände fallen zusammen und es besteht keine *Notwendigkeit*, sie überhaupt noch zu unterscheiden. Die *Möglichkeit* bleibt jedoch bestehen, das Gemeinte, obschon es wahr ist, als bloß Gemeintes festzuhalten und von der Sache selbst, mit der es doch identisch ist, zu unterscheiden. Die Wahrheit in diesem Sinn, als Eigenschaft der Meinung (speziell etwa der Urteilsmeinung), die ihr auf Grund der Identität mit der Sache selbst zukommt, bezeichnet Husserl als *Richtigkeit* (LU III 123, FTL 113). Diese Wahrheit als Richtigkeit kann man offenbar auch genausogut und wohl noch passender noetisch verstehen, als Eigenschaft des entsprechenden signitiven Aktes, und so wird sie auch von Husserl in den LU eingeführt: der Akt ist „richtig", „wahr", wenn er „sich nach der Sache selbst" „richtet". „Die Wahrheit als Richtigkeit der Intention", und d. h. natürlich wieder: der „Intention in specie", ist „ihr Adäquatsein an den wahren Gegenstand" (123). Der Gegenbegriff des Falschen gehört, ob man ihn nun noetisch oder noematisch versteht, am passendsten zu diesem vierten Wahrheitsbegriff (vgl. FTL 113).

Fragt man nun umgekehrt nach dem Charakter, der im Hinblick auf das ganze Verhältnis dem Korrelat des erfüllenden Aktes zukommt, so ergibt sich der *dritte Wahrheitsbegriff*. „Wahr“ in diesem Sinn ist einfach die *Sache selbst*, das *wahrhaft Seiende* (Ideen 349, FTL 113, LU III 123, 125 f.). Während die Meinung *auf Grund* des Identitätsverhältnisses mit der Sache selbst wahr (richtig) ist, heißt die Sache selbst „wahr“, weil sie dem Identitätsverhältnis und damit auch der Richtigkeit *zugrunde liegt:* der gegebene Gegenstand ist in bezug auf die Meinung „wahrmachender“ (123). „Das Sein im Sinne der Wahrheit“ ist also „zu bestimmen ... als das adäquat Wahrnehmbare überhaupt in unbestimmter Beziehung auf irgendeine dadurch wahrzumachende (adäquat zu erfüllende) Intention“ (126).

In den späteren Schriften gewinnt dieser dritte Wahrheitsbegriff einen Vorrang. In den Ideen ist er überhaupt der einzige, der genannt wird (342, 349), und in FTL wird er als der „an sich erste“ bezeichnet (114), weil er den anderen zugrunde liegt. Das allein würde freilich noch nicht genügen, denn es wäre doch möglich, daß der dritte zwar eine Bedingung für den ersten ist, aber erst im ersten sich der Sinn von *Wahrheit* realisiert.

Das ist jedoch nicht der Fall. Im Gegenteil führte die primäre Orientierung an dem ersten Wahrheitsbegriff in den LU zu einer Schwierigkeit im korrelaten Begriff der Evidenz, die sich dort nicht befriedigend lösen ließ (III 35 f., 122 f.): Der Theorie zufolge müßte die Evidenz ein identifizierender Akt sein, in dem die Identität zwischen der gemeinten und der selbstgegebenen Gegenständlichkeit erfaßt wird; im normalen Evidenzakt ist aber ein solches Identitätsbewußtsein nicht vorzufinden (a. O.): zwar ist die *gemeinte* Gegenständlichkeit als *gegebene* erfaßt, aber in einem schlichten Akt; sie werden nicht als zwei Gegenständlichkeiten unterschieden und ihre Übereinstimmung konstatiert. Eine solche Reflexion, in der die bloße Meinung noch für sich festgehalten wird, ist zwar, wie wir beim vierten Wahrheitsbegriff gesehen haben, stets *möglich*, und dieses Erfassen der Übereinstimmung ist dann seinerseits ein Evidenzbewußtsein, aber ein solches Identitätsbewußtsein kann dann nicht für die Evidenz überhaupt charakteristisch sein.

Diese Schwierigkeit wird in den Ideen dadurch gelöst, daß die Evidenz zwar immer noch als ein Einheitsbewußtsein bestimmt wird, aber nicht mehr als eine Identifizierung zweier Gegenständlichkeiten, sondern als „die Einheit einer Vernunftsetzung mit dem sie wesensmäßig Motivierenden“, wobei das vernünftig Motivierende einer Setzung die „originäre Gegebenheit“ des Gesetzten ist (335 f.). Der Evidenzakt ist jetzt also lediglich der erfüllte, intuitive Akt selbst. In der Erfüllung eines signitiven Aktes kommt es nicht, wie nach der Auffassung der LU, zu einer Synthesis mit einem intuitiven Akt, sondern der signitive geht in den intuitiven über. Die so bestimmte Evidenz ist das subjektive Korrelat des dritten Wahrheitsbegriffs. Ist die Wahrheit das noematische Korrelat der Evidenz, dann ist also dieser dritte Wahrheitsbegriff der „an sich erste“.

Dieser Wahrheitsbegriff, wonach „das Wahre“ für „das wahrhaft Seiende“

steht, für „die Sache wie sie selbst ist", liegt nun aber der Wahrheit als Übereinstimmung und der Wahrheit als Richtigkeit nicht nur zugrunde, er ist auch umfassender. Wenn nämlich ein Fragen nach Wahrheit möglich sein soll, das sich nicht von festen vorgegebenen Setzungen leiten läßt, die nur zu bestätigen oder zu widerlegen sind, sondern direkt fragt, wie die Sache selbst ist (vgl. oben S. 84 f.), dann paßt hier offensichtlich *nur* der dritte Wahrheitsbegriff. Denn die signitive Bedeutung, von der das Fragen hier ausgeht, ist unbestimmt und *kann* seiner eigenen Intention nach mit der Sache selbst gar nicht *übereinstimmen*, sondern kommt an ihr zur *Klärung* und *Erweiterung* (a. O.). Auf diese Möglichkeit, auf die Husserl bei der Erörterung des Wahrheitsbegriffs nicht ausdrücklich eingeht, wird noch zurückzukommen sein.

Der zweite Wahrheitsbegriff; Kritik

Der zweite Wahrheitsbegriff der LU (III 123) unterscheidet sich von dem ersten nach einem ganz anderen Gesichtspunkt als der vierte und dritte. Wahrheit wird hier als das „als Idee gefaßte Wesen des empirisch zufälligen Aktes der Evidenz" bestimmt, also als das als „Idee" (vgl. oben S. 92 f.) gefaßte noetische Korrelat des ersten Wahrheitsbegriffs. Nun haben wir schon beim vierten Wahrheitsbegriff gesehen, daß er sich sowohl noematisch wie noetisch fassen läßt, und dasselbe müßte dann auch für den dritten gelten, so daß sich im ganzen drei Wahrheitsbegriffe ergeben, die sich jeder wieder in zwei korrelative scheiden.

Diese Wendung ins ideal Noetische bedeutet nun aber für den ersten und dritten Wahrheitsbegriff, daß Wahrheit nicht nur korrelativ zu, sondern geradezu identisch ist mit der *Idee* (der idealen Möglichkeit) *der Wahrheitserkenntnis.* Wie kommt es zu diesem Wahrheitsbegriff und wie verhält er sich zu dem noematischen?

Schon bei den einführenden phänomenologischen Unterscheidungen hatte sich gezeigt, daß das, was in der Wahrheitsfrage den verschiedenen Gegebenheitsweisen als „dasselbe" zugrunde liegt, nicht als *Gegenstand,* sondern als *Sinn* gefaßt werden müsse (oben S. 35 f., 39), und der Sinn (die Bedeutung) wurde in den LU als das ideale Wesen des Aktes selbst bestimmt (oben S. 37 f.). Diese fragwürdige noetische Deutung von „Sinn" ließ sich nun aber gerade in der Wahrheitsproblematik, in der es sich um Anmessung an die „Sache selbst" zu handeln scheint, schwer durchhalten, und so ist in der VI. Untersuchung die Unterscheidung von Sinn und Gegenstand unversehens ganz zurückgetreten; einerseits ist zwar von „Bedeutungsintentionen" die Rede, andererseits wurde die ganze Erfüllungsproblematik wie selbstverständlich auf die Selbstgegebenheit des gemeinten „Gegenstandes" orientiert. Diese Ausrichtung wurde erleichtert durch die vorläufige

Beschränkung auf nominale Akte, und sie ist bei der unausgesprochen „deskriptiven“ Intention von Husserls Wahrheitsproblematik, die wir im vorigen Paragraphen konstatieren konnten (oben S. 83), wohl auch angemessen: Wo wir nicht nach der Wahrheit von vorgegebenen Setzungen fragen, sondern ausgehend von unbestimmten Bedeutungen nach der Wahrheit einer *Sache,* da sind wir geradezu auf einen Gegenstand gerichtet. Hier im 5. Kapitel jedoch, wo Husserl zur ausdrücklichen Bestimmung des Wahrheitsbegriffs kommt, hat er die Problematik, wie es der traditionellen Auffassung entspricht, auf die Frage nach der Ausweisung vorgegebener Setzungen eingeschränkt; und Setzungen (wie „A ist“, „A ist x“ usw.) sind zwar auf Gegenstände mitbezogen, aber sie selbst sind *Sinngebilde,* die sich nur sekundär vergegenständlichen lassen (oben S. 37).

Von daher muß gerade der erste Wahrheitsbegriff, wonach die Wahrheit als „Identität des ... gemeinten und gegebenen *Gegenstandes*“ bestimmt wird (III 126, v. m. hervorgehoben), fragwürdig scheinen. Der zweite Wahrheitsbegriff ist dann also – die noetische Deutung von Sinn einmal vorausgesetzt, und vorausgesetzt auch, daß man den Wahrheitsbegriff nur in bezug auf vorgegebene Setzungen bestimmen will – der eigentlich genuine. Daß Husserl den ersten Wahrheitsbegriff dennoch beziehungslos neben und sogar vor den zweiten stellen konnte, scheint demnach zwei Gründe zu haben. *Erstens* das Ungenügen an der noetischen Deutung von „Sinn“. Die Folge ist, daß der eigentlich intendierte, der noematische, aber sinnbezogene Wahrheitsbegriff auseinanderfällt in einen verdinglichten einerseits und einen zwar sinnbezogenen, aber subjektivierten andererseits[93]. *Zweitens* die in Husserls Problemansatz liegende deskriptive Ausrichtung des Wahrheitsproblems, die sich bei der Bestimmung des Wahrheitsbegriffs nicht gegen die traditionelle Orientierung an vorgegebenen Setzungen behaupten kann und sich daher ebenfalls nur untergründig auswirkt. Die Folge ist, daß, wie wir noch gleich besser sehen werden, weder die Wahrheit der Setzungen noch die Wahrheit der Sache zu befriedigender Klarheit kommt.

Fortsetzung der kritischen Diskussion: der Umfang des Wahrheitsbegriffs

Die Schwierigkeiten, die sich zuletzt bei der Wesensbestimmung des Wahrheitsbegriffs ergaben, hängen auf das engste mit der Frage nach seinem Umfang zusammen, die wir bisher nur streiften (oben S. 90). Husserl

[93] Die Verdinglichungstendenz ist so stark, daß Husserl später, wo er die einseitig noetische Deutung von „Sinn“ zurückweist und für das quasi-Gegenständliche des Sinnes den Begriff des Noema einführt (oben S. 38), den zweiten Wahrheitsbegriff, statt zu versuchen, ihn noematisch umzudeuten, gänzlich fallen-

schränkt den Wahrheitsbegriff zwar auf den Bereich der Setzungen ein, aber die Setzungen selbst versteht er so weit, daß sie nicht nur Aussagen umfassen, sondern auch Namen, nicht nur synthetische, sondern auch schlichte Bedeutungen (vgl. II 462 ff.). Auch schlichte Bedeutungen, die sich in einem Namen ausdrücken, sollen also wahr und falsch sein können (III 125). Somit wäre die Synthesis dem Wahrheitsbegriff außerwesentlich, und darauf gründet Husserl das Recht, ihn noch vor der Behandlung der kategorial-synthetischen Bedeutungen zu bestimmen. Diese Orientierung an den nominalen Akten trägt noch zusätzlich dazu bei, die Wahrheit auf Gegenstände statt auf Sinne zu beziehen.

Die eine Komponente von Husserls Auffassung: daß die Begriffe Wahrheit und Falschheit sich auf alle Setzungen beziehen lassen, ist sicher richtig; denn jede Setzung bezieht sich schon selbst, ihrem eigenen Anspruch nach, auf Wahrheit; und daher können auch alle Setzungen, aber auch nur Setzungen, falsch sein, denn falsch kann eine Intention nur sein, wenn sie beansprucht wahr zu sein. Wenn es aber zum Wesen von Setzung gehört, falsch sein zu können, dann ist eine nicht-synthetische Setzung nicht denkbar; denn falsch ist eine Setzung, die sich, wenn sie zur (letzten) „Erfüllung" kommt, enttäuscht (vgl. III 126), und enttäuschen kann sich nur eine Synthesis (vgl. oben S. 61 f.). Allerdings hatte sich Husserl bemüht, die Möglichkeit einer Enttäuschung auch für einfache Bedeutungsintentionen nachzuweisen, aber dieser Versuch, der eben zur Vorbereitung seiner jetzigen These diente, daß Wahrheit und Falschheit sich auch auf schlichte Bedeutungsintentionen beziehen, konnte nicht überzeugen (a. O.).

Und doch scheint Husserls Behauptung, daß nominale Bedeutungsintentionen setzend und daß sie wahr und falsch sein können, phänomenal einleuchtend. Nominale Bedeutungen (vgl. II 463) sind nicht beliebige einfache Bedeutungen, sondern nur solche, die sich in einem „Namen" ausdrücken können und sich daher in einem prägnanten Sinn auf einen Gegenstand beziehen (vgl. oben S. 37); es sind Korrelate eines vollen, wenngleich schlichten Aktes. Und wer einen Namen „in normalem Sinne gebraucht", insbesondere als Subjekt einer Aussage, der meint das Genannte als seiend, er „setzt" es also (II 463 f.). Auch jede schlichte, noch vorprädikative Wahrnehmung ist setzend und meint ihren Gegenstand als seienden (II 465), sonst könnte sie nicht durch den weiteren Wahrnehmungsverlauf enttäuscht werden (vgl. Ideen § 103, EU § 21).

Aber gerade an der Möglichkeit der Enttäuschung, so wird man nun endgültig einwenden müssen, wird doch deutlich, daß ein nominaler Akt nur insofern setzend ist, als er eine Synthesis *impliziert*. Husserl selbst räumt

läßt (er kommt außer in der VI. LU nur noch in den Prolegomena S. 190 f. vor) und einfach den gegenständlichen Wahrheitsbegriff der VI. Untersuchung übernimmt.

ein, daß „jedem setzenden Namen ein mögliches Urteil entspricht", das in dem nominalen Akt „potentiell" enthalten ist (LU II 470 f.)[94]. Muß man dann nicht sagen, daß auch die Setzung selbst erst in dem entsprechenden Urteil ausdrücklich wird? Als bloß implizite Setzungen dürften dann aber die nominalen Setzungen nicht als eine eigene Gattung von Setzungen verstanden werden, so daß sich hier eigentlich keine genuine Erweiterung des Wahrheitsbegriffs ergibt[95].

Man muß daher annehmen, daß Husserl mit der Erweiterung des Wahrheitsbegriffs auf nicht-synthetische, nominale Vorstellungen in Wirklichkeit etwas anderes intendiert hat. Hier sieht man sich wieder auf jene „deskriptive" Wahrheitsproblematik verwiesen, die aus den vorbereitenden phänomenologischen Analysen zu entnehmen waren (oben S. 83 f.). Zweifellos hat Husserl deswegen so großes Gewicht auf eine mögliche Wahrheit auch der nominalen Akte gelegt, weil es nun möglich wurde, die Wahrheit nicht nur in der Bestätigung der Setzung zu sehen, sondern in der vollständigen Erfassung des Gegenstandes. Nur so schien es möglich, jene Erfüllungssteigerung, die in den vorhergehenden Analysen herausgestellt

---

[94] Bekanntlich hat Bertrand Russell seine „theory of descriptions" zu dem Zweck entwickelt, solche impliziten Setzungen in den Subjekten von Aussagen auszuschalten. Die Frage, ob die künstlichen Satzbildungen, die sich dabei ergeben, das „wahre Wesen" von Sätzen zum Ausdruck bringen, hat natürlich keinen Sinn. Der wirkliche Gewinn von Russells Umformung ist vielmehr ein rein pragmatischer: sie gibt dem Wahrheitswert der Sätze die logisch geforderte Eindeutigkeit. Russells Unterscheidung von echten Eigennamen und deskriptiven Namen müßte bei einer genaueren Interpretation von Husserls These von dem Setzungscharakter der Namen berücksichtigt werden. „Dies S..." (II 471) ist gewiß setzend, aber es läßt sich auflösen in „dies, welches ein S ist, ..." Ob ein echter Eigenname wie „Peter" setzend ist, wird hingegen vom Kontext abhängen. Wird er setzend gebraucht, so impliziert er ebenfalls eine Aussage („Peter, der existiert ...").

[95] Natürlich hätte dann auch das Wesen von Setzung überhaupt und von Wahrheit und Falschheit von vornherein an den synthetischen Setzungen studiert werden müssen. Statt dessen setzt Husserl bei der Bestimmung des Wahrheitsbegriffs die beiden Möglichkeien der nominalen und der propositionalen Setzung als gleichrangige an (III 125), orientiert sich aber faktisch an der nominalen; insbesondere die Existenzsetzung wird jetzt als ein nicht-synthetischer nominaler Akt verstanden, und nur die prädikative Setzung als Urteil (a. O.). So gesehen ist das noematische Korrelat der Existenzsetzung nicht der *Sinn* ‚A ist', sondern der *Gegenstand* A. Und nun wird von daher auch das noematische Korrelat des prädikativen Aktes nicht als Sinn, sondern als eine Art „Gegenstand", als „Sachverhalt" verstanden (a. O.), so daß der erste Wahrheitsbegriff (oben S. 92) universal durchgehalten werden kann. (Natürlich kann jeder synthetische Sinn nachträglich nominalisiert und legitim als eine Gegenständlichkeit höherer Ordnung, als „Sachverhalt" aufgefaßt werden (oben S. 37), aber das „Sein", das in der Aussage „gesetzt" wird, ist nicht das „Bestehen" des Sachverhaltes (126), sondern das So-Sein des Gegenstandes, sonst müßte analog auch das im Existentialsatz ‚A ist' gesetzte Sein verstanden werden als das Bestehen des Sachverhaltes, daß ‚A sei'.)

worden war und die ja nicht (wie dann in den Ideen) bloß den Grad der Bestätigung der Setzung betraf, sondern die deskriptive Vollständigkeit (oben S. 82), in die Wahrheitsproblematik aufzunehmen.

Ist das der eigentliche Sinn, dann muß aber die Wahrheit der nominalen Akte viel entschiedener von derjenigen der Urteile unterschieden werden als es bei Husserl geschieht. Fragen wir, was eine *Sache* (z. B. irgendein Ding oder ein historisches Geschehen oder in der Philosophie z. B. „die Zeit" oder „die Wahrheit") *in Wahrheit* ist, dann wird die erfragte Sache, indem sie genannt wird, zwar gesetzt, aber die Frage betrifft nicht die Wahrheit dieser in der nominalen Intention enthaltenen Setzung; und die Idee der endgültigen Erfüllung, als welche auch hier die Wahrheit zu denken ist, auf die die Frage zielt, hat zwar ebenfalls den Charakter einer Setzung („es *ist* so und so und so"), aber einer evtl. sehr komplexen, die jedenfalls mit der in der Ausgangsintention enthaltenen nominalen Setzung der „Materie" nach nicht *übereinstimmen* kann. Die nominale Bedeutung der Ausgangsvorstellung ist *unbestimmt* und ihre eigene Intention (bzw. die der Frage, von der sie umgriffen wird) ist gar nicht auf Bestätigung (der Setzung) gerichtet, sondern auf Klärung und Erweiterung (ihrer Materie). Wo sich also nominale Intentionen nicht nur in der Weise implizierter Urteile auf Wahrheit beziehen, da handelt es sich um eine Wahrheit, die nicht schon wie bei den Urteilen von der Intention „beansprucht" wird. Und da nur eine Intention, die beansprucht wahr zu sein, sich als falsch erweisen kann, entspricht diesem genuin erweiterten Wahrheitsbegriff auch nicht, wie Husserl es für die nominalen Intentionen fordert, ein Begriff des Falschen. Wie schon bei Aristoteles kann, wenn der Wahrheitsbegriff über den Bereich des Urteils hinausreicht und sich auch auf nicht-synthetische Bedeutungen beziehen läßt, der Begriff des Falschen mit ihm nicht Schritt halten.

Im Unterschied zu der Auffassung des Aristoteles steht hier aber die Wahrheit auch der nicht-synthetischen Bedeutungen als „es selbst" in einem Spannungsverhältnis zu einer „bloßen Intention", zu einer defizienten Gegebenheitsweise von „demselben". Aus dieser Differenz der Gegebenheitsweise, d. h. aus der konkreten Situation der Wahrheitsfrage, und nicht aus einer abstrakten Spekulation über Sein und Wahrheit, muß Husserls Erweiterung des Wahrheitsbegriffs auf die Wahrheit der Sache verstanden werden. Diese Erweiterung, die eine Erweiterung nur ist im Vergleich zu dem traditionellen Vorurteil zugunsten der Aussagewahrheit, ergibt sich aus der phänomenologischen Analyse, wie das intentionale Leben sich faktisch auf Wahrheit bezieht. Hält man sich in der phänomenologischen Auslegung nicht nur an die Wahrheitssetzungen, sondern an die Wahrheitsfragen, dann ist offenkundig, daß diese nicht nur die Ausweisung von bereits vorgegebenen Setzungen betreffen, sondern sich in einem nominalen Akt direkt auf die Sache richten können, und das ist im Leben wie in der Wissenschaft das Normale. Diese Wahrheit der Sache ist freilich immer nur eine erfragte, nie (wie in den ontologischen Theorien von der Wahrheit des Seienden) eine *gegebene*. Soweit sie zur *Gegebenheit* kommt, ist sie auch schon als Setzung, als Aussage gegeben, aber sofern jede Setzung immer nur eine einzige Bestimmung an einer Sache heraushebt, reicht die Intention auf die Wahrheit der Sache über das in bestimmten Setzungen Erreichte hinaus und dient als Regulativ. Wir fragen z. B. nach der Wahrheit eines Geschehens, was es in *Wahrheit* war, und da ist es der Normalfall, daß eine Menge von Aussagen, die sich alle auf dieses Geschehen beziehen und alle *wahr* sind, das Geschehen doch nicht so darstellen, wie es selbst war. Sie können es sogar gänzlich verstellen, – eine Möglichkeit, die wir gar nicht realisieren könnten, wenn sich alle Wahrheit auf Aussagewahrheit reduzierte.

Wir verdanken es Husserls reflexivem Interesse an der Aufklärung der möglichen Wahrheit der deskriptiven phänomenologischen Analysen selbst, daß er innerhalb einer Abhandlung, deren Ziel die Bestimmung der rein logischen Wahrheit war, diese deskriptive Wahrheitsproblematik erschlossen hat. Dabei blieb aber die traditionelle Auffassung von Wahrheit immer noch so sehr bestimmend, daß Husserl alle Wahrheit in Beziehung zwar nicht mehr auf Aussagen, aber doch auf vorgegebene Setzungen betrachtete. Daraus ergab sich die merkwürdige Lehre von der Wahrheit und Falschheit der nominalen Setzungen. Indem Husserl die Frage nach der Wahrheit vorgegebener Setzungen und die nach der Wahrheit der Sache nicht deutlich auseinanderhält, kommt weder die eine noch die andere noch ihre wechselseitige Beziehung zu wirklicher Klarheit. Die Erfüllungssteigerungen der deskriptiven Vollständigkeit werden in die Erfüllungsintention der Setzungen selbst hineingenommen und dadurch das eigentlich Charakteristische der Setzungen übergangen, was sowohl ihre Stärke wie ihre Schwäche gegenüber der deskriptiven Wahrheitsfrage ausmacht: daß die Setzung selbst zum eigentlichen Träger der Intention wird (vgl. oben S. 90) und daher auf eine *eindeutige* (wenngleich graduelle) Erfüllung verweist: *entweder* Bestätigung *oder* Enttäuschung.

An dieser Vermischung verschiedener Aspekte des Wahrheitsproblems liegt es, daß Husserls Wahrheitsbegriffe so allgemein geblieben sind. So findet sich in Husserls ganzem Werk kein Versuch einer genauen Bestimmung der speziellen Aussagewahrheit. Ist dann nicht in unserer Einleitung zu viel versprochen worden? Wie kann Husserls Wahrheitsbegriff sich für eine konkrete Erweiterung des Wahrheitsproblems eignen, wenn er schon im engsten Bereich nicht klar durchgeführt ist? Die eigentliche Zelle von Husserls Wahrheitsproblematik ist jedoch das Begriffspaar Intention und Erfüllung (Selbstgegebenheit), und mit diesem Begriffspaar scheint die entscheidende Basis für eine konkrete Aufklärung des Wahrheitsbegriffs sowie für seine konkrete Erweiterung gewonnen. Die Forderung, alle Elemente einer komplexen Bedeutungsintention auf ihren möglichen Erfüllungscharakter zu untersuchen, bevor man sinnvoll von der Wahrheit dieser Intention sprechen kann, läßt bereits die einfachste Art von Wahrheit, die der Aussage, als ein verwickeltes Phänomen erscheinen, das insbesondere eine Aufklärung der möglichen Erfüllung auch der rein kategorialen Elemente voraussetzt. Allerdings wird es bei Husserl auch nach der Behandlung der kategorialen Anschauung zu keiner präzisen Bestimmung der Aussagewahrheit kommen, und daß die Art, wie Husserl den Erfüllungscharakter sowohl der kategorialen wie der sinnlichen Bedeutungselemente bestimmt, zureichend ist, kann bezweifelt werden (vgl. schon oben S. 86 und unten § 6). Es war aber nicht die Meinung unserer einleitenden Behauptungen, daß eine künftige Wahrheitstheorie von Husserl irgendwelche Auffassungen einfach lehrmäßig übernehmen könnte. Andere Theorien, die von vornherein nur auf eine triviale Bestimmung des Wahrheitsbegriffs abzielen, kommen natürlich zu klareren und weniger anfechtbaren Resultaten. Die Bedeutung von Husserls Analysen liegt nicht in Resultaten, auf die unmittelbar aufzubauen wäre, sondern in den neu auszuarbeitenden Möglichkeiten, die sie eröffnen.

Der Begriff der Evidenz

Bisher ist nur gezeigt, was die Auffassung der Evidenz als ausgezeichnete Gegebenheitsweise, als Akt, in dem das jeweils Gemeinte zur Erfüllung kommt, für den Wahrheitsbegriff leistet (oben S. 92, 95). Was diese Auffassung für den Begriff der Evidenz selbst bedeutet, sagt Husserl am Schluß des 5. Kapitels (III 127). Der kurze Hinweis knüpft an Ausführungen der Prolegomena an (§§ 49–51) und zeigt, was mit der neuen Bestimmung von Evidenz und Wahrheit für die Ausgangsfrage der LU gewonnen ist.

In den Prolegomena hatte Husserl die Auffassung der „Logik als Theorie der Evidenz" verurteilt, die im Zuge des Psychologismus „gegen Ende des letzten Jahrhunderts ... unverkennbar an Schärfe und Ausbreitung" gewonnen hatte (LU I 180 f.). Evidenz galt dabei als „ein eigenartiges Gefühl, welches die Wahrheit des Urteils, dem es angeknüpft ist, verbürgt" (180). Die Logik hätte dann die „Bedingungen" zu untersuchen, „unter denen dieses subjektive Gefühl der Notwendigkeit eintritt" (Sigwart) und in psychologischer Reflexion diejenigen Urteile ausfindig zu machen, denen es zukommt (181 f.).

Da aber die so verstandene Evidenz ein empirisches, von psychologischer Kausalität bedingtes Datum ist, kann diese subjektive Notwendigkeit gar nicht die Ebene der objektiven Notwendigkeit des Bestehens der Wahrheit erreichen. Es wäre ja stets möglich, daß, „wo wir die Einsicht haben, daß U sei, ein anderer die Einsicht haben könnte, daß ein mit U evident unverträgliches U' sei" (I 191, III 127). Diese Auffassung der Logik als Theorie der Evidenz muß also zur Leugnung aller objektiven Wissenschaft und zum

Skeptizismus führen. Husserl zeigt nun (LU I § 50), daß die reine Logik ebenso wie die Mathematik und jede andere Wissenschaft gar nicht fragt, welche Urteile von Evidenz begleitet sind, sondern welche Sachverhalte wahr sind. Allerdings läßt sich jeder Satz „A ist wahr" umformen in den Satz „es ist möglich, daß irgend jemand mit Evidenz urteilt, es sei A", aber darin drückt sich nur ein *ideales* Bedingungsverhältnis aus, das die *Möglichkeit* der Evidenz aller Urteile desselben Wesens betrifft, und daraus folgt nicht, daß jeder wahre Satz auch *realiter* irgend jemandem evident sein muß. Die Logik hat es nur mit objektiven idealen Bedingungen der Evidenz zu tun, nämlich mit gewissen formal wahren Sachverhalten, und nicht mit den realen Bedingungen, wie Evidenzgefühle faktisch zustande kommen.

Damit ist nun zwar der Sinn der logischen Aussagen selbst richtig gefaßt, aber für eine philosophische Aufklärung der reinen Logik und der Erkenntnis überhaupt reicht die Widerlegung der psychologistischen Evidenztheorie in dieser Form nicht aus. Denn so bleibt die Frage offen, wie denn die Logik und die Erkenntnis überhaupt zur Einsicht in jene Wahrheiten kommt, deren Primat gegenüber der Evidenz behauptet wird. Und dabei bleibt dann auch der Sinn der Wahrheit selbst leer. Es kann also nicht genügen, auf die Wahrheit zu verweisen, vielmehr ist der Begriff der Evidenz selbst in solcher Weise neu zu bestimmen, daß nun auch die subjektive Seite jenen „idealen" Charakter gewinnt, der von der objektiven gefordert ist. Das war ja, speziell im Hinblick auf das Wahrheitsproblem, der Sinn des Übergangs vom ersten Band der LU zum zweiten (oben S. 15 ff.). In der Unterscheidung der „idealen" von den „realen" Bedingungen der Evidenz ist auch schon in den Prolegomena der neue Evidenzbegriff antizipiert. Aber erst die phänomenologische Analyse der VI. LU zeigt, wie die Evidenz nicht nur unter einer idealen „Bedingung" steht, sondern – als intentionale – in ihrem Sinn auf diese ideale Bedingung (die jeweilige Wahrheit) gerichtet ist und dabei selbst einen idealen Charakter gewinnt. Im Schlußparagraphen der Evidenz-Diskussion der Prolegomena (§ 51) ist auch schon dieser phänomenologische Evidenzbegriff, der sich erst aus der VI. LU ergibt, vorweggenommen:

Allgemein läßt sich „Evidenz als das Erlebnis definieren, in dem irgendein Urteilender der Richtigkeit seines Urteils, d. i. dessen Angemessenheit an die Wahrheit inne wird" (LU I 186). Das ist eine bloße Worterklärung, über die sich alle einig sind, und die Frage ist nun, wie dieses Innewerden zu verstehen ist. Die jeweilige Auffassung der Evidenz hängt unmittelbar mit dem Verständnis von Wahrheit zusammen. Die Auffassung der Evidenz als Gefühl, das als „Kriterium der Wahrheit" fungiert (FTL 140), beruht auf einem Verständnis der Wahrheit als etwas Bewußtseinstranszendentem. Demgegenüber ergibt sich aus Husserls phänomenologischer Bestimmung der Wahrheit als objektives Korrelat der Selbstgebung die Möglichkeit, die Evidenz geradezu als dieses „Bewußtsein originärer Gegebenheit" zu verstehen (I 190)[96]. Denn in dem erfüllten, adäquat intuitiven Akt werden wir der Angemessenheit unserer Meinung an die Wahrheit inne, aber nun nicht durch irgendein Kriterium, sondern durch die Gegenwart des Gemeinten selbst. Die Evidenz ist jetzt nicht ein „akzessorisches Gefühl" und überhaupt kein „psychischer Charakter", der sich äußerlich an bestimmte Akte „anheften ließe"; sondern sie besteht einfach in der Intuitivität des Aktes (LU I 189 f., vgl. auch IdPhä 59). Sie ist daher nicht ein Kriterium – wodurch die „der Evidenz zugemutete Erzielung der Wahrheit selbst zu einem Wunder würde" (FTL 140) –, sondern das „Erlebnis der Wahrheit" (LU I 190, III 122). Darin liegt eine „ontologische Umwendung des Evidenzgedankens" (LU II 239), sofern die Nötigung, so und nicht anders urteilen zu müssen, nicht mehr aus der psychologischen Kausalität verstanden wird, sondern intentional und d. h. ontisch: von der selbstgegebenen Sache her.

Die eigentliche Bedeutung dieser „ontologischen Umwendung" des Evidenzbegriffs, die also mit der „phänomenologischen Umwendung" des Wahrheitsbegriffs Hand in Hand geht, wird sich erst auf der Grundlage der ausdrücklich transzendentalen Position in Husserls Spätschriften zeigen (§ 11 a). Zunächst hat Husserl den Gewinn dieses Evidenzbegriffs darin gesehen, daß es nun möglich schien, die anti-skeptische Position der Prolegomena auch von der subjektiven Seite her zu untermauern. Daher sagt er am Ende des 5. Kapitels der VI. LU:

„Bei der strengen Fassung des Evidenzbegriffes, die wir hier zugrunde gelegt haben, ist es offenbar, daß Zweifel derart, wie sie in neuerer Zeit zu gelegentlicher Äußerung kamen, absurd sind: nämlich, ob nicht mit derselben Materie A bei dem einen das Erlebnis Evidenz und bei dem anderen das der Absurdität verknüpft sein könnte. Dergleichen Zweifel waren nur so lange möglich, als man Evidenz und Absurdität als eigenartige (positive bzw. negative) *Gefühle* deutete, welche, dem Urteilsakte zufällig anhängend, ihm jene besondere Auszeichnung erteilen, die wir logisch als Wahrheit bzw. Falschheit bewerten. Erlebt jemand die Evidenz A, so ist es evident, daß kein zweiter die Absurdität desselben A erleben kann; denn, daß A evident ist, heißt: A ist nicht bloß gemeint, sondern genau als das, als was es gemeint ist, auch wahrhaft gegeben; es ist im strengsten Sinne selbst gegenwärtig. Wie soll nun für eine zweite Person dieses selbe A gemeint, aber die Meinung, es sei A, durch ein wahrhaft Gegebenes non-A wahrhaft ausgeschlossen sein? Man sieht, es handelt sich um eine Wesens-Sachlage, dieselbe, die der Satz vom Widerspruch ... zum Ausdruck bringt" (III 127, vgl. auch I 191).

Gemäß dem Satz vom Widerspruch schließt die Wahrheit eines Sachverhaltes A seine Falschheit aus. Ist nun die Wahrheit phänomenologisch

[96] Selbstverständlich liegt hier kein Zirkel vor, als wäre oben S. 92 Husserls Wahrheitsbegriff aus seinem Evidenzbegriff hervorgegangen und jetzt sein Evidenzbegriff aus seinem Wahrheitsbegriff. Vielmehr hätten wir natürlich auf S. 92 den Ausdruck „Evidenz" ebensogut weglassen können (was nur aus Rücksicht auf den Text des 5. Kapitels der VI. LU nicht geschehen konnte); wesentlich war dort nur der Begriff der Selbstgegebenheit (Erfüllung), der also, wie wir schon betonten, für Husserl die Basis bildet, von der aus sowohl Wahrheit wie Evidenz verstanden werden.

definiert als das objektive Korrelat der Selbstgebung und ist die Evidenz „ontologisch" definiert als der Akt der Selbstgebung, dann schließt die Evidenz von A die mögliche Evidenz von non-A ebenso aus wie die Wahrheit von A die Wahrheit von non-A[97].

Diese Argumentation ist in sich schlüssig, doch könnte man gegen sie einwenden wollen, daß sie den skeptischen Zweifel nur um eine Stufe zurückschiebt. Denn nun ließe sich ja fragen, wie wir denn wissen, daß das Gemeinte wirklich zu letzter Erfüllung gekommen ist, wie wir also, wenn man die Evidenz so definiert, wie es Husserl tut, sicher sein können, daß die vermeintliche Evidenz wirklich Evidenz ist.

In den LU wird diese Möglichkeit, daß das Selbstgegebensein „sehr wohl ein trügerisches sein kann" (III 143), nur insofern berücksichtigt, als zwischen adäquatem und inadäquatem Selbstgegebensein unterschieden wird. Nur inadäquate intuitive Akte können sich als trügerisch erweisen. Aber hier ist nun bedeutsam, daß Husserl auch schon in den LU von dem „strengen Sinn" der Evidenz einen „laxen" unterscheidet, demzufolge jede originäre Selbstgegebenheit, also jede perzeptive Erfüllung, auch die inadäquate, als Evidenz zu bezeichnen ist (III 121). Diese Erweiterung des Evidenzbegriffs, wonach jeder Akt als Evidenz gilt, der einer Setzung eine wenn auch nur relative und präsumptive Bestätigung bietet, setzt sich dann in den „Ideen" durch (§§ 137 f.). Der Unterscheidung zwischen adäquater und inadäquater Selbstgebung entspricht nun eine Unterscheidung zwischen adäquater und inadäquater Evidenz (a. O.).

Diese Entwicklung ist ihrerseits eine Folge und das eigentlich entscheidende Ergebnis der „ontologischen Umwendung des Evidenzgedankens". Ist nämlich die Evidenz als das „Bewußtsein originärer Gegebenheit" verstanden, so kann sich ja jetzt zeigen, daß das originär Gegebene – mindestens in bestimmten Bereichen – gar nicht so beschaffen ist, daß es eine adäquate Erfüllung zuläßt, sondern nur eine inadäquate – graduell sich steigernde und gegen die Möglichkeit einer Enttäuschung nicht gesicherte – Erfüllung. Auch diese inadäquate Erfüllung ist dann rechtens als Evidenz – aber eben inadäquate Evidenz – zu bezeichnen, weil (vgl. die Worterklärung oben S. 102) auch sie ein wenngleich relatives und präsumptives Innewerden der Wahrheit einer Setzung ist. Aber als subjektives Korrelat der Wahrheit ist natürlich nur die adäquate Evidenz zu verstehen – sonst würden sowohl die Wahrheit wie die Evidenz ihren Sinn verlieren (vgl. oben S. 91) –, daher

[97] Natürlich beruht diese Argumentation mit auf der Voraussetzung, daß der Erfüllungscharakter und damit die durch ihn definierte Evidenz kein individuelles psychologisches Merkmal eines Aktes ist, sondern sein „ideales" erkenntnismäßiges Wesen betrifft (oben S. 92 f.). Nur deswegen kann ja die Wahrheit als das objektive Korrelat der Erfüllung definiert und auf dieser Grundlage ein „genereller Wesenszusammenhang zwischen Wahrheitserlebnis und Wahrheit" (LU I 191) in Anspruch genommen werden.

muß auch dort, wo nur eine inadäquate Evidenz realisierbar ist, an dem *Begriff* der adäquaten Evidenz als regulative Idee festgehalten werden (Ideen § 143). Damit wird dann aber auch die Wahrheit zu einer regulativen Idee (a. O.). Obwohl der Sinn von Wahrheit formal derselbe bleiben muß (Korrelat der letzten Erfüllung), kann sich jetzt also ihre konkrete Bedeutung je nach den Möglichkeiten der Evidenz wandeln.

Die eigentliche Bedeutung der „ontologischen Umwendung des Evidenzgedankens" liegt also nicht in einem besonderen Trick der Evidenzsicherung, sondern in der Umwandlung der Evidenzproblematik aus dem Interesse an der Evidenzsicherung in eine Evidenzaufklärung. Wir werden diese Entwicklung des Evidenz- und Wahrheitsproblems erst im 3. Abschnitt verfolgen, weil sie sich erst auf dem Boden der explizit transzendentalphilosophischen Position eigentlich entfalten konnte, die Husserl freilich implizit bereits mit der phänomenologischen Umwendung des Wahrheitsbegriffs erreicht hat.

Daß es in bestimmten begrenzten Bereichen auch eine realisierbare adäquate Evidenz gibt, bei der eine entgegengesetzte Evidenz nicht möglich scheint, ist dann nicht ein dogmatisches Postulat, sondern ein deskriptiver Tatbestand, der sich überall dort aufdrängt, wo das Gemeinte zu einer so schlichten und absoluten Gegenwart kommt, daß die Möglichkeit von noch unerfüllten Intentionen ausgeschlossen scheint. Husserl hat eine solche Evidenz in zwei Bereichen in Anspruch genommen, in dem der inneren Wahrnehmung (oben S. 72) und in dem der synthetischen und analytischen Wesenserkenntnis, die wir im folgenden Stück interpretieren werden. Die Auffassung der inneren Wahrnehmung als adäquater Evidenz ist notwendig, wenn man mit Husserl die letzte Erfüllung einer sinnlichen Bedeutungsintention mit der schlichten sinnlichen Gegenwart des Gemeinten identifiziert. Aber eben diese Gleichsetzung erwies sich als fragwürdig (oben S. 85 f.). Dann bliebe also die adäquate Evidenz bei allem im weitesten Sinne sinnlich Gebbaren, bei allen konkreten Wirklichkeiten nur eine regulative Idee. Hingegen scheint es bei den reinen Wesen, insbesondere den reinlogischen, tatsächlich notwendig, von einer adäquaten Evidenz zu sprechen. Denn hier liegt die Wahrheit schon in dem erfüllten Sinn der Bedeutungen als solcher, und die Möglichkeit einer entgegengesetzten Einsicht scheint ausgeschlossen. Hingegen könnte man noch insofern von unerfüllten Intentionen sprechen, als der Horizont und damit die Relativität der lediglich immanent einsichtigen Wesen nicht durchschaut ist, und in diesem Sinn wird Husserl dann auch die logische Erkenntnis in seinen Spätschriften relativieren.

Aber auch wenn sich jede vermeintlich adäquate Evidenz als inadäquat erweisen sollte, bliebe der wesentliche Kern von Husserls antiskeptischer Argumentation in den LU (oben S. 103) erhalten. Denn es ist nicht richtig, daß mit der Frage, wie wir wissen können, daß die vermeintlich adäquate

Evidenz wirklich adäquate Evidenz ist, dieselbe Schwierigkeit, die Husserl mit seinem Evidenzbegriff zu lösen meinte, nur auf einer neuen Stufe wiederkehrt (oben S. 104). Das wäre nur dann der Fall, wenn man nun wieder auf ein Gefühl rekurrieren müßte, das uns, wie vorher der Wahrheit, so jetzt der Evidenz versicherte. Der einzige Garant dafür, daß das Gemeinte zu adäquater Erfüllung gekommen ist, ist vielmehr der intuitive Akt selbst, und daß die vermeintlich adäquate Evidenz in Wirklichkeit inadäquat ist, kann sich daher auch nur durch einen neuen intuitiven Akt, eine neue Evidenz erweisen (FTL 139 f.). Der phänomenologische Wahrheitsbegriff schließt die Möglichkeit aus, Evidenz in bezug auf etwas anderes als auf neue Evidenz zu relativieren. Die Evidenz im Sinn des „ich sehe es" bleibt also der einzige und letzte Rechtsgrund (Ideen 44). Da nun eine Evidenz angesichts einer entgegengesetzten Evidenz *sich selbst ändert,* indem sie ihren Anspruch entweder aufgibt oder relativiert, bleibt der Satz der LU erhalten, daß „Einsichten mit Einsichten" nicht „unlöslich kollidieren" können (LU I 191).

B. Kategoriale Anschauung und kategoriale Wahrheit

Indem die Wahrheit im 1. Abschnitt der VI. Untersuchung als das objektive Korrelat der letzten Erfüllung einer gegenständlichen Intention bestimmt wurde (oben § 5), ist sie einer konkreten Analyse zugänglich gemacht. Denn die „Erfüllung" einer „Intention" ist, wie schon die vorhergehenden Analysen der VI. Untersuchung zeigten (oben §§ 3–4), phänomenologisch konkret beschreibbar. Jedoch läßt sich jetzt die Einschränkung, unter die Husserl die Analysen der intuitiven Erfüllung im 1. Abschnitt gestellt hatte – auf die schlichten Bedeutungsintentionen, die sich in der Wahrnehmung eines sinnlichen Gegenstandes erfüllen (oben S. 46) – nicht mehr aufrechterhalten. Schon die Bedeutungsintention der einfachsten *empirischen Aussage* reicht über die sinnliche Gegebenheit eines Gegenstandes hinaus, und die Erfüllung, auf die der Wahrheitsbegriff verweist, kann hier nicht einfach mit der sinnlichen Anschauung zusammenfallen. Kommt z. B. die Aussage „Die Sonne ist gelb" zur Erfüllung, so ist nicht nur der Gegenstand, der mit dem Ausdruck „die Sonne" genannt ist, selbst gegeben, und es ist nicht nur gleichzeitig das „gelb" gegeben, sondern selbstgegeben ist der einheitliche „Sachverhalt" *Die Sonne ist gelb* (III 140). In dem *ist*, und ebenso in allen anderen „formal-kategorialen" Bedeutungskomponenten, die explizit oder implizit in einer Aussage enthalten sind, liegt ein Überschuß über den rein sinnlichen Bedeutungsgehalt, „und die Erfüllungsleistung der schlichten Wahrnehmung kann an solche Formen offenbar nicht hinanreichen" (131). So kommt Husserl jetzt im 2. Abschnitt der VI. Untersuchung zu der „Frage, wie die Erfüllung der *ganzen* Aussagen ... zu verstehen ist? Was soll und kann den Bedeutungsmomenten, welche die Satzform als solche ausmachen, und wozu beispielsweise die Kopula gehört – den Momenten der ‚kategorialen Form' – Erfüllung verschaffen?" (128 f.).

Man könnte freilich meinen, daß hier überhaupt kein echtes Problem bestehe und daß alle Erfüllung mindestens der einfachen Aussagen sich auf die Erfüllung der sinnlichen Bedeutungsmomente reduziere. Der Satz ‚Die Sonne ist gelb' komme zur Erfüllung, wenn die sinnlichen Merkmale des Begriffs ‚Sonne' zugleich mit dem, was das Wort ‚Gelb' meint, zur Erfüllung kommen; die Form der Prädikation ergebe sich dann von selbst. Das ‚ist' könne sich nur enttäuschen, wenn sich das Prädikat enttäuscht. Doch wird man schon bedenklicher, wenn man an Fälle denkt, wo alle sinnlichen Momente zur Erfüllung kommen und die Aussage sich doch enttäuschen kann, wie wenn ich sage ‚Auf diesem Tisch liegen *siebzehn* Bücher' oder ‚Die Farbe der Fläche A ist dieselbe wie die der Fläche B'. Hier kommt zur Erfüllung oder Enttäuschung, daß es *siebzehn* sind, und in dem zweiten Beispiel kommt die *Identität* statt der *Verschiedenheit* der beiden Farben zur

Selbstgegebenheit. Die beiden Farben sind sinnlich wahrnehmbar, nicht aber ihre Identität oder Verschiedenheit. Vollends unzweifelhaft wird die Angewiesenheit auf Erfüllung auch der Formen, wenn man, statt bloß an individuelle Aussagen, auch an die von der Logik bevorzugten allgemeinen und partikulären Aussagen denkt, ferner an die aussagenlogischen Formen, die einfache Aussagen zu komplexen Aussagen verbinden. Auch diese Formen werden von Husserl mitgemeint (vgl. die Beispiele III 139), wenngleich er sich in der konkreten Untersuchung an die individuellen Aussagen hält (vgl. III 144).

Schon die zureichende Aufklärung der Wahrheit und Wahrheitserkenntnis von empirischen Aussagen macht es also erforderlich, den Begriff der Erfüllung – und d. h. für Husserl: den Begriff der Anschauung – über den Bereich des Sinnlichen zu erweitern. Zugleich will aber Husserl damit die Basis gewinnen für das Verständnis von Wahrheit und Evidenz der *apriorischen Aussagen* der reinen Logik und der Philosophie selbst.

Eine Aussage ist für Husserl apriori und *analytisch*, wenn ihre Wahrheit oder Falschheit nur von ihren formalen Bedeutungskomponenten abhängt, wenn sich also ihre „materialen" Bedeutungskomponenten beliebig variieren lassen ohne die Wahrheit zu berühren (II 252–6). Die Wahrheit einer analytischen, reinlogischen Aussage gründet folglich *ausschließlich* in der Erfüllung jener kategorialen Bedeutungselemente, in der die Wahrheit der empirischen Aussagen *zum Teil* gründet, und die Aufklärung der einen muß also unmittelbar zum Verständnis der anderen führen.

Wieder könnte man meinen, daß bei der analytischen Aussage eine Differenz zwischen Intention und Erfüllung gar nicht bestehen könne. Hier scheint die „Erfüllung" schon in der Bedeutungsintention selbst zu liegen. Doch wird Husserl zeigen, daß wir auch hier das bloß Gemeinte erst zur „Anschauung" bringen müssen, um seine Wahrheit einzusehen.

Bei der Aufklärung des Erfüllungscharakters der formalen Bedeutungsmomente zeigt sich aber auch noch (§ 52), daß mit dieser kategorialen „Anschauung" eine andere nahe verwandt ist, in der nicht die kategoriale Form, sondern ein materialer Gehalt zur Gegebenheit kommt, aber nun nicht als individueller, sondern hinsichtlich seines allgemeinen Wesens. Auch allgemeine Begriffe können, so lautet hier die These, nicht nur hinsichtlich ihrer Anwendbarkeit auf Einzelnes, sondern in ihrem allgemeinen Gehalt selbst zur Erfüllung kommen. Husserl unterscheidet also zwei Arten von kategorialer Anschauung, die kategoriale im engeren Sinn: die formale, die entweder empirisch vermischt oder rein kategorial (analytisch) sein kann, und die „abstraktive" (III 170), die „allgemeine Anschauung" (161 f.), die dann in den „Ideen" als „Wesenserschauung" bezeichnet wird (§ 3).

In den „Ideen" hat Husserl jedoch bereits die Tendenz, diese für die Methode der Phänomenologie selbst grundlegende Voraussetzung, daß es eine Anschauung auch von Allgemeinem gibt, als eine Selbstverständlichkeit in Anspruch zu nehmen. Die dortige Behauptung, daß es von Allgemeinem ebensogut eine Anschauung gebe wie von Individuellem (§ 3, vgl. auch FTL § 58), ist natürlich völlig leer und mußte dazu führen, daß die eigentliche Problematik verschüttet wurde und sich nach außen der Eindruck verstärkte, in der phänomenologischen Wesensschau handle es sich um eine bodenlose mystische Intuition. In den LU hingegen weiß Husserl sehr wohl, daß „allgemeine Anschauung“ ein Ausdruck ist, „der manchem freilich nicht besser klingen wird als hölzernes Eisen“ (III 162) und daß die Berechtigung einer Erweiterung des Anschauungsbegriffs erst *nachgewiesen* werden muß in Anknüpfung an die sinnliche Auschauung selbst. Husserls Lehre von der Wesensschau läßt sich also nur im Rückgang auf die LU interpretieren. So schreibt er selbst im Vorwort zur 3. Auflage der VI. LU (1921): „Manche Mißverständnisse meiner ‚Ideen zu einer reinen Phänomenologie‘ wären unmöglich gewesen, wenn man dieses Kapitel (über ‚sinnliche und kategoriale Anschauung‘) beachtet hätte“ (III iv).

Der entscheidende Gesichtspunkt zum Verständnis der allgemeinen Anschauung ist in den LU ihre Verwandtschaft mit der formal-kategorialen Anschauung. Das Gemeinsame beider Typen der kategorialen Anschauung ist, im Gegensatz zur sinnlichen Anschauung, ihr synthetischer Charakter (vgl. III 161 f.). Für die Interpretation ergibt sich daraus als Richtpunkt, daß das Wesen beider Arten der kategorialen Anschauung nur in einer Art Synthesis liegen kann, so sehr das auch dem natürlichen Sinn von „Anschauung“ widerspricht und so sehr daher auch Husserl selbst, von dem Wort „Anschauung“ verleitet, manchmal etwas anderes zu meinen scheint.

Können allgemeine Wesen zu intuitiver Gegebenheit kommen, dann ist es denkbar, daß auch ein allgemeiner Zusammenhang zwischen Wesen zu intuitiver Gegebenheit kommen kann. Ein solcher Zusammenhang, der in den Wesen selbst gründet, bestünde apriori, und er wäre, da er nicht in der bloßen logischen Form, sondern in dem „materialen“ Gehalt der Wesen gründete, nach Husserls Definition (vgl. II 252 ff.) nicht analytisch, sondern synthetisch.

Wie also die kategoriale Anschauung des 1. Typus die Grundlage bilden müßte für das Verständnis der analytischen Wahrheit und Evidenz, so müßte die kategoriale Anschauung des 2. Typus die Grundlage bilden für das Verständnis der apriori synthetischen Wahrheit und Evidenz.

Die Aufklärung der analytischen, rein logischen Wahrheit ist das eigentliche Ziel der VI. Untersuchung, wie es vom Aufbau des Gesamtwerkes gefordert ist (vgl. oben S. 18 ff.). Mit ihr kommt daher der 2. Abschnitt der VI. Untersuchung im 8. Kapitel zum Abschluß. Hingegen wird die apriori synthetische Wahrheit, auf die das (die VI. Untersuchung mitbestimmende) Interesse an der Wahrheit der philosophischen Analysen selbst gerichtet ist, nicht mehr ausdrücklich behandelt. Auch der zugrunde liegenden Wesensanschauung wird (abgesehen von dem einleitenden § 41) nur ein einziger Paragraph gewidmet (§ 52), der jedoch auf die umfangreichen Erörterungen zum Erweis der Eigenständigkeit der allgemeinen Gegenstände in der II. Untersuchung zurückgreifen kann. Und die synthetisch apriorische Erkenntnis selbst hat Husserl ebenfalls bereits in der III. Untersuchung vorgreifend behandelt. Schließlich gehört in diesen Zusammenhang das von uns bisher übergangene 4. Kapitel im 1. Abschnitt der VI. Untersuchung, das von der Möglichkeit (Realität) und Unmöglichkeit der Bedeutungen handelt.

Diese Texte werden uns im § 7 als Grundlage der Interpretation von Husserls Auffassung der allgemeinen Anschauung und der apriori synthetischen Wahrheit dienen, nachdem wir im § 6 im Anschluß an den 2. Abschnitt der VI. Untersuchung die formal kategoriale Anschauung und ihre Bedeutung für die empirische und analytische Wahrheit interpretiert haben.

§ 6 Die formal-kategoriale Anschauung: empirische und apriori analytische Wahrheit

Die Erörterung der formal kategorialen Anschauung im 2. Abschnitt der VI. Untersuchung gliedert sich in drei Kapitel. Im 6. Kapitel sollen die kategorialen Gegenstände überhaupt erst einmal von den sinnlichen unterschieden werden, aber da diese Unterscheidung nur möglich ist in bezug auf die ursprüngliche Gegebenheit des jeweils Gemeinten, führt sie zugleich auch schon zu der Unterscheidung von sinnlicher und kategorialer Anschauung (a). Ihre eigentliche Legitimation gewinnt die Rede von einer kategorialen Anschauung jedoch erst, wenn sich zeigen läßt, worin der eigentümliche Erfüllungscharakter des Kategorialen besteht, und inwiefern sich auch hier eine intuitive von einer signitiven Gegebenheit unterscheiden läßt; diese Frage, die sich durch den ganzen 2. Abschnitt zieht, versucht Husserl im 7. Kapitel durch eine Theorie der „kategorialen Repräsentation" zu lösen (b). Im abschließenden 8. Kapitel erfolgt dann die Aufklärung der rein kategorialen (analytischen) Erkenntnis und Wahrheit und nebenbei auch die der empirisch-kategorialen Erkenntnis (c).

a) Kategoriale Gegenstände

Erste Schritte zur Unterscheidung von Sinnlichem und Kategorialem

Um die Notwendigkeit einer Erweiterung des Erfüllungsbegriffs vorläufig plausibel zu machen, haben wir, wie auch Husserl selbst in seinen einleitenden Ausführungen (§ 40), von dem Unterschied zwischen Kategorialem und Sinnlichem schon Gebrauch gemacht noch ehe er eigentlich bestimmt worden ist. Auch der genaue Sinn der Einschränkung des 1. Abschnitts auf schlichte nominale Akte und d. h. auf sinnliche Gegenstände (oben S. 47) kann erst jetzt nachträglich verständlich werden.

Der Unterschied zwischen Sinnlichem und Kategorialem läßt sich zunächst mit Hilfe der geläufigen Unterscheidung zwischen logischer Form und logischem Stoff (Materie) kennzeichnen (§ 42). Die kategorialen Bedeutungskomponenten sind die „Formbedeutungen", die bei der logischen Formalisierung eines komplexen Ausdrucks als Konstante übrigbleiben. Bei ihnen wäre es „grundverkehrt ..., in der Wahrnehmung direkt das zu suchen, was ihnen Erfüllung zu geben vermag" (135). Nur diejenigen Bedeutungen, die in der logischen Formalisierung durch Variable ersetzt und durch Buchstabensymbole vertreten werden, die „Termini" also, können sich evtl. in der sinnlichen Anschauung erfüllen. Auch der logische Stoff kann jedoch, vermöge seiner „bloß funktionellen Bedeutung", selbst noch komplex sein und kategoriale Elemente enthalten. Dann verweist aber dieser „relative oder funktionelle Unterschied" zwischen Form und Stoff auf einen „absoluten Unterschied zwischen Form und Stoff", und dieser ist es, der dem Unterschied zwischen kategorialen und sinnlichen Bedeutungskomponenten entspricht. Der absolute logische Stoff ist nicht mehr durch seinen funktionellen Zusammenhang mit der logischen Form definiert, sondern durch seine Gegebenheitsweise: er ist eine Bedeutung, die in der sinnlichen Anschauung direkte Erfüllung finden kann (135 f.).

Auf der anderen Seite sind auch die kategorialen Bedeutungskomponenten erst äußerlich bezeichnet, wenn man sie als die Bedeutungen der logischen Konstanten identifiziert. Die Frage ist ja nun, was das, was die logischen Konstanten darstellen, eigentlich „ist", und d. h. wiederum: wie es zu ursprünglicher Gegebenheit kommt. Diese Frage stellen, heißt freilich schon eine kategoriale Anschauung hypothetisch voraussetzen, denn „Anschauung" in Husserls weitem Sinn meint ja nichts anderes als die Weise, wie uns etwas Gemeintes zu ursprünglicher Gegebenheit kommt.

Husserl geht zunächst negativ ausgrenzend vor (§ 43). Was wir z. B. mit dem kopulativen „ist" meinen, finden wir jedenfalls *nicht* in oder an irgendeinem sinnlich wahrnehmbaren und d. h. „realen" Gegenstand vor. Es gehört auch nicht zu den „*sachlichen* Einheitsformen, welche Gegenstände zu umfassenderen Gegenständen verknüpfen" (137). „Das Sein ist kein reales Prädikat" (137), und dasselbe „gilt offenbar von den übrigen kategorialen Formen" (138).

Soviel ist wohl seit Platons Theätet (184 b ff.) selbstverständlich. Aber (§ 44) auch die innere Wahrnehmung ist sinnliche Wahrnehmung. „Es ist eine naheliegende, seit Locke allgemein verbreitete, aber grundirrige Lehre, daß die fraglichen Bedeutungen ... durch Reflexion auf gewisse psychische Akte ... entspringen" (139). Zwar ist es richtig, daß uns das kategorial Gemeinte *nur* im *Vollzug* bestimmter *synthetischer Akte* zur Gegebenheit kommt, aber was uns da zur Gegebenheit kommt, ist nicht dieser Vollzug selbst. „Ein Inbegriff z. B. ist gegeben und kann nur gegeben sein in einem aktuellen Zusammengreifen, also in einem Akte, der in der Form der konjunktiven Verbindung *A und B und C* ... zum Ausdruck kommt. Aber der Begriff des Inbegriffs erwächst nicht durch Reflexion auf diesen Akt" (141). In der Reflexion auf diesen Akt kommt das *Kolligieren* zur Gegebenheit, nicht das *und* oder der mit dem „und" sich konstituierende „Inbegriff" (die Menge); in der Reflexion auf den Akt der Prädikation kommt das *Urteilen* zur Gegebenheit, nicht das *ist* oder der mit dem „ist" sich konstituierende „Sachverhalt" (140 f.). „Nicht in diesen *Akten als Gegenständen*, sondern in den *Gegenständen dieser Akte* finden wir das Abstraktionsfundament für die Realisierung der besagten Begriffe" (141).

Hier leitet also die negative Ausgrenzung unmittelbar zur positiven Klärung über. Jede kategoriale Form ist eine Form der *Synthesis*, die aber nicht eine reale Verknüpfungsform ist, die sinnlich wahrnehmbar wäre, sondern in einem entsprechenden synthetischen *Akt* vollzogen werden muß, wobei aber die kategoriale Form in dem Akt gegenständlich erfahren wird und daher von ihm selbst zu unterscheiden ist. Aus dieser doppelten Forderung, die synthetische Form einerseits nicht zu verdinglichen und sie andererseits nicht zu subjektivieren, erwächst die Theorie, die Husserl nun in den folgenden Paragraphen entwickelt, eine Theorie des Kategorialen als („idealer") *Gegenstände*, die sich aber von den sinnlichen („realen") Gegenständen *nicht* direkt *gegenständlich* unterscheiden lassen, sondern nur im Rekurs auf die entsprechenden Akte, in denen sie uns zur Gegebenheit kommen (145 f.). Die kategorialen Gegenstände „konstituieren" sich in diesen Akten (a. O., 154).

Sinnliche Anschauung und reale Gegenstände

Konsequenterweise lassen sich auch die *realen Gegenstände* nur definieren im Rekurs auf die Akte, in denen sie uns gegeben werden (151). Diese Akte sind eben die Akte der sinnlichen Wahrnehmung. In Abhebung zu den synthetischen, kategorialen Akten gelingt jetzt eine Definition der Sinnlichkeit, die ohne jede metaphysische oder physiologische Voraussetzungen auskommt und rein phänomenologisch ist, d. h. nur auf die Gegebenheitsweise Bezug nimmt: sinnlich (real) ist ein Gegenstand, „der sich im Wahrnehmungsakte in *schlichter* Weise konstituiert" (145), und das heißt, daß er „in Einer Aktstufe da" ist (146), „in Einem Schlage" erscheint (147); und der entsprechende schlichte Akt ist eine sinnliche Anschauung. Daß ein sinnlicher Akt schlicht ist, bedeutet nicht, daß er nicht teilbar oder strukturiert ist, sondern daß er nicht in anderen Akten, die ihrerseits schon Gegenstände vorstellen, fundiert ist (149 f.).

Gemäß dieser phänomenologischen Definition ist das schlicht Gegebene nicht der Empfindungsinhalt, sondern „jeder konkrete sinnliche Gegenstand" (152), und das schlichte Gegebensein schließt also nicht aus, daß es sich synthetisch konstituiert (vgl. oben S. 73 f.). Für diese sinnliche Synthesis ist aber charakteristisch (§ 47), daß ihre Einheit „als unmittelbare Verschmelzung der Partialintentionen" eine „schlichte Einheit" bleibt (148), die im „kontinuierlichen Wahrnehmungsverlauf immer den „einen und selben Gegenstand" meint, „den schon die Teilwahrnehmungen, einzeln genommen, meinten" (150) (vgl. oben S. 69). Sobald hingegen einzelne Momente oder Abschattungen „für sich" herausgehoben werden, ist ein kategorialer Akt erforderlich (148).

Daher folgt aus Husserls Definition natürlich auch für den realen *Gegenstand* nicht, daß er nicht teilbar ist; nur von seiner *Gegebenheitsweise* wird behauptet, daß sie einfach ist, und das bedeutet allerdings, daß seine realen Teile und Momente in der sinnlichen Wahrnehmung nur „implizite gegeben" sind (151) und erst in der ausdrücklichen Gliederung durch einen synthetisch-kategorialen Akt *als* Teile eines Ganzen erfaßt werden können (152 f.). Dasselbe gilt für „äußere Relationen" zu anderen Gegenständen (155 f.).

Man beachte schließlich, daß Husserl die *sinnliche* Anschauung gerade mittels desjenigen Merkmals definiert (Schlichtheit = Gegebenheit „in einem Schlage"), das in der Tradition als das Charakteristikum der Intuition *überhaupt* galt und auch für die nichtsinnliche Intuition, die intellektuelle Anschauung, in Anspruch genommen wurde, wo immer eine solche konzipiert war. Für Husserl wäre jede übersinnliche schlichte Anschauung selbst nur eine quasi-sinnliche (vgl. III 183). Daraus ist für die weitere Interpretation ein wichtiger Richtpunkt zu entnehmen. Es ist ja nun von vornherein ausgeschlossen, die „kategoriale Anschauung" und insbesondere dann die „Wesensanschauung" als ein schlichtes Schauen höherer Ordnung zu verstehen, und wir können uns, wo Husserl dergleichen zu sagen scheint, jetzt nicht mehr irreführen lassen.

Synthetische Akte und kategoriale Gegenstände

Im Unterschied zu einem sinnlichen Gegenstand konstituiert sich eine *kategoriale Gegenständlichkeit* durch einen *kategorialen Akt*, der sich vom sinnlichen dadurch unterscheidet, daß er als synthetischer in anderen Akten *fundiert* ist (146). Das ist keine psychologische Konstruktion (vgl. oben S. 34), sondern bedeutet lediglich, daß der kategoriale Akt die schlichte Vorgegebenheit derjenigen Gegenstände voraussetzt, an der sich seine Synthesis vollzieht. Die Synthesis verbindet nicht geradezu *Gegenstände*, so daß diese real umgestaltet und zu realen Komplexen verbunden würden (186), sondern die Gegenstände in ihrer *Gegebenheit*: Sie ist daher nicht einfachhin in den zugrunde liegenden Gegenständen, sondern in deren Gegebenheit und d. h. eben in den entsprechenden Akten fundiert.

Der kategoriale Akt vergegenständlicht nicht diese fundierenden Akte, sondern muß sie mitvollziehen, d. h. seine Gegenstände mitvorstellen, um seine eigene, synthetische Gegenständlichkeit zur Gegebenheit zu bringen. Daher kann die neue, kategoriale Gegenständlichkeit, die sich in der Synthesis „konstituiert" – der prädikative Sachverhalt (S ist p), das Teilverhältnis (g in G), die Menge (A und B) usw. – prinzipiell „*nur* in einem solchen fundierten Akt gegeben sein", „so daß der Gedanke an eine schlichte Wahrnehmung des Geformten oder an ein Gegebensein desselben in einem sonstigen schlichten Anschauen Widersinn ist" (186, 146).

Versteht man also unter Anschauung ein schlichtes Schauen, ein Gegebensein in einem Schlage, dann ist die Idee einer „kategorialen Anschauung" für Husserl selbst ein Unding. Versteht man aber unter Anschauung den Akt, in dem uns das jeweils Gemeinte selbst gegeben ist, dann legt es sich jetzt nahe, eben diese *fundierten synthetischen Akte*, weil in ihnen die kategorialen Gegenständlichkeiten zu ursprünglicher Gegebenheit kommen, als *kategoriale Anschauungen* zu verstehen (§§ 45 ff.). Der genaue Sinn und die Berechtigung dieser Auffassung wird sich aber erst noch herausstellen müssen.

Insbesondere ist zunächst der Begriff der kategorialen Gegenständlichkeit näher zu verdeutlichen, damit überhaupt erst einmal klar wird, *was* hier zur „Gegebenheit" kommen soll und ob es überhaupt berechtigt ist, hier von „Gegenständen" zu sprechen, die zur „Gegebenheit" kommen können. Daß der kategoriale Gegenstand nur in einem fundierten, synthetischen Akt zu ursprünglicher Gegebenheit kommt, heißt, daß sich sein eigenes Sein in dieser Synthesis „konstituiert"[98]. Die Unterscheidung der kategorialen *Gegenstände* von den realen als „Gegenstände höherer Ordnung" (147) gründet also in dem Fundierungsverhältnis der entsprechenden *Akte* (145).

Dieses Fundierungsverhältnis läßt sich nun in beliebig vielen Stufen wiederholen (181 f.): jede kategoriale Gegenständlichkeit kann ihrerseits wiederum neuen synthetischen Akten als Grundlage dienen: Kollektionen können wiederum kollektiv verknüpft oder in Relationen gesetzt werden oder als Subjekte von Prädikationen fungieren; Sachverhalte können aussagenlogisch mit anderen Sachverhalten verknüpft werden oder als Subjekte oder Objekte in umfassendere Sachverhalte eingehen, usw.

Damit eine synthetische Gegenständlichkeit in solcher Weise als Glied einer höheren Synthesis fungieren kann, wird sie normalerweise erst „nominalisiert" (156 f., II 466 ff., 481 f.), so daß sie, indem sich nun auf das synthetisch Konstituierte ein schlichter Akt einstrahlig zurückbezieht, zu einem „Gegenstand im prägnanten Sinn" wird (vgl. oben S. 36). Demnach wäre es also doch möglich, eine kategoriale Gegenständlichkeit auch in einem schlichten Akt vorzustellen? Gewiß, Husserl hatte ja nicht behauptet, daß eine kategoriale Gegenständlichkeit in einem schlichten Akt nicht überhaupt vorgestellt, sondern daß sie in einem solchen nicht ursprünglich gegeben sein kann. In der nominalen, eingliedrigen Vorstellung der kategorialen Gegenständlichkeit ist die Vielstrahligkeit des synthetisch fundierten Aktes *impliziert* (II 483). Wenn daher die kategoriale Gegenständlichkeit zu ursprünglicher Gegebenheit, zur „erfüllenden Ausweisung" kommen soll, muß sie stets erst in die entsprechende explizit synthetische Form zurückgeführt werden (II 469 f., 473 f.).

Hier zeigt sich also bereits nach einer ersten Hinsicht tatsächlich eine Differenz zwischen uneigentlicher, signitiver Gegebenheit und erfüllender, intuitiver Gegebenheit auch bei Kategorialem. Zugleich wird jetzt nachträglich verständlich, worin der anfänglich (oben S. 111) nur äußerlich registrierte Unterschied zwischen absolutem und relativem logischem Stoff seinen sachlichen Grund hat (III 182): eine Synthesis ohne Glieder, eine Zusammensetzung ohne Zusammenzusetzendes ist nicht denkbar; der synthetische Akt ist daher wesensmäßig auf fundierende Akte angewiesen, die ihm die Glieder

[98] Natürlich nicht in der jeweiligen Synthesis, sondern in der „Idee" dieses Aktes.

nominal vorstellig machen, an denen er sich vollziehen kann; aber dieser „Stoff" kann selbst bereits das nominalisierte Ergebnis einer kategorialen Synthesis sein. Ob ein nominal Vorgegebenes ein bloß relativer oder ein absoluter „Stoff" ist, entscheidet sich erst durch die Art, wie er zur Selbstgegebenheit zu bringen ist: läßt sich das eingliedrig Gemeinte auch in einem eingliedrigen, schlichten Akt *erfüllen*, so ist es „absoluter Stoff", ein sinnlicher Gegenstand. Wo sich hingegen das Gemeinte so nicht zur Erfüllung bringen läßt, verweist es auf implizite Synthesen und ist „relativer Stoff". Die Erfüllung besteht dann eben in der Durchführung dieser Synthesen, die „Anschauung" ist kategorial, und sofern das Bedeutungsgebilde beliebig viele implizierte Synthesen enthalten kann, „vollzieht sich die Erfüllung dann in einer Kette von Akten, die uns die Stufenfolge der Fundierungen hinabführen" (III 183). Zur endgültigen Erfüllung kommt es erst, wenn diejenigen Synthesen erreicht sind, die unmittelbar im absoluten Stoff gründen, also in sinnlichen Akten fundiert sind.

Jede kategoriale Gegenständlichkeit baut sich also entweder unmittelbar oder mittelbar auf sinnlichen Gegenständen auf, und daraus läßt sich schon ein weiterer wichtiger Wesenszug der kategorialen Anschauung entnehmen: sie ist nicht nur kein schlichtes, quasi-sinnliches Schauen höherer Ordnung (oben S. 114), sondern sie ist – als Synthesis – wesensmäßig auf die sinnliche Anschauung zurückbezogen: „Es liegt in der Natur der Sache, daß letztlich alles Kategoriale auf sinnlicher Anschauung beruht, ja daß eine kategoriale Anschauung ... ohne fundierende Sinnlichkeit ein Widersinn ist" (183). Husserls kategoriale Anschauung ist „übersinnlich" (143) im Sinn einer „über Sinnlichkeit sich erbauenden" Anschauung (a. O.) und kann gerade deswegen nicht „übersinnlich" sein im Sinn einer eigenen, von der Sinnlichkeit gelösten Schau.

Empirische und reine, ursprüngliche und nominalisierte kategoriale Gegenständlichkeiten

Damit sind die Zusammenhänge soweit geklärt, daß man verstehen kann, in welchem Sinn die kategorialen Bedeutungen jeweils eine *Gegenständlichkeit* bilden, von der man dann sagen könnte, daß sie in dem synthetischen Akt zur „Gegebenheit" kommt. Eingeführt wurden die kategorialen Bedeutungskomponenten als die Bedeutungen der logischen Konstanten, und hier konnte man sich fragen, ob diese logischen Formen nicht unangemessen verdinglicht werden, wenn sie als Gegenstände verstanden sind. Inzwischen hat sich jedoch schon gezeigt, daß das, was Husserl „kategoriale Gegenstände" nennt, gar nicht die puren synthetischen Formen sind, sondern die synthetisch geformten Stoffe. Beispiele sind „Das Buch und das Heft" oder „Dieses Buch ist rot", nicht das bloße „und" oder „ist". Das ist keine Inkonsequenz, sondern folgt aus dem Wesen des Kategorialen, wie Husserl es jetzt entwickelt hat: wenn alle kategoriale Synthesis Synthesis *von* irgendwelchen Gliedern ist, wenn also jeder kategorial synthetische Akt in anderen und letztlich in sinnlichen Akten fundiert sein muß, dann heißt das eben, daß die synthetische Form als solche für sich nicht Gegenstand eines eigenen Aktes ist oder überhaupt sein kann; sie ist wesensmäßig unselbständig (III 140), aber nicht wie ein gegenständliches Moment (eine Farbe z. B.) unselbständig ist (ein gegenständlich Unselbständiges können wir für sich vergegenständlichen, II 313 f.), sondern sie ist eine *unselbständige Bedeutung*, die nur im Zusammenhang mit bestimmten anderen Bedeutungen zu einer „selbständigen" Bedeutung wird, d. h. zu einer Bedeutung, in der sich ein voller Akt ausdrücken und eine entsprechende Gegenständlichkeit konstituieren kann (II 312, 314–6).

Das heißt nun aber nicht, daß es für Husserl nur sinnlich „gemischte" (III 183) kategoriale Akte und entsprechende Gegenständlichkeiten von der Art der obigen Beispiele gibt. Vielmehr gibt es auch „rein kategoriale" Akte und entsprechende Bedeutungsgebilde, die jedoch nicht dadurch erwachsen, daß aller sinnliche Stoff wegfällt, sondern daß er als *beliebig* vorgestellt wird (183 f., 189). So ergeben sich logische Formeln wie „A und B", „S ist p" usw., in denen die Beliebigkeit der Stoffe durch die algebraischen Symbole, die sog. „Variabeln" angezeigt ist (184). Wird eine solche Form zu einem „Gegenstand im prägnanten Sinn" nominalisiert, so ergeben sich „rein kategoriale Begriffe" wie Inbegriff, Sachverhalt, Beziehung usw. (184). Ein Inbegriff z. B. ist das vergegenständlichte Ergebnis einer Synthesis „A und B und C ..." bei beliebigen A, B, C ... Die Aufklärung einer möglichen anschaulichen Gegebenheit auch dieser rein kategorialen Gebilde ist für Husserl die Voraussetzung für das Verständnis der analytischen Wahrheit.

Die Akte dieser rein kategorialen Anschauung sind, indem sie den sinnlichen Stoff als beliebig vorstellen, zugleich abstraktiv. Es sind Akte der „rein kategorialen Abstraktion" (184). Die rein kategorialen Akte entspringen also eigentlich einer Verbindung der *beiden* Typen der kategorialen Anschauung, die wir anfangs (oben S. 108 f.) unterschieden hatten: der formal kategorialen und der „abstraktiven" „Anschauung", die erst im § 7 in ihrer nächstliegenden Gestalt: in bezug auf sinnliche Inhalte, zu interpretieren sein wird. Neben dieser sinnlichen „Wesensanschauung" gibt es aber, so zeigt sich hier, auch eine formale, die „ihre unmittelbare Grundlage in Gegebenheiten ... kategorialer Anschauung" findet, „und zwar mit reiner Beziehung auf die kategoriale Form des gesamten kategorial geformten Objekts" (184).

Fassen wir zusammen, was man sich unter den Gegenständlichkeiten, die in der kategorialen Anschauung zur Selbstgegebenheit kommen sollen, vorzustellen hat, so hat sich also ergeben, daß es für Husserl keine Gegenständlichkeiten gibt, die den isolierten kategorialen Formen entsprechen, hingegen einerseits sinnlich-gemischte, empirische Gegenständlichkeiten von der Art „Dieses Buch ist rot" (deren konstitutive Akte entweder mittelbar oder unmittelbar in sinnlichen fundiert sind), andererseits rein kategoriale, analytische von der Art „S ist p" mit beliebigen Fundamenten. In beiden Fällen kann man freilich wieder fragen, ob es sich nicht eigentlich um „Sinngebilde" handelt, die, wenn man sie als Gegenstände faßt, unangemessen verdinglicht werden. Allerdings besteht in beiden Fällen stets die Möglichkeit der nominalisierenden Umformung, in der das Gemeinte zu einem „Gegenstand im prägnanten Sinn" wird. Doch ist es, wie sich zeigte, gerade dann nicht ursprünglich (intuitiv) gegeben. Ursprünglich gegeben ist kategorial Geformtes gerade in der ungegenständlichen Form. Husserl berücksichtigt jedoch diese Differenz in der VI. LU nicht. Das kategoriale Sinngebilde wird sogleich als „Gegenstand" verstanden (142 f., 145 u. ö.). Wir stehen wieder vor derselben Schwierigkeit, die sich schon bei der Bestimmung des Wahrheitsbegriffs zeigte (oben S. 95 f.): weil ein noematischer Begriff für Sinn fehlt, wird der quasi-gegenständliche Sinn geradezu zu einem „Gegenstand". Und daraus entsteht bei Husserl eine gewisse Neigung, sich die kategoriale Anschauung, trotz der klaren Einsicht in ihren synthetischen Charakter, als einen nominalen Akt und nach der Analogie der sinnlichen Anschauung als einfaches Gegenwärtighaben eines Gegenstandes zu denken.

b) Die kategoriale Anschauung

Als kategoriale Anschauung soll – soviel hat sich schon gezeigt – der fundierte synthetische Akt verstanden werden, in dem die kategoriale Gegenständlichkeit „ursprünglich gegeben" ist (oben S. 115). Aber was bedeutet nun diese „Gegebenheit" konkret? Wodurch unterscheidet sich bei einer kategorialen Gegenständlichkeit die intuitive von der signitiven Gegebenheit auch hinsichtlich der rein kategorialen Elemente? Wenngleich diese als unselbständige Bedeutungen für sich allein keine eigenen Gegenstände konstituieren, so muß doch auch ihnen, und nicht nur den sinnlichen Bedeutungselementen, eine Funktion im Erfüllungsgeschehen zukommen, wenn die Rede von einer *kategorialen* Anschauung berechtigt sein soll. Und bei den analytischen Bedeutungsgebilden müßten die kategorialen Formen sogar die einzigen Träger des Erfüllungsgeschehens sein.

Für die Selbstgegebenheit von Sinnlichem ließ sich ein konkretes Kriterium angeben: seine sinnliche Gegenwart (oben S. 65). Ein entsprechendes konkretes Kriterium ist nun auch für die Selbstgegebenheit von Kategorialem gefordert. Es sieht in Husserls späteren Werken meist so aus, als ob er sich lediglich auf eine entsprechende „ideale" Gegenwart beriefe (vgl. oben S. 108 f.), und in diesem Sinn wird er auch allgemein verstanden. Aber die Rede von einer idealen Gegenwart hat etwas Metaphorisches. Im Unterschied zur sinnlichen Gegenwart gibt sie gerade kein konkretes Kriterium an die Hand, wodurch sich die eigentliche, intuitive Gegebenheit von der bloß signitiven unterscheidet.

Die Theorie der kategorialen Repräsentation

In den LU hat Husserl klar gesehen, daß beim Kategorialen ebenso konkret wie beim Sinnlichen angegeben werden muß, was „intuitive Gegebenheit" besagt, wenn die Rede von einer Anschauung nicht völlig leer werden soll. Diesem Problem ist die „Studie über kategoriale Repräsentation" gewidmet, die er im 7. Kapitel durchführt. Dieser schon mit großer Unsicherheit vorgetragene[99] Versuch ist freilich nicht ganz geglückt und von Husserl selbst im Vorwort zur 3. Auflage (1921) verworfen worden (III v)[100]. Da Husserl jedoch später nie mehr einen neuen Versuch gemacht hat, der Lehre von der kategorialen Anschauung ein konkretes Fundament zu geben, bleibt keine andere Möglichkeit als die positiven Ansätze dieses Kapitels freizulegen.

Husserl hatte sich schon bei der Kennzeichnung der sinnlichen Anschauung im 1. Abschnitt nicht mit der Erklärung begnügt, daß in ihr das Gemeinte sinnlich gegenwärtig wird, sondern hat diese Gegenwart als intuitive *Repräsentation* gefaßt (III 90 ff., oben S. 73 f.), und so kann man verstehen, daß er zur Lösung derselben Frage beim Kategorialen eine entsprechende „kategoriale Repräsentation" sucht. Wodurch in der Sphäre des Sinnlichen der signitive Akt zu einem intuitiven und näherhin zu einem perzeptiven wurde, war ein reeller Bewußtseinsinhalt von solcher Art, daß der Akt, indem er diesen Inhalt als „Repräsentanten" gegenständlich auffaßt, sein Gemeintes selbst vor sich hat. Diese „gegenständliche Auffassung" eines ontisch unmittelbar Gegenwärtigen, durch die es zu einem intentional Gegenwärtigen wird, hatte Husserl als (intuitive) Repräsentation bezeichnet (a. O.)[101].

Daran erinnert Husserl jetzt im 7. Kapitel: „Es ist ja das Eigentümliche aller signitiven Akte, daß sie der Repräsentanten entbehren ... Die Repräsentanten sind es, welche den Unterschied zwischen ‚leerer' Signifikation und ‚voller' Intuition ausmachen" (III 171). „Das ist", so heißt es dann, „eine Sachlage, die im allgemeinen Wesen des Erfüllungsverhältnisses gründet, sie muß also auch in der jetzigen Sphäre nachweisbar sein ... So können wir das Neue auf seiten der kategorialen Anschauung (gegenüber der kategorialen

[99] Vgl. III 170: „Man könnte den Verdacht hegen, daß der Wunsch der Vater des Gedankens sei", 177: „wenn die oben versuchte und sorgsamster Nachprüfung bedürftige Interpretation richtig ist".

[100] Aus diesem Grund – und wohl auch wegen der ungewöhnlichen Unklarheit des Gedankengangs – ist dieses Kapitel in der Literatur (insbesondere auch in der bisher gründlichsten Interpretation von Husserls Anschauungsbegriff bei Levinas) praktisch unbeachtet geblieben, und daher ist auch das Problem nicht mehr gesehen worden, das dieses Kapitel lösen sollte.

[101] Im 1. Abschnitt der VI. LU konnte die Repräsentation sowohl signitiv wie intuitiv sein (oben S. 73). Hier im 7. Kapitel erklärt aber Husserl ausdrücklich, daß er nur von den „eigentlichen Repräsentanten" (den intuitiven) spreche (171). Hier ist also, wie aus den im Text folgenden Zitaten deutlich wird, „Repräsentation" = „intuitive Repräsentation".

Meinung)[102] wieder nur so fassen, daß sie eben Repräsentation ist, ... daß sie erlebte Inhalte als Repräsentanten des gemeinten Gegenstandes auffaßt" (171 f.).

Diese These ist auf den ersten Blick gewiß nicht einleuchtend. Sie überträgt ja auf die kategoriale Erfüllung einen Aspekt, der die sinnliche Anschauung gerade von der kategorialen zu unterscheiden scheint: daß sie auf sinnlich gegenwärtigen Inhalten beruht. Zwar soll die kategoriale Anschauung auf der sinnlichen gründen. Das kann aber, wie Husserl hier auch selbst betont, nicht heißen, daß die „Repräsentation ... in den fundierenden Akten allein vollzogen" wäre (172), denn dann wäre die Anschauung nur eine sinnliche. Es muß – so lautet die These – eigene *sinnliche* Repräsentanten auch für die *kategorialen* Bedeutungskomponenten geben.

Die Repräsentanten der äußeren sinnlichen Anschauung waren die Empfindungsinhalte (oben S. 73). Wie soll man sich nun einen reellen Bewußtseinsinhalt denken, der sich als Repräsentant einer synthetisch-kategorialen Form auffassen läßt? Husserl antwortet: es ist das „psychische Band", die „psychische Verbindungsform" zwischen den fundierenden Akten (172). Was mit diesem „psychischen Band" genau gemeint ist, ist schwer zu erkennen. Manches, was Husserl in diesem Zusammenhang sagt (172 f., 179 f.), könnte so verstanden werden, als ob es einfach für den fundierten synthetischen Akt stehe. Dieser ist ja als „Erlebnis" ein sinnlicher Bewußtseinsinhalt, und nur sein Gegenstand ist kategorial (vgl. 139, 179). Doch ist es ausgeschlossen, daß Husserl gemeint haben könnte, daß der kategoriale Akt *sich selbst* gegenständlich auffasse. Und schon die terminologisch deutlich abgehobene Rede vom „psychischen Band" gestattet eine solche Deutung nicht.

Was Husserl hier gemeint hat, läßt sich aus einer Analyse im 6. Kapitel entnehmen, in der die Theorie der kategorialen Repräsentation bereits vorweggenommen wird (153 f.)[103]. Husserl behandelt hier zur Exemplifizierung der Konstitution einer kategorialen Gegenständlichkeit „die Verhältnisse zwischen Teil und Ganzem ..., also, in Beschränkung auf die einfachsten Fälle, die Verhältnisse *A ist (hat) a* und *a ist in A*" (153)[104]; und da der konstituierende synthetische Akt die kategoriale Anschauung sein soll (oben

---

[102] Zusatz von mir.

[103] Es ist die einzige Stelle, an der der Begriff der kategorialen Repräsentation außerhalb des 7. Kapitels vorkommt.

[104] Das ist ungenau. In EU § 52 hat Husserl dann mit Recht darauf hingewiesen, daß „A ist a" und „A hat a" zwei verschiedene Urteilsformen sind, da in dem ersten Fall a ein unselbständiger Teil, in dem zweiten ein selbständiger Teil von A ist. Da sich jedoch jeder unselbständige Inhalt nominalisieren läßt (vgl. oben S. 37), kann das Ist-Urteil (A ist rot) in ein Hat-Urteil umgeformt werden (A hat Röte), aber nicht umgekehrt (EU 263 f.). Natürlich ist dann „a ist in A" die Umkehrung nur des Hat-Urteils, nicht des Ist-Urteils. Husserls Analyse der kategorialen Anschauung der Teilverhältnisse gilt offenbar für beide Verhältnisse, wird also von dieser Ungenauigkeit nicht tangiert.

S. 115), konkretisiert sich an diesem Beispiel zugleich auch schon das Wesen der kategorialen Anschauung:

Kommt es zur kategorialen Anschauung eines solchen Teilverhältnisses, so erfaßt zunächst ein erster sinnlicher Akt „A als ein Ganzes, in Einem Schlage". „Das anschauliche Gesamtmeinen des Gegenstandes befaßt" dabei jedoch „implizite die Intention auf das a" (153). Auf dieses kann sich nun explizit ein zweiter sinnlicher Wahrnehmungsakt richten. „Zugleich ‚deckt' sich aber das fortwirkende Gesamtwahrnehmen gemäß jener implizierten Partialintention mit dem Sonderwahrnehmen" (154). Das bedeutet: „Der auf das a bezügliche Repräsentant fungiert als identisch derselbe in doppelter Weise, und indem er es tut, ... decken sich die beiden *Auffassungen*, deren Träger dieser Repräsentant ist." Man beachte, daß bisher nur von einem sinnlichen Repräsentanten die Rede ist, dem Repräsentanten der beiden fundierenden Akte. Doch Husserl fährt nun unmittelbar fort: „Aber diese Einheit" (der Auffassungen, also der beiden sinnlichen Wahrnehmungsakte) „nimmt nun selbst die Funktion einer Repräsentation an; sie gilt dabei nicht für sich, als dieser erlebte Verband der Akte; sie wird nicht selbst als Gegenstand konstituiert, sondern sie hilft einen anderen Gegenstand konstituieren; sie repräsentiert, und in solcher Weise, daß nun das A als das a *in sich habend* erscheint, bzw. in umgekehrter Richtung das a als *in* A *seiend*" (154). Diese Repräsentation, in der der „erlebte Verband der Akte" als Repräsentant fungiert, ist die kategoriale. Das „psychische Band" ist also nicht der fundierte synthetische Akt, sondern der bestimmte Zusammenhang der fundierenden Akte – in diesem Fall ihre Deckungseinheit –, die dem synthetischen Akt *zugrunde liegt* und die offenbar bei dem entsprechenden signitiven Akt *fehlt.*

Wie dieses psychische Band „einen anderen Gegenstand konstituieren hilft", wird an diesem Beispiel nicht näher ausgeführt, aber hier führt nun wieder das 7. Kapitel weiter. In genauer Entsprechung zur sinnlichen Repräsentation läßt sich zunächst sagen, daß durch den synthetischen Akt „der die fundierenden Akte verbindende psychische Inhalt *aufgefaßt* wird als objektive Einheit der fundierten Gegenstände, als ihr Verhältnis der Identität, des Teils zum Ganzen usw." (177). Diese „Auffassung" des Repräsentanten bedeutet nicht, daß der synthetische Akt sich gegenständlich auf das „psychische Band" richtet, ebensowenig wie in der sinnlichen „Auffassung" die Empfindungen vergegenständlicht werden (oben S. 69, 73). Wie ist dann aber das Verhältnis des synthetischen Aktes zu dem Repräsentanten positiv zu denken? Husserl sagt, „das psychische Band" werde „im *aktuellen* Identifizieren oder Kolligieren u. dgl. erlebt" (173). Die „Auffassung" des Repräsentanten durch den synthetischen Akt besteht also darin, daß dieser Akt seine Synthesis auf der Grundlage des Repräsentanten, d. h. auf der Grundlage einer bestimmten Konstellation fundierender Akte *aktuell vollzieht.* Und in diesem Vollzug der Synthesis erscheint auf der gegenständlichen Seite die kategoriale Form als selbstgegeben.

Damit ist das gesuchte Kriterium der Intuitivität eines kategorialen Aktes gefunden. Es besteht nicht einfachhin in der idealen Gegenwärtigkeit (Selbstgegebenheit) der gemeinten kategorialen Gegenständlichkeit, denn was diese besagt, läßt sich nur verstehen im Rekurs auf den synthetischen Vollzug, in dem sie sich konstituiert. Man kann daher die Intuitivität des kategorialen Aktes nicht im Rekurs auf die Selbstgegebenheit seiner Gegenständlichkeit definieren, sondern nur umgekehrt die Selbstgegebenheit der Gegenständlichkeit im Rekurs auf die Intuitivität des Aktes, da wir nur für diese im aktuellen Vollzug der jeweiligen Synthesis ein konkretes Kennzeichen haben[105]. Der signitive kategoriale Akt erfüllt sich in einem intuitiven, wenn die Synthesis, die er meint, zu aktuellem Vollzug kommt, und das wiederum hat zur Bedingung ein „psychisches Band", d. h. eine bestimmte Konstellation fundierender Akte (z. B. ihre Deckungseinheit im Fall eines Teilverhältnisses). Die kategoriale Anschauung, in der sich die *ideale* Gegenwärtigkeit erst konstituiert, ist also durch eine bestimmte Konstellation des *sinnlich* Gegenwärtigen bedingt.

Daß diese sinnliche Grundlage hier als „Repräsentant" gedeutet ist, der durch den synthetischen Akt kategorial-gegenständliche „Auffassung" erfährt, ist zweifellos der Grund, warum Husserl die Theorie der kategorialen Repräsentation später verworfen hat. Denn schon nach der Auffassung der LU selbst (vgl. oben S. 73 f.) kann ein reeller Bewußtseinsinhalt nur entweder als er selbst aufgefaßt werden oder, wenn als Repräsentant im engeren Sinn (als Repräsentant eines anderen), dann als Abschattung eines äußeren Gegenstandes. Der Gedanke, daß ein *sinnlicher* Inhalt *kategorial* aufgefaßt wird (III 179 f.), ist also absurd, und er mußte für Husserl noch unerträglicher werden, nachdem er den Begriff der Repräsentation auch für die sinnliche Sphäre neu gefaßt hatte (oben S. 76 ff.).

Dann bleibt aber als der positive Kern der Theorie der kategorialen Repräsentation die Einsicht, daß die kategoriale Anschauung der durch eine bestimmte sinnliche Konstellation der fundierenden Akte bedingte aktuelle Vollzug der jeweiligen Synthesis ist. Diese *Bedingtheit durch* die sinnliche Konstellation braucht nicht als Repräsentation, als *gegenständliche Auffassung* dieser Konstellation verstanden werden. Schließlich wird man sogar sagen müssen, daß auch schon das Vorhandensein eines „psychischen Bandes" (ebenso wie das Vorhandensein von reellen Empfindungsinhalten bei der sinnlichen Anschauung) eine bloße, phänomenologisch nicht ausweisbare Konstruktion ist. Ausweisbar ist lediglich, daß der aktuelle Vollzug einer kate-

105 Genau besehen gilt dasselbe Fundierungsverhältnis auch schon für die sinnliche Anschauung, da auch hier die intentionale Gegenwärtigkeit des Gegenstandes sich erst durch den Wahrnehmungsakt und seine „Auffassung" des ontisch Gegenwärtigen „konstituiert". Aber beim Sinnlichen könnte über diese Differenz hinweggesehen werden, für das Verständnis der kategorialen Anschauung ist sie entscheidend.

gorialen Synthesis durch die fundierenden Akte und d. h. letztlich durch die vorgegebenen sinnlichen Gegenstände tatsächlich bedingt ist: man kann nicht an beliebigen Gegenständen z. B. gerade eine Identifikation aktuell vollziehen oder ein Verhältnis von Teil zu Ganzem usw., sondern nur an solchen, die diese bestimmte Synthesis *zulassen*; aber man kann diese Bedingtheit immer nur wieder in dieser Synthesis selbst realisieren und nicht mit Hilfe irgendeines vorgängigen sinnlichen Merkmals (sonst würde sich auch die Differenz zwischen Kategorialem und Sinnlichem aufheben).

Somit erweist sich der (*sinnlich bedingte*) *aktuelle Vollzug* der Synthesis als das eigentlich entscheidende Kennzeichen der Intuitivität eines kategorialen Aktes. Das ist nun aber nicht nur eine Interpretation von außen, sondern in dieser Form wird das Ergebnis des 7. Kapitels von Husserl selbst im 8. Kapitel aufgenommen. Hier ist von kategorialer Repräsentation nicht mehr die Rede, hingegen wird die kategoriale Anschauung immer wieder als der „wirkliche Vollzug" des jeweiligen synthetischen Aktes verstanden (188, 190, 191, 195, 196, 198), und auch die Bedingtheit des Vollzugs durch die sinnliche Grundlage wird nur noch in der unbestimmten Form gesehen, auf die wir sie reduzierten (188).

Der signitive kategoriale Akt

Wenn aber das Kennzeichen des intuitiven Aktes der aktuelle Vollzug ist, müßte dann nicht entsprechend der signitive Akt als nicht wirklich vollzogener Akt verstanden werden, und ist nicht ein nicht vollzogener Akt ein Unding? Doch es ist nicht der *Akt* als solcher, sondern die *Synthesis*, die im intuitiven Akt vollzogen wird. Der signitive Akt ist „eine bloß signitive Intention auf solch eine kategoriale Synthesis" (196). Die *Intention* ist vollzogen, aber diese besteht eben darin, daß die *Synthesis* „bloß vermeint" ist (198, 190). In nominalisierten kategorialen Bedeutungen ist die Synthesis überhaupt nur impliziert (oben S. 115). Auch Zahlbedeutungen werden signitiv verstanden, ohne daß die Synthesis, auf die sie verweisen, aktuell vollzogen wird. Aber sogar ein vollständig ausgegliedertes Bedeutungsgebilde (wie „A ist p und zugleich nicht p") können wir vage-aufnehmend „verstehen" ohne schon die Synthesis, auf die es verweist, einheitlich zu vollziehen.

Die funktionelle Abhängigkeit von der fundierenden sinnlichen Anschauung; kategoriale Wahrnehmung und kategoriale Phantasie

Indem die Differenz des Intuitiven und Signitiven auch für die kategorialen Bedeutungselemente nachgewiesen ist, ist der Begriff der kategorialen

Anschauung gerechtfertigt. Weil in der kategorialen Bedeutung die Anweisung auf den Vollzug einer Synthesis liegt, besteht auch hier die Differenz zwischen unerfüllter Sachferne und erfüllter Sachnähe. Da jedoch die Sache keine sinnliche ist, besteht die Realisierung der Sachnähe nicht darin, daß man sich in die sinnliche Gegenwart der Sache bringt, sondern daß man die Synthesis vollzieht.

Weil aber die kategoriale Gegenständlichkeit in einer sinnlichen fundiert ist, und, wie sich aus der Theorie der kategorialen Repräsentation ergab, die Erfüllbarkeit der kategorialen Form von der sinnlichen Unterlage abhängt, ist der Vollzug der Synthesis nur in der sinnlichen Gegenwart der fundierenden Gegenstände möglich.

Diese Abhängigkeit besteht natürlich insbesondere bei den empirischen, sinnlich gemischten kategorialen Gegenständlichkeiten (oben S. 116). Hier besteht für Husserl sogar eine durchgehende „funktionelle Abhängigkeit der Adäquation (Evidenz) des Gesamtaktes von der Adäquation der fundierenden Anschauungen" (176). Wir können z. B. die Identität der Farben zweier Gegenstände nur signitiv meinen, solange uns diese Gegenstände ihrerseits nur signitiv gegeben sind (172). „Verhältnisse können nur gegeben sein aufgrund *gegebener* Gegenstände" (176). Wir können aber die Identifikation bereits aktuell vollziehen, wenn wir uns die fundierenden Gegenstände wenigstens in der Phantasie vergegenwärtigen (172). Aber erst wenn sie uns leibhaftig in der Wahrnehmung gegeben sind, kann sich die Identität (als Identität dieser Gegenstände) eigentlich erfüllen – oder enttäuschen, je nachdem, ob sich die Synthesis der Identifikation an den wahrgenommenen Gegenständen vollziehen läßt oder nicht. Und wenn uns die Gegenstände in der sinnlichen Wahrnehmung nur inadäquat gegeben sind, dann wird sich normalerweise auch die Synthesis nur inadäquat erfüllen lassen, inadäquat in dem Sinn, daß sie durch weitere Wahrnehmungen enttäuscht werden kann (vgl. 173, 176)[106].

Husserl nennt nun sogar die kategoriale Gegenständlichkeit selbst eine wahrgenommene oder imaginierte, je nachdem die fundierenden Gegenstände wahrgenommen oder bloß imaginiert (vergegenwärtigt) sind (173). Das scheint phänomenologisch legitim. Die kategoriale Form wird, da sie sich auf die sinnliche Grundlage nicht einfach aufstockt, sondern in ihr „fundiert"

---

[106] Ich sage „normalerweise", weil die Sachlage bei verschiedenen kategorialen Formen wohl verschieden ist, worauf Husserl nicht näher eingegangen ist. Die Synthesis der Identität wird gewiß von der Inadäquatheit der Wahrnehmung der fundierenden Gegenstände beeinträchtigt, die der Kollektion wohl kaum. Schließlich gibt es kategoriale Formen, deren Erfüllung ihrem eigenen Sinn nach überhaupt nicht die Selbstgegebenheit der fundierenden Gegenstände erfordert, wie bei den aussagenlogischen Verknüpfungen. Aber Husserl denkt hier überall primär an solche Formen, die unmittelbar in sinnlichen Gegenständen fundiert sein können.

ist, d. h. in eins mit den fundierenden Akten vollzogen werden muß, von der Gegebenheitsweise der Grundlage „mitergriffen" (169). Wenn wir uns die beiden gefärbten Gegenstände bloß vergegenwärtigen, dann können wir uns auch ihre Identität nur in der Phantasie vergegenwärtigen (173), und ebenso können wir bei jedem beliebigen individuellen Sachverhalt zweifellos mit Recht sagen, daß wir uns bloß in der Phantasie vorstellen oder aber wahrnehmen, daß die Sache sich so und so verhält. Daher unterscheidet Husserl auch bei der kategorialen Anschauung zwischen Wahrnehmung und Phantasie.

Das ist nun aber mißverständlich und ist von Husserl selbst mißverstanden worden. Denn die kategoriale Form *als solche* hat offenbar nur zwei Gegebenheitsweisen, die signitive und die intuitive: eine Synthesis kann nur entweder „aktuell vollzogen" werden oder „bloß vermeint" sein. Nur bei Sinnlichem gibt es die Zwischenmöglichkeit einer Vergegenwärtigung. Diese Zwischenmöglichkeit liegt im Wesen von sinnlicher Gegenwart und nicht, wie Husserl zunächst meinte (144, 163), im Wesen von Anschauung (Erfüllung) überhaupt. Husserl hatte eben den Begriff der kategorialen Anschauung zuerst abstrakt und in unkritischer Analogie zur sinnlichen Anschauung entwickelt (vgl. §§ 45, 53); das eigentliche Charakteristikum der kategorialen Anschauung – der „aktuelle Vollzug" der Synthesis – setzt sich erst am Ende der Analysen im 8. Kapitel durch und ist nicht mehr zu voller Auswirkung gekommen. Im 7. Kapitel wird daher einerseits abstrakt behauptet, daß auch die kategoriale Form als solche sich in signitive, imaginative und perzeptive Gegebenheitsweisen differenziere, andererseits scheint sich hier diese Differenzierung, weil ein konkretes Kennzeichen noch fehlt, ausschließlich der sinnlichen Grundlage zu verdanken (vgl. 167–170). Das hat zur Folge, daß die genuine Differenz zwischen Signitivem und Intuitivem beim Kategorialen verwischt wird[107]. In Wirklichkeit muß man also unterscheiden zwischen der genuin kategorialen Differenz zwischen Signitivem und Intuitivem (Meinung der Synthesis, Vollzug der Synthesis) und der Klassifikation der empirischen kategorialen *Gegenständlichkeiten* in signitive, imaginative und perzeptive, wobei der Unterschied zwischen den letzten beiden nur in der sinnlichen Unterlage gründet[108]. Später hat Husserl das Kind mit dem Bade ausgeschüttet und den Gedanken einer kategorialen Vergegenwärtigung ganz verworfen[109]. Das hat ihn aber nicht daran gehindert, die eigentliche kategoriale Anschauung auch weiterhin als Wahrnehmung („originäre" Selbstgegebenheit) zu fassen (vgl. Ideen 13, 15 f., 52)[110].

---

107 Erst das 8. Kapitel findet durch den Begriff einer bloß vermeinten Synthesis einen Weg zur Bestimmung des kategorial Signitiven. Auf der Basis der Repräsentationstheorie des 7. Kapitels läßt sich das kategorial Signitive noch nicht fassen. Das ist mit eine Ursache für die Konfusion in dem zentralen § 56: hier scheint das „psychische Band", wodurch sich doch der intuitive kategoriale Akt vom signitiven unterscheiden sollte, zugleich eine Bestimmung auch des signitiven Aktes (172, 173).

108 Nicht genügend berücksichtigt ist bei Husserl die Möglichkeit einer intuitiven (imaginativen oder perzeptiven) Gegebenheit der Unterlage und einer bloß signitiven der kategorialen Form (wie es bei komplizierteren Mengenverhältnissen evident scheint).

109 Vgl. ZB 448 f., FTL 141 und Levinas (1930) S. 154.

110 Das abstrakte Postulat der LU, daß der erweiterte Begriff der Anschauung auch einen entsprechend erweiterten der Imagination voraussetzt, führte schließlich (wie wir hier vorgreifend vermerken können) auch bei der *Wesensanschauung*

Der Satz von der funktionellen Abhängigkeit der kategorialen Anschauung von der sinnlichen bezieht sich aber auch auf die intuitive Gegebenheit von *rein* kategorialen Gegenständen (oben S. 116). Weil auch die rein kategorialen Gegenstände in sinnlichen, wenngleich beliebigen Gegenständen fundiert sind (a. O.), lassen auch sie sich zur Selbstgegebenheit nur bringen auf der Grundlage der intuitiven Gegebenheit von *beliebigen* sinnlichen Gegenständen, sofern sie nur in diese Form passen. Weil hier nicht zur Frage steht, ob eine kategoriale Form auf eine bestimmte sinnliche Wirklichkeit anwendbar ist, sondern nur diese Form selbst und ihr Zusammenhang mit anderen Formen zur Gegebenheit kommen soll, dient hier eine sinnliche Phantasiegegebenheit ebensogut als Grundlage wie eine wirklich wahrgenommene (189 f.). Konkret bedeutet das, daß wir eine kategoriale Synthesis auch abstrakt nur dann „aktuell vollziehen" können, wenn wir uns zugleich irgendeine in diese Form passende stoffliche Grundlage mindestens in der Phantasie vorstellen, *an* der sie sich vollziehen kann.

Indem wir uns eine rein kategoriale Gegenständlichkeit zu intuitiver Gegebenheit bringen, können wir uns auch die rein kategoriale Form als solche, die überhaupt keine Gegenständlichkeit, sondern eine unselbständige Bedeutung ist (oben S. 116), in ihrem „Sinn" intuitiv „klarmachen" (und nur so): „Wollen wir uns ‚klarmachen', was das Wort *gleich* bedeutet, so müssen wir auf eine anschauliche Gleichheit hinblicken, wir müssen eine Vergleichung aktuell (‚eigentlich') vollziehen und auf ihrem Grunde einen Satz der Form $a = b$ zu erfüllendem Verständnis bringen. Wollen wir uns die Bedeutung des Wortes *und* klarmachen, so müssen wir irgendeinen Kollektionsakt wirklich vollziehen und in dem so zu eigentlicher Vorstellung kommenden Inbegriff eine Bedeutung der Form *a und b* zur Erfüllung bringen. Und so überall." (II 314)

Abschließende Beurteilung

Gibt es wirklich eine kategoriale Anschauung? Die Interpretation hat gezeigt, daß, was Husserl mit diesem Begriff eigentlich meint, etwas ganz anderes ist als was man sich darunter vorzustellen pflegt: ein schlichtes, nicht-

---

zu der Notwendigkeit, eine entsprechende Imagination zuzulassen. Nun ist für Husserl *dieselbe* Wesensanschauung auf der Grundlage von sinnlicher Phantasie möglich wie auf der Grundlage von sinnlicher Wahrnehmung, also kann es bei der Anschauung des Wesens selbst keinen Unterschied mehr zwischen Phantasie und Wahrnehmung geben (III 163). Hier kommt Husserl nun aber zustatten, daß der Begriff der Vergegenwärtigung (die „Imagination" der LU) neben der Phantasie auch das Bild- und Analogiebewußtsein umfaßt (oben S. 66). In diesem Sinn gibt es „allgemeine Imaginationen", nämlich Wesensanschauungen, die sich auf einem sinnlich Angeschauten aufbauen, das aber nicht als Exemplar, sondern nur als Modell, als Analogon des Gemeinten dient (163 f.). Dieser Gedanke scheint auch in den „Ideen" zugrunde zu liegen, wenn dort bei der Wesenserschauung auch von einer möglichen „Vergegenwärtigung" gesprochen wird (15).

sinnliches Schauen. Diese „Anschauung" besteht vielmehr in dem „aktuellen", in sinnlichen Anschauungen fundierten „Vollzug" einer bestimmten Synthesis. „Anschauung" heißt dieser Vollzug, weil bei Husserl jede „Erfüllung" einer signitiven Intention als „Anschauung" bezeichnet wird. Daß es auch bei den kategorial-synthetischen Bedeutungen einen Unterschied zwischen leerer Meinung und Erfüllung gibt, ist phänomenologisch einsichtig (oben S. 123) und scheint, wie sich im folgenden § 6c zeigen wird, für das volle Verständnis der Aussagewahrheit notwendig. Eine Aussage enthält in ihren kategorialen Bedeutungskomponenten „Anweisungen", die „ausgeführt" (= „erfüllt") werden müssen, wenn die Aussage auf ihre Wahrheit oder Falschheit geprüft werden soll.

Es gibt also eine kategoriale Erfüllung. Aber ist es richtig, diese Erfüllung als Anschauung zu bezeichnen? Wenngleich Husserl das Wort „Anschauung" einfach als Bedeutungserfüllung definiert, ist das nicht nur eine terminologische Frage. Denn Anschauung ist Anschauung von etwas, sie ist wesentlich gegenstandsbezogen (vgl. LU III 142). Ist es aber richtig, daß die kategoriale Bedeutungserfüllung gegenständlich verstanden wird, als „Selbstgegebenheit" von etwas? Wird diese Voraussetzung nicht durch Husserls eigene Erklärung, die Erfüllung einer kategorialen Form bestehe im „aktuellen Vollzug" der Synthesis, widerlegt?

Aber der „aktuelle Vollzug", der hier gefordert ist, läßt sich seinerseits nur gegenständlich verstehen. Auszuführen ist ja nicht irgendeine Handlung, sondern eine Synthesis zwischen vorgestellten Gegenständen. Im Vollzug der Synthesis sind wir notwendig auf diese Gegenstände gerichtet, und daher ist auch das synthetische Moment (das „ist", das „identisch mit" usw.) zu den Gegenständen gehörig, obwohl an ihnen nicht sinnlich vorzufinden, sondern eben nur im Vollzug erfahrbar. Auch das „Produkt" der Synthesis ist uns daher gegenständlich, wenngleich ursprünglich nicht als schlichter Gegenstand und in keinem Fall als sinnlicher Gegenstand gegeben.

Es wäre also phänomenologisch ebenso verkehrt, den gegenständlichen Charakter des Kategorialen einfach zu leugnen wie es verkehrt ist, ihn zu verdinglichen. Diese entgegengesetzten Anforderungen werden nun aber gerade durch Husserls Auffassung erfüllt. Sie gesteht dem Kategorialen den phänomenologisch unleugbaren Gegenstandscharakter zu, aber versteht diese ideale Gegenständlichkeit als eine im synthetischen Vollzug allererst sich konstituierende.

Man könnte dennoch bezweifeln, daß es glücklich war, als allgemeine Bezeichnung für die Erfüllung einer Bedeutung das Wort „Anschauung" zu gebrauchen. Denn dieses Wort ist nicht nur überhaupt gegenstandsbezogen, sondern so sehr mit der Vorstellung eines *schlichten* Gegenstandsbezuges verbunden, daß es Husserl immer wieder verleitet hat, den Unterschied der ursprünglichen Gegebenheitsweise einer kategorialen Gegenständlichkeit und ihrer nominalen Umformung (oben S. 115, 118) zu übersehen und vom gegenständlichen Korrelat der kategorialen Erfüllung so zu sprechen als sei es ein „Gegenstand im prägnanten Sinn".

Als vollends irreführend hätte sich schließlich die Auffassung jeder Erfüllung überhaupt als Anschauung erwiesen, wenn Husserl auch die indirekte Evidenz behandelt hätte (vgl. oben S. 23 f.), also die mittelbaren Erfüllungen. Wo er einmal auf diese stößt, erscheint ihm selbst die Bezeichnung der Erfüllung als Anschauung nicht passend (oben S. 66 Anm. 75). Auch hätte Husserl seine Auffassung kaum durchhalten können, wenn er unter den kategorialen Formen nicht in erster Linie stets an jene gedacht hätte, die unmittelbar auf individuelle sinnliche Gegenstände anwendbar sind, sondern auch an die aussagenlogischen Verbindungen (vgl. LU III 133) und an die sog. Quantoren („alle", „einige")[111]. Die Unterscheidung von signitiver Intention und Erfüllung trifft offenbar auch auf diese formalen Bedeutungskomponenten zu, aber die Erfüllung: die Ausführung der in der signitiven Bedeutung enthaltenen Anweisung, läßt sich hier wohl kaum gegenständlich als „Anschauung" verstehen. So bestünde z. B. die Erfüllung des „alle" in einem universalen Urteil „Alle Schwäne sind weiß" in der unendlichen Aufgabe, alle einzelnen Fälle auf das behauptete Prädikat hin intuitiv zu prüfen. Die Prüfung jedes einzelnen Falles ist natürlich als Anschauung zu verstehen, aber diese betrifft nur die implizierten „fundierenden" Erfüllungen, während die Erfüllung des „alle" selbst, das universale Durchlaufen des ganzen Umfangs, ein „aktueller Vollzug" ist, dessen Auffassung als „Anschauung" zumindest sehr gekünstelt wäre.

So läßt sich der wirkliche und bleibende Gewinn der Lehre von der kategorialen Anschauung nur erkennen, wenn man den für Husserl eigentlich maßgebenden Begriff der Erfüllung von seiner Verbindung mit dem Anschauungsbegriff befreit. Husserls Idee, daß die Differenz der signitiv-leeren und der erfüllten Gegebenheit auf alle Bedeutungskomponenten zu erweitern sei, wird sich für eine haltbare und dennoch nicht triviale Bestimmung der Aussagewahrheit als grundlegend erweisen (unten § 6 c). Aber dann muß auch für jeden Bedeutungstypus eigens untersucht werden, was seine Erfüllung jeweils besagt, in welcher Weise also etwa das alle" und das „kein", das aussagenlogische „und" und „oder" zu „ursprünglicher Gegebenheit" kommen. Daß hier wirkliche phänomenologische Aufgaben liegen und z. B. für die aussagenlogischen Verbindungen die zweifellos richtige Erklärung, daß sie „nur" die funktionelle Abhängigkeit des „Wahrheitswertes" der Gesamtaussage von den Wahrheitswerten der verbundenen Teilaussagen betreffen, philosophisch nicht genügt, macht man sich leicht daran klar, daß in

[111] Die Quantoren hat Husserl in der II. LU zusammen mit der Gegebenheitsweise von „Spezies" (vgl. unten § 7 a) behandelt (LU II 147 ff.), ohne jedoch ihren eigenen Erfüllungscharakter herauszustellen. Die spätere Behandlung EU 443–454 kann offenbar auch nicht befriedigen.

solchen Definitionen das Definiendum im Definiens wiederkehrt, daß wir also in der wahrheitsfunktionellen Erklärung des „und" und „oder" immer schon an ein vorgängiges Verständnis eines dieser Worte appellieren müssen. Dasselbe sieht man an der oben gegebenen Bestimmung des „alle", und die Frage wäre, ob dieses Verständnis, an das die „operativen" Erklärungen appellieren müssen, nicht doch wieder irgendwie gegenständlich ist. *Wie* nach dem Erfüllungscharakter der verschiedenen Bedeutungen gefragt werden müßte, ist ebenfalls in Husserls allgemeinem Erfüllungsbegriff vorgezeichnet, der wesensmäßig auf eine signitive Intention zurückweist. Worin die Erfüllung der jeweiligen Intention liegen muß, ist aus dem Sinn dieser Intention selbst zu entnehmen (oben S. 51).

c) *Kategoriale Wahrheit*

Mit dem Aufweis einer kategorialen Anschauung und ihrer analytischen Aufklärung ist die Grundlage gewonnen für eine Theorie der kategorialen Wahrheit. „Die kategorialen Anschauungen fungieren eben im theoretischen Denken als wirkliche oder mögliche Bedeutungserfüllungen bzw. -enttäuschungen und verleihen je nach ihrer Funktion den logischen Wert der Wahrheit bzw. Unwahrheit" (III 191, vgl. auch 147).

Doch hat Husserl die Lehre von der kategorialen Wahrheit nicht mehr konkret ausgearbeitet. Im 8. Kapitel zieht er nur noch die Konsequenzen, die sich aus der kategorialen Anschauung für die Ausgangsfrage der LU nach Wesen und Geltung der Aussagen der reinen Logik ergeben. Wenngleich Husserl auch hier, bei der analytischen Wahrheit, keine durchgeführte Theorie entwickelt, zeigt dieses kurze Schlußkapitel, das wohl zum Großartigsten gehört, was Husserl überhaupt geschrieben hat[112], immerhin in groben Zügen, was für den Sinn der analytischen, aber auch der empirischen Wahrheit aus dem Wesen der kategorialen Anschauung folgt.

Eine eigentliche Theorie der kategorialen Wahrheit hätte *erstens* ausgrenzen müssen, *welche* kategorialen Bedeutungen überhaupt wahr oder falsch sein können. Husserl spricht in dem obigen Zitat von „Aussagen", und so räumt er auch an anderer Stelle den „Sachverhaltsanschauungen" einen Vorrang ein (193). Offenbar können nur solche Bedeutungen, die sich in vollständigen Aussagen ausdrücken lassen, wahr oder falsch sein. Husserl

---

[112] Daß auch dieses Kapitel von der Husserl-Forschung bisher völlig übergangen wurde, ist weniger verständlich als bei dem undurchsichtigen und von Husserl selbst bemängelten 7. Kapitel. Besonders bedauerlich ist, daß auch Mohanty (1964), der Husserls Konzeption des Analytischen unter Berücksichtigung der verschiedenen Auffassungen der gegenwärtigen Logik interpretiert (116 ff.), diesen für Husserls Begriff der analytischen Wahrheit wichtigsten Text nicht benutzt hat.

bemerkt zwar mit Recht, daß es „keine kategoriale Form" gibt, „die nicht Bestandstück einer Sachverhaltsform werden könnte" (a. O.), und daher kann jede kategoriale Anschauung, wenn sie sich in eine „Sachverhaltsanschauung" eingliedert, zur Erfüllung von Wahrheit *beitragen*. Warum aber andere als prädikative oder in prädikativen aussagenlogisch fundierte kategoriale Bedeutungen nicht für sich allein wahr oder falsch sein können, hat Husserl nicht näher untersucht. Wie schon früher deutlich wurde (oben S. 59 ff., 97 ff.), hat Husserl nicht beachtet, daß die Wahrheitsthesis eine *synthetische* und – wie sich im Vergleich zu anderen kategorialen Bedeutungen (etwa der kollektiven) zeigt – eine ganz *bestimmte* synthetische Struktur voraussetzt. Dabei hätte sich diese synthetische Struktur und ihre weiteren Implikationen, an die die explizite Wahrheitsthesis gebunden ist, gerade auf der Basis von Husserls Problematik relativ leicht zur Abhebung bringen lassen müssen, während eine Theorie, die von vornherein selbstverständlich von der Aussage ausgeht, auf diese in der Aussage implizierten Bedingungen nur schwer aufmerksam werden kann[113].

Vor allem aber müßte eine Theorie der kategorialen Wahrheit *zweitens* zeigen, was bei kategorialen Bedeutungen die „Übereinstimmung von Gemeintem und Gegebenem" (Husserls erster Wahrheitsbegriff, vgl. oben S. 92) bzw. die „Sache selbst", das „Sein im Sinn der Wahrheit", an das sich die Meinung anzumessen hat (Husserls dritter Wahrheitsbegriff, oben S. 94) *konkret* bedeutet. Denn da hier die „Sache selbst" kein schlicht vorgegebener Gegenstand ist, ist die Rede von einer „Übereinstimmung" zwar vielleicht immer noch möglich, aber zunächst nichtssagend und insofern gefährlich. Woran soll sich denn die Meinung anmessen, wenn sich der kategoriale „Gegenstand selbst" erst im intuitiven Akt konstituiert?

---

[113] Die Synthesis, die hier gefordert ist, hängt offenbar mit der *Möglichkeit* der Enttäuschung zusammen. Nur Bedeutungen, die sich so erfüllen *können*, daß sie sich enttäuschen (vgl. oben S. 97 f.), sind wahrheitssetzend und können daher wahr oder falsch sein. Das allgemeine Wesen dieser Synthesis ist bisher überhaupt noch nicht geklärt. Sie deckt sich nicht nur nicht mit der kategorialen Synthesis im allgemeinen, sie braucht vielmehr überhaupt nicht kategorial zu sein und kreuzt sich also mit der kategorialen Synthesis. Die Synthesis eines Verbalsatzes („er sitzt hier") wird man kaum als kategorial fassen können, freilich auch nicht als sinnlich. Husserl fehlen die Mittel, eine solche Synthesis zu fassen. Ein extremes Beispiel liefern die aus einem einzigen Wort bestehenden Aussagen, wie sie in den sog. subjektlosen Sätzen gegeben sind („es regnet", Span. llueve), die natürlich eine Synthesis implizieren („es regnet hier und jetzt"), die aber gewiß nicht kategorial ist. (Hingegen sind diejenigen nichtkategorialen Bedeutungen, die Husserl ausschließlich berücksichtigt, nämlich die nominalen, überhaupt nicht synthetisch. Sie sind auch gar keine selbständigen Bedeutungen, die in der Sprache als abgeschlossene Einheiten fungieren könnten. Bei Husserl werden sie als selbständige Bedeutungen verstanden, weil er die Selbständigkeit einer Bedeutung nicht durch ihre Funktion in der *Sprache* definiert, sondern dadurch, daß die Bedeutung für sich allein einen *Gegenstand* vorstellt [LU II 302 ff.].)

Diese Frage ist es, die Husserl – freilich nur im allgemeinen – in dem zentralen § 62 des 8. Kapitels beantwortet. Für den Wahrheitsbezug überhaupt ist „eine gewisse Gebundenheit" charakteristisch. Signitiv können wir uns eine Sache beliebig denken, die Anschauung ist an das Gegebene gebunden (188). Aber das einzige, was uns *gegeben* ist, ist das Sinnliche; auf dieses muß letztlich alle Wahrheit zurückbezogen werden, auch die kategoriale und sogar die rein kategoriale.

In welchem Sinn ist die kategoriale Anschauung an das sinnlich Gegebene gebunden? „Mit den realen Inhalten ist keine der ihnen anzupassenden kategorialen Formen notwendig gegeben, hier besteht im Verknüpfen und Beziehen, im Generalisieren und Subsumieren u. dgl. reichliche Freiheit" (187). Aber unbegrenzt ist diese Freiheit nur für die bloße Meinung: „‚denken' können wir uns ... jederlei Form überhaupt auf Grund jedes Stoffes" (188). Der „aktuelle Vollzug" dieser Synthesen ist hingegen „begrenzt", und zwar nach *zwei Seiten:*

Empirische kategoriale Wahrheit

Die *erste* bestimmt der sinnliche Stoff selbst: „*wirklich vollziehen* können wir die Fundierungen nicht auf jeder Grundlage" (188). Wir haben also einen Spielraum, welche kategorialen Formen wir überhaupt an das jeweils Gegebene gleichsam herantragen, aber *wenn* wir einen bestimmten Typus – wie z. B. den der Kollektion oder des Verhältnisses von Teil und Ganzem – anwenden, dann läßt der Stoff nur eine Form zu und widersetzt sich den anderen. „Darin liegt aber: Der aktuelle Vollzug der aktuellen Akte aufgrund gerade dieser Stoffe, oder genauer, aufgrund gerade dieser schlichten Anschauungen, ist im idealen Sinne *möglich*" (188). Es ist also „die jeweilige Besonderheit des Stoffes ... welche die *Möglichkeiten* umgrenzt, so daß wir z. B. sagen *können*, G ist *wirklich* ein Ganzes von g, oder c ist *wirklich* eine Beschaffenheit von G und dgl." (190, Hervorheb. v. m.). Das „wirklich" bezeichnet hier das kategoriale „Sein im Sinne der Wahrheit". Daß ein empirischer Sachverhalt *wahr* (wirklich) ist, bedeutet also konkret, daß er relativ zum Sein der fundierenden sinnlichen Wirklichkeit *möglich* ist, wobei sich das „möglich" auf die Vollziehbarkeit der diesen Sachverhalt konstituierenden kategorialen Akte bezieht[114].

---

[114] „Eine kategorial so und so geformte Gegenständlichkeit ist möglich, das steht ja in Wesenskorrelation damit, ... daß die betreffenden kategorialen Synthesen ... auf Grund der betreffenden fundierenden Anschauungen ... wirklich vollziehbar sind" (189 f.). Dieser Satz bezieht sich im Text auf die analytischen Aussagen, aber läßt sich in dieser Form auch auf die empirischen beziehen.

Zweitens ist nun aber der Spielraum der Möglichkeit der kategorialen Formung des sinnlichen Stoffes bereits vorgängig durch das eigene „allgemeine Wesen" (200) dieser Formen selbst begrenzt. Diese Begrenzung betrifft nicht die einzelnen Formen als solche (192), sondern ihren *Zusammenhang* untereinander (188, 192, 194 f.): jede Form für sich ist in abstracto vollziehbar, sie ist also in diesem Sinn möglich, hingegen kann ihre Vollziehbarkeit in Verknüpfung mit anderen Formen in komplexen Bedeutungen bereits in abstracto, also bei völliger Beliebigkeit des Stoffes, rein auf Grund des allgemeinen Wesens dieser Formen selbst, ausgeschlossen sein, während die Verknüpfung mit bestimmten anderen Formen, wiederum rein auf Grund des allgemeinen Wesens dieser Formen, möglich ist. So ist z. B. die *einfache* Form „g ist Teil von G" allgemein kategorial möglich; d. h. ihre kategoriale Wahrheit ist möglich (vgl. 199); ob sie kategorial wirklich (wahr) ist, hängt von den jeweiligen Stoffen g und G ab. Allgemein kategorial möglich ist aber auch die *komplexe* Form „g ist Teil von G und f ist Teil von G", in anderer Weise aber auch die Form „g ist Teil von G und G ist Ganzes von g" (195); in dem letzteren Fall kann man nun aber auch sagen: *wenn* empirisch „g ist Teil von G" wahr ist, dann ist die ganze Bedeutung „g ist Teil von G und G ist Ganzes von g" *notwendig* wahr (vgl. 195); hingegen ist die Verbindung „g ist Teil von G und G ist Teil von g" unmöglich wahr. Diese rein kategorialen Möglichkeiten, Notwendigkeiten und Unmöglichkeiten sind die apriori analytischen Gesetze (189): sie sind analytisch (formal), weil sie bei beliebiger Variation der Stoffe gelten und d. h. rein in den Formen gründen (189), und eo ipso gelten sie auch apriori (198).

Das ist heute allgemein akzeptiert und im einzelnen gewöhnlich korrekter durchgeführt. Das Besondere an Husserls Auffassung ist jedoch, daß für sie auch diese analytischen Gesetze auf der kategorialen Anschauung beruhen. Das ist nicht ein Rückfall in ‚Metaphysik'. Man lasse sich nicht durch das Wort „Anschauung" irremachen. Auch hier besteht ein phänomenologisch klar aufweisbarer Unterschied zwischen „signitiv" und „erfüllt". Signitiv „sind wir von allen Schranken der kategorialen Gesetze frei" (194). So können wir z. B. in leerer Meinung denken, daß g ein Teil von h, h ein Teil von f und f ein Teil von g ist. Als unmöglich erweist sich eine solche Bedeutung erst, wenn wir versuchen, sie (bei beliebigem Stoff) einheitlich zu *vollziehen:* unmöglich ist „eine sie als Ganze einheitlich erfüllende Anschauung" (194).

In der heutigen Logik wird gewöhnlich gesagt, die analytische Wahrheit gründet schon in der bloßen Bedeutung der logischen Konstanten. Das ist auch Husserls Meinung, nur unterscheidet Husserl zwischen der leer verstandenen und der erfüllten Bedeutung. Diese Erfüllung betrifft die Bedeutung rein als solche, nicht ihre Erfüllung an bestimmten Gegenständen;

genauer: sie betrifft ihre allgemeine Erfüllbarkeit an beliebigen sinnlichen Gegenständen. „Zur Einsicht in diese Gesetze ... genügt irgendeine kategoriale Anschauung, welche die *Möglichkeit* der betreffenden kategorialen Gestaltung vor Augen stellt. In der generalisierenden Abstraktion der gesamten Möglichkeit vollzieht sich die einheitliche intuitive ‚Einsicht' in das Gesetz, und diese Einsicht hat im Sinne unserer Lehre den Charakter adäquater genereller Wahrnehmung" (189). Die übliche Rede, daß analytische Zusammenhänge aus der bloßen kohärenten, widerspruchsfreien Durchhaltung der formalen Bedeutungen folgen, ist also richtig, aber unvollständig; denn als *was* diese Bedeutungen durchzuhalten sind, erfaßt man nur in ihrem „wirklichen Vollzug", in dem man sich zu „intuitiver Klarheit" bringt, daß ein bestimmtes kategoriales Verhältnis z. B. reziprok oder transitiv ist usw.

Was für einen konkreten Sinn hat nun also die Wahrheit in diesem rein kategorialen Bereich? Auch hier spricht Husserl bisweilen so, als bestünde die Wahrheit in der Übereinstimmung der Meinung mit einer entsprechenden idealen „Sache selbst": „Der allgemeine Gegenstand, der in ihr (der rein kategorialen Anschauung) selbst gegeben ist, ist das kategoriale Gesetz" (189). Das ist nicht falsch, aber nichtssagend. Was es konkret bedeutet, sagt Husserl sogleich anschließend, nämlich: „eine kategorial so und so geformte Gegenständlichkeit ist möglich", und das wiederum bedeutet, „daß die betreffenden kategorialen Synthesen ... wirklich vollziehbar sind" (189 f.). *Diese* Möglichkeit betrifft nicht die Vollziehbarkeit an einem bestimmten Stoff, sondern ihre einheitliche Vollziehbarkeit überhaupt, also die vorgängige *Bedingung*, unter der jede mögliche Anwendung auf einen vorgegebenen Stoff steht. Die Wahrheit der analytischen Gesetze besteht also darin, die formalen „Bedingungen einer möglichen (empirischen) Wahrheit überhaupt" zu sein (199). Sie sind im strengen Sinn „Bedingungen der Möglichkeit", und *als solche* (und nicht als freischwebende Gegenstände) kommen sie in der generellen kategorialen Anschauung zur „Selbstgegebenheit". Weil sich nun die (empirischen) kategorialen Gegenstände erst in der Möglichkeit der kategorialen Anschauung konstituieren, ihr wahres Sein also in der Möglichkeit der entsprechenden synthetischen Vollzüge fundiert ist (189 f.), kann Husserl in Anlehnung an den bekannten Kantischen Satz sagen: „Die idealen Bedingungen der Möglichkeit kategorialer Anschauung überhaupt sind korrelativ die Bedingungen der Möglichkeit der Gegenstände kategorialer Anschauung und der Möglichkeit von kategorialen Gegenständen schlechthin" (189).

Abschließend (III 196–201) zieht Husserl die Konsequenzen, die sich aus dieser Bestimmung der analytischen Gesetze für ihr apriorisches, ideales Wesen im Sinn der Prolegomena ergibt. Die analytischen Gesetze sind nicht nur nicht empirisch, sie gründen auch nicht in einem besonderen Apriori des menschlichen Bewußtseins, sondern „in dem rein Spezifischen gewisser Akte" (197). Daher ist es „widersinnig ... zu zweifeln, ob nicht der wirkliche Weltlauf ... mit den Formen des Denkens streiten könnte. Denn darin läge, daß eine bestimmte, hypothetisch supponierte Sinnlichkeit ... zwar fähig wäre, die kategorialen Formen anzunehmen, aber diesen Formen Vereinigungen aufnötigen würde, die durch das allgemeine Wesen derselben Formen generell ausgeschlossen sind" (200). Für Husserl besteht das Apriori der reinen Logik also nicht darin, daß alles sinnlich Gegebene die kategorialen Formen annehmen *muß* (tatsächlich hätte Husserl auch gar kein Mittel, ein solches Apriori, das für alle Erfahrung notwendig gilt, zu erkennen). Man kann nur sagen, daß das sinnlich Gegebene die kategorialen Formen annehmen *kann* und daß es, *wenn* es sie annimmt, den Gesetzen, die im Wesen dieser Formen selbst gründen, nicht widerstreiten kann. Für Husserl ist also der Grundbegriff für das Apriori der der *Möglichkeit*. Notwendigkeiten und Umöglichkeiten gelten nur bedingt, unter Voraussetzung von bestimmten Möglichkeiten, die ihrerseits nicht notwendig sind. Diese – freilich nicht ganz explizite – Auffassung vom Apriori wird sich auch beim materialen (synthetischen) Apriori bestätigen. Sie impliziert die Möglichkeit verschiedener Erfahrungen, jede mit ihrer apriorischen Struktur. Hier ist daher auch schon angelegt, daß Husserl später (in FTL) die Geltung der reinen Logik einschränken konnte, ohne ihre Apriorität zu leugnen.

Anmerkung über die Bedeutung von Husserls Theorie der empirischen kategorialen Wahrheit

Husserls Erklärung der empirischen kategorialen Wahrheit und d. h. der empirischen Aussagewahrheit geht davon aus, daß die „Gebundenheit", die im Wahrheitsbezug liegt, sich auf das (sinnlich) *Vorgegebene* als solches bezieht, nicht auf den speziellen „Ausschnitt", auf den hin wir es in dem bestimmten kategorialen Zugang, der in der Aussage liegt, gleichsam anpeilen (oben S. 130). Aus diesem Grund erscheint die jeweilige empirische Wahrheit nur als „Möglichkeit". Darin liegt dann aber: es kann auch andere Möglichkeiten geben, dasselbe Vorgegebene zu bestimmen. Diese Auffassung folgt aus dem bei Husserl nicht ausgebildeten, aber vorhandenen weiteren Wahrheitsbegriff, wonach wir nicht nur nach der Wahrheit von Setzungen (Aussagen), sondern auch nach der Wahrheit der Sache und d. h. eben: irgendeines Vorgegebenen fragen können (oben S. 98 f.). Hätte Husserl diesen weiteren Wahrheitsbegriff explizit ausgebildet, dann hätte sich nun die Frage ergeben müssen, wie sich die jeweiligen „Möglichkeiten", als welche sich die einzelnen wahren Aussagen zeigen, zu der vollen „Wirklichkeit" verhalten, als welche man die Wahrheit der Sache verstehen müßte. Die Wahrheit der Sache müßte dann offenbar als Regulativ für die *Relevanz* der einzelnen Aussagewahrheiten fungieren und d. h. zugleich als das Regulativ, auf das wir diese einzelnen Möglichkeiten mit anderen Möglichkeiten *verbinden*, um die Sache selbst immer angemessener zu erkennen.

Beschränkt man sich hingegen auf die Aussagewahrheit, so könnte man die „Gebundenheit“, die in dem Wahrheitsbezug liegt, statt sie auf das Vorgegebene zu beziehen, auch einfach als die Beziehung des Signitiven zu seiner Erfüllung verstehen: gebunden ist jede Meinung, die Wahrheit beansprucht, an ihre mögliche Erfüllung, wie immer diese dann zu verstehen ist (vgl. oben S. 128). Das erlaubt eine Bestimmung der Aussagewahrheit, die wiederum jede verdinglichende Rede von einer Übereinstimmung mit einer der Aussage entsprechenden „Sache selbst“ vermeidet: die Wahrheit einer Aussage erweist sich, indem die Intentionen, die sie enthält, zur Erfüllung gebracht werden; und *die Aussage ist wahr, wenn sie mit der idealen Möglichkeit* (der „Idee“) *dieser Erfüllung übereinstimmt.*

Um die Bedeutung einer solchen Bestimmung der Aussagewahrheit für die gegenwärtige Problemsituation zu verstehen, muß man beachten, daß die Schwierigkeiten, die die traditionelle Übereinstimmungstheorie enthält, sofern sie von der Übereinstimmung mit einer „Sache“ spricht, ein Hauptmotiv bilden für die heutige Tendenz zu einer trivialen Wahrheitsbestimmung. Schon Brentano hat auf diese Schwierigkeiten aufmerksam gemacht und gefragt, mit welcher Sache denn z. B. die wahre Aussage „Es gibt keinen Teufel“ übereinstimmen soll (oben S. 31). Wegen dieser Schwierigkeiten wird heute die Übereinstimmungstheorie weithin überhaupt verworfen[115] oder in der trivialen Form „‚p‘ ist wahr wenn p“ gedeutet. Man meint, weil die Aussage nicht mit einer vorfindbaren Sache übereinstimmen kann, könne man überhaupt nicht mehr von einer Übereinstimmung sprechen. Auf diese Weise wird jedoch die Verdinglichung der Übereinstimmungsidee nur sanktioniert und auf eine eigentliche Wahrheitsbestimmung verzichtet. Der Sinn von Wahrheit verweist wesensmäßig auf eine Differenz in der Gegebenheitsweise und auf die Möglichkeit einer entsprechenden Übereinstimmung. Hier zeigt sich nun die Bedeutung von Husserls Erfüllungsbegriff. Die Übereinstimmung, um die es sich bei der Wahrheit handelt, ist die zwischen der Intention und der idealen Möglichkeit ihrer Erfüllung. Und Husserls Lehre von der kategorialen Anschauung und Wahrheit hat gezeigt, daß diese Erfüllung nicht vom Selbstgegebensein eines Gegenstandes her verstanden werden muß, daß vielmehr das Selbstgegebensein eines Gegenstandes sich seinerseits in der Erfüllung erst konstituieren kann. Der Erfüllungsbegriff läßt sich aber noch weiter formalisieren, er braucht überhaupt nicht wie bei Husserl als „Anschauung“ aufgefaßt und auf das Selbstgegebensein einer Sache bezogen werden (oben S. 127 f.), und das wäre in der Tat für eine umfassende Bestimmung der Aussagewahrheit erforderlich. Aus der Art, wie Husserl den Erfüllungsbegriff angesetzt hat (oben S. 51), folgt, daß sich, worin die Erfüllung jeweils zu bestehen hat, aus dem Sinn der leeren Intention ergibt, die auf sie verweist, und das kann, aber muß nicht das Selbstgegebensein

115 Vgl. z. B. Strawson (1950), bei Pitcher (1964) S. 51.

einer Sache sein. Der Begriff des Selbstgegebenseins hat für das Wahrheitsproblem eine *umfassende* Bedeutung, aber *universal* läßt sich nur der Begriff der Erfüllung durchhalten[116]. So würde sich also z. B. die Wahrheit der Aussage „es gibt keinen Teufel" dann erweisen, wenn die in ihr enthaltenen Partialintentionen zu derjenigen einheitlichen Erfüllung gebracht würden, auf die sie ihrem eigenen Sinn nach verweisen, und die Aussage ist dann wahr, wenn sie mit der Idee dieser Erfüllung übereinstimmt. Die Aufgabe einer eigentlichen Theorie der Aussagewahrheit wäre es, diesen formalen Satz zu konkretisieren durch eine genauere Angabe dessen, was in jedem Fall „Erfüllung" besagt (oben S. 127 f.). Husserls Lehre von der kategorialen Anschauung zeigt exemplarisch, wie eine solche Aufgabe durchgeführt werden kann, und in diesem paradigmatischen Charakter liegt ihre eigentliche Bedeutung.

[116] Natürlich umgreift der Begriff der Erfüllung auch die Frage nach der Wahrheit der Sache. Die Frage, was die Sache „selbst" ist, betrifft die Erfüllung der vagen Intention, in der sie uns in der Frage vorgegeben ist.

§ 7 Wesensanschauung und apriori synthetische Erkenntnis

Beruht alle Wahrheit und Erkenntnis überhaupt auf der Möglichkeit entsprechender „intuitiver" Erfüllungen, dann ist auch eine apriori synthetische Erkenntnis und Wahrheit nur auf der Basis einer entsprechenden „intuitiven" Gegebenheit denkbar. In der apriori synthetischen Erkenntnis müßten Zusammenhänge zur „Selbstgegebenheit" kommen, die nicht, wie in der apriori analytischen Erkenntnis, die bloßen logischen Formen betreffen, sondern die logischen „Stoffe", also die „materialen" Bedeutungselemente, aber sie müßten im bloßen Wesen dieser Bedeutungen bzw. ihrer Gegenstände gründen (vgl. oben S. 109). Die erste Bedingung für die Möglichkeit einer apriori synthetischen Erkenntnis ist dann aber, daß es überhaupt möglich ist, von allgemeinen Wesen bzw. allgemeinen Gegenständen legitim zu sprechen sowie von einer „Anschauung", in der sie zur Gegebenheit kommen.

a) Die intuitive Gegebenheit von allgemeinen Wesen

Die „allgemeine Anschauung" wird in der VI. LU nur sehr kurz behandelt (§ 52), weil bereits die ganze II. Untersuchung der „Verteidigung der Eigenberechtigung" der „Spezies", der „allgemeinen Gegenstände" gewidmet war. Ein solcher Nachweis einer von den sinnlichen Gegenständen unterschiedenen „idealen" Gegenständlichkeit fällt, wie sich schon bei der kategorialen Anschauung des 1. Typus zeigte, mit dem Aufweis der entsprechenden fundierten Akte zusammen, in welchen diese Gegenständlichkeit zu „ursprünglicher Gegebenheit" kommt und sich so „konstituiert". Darum bildet die allgemeine Anschauung auch schon in der II. U. die entscheidende Instanz für die Rechtfertigung der allgemeinen Gegenstände gegen die nominalistischen Zweifel (II 108, 122 f., 141). Obwohl aber die II. U. aus diesem Grund immer wieder auf die entsprechenden intuitiv-kategorialen Akte rekurriert (145, 153, 159, u. ö.), sollen sie selbst doch erst in der VI. U. geklärt werden, auf die die II. U. daher auch wiederholt ausdrücklich verweist (109, 141, 173 f., 189).

Diese Aufteilung der Problematik hat sich nun aber auf Husserls Lehre von der Wesensanschauung nicht günstig ausgewirkt. Die konkrete Ausgestaltung der Lehre von den allgemeinen Gegenständen in der II. U. ist ohne die zureichende analytische Basis durchgeführt, wie sie erst auf der Ebene der VI. U. möglich gewesen wäre. Die VI. U. paßt nun aber ihrerseits im § 52 das Wesen des kategorial intuitiven Aktes nur dieser Lehre an, die in der II. U. ausgebildet wurde, statt es erneut im Rückgang auf die Sachen selbst einer ebenso konkreten Analyse zu unterziehen wie bei der formalkategorialen Anschauung. Und da dann im 1. Kapitel der „Ideen" die Wesensanschauung bereits als eine Selbstverständlichkeit in Anspruch genommen und nicht mehr analytisch aufgeklärt wird, ist diese für die Phänomenologie so bedeutsame Lehre ohne zureichendes Fundament geblieben. Hat man aber einmal diese Zusammenhänge erkannt, dann müßte es möglich sein, nach Maßgabe der allgemeinen Richtlinien, die die VI. LU für die kategoriale Anschauung aufgestellt hat, die Lücke zu schließen.

Die Nominalismuskritik in der II. Untersuchung und die Lehre von der ideierenden Abstraktion

Daß die Rede von „allgemeinen Gegenständen", d. h. von „spezifischen Einzelheiten" (II 110) wie „die Röte", „die Zahl 2", „der Ton c" überhaupt notwendig ist und daß solche „Spezies" auf individuelle Gegenstände nicht reduzierbar sind, zeigt Husserl daran, daß anderenfalls auch nicht von gleichen oder ähnlichen individuellen Gegenständen gesprochen werden könnte; denn „jede Gleichheit hat Beziehung" auf ein Identisches, „auf eine Spezies, der die Verglichenen unterstehen" (II 112). Die nominalistische Auffassung, „welche die Annahme der spezifischen Gegenstände durch Rückgang auf ihren Umfang ersparen will, ist also undurchführbar. Sie vermag uns nicht zu sagen, was dem Umfang Einheit gibt" (115). Dieses dem Umfang Einheit Gebende muß ein Identisches sein. Sollte nun dieses Identische (wie sich schon bei den anderen idealen Gegenständlichkeiten zeigte) ursprünglich nicht als „Gegenstand im prägnanten Sinn" gegeben sein, so *kann* es doch aber stets nominalisierend vergegenständlicht und d. h. zu einem Subjekt von möglichen wahren Prädikationen (wie „die Röte ist eine Farbe", „2 ist eine gerade Zahl") gemacht werden (111, 124 f.), und als solches heißt es eine „Spezies", ein allgemeiner Gegenstand. Von einem Subjekt wahrer Prädikationen muß man schließlich auch sagen dürfen, daß es „sei" (z. B. „es gibt die Zahl 2"), doch ist dieses Sein kein „reales", sondern „ideales" Sein (125)[117].

---

[117] Die obige Darstellung ist eigens in einer Form durchgeführt, die zeigt, daß die Behauptung, die Auffassung der allgemeinen Begriffe als Namen liege Husserls Nominalismuskritik *zugrunde* (Stegmüller 1956, S. 222 f., Delius 1963, S. 112–134), nicht richtig ist. Diese Auffassung ist nicht das Wesentliche. Entscheidend ist vielmehr, daß wir auch allgemeine Prädikate, die nicht als Namen fungieren, nur gebrauchen können auf der Grundlage eines Allgemeinbewußtseins, in dem wir ein Identisches vorstellen (das dann freilich vergegenständlicht, nominalisiert werden *kann*). In letzter Zeit hat in logischen Kreisen, besonders durch die Untersuchungen von Quine, eine Auffassung des Universalienproblems Verbreitung gefunden, wonach nur derjenige Universalien anerkennt, der genötigt ist, allgemeine *Namen* (oder Klassennamen) ausdrücklich zu verwenden, nicht hingegen, wer nur allgemeine Prädikate gebraucht, da ja deren Gegenstände individuell sind (vgl. das Referat bei Stegmüller a. O.). Diese Festsetzung ist aber nur sinnvoll, wo man sich lediglich auf die Frage beschränkt,

Der Großteil der II. U. ist dann der Widerlegung der nominalistischen Versuche, besonders Berkeleys, Humes und Mills, gewidmet, die Vorstellungen der allgemeinen Gegenstände auf Vorstellungen von individuellen, sinnlichen Gegenständen zu reduzieren. Aber die Kritik kann doch nur überzeugen, wenn auch das Motiv für diese nominalistischen Reduktionsbemühungen entfernt ist. Dieses Motiv besteht natürlich darin, daß nicht einsichtig scheint, wie solche „spezifischen" Gegenstände *sein* können, und insbesondere: wie sie *vorgestellt* werden können. „Es ist" daher „aussichtslos, die Eigengeltung der Rede von allgemeinen Gegenständen überzeugungskräftig dartun zu wollen, wenn man nicht den Zweifel behebt, wie solche Gegenstände vorstellig werden können" (122 f.). Und dabei ist natürlich nicht irgendein Vorstellen gemeint, sondern ein eigentliches, in dem das Gemeinte zu „ursprünglicher Gegebenheit" kommt (153 u. ö.). Denn daß wir in vager Form meinen können, allgemeine Gegenstände vorzustellen, wird vom Nominalismus natürlich nicht bestritten. Nur wenn sich dieses Vorstellen ausweisen soll, löst es sich – so lautet seine These – entweder in einen Dunst auf oder es muß sich auf lauter sinnliche Vorstellungen reduzieren lassen. Diese These ist nun aber nicht an der ursprünglichen Gegebenheit des Allgemeinen gewonnen, sondern entspringt einer dogmatischen Voraussetzung über das Wesen von ursprünglicher Gegebenheit überhaupt. Aber diese Voraussetzung behält nun auch für Husserl noch eine modifizierte Gültigkeit, sofern alle ursprüngliche Gegebenheit auch für ihn entweder sinnlich ist oder, als kategorial-synthetische „Anschauung", in sinnlicher Anschauung fundiert sein muß. Wenngleich also die Spezies gewiß nicht sinnlich vorgestellt werden können, so bliebe doch auch für Husserl die Rede von allgemeinen Gegenständen leer, solange nicht ein synthetischer Akt aufgewiesen wird, in dem sich diese Gegenstände „konstituieren" (165) und der sich seinerseits in sinnlichen Vorstellungen fundieren läßt. Dieser Akt aber wäre eine „Anschauung" der Spezies, eine Wesensanschauung.

Damit ist die allgemeine Aufgabe bezeichnet, mit der Husserl sich den berechtigten Kern der nominalistischen Forderung zueigen macht. Aber auch im Ansatz der Durchführung lehnt sich nun Husserl an eine bestimmte (und nicht die beste) nominalistische Auffassung an, die er neben anderen

---

ob man eine *Sprache* aufbauen kann, die nicht explizit „platonistisch" ist. Für die *erkenntnistheoretische* Problematik hingegen, die allgemeine Prädikate nicht einfach *gebraucht*, sondern nach den Bedingungen fragt, wie sie *verstanden* werden können, ist diese Einengung willkürlich und, wie Husserls obige Argumentation zeigt, irreführend. Diese erkenntnistheoretische Frage, wie man, was die allgemeinen Prädikate bedeuten, „vorstellen" könne, wird von den Logikern gewöhnlich souverän als eine „psychologische" abgetan, sehr zu Unrecht, weil ihr eigener Versuch, nominalistische Sprachen aufzubauen, immer noch von der „psychologischen" These *motiviert* ist, daß man nicht einsehen kann, wie allgemeine Gegenstände *vorgestellt* werden können. – Für Husserls Auffassung vgl. auch Lewis (1946) S. 134, für die entgegengesetzte Quine (1953) S. 10 f.

kritisiert, und das wird sich als der Grund der Unzulänglichkeiten erweisen, auf die wir anfangs hingewiesen haben. Es handelt sich um die schon bei Berkeley auftretende und dann von Mill ausgebildete Theorie der „Abstraktion" durch „Aufmerksamkeit" (II. U., 3. Kapitel), durch die die Absurditäten von Lockes „Idee" (Bild) eines allgemeinen Dreiecks, das weder recht- noch spitz- noch stumpfwinklig ist, überwunden werden sollten ohne die Vorstellung eines allgemeinen Inhalts ganz aufzugeben. „General concepts", sagt Mill, „we have, properly speaking, none; we have only complex ideas of objects in the concrete; but we are able to *attend exclusively* to certain parts of the concrete idea ..." (Zitiert LU II 138, Hervorheb. v. m.). Soweit hier Locke kritisiert wird, ist Husserl einverstanden: die unselbständigen Merkmale eines sinnlichen Gegenstandes, wie insbesondere seine „Gattungsmerkmale" (133), können nicht real getrennt *sein*, sie können also auch nicht sinnlich-anschaulich getrennt *vorgestellt* werden, aber sie können doch „für sich gemeint sein" und daher auch zum eigenen – aber nicht getrennten – Objekt eines sinnlich-anschaulichen Vorstellens werden (130, 219). Aber – so wendet nun Husserl gegen die Aufmerksamkeitstheorie ein – mit dieser „Abstraktion im Sinn der pointierenden Hervorhebung" eines abstrakten, d. h. unselbständigen Inhaltes (216) ist noch keine Allgemeinheit erreicht (154–160). „Das individuell einzelne gegenständliche Moment ist noch nicht das Attribut in specie" (130)[118].

In diesem „noch nicht" liegt nun aber, daß auch für Husserl die sinnlich anschauliche Vorgegebenheit eines unselbständigen Teilinhaltes das notwendige *Fundament* ist für die intuitive Gegebenheit der Spezies. „So erfassen wir die spezifische Einheit ‚Röte' direkt, ‚selbst', auf Grund einer singulären Anschauung von etwas Rotem. Wir blicken auf das Rotmoment hin, vollziehen aber einen eigenartigen Akt, dessen Intention auf die ‚Idee', auf das ‚Allgemeine' gerichtet ist" (223). Unsere Aufmerksamkeit ist in diesem „eigenartigen Akt" gerade nicht auf das individuelle Rotmoment gerichtet, die sinnliche Vorstellung liegt diesem Akt lediglich (aber freilich notwendig) zugrunde (217, 106 f.). „Wir meinen nicht dieses Rotmoment am Hause, sondern *das* Rot. Dieses Meinen ist hinsichtlich seiner Auffassungsgrundlage offenbar ein fundiertes (vgl. VI. Unters. § 46), sofern sich auf die ‚Anschauung' des individuellen Hauses, bzw. seines Rot, eine neue Auffassungsweise baut, die für die intuitive Gegebenheit der Idee ‚Rot' konstitutiv ist ... Wie alle fundamentalen logischen Unterschiede, ist auch dieser kategorial" (109).

---

[118] „Danach gibt uns die Theorie gar keinen Aufschluß über den Sinn der Rede von dem identisch Einen Attribut, von der Spezies als Einheit in der Mannigfaltigkeit. Es ist evident, daß diese Rede etwas anderes meint als das gegenständliche Moment, das als Einzelfall der Spezies in die sinnliche Erscheinung tritt. Aussagen, die für den Einzelfall Sinn und Wahrheit haben, werden für Spezies falsch und geradezu widersinnig ..." (II 155).

Hier kann nun die VI. U. bei der Bestimmung der „allgemeinen Anschauung“ unmittelbar anknüpfen: „Auf Grund primärer Anschauungen betätigt sich die Abstraktion, und damit tritt ein neuer kategorialer Aktcharakter auf, in dem eine neue Art von Objektivität zur Erscheinung kommt, die wieder *nur* in solchen fundierten Akten ... zur Erscheinung kommen kann. Natürlich meine ich hier nicht die Abstraktion in dem bloßen Sinne der Hervorhebung irgendeines unselbständigen Moments an einem sinnlichen Objekte, sondern die ideierende Abstraktion, in welcher statt des unselbständigen Moments seine ‚Idee‘, sein Allgemeines ... zum *aktuellen Gegebensein* kommt“ (III 162).

„Ideierende Abstraktion“ heißt also das Allgemeinbewußtsein lediglich zur Unterscheidung von jener anderen Bedeutung des Wortes „Abstraktion“, die die Hervorhebung eines individuellen „abstrakten“, d. h. unselbständigen Inhaltes meint. Der Terminus steht also – wie man sich auch an seinem Äquivalent „generalisierende Abstraktion“ (II 223) deutlich machen kann – für keinerlei besonderen Tiefsinn, als werde mit „Idee“ etwas anderes gemeint als was die Logik seit jeher unter der Bedeutung eines allgemeinen Namens verstanden hat[119]. Das einzige, was Husserl beansprucht, ist, daß im „aktuellen Vollzug“ einer solchen anschaulich fundierten „ideierenden Abstraktion“ das allgemeine Wesen, die identische Spezies zu „ursprünglicher Gegebenheit“ kommt, im Unterschied zu einem leeren, bloß signitiven Meinen von demselben. „Die Abstraktion soll hier also der Akt sein, in dem sich das Allgemeinheitsbewußtsein als die Erfüllung der Intention allgemeiner Namen vollzieht“ (II 153). Daß es tatsächlich auch hier diesen Unterschied gibt, den Husserl überall aufsucht, daß wir also von einer Spezies, z. B. dem Ton c, in leerer Meinung sprechen können und daß wir uns andererseits zur Klarheit bringen können, was wir damit meinen, ist ein Faktum, für das Husserl mit Recht Evidenz beansprucht (II 120, 142, 153 u. ö.), und die Frage ist nur, wie sich diese Erfüllung konkret vollzieht.

Gewiß nicht als ein schlichtes Schauen. Denn die generalisierende Abstraktion soll ein kategorialer, also ein synthetischer Akt sein. „Dieser Akt“, so heißt es daher in der VI. U. weiter, „ist vorausgesetzt, damit uns gegenüber der Mannigfaltigkeit von einzelnen Momenten einer und derselben Art, diese Art *selbst*, und *zwar als eine und dieselbe vor Augen* stehen kann. Denn wir werden uns im wiederholten Vollzuge eines solchen Aktes auf Grund mehrerer individueller Anschauungen der Identität des Allgemeinen bewußt, und dies offenbar in einem übergreifenden, alle einzelnen Abstraktionsakte zur Synthesis bringenden Akte der Identifizierung“ (III 162).

---

[119] Was bei Adorno (1956) S. 106 f. aus der „ideierenden Abstraktion“ gemacht wird: ein mißglückter Versuch zu einer Lehre vom konkret Allgemeinen im Sinne Hegels, entbehrt der Grundlage im Text auch schon der II. U., während die genauere Bestimmung der VI. U. von Adorno nicht berücksichtigt wurde, sonst hätte er kaum zu den weiteren Interpretationen S. 108 ff. kommen können.

Der Akt der Identifizierung ist ein vorweg „übergreifender", das besagt: er vollzieht sich so, daß das Identische, das sich in ihm konstituiert, wesensmäßig als Identisches gegenüber unbestimmt vielen möglichen Einzelfällen vorgestellt ist, in denen es sich realisieren kann. Diese offene Möglichkeit gehört mit in die Weise, wie dieses Identische selbst gegeben ist und d. h. wie es ist. Erst in diesem synthetischen Akt und nicht schon in der bloßen Aufmerksamkeit auf einen individuellen unselbständigen Inhalt ist uns die „Spezies als Einheit in der Mannigfaltigkeit" (II 155) ursprünglich gegeben.

Husserl bestimmt also die „allgemeine Anschauung" in fast vollständiger Analogie zur kategorialen Anschauung des 1. Typus: die Erfüllung des signitiven Verständnisses eines allgemeinen Namens besteht im *aktuellen Vollzug* des synthetischen Aktes der generalisierenden Abstraktion *auf der Grundlage* irgendwelcher sinnlicher Anschauungen von individuellen Einzelfällen dieser Spezies, und die Rede von der Spezies als einem „Gegenstand" hat auch hier nur Sinn in bezug auf diesen Akt, in dem sie sich „konstituiert" (vgl. III 162). Auch hier gründet daher die Selbstgegebenheit und damit das „Sein im Sinn der Wahrheit" in der *Möglichkeit* des so fundierten synthetischen Vollzuges. Wo immer dieser möglich ist, „existiert" die Spezies „wahrhaft".

Nur nach einer Hinsicht unterscheidet sich die Wesensanschauung von der formal kategorialen Anschauung, so daß es notwendig ist, von zwei verschiedenen Typen der kategorialen Anschauung zu sprechen: bei dem ersten Typus war „die synthetische Intention auf die Gegenstände der fundierenden Wahrnehmungen mitgerichtet" (III 161): die Synthesis war wesentlich eine Synthesis dieser bestimmten einzelnen Gegenstände[120]; während bei der allgemeinen Anschauung „die Gegenstände der fundierenden Akte in die Intention des fundierten *nicht miteintreten*" (162): die Spezies, die uns nur auf der Grundlage irgendwelcher anschaulich gegebener Einzelfälle zu ursprünglicher Gegebenheit kommt, wird nicht als die Spezies gerade *dieser*, sondern *aller möglicher* Einzelfälle von demselben spezifischen Inhalt gemeint. Das „wahre Sein" einer Spezies ist also „Möglichkeit" nicht relativ zur Vollziehbarkeit der ideierenden Abstraktion an diesen bestimmten, sondern an *irgendwelchen* sinnlichen Gegebenheiten.

Das hat nun eine wichtige Konsequenz. Husserls Analyse der Phantasie (oben S. 67) hatte gezeigt, daß in der Phantasie der bloße *Wasgehalt* einer individuellen Intention im Optimalfall *genauso* zur Erfüllung kommt wie in der Wahrnehmung. Daraus folgt jetzt, daß die abstrahierenden Akte, die überhaupt nur auf den spezifischen Inhalt der fundierenden Gegenstände

[120] Das gilt natürlich nur für die empirische Synthesis. Aber in der reinen, analytischen Synthesis sind die fundierenden Gegenstände nur deswegen beliebig, weil diese Form bereits eine Verbindung der beiden Typen der kategorialen Anschauung darstellt (vgl. oben S. 117).

gerichtet sind, sich im Unterschied zu den kategorialen Akten des 1. Typus (vgl. oben S. 124) „nicht nach dem Charakter der fundierenden schlichten Anschauungen differenzieren, daß sie völlig unempfindlich dagegen sind, ob diese fundierenden Akte setzende oder nichtsetzende, ob sie perzeptive oder imaginative Akte sind ... Das Allgemeinbewußtsein erbaut sich auf Grund der Wahrnehmung und der konformen Einbildung gleich gut" (III 163)[121]. Da nun die Phantasie weiter reicht als die Wahrnehmung, gewinnt sie als Grundlage der Wesensanschauung sogar einen Vorzug (LU III 115, Ideen 16 f., 160 ff.). Wie weit dieser reicht, wird sich erst noch zeigen. Zunächst läßt sich der obige Satz über das „wahre" ideale „Sein" einer Spezies so erweitern: jede Spezies existiert wahrhaft, die sich auf einer anschaulichen, und sei es auch nur einer imaginativen Grundlage erfüllen läßt. Eine Spezies, die keine wahrnehmbaren Einzelfälle umfaßt, hat zwar keinen empirischen Umfang; daß sie dennoch auch eine empirische Relevanz hat, wird sich noch zeigen (unten § 7 b).

Kritische Zwischenbesinnung

Ist mit dieser Lehre von der ideierenden Abstraktion die durch die nominalistischen Zweifel hervorgerufene Frage, wie eine Spezies „eigentlich vorgestellt" werden kann, überzeugend beantwortet? Es könnte zunächst so scheinen. Denn der *inhaltliche* Gehalt der Spezies soll ja eben jener sein, der sich als unselbständiges Moment eines individuellen Gegenstandes selbst sinnlich anschauen läßt. Und wodurch sich nun die Spezies – „das Rot" – von dem unselbständigen Moment – etwa „diesem Rotmoment am Hause" (II 109) – unterscheidet, betrifft nur noch die kategoriale Form, deren Erfüllung durch den Rückgang auf den synthetisch-identifizierenden Vollzug zur Aufklärung gekommen ist. Diese Erklärung ist wirklich überzeugend für solche Spezies, deren Inhalte sich tatsächlich unmittelbar sinnlich anschauen lassen wie z. B. „der Ton c" oder eine bestimmte Farbnuance, also Spezies, in bezug auf welche die verschiedenen Einzelfälle hinsichtlich des bestimmten unselbständigen Momentes nicht nur ähnlich, sondern völlig gleich sind (vgl. EU 403 f.). An solchen Allgemeinheiten der „Wiederholung" (a. O.), die dann in den Ideen „eidetische Singularitäten" genannt werden (31), scheint sich Husserl tatsächlich in erster Linie orientiert zu haben, daher ist auch in der II. U. nirgends von einem Vergleich verschiedener Einzelfälle die Rede, die Spezies soll vielmehr aus einem beliebigen

121 Für Husserls Lehre von einem imaginativen Allgemeinheitsbewußtsein (das nicht dadurch charakterisiert ist, daß es sich auf imaginativen Vorstellungen aufbaut, sondern selbst imaginativ ist), vgl. oben S. 125 Anm. 110.

einzelnen Fall gewonnen werden[122]. Das ist für eidetische Singularitäten sicher ausreichend.

Aber Husserls Anspruch geht doch dahin, daß diese Erklärung der Wesensanschauung für die höheren Allgemeinheiten genauso gilt. Bei diesen ist nun aber gar nicht einsichtig, daß ihnen überhaupt ein sinnlich anschaulicher Inhalt entspricht. Husserl spricht von den „Gattungsmerkmalen", als ließen sie sich von den spezifischen Differenzen *sinnlich unterscheiden*, als seien sie lediglich nicht *abtrennbar* wie irgendwelche unselbständigen Momente (vgl. z. B. II 133). Aber es ist doch klar, daß etwa in einer bestimmten Rotnuance kein Teilinhalt „Rot" durch pointierende Hervorhebung sinnlich wahrnehmbar wird, ebensowenig in einem einzelnen Dreieck jener Inhalt, der der Spezies Dreieckigkeit entspricht.

Diese Fehlinterpretation entstammt Husserls Orientierung an der oberflächlichen Aufmerksamkeitstheorie Mills (oben S. 140), während die tieferdringende nominalistische Skepsis bei Berkeley und besonders Hume dahin ging, daß es das Allgemeine nicht nur als losgelöstes sinnliches Bild nicht gibt (so Husserls Deutung II 133, 143), sondern daß es überhaupt nichts sinnlich Vorstellbares gibt, das ihm entspricht. Zwar sagt auch Husserl, daß die Spezies sinnlich unanschaulich ist (217), aber das liegt für ihn doch nur an der Form der Ideation und so betont er im gleichen Satz, daß die „abstrakten Inhalte", die der Ideation zugrunde liegen, sehr wohl „als Momente konkreter Anschauungen mitangeschaut sind". Und auf dieser Voraussetzung beruht seine ganze Argumentation. Läßt sich der Wasgehalt einer Spezies nicht sinnlich anschauen, dann ist ungeklärt, woran der kategoriale Ideationsakt ansetzt, und damit hängt die Wesensanschauung in der Luft.

Im 1. Kapitel der „Ideen" schließt sich die Darstellung der „Wesenserschauung" eng an die Analysen der LU an. Jedes an einem Individuum vorfindliche „Was" kann „in Idee gesetzt werden", jede „individuelle Anschauung kann" also „in Wesensanschauung (Ideation) umgewandelt werden" (13), und umgekehrt liegt der Wesensanschauung „ein Erscheinen, ein Sichtigsein von Individuellem" notwendig „zugrunde" (15 f.). Das wird ausdrücklich für alle Stufen der Allgemeinheit von der „obersten Kategorie" „bis herab zur vollen Konkretion" (zur eidetischen Singularität") in Anspruch genommen (13). Da in dieser summarischen Darstellung nicht einmal das kategoriale Wesen des Ideationsaktes ausdrücklich herausgestellt wird,

---

122 Man könnte einwenden, Husserl müsse doch, so wie er in der VI. U. die ideierende Abstraktion beschrieben hat (oben S. 141), sehr wohl einen Vergleich im Blick gehabt haben, da er ja von einer Synthesis spricht. Man muß jedoch *diesen* synthetischen Akt, der die Spezies vorweg als dieselbe von unbestimmt vielen *möglichen* Einzelfällen vorstellt, unterscheiden von der vergleichenden Synthesis *verschiedener vorgegebener* Inhalte. Daher *kann* sich die ideierende Abstraktion, wie sie in den LU verstanden wird, auf der Basis einer einzigen sinnlichen Anschauung konstituieren, und doch gehört zu ihrem Wesen die vorausgreifende Synthesis einer unendlichen Mannigfalt.

bleibt die These von einer Wesensanschauung jetzt vollends leer und könnte geradezu als Behauptung eines „schlichten Schauens" des Wesens mißverstanden werden. Das ist aber gewiß nie Husserls Meinung gewesen, wie sich auch aus der späteren Darstellung im 3. Abschnitt von EU ersehen läßt. Man kann also die Ausführungen der „Ideen" nur auf der Basis der Analysen der LU angemessen verstehen. *A fortiori* bleiben sie dann aber mit derselben Schwierigkeit behaftet: Entweder Husserls dachte sich die Art- und Gattungsmerkmale des Individuellen als sinnlich anschaubar – und das wäre evident falsch – oder er hätte auf unsere Frage geantwortet: sinnlich anzuschauen seien sie natürlich nicht, aber es sei doch evident, daß sie zu erschauen seien (vgl. Ideen 13–15), und überhaupt sei es ein Vorurteil, die Anschauung auf die sinnliche zu beschränken (vgl. Ideen 42–44). Wenn es aber ein Vorurteil ist, so würde man, gestützt auf die LU, entgegnen, dann darf man sich hier nicht auf Evidenzen berufen, sondern muß zeigen, wie sich die nichtsinnliche Anschauung vollzieht und woran sie ansetzt. Das sind Husserls eigene Forderungen, die in der VI. LU auch weitgehend erfüllt sind. Hier ist auch klar, daß jede nichtsinnliche Anschauung kategorial ist und d. h. in bestimmten, nachweisbaren synthetischen Akten bestehen muß.

Damit ist die Basis vorgegeben, auf der die Lücke zu schließen sein müßte, die sich in der Lehre von der Wesensanschauung gezeigt hat: kann die ideierende Abstraktion nicht einfach an einem sinnlich Anschaulichen ansetzen, so darf man sich nicht auf ein „ideell" Anschauliches berufen, sondern die Abstraktion müßte offenbar bereits in Kategorialem gründen, das dann seinerseits in Sinnlichem fundiert wäre. Dafür müßten sich bei Husserl Ansätze finden lassen.

Die eidetische Variation

Man könnte zunächst meinen, die Antwort auf unsere Frage sei schon mit der bereits in den LU vorbereiteten (II 231 f., 235), aber erst später ausgebildeten Lehre von der „eidetischen Variation" gegeben[123]. Auf die eigentliche Bedeutung dieser Lehre wird erst später einzugehen sein (§ 7 c). Hier soll sie nur betrachtet werden, soweit sie für unsere Frage von Belang ist. Die Wesensanschauung hat jetzt zu ihrer sinnlichen Grundlage nicht mehr eine einzelne sinnliche Anschauung, sondern mehrere Anschauungen, die verglichen werden. Die Konstitution eidetischer Singularitäten, die allerdings auch jetzt noch als der theoretisch einfachste, wenngleich praktisch seltene Fall festgehalten wird (EU 403 f., 407 f.), dient also nicht mehr als Modell. Die Allgemeinheiten konstituieren sich durch „Deckungssynthesis" (391) von Ähnlichem mit Ähnlichem.

---

[123] Der ergiebigste Text ist EU § 87; vgl. auch Ideen III § 7, CM § 34, FTL 218 f., Hu IX 72 ff.

Das gilt zunächst schon für die genetisch primitivste Begriffsbildung, in der sich diese Deckungssynthesis gleichsam „passiv" vollzieht (EU 389 f., 398): was ihr zugrunde liegt, ist normalerweise wirklich Erfahrenes, also Wahrgenommenes. In der Wissenschaft werden dann im umfassenderen Vergleich empirisch wertvolle Allgemeinheiten gesucht, in denen empirisch immer wiederkehrende Zusammenhänge ganzer Merkmalsgruppen einheitlich erfaßt werden (EU 402, Ideen III 27 f.). In der expliziten Wesensanschauung hingegen, in der wir uns nur den „Sinn" des jeweiligen Begriffs zur Klarheit bringen und sein empirischer Umfang und Wert gleichgültig ist (Ideen III 28), ist es nicht notwendig, daß wir verschiedene oder sogar besonders viele Wahrnehmungen vergleichen. Und doch ist auch hier eine Deckungssynthesis eines Mannigfaltigen nötig, weil nur in einer solchen eine Spezies sich überhaupt konstituiert (EU 414). Da es sich aber in der Wesensanschauung nicht darum handelt, für eine faktisch vorgegebene Mannigfaltigkeit einen Begriff zu suchen, sondern sich umgekehrt den vorgegebenen Begriff auf der Basis einer entsprechenden Mannigfaltigkeit zur Klarheit zu bringen, können die Einzelfälle ebensogut und sogar noch besser solche der Phantasie sein; noch besser, weil die Deckungssynthesis dann nicht auf die bestimmten und im Vergleich zu diesem Wesen zufälligen Beispiele der Erfahrung angewiesen ist. Die Deckungssynthesis vollzieht sich also in der Wesensanschauung, statt in einem *Vergleich* von Vorgegebenem, in einer beliebigen phantasiemäßigen *Variation* eines beliebigen Exempels.

Der Wasgehalt, der sich zur Spezies konstituiert, kann also nach der jetzigen Auffassung nicht mehr in einer schlichten sinnlichen Anschauung an einem einzelnen Individuellen erfaßt werden. „Das Einzelne, das der Wesenserschauung zugrunde liegt, ist nicht im eigentlichen Sinne ein geschautes Individuum als solches. Die merkwürdige Einheit, die hier zugrunde liegt, ist vielmehr" (im einfachsten Fall, in dem bloß zwei Exemplare vorgestellt werden) „eine konkrete Zwittereinheit sich wechselseitig aufhebender, sich koexistenzial ausschließender Individuen" (EU 417). Die Wesensanschauung besteht in diesem „komplizierteren Erschauen der aktiv vergleichenden Überschiebung der Kongruenz" (421).

Was heißt aber „Überschiebung der Kongruenz"? Immer noch denkt sich Husserl das Gemeinsame der Verschiedenen als etwas, worin sie alle zur „Deckung" kommen (418). So ist trotz der Dynamisierung die Vorstellung im Grunde die alte geblieben: das Vereinheitlichende ist ein allen Individuen gemeinsames Moment an diesen selbst, das allerdings nur im „Durchlaufen der Mannigfaltigkeit der Variationen" „herausgeschaut" werden kann (419).

Husserl brachte es nicht über sich, den Vollzug der kontinuierlichen Variation selbst als das einzig konkret faßbare Vereinheitlichende anzuerkennen. In Analogie zu seiner Lehre von der formal kategorialen Anschauung müßte man sagen: eine Mannigfaltigkeit von sinnlichen Gegebenheiten (z. B. von Rotnuancen) gehört zu einer bestimmten Spezies (z. B. Röte), wenn der Vollzug einer kontinuierlichen und zugleich begrenzten Variation auf ihrer Basis *möglich* ist. Aber die Variation findet in den sinnlichen Gegebenheiten kein sinnliches Moment, das zur „Deckung" käme. Die Spezies konstituiert sich erst in dieser Variation, nicht nur hinsichtlich ihres Allgemeinheitscharakters, sondern auch hinsichtlich des Wasgehaltes selbst, und die signitive Allgemeinheitsvorstellung kommt in dieser Variation zur „Erfüllung". Damit wäre nachgewiesen, wie sich eine „Wesensanschauung" vollzieht und woran sie ansetzt, ohne ein ideell Erschaubares postulieren zu müssen und ohne einen allgemeinen Wasgehalt als sinnlich anschaubar vorauszusetzen. Mit dieser Erklärung würde Husserls Position sehr nahe an Humes vermeintlich ultranominalistische Lehre von den „Ähnlichkeitskreisen" rücken (vgl. EU 404 f.!), die in den LU mit so wenig Verständnis interpretiert wird (II. U., 5. Kapitel). Aber Hume ist in der Tat Nominalist, weil er, ebenso wie der Husserl der II. LU, voraussetzte, daß das einheitliche Bewußtsein von einem Allgemeinen nur denkbar sei auf der Grundlage eines schlicht vorgegebenen Inhaltes, während Husserls Lehre vom Kategorialen in der VI. U. gezeigt hat, daß die Einheitlichkeit der Gegenständlichkeit sich ihrerseits in der Einheitlichkeit eines synthetischen Vollzuges konstituieren kann.

Die kategoriale Abstraktion

Die Lehre von der eidetischen Variation ließ sich nur mit Hilfe einer zusätzlichen Deutung, die sich bei Husserl so nicht findet, aber mit seinen allgemeinen Gesichtspunkten übereinstimmt, befriedigend interpretieren. Aber schon in den LU findet sich noch ein anderer Ansatz von Husserl selbst, der eine solche zusätzliche Deutung nicht erfordert. Er gilt zwar nicht für alle Spezies überhaupt, aber scheint doch für den weitesten Bereich die richtige Lösung zu enthalten, die allerdings von Husserl nie genauer ausgearbeitet worden ist.

Wir hatten schon im § 6 (oben S. 117) vorweggenommen, daß Husserl im 8. Kapitel der VI. LU auch eine kategoriale Abstraktion einführt. Mit der „rein kategorialen Abstraktion" ist eine („intuitive") Begriffsbildung gemeint, die sich auf kategoriale Gegenständlichkeiten „mit reiner Beziehung auf die kategoriale Form" und völliger Beliebigkeit der sinnlichen Fundamente aufbaut: so entstehen „rein kategoriale" Spezies wie „Beziehung", „Menge", „Sachverhalt" (III 184). Es gibt demnach auch eine „Abstraktion", die nicht in der Hervorhebung eines inhaltlichen Momentes im vorgegebenen Gegenstand besteht, sondern in der pointierenden Reflexion auf die konstituierende kategoriale Synthesis, so daß die konstituierte Gegenständlichkeit spezifisch *als* Produkt dieser Synthesis bei beliebiger sinnlicher Grundlage erscheint.

Diese Erklärung kann nun aber keineswegs nur für die rein analytischen Begriffe gelten. Husserl spricht auch von einer sinnlich-kategorial vermischten Abstraktion (III 184). Was ist damit gemeint? Schon bei der Einführung des Problems des Kategorialen hatte Husserl darauf hingewiesen, daß auch die meisten „nominalen Bedeutungen" (III 129), „obschon verborgener bleibend" (131), kategoriale Synthesen enthalten. So entspricht z. B. dem Namen „Papier" kein wahrnehmbarer Inhalt. „Nur die in seinem ‚Begriff' vereinten Merkmalbedeutungen terminieren in der Wahrnehmung" (131). Das gilt offenbar für alle Begriffe, die eine Synthesis beinhalten, und das sind alle Allgemeinheiten überhaupt, außer den eidetischen Singularitäten und den Arten und Gattungen von sinnlichen Merkmalen (wie „Röte" und „Farbe")[124].

Die Abstraktion besteht dann auch hier, wie bei den rein kategorialen Begriffen, darin, daß in dem aktuellen Vollzug der Synthesis speziell auf die Regel dieser Synthesis geachtet und die sinnliche Grundlage, *soweit* es in der Regel liegt, als beliebig variiert wird, so daß nun die in der Synthesis sich konstituierende Gegenständlichkeit spezifisch *als* Produkt dieser Synthesis, als das Geregelte dieser Regel erfaßt wird. Auch zur kategorialen Abstraktion gehört also eine Variation (vgl. III 195), aber diese besteht nun in der freien Abwandlung der einheitlichen Regel der Synthesis, nicht im Durchlaufen einer Mannigfalt von gegenständlichen Bildern. Das Gemeinsame der Einzelfälle (etwa der Dreiecke) braucht und kann aus diesen nicht erst herausgehoben werden, sondern ist die Regel ihrer Bildung. Bei der kategorialen Abstraktion unterscheidet daher Husserl auch nicht mehr zwischen der pointierenden und der ideierenden Abstraktion. Denn die Regel einer Synthesis (z. B. die Konstitutionsregel eines Dreiecks) ist *eo ipso* allgemein.

Man sieht, daß diese Erklärung, die von Husserl freilich nicht mehr ausgeführt wurde, in etwa mit Kants Lehre vom Schematismus der Begriffe zusammenfällt. Nur durch eine Auffassung dieser Art lassen sich die nominalistischen Zweifel, wie das Allgemeine als identisch Eines eigentlich vorzustellen sei, befriedigend lösen[125]: der Wasgehalt eines allgemeinen Begriffs läßt sich nicht im Sinnlichen schlicht vorfinden, aber er ist auch in keiner

---

[124] Ausdrücklich wird das in EU hervorgehoben (407 f.), und dennoch wird auch in dieser umfangreichsten späteren Behandlung der Allgemeingegenständlichkeiten die kategorial gemischte Abstraktion nicht behandelt, denn es sei „doch von Wichtigkeit, den primitiven Grenzfall an den Anfang zu stellen" (a. O.), nämlich die eidetischen Singularitäten, „die freilich keine Namen haben" (!). Daß dieser Grenzfall sich gerade nicht als allgemeines Modell eignet und daß auch die umfassenderen sinnlichen Allgemeinheiten (wie „Röte") sich viel eher von den in Wirklichkeit zugänglicheren kategorialen Allgemeinheiten her verstehen lassen als umgekehrt, hat sich Husserl nie genügend klar gemacht.

[125] In diesem Zusammenhang ist Kants Schematismuslehre auch von Lewis (1946) S. 134 aufgenommen worden.

schlichten übersinnlichen Schau ideell zu erfassen, sondern er konstituiert sich in der Einheitlichkeit eines synthetischen Vollzuges, der seinerseits unmittelbar aufs Sinnliche bezogen ist. Damit ist die Lehre von der Wesensanschauung auf ihren einsichtigen und unverzichtbaren Kern zurückgeführt: ein allgemeiner Begriff, den wir normalerweise signitiv gebrauchen, kommt zur „Erfüllung", wenn wir die Regel der Synthesis, auf die er verweist, bei beliebiger Variation aktuell vollziehen[126]. Dann kommt, was wir nachträglich zu einer „Spezies" vergegenständlichen können[127], zu „ursprünglicher Gegebenheit".

Daß diese Erklärung, die Husserls allgemeiner Auffassung von der kategorialen Anschauung so genau entspräche, sich in seiner Lehre von der Wesensanschauung nicht eigentlich durchgesetzt hat, liegt einerseits daran, daß die Problematik im wesentlichen, noch bevor die kategorialen Bedeutungen in der VI. U. analysiert wurden, schon in der II. U. festgelegt worden war, andererseits zeigt sich hier noch einmal die verdinglichende Wirkung von Husserls Auffassung der „Erfüllung" als „Anschauung".

b) Die apriorische Erkenntnis von materialen Möglichkeiten

Übergang von der Wesensanschauung zur Erkenntnis von Wesenszusammenhängen

Der einleitende Abschnitt der „Ideen" über „Wesen und Wesenserkenntnis" nimmt nicht nur die Wesensanschauung überhaupt bereits in Anspruch ohne ihre Möglichkeit konkret nachzuweisen (oben S. 144 f.), er setzt auch wie selbstverständlich voraus, daß, wenn es eine Wesensanschauung gibt, auch eine Erkenntnis von Wesenszusammenhängen und d. h. eine apriori synthetische Erkenntnis möglich ist. Daß wir ein Wesen W intuitiv vorstellen können, besagt aber in Wirklichkeit noch nichts darüber, ob wir *auf Grund* dieser Wesensanschauung auch einen Zusammenhang dieses Wesens mit einem anderen Wesen V erkennen können, einen Zusammenhang, der dann als Wesenszusammenhang apriori für jeden möglichen empirischen Einzelfall

126 Das gilt natürlich nur für Begriffe, die eine Synthesis beinhalten. Aber auch die „sinnliche Abstraktion" (LU III 183), in der sich Spezies wie „Röte" oder „Farbe" konstituieren, läßt sich, wie wir zeigten (oben S. 147), nur in enger Analogie zur „gemischt kategorialen" Abstraktion verstehen: in jedem Fall bildet ein einheitlicher Vollzug die Grundlage.

127 Daß die nominalisierende Vergegenständlichung, wie bei aller kategorialen Anschauung, so auch bei der Wesensanschauung erst eine nachträgliche ist, läßt sich durch EU 392 belegen.

von W notwendig gelten müßte. So viel ist allerdings einleuchtend, daß wir ebensogut wie ein einfaches Wesen W auch ein zusammengesetztes Wesen Z (W, V) intuitiv vorstellen können. Dann gründet aber normalerweise der Zusammenhang der Teilinhalte nicht in ihrem Wesen, sondern in der Ausgangsbasis der Abstraktion, in ihrem empirischen Zusammenvorkommen. Gegenüber den Exzessen der Wesensintuition verweist man daher mit Recht auf die Gefahr, irgendwelche Inhalte W, V . . ., die empirisch immer wieder zusammen auftreten, in einem Begriff Z zu vereinigen und diesen Zusammenhang dann in angeblicher Wesensschau als einen vermeintlich „evident" einsichtigen auszugeben.

In den LU ist Husserl auch in dieser Frage viel vorsichtiger vorgegangen. Die Möglichkeit synthetischer Erkenntnisse apriori wird zwar unmittelbar im Anschluß an den Aufweis der Eigenberechtigung allgemeiner Gegenstände erörtert, aber doch in der gesonderten Abhandlung der III. Untersuchung. Die endgültige Aufklärung der Möglichkeit einer „ursprünglichen Gegebenheit" von Wesenszusammenhängen hätte wiederum erst auf der Basis der VI. Untersuchung erfolgen können. Dazu kommt es nicht mehr (vgl. oben S. 109). Aber schon im 4. Kapitel dieser Untersuchung behandelt Husserl ein anderes Problem, das gewissermaßen die elementarste Stufe der Erkenntnis eines materialen Apriori ausmacht. Es betrifft die Erkenntnis nicht der notwendigen, sondern lediglich der möglichen Wesenszusammenhänge. Hier kommt die Wesensanschauung zu ihrer primitivsten und scheinbar trivialen Anwendung, die dann aber, über die Frage nach der Erkenntnis der diesen Möglichkeiten entgegengesetzten Unmöglichkeiten, auch zu der Frage nach der Erkenntnis von notwendigen Wesenszusammenhängen überleiten wird.

Der Sinn von Husserls Unterscheidung zwischen möglichen und unmöglichen Bedeutungen

Husserl behandelt das Problem der Möglichkeit und Unmöglichkeit von Bedeutungen im 4. Kapitel der VI. U., also schon vor der Bestimmung des Wahrheitsbegriffs im 5. Kapitel, denn wenngleich das Problem der *Erkennbarkeit* von Möglichkeiten auf einer höheren Ebene zu lösen ist als das der Erkennbarkeit der einfachsten Wahrheiten, so ist doch der *Begriff* der Möglichkeit im Verhältnis zur Wahrheit die allgemeinere Bestimmung. Erweist sich ein empirischer Sachverhalt als falsch, so kann er trotzdem möglich sein. Wir sagen dann: „es *ist* nicht so, aber es hätte so sein können." Was bedeutet diese Möglichkeit?

Zur Abhebung kontrastiert Husserl in den „Ideen" die hier gemeinten „leeren Möglichkeiten" mit den „motivierten Möglichkeiten" (§ 140), und die Umarbeitung des 4. Kapitels der VI. LU widmet dieser Unterscheidung, die im Text noch nicht gemacht wird, einen ganzen neuen Paragraphen[128]. Eine motivierte Möglichkeit ist eine Möglichkeit, „für die etwas spricht", genauer gesagt: bei der etwas für das Sein des Gemeinten spricht, ein „Rechtsgrund" der Setzung, der jedoch nicht ausreicht um das Gemeinte schlicht als seiend zu setzen. Nur diese Art von Möglichkeit kann ein „Gewicht" haben, ein Mehr oder Weniger an Rechtsgrund, einen Wahrscheinlichkeitsgrad (Ideen §§ 139 f., 103, EU § 21 b–c). Aber auch wenn empirisch nichts für das Gemeinte spricht, können wir sagen, daß es möglich ist. In der Umarbeitung wird diese „leere" Möglichkeit bezeichnender als „ideale" Möglichkeit charakterisiert, weil sie ihr Fundament lediglich in der „Idee", im „Wesen" der Bedeutung hat. Vom Wesen der Bedeutung her gesehen ist das, was zufällig nicht wirklich ist, ebenso möglich wie das, was zufällig wirklich ist. Während sich also motivierte Möglichkeit und Wirklichkeit als defiziente und schlichte Setzung ausschließen, umfaßt die ideale Möglichkeit auch die Wirklichkeit. Sie ist gegenüber den Setzungscharakteren indifferent (LU III 115), so sehr, daß wir, um etwas (im übrigen Wirkliches, Wahrscheinliches, Unwirkliches) *als Mögliches* in diesem Sinn vorzustellen, die Setzungscharaktere „neutralisieren" müssen (M III 2 II 4 S. 43–46).

Ideal möglich ist also alles, was nicht unmöglich ist, dessen Gegenteil also nicht notwendig ist, wobei sich diese Notwendigkeit wieder aus dem Wesen, aus dem bloßen „Sinn" der Bedeutung selbst ergeben müßte. Nur wenn wir auch das Gegenteil des Wirklichen als ideal möglich vorstellen können, erscheint uns das empirisch Wahre nicht als notwendig. Und nur wenn uns etwas wenigstens als möglich erscheint, können wir überhaupt fragen, ob es wahr ist. Demnach hat auch die ideale Möglichkeit eine empirische Relevanz. Aber wie können wir erkennen, daß etwas in diesem Sinn möglich ist, wenn es nicht wirklich ist? Denn der Hinweis, daß die Möglichkeit dann statthat, wenn das Gegenteil nicht notwendig ist, erleichtert nicht die Erkennbarkeit der Möglichkeit. Denn als möglich erkennen wir etwas noch nicht, wenn wir es *nicht* als unmöglich, wenn wir sein Gegenteil *nicht* als notwendig erkennen, sondern nur, wenn wir es positiv als nicht unmöglich bzw. sein Gegenteil als nicht notwendig erkennen. Sowohl die Möglichkeit wie die Unmöglichkeit sind erkenntnismäßig nur durch ein jeweils „eigenes phänomenologisches Faktum zu realisieren" (III 104).

Die bisherigen verbalen Erläuterungen zeigen schon, daß „möglich" bzw. „unmöglich" streng genommen nicht die Bedeutung selbst ist, sondern bei einer nominalen Bedeutung deren Gegenstand und bei einer propositionalen Bedeutung die Wahrheit. „Demgemäß handelt es sich hier um eine *übertragene* Rede" (106). Genauer bezeichnet Husserl daher die möglichen Bedeutungen, d. h. die Bedeutungen, deren Gegenstand bzw. Wahrheit möglich ist,

---

[128] M III 2 II 4 S. 17–40.

als *reale*, und diejenigen, deren Gegenstand bzw. Wahrheit unmöglich ist, als *imaginäre* Bedeutungen (102 f.)[129].

Da die „ideale Möglichkeit" in der „Idee" der Bedeutung, also in dem *Sinn* als solchem gründen soll, könnte man meinen, Husserl hätte noch besser von *sinnvollen* und *sinnlosen* Bedeutungen sprechen können. Aber diese Terminologie würde, da „Sinn" und „Bedeutung" dasselbe sind (oben S. 36), eine „sinnlose Bedeutung" also ein Unding wäre, höchstens auf die *Ausdrücke* passen. Tatsächlich ist Husserls Frage, wie wir die „Möglichkeit" (Realität) einer Bedeutung erkennen können, sachlich im wesentlichen dieselbe wie die aus dem logischen Positivismus des Wiener Kreises bekannte Frage, wie wir sinnvolle und sinnlose Ausdrücke unterscheiden können. Und auch die Antwort wird sich als grundsätzlich ähnlich erweisen.

Doch führt hier Husserl noch einen zusätzlichen Unterschied ein, der es ihm nicht erlaubt, die Worte „sinnvoll" und „sinnlos" in dieser Weise zu verwenden. Sinnlos ist für Husserl ein Ausdruck, der sich überhaupt nicht einheitlich verstehen läßt, wie „König aber oder ähnlich und" (II 334). Ein solcher Ausdruck hat überhaupt keine Bedeutung, auch wenn seine Teile, jeder für sich, eine Bedeutung haben. Er ist daher eigentlich nicht einmal ein Ausdruck, sondern „ein Irgendetwas, das den Anspruch oder Anschein erweckt, ein Ausdruck zu sein" (II 54). Hingegen läßt sich ein Ausdruck wie „rundes Viereck" einheitlich verstehen, er ist also sinnvoll und hat eine Bedeutung (Sinn), und nur weil er sich einheitlich verstehen läßt, können wir erkennen, daß die Bedeutung dieses Ausdrucks keinen möglichen Gegenstand hat, daß die Bedeutung also „widersinnig" und d. h. „imaginär" ist (II 55 f., 326 f.). Ob ein Ausdruck einen möglichen Gegenstand hat, entscheidet sich also zwar apriori aus dem bloßen Verständnis seines *Sinnes*, aber eben deswegen entscheidet sich dabei nicht erst, ob der Ausdruck einen Sinn *hat*. Husserl unterscheidet daher scharf zwischen Sinnlosigkeit = Unsinnigkeit und Widersinn (II 54 f., 334 f.). Nur bei einfachen Ausdrücken fallen die beiden Unterschiede zusammen, so daß man sagen kann, daß jeder einfache Ausdruck entweder sinnlos ist oder eine reale Bedeutung hat, jede einfache Bedeutung also real ist (vgl. III 192, II 54).

Für zusammengesetzte Ausdrücke hingegen ergeben sich klar gesonderte Problemstufen, die aber alle den bloßen Sinn der Bedeutungen betreffen und daher Bereiche rein apriorischer Erkenntnisse sind. Die *unterste Stufe* bildet die „Formenlehre der Bedeutungen" (II 321). Sie hat anzugeben, „nach welchen apriorischen Formen Bedeutungen ... sich zu Einer Bedeutung vereinen, statt einen chaotischen Unsinn zu ergeben" (II 295). Die Gesetze, die sich hier ergeben, haben also die Funktion, „Sinn von Unsinn zu trennen"

[129] Den Ausdruck „imaginär" als Gegenbegriff zu „real" hat Husserl wohl aus der Mathematik übernommen. Diese Imaginarität darf nicht mit der „Imaginativität" der Phantasie zusammengebracht werden, die sich im Gegenteil als konstitutiv für die „Realität" einer Bedeutung erweisen wird.

(295). Da diese Gesetze in den kategorialen Formen gründen (II 318 f.), ist diese „reine Grammatik“ eine reinlogische Disziplin, gleichsam ein Vorbau der reinen Logik (II 96, 294 f., vgl. oben S. 19)[130].

---

[130] Diese reine Formenlehre, die Husserl in der IV. LU entwirft, braucht hier nicht näher vorgeführt zu werden, zumal sie in letzter Zeit wiederholt interpretiert worden ist, vgl. Bar-Hillel (1956/7) und Mohanty (1964) S. 103–116.
In unserem Zusammenhang wäre eine Interpretation deswegen nicht ergiebig, weil die IV. U „gegenständlich“ orientiert bleibt (vgl. oben S. 19 f.), d. h. die fraglichen Gesetze entwirft ohne zu fragen (was erst auf der Basis der VI. U. möglich gewesen wäre), wie wir sie erkennen, worin also die „apodiktische Evidenz“, die für sie in Anspruch genommen wird (II 318), gründet. Natürlich müßte auch sie in einem Modus „intuitiver Gegebenheit“ bestehen. Allerdings betont Husserl, daß wir, um die sinnvollen Ausdrücke von den sinnlosen zu unterscheiden, die Bedeutung nicht zur Erfüllung bringen müssen, also im Bereich der bloßen „Signifikation“ bleiben können (III 194). Und tatsächlich scheint ja die Möglichkeit einer rein signitiven Bedeutung und die Unterscheidung des Signitiven und Intuitiven in Frage gestellt, wenn wir einer „intuitiven“ Gegebenheit schon bedürfen, um eine Bedeutung lediglich als Bedeutung zu erfassen. Andererseits kann man ohne „Intuition“ in dem weiten Sinn einer „Erfüllung“ nach Husserls Auffassung überhaupt nichts erfassen. Die Unterscheidung des Signitiven und Intuitiven läßt sich also nicht in dieser Schärfe durchhalten. In FTL § 16 hat Husserl daher auch versucht, verschiedene „Stufen“ der intuitiven Gegebenheit zu unterscheiden, deren unterste – die „Evidenz“ der „Deutlichkeit“ – bereits erforderlich ist um über das bloße passive Aufnehmen der Wortzeichen hinaus den von diesen „indizierten“ *Sinn gegliedert* zu erfassen. Doch bleibt die an dieser Stelle durchgeführte Überlegung (wie die meisten von Husserls späteren Analysen) viel zu allgemein um als Ansatz einer wirklichen Durchführung zu dienen. Konkret müßte man fragen, worin der Unterschied liegt zwischen einem bloß signitiven, aber deutlichen Verständnis einer analytischen Bedeutung wie „ein A, welches P und R und nicht S und nicht P ist“ und ihrem „aktuellen“, „intuitiven“ Vollzug. Eine solche komplexe Bedeutung verweist auf Grund ihrer Teilbedeutungen auf eine mehr oder weniger komplizierte Synthesis. Diese Verweisung kann verstanden werden ohne daß die Synthesis vollzogen wird (oben S. 123). Dieses signitive Verständnis setzt dann aber voraus, daß wenigstens die Teilsynthesen der einzelnen Teilbedeutungen vollzogen werden, obwohl der Vollzug nicht einheitlich durch die ganze komplexe Bedeutung durchgehalten wird. In diesem „aktuellen“, also „intuitiven“ Vollzug der Teilsynthesen müßte die Evidenz gründen, daß es sich wenigstens um eine einheitlich gebaute Bedeutung handelt, also überhaupt um eine Bedeutung und nicht einen sinnlosen Ausdruck. Nur wenn wir z. B. das „und“ aktuell vollziehen, bringen wir uns zur Klarheit, zwischen welchen Bedeutungen es stehen kann und zwischen welchen nicht.
Von Bar-Hillel wird Husserls Idee einer reinen Grammatik als Vorläuferin von Carnaps Unterscheidung zwischen Formations- und Transformationsregeln gewürdigt, aber vom selben Standpunkt aus auch verworfen. Mit „Evidenz“ könne man hier gar nichts einsehen, sondern folge, sofern man auf diese vertraue, in Wirklichkeit nur der faktischen syntaktischen Struktur der eigenen Sprache; man habe nur zwei legitime Möglichkeiten: entweder die grammatische Struktur der empirischen Sprachen empirisch zu erforschen oder die sprachlichen Symbole definitorisch so festzulegen, daß ihre Formationsregeln daraus analytisch folgen (368). Diese Alternative ist aber falsch gestellt. Wir sind in unseren

Die *zweite Stufe* bilden die „im prägnanteren Sinn logischen Gesetze" (a. O.), die bereits die *Möglichkeit* der *Wahrheit* der Bedeutungen betreffen, aber nur „soweit dergleichen durch die bloße kategoriale Form der Bedeutungen bestimmt ist" (II 96, 295, 334 f.). Sie betreffen daher nur die *formalen Bedingungen* der *Möglichkeit* von Wahrheit (oben S. 133). Als solche schließen sie lediglich den „formalen oder analytischen Widersinn" aus (II 335).

Die *dritte Stufe* betrifft dann den „materialen (synthetischen) Widersinn" (a. O.) oder, positiv gewendet, die tatsächlichen *Möglichkeiten* von empirischer Wahrheit. Jede Frage nach der Wahrheit einer empirischen Aussage setzt also immer schon voraus, daß die Aussage a) nicht sinnlos, b) nicht formal widersinnig und c) nicht material widersinnig ist, daß also die Wahrheit möglich ist.

Damit ist geklärt, was Husserls Frage nach der „Möglichkeit" („Realität") von Bedeutungen besagt und in welchen umfassenderen Zusammenhängen sie steht. Aber die eigentliche Frage, wie wir erkennen können, daß eine Bedeutung real ist, wenn sie nicht tasächlich erfüllt ist, daß also eine Wahrheit möglich ist, wenn sie nicht wirklich ist, ist noch unbeantwortet.

Die Erkennbarkeit der Möglichkeiten

Die bekannte Antwort des Wiener Kreises auf die Frage, worin der Sinn eines Ausdrucks besteht, lautete: in der Methode seiner Verifikation. Ein Ausdruck ist sinnvoll, wenn er verifizierbar ist. Husserls vorläufige Antwort stimmt mit dieser Erklärung, wenn man die Differenz der Terminologie berücksichtigt, genau überein: „Die Möglichkeit (Realität) einer Bedeutung läßt sich ... dadurch definieren, ... daß sie einen erfüllenden Sinn hat" (III 102 f.). Aber die Frage der Erkennbarkeit ist damit nur zurückgeschoben: eine Aussage ist möglich (in der Terminologie des Wiener Kreises: sinnvoll), wenn ihre Erfüllung (ihre Verifikation) möglich ist, aber wie erkennen wir,

---

definitorischen Festsetzungen nicht frei, sondern an die semantischen Möglichkeiten gebunden, die uns aus der Sprache vorgegeben sind; und wo wir bestimmte Möglichkeiten – z. B. die der Negation, der Konjunktion usw. – in unsere definierte Sprache aufnehmen, muß ihre definitorische Einführung der Struktur entsprechen, in der wir sie in „Evidenz" erfassen. Daß alles weitere dann analytisch folge, ist natürlich auch Husserls eigene Meinung. Hingegen ist Husserls Behauptung, daß die Eine reine Grammatik für alle empirischen Sprachen gelten müsse (II 338 f.), eine Übertreibung, die für seine Auffassung nicht wesentlich ist. Die neuere empirische Sprachforschung hat gezeigt, wie sehr sich Sprachen auch hinsichtlich ihrer kategorialen Mittel unterscheiden. Husserl würde nur behaupten: *wenn* eine Sprache von einer bestimmten kategorialen Form Gebrauch macht, dann *muß* sie sich an die Kombinationsmöglichkeiten halten, die evidentermaßen zu dieser Form gehören. Daß es verschiedene kategoriale Systeme geben kann, ist mindestens implizit in Husserls Begriff des Apriori durchaus enthalten (oben S. 133 f.).

daß die Erfüllung möglich ist, wie bringen wir uns die Erfüllbarkeit, die Verifizierbarkeit ihrerseits zur Erfüllung, wenn die Bedeutung nicht faktisch erfüllt ist? Diese Frage mag dem Wiener Kreis trivial erschienen sein, tatsächlich fehlten ihm die Mittel, sie zu beantworten.

Husserl kann hier seine Lehre von der Wesensanschauung zur Anwendung bringen. Die entscheidende Überlegung führt er speziell für die *komplexen* Bedeutungen durch, wo also die *Möglichkeit* im besonderen in der *Vereinbarkeit* der Teilinhalte besteht (§ 31): diese Vereinbarkeit meint natürlich nicht die in der „reinen Formenlehre" erforschte Vereinbarkeit zu Einer Bedeutung, wodurch nur die Sinnlosigkeit ausgeschlossen wäre, sondern die „reale" Vereinbarkeit, die als „Verträglichkeit" (III 105) die materiale „Einstimmigkeit" der Teilinhalte betrifft und so den „materialen Widersinn" ausschließt (II 334 f.). Wie Bedeutungen allgemein dann „möglich" (real) sind, wenn sie erfüllbar sind, so sind komplexe Bedeutungen dann „möglich", wenn ihre Teilbedeutungen nach Maßgabe der in den komplexen Bedeutungen mitgemeinten Einheitsform gemeinsam erfüllbar sind (III 105 f.).

Wie läßt sich nun die einheitliche Erfüllbarkeit erkennen, also selbst zur Erfüllung bringen? Husserl antwortet: „Sind ... zwei Inhalte vereint, so beweist ihre Einheit nicht nur ihre eigene Vereinbarkeit, sondern auch diejenige einer ideellen Unzahl anderer, nämlich aller Paare ihnen gleicher und gattungsmäßig ähnlicher. Es ist klar, worauf dies abzielt und was, als Axiom ausgesprochen, keineswegs eine leere Behauptung ist: daß die Vereinbarkeit nicht zu den verstreuten Einzelheiten gehört, sondern zu den Inhaltspezies; daß, wenn z. B. die Momente ‚Röte' und ‚Rundung' einmal vereint gefunden worden sind, nun durch ideierende Abstraktion eine komplexe Spezies gewonnen und somit gegeben werden kann, welche die beiden Spezies ‚Röte' und ‚Rundung' in ihrer ebenfalls spezifisch gefaßten Verbindungsform umschließt. Die ideale ‚Existenz' dieser komplexen Spezies ist es, welche a priori die Vereinbarkeit von Röte und Rundung in jedem denkbaren Einzelfalle begründet, eine Vereinbarkeit, die somit ein ideal gültiges Verhältnis ist, ob in aller Welt empirische Einigung vorkommt oder nicht" (III 105).

Husserls Erklärung, wie wir die Erfüllbarkeit erkennen können, gründet also in dem sicher richtigen Satz: „Die Idee der Möglichkeit einer Bedeutung drückt, wenn wir näher zusehen, eigentlich die *Generalisierung des Erfüllungsverhältnisses* ... aus" (103). Wie eine solche Generalisierung zur Erfüllung kommt, hatte die Lehre von der „Wesensanschauung" gezeigt. Wir erkennen also die Möglichkeit genau dann, wenn wir die entsprechende Spezies zur Erfüllung bringen. Die allgemeine Erfüllung der Spezies setzte die individuelle Erfüllung eines beliebigen Einzelfalles dieser Spezies voraus, von dem aus wir daher berechtigt sind, auf die *Möglichkeit* aller übrigen „gleichen oder gattungsmäßig ähnlichen" Einzelfälle zu schließen. Aber nicht nur das. „Sicher hat es einen guten Sinn, von der Vereinbarkeit von Inhalten zu sprechen, deren tatsächliche Vereinigung immer ausgeschlossen blieb und ausgeschlossen bleiben wird" (105). Hier kann Husserl auf seine Lehre zurückgreifen, daß das Allgemeinbewußtsein sich nur überhaupt auf einer sinnlich intuitiven Gegebenheit aufbauen muß, die ebensogut eine solche der Phantasie wie der Wahrnehmung sein kann (oben S. 143). „Als möglich gilt uns" daher, „was sich ... in der Weise eines angemessenen Phantasiebildes realisieren läßt" (116). Analog gilt dann für die komplexen *kategorialen* Bedeutungen, die Husserl hier im 1. Abschnitt der VI. U. noch nicht berücksichtigen konnte, daß ihre „Realität" erkannt wird im gemeinsamen aktuellen Vollzug der von den Teilbedeutungen geforderten Synthesen auf der Basis von wahrgenommenen oder auch phantasierten schlicht gegebenen Gegenständen. Erweist sich der einheitliche aktuelle Vollzug auf einer anschaulichen Grundlage einmal als durchführbar, so ist er es überhaupt, die kategorialen Inhalte sind „vereinbar" und die kategoriale Gegenständlichkeit, die sich in der komplexen Synthesis konstituiert, ist „möglich"[131].

Die Bedeutung der Wesensanschauung für die Erkenntnis der Möglichkeiten erlaubt es zugleich, das wahre Sein der Spezies seinerseits vom Begriff der Möglichkeit her zu verstehen (vgl. schon oben S. 142). Erweist sich eine Spezies als „wahrhaft seiend", d. h. als erfüllbar, dann sind eo ipso alle Einzelfälle dieser Spezies

---

[131] Eine ähnliche Erklärung von Vereinbarkeit, die ebenfalls sowohl auf das Allgemeinbewußtsein wie auf die Phantasie rekurriert, findet sich bei *Lewis* (1946) 134 ff. Um die Verträglichkeit (compatibility) oder Unverträglichkeit (incompatibility) materialer Inhalte zu erkennen, „we do not require examination of particular instances, because a sort of experiment in imagination is sufficient" (151).

Husserl und Lewis haben auch dieselbe Auffassung vom Apriori. Beide stehen hier in der Tradition *Humes*, vgl. Hu VII 350 ff. Zwar leugnet Lewis ein „synthetisches Apriori", doch besteht hier der Unterschied nur in der Terminologie. Für Lewis ist eine Aussage analytisch, wenn ihre Wahrheit ausschließlich in dem Wesen der in dieser Aussage enthaltenen Bedeutungen begründet ist, ob diese nun formal oder material sind (35). Für Husserl ist damit das Apriori überhaupt definiert, während er diejenigen apriorischen Aussagen, deren Gültigkeit auf dem Wesen der in der Aussage enthaltenen materialen Bedeutungen beruht, synthetisch nennt. Aber in jedem Fall, auch wenn man den Begriff des Analytischen wie Husserl auf das Formale beschränkt, reicht für beide Philosophen die *Kantische* Bestimmung des Analytischen nicht aus: zur Erkenntnis der Wahrheit der rein logischen Sätze genügt der Satz vom Widerspruch nicht (oben S. 133). Andererseits wird von beiden Philosophen ein synthetisches Apriori im Sinne Kants, dessen Wahrheit nicht aus dem bloßen Sinn der Bedeutungen hervorgeht, geleugnet. Was das für den Sinn des Apriori im Vergleich zur Auffassung Kants bedeutet, wird sich noch zeigen.

Lewis legt auf den Unterschied zwischen formalem und materialem Apriori kein solches Gewicht, weil er, wie die meisten neueren Logiker, an einer klaren Unterscheidbarkeit der formalen von den materialen Bedeutungen zweifelt. In der amerikanischen Philosophie wird aber gewöhnlich, entsprechend Husserls Unterscheidung zwischen synthetischem und analytischem Apriori, zwischen einer materialen und einer formalen Analytizität unterschieden, wobei dann allerdings das Apriori überhaupt meist auf linguistische Setzungen gegründet wird,

möglich. „Das reine Sein des Allgemeinen und das Sein von reinen Möglichkeiten, die an ihm Anteil haben", sind „korrelativ" (EU 397). Das wahre Sein der Spezies ist dann aber gar nichts anderes als die allgemeine Möglichkeit selbst. So sagt Husserl schon in den LU: „Die originäre Möglichkeit (oder Realität) ist die Geltung, die ideale Existenz einer Spezies" (III 106). Verschärft heißt es dann in EU, daß alle Existenzsätze über Spezies eigentlich Sätze „über die Existenz von Möglichkeiten" sind. „Der wahre Sinn ist nicht schlechthin ein ‚es gibt', sondern: ‚es ist apriori möglich, daß es gibt'" (EU 450).

Mit dem Aufweis der Erkennbarkeit von Möglichkeiten hat sich ein erster Typus von material („synthetisch") apriorischen Erkenntnissen gezeigt, der sich unmittelbar aus der Möglichkeit von Wesensanschauungen ergibt, wie er auch seinerseits – als ein unleugbares, wenngleich gewöhnlich unbeachtetes Wissen, das alle unsere empirischen Erkenntnisse und empirischen Wahrheitsfragen durchzieht – Husserls Lehre von der Wesensanschauung rückläufig bestätigt. Freilich handelt es sich vorerst um ein recht anspruchsloses Apriori, das lediglich das Wesen der jeweiligen empirischen Inhalte betrifft. Diese Inhalte, so wird man geltend machen, sind uns doch nur empirisch gegeben, und wenn die Phantasie auch empirisch nicht wahrgenommene Möglichkeiten fingieren mag, so kann sie doch nur neue *Kombinationen* bilden; die elementaren Teilinhalte sind uns ursprünglich perzeptiv vorgegeben (vgl. Ideen 17); und auch der Stil der fingierten Bildungen wird sich letztlich stets an dem vorgegebenen Erfahrungsstil orientieren. Das ändert jedoch nichts daran, daß diese Erkenntnisse der Möglichkeiten, wenngleich weitgehend durch die Erfahrung motiviert, die Erfahrung übersteigen und apriori gelten. Während jede empirische Generalisierung der Wirklichkeit eines Zusammenhanges ihre Negation offen läßt (und das setzt natürlich voraus, daß wir uns die entgegengesetzte Möglichkeit in der Phantasie vorstellen können), schließt die evident einsichtige Generalisierung der Möglichkeit eines Zusammenhanges ihre Negation ein für allemal aus. Die Negation einer Möglichkeit wäre natürlich nicht die Möglichkeit des Gegenteils, sondern die Unmöglichkeit eben dieser Bedeutung (III 103 f.).

Hier erhebt sich freilich ein neues Bedenken. Ist die Unmöglichkeit, also die Unvereinbarkeit zweier Teilinhalte, überhaupt eine erkennbare Alternative? Wir können ja nicht einem beliebigen wahrgenommenen oder phantasierten Nichtvereintsein die Unvereinbarkeit entnehmen wie wir im positiven Fall einem beliebigen Vereintsein die Vereinbarkeit entnehmen konnten. Können wir aber die Unmöglichkeit gar nicht erkennen, dann wäre die Evidenz, mit der wir die Möglichkeit erfassen, wohl fast so nichtssagend wie unwiderleglich.

---

wogegen Lewis betont, daß diese Setzungen ihrerseits sich dem Wesen der Bedeutungen fügen müssen. Aber ein Pendant zu Husserls kategorialer Anschauung, also die für eine solche Auffassung des formalen Apriori eigentlich notwendige Lehre von einer „Erfüllung" auch der formalen Bedeutungen, fehlt bei Lewis.

Husserl ist sich der zuletzt genannten Schwierigkeiten wohl bewußt und widmet daher der Erkennbarkeit der Unmöglichkeit (Unvereinbarkeit) eine eigene Betrachtung (§§ 32 f.). Seine Lösung an dieser Stelle wird allerdings nicht ganz befriedigen können und dadurch auf eine höhere Ebene der apriorischen Erkenntnis verweisen, die in der III. LU entwickelt wird.

Die vorläufige Erklärung der Unmöglichkeit (Unvereinbarkeit) muß natürlich derjenigen der Möglichkeit (oben S. 155) genau entsprechen: „Unvereinbar sind ... Inhalte dann, wenn ... keine einheitliche Anschauung möglich" ist, in der sie nach Maßgabe der in der komplexen Bedeutung mitgemeinten Einheitsform zur Gegebenheit kommen könnten (107). „Woher sollen wir dies aber wissen?" (daß eine solche Anschauung nicht möglich ist) (a. O.). Kommen die Inhalte in der Wahrnehmung lediglich faktisch nicht zusammen vor, so beweist das nur die Möglichkeit ihres Nichtzusammenseins, nicht die Unmöglichkeit ihres Zusammenseins. Die Wahrnehmung scheidet hier also als Grundlage der Erkenntnis aus. Die Unvereinbarkeit kann sich nur in dem Versuch erweisen, die Inhalte, die faktisch unvereint vorkommen, in der Phantasie doch zur Einheit zu bringen. Aber auch auf diese Weise scheint sich höchstens zu ergeben, daß wir eine solche Anschauung faktisch nicht vollziehen können, nicht daß sie überhaupt unmöglich ist: „In empirischen Einzelfällen versuchen wir es, Inhalte zur Einheit zu bringen, mitunter gelingt es, mitunter nicht – wir erfahren einen unwiderstehlichen Widerstand. Aber das *faktische Mißlingen* beweist nicht das *notwendige* Mißlingen. Könnte nicht größere Kraft den Widerstand schließlich überwinden?" (107).

Husserl antwortet: „Im empirischen Bemühen um die fraglichen Inhalte und um Beseitigung ihres ‚Wettstreits' erfahren wir ein einzigartiges Verhältnis der Inhalte, das wieder in ihrem spezifischen Bestande gründet und in seiner Idealität von allem empirischen Bemühen und von allem Sonstigen des Einzelfalls unabhängig ist. Es ist *das Verhältnis des Widerstreites*" (107). Hier kommt die „ontologische Umwendung des Evidenzgedankens" (oben S. 103) zur Anwendung: an die Stelle des Nichtsehenkönnens tritt das Sehen des Nichtseinkönnens. Die Unmöglichkeit liegt nur sekundär im Akt und wird von ihm als ein positives Moment seiner Gegenständlichkeit erfahren. Die Evidenz, in der uns eine Unvereinbarkeit – etwa die von „rund" und „Viereck" (II 55, 335, Lewis 151 f.) – gegeben ist, läßt sich offensichtlich nicht so charakterisieren, daß es uns, weil wir in der wirklichen Erfahrung einen solchen Zusammenhang nie wahrgenommen haben, besonders schwer fällt, in der Phantasie eine solche Einheit zustandezubringen. Wir sind nicht einfach unfähig, eine solche Einheit in der Anschauung herzustellen, sondern sind im Gegenteil fähig, die zu vereinigenden Inhalte so zu einer einheitlichen Anschauung zu bringen, daß wir an ihnen selbst – an ihrer „originären Gegebenheit" – den Widerstreit erfassen. Der Widerstreit ist gerade die

Weise, in der die unvereinbaren Inhalte in der Anschauung „vereint" werden (108).

Die Schwierigkeit, die in der Erkennbarkeit der Unvereinbarkeit zu liegen schien, kommt also zur Lösung, indem dieser negative Fall als „ein eigenes" positives „phänomenologisches Faktum" (104) erkannt wird, das nicht einfach privativ zu verstehen ist: die Unvereinbarkeit ist selbst eine Form von Einheit (108 f.). Damit ist aber noch nicht geklärt, wie wir diese Einheit ihrerseits erkennen, wie sie uns zu „intuitiver Gegebenheit" kommt. Diese Frage versucht Husserl nun dadurch zu beantworten (§ 33), daß er die in Frage stehende Einheit geradezu als eine Art von *Vereinbarkeit* erklärt. Auf diese Weise wäre der negative Fall auf den positiven einfach reduziert. Die Erkennbarkeit der Unmöglichkeiten hätte dann letztlich denselben Charakter wie die der Möglichkeiten.

Um das zu zeigen, greift Husserl auf den Umstand zurück, daß eine Vereinbarkeit wie auch eine Unvereinbarkeit mehrerer Inhalte nie schlechthin gilt, sondern nach Maßgabe einer bestimmten Einheitsform (105 f., 108). Verschiedene Farben z. B. sind „als gleichzeitige vollständige Überdeckungen einer und derselben Körperausdehnung unverträglich, während sie in der Weise des Nebeneinander innerhalb der einheitlichen Ausdehnung sehr wohl verträglich sind" (108). Wenn nun zwei Inhalte durch Widerstreit vereint sind, dann läßt sich, meint Husserl, diese Einheitsform in Analogie zu jenen realen Einheitsformen verstehen. In diesem Fall können wir den ganzen Zusammenhang positiv umformen, indem wir ihn auffassen „als Einheit zwischen dem Charakter des Widerstreits und den Inhalten, die durch ihn ‚getrennt' werden. Dieser Charakter ist mit diesen Inhalten verträglich und mit anderen vielleicht unverträglich. Geht die herrschende Intention auf das Widerstreitganze als Ganzes der eben genannten Teile, so besteht, wo wir es finden, wo der Widerstreit also statthat, Verträglichkeit dieser Teile, d. i. der p, q ... in ihrem Zusammenhange *und* in dem des sie trennenden Widerstreits" (109 f.).

Der logische Fehler, der Husserl hier unterlaufen ist, liegt auf der Hand: zwischen dem Charakter des Widerstreits und den Inhalten, die durch ihn getrennt werden, besteht allerdings eine Einheit, die aber nicht Verträglichkeit, also *mögliche* Einheit, sondern *notwendige* Einheit ist. Bringen wir uns die Bedeutung von „rundes Viereck" zu „intuitiver" Gegebenheit, dann ist sie mit der Form „Widerstreit" nicht bloß vereinbar, sondern überhaupt nur in dieser Form zu realisieren. Die Gegebenheit „Widerstreit" läßt sich eben nicht wie ein beliebiger Inhalt oder auch wie eine beliebige Einheitsform verstehen, die mit anderen Inhalten zusammen vorkommt. Husserls Erklärung liefe darauf hinaus, daß wir eine Unvereinbarkeit zweier Inhalte dann erkennen, wenn uns diese Inhalte zusammen mit dem Inhalt „Unvereinbarkeit" begegnen; aber die Unvereinbarkeit begegnet uns nicht wie ein reales Prädikat, und die Frage war ja eben, *wie* sie uns zur Gegebenheit kommt.

So einleuchtend es also ist, daß sich die Erkennbarkeit der Unmöglichkeit nur erklären läßt, wenn man sie positiv als eine Form von Einheit, als Widerstreit, versteht, so kann das doch nicht heißen, daß man sie nun analog zur Vereinbarkeit verstehen kann. Obwohl die Unmöglichkeit der Gegensatz zur Möglichkeit ist, ist ihr positives Analogon nicht die Möglichkeit, sondern die Notwendigkeit. Daß diese Selbstverständlichkeit von Husserl hier übersehen wurde, ist um so merkwürdiger, als er selbst in der III. U. die unmöglichen Zusammenhänge als parallelen Fall in die Behandlung der notwendigen Zusammenhänge mitaufgenommen hatte (II 251). Die eigentliche Schwierigkeit in der Frage der Erkennbarkeit der Unmöglichkeiten liegt nicht in ihrer Negativität, sondern darin, daß sie ebenso wie die der Notwendigkeiten nicht auf einer schlichten Vorgegebenheit eines Zusammenseins oder Nichtzusammenseins gründen kann.

c) Die synthetische Erkenntnis apriori

Synthetische Erkenntnis apriori ist für Husserl jede apriorische Erkenntnis, die sich nicht formalisieren läßt ohne ihre Gültigkeit zu verlieren, also jede apriorische Erkenntnis, die das Wesen sachhaltiger Bedeutungen betrifft. In diesem Sinn läßt sich bereits die Erkenntnis der reinen sachhaltigen Möglichkeiten als eine erste Form von synthetischer Erkenntnis apriori bezeichnen. Sie ergibt sich unmittelbar aus der Wesensanschauung als solcher, sofern in dieser nicht nur einfache, sondern auch komplexe Wesen zur Selbstgegebenheit kommen können. Der Zusammenhang der Teilinhalte solcher Wesen ist hier nur ein möglicher, kein notwendiger. Wo wir hingegen erkennen, daß ein Teilinhalt einen anderen notwendig fordert oder notwendig ausschließt, spricht Husserl im eigentlichen Sinn von synthetischer Erkenntnis apriori.

Die apriori synthetischen Gesetze

Husserl behandelt die (positiven und negativen) apriori synthetischen „Gesetze" in der III. Untersuchung. Die Betrachtung wird hier auf einer im wesentlichen vor-phänomenologischen Ebene durchgeführt (vgl. oben S. 19 f.), d. h. die in unserem Zusammenhang entscheidende Frage, wie diese Gesetze zur *Gegebenheit* kommen, bleibt noch im Hintergrund, da sie erst auf der Basis der VI. U. eigentlich hätte beantwortet werden können. Trotzdem wird die Frage, wie wir die Notwendigkeit oder Unmöglichkeit von Wesenszusammenhängen erkennen können, wenigstens gestreift und dabei bereits die entscheidende Antwort gegeben, die für Husserl auch später bestimmend bleiben wird.

Daß Husserl seine Auffassung von den apriori synthetischen Gesetzen in einer Untersuchung entwickelt, die unter dem Titel „Zur Lehre von den Ganzen und Teilen" steht, erklärt sich aus seinem weiten Begriff von „Teil", der alles umfaßt, „was ‚in' einem Gegenstande unterscheidbar" ist (II 227 f.). Was man gewöhnlich Teile nennt, bezeichnet Husserl als „Stücke" und bestimmt diese als *selbständige* Teile; das sind Teile, die, auch wenn sie faktisch nicht getrennt vorkommen, „ihrer Natur nach" intuitiv getrennt vorgestellt werden können und d. h. (vgl. oben § 7 b) getrennt sein können (230, 239 f.). Entsprechend heißen „Teile" *unselbständig*, in deren „Wesen" es liegt, „daß sie nur als Teile von umfassenderen Ganzen denkbar" sind (230). Beispiele bieten „das Verhältnis zwischen der visuellen Qualität und Ausdehnung, oder das Verhältnis beider zu der begrenzenden Figur" (231) oder auch „das Verhältnis zwischen Intensität und Qualität (233). Die Unselbständigkeit verweist also positiv auf eine im „idealen Wesen" dieser Inhalte gründende „Abhängigkeit" von anderen Inhalten (236), nicht von anderen Inhalten überhaupt, sondern wieder von wesensmäßig bestimmten: „Das Nicht-für-sich-existieren-können eines unselbständigen Teiles besagt demnach, daß ein Wesensgesetz bestehe, wonach überhaupt die Existenz eines Inhalts von der reinen Art dieses Teiles (z. B. der Art Farbe, Form u. dgl.) voraussetze die Existenz von Inhalten gewisser zugehöriger reiner Arten" (240). „Darnach ist also der Begriff der Unselbständigkeit äquivalent mit dem der idealen Gesetzlichkeit in einheitlichen Zusammenhängen" (251). Eine Gesetzmäßigkeit solcher Art ist natürlich nichts anderes als ein „synthetisches Gesetz apriori" (256).

Die letzten Sätze zeigen, daß der für Husserl wesentliche Sinn von Unselbständigkeit, aber auch von Selbständigkeit, ein relativer ist. Unselbständige Inhalte (z. B. Intensitäten) sind abhängig von anderen Inhalten (z. B. Qualitäten) nur hinsichtlich ihrer Arten oder sogar Gattungen; individuell oder hinsichtlich ihrer Arten sind sie unabhängig, mithin selbständig (231 f.). Auf der anderen Seite wird man wohl sagen müssen, daß alle Inhalte in irgendeiner Relation unselbständig sind, auch die „Stücke" (indem sie wesensmäßig auf einen angrenzenden, wie immer erfüllten oder leeren Raum verweisen); dann wäre es also verkehrt, wie Husserl es getan hat, die Stücke, also die *räumlich* trennbaren Teile, geradezu als selbständige Inhalte zu definieren.

Fraglich ist auch, ob es überhaupt sinnvoll ist, alle apriori synthetischen Zusammenhänge als Zusammenhänge gegenständlicher und sogar „disjunkter" Inhalte (d. h. solcher, die inhaltlich „miteinander nichts gemein haben" II 227) zu bestimmen und nicht vielmehr (wie in der VI. U. im 4. Kapitel bei den Möglichkeiten und im 8. Kapitel bei den analytischen Gesetzen) als Zusammenhänge von Bedeutungskomponenten. Man denke etwa an die „apriorischen Zeitgesetze" (ZB 426 f.), wie z. B. das „Transitivitätsgesetz", das hier gilt (427) und das sicher synthetisch ist, aber sich wohl kaum nach dem Schema der III. U. verstehen läßt.

Die Erkennbarkeit der notwendigen und unmöglichen Zusammenhänge

Von den zuletzt genannten Schwierigkeiten, die die sachliche Struktur der synthetischen Gesetze betreffen, ist die Antwort unabhängig, die Husserl nun auf die Frage der Erkennbarkeit – der „ursprünglichen Gegebenheit“ – solcher apriori notwendigen Zusammenhänge gibt. Daß zwei spezifische Inhalte relativ zueinander unselbständig und d. h. notwendig einig sind, heißt, daß sie unter *keinen möglichen* Umständen getrennt sein können. Die notwendige Einheit läßt sich also nicht wie die mögliche Einheit auf der Grundlage einer einzelnen intuitiven Gegebenheit dieses Zusammenhanges zur Gegebenheit bringen, sondern nur indem man den ganzen Spielraum der Möglichkeit einer Spezies intuitiv durchläuft, und das ist nur möglich in der beliebigen phantasiemäßigen Variation der möglichen Zusammenhänge, in der diese Inhalte stehen können. Die notwendige Einheit zweier Inhalte erweist sich, indem sie nicht „unabhängig voneinander zu variieren sind“ (II 231). Bei „schrankenloser ... Variation der mitverbundenen und überhaupt mitgegebenen Inhalte“ (235), in der wir nur darauf bedacht sind, das Wesen eines Inhaltes selbst als identisch festzuhalten, zeigt sich, daß der Zusammenhang mit einem bestimmten anderen Inhalt ebenso invariant bleibt wie das Wesen dieses Inhaltes selbst. Damit ist auch für die originäre Gegebenheit der *Unmöglichkeiten* das im 4. Kapitel der VI. U. fehlende Glied gefunden: wir erkennen die Unvereinbarkeit positiv als Widerstreit zwischen zwei Inhalten, aber dieser kommt nicht auf derselben Ebene zur Gegebenheit wie eine Möglichkeit, sondern baut sich auf dem ganzen Möglichkeitsspielraum einer Spezies erst auf: erst in der freien phantasiemäßigen Variation zeigt sich, daß sich zwei Inhalte im Hinblick auf eine bestimmte Vereinigungsform (z. B. zwei verschiedene Farben auf einer Fläche) unter allen Umständen ausschließen, also unvereinbar sind.

In diesem Zusammenhang also tritt die Lehre von der „eidetischen Variation“ bei Husserl zuerst auf, und hier liegt auch in den späteren Schriften ihre eigentliche Bedeutung. Im § 7 a hatten wir nur gezeigt, was diese Variation für die intuitive Gegebenheit eines Wesens selbst bedeutet. Grundlegend aber ist die eidetische Variation für die intuitive Erkenntnis der notwendigen und unmöglichen Wesenszusammenhänge. Während es dort nur darauf ankam, daß der Inhalt eines Wesens nicht schlicht wie ein Einzelnes zur Gegebenheit kommt, sondern sich nur im Durchlaufen einer *Mannigfaltigkeit* konstituiert, ist jetzt darüber hinaus erforderlich, daß der *ganze Spielraum* dieser Mannigfaltigkeit von Möglichkeiten erfaßt wird. Das ist natürlich überhaupt nur in der Phantasie möglich, und so gewinnt diese jetzt für die Wesenserkenntnis eine erhöhte Bedeutung: sie reicht nicht nur weiter als die Wahrnehmung (oben S. 143), sondern ist eben deswegen für die umfassende Variation, die jetzt erforderlich ist, überhaupt die einzige Grundlage.

Natürlich meint Husserl nicht, daß wir in der Variation alle Möglichkeiten einzeln durchlaufen müßten; dann wäre ja die Wesenserkenntnis nie abschließbar und müßte es offen lassen, durch neue Möglichkeiten widerlegt zu werden. Vielmehr erfassen wir den ganzen Möglichkeitsspielraum einheitlich, indem wir nicht auf die einzelnen diskreten *Varianten* achten, sondern uns gleichsam schwebend in der *Variation* als einer *beliebigen* halten (EU 412 f.), so daß zugleich die Grenzen dieser Beliebigkeit erscheinen können (426). Die Variation bedeutet also nichts anderes als daß wir das jeweils Gemeinte intuitiv so zur Gegebenheit bringen, daß wir dabei alles offen lassen, was seinem Wesen zufolge beliebig sein kann. So erkennen wir auch die Wahrheit der analytischen Sätze nur in einer formalen Variation und doch gleichsam in einem Schlage: im aktuellen Vollzug einer kategorialen Synthesis können wir diejenige Variation durchführen, die zum Wesen einer kategorialen Form gehört, in der also alles Stoffliche als „schrankenlos variabel" vorgestellt wird (LU III 189, 195), und erkennen so, daß eine bestimmte Gebundenheit dieser Synthesis rein im Wesen dieser Synthesis selbst liegt.

Husserls Begriff des Apriori; Abhebung gegen Kant

„Gemäß ihrem methodischen Ursprung aus freier Variation" können die apriori synthetischen Gesetze „natürlich keinen Umfang von Tatsachen, von empirischen Wirklichkeiten haben, die sie binden, sondern nur einen Umfang von reinen Möglichkeiten" (EU 426). Sie sind, genauso wie die analytischen Gesetze (oben S. 133), im strengen Sinn „Bedingungen" der „Möglichkeit", nur eben nicht formale Bedingungen, sondern Bedingungen, die das materiale Wesen der Möglichkeiten betreffen. Die Möglichkeit bildet also, wie schon beim analytischen Apriori (a. O.), die eigentliche Dimension auch für die höherstufigen Aprioritäten der Notwendigkeit und Unmöglichkeit. Nur weil die apriorischen Gesetze den ganzen Möglichkeitsspielraum einer Spezies binden, binden sie notwendig auch jeden wirklichen Einzelfall dieser Spezies (EU 426 f.). Daß es aber überhaupt wirkliche Einzelfälle dieser Sachhaltigkeit gibt, ist seinerseits nicht notwendig, und eine solche Notwendigkeit kann auf Husserls Basis, auf der alle Notwendigkeit relativ zu einer bestimmten Sachhaltigkeit verstanden ist, überhaupt nicht aufgestellt werden.

Für das Wirkliche gelten also die apriorischen Gesetze, wie sich auch schon beim analytischen Apriori zeigte (a. O.), nur hypothetisch und daher auch nicht universal[132]. Eine solche Universalität, die nicht alle möglichen

---

[132] Dieser Aspekt von Husserls Apriori ist von ihm selbst nicht betont und daher auch von der Forschung bisher nicht beachtet worden; er ist aber offenkundig genug und für das Verständnis von Husserls späterer Transzendentalphilosophie entscheidend.
Explizit wird der hypothetische Charakter des Apriori von Lewis herausgestellt, vgl. Lewis (1929) 8. Kapitel. Zum Verhältnis von Husserls und Lewis' Begriff des Apriori vgl. oben S. 156 Anm. 131.

Gegenstände eines bestimmten Typus, sondern alle möglichen Gegenstände unserer Erfahrung überhaupt betrifft, ist nur erreichbar, wenn man die apriorische Notwendigkeit nicht in einer bestimmten Sachhaltigkeit, sondern, wie bei Kant und Fichte, aus dem Wesen der Subjektivität selbst begründet: nur wenn man glaubt zeigen zu können, daß aus dem Wesen des Ich als solchem folgt, daß es Gegenstände nur in einer bestimmten und einzigen Form erfahren kann, gilt diese Form notwendig von allen möglichen Gegenständen unserer Erfahrung. Es ist für das richtige Verständnis von Husserls eigener transzendental-subjektiver Position, auf die wir nun im nächsten Abschnitt eingehen müssen, entscheidend, daß es für ihn eine Begründung des Apriori aus dem Wesen des Ich nicht gibt, daß also die Notwendigkeit der transzendentalen Wendung für ihn nicht wie für Kant im Problem des Apriori begründet ist. Daß sich für Husserl alle apriorischen Notwendigkeiten relativ zu bestimmten „Sachhaltigkeiten", zu bestimmten – formalen oder materialen – Bedeutungen, Sinnen verstehen, schließt natürlich nicht aus, daß diese Sinne (wie sich insbesondere schon beim analytischen Apriori zeigte) ihrerseits eine „subjektive" Sachhaltigkeit haben und sich, sofern sie gegenständlich aufgefaßt werden, erst in den entsprechenden Akten „konstituieren". In diesem Fall gründet eben die apriorische Notwendigkeit „in dem rein Spezifischen gewisser Akte" (oben S. 133), das dann aber wiederum nicht aus dem Wesen der Subjektivität als solcher folgt und daher auch nicht universal gelten kann.

Wie Kant Hume gegenüber meinte: wenn er nur das Wesen des mathematischen Apriori angemessen begriffen hätte – daß es nämlich nicht auf puren Identitäten gründe –, dann hätte er auch ein synthetisches Apriori anerkennen müssen; so meint nun auch Husserl Kant gegenüber (vgl. Hu VII 350 ff., besonders 359; LU III 203)[133]: wenn er nur das Wesen des analytischen Apriori angemessen begriffen hätte – daß es nämlich nicht auf puren Identitäten gründe, sondern auf einsichtig zu machenden Wesenszusammenhängen –, dann hätte er auch nicht versuchen müssen, das materiale Apriori „regressiv" aus dem Wesen des Ich zu begründen, statt es in direkter, „intui-

[133] Zu Husserls Kantkritik, die erst seit der Veröffentlichung von Hu VII (1956) überschaubar geworden ist, vgl. die übersichtliche kurze Zusammenfassung bei Henrich (1958) S. 12 ff.; die ausführlichere Darstellung bei Seebohm (1962), 1. und 2. Kapitel, wo allerdings die hier hervorgehobene Differenz zwischen dem Husserlschen und dem Kantischen Apriori nicht beachtet wird; schließlich die materialmäßig umfassendste Zusammenstellung bei Kern (1964), der diese Differenz zwar beachtet, aber nicht ausreichend interpretiert (55 ff., 94 ff., 135 ff.). Zum richtigen Verständnis von Husserls Kantkritik müßte berücksichtigt werden, daß ihre entscheidenden Aspekte ausgebildet wurden, bevor Husserl selbst eine „transzendentale" Position bezog. Der wichtige Text Hu VII 350 ff. wird vom Herausgeber auf „etwa 1903" datiert, von Kern (S. 17) sogar noch früher. – Das Buch von Hoche (1964) hält sich in schwer überschaubaren Vormeditationen zum Thema.

tiver" Aufweisung an den jeweiligen Sachzusammenhängen selbst zu erfassen. In Husserls Sicht hat sich das Apriori bei Kant, indem es auf das Wesen des menschlichen Ich relativiert wird, „anthropologisch" verengt (Hu VII 354 f., LU III 198), während es für ihn selbst, da es stets im sachhaltigen Wesen einer Bedeutung, bzw. eines Aktes oder schließlich einer Erfahrungsart gründet, für jedes Subjekt überhaupt gelten muß, das diese Bedeutung oder Erfahrungsart nur überhaupt vollziehen kann (a. O.). Was Husserl jedoch nicht so recht beachtet hat, ist, daß in demselben Umstand, der seinem Apriori gegenüber demjenigen Kants die weitere Gültigkeit verleiht, sein hypothetischer und dadurch in anderer Hinsicht wesentlich engerer Charakter begründet ist. Kants Apriori ist zwar relativ auf das menschliche Ich, aber für dieses gilt es universal, während Husserls Apriori an sich zwar absolut gilt, aber nur relativ auf die jeweilige Sachhaltigkeit, die selbst nicht notwendig ist.

Dieser hypothetische und relative Charakter von Husserls Apriori braucht aber nicht als Mangel aufgefaßt werden, ja er muß als Vorzug erscheinen, wenn man an der Möglichkeit von notwendigen Aussagen über alle Erfahrung überhaupt zweifelt, aber die legitime Thematik des Apriori nicht preisgeben will. Husserl scheint mit seiner intuitiven Auffassung des Apriori hinter Kant zurückzufallen, in Wirklichkeit ermöglicht diese Konzeption eine Radikalisierung des recht verstandenen „Kritizismus": Kant konnte gegenüber dem älteren Rationalismus die Idee des Apriori nur erhalten, indem er es auf die Gegenstände unserer Erfahrung einschränkte, für diese aber blieb es universal; bei Husserl gilt das Apriori überhaupt nicht mehr direkt vom Seienden oder den Gegenständen unserer Erfahrung, und so ergibt sich die Möglichkeit einer offenen Pluralität der Erfahrungsweisen, jede mit ihrem eigenen Apriori.

Die Frage nach dem Thema der Philosophie

So wie das synthetische Apriori von Husserl eingeführt wird, nämlich im Anschluß an die Wesensanschauung überhaupt, kann es freilich schon deswegen nicht universal sein, weil es gar nicht auf die allgemeinen Strukturen von Gegenständen oder Erfahrungstypen beschränkt ist, sondern alle Begriffe jeglichen Allgemeinheitsgrades betrifft (vgl. z. B. Ideen 12 f.). Husserls These ist hier also, daß auch alle empirisch gegebenen bzw. empirisch möglichen Inhalte in Wesenszusammenhängen stehen, die apriori erkennbar sind, d. h. erkennbar, sofern wir uns nur diese Inhalte zur „Wesensanschauung" bringen und in freier Variation ihren Möglichkeitsspielraum erfassen. Daß das wirklich zutrifft, zeigte schon auf der niedrigsten Stufe die apriorische Erkennbarkeit der bloßen Möglichkeiten (vgl. oben S. 157). In welchem Umfang für beliebige Inhalte verschiedener Allgemeinheitsstufe auch eigenliche apriori synthetische Erkenntnisse möglich sind, also Erkenntnisse von notwendigen und unmöglichen Zusammenhängen, soll hier nicht näher erörtert werden[134]. Husserl hat seine These auf dieser Ebene nie systematisch

---

[134] Bei Delius (1963) findet sich jetzt ein ausführliches kritisches Referat der verschiedenen phänomenologischen und sprachanalytischen Erklärungen solcher apriorischen Sätze wie „Alles Farbige ist ausgedehnt" und „Eine Fläche, die vollständig von Rot überdeckt ist, ist dies nicht gleichzeitig von Grün". Zugleich gibt er einen eigenen Deutungsversuch, der aus der Alternative der Erklärungen von Husserl und Lewis einerseits, die auf einen sachlichen und in Evidenz einzusehenden Zusammenhang rekurrieren, und der konventionalistischen andererseits, die die Notwendigkeit solcher Sätze auf sprachliche Festsetzungen begründen, herausführen soll. Die konventionalistische Auffassung – die für Sätze, die auf Definitionen beruhen und durch Substitution in identische Aussagen verwandelt werden können (wie „Alle Quadrate sind viereckig") zumindest *prima facie* plausibel erscheint (vgl. jedoch unten S. 167 f.) – findet Delius (190–207) für Sätze der angeführten Typen mit Recht „absurd" (201), weil die Sprachregel, die solche Sätze zum Ausdruck bringen, offenbar ihrerseits eine durch sachliche Verhältnisse bedingte und nicht durch eine freie Setzung begründet ist. Jedoch will nun Delius (226 ff.) diesen sachlichen Zusammenhang seinerseits „linguistisch" aus der Definitionssituation verstehen. Der Fehler der Konventionalisten liege nur darin, daß sie nicht beachtet haben, daß die Definitionen solcher sprachlichen Zeichen wie Farbworte nicht sprachlich immanente „Substitutionsregeln" sind, sondern „Bezeichnungsregeln", die letztlich stets auf „ostensive Definitionen" zurückgehen. Nun ist alles, worauf wir hinweisen können, um das Wort „farbig" ostensiv zu definieren, zugleich solches, womit das Wort „ausgedehnt" ostensiv definiert werden kann (264 ff.). *Um* also das Wort „farbig" ostensiv zu definieren, *muß* man auf Ausgedehntes hinweisen, und in dieser funktional zu verstehenden „hypothetischen Notwendigkeit" und nur in ihr gründe der Notwendigkeitscharakter der Aussage „Alles Farbige ist ausgedehnt" (251 f., 266 f.). Diese Notwendigkeit dürfe weder ontologisch als eine notwendige Zusammengehörigkeit der fraglichen Inhalte verstanden werden (268, 290) noch psychologisch als eine Unfähigkeit, sich diese Inhalte getrennt vorstellen zu können (265, 280). Da die Bedeutung eines solchen Ausdrucks ausschließlich aus seiner ostensiven Definition gewonnen wird, gehöre ein Moment, das bei seiner ostensiven Definition stets mitgegeben ist, auch notwendig zu seiner Bedeutung, und es sei ganz verkehrt, das eine Moment von dem anderen in der Vorstellung zuerst zu isolieren um dann die künstliche Frage zu stellen, wieso es dennoch notwendig zu ihm gehört (264 f.).

Die wunde Stelle dieser Theorie ist ihr Ausgangspunkt. Jene funktionelle Notwendigkeit, die der notwendigen Wahrheit des Satzes „Alles Farbige ist ausgedehnt" zugrunde liegen soll, gründet ihrerseits darin, daß „bestimmte Gegebenheiten zusammen auftreten". Dieses Zusammen-Auftreten soll nun aber nach Delius lediglich ein empirisches Faktum sein (268, 276, 314). Würde er diese Meinung nicht vertreten, dann würde seine ganze Argumentation zu einem offenkundigen Zirkel. Die Erklärung aber, daß dieses Zusammen-Auftreten nur ein empirisches Faktum ist, ist gleichbedeutend mit der Aussage, daß es denkbar ist, daß die beiden Inhalte auch getrennt auftreten können. Ist man in bezug auf irgendwelche Inhalte a und b dieser Meinung, so wird man nun aber trotz der funktionellen Notwendigkeit, auf b mitzuzeigen, wenn man a exemplifizieren möchte, gewiß nicht behaupten, es sei notwendig, daß alle a auch b seien. Nehmen wir an, wir sind einem bestimmten Duft, den wir des-

ausgeführt, sondern einerseits nur allgemein behauptet, andererseits nur durch einzelne Beispiele belegt.

Insbesondere müßten hier solche notwendigen Zusammenhänge, die lediglich die Art- und Gattungsverhältnisse, in denen ein Inhalt steht, betreffen, die also aus der Definition des Inhalts folgen, von den im engeren Sinn synthetischen Gesetzen unterschieden werden, die Inhalte verbinden, die in ihrem Gehalt „miteinander nichts gemein haben" (LU II 227) wie visuelle Qualität und Ausdehnung. In der III. LU sind nur die letzteren gemeint, in den Ideen (1. Kap.) auch die ersteren. Auch diese definitorischen Zusammenhänge beruhen nicht einfach auf Festsetzungen, vielmehr können die Festsetzungen nur bestimmte Zusammenhänge herausgreifen, die von den an sich bestehenden und in der „Wesensanschauung" erkennbaren Ordnungsverhältnissen der Arten und Gattungen bzw. der Ähnlichkeiten und Verschiedenheiten der Wesen vorgezeichnet sind. Daß z. B. Rot eine Farbe ist, „folgt", wenn man so will, aus der Definition von Rot, aber diese Definition ist nur insofern eine Festsetzung als hier ein bestimmter Ähnlichkeitskreis von Farbnuancen ausgegrenzt wird, der, wie die Farbbegriffe anderer Kulturen zeigen, auch anders festgelegt werden könnte. Solche Festsetzungen, die lediglich darin bestehen, daß sie bestimmte der an sich bestehenden Möglichkeiten heraus-

---

wegen auch Rosenduft nennen, in unserer bisherigen Erfahrung stets nur an Rosen begegnet, dann wird uns doch die von Delius perhorreszierte Fähigkeit, einen solchen Duft in der Phantasie isoliert vorzustellen, davon abhalten, daraus ein notwendiges Gesetz zu machen. Die ostensiv-linguistische Erklärung von Delius müßte also, wenn sie überhaupt imstande sein soll, zwischen einem für notwendig und einem für empirisch zufällig gehaltenen Zusammenhang zu unterscheiden, von der Lewis–Husserlschen Distinktion zwischen Wesenszusammenhängen und zufälligen Zusammenhängen, die sie gerade vermeiden wollte, Gebrauch machen. Dann aber wäre wiederum der ganze Umweg über das Ostensive entbehrlich. Eine echte Alternative bestünde nur darin, daß man die Möglichkeit, einen Zusammenhang, der in der Erfahrung bisher stets vorgegeben war, für zufällig zu halten, also die Möglichkeit einer Erkenntnis von „Wesenszusammenhängen", überhaupt bezweifelt. Es kann ja sein, daß, was unsere Phantasie nicht vollziehen kann, sich in künftiger Erfahrung dennoch als möglich erweist. Ist man dieser Meinung, dann besteht aber nicht der geringste Grund, den Satz, daß alles Farbige ausgedehnt ist, nicht für einen schlichtweg empirischen und daher auch durch künftige Erfahrung widerlegbaren zu halten. Das Ergebnis von Delius (314), es gebe also Sätze, die zugleich aposteriori gelten, weil sie in empirischen Verhältnissen gründen, und doch apriori, weil sie „den Gedanken einer Bestätigung oder Widerlegung durch empirische Ermittlung über Tatsachen sinnlos" erscheinen lassen, ist folglich ebenso unnötig wie widersprechend.
Der eigentliche Anstoß, den Delius an den Erklärungen von Husserl und Lewis nimmt (vgl. besonders 222 ff.): daß sie für die Wesenserfassung eine fiktive sprachlose Situation angesetzt hätten, wäre (soweit das stimmt, vgl. oben S. 49 Anm. 55) freilich berechtigt, aber unerheblich: denn so einleuchtend es ist, daß eine Wesenserkenntnis, die nicht von Worten auszugehen meint, wenn sie überhaupt möglich ist, zumindest nicht ohne Worte aufzuweisen ist, so gilt das doch als eine *conditio sine qua non* für jede Erkenntnis, und eine Theorie des Apriori dürfte sich nur dann, wie Delius es auch für die seine beansprucht (270), eine „linguistische" nennen, wenn sie, wie die konventionalistische, den Grund der *Gültigkeit* der apriorischen Sätze in sprachlichen und nicht in sachlichen Zusammenhängen sieht, was Delius jedoch wiederum ausdrücklich leugnet (276).

greifen, unterliegen den Interessen und Zweckmäßigkeiten der empirischen Erfahrung. Daß aber Farbnuancen überhaupt in bestimmten Ähnlichkeitsverhältnissen stehen und daß ein Ähnlichkeitskreis wie „Rot" in einem umfassenderen Ähnlichkeitskreis mit anderen wie „Blau" und „Grün" steht, der von anderen, wie Tönen oder Gestalten, scharf abgegrenzt ist, das sind Wesenszusammenhänge, die sich durch keine Erfahrung ändern können und an denen keine Festsetzung rütteln kann[135].

Der weite Umfang, in dem bei Husserl das synthetische Apriori gemäß seinem „sachhaltigen" Wesen Geltung hat, führt nun aber zu der Frage, wie sich innerhalb des Apriori der Bereich der Philosophie ausgrenzt. Denn die Erkenntnis der Wesenszusammenhänge der empirisch gegebenen, bzw. empirisch möglichen Inhalte wird man kaum als im eigentlichen Sinn „philosophisch" verstehen können. So wie die Geometrie mit ihren Wesenserkenntnissen von Raumgestalten (Ideen 25) zwar philosophisch fundiert werden kann, aber nicht selbst Philosophie ist, so wird man auch Erkenntnisse, die z. B. das Verhältnis von Farben zu anderen Farben oder von Farbe und Ausdehnung betreffen, nicht selbst als philosophische bezeichnen wollen, wenn man für die Philosophie einen gewissen Universalitätscharakter in Anspruch nimmt[136].

So zeigt sich hier eine weitere bedeutsame Differenz zum Apriori Kants: während der Bereich der philosophischen Erkenntnis bei Kant durch den Bereich der synthetischen Erkenntnis apriori durch Begriffe definiert ist, ist hier bei Husserl ein anderes Kriterium erforderlich[137]. So wird also die Erwartung, mit der Aufklärung des synthetischen Apriori eine Antwort zu finden auf die Frage nach der Wahrheit der philosophischen Analysen selbst (oben S. 109), zunächst enttäuscht. Indem nicht schon das Apriori als solches für die Ausgrenzung der Philosophie bestimmend ist, ist das Feld frei für die Maßgabe eines neuen Gesichtspunktes, und dieser ist nun, wie sich zeigen wird, seinerseits in der Wahrheitsproblematik begründet, wie sie in Husserls „Logischen Untersuchungen" entfaltet wurde.

---

135 Vgl. auch hier die Untersuchungen von Lewis (1946), 6. Kapitel, die freilich auch nicht voll befriedigen können.

136 An dieser Stelle ist nur eine solche vage Formulierung möglich, weil es in den LU noch keinen bestimmten Begriff von Philosophie gibt.

137 Darin liegt zugleich die Möglichkeit, die Philosophie auch auf das analytische Apriori zu beziehen und eine philosophische Fundierung der Logik ins Auge zu fassen, wie sie ja faktisch in den LU durchgeführt wird. Ebensowenig wie die Logik selbst dadurch zur Philosophie wird, können die einzelnen synthetisch apriorischen Erkenntnisse schon zur Philosophie gerechnet werden.

ZWEITER ABSCHNITT

Die Bedeutung von Wahrheitsbegriff und Wahrheitsbezug für die Ausbildung von Husserls philosophischer Position

Die spezifisch phänomenologische Betrachtungsweise – die Unterscheidung verschiedener „Gegebenheitsweisen" – ermöglichte eine umfassende konkrete Aufklärung des Sinns von Wahrheit und Wahrheitserkenntnis. Umgekehrt wird sich jetzt zeigen, wie der phänomenologisch geklärte Wahrheitsbegriff zur Basis wird für eine neue Konzeption von Philosophie und dem ihr eigentümlichen Feld.

In den LU hat Husserl noch keinen ausgebildeten Begriff von Philosophie; auch das Verhältnis von phänomenologischer Methode und Philosophie ist noch in der Schwebe. Die phänomenologische Methode wird einfach faktisch angewandt zur Klärung bestimmter erkenntnistheoretischer Begriffe, insbesondere des Wahrheitsbegriffs (vgl. oben S. 15 ff.). Aber es deutet sich schon an, daß Philosophie überhaupt durch *Phänomenologie* zu definieren ist, daß philosophische Fragen genau so weit, aber auch nur so weit reichen, als zu ihrer Klärung ein Rückgang auf Gegebenheitsweisen erforderlich ist. Daß diese Betrachtungsweise auch für die Aufklärung der verschiedenen Arten von Gegenständlichkeiten unter dem Titel „phänomenologische Konstitution" maßgebend wird, ist nun aber in der phänomenologischen Ausbildung des Wahrheitsbegriffs begründet; damit wird sich die Frage nach der Ausgrenzung der Philosophie beantworten, die der Begriff des Apriori (oben S. 168) noch offen ließ (§ 8).

Ein eigentlicher Begriff von Philosophie findet sich jedoch bei Husserl erst später. Auch er ist auf Wahrheit ausgerichtet, jedoch von einer anderen Seite. Er betrifft die Radikalisierung des Wahrheitsbezuges des Menschen in der Verpflichtung auf absolute Verantwortbarkeit und d. h. Rechtfertigung aller Setzungen (§ 9 a). Die gleichzeitig kritische (§ 9 b) und dogmatische (§ 9 c) Ausbildung dieses Vorbegriffs von Philosophie führt zu der phänomenologischen Reduktion und damit zu Husserls Konzeption der Philosophie als *transzendentale Phänomenologie.*

Damit ist nun auch erst für die schon vorher ausgebildete Konstitutionsproblematik die radikale Basis gewonnen. Der Sinn der phänomenologischen Reduktion erfüllt sich seinerseits erst in der phänomenologischen Konstitution. Doch war die ursprüngliche Motivation zur Konstitutionsproblematik eine andere als diejenige, die zur Reduktion führt; die „Gegebenheitsweisen", auf die in dem einen und in dem anderen Fall reflektiert wird, kongruieren nicht einfachhin, und die eine Thematik geht nicht so bruchlos in die andere über wie es bei Husserl den Anschein hat (§ 10). Aus diesem Grunde eben ist es nötig, die Konstitutionsproblematik, wie es auch dem historischen Werdegang entspricht[1], in einer ersten Betrachtung (§ 8) schon vor der Interpretation der Reduktion (§ 9) darzustellen, auf der sie sich dann systematisch aufbaut. Der Nachweis, daß die Konstitutionsproblematik in der der Reduktion nicht einfach aufgeht, wird sich als wesentlich erweisen zur Aufklärung gewisser Schwierigkeiten von Husserls Position und für das Verständnis der geschichtlichen Konstitutionsthematik, die sich bei Husserl konsequent ergibt und die über seine Position hinausweist. Der phänomenologischen Auflockerung von Husserls systematischer Position dient auch die Unterscheidung eines kritischen (§ 9 b) und eines dogmatischen (§ 9 c) Aspektes der phänomenologischen Reduktion.

Auf der Basis der transzendental-phänomenologischen Position wird die Aufklärung des Sinns von Wahrheit zum Zentralproblem der Philosophie überhaupt; die ganze, auf der Grundlage der phänomenologischen Reduktion durchzuführende konstitutive Phänomenologie dient diesem Ziel. So führt die sich aus der konkreten Wahrheitsproblematik ergebende philosophische Grundposition ihrerseits wieder in die konkrete Wahrheitsproblematik zurück. Diese wird nun aber nicht einfach wiederholt. Die schon in den LU faktisch wirksame, aber erst jetzt ausdrücklich herausgestellte transzendental-phänomenologische Fundierung, der Primat der Gegebenheitsweisen gegenüber allem Konstituierten, führt vielmehr zu einer Verflüssigung und Erweiterung des Wahrheitsbegriffs und schließlich zu den ersten Ansätzen zu einer geschichtlichen Dimension des Wahrheitsproblems. Diese Rückwirkung der transzendental-phänomenologischen Position auf das Wahrheitsproblem wird erst im 3. Abschnitt zu verfolgen sein.

Unser Vorblick zeigt schon, daß auch Husserls philosophische Position, ebenso wie die konkrete Wahrheitsproblematik hier nicht systematisch als geschlossene Lehre interpretiert werden soll, sondern analytisch auf die Möglichkeiten, die sie eröffnet. Nur so kann dann auch der Ansatz Heideggers verständlich werden. Das will nicht heißen, daß Husserl, wie das eine Zeitlang üblich war, auf Heidegger hin interpretiert werden soll. Vielmehr wird der 2. Teil dieser Arbeit zeigen, daß Heidegger die von Husserl verflüssigte Wahrheitsproblematik zwar einerseits noch einmal radikalisiert, aber andererseits auch wieder verdeckt. Die Enttäuschung an der Entwicklung von Heideggers Philosophie hat denn auch im letzten Jahrzehnt ein verstärktes Interesse an Husserls eigener systematischer Position bewirkt. Die Orientierung am transzendentalen Idealismus Kants und des Kantianismus, die dabei aber mit positivem oder negativem Vorzeichen weitgehend maßgebend wurde[2], führt zu einer systematisierenden und formalisierenden Interpretation,

---

[1] Vgl. Husserls Rückblick K 169 Anm.

[2] Vgl. den Überblick bei Henrich (1958) 2 f., 22 f., und seither vor allem das wichtige Buch von Seebohm (1962), an dem die Vorzüge und Schwächen einer solchen Interpretation besonders deutlich werden.

die Husserls Position in sich verfestigt und zugleich die neue sachliche Dimension der „Gegebenheitsweisen", die für Husserl selbst noch über das Interesse an der „Letztbegründung" hinaus das eigentlich Entscheidende blieb (vgl. K § 48), vernachlässigt. In der abstrakten Orientierung auf „Letztbegründung" erscheint das spezifisch Phänomenologische von Husserls transzendentaler Position nur als eine günstige (Seebohm) oder ungünstige (Wagner) Methode, dieses Ziel in möglichster Radikalität zu erreichen. Der spezifische Sinn von Husserls Konstitutionsproblem, das kein Analogon im Kantianismus hat, wird übersehen und so auch nicht gefragt, was denn auf Husserls Position eine „Letztbegründung" im transzendentalen Ich überhaupt besagen kann. So lassen sich insbesondere Husserls konsequente Ansätze zu einer Pluralisierung und Historisierung der Konstitutionslehre nicht mehr auswerten. Eine solche Interpretation weist nur für den nach vorne, der ein letztbegründendes geschlossenes System noch für eine ernsthafte philosophische Aufgabe hält.

§ 8 *Der phänomenologische Wahrheitsbegriff und die Ausbildung der Philosophie als Phänomenologie*

Die phänomenologische Dimension

„Phänomenologie" bedeutete bei Husserl nicht und niemals bloße Deskription oder eidetische Deskription überhaupt, sondern die (freilich eidetisch-deskriptive) Aufklärung gegenständlicher Themen durch Rückgang auf die intentionalen Erlebnisse, in denen sie zur „Gegebenheit" kommen, und d. h. korrelativ: auf die Gegenstände im Wie ihrer Gegebenheitsweisen (vgl. oben S. 27). Diese Korrelativität: nicht zwischen den Gegenständen, sondern ihren Gegebenheitsweisen und den intentionalen Erlebnismomenten, ist das spezifisch „Phänomenologische". In der besonderen Form der subjektiven Reflexion auf die „Erlebnisse", die in der phänomenologischen Methode liegt, wird also zugleich der neue quasi-gegenständliche Bereich der „Gegebenheitsweisen" entdeckt, eine Zwischendimension zwischen Erlebnis und Gegenstand, zwischen Subjekt und Objekt, von der Husserl mit Recht beansprucht, daß sie vor ihm zwar nicht unbekannt war, aber „in ihrer Eigenheit und ihrem systematischen Zusammenhang nie in den Gesichtskreis der Philosophie" getreten ist (K 168).

Phänomenologie und Philosophie

Die Entdeckung und Ausbildung dieser neuen Dimension steht in einem mehrfachen Wechselverhältnis mit dem Thema „Wahrheit". In der Einleitung zum 2. Band der LU wird die phänomenologische Wendung dadurch motiviert, daß nur auf diesem Wege die Wahrheit der durchzuführenden philosophischen Analysen zur Ausweisung kommen kann (oben S. 16): nur in der Reflexion auf die Gegebenheitsweisen können wir die vagen erkenntnistheoretischen Begriffe zur Klarheit bringen (LU II 5 f.). Man darf das, wie schon gezeigt wurde (S. 16), nicht im Sinn der allgemeinen Regel verstehen, daß man Wahrheit nur ausweisen kann, indem man das Gemeinte zur Selbstgegebenheit bringt, denn dann wäre jede Erkenntnis nur phänomenologisch möglich. Zu unterscheiden ist also (vgl. IdPhä 17 ff.) die gewöhnliche „direkte" Erkenntnis, die ihre Gegenständlichkeit zwar zur Selbstgegebenheit bringen muß, aber dabei auf die Gegenständlichkeit, nicht auf die Gegebenheit gerichtet bleibt, und die reflexive phänomenologische Erkenntnis, die die Gegebenheitsweisen selbst zu ihrem Gegenstand macht und sich also, um ihre Wahrheit auszuweisen, nicht nur eine direkt gegebene Gegenständlichkeit, sondern ihre Gegebenheitsweisen ihrerseits zur Selbstgegebenheit bringen muß.

Die Notwendigkeit der phänomenologischen Wendung ist also nicht im allgemeinen Wesen der Erkenntnis überhaupt begründet, sondern in dem speziellen Thema der in den LU durchzuführenden *philosophischen* Analysen. Dann legt es sich jetzt aber nahe, die phänomenologische Reflexion als charakteristisch für alle philosophische Erkenntnis überhaupt anzusehen, oder, richtiger gewendet: die philosophische Erkenntnis, die sich durch den Begriff des Apriori nicht ausgrenzen ließ (oben S. 168), für die also bisher ein Begriff fehlt, ihrerseits durch die phänomenologische Methode zu *definieren:* als „philosophisch" wären dann genau die gegenständlichen Themen anzusprechen, deren Wahrheit nur in der phänomenologischen Reflexion zu erfassen ist.

Das Wahrheitsproblem als ausgezeichnetes phänomenologisches Thema

Welches wären diese Themen? Die phänomenologische Methode ist offenbar überall dort erforderlich, wo es sich um gegenständliche Bestimmungen handelt, die in Wirklichkeit nicht in den gegenständlichen Inhalt selbst gehören, sondern seine Gegebenheitsweise betreffen und daher nur in gleichzeitiger Analyse der korrelativen intentional-noetischen Momente zur Aufklärung zu bringen sind. Solche quasi-gegenständlichen Bestimmungen sind zunächst alle diejenigen Komponenten des „intentionalen Inhalts", des „Noema", die nicht in den „gegenständlichen Sinn" selbst (die „Materie") gehören, sondern die Art und Weise betreffen, wie er *gesetzt* ist und wie er in den verschiedenen Modifikationen der Leere und Fülle *gegeben* ist. Die Setzungscharaktere (oben S. 39 ff.) und die Gegebenheitsweisen der Leere und Fülle (oben § 3) sind nur in Korrelation mit den entsprechenden Bestimmungen der „Akte" zu erfassen. Diese beiden Reihen von quasigegenständlichen Bestimmungen sind nun aber wesensmäßig aufeinander bezogen, sofern die „Prätention", die in jedem Setzungscharakter liegt, zur Ausweisung ihrer „Rechtmäßigkeit" auf die Gegebenheitsweise der Erfüllung angewiesen ist (oben S. 42 ff.). Der „Urmodus" der Setzungscharaktere ist das „Sein", und dieses, als rechtmäßig gesetztes verstanden, ist „wahr" (oben S. 44, 88 f.). Diese Wahrheit aber ist das Korrelat des adäquaten Erfüllungsaktes (oben § 5). Im Wahrheitsbegriff und seinen defizienten Modifikationen treffen sich also beide Reihen von quasi-gegenständlichen Bestimmungen. Die Aufklärung des Wahrheitsbegriffs – das eigentliche Ziel, auf das die Analysen des 2. Bandes der LU ausgerichtet sind (oben S. 21) – erfordert also in ausgezeichneter Weise die in der Einleitung dieses Bandes eingeführte phänomenologische Methode.

Der phänomenologische Wahrheitsbegriff als Grundlage der konstitutiven Phänomenologie; der Sinn von Husserls Konstitutionsbegriff

Gerade die Durchführung der phänomenologischen Bestimmung des Wahrheitsbegriffs führt jetzt aber ihrerseits zur Entdeckung einer weiteren phänomenologischen Dimension, die nun auch die „Materie" des intentionalen Inhaltes, den gegenständlichen Sinn selbst betrifft. Die phänomenologische Bestimmung der Wahrheit im Rekurs auf die „Selbstgegebenheit" bliebe an und für sich abstrakt und nötigt, wie sich zeigte, zu der weiteren Frage, was Selbstgegebenheit bei den verschiedenen Arten von Gegenständlichkeiten konkret bedeutet; sie nötigt also zu der Frage nach der *Gegebenheitsweise der Gegenstände.* Insbesondere bei den kategorialen Gegenständen (oben § 6), aber auch schon bei den sinnlichen (S. 73 f.), zeigte sich nun, daß ihre „Selbstgegebenheit" sich nicht als eine schlichte Vorgegebenheit verstehen läßt, sondern sich in je verschiedener Weise synthetisch „konstituiert", wobei diese Konstitution im Bereich des Sinnlichen sich in mehreren, deskriptiv verschiedenen Stufen vollzieht (vgl. oben S. 79 f.). „Konstitution" bedeutet, daß, was gegenständlich wie eine schlichte Vorgegebenheit erscheint, sich, wenn man auf das Wie der Selbstgegebenheit achtet, erst innerhalb der phänomenologischen Sphäre im Vollzug eines synthetischen Aktes „aufbaut" (vgl. IdPhä 71 f.). Das eigentliche Geschehen der Selbstgebung, der Erfüllung, in der sich Wahrheit ausweist, liegt in dem Vollzug dieses Aktes, der – auf der sinnlichen Ebene – eine reell gegenwärtige Mannigfaltigkeit als Abschattungen = Gegebenheitsweisen eines Gegenstandes einheitlich „auffaßt" oder – auf der kategorialen Ebene – als „fundierter" Akt eine Mehrheit von bereits gegenständlich Gegebenem zu einer höheren Einheit „konstituiert".

Die Thematik der Konstitution ergibt sich also für Husserl aus der näheren deskriptiven Analyse dessen, was bei den jeweiligen Gegenständlichkeiten „Evidenz" im phänomenologischen Sinn besagt. Ganz ausdrücklich wird die Problematik der Konstitution in dieser Weise dort eingeführt, wo sie zum ersten Mal literarisch als universale philosophische Aufgabe greifbar wird, nämlich in IdPhä: Von außen „scheint es zunächst so, als wäre Evidenz ein bloßes Schauen ..., überall ein und dasselbe und in sich unterschiedslos ... Und nun wie anders erweist sich das Schauen der Sachen bei näherer Analyse" (11 f.). Die „Erkenntnis" ist nicht „ein und derselbe leere Sack, in den einmal dies, einmal jenes hineingesteckt ist. Sondern in der Gegebenheit sehen wir, daß der Gegenstand sich in der Erkenntnis konstituiert" (74 f.). Die phänomenologisch verstandene Evidenz, die Selbstgegebenheit des Gegenstandes, ist nicht ein schlichtes Datum, sondern synthetisch *strukturiert,* und für die verschiedenen Grundgestaltungen der Gegenständlichkeit verschieden (71 ff.). Charakteristisch für diese phänomenologische „Konstitution" ist stets, daß hier nicht einfach Mannigfaltiges in einer Synthesis zusammengestellt wird, so daß die konstituierte Einheit dann denselben ontologischen Status hätte wie die konstituierenden Komponenten und der vermittelnde Aktvollzug vor dem Konstituierten gleichsam wieder zurücktreten könnte; vielmehr ist das Konstituierte *ursprünglich* gegeben nur *in* dem synthetischen Akt, und d. h. es hat gegenüber den

Komponenten, auf denen es sich aufbaut – als realer Gegenstand gegenüber seinen Abschattungen, als ideale Gegenständlichkeit gegenüber den fundierenden realen Gegenständen – einen ontologisch neuen Status, der eben dadurch definiert ist, daß das Konstituierte nur in dem so und so bestimmten und fundierten konstituierenden Akt zur Gegebenheit kommen kann.

Im Unterschied zu der ersten phänomenologischen Thematik, die es von vorn herein nur mit quasi-gegenständlichen Bestimmungen zu tun hatte, wird also die phänomenologische Methode hier, wo sie sich auf die gegenständlichen Inhalte selbst erstreckt, zur Lehre von der „Konstitution", d. h. zur Lehre, wie sich die Selbstgegebenheit dieser Inhalte in der phänomenologischen Sphäre „aufbaut". Dieser phänomenologische Aufbau ist keine idealistische These, sondern ein deskriptiver Befund, und nur indem man sich die deskriptiven Analysen vergegenwärtigt, in denen sich für Husserl die Einsicht in diese Struktur ergab, kann man auch ihren Sinn richtig verstehen. Hier wirkt es sich nachteilig aus, daß man die „Logischen Untersuchungen" vernachlässigt und den Sinn der Konstitution aus Husserls späterer idealistischer Position und im Vergleich mit neukantianischen Idealismen verstehen will, statt umgekehrt den Sinn von Husserls Idealismus aus seiner Lehre von der Konstitution aufzuklären. Man hat den deskriptiven Sinn von Husserls Konstitution ebensowenig erfaßt, wenn man fragen kann, inwiefern denn diese Konstitution nicht eine „Kreation" des Gegenstandes sei[3], als wenn man antwortet, „erzeugt" werde hier eben nicht der Gegenstand, sondern nur sein „Geltungssinn"[4]. Eine „Erzeugung"[5] ist die Konstitution nicht nur deswegen nicht, weil sie „keine reale" ist[6], sondern weil es sich *deskriptiv-strukturell* um ein ganz anderes Phänomen handelt. Die Schwierigkeit ist hier nicht, wie Fink meint, daß Husserl den phänomenologischen Konstitutionsbegriff nicht genügend von dem vorphänomenologischen Modell abhebt, sondern daß Fink sich nicht an die Struktur hält, die für Husserls Konstitutionsbegriff maßgebend ist und deswegen an ein unpassendes vorphänomenologisches Modell denkt, während sich andere vorphänomenologische Analoga sehr wohl aufzeigen lassen, an denen die gemeinte Struktur deutlich wird.

Vor allen Dingen ist zu beachten, daß der konstituierende „Akt" von Husserl *eidetisch* verstanden ist, daß also nicht dieser einzelne Akt, sondern der Akt in specie für eine Gegenständlichkeit konstitutiv ist. Schon aus diesem Grund ist das Modell der Erzeugung verfehlt, zweitens aber auch deswegen, weil das Konstituierte nur *in* der Konstitution ursprünglich gege-

3 Fink (1957) 334.

4 Gadamer (1963) 32; vgl. auch Seebohm (1962) 161.

5 Daß Husserl selbst in den späteren Schriften zur Bezeichnung der Konstitution *idealer* Gegenständlichkeiten das Wort „Erzeugung" verwendet (CM 111, FTL 149), darf nicht verwirren.

6 Gadamer a. O., vgl. auch FTL 149.

ben ist und sein „wahres Sein“ also gar nicht getrennt von dem konstituierenden Akt (in specie!) zu denken ist. Ein vorphänomenologisches Analogon ist daher nicht in einer ποίησις zu finden, wohl aber in einem Gegenstand, der nur in der ἐνέργεια, die ihn „aufbaut“, überhaupt „ist“. So baut sich z. B. der „Gegenstand“ Mondscheinsonate in dem so und so geregelten Klavierspiel in specie auf, und dieser Gegenstand läßt sich überhaupt nicht denken außer als Korrelat (Geleistetes) dieses Spielens. Das Klavierspielen erzeugt diesen Gegenstand nicht, sondern der Gegenstand hat sein Sein nur im Vollzug des Klavierspielens, er „konstituiert“ sich in diesem. Ganz analog konstituiert sich eine „Menge“ im Vollzug eines kolligierenden Aktes und läßt sich überhaupt nicht denken außer als Korrelat dieses Aktes in specie, ebenso ein sinnlicher Gegenstand im Vollzug einer Auffassung von Perspektiven. Die Lehre von der Konstitution ergibt sich aus der deskriptiv-analytischen Einsicht, daß, wie sich bei einem Musikstück der „Gegenstand“ nur im Vollzug einer bestimmten physikalischen Verrichtung „konstituiert“, so die Selbstgegebenheit jedes Gegenstandes überhaupt nur in einem bestimmten noetischen Vollzug, alles jeweils „in specie“ verstanden[7].

Liegt darin aber nicht, daß sich eigentlich nur die Selbstgegebenheit, das originäre Vorstelligwerden des Gegenstandes phänomenologisch konstituiert, nicht hingegen dieser Gegenstand selbst in seinem Sein[8]? Eine solche Alternative ist natürlich auf der Basis von Husserls phänomenologischem Wahrheitsbegriff nicht mehr möglich. Dieser bildet also in doppelter Beziehung die Grundlage der Lehre von der Konstitution: erstens hat sich für Husserl der deskriptive Befund der Konstitution durch die Frage nach der Selbstgegebenheit der verschiedenen Typen von Gegenständlichkeit ergeben, zweitens folgt nun aus dem phänomenologischen Wahrheitsbegriff, demgemäß das „wahre Sein“ das Korrelat des Erfüllungsaktes (in specie) ist, daß sich in der Konstitution des Selbstgegebenseins eo ipso auch das Sein des Gegenstandes konstituiert.

Das „Sein“, das heißt nun aber nicht bloß der „Geltungssinn“, als ob der Gegenstand selbst nicht konstituiert würde. Diese Unterscheidung zwischen dem Geltungssinn und dem Gegenstand, die man einführt, um den Gegenstand nicht ganz in der befürchteten Subjektivierung der Konstitution untergehen zu lassen, hat keine Berechtigung. Indem z. B. ein Sachverhalt als wahrhaft geltender konstituiert ist, ist eo ipso auch dieser Sachverhalt konstituiert; was sollte der Sachverhalt außerhalb des prädikativen Aktes in specie, in dem er sich konstituiert, überhaupt noch sein? Oder will man

---

7 Das Beispiel der Mondscheinsonate verliert seinen vorphänomenologischen Modellcharakter und geht in die Konstitution im phänomenologischen Sinn über, wenn man statt an die physikalische Operation des Klavierspiels an die noetische Operation des akustischen Auffassens denkt.

8 So Biemel (1959) 200, 204.

sagen, daß zwar der volle Sinn (und nicht nur der bloße Geltungscharakter) konstituiert werde, nicht aber der Gegenstand? Daß das wesensmäßige Korrelat aller Konstitution „Sinn" ist, heißt aber nicht, daß der Gegenstand von der Konstitution frei bleibt, sondern daß alle Gegenstände Sinncharakter haben (vgl. Ideen I 134, III 152 f., K 171).

Was bedeutet also die „Subjektivierung" der Gegenstände durch die Konstitution? Sie bedeutet natürlich nicht, daß der Gegenstand, aber auch nicht, daß die bloße Form der Gegenständlichkeit oder ihrer Selbstgegebenheit aus der Subjektivität hervorkäme. Husserl vermag weder aus dem einzelnen Ich noch aus dem Wesen der Subjektivität irgend etwas hervorkommen zu lassen (und daran wird sich auch auf der transzendentalen Position nichts ändern). Was so hervorkäme, in der Subjektivität fundiert wäre, wäre dann noch in seinem *Inhalt* gegenständlich faßbar. Gerade das ist es nun, was Husserl leugnet. Nicht die Herkunft, sondern der deskriptive Gehalt der Selbstgegebenheit und d. h. des wahren Seins des Gegenstandes ist „subjektiv", in einer noetischen Operation, in einer synthetischen „Leistung" fundiert. Aber diese Operation ist eine eidetische. Sie stammt so wenig aus dem einzelnen Akt wie aus dem Ich, dem sie vielmehr vorgegeben ist. Der ganze Gegenstand mitsamt seinem „Geltungssinn" ist also dem Subjekt *vorgegeben*, nur ist diese Vorgegebenheit deskriptiv von solcher Art, daß das Subjekt, um sie erfahren zu können, synthetische Akte vollziehen muß, Akte, die in specie identisch sind mit jenem, in dem sich überhaupt das Sein dieses Gegenstandes aufbaut.

Damit ist freilich nur der Konstitutionsbegriff der vortranszendentalen Phänomenologie erläutert. Auf der Basis der transzendentalen Reduktion wird sich dann doch eine Konstitution im einzelnen Ich ergeben. Aber die neue Sachlage mit ihren wirklichen Schwierigkeiten läßt sich nur klären, wenn der deskriptive Sinn, den der Konstitutionsbegriff für Husserl von vornherein hatte und an dem auch die transzendentale Vertiefung der Problematik nichts ändern kann, erfaßt ist.

Im Unterschied zu einer Konstitution in beliebigen (auch signitiven) Gegebenheitsweisen nennt Husserl die Konstitution der *Selbstgegebenheit*, weil nur sie zugleich die Konstitution des *wahren Seins* der Gegenstände ist, Konstitution im „prägnanteren" Sinn (CM 91), „ursprüngliche Konstitution" (FTL 150). Die eigentliche Lehre von der Konstitution schließt sich daher im späteren systematischen Aufbau der Phänomenologie unmittelbar an die Phänomenologie der „Vernunft" an, in der die Begriffe Wahrheit und Evidenz zur Aufklärung kommen, ja sie gehört noch selbst mit zur Phänomenologie der Vernunft und ist ihre konkrete Ausführung[9]. So wird „die Frage, *was ist Wahrheit?* ... ein gewaltiges Arbeitsprogramm" (FTL 178), weil sie zwar formal einfach zu beantworten ist, die phänomenologisch gehaltene Antwort aber sogleich in die für jede Art von Gegenständlichkeit gesondert durchzuführende konstitutive Phänomenologie übergeht.

---

[9] Vgl. Ideen I 4. Abschnitt, 2. und 3. Kapitel; CM § 29.

Die phänomenologische Methode gewinnt also auf dem Weg über den phänomenologischen Wahrheitsbegriff als konstitutive Phänomenologie ontologische Relevanz und müßte sich so zur Ausgrenzung auch der sachlichen Themen der Philosophie eignen, so daß sich die erwartete Definition der Philosophie durch Phänomenologie (oben S. 173) realisieren ließe. Wie ist aber der Umfang der konstitutiven Problematik ihrerseits auszugrenzen. „Wo fängt dieses Gegenständlichkeit-Konstituieren an und wo hört es auf?" (IdPhä 72). Freilich ist jeder Gegenstand überhaupt ein konstituierter, aber die Konstitution soll speziell die Weise seiner Selbstgegebenheit betreffen, und diese ist natürlich nicht von Gegenstand zu Gegenstand eine verschiedene, aber auch nicht für alle Gegenstände überhaupt dieselbe, sondern „so viele Grundgestaltungen der Gegenständlichkeit zu scheiden sind, so viele Grundgestaltungen auch der gebenden Erkenntnisakte" (IdPhä 75). „Zu jeder Grundart von Gegenständlichkeiten ... gehört eine Grundart ... der Evidenz" und damit eine eigene Form der Konstitution (FTL 144, Ideen 340).

Wenn sich aber, diesen Formulierungen zufolge, die Konstitutionsproblematik nach den „Grundarten" von Gegenständlichkeiten auszugrenzen hätte, dann müssen diese Grundarten ihrerseits schon vorphänomenologisch zu erkennen sein, d. h. es gäbe auch schon eine vorphänomenologische ontologische Thematik. Der sachliche Bereich der Philosophie wäre dann nicht erst durch die phänomenologische Thematik definiert, sondern diese müßte sich umgekehrt nach dem bereits anderwärts definierten Sachbereich richten. Tatsächlich besteht dieser Anschein bei Husserl weithin. So werden insbesondere in den „Ideen" schon im 1. Kapitel, noch vor der Einführung der Phänomenologie, die verschiedenen „Regionen" von Gegenständen unterschieden, jede mit ihrer eigenen „materialen Ontologie", wozu dann noch die „formale Ontologie" tritt, die die Gegenstände überhaupt in ihren formal-analytischen Strukturen betrifft. Auf diese Ontologien wird dann am Schluß des Buches, nach der Grundlegung der Phänomenologie der Vernunft, die Konstitutionsproblematik lediglich angewandt; für diese scheinen die bereits vorgegebenen ontologischen Regionalbegriffe als „Leitfaden" zu dienen (364)[10]. Auf diese Weise bliebe aber offen, wie wir überhaupt die verschiedenen materialen Regionen und ihre Grundbegriffe gewinnen. Im 1. Kapitel der „Ideen" entsteht der Anschein, als ob sie sich durch bloße höchste „Generalisierung" ergeben (32), also nicht in prinzipiell anderer Art als irgend welche niederen Begriffe. Daher umfaßt hier auch die jeweilige materiale Ontologie sämtliche Wesen und sämtliche apriori synthetischen Erkenntnisse der entsprechenden Region in *gleicher* Weise. Eben

[10] Vgl. analog CM § 29.

diese Undifferenziertheit im Begriff des materialen Apriori war es, die uns daran zweifeln ließ, daß man die Philosophie durch das Apriori im Husserlschen Sinn definieren kann (oben S. 168). Tatsächlich wird dann die *Konstitution* nicht auf alle Wesen der Region, sondern nur auf ihren Grundbegriff angewandt, z. B. auf den des materialen Dinges (Ideen 364 ff.). Worin besteht die Auszeichnung dieses Grundbegriffs gegenüber den spezielleren Begriffen?

Die Antwort findet sich im 3. Band der Ideen (§ 7)[11]. „Zunächst ist es für den Philosophen und Phänomenologen von größter Wichtigkeit, es sich intuitiv und vollkommen zur Klarheit gebracht zu haben, was die von mir so genannten gegenständlichen regionalen Begriffe auszeichnet" (25). Ein Begriff wie „materielles Ding" ist kein Gattungsbegriff (34) und erwächst nicht durch Generalisierung (25). Es ist also, um ihn zu originärer Gegebenheit zu bringen, ein anderes Verfahren erforderlich als das der beliebigen Variation eines Wesens, eines spezifischen Inhaltes. Die regionale „Idee des Dinges" ist überhaupt kein erfahrbarer Inhalt, sie ist nicht im generalisierenden Vergleich von sinnlich erfahrbaren Inhalten zu gewinnen. An der Methode der Variation hält Husserl aber auch hier fest, nur ist die Variation jetzt an überhaupt keinen spezifischen Inhalt mehr zu binden, sondern schrankenlos variieren wir einen Inhalt in den anderen, nur das eine festhaltend, daß die Variation überhaupt zusammenhängend ist, so daß sich nur eine einheitliche Erfahrung durchhält (29 f.). Während bei der Wesenserkenntnis im 1. Band der Ideen von einer Wesensnotwendigkeit gesprochen wird, die zum jeweiligen Inhalt beliebiger Allgemeinheitsstufe selbst gehört und entsprechend die Zufälligkeit das betrifft, was dem *Inhalt* zufällig ist, wird hier *jeder Inhalt* selbst zum Zufälligen (34 f.), nämlich zufällig in bezug auf die Form der sich einheitlich durchhaltenden Erfahrung (Selbstgebung). Die Notwendigkeit betrifft jetzt also „nicht einen Inhalt, sondern eine Form für alle möglichen Gegenstände möglicher Erfahrung dieser Artung überhaupt" (33). „Man darf", so kann nun also Husserl gegen seine eigene sonstige Darstellung einwenden, „nicht verwechseln das, was ein Allgemeinbegriff vorschreibt und was das Wesen der allgemeinen Wahrnehmung als einer Grundart der Erfahrung vorschreibt" (a. O.). „Die Idee des Dinges steht danach ganz anders da als die Idee eines sonstigen Allgemeinen auf Grund der Erfahrung ... : sie drückt bloß ... das Korrelat der Grundart der Erfahrung aus" (33 f.).

Demnach können wir, ohne auf die Gegebenheitsweise zu reflektieren, überhaupt nicht zu den regionalen Grundbegriffen kommen, und nur weil es verschiedene Weisen der Selbstgebung gibt, besteht überhaupt ein Anlaß, verschiedene „Regionen" zu unterscheiden: „Im Wesen des originär gebenden Bewußtseins überhaupt gründen kardinale Scheidungen nach Grundarten ... Jeder solchen Grundart entspricht offenbar ein regionaler Begriff ..." (36).

---

[11] Vgl. auch Kern (1964) 142 f.

Daß sich auch die Thematik der formalen Ontologie von der der materialen Ontologien nur durch die Gegebenheitsweise ihrer Gegenstände unterscheidet, ist nach Husserls Lehre von der kategorialen Anschauung ohnehin klar. Auch war ja schon in den LU das zweite Motiv für die phänomenologische Wendung neben der Aufklärung des Wahrheitsbegriffs die Erkenntnis, daß nur auf diesem Wege verschiedene Grundbereiche, wie insbesondere der der idealen „Bedeutungen" von dem der realen Gegenstände, angemessen unterschieden und in ihrem Eigenrecht erwiesen werden können (oben S. 16). Unterscheidungen solcher Art sind überhaupt nicht in „direkter", gegenständlicher Einstellung zu erreichen, sondern nur phänomenologisch im Rekurs auf die verschiedenartige „Konstitution".

Das Fundierungsverhältnis von Grundart der Evidenz und Grundart von Gegenständlichkeit verhält sich demnach genau umgekehrt als es nach den zuerst angeführten Zitaten (oben S. 178) den Anschein hatte. Wie weit sich die Konstitutionsthematik erstreckt, ist durch keine vorgegebenen inhaltlichen Unterscheidungen zu bestimmen, sondern kann sich nur in der Durchführung der Konstitutionsthematik selbst herausstellen. So kommt es *innerhalb* von Husserls weitem Begriff des Apriori zu einem „Unterschied zwischen Priorität und Posteriorität", der, wie Husserl hier ausdrücklich betont, „seine Quelle" im Faktum der Konstitution hat (Ideen III 35). Das „priorische" Apriori ist dasjenige, das nicht das apriorische Wesen erfahrbarer Inhalte betrifft, sondern die Form der Erfahrung (Evidenz), in der sich zugleich die Form der Gegenstände dieser Erfahrung, genauer: das jeweilige „wahre Sein" „konstituiert". Dieser „Unterschied zwischen Priorität und Posteriorität" verläuft also mitten durch Husserls formale und regionale Ontologien hindurch, und so läßt sich jetzt eine im prägnanten Sinn ontologische, weil das jeweilige „wahre Sein" der Gegenstände betreffende Problematik eben dadurch ausgrenzen, daß sie nur als Phänomenologie möglich ist. Daß die eigentliche ontologische Problematik durch die phänomenologische Konstitutionsthematik *definiert* wird, bedeutet, wie man sieht, daß das *Sein* als philosophischer Grundbegriff durch die in den Gegebenheitsweisen sich konstituierende *Wahrheit* verdrängt, bzw. aus dieser verstanden wird, so daß die verschiedenen „Ontologien", da sie sich nicht durch Differenzierungen im Seinsbegriff, sondern der Gegebenheitsweisen unterscheiden, eigentlich „Aletheiologien" sind.

Abhebung gegen Kant und den Kantianismus

Erst durch die Unterscheidung zwischen phänomenologischer Priorität und inhaltlicher Posteriorität gelangt Husserl überhaupt auf die Ebene von Kants transzendentalem Begriff des synthetischen Apriori, der die Form der Erfahrung und korrelativ der Gegenstände der Erfahrung betrifft. Aber hier ist nun entscheidend, daß Husserl auf diese „transzendentale" Ebene nicht durch die Problematik des Apriori geführt wird[12], sondern durch den darge-

---

[12] Vgl. zum folgenden oben S. 163 ff.

stellten Wechselzusammenhang von Wahrheitsproblem und phänomenologischer Thematik. Das Wesen der Apriorität behält daher für Husserl auch hier denselben intuitiv-deskriptiven Charakter, den es für ihn überhaupt hat. Während für Kant die subjektive Wendung des Apriori, das von vornherein auf der philosophischen Ebene angesetzt war, durch die Problematik der *Begründung* (sowohl des Apriori selbst als auch der empirischen Wahrheit) motiviert war und sich dann im älteren wie neueren Kantianismus ausschließlich auf sie verlegte (während bei Kant selbst, insbesondere in seiner Raum-Zeit-Problematik, zugleich phänomenologisch-deskriptive Tendenzen wirksam sind), ist bei Husserl die subjektive Wendung des Apriori dadurch motiviert, daß durch sie überhaupt erst die philosophische Ebene erreicht wird, und sie betrifft nicht die Begründung (weder des Apriori selbst noch der empirischen Wahrheit), sondern den *deskriptiven* Gehalt der empirischen Wahrheit (und das und nur das ist eben für ihn das philosophische Apriori). Um von Husserls Begriff des Apriori auf die philosophische Ebene zu gelangen, mußte also die neuartige phänomenologische Zwischendimension entdeckt werden, die in ihrem Sachgehalt, indem sie die Konstitution in „Gegebenheitsweisen" betrifft, „subjektiv" ist, nicht in ihrer Begründung aus dem Ich oder dem Wesen von Erfahrung überhaupt.

Die Philosophie kann jetzt nicht, wie bei Kant und im Kantianismus, den *Sinn* von empirischer Wahrheit voraussetzen und ihre Aufgabe darin sehen, von ihm „analytisch" zu einem ersten subjektiven Prinzip zurückzuschreiten oder – was dasselbe ist – „synthetisch" aus diesem Prinzip den vorausgesetzten Sinn von Wahrheit abzuleiten oder zu konstruieren, sondern sie bleibt bei diesem stehen und sieht ihre Aufgabe darin, statt ihn zu begründen, ihn phänomenologisch aufzuklären: „Es gilt nicht, Objektivität zu sichern, sondern sie zu verstehen" (Hu VI 193). Aus dieser sich deskriptiv verstehenden philosophischen Thematik, der im eigentlichen Sinn analytischen, kann sich nun aber auch ergeben und ergibt sich faktisch, daß es nicht nur *eine* Form von Erfahrung, von Selbstgegebenheit und damit von empirischer Wahrheit gibt; und indem nicht aus dem Ich oder dem Wesen von Erfahrung überhaupt apriori begründet wird, besteht auch gar kein Mittel, eine bestimmte Form von Erfahrung als notwendig und universal zu erweisen. Auch auf der spezifisch philosophischen Ebene bleibt also die „Möglichkeit" die eigentliche Dimension des Apriori (oben S. 163 ff.): es gibt eine offene Pluralität von Erfahrungsmöglichkeiten, und nur diese, nicht die Erfahrung überhaupt, haben notwendige Strukturen. So führt der spezifisch phänomenologische Ansatz zu einem neuen Begriff von Philosophie, der gegenüber Husserls weitem Begriff des Apriori eingeschränkt ist auf die Analyse der formalen Erfahrungsstrukturen, diese aber weder wie bei Kant auf eine einzige festlegt noch wie bei Hegel aus einem einzigen systematischen Prinzip begründen muß.

Husserls Pluralismus des Apriori führt aber zu keinem apriorischen Relativismus (CM 90). Wenn die apriorischen Erfahrungsstrukturen nicht auseinander abzuleiten oder zu konstruieren sind, so können sie doch in einem aufklärbaren Zusammenhang stehen. Es gibt hier verschiedene Möglichkeiten.

Die für Husserl zunächst maßgebende Form eines Zusammenhangs ist die gleichsam vertikale der Fundierung: „Mit Rücksicht darauf, daß im Wesen dieser originär gebenden Akte auch Grundarten von Fundierungen angelegt sind und daß mit denselben neue Grundarten gebender Anschauung erwachsen, die in den alten eben fundiert sind, ergeben sich ... entsprechende Fundierungen von Gegenstandsregionen (z. B. materielles Ding, aesthesiologisches Ding, Mensch bzw. Seele)" (Ideen III 36). Daß dasselbe Seiende hinsichtlich seiner verschiedenen Konstitutionsschichten verschiedenen „Regionen" angehört, zeigt, wie irreführend der Titel „Region" ist, ein Residuum der vorphänomenologischen Konzeption, wie wir sie im 1. Kapitel der Ideen finden, als handelte es sich um gegenständlich unterscheidbare Bereiche. Auch innerhalb des einzelnen Dinges betreffen die verschiedenen Konstitutionsstufen nicht gegenständlich zu fassende Schichten, sondern die verschiedenen Stufen, in denen die komplexeren Gebilde zur Selbstgegebenheit zu bringen sind. Ontologisch sind diese Fundierungsverhältnisse daher wiederum nur, weil sie aletheiologisch sind. In dieser Weise sind z. B. die kategorialen Gegenstände in ihrem Sein in sinnlichen fundiert, weil die Akte, in denen sie zur Selbstgegebenheit kommen, so fundiert sind (oben § 6). Ebenso, wenngleich in anderer Weise, gibt es Fundierungsverhältnisse der Selbstgegebenheit innerhalb des sinnlich-materialen Gehaltes selbst.

Aber Fundierung bedeutet nicht Begründung. Sie bedeutet nur, daß die fundierten Gebilde *nicht* zur Selbstgegebenheit zu bringen sind *ohne* Rückgang auf die fundierenden. Für die einzelne empirische Ausweisung, in der die „intentionalen Implikationen" nur vollzogen, nicht reflektiert zu werden brauchen, ist das klar. Aber auch für die phänomenologische Explikation dieser Fundierungsverhältnisse als solcher bildet die fundierende Schicht stets nur den Boden, nicht den Grund für die fundierte. Die fundierte (man denke etwa an die kategoriale im Verhältnis zur sinnlichen!) geht ihrer Struktur nach in keiner Weise aus der fundierenden hervor, und so läßt sich in der phänomenologischen Aufklärung jede Stufe nur deskriptiv hinnehmen. Wieder gilt es, gegenüber den scheinbar verwandten Aufbau-Systemen im nachkantischen Idealismus zu beachten, daß Husserl für seine Konstitution ein Ableitungs- oder Konstruktionsprinzip weder hat noch sucht. Daher kann auch der Gang der konstitutiven Analyse eigentlich nicht von „unten" nach „oben" laufen, da in dieser Richtung keinerlei Notwendigkeit, ja nicht einmal ein Leitfaden gegeben ist, und die Analyse einen Leitfaden nur im Ausgang von „oben" in den faktischen intentionalen Implikationen der fundierten Gebilde findet (CM 87). Wo Husserl dennoch von unten beginnt, wie insbesondere in den umfangreichen konstitutiven Analysen, die im 2. Band der Ideen vorliegen, geht ein entsprechender Rückgang voraus (vgl. Ideen II 17).

Dieser vertikale Zusammenhang blieb für Husserl lange der einzige. So konnte es so aussehen, als ob es zwar verschiedene und auseinander unableitbare Erfahrungsweisen gebe, auf jeder Fundierungsstufe aber nur eine einzige möglich sei, die auf dieser Stufe daher universal gelte. Eine solche Universalität des Apriori ließe sich aber auf Husserls Position nicht begründen. Man kann hier immer nur sagen: *innerhalb* einer bestimmten Erfahrungsweise gelten, wie man sich durch einheitliche Variation zur Klarheit bringen kann, bestimmte Gesetzmäßigkeiten, aber man kann nicht ausschließen, daß auf derselben Ebene noch andere Erfahrungsweisen möglich sind. Wenn Husserl schließlich auch diese Möglichkeit einbeziehen wird, daß dieselben Gegenstände in verschiedenen Gegebenheitsweisen erfahren werden können, wird sich neben der für Husserl maßgebenden „vertikalen" Richtung noch eine andere, „horizontale" Richtung der „intentionalen Implikationen" ergeben, die geschichtlich zu verstehen ist. Diese geschichtliche Dimension ist in Husserls Begriff des Apriori als *Möglichkeit* von vornherein enthalten.

Husserls philosophische Position

Husserls philosophische Position, soweit sie bisher erkennbar wurde, läßt sich dadurch charakterisieren, daß in ihr die Wahrheit zum Grundbegriff der gesamten philosophischen Problematik wird und der deskriptive „Zwischenbereich" der Gegebenheitsweisen zu ihrem eigentümlichen Feld und d. h. zugleich zur Rückgangsdimension der Aufklärung von Wahrheit in allen ihren Modifikationen. Philosophie ist für Husserl phänomenologische Aletheiologie.

Der Zusatz „phänomenologische", den man jetzt nicht mehr vage verstehen darf, sondern in dem ganz bestimmten explizierten Sinn, charakterisiert Husserls Position im Vergleich zu früheren neuzeitlichen Positionen, in denen auch schon der Wahrheitsbegriff gegenüber dem Seinsbegriff, mit dem er seit Anfang der europäischen Philosophie verbunden war, einen Vorrang gewinnt. Dieser Primat des Wahrheitsbegriffs gründet im Reflexionscharakter der neuzeitlichen Philosophie. Aber bei Husserl ergibt sich zum ersten Mal eine umfassende Position, die nicht von einer vorausgesetzten Idee von Wahrheit ausgeht, um dann auf ihr aufzubauen oder sie zu begründen, sondern bei der deskriptiven Aufklärung des Wahrheitsbegriffs ansetzt *und stehenbleibt* und so die Philosophie im ganzen auf diese Aufgabe festlegt. Damit hängt die besondere Form der subjektiven Reflexion dieser

Philosophie zusammen, durch die sie als „Phänomenologie“ definiert ist. Bei Kant und Fichte und im Neukantianismus wird ein Begriff von Wahrheit als Objektivität vorausgesetzt und die Subjektivität, auf die reflektiert wird, ist die Instanz der Begründung ihrer Geltung. Im absoluten Idealismus wird die Subjektivität in die Wahrheit selbst mitaufgenommen, indem in Anlehnung an die Adäquationsformel ein Begriff von Wahrheit als Identität oder Übereinstimmung zwischen Subjekt und Objekt (und zugleich in Anknüpfung an Leibniz ein Begriff von Wahrheit als immanente sachliche Identität) zugrunde gelegt wird. Die phänomenologische Aufklärung der Adäquationsformel zeigt aber, daß sie nur als Einheit von „signitiver“ und „intuitiver“ Gegebenheitsweise des Objekts verstanden werden kann. Damit ist nicht die idealistische Thematik in Frage gestellt, sondern nur das Recht, den Terminus Wahrheit für sie in Anspruch zu nehmen (vgl. oben S. 91 f.). Jedoch ändert sich dadurch das thematische Interesse. Es geht nicht mehr auf die Einheit oder Übereinstimmung zwischen Subjekt und Objekt, sondern auf das (intentionale) *Verhältnis* des Subjekts zum Objekt und d. h. korrelativ auf die *Gegebenheitsweisen* der Objekte, – es geht statt auf die Einheit auf das „Zwischen“[13], und nur aus dieser phänomenologischen Zwischendimension – das ist allerdings der Anspruch – ist der Sinn von Wahrheit aufzuklären.

Heidegger wird dann genau an diesem Zusammenhang von Wahrheitsproblem und phänomenologischer Zwischendimension ansetzen und die Konzeption von dieser radikalisieren, indem er nicht mehr nur nach den Gegebenheitsweisen der Gegenstände fragt, sondern unter dem Titel „Erschlossenheit“ und „Lichtung“ nach der Möglichkeit der Dimension von Gegebenheit und Wahrheit als solcher, die schließlich weder objektiv noch subjektiv abgestützt, sondern ihrerseits zum gleichsam schwebenden Fundament wird. Husserls Reflexion nicht schlechthin auf das Subjekt, auch nicht auf die Subjekt-Objekt-Einheit, sondern auf das Wie der Gegebenheit bildet hier die un-

---

[13] Diese Verlagerung des Interesses beschränkt sich nicht auf die Phänomenologie, sondern ist auch für andere philosophische Bemühungen im ersten Drittel des 20. Jahrhunderts charakteristisch, wie insbesondere für den „Personalismus“; ebenso ließen sich Parallelen außerhalb der Philosophie in Wissenschaft und Kunst aufzeigen. Auf einer streng philosophischen („ontologischen“) Basis hat sich aber das neue Interesse (wenngleich inhaltlich beschränkt) nur bei Husserl und Heidegger ausgewirkt. – Auf die Frage nach dem Warum dieser „Interessenverlagerung“ kann hier nicht eingegangen werden. Äußerlich ließe sich das neue Interesse als Antwort auf eine neue und weitere Stufe der „Entfremdung“ verstehen: wo die einzelnen Einheiten eines Zusammenhangs, insbesondere „Subjekt“ und „Objekt“, nicht nur als auseinandergerissen erfahren werden, sondern sogar ihre immanente Integrität verloren scheint, kann das Interesse nicht mehr darauf gehen, eine Einheit (wieder)herzustellen, sondern richtet sich auf das Verhältnis als solches, das jetzt gegenüber den „Verhältnisgliedern“ einen Primat gewinnt. – In der Antwort auf die negativ erfahrene Situation der Entfremdung eröffnen sich natürlich in beiden Fällen neuartige positive Möglichkeiten.

mittelbare Vorstufe. Genauso wie nachher Heidegger für die Lichtung, beansprucht auch Husserl für die phänomenologische Dimension, daß sie in der früheren Philosophie nicht gesehen wurde (oben S. 172), weil sie auf den Sinn von Wahrheit nicht genügend radikal reflektierte. Und ähnlich wie dann für Heidegger, liegt auch schon für Husserl in der inneren Tendenz des natürlichen Lebens, daß es, weil es stets an der gegenständlichen Wahrheit, auf die es sich gerade richtet, „interessiert" ist (Hu VIII 92–110), in „Selbstvergessenheit" (90) den Gegenständen der Welt hingegeben ist (121), so daß das „Wie der Vorgegebenheit von Welt" „notwendig verborgen" bleibt (K 149).

Übergang

Wenn es im eigenen Sinn des intentionalen Lebens liegt, daß es die phänomenologische Dimension, in der es sich ständig bewegt, überspringt, dann erfordert die phänomenologische Reflexion eine „Umstellung des gesamten Lebens" (K 153), die seinem natürlichen Interesse zuwiderläuft. Wie kann dann aber überhaupt die phänomenologische Reflexion zustandekommen? „Was kann hier das Motiv sein?" (Hu VIII 98).

Diese Frage weist auf die Grenzen der bisherigen Betrachtung: wir haben im Anschluß an die phänomenologische Wendung der LU nur gezeigt, was Philosophie bedeutet, *wenn* man sie als Phänomenologie definiert. *Daß* die Thematik, die sich durch Phänomenologie ausgrenzt, tatsächlich den Sinn von „Philosophie" erfüllen kann, wurde nur supponiert. Mehr ließ sich im Anschluß an die LU nicht leisten, weil sich hier noch kein Begriff von Philosophie findet. So hängt die ganze Konzeption zunächst in der Luft. Um sie auf eine Basis zu stellen, mußte Husserl erst eine Idee von Philosophie aufstellen, die sich zugleich als Verwirklichung einer Möglichkeit des vorphilosophischen Lebens auffassen läßt und aus der nun zu zeigen ist, daß Philosophie nur als Phänomenologie zu realisieren ist. Dabei wird sich der bisherige Sinn von Phänomenologie modifizieren und vertiefen.

§ 9 Die Radikalisierung des Wahrheitsbezugs als Ausgangspunkt für die Ausbildung der Philosophie als transzendentale Phänomenologie

Im vorigen Paragraphen wurde Husserls Begriff von Philosophie so weit entwickelt, als er sich aus der Idee von Phänomenologie ergibt, wie sie schon in den LU eingeführt wird. Dabei wurde auch schon auf spätere Schriften vorgegriffen, soweit sie nur diejenigen Motive weiter ausbilden und klären, die schon in den LU vorhanden sind. Dieses Vorgehen war sinnvoll, weil es zeigt, wie weit auch schon die vortranszendentale Idee von Phänomenologie reicht und welche Themen nicht erst durch die spezifisch transzendentale Wendung hervorgerufen wurden. Die Konzeption von Philosophie, die sich dabei ergab, bestimmte sich einerseits durch den Wahrheitsbegriff, andererseits durch die Dimension des Phänomenologischen. Dabei blieb offen, *warum* sich Philosophie gerade in dieser Weise verstehen soll. Diese Frage kann erst auf der Grundlage eines formalen Vorbegriffs von Philosophie beantwortet werden.

a) Husserls Vorbegriff von Philosophie

Zu unterscheiden ist Husserls voll entwickelter Begriff von Philosophie als transzendentale Phänomenologie und der „formale Urbegriff von Philosophie" (Hu VII 288), aus dem er hervorgeht. Dabei ist es hier gleichgültig, wie weit dieser sich für Husserl faktisch erst rückläufig aus der schon ausgebildeten transzendentalen Phänomenologie ergab. Entscheidend ist, daß er ihr sachlich zugrunde liegt (vgl. Ideen III 139).

Philosophie als strenge Wissenschaft

Philosophie, so heißt es zuerst in PhW (1911), ist „die höchste und strengste aller Wissenschaften" (290). Diese Auffassung bleibt bis zuletzt erhalten (Ideen III 139). Philosophie unterscheidet sich also für Husserl von den Wissenschaften primär nicht durch einen besonderen *Sachbereich*, sondern *methodisch*, und zwar gerade dadurch, daß sie die allgemeine Idee der Wissenschaftlichkeit am höchsten und strengsten erfüllt. Worin besteht diese Idee?

Das Interesse an der Wahrheit und seine Radikalisierung in der Wissenschaft

Wissenschaft, so wird in ausdrücklicher Anknüpfung an die griechische Philosophie erklärt, „ist systematische Auswirkung eines von allen sonstigen

Abzweckungen befreiten theoretischen Interesses, des Interesses an der Wahrheit rein um der Wahrheit willen" (Hu VII 203). Sofern alles intentionale Leben (gemäß der Konvertibilität aller nicht-doxischen Qualitäten in doxische) ausdrücklich oder unausdrücklich *setzend* ist und alle Setzungen (gemäß der Konvertibilität aller Seinsmodalitäten in den Urmodus) direkt oder indirekt *Wahrheit* setzen, ist alles intentionale Leben überhaupt ausdrücklich oder unausdrücklich auf Wahrheit ausgerichtet (oben S. 44). Diese Ausrichtung impliziert ein *Interesse* (Hu VIII 96, 103), daß das, was jeweils als wahr gesetzt wird, auch wahr ist, daß also die „Prätention", die in der Setzung liegt, eine „rechtmäßige" ist (oben S. 44). So gehört also auch zur rein theoretischen, „doxischen" Komponente des intentionalen Lebens „ein Strebens- und Wollenszug" (Hu VIII 193), der auf die Wahrheit als solche als Telos gerichtet ist, weil die Wahrheit entweder überhaupt erst erfragt, gesucht, erweitert werden soll oder aber, wo sie schon gesetzt ist, wegen der Spannung zwischen Prätention und Rechtmäßigkeit ein Interesse an ihrer Sicherung besteht (vgl. K 179)[14].

Dieses Interesse an der Wahrheit ist im alltäglichen Leben den praktischen Interessen, den Interessen der „Gemüts- und Willenssphäre", untergeordnet und kann daher hier nicht zu radikaler Auswirkung kommen (Hu VII 294 f.). Das geschieht erst mit der Ausbildung von „Wissenschaft", die eben darin besteht, daß Wahrheit zum letzten und ausschließlichen Telos wird. Dieses „von allen sonstigen Abzweckungen befreite theoretische Interesse" führt im Gegensatz zum vorwissenschaftlichen Interesse an Wahrheit erstens zur Ausrichtung auf „systematische Universalität der Erkenntnis" (CM 53) und zweitens zu einer Radikalisierung des Anspruchs auf Ausweisung, des Rechtfertigungsanspruchs, der im Alltag, nach Maßgabe der sonstigen Interessen, nur relative Geltung hat (CM 52 f.). Dieser zweite Gesichtspunkt ist für Husserl der entscheidende: die Universalisierung des Wahrheitsinteresses *folgt* aus der Radikalisierung des Rechtfertigungsanspruchs, weil eine Wahrheit immer im Horizont anderer Wahrheiten steht und daher zu voller Ausweisung nur gebracht werden kann im vollen Ausschreiten dieses Horizontes, der letztlich ein universaler ist (vgl. FTL 4, CM 179).

Philosophie als letztausweisende Universalwissenschaft

Ist nun Philosophie die „höchste und strengste" Wissenschaft, dann ist sie dadurch definiert, daß sie „die Idee, welche in allen Wissenschaften ...

[14] Dieses Interesse an der Wahrheit gehört notwendig zur theoretischen Komponente aller Akte, schließt aber natürlich nicht aus, daß das praktische Interesse, das sich darauf aufbaut, entgegengesetzt sein mag, wie z. B. bei einer „schlechten Nachricht".

die ständig leitende ist", „die Idee einer Wissenschaft und schließlich einer Universalwissenschaft aus absoluter Begründung und Rechtfertigung" (CM 52), in einer Radikalität realisiert, die in den einzelnen „positiven" Wissenschaften nicht möglich ist.

Daß die einzelnen Wissenschaften die Idee von Wissenschaft, auf die sie ihrem eigenen Wesen gemäß bezogen sind, nicht voll realisieren können, liegt wiederum in ihrem Wesen, sofern sie nämlich „positiv" sind, „direkt" auf Gegenstände bezogen, und aus diesem Grund auch nur einen einzelnen Gegenstandsbereich zum Thema haben. Daher ist ihre Universalität nur „auf ein jeweilig geschlossenes Wissenschaftsgebiet bezogen" (CM 53), und daher ist auch eine letzte Rechtfertigung nicht möglich, weil diese, wie sich in § 9 b zeigen wird, nur in der phänomenologischen Reflexion zu erreichen ist, die zugleich, wie sich schon in § 8 zeigte, die Instanz ist, in der die verschiedenen Gegenstandsbereiche zu unterscheiden und in ihrem Zusammenhang aufzuweisen sind.

Damit ist der Vorbegriff von Philosophie erreicht, wie er in Husserls späteren Schriften immer wiederkehrt: Philosophie ist „sich absolut rechtfertigende Wissenschaft, und zudem Universalwissenschaft" (Hu VIII 3). „Philosophie gilt mir, der Idee nach, als die universale und im radikalen Sinne ‚strenge' Wissenschaft. Als das ist sie Wissenschaft aus letzter Begründung, oder, was gleich gilt, aus letzter Selbstverantwortung, in der also keine ... Selbstverständlichkeit als unbefragter Erkenntnisboden fungiert" (Ideen III 139). Daß sich die allgemeine Idee von „Wissenschaft", die sich in den einzelnen Wissenschaften nicht erfüllen kann, in der Philosophie realisiert, heißt nicht unbedingt, daß letzte Begründung und volle Universalität hier tatsächlich erreicht wird, sondern zunächst nur, daß das Fragen methodisch so angelegt ist, daß es sich auf ein solches Ziel überhaupt ausrichtet. Die Philosophie „ist, wie ich betone, eine *Idee*, die, wie die weitere besinnliche Auslegung zeigt, nur in einem Stil relativer, zeitweiliger Gültigkeiten und in einem unendlichen historischen Prozeß zu verwirklichen ist – aber so auch in der Tat zu verwirklichen ist" (Ideen III 139). „Eine solche universale Philosophie ist ... ein im Unendlichen liegendes Ziel" (Hu VIII 196).

Zu dieser Universalisierung des radikalisierten Wahrheitsinteresses gehört nun aber auch, daß es nicht nur den im engeren Sinn theoretischen Bereich umfaßt, auf den sich die positiven Wissenschaften beschränken, sondern alle Wahrheitssetzungen überhaupt, also auch die implizierten der „Gemüts- und Willenssphäre" (Hu VIII 193 f., 203, 23). Alle Praxis enthält ein doppeltes Interesse: erstens das spezifisch praktische an dem Telos, auf das sie jeweils gerichtet ist; zweitens das implizierte und nur in der Überführung in die entsprechende doxische Modalität (vgl. oben S. 41) ausdrücklich zu machende, daß das gerade Gewollte ein wahrhaft zu Wollendes sei, ein wahres Telos, ein ἀγαθὸν ἀληθές. Dieses zweite Interesse ist gleichsam die theoretische Komponente der Praxis selbst (vgl. Hu VIII 194). Die Idee eines „von allen sonstigen Abzweckungen befreiten theoretischen Interesses" (oben S. 187) bedeutet also nicht, daß sich die Philosophie aus der Praxis auf einen rein theoretischen Bereich zurückzieht, sondern daß sie die Praxis selbst durchdringt, so daß diese alle ihre Interessen dem Interesse an der Wahrheit dieser Interessen unterordnet. Sofern das menschliche Leben im ganzen Praxis ist, ist „Erkenntnisvernunft ... Funktion der praktischen Vernunft, der Intellekt ist Diener des Willens" (Hu VIII 201). Aber der Wille erreicht seine Wahrheit nur sofern er seine theoretische Komponente aktualisiert: „Das Erkennenwollen ist vorausgesetzt für alles andere Wollen, wenn dieses die höchste Wertform besitzen soll" (a. O.). Philosophie ist dann „keine theoretische Liebhaberei" (Hu VIII 197), sondern, wie Husserl bei der Interpretation der sokratisch-platonischen Idee der Philosophie formuliert, „ein Leben, in dem der Mensch in unermüdlicher Selbstbesinnung und radikaler Rechenschaftsabgabe Kritik – letztauswertende Kritik – an seinen Lebenszielen ... übt" (Hu VII 9). Das Telos der Philosophie, wie sie durch Husserls Vorbegriff bestimmt ist, ist also letztlich eine „philosophische Kultur", d. h. „eine wahrhaft mündige Menschheit, ... die allzeit gewillt ist, der ‚Vernunft' zu folgen ... und die allzeit befähigt und bereit sein möchte, die absolute Normgerechtigkeit ihres Tuns aus letzten Quellen der Endgültigkeit zu vertreten" (Hu VII 203–5, vgl. auch K §§ 3–7, FTL 4 f.).

Philosophie als Realisierung der Idee der absoluten Selbstverantwortung

Fragt man, wie Husserl diese Idee von Wissenschaft und Philosophie ihrerseits begründet, so stößt man zunächst auf eine historisch-hermeneutische Rechtfertigung. „Die allgemeine Idee der Wissenschaft haben wir natürlich von den faktisch gegebenen Wissenschaften her." Aber sie ergibt sich nicht „durch vergleichende Abstraktion auf Grund der tatsächlichen Wissenschaften", sondern durch „Vertiefung" in die „Prätention", die sie „über ihre Tatsächlichkeit hinaus in sich ... tragen" (CM 49 f.). Solche „ursprüngliche Sinnesauslegung ... ist eo ipso zugleich Kritik" (FTL 8 f.). Ebenso beruft sich Husserl für die Idee der Philosophie selbst auf die Geschichte: „Mit meiner Fassung des Begriffs der Philosophie ... restituiere ich die ursprünglichste Idee der Philosophie, die, seit ihrer ersten festen Formulierung durch Platon, unserer europäischen Philosophie und Wissenschaft zugrunde liegt und für sie eine unverlierbare Aufgabe bezeichnet" (Ideen III 139, vgl. auch PhW 289, Hu VII 7 ff., FTL 1 ff.).

Eine solche hermeneutisch-kritische Begründung ist gewiß die einzig mögliche zur Rechtfertigung des *Begriffs* von Wissenschaft und Philosophie. Aber sie reicht an und für sich nicht aus zur Rechtfertigung der *Übernahme* dieses Begriffs in die eigene Tat (vgl. K 13, 16). Inwiefern hat diese Idee von Philosophie für uns eine bindende Motivation? Nicht einfach deswegen, weil sie zu unserer Geschichte gehört. Wohl aber kann die hermeneutische Auslegung zeigen, aus welcher unsprünglichen Motivation die Philosophie entspringt, und diese kann dann als bindend übernommen werden. Diese letzte Klärung mußte für Husserl wichtig werden, sobald er (spätestens Anfang der zwanziger Jahre) auf diese hermeneutischen Voraussetzungen aufmerksam wurde, weil sein Begriff von Philosophie, der gerade einen „Radikalismus" der „Voraussetzungslosigkeit" (Ideen III 160, CM 74) verlangt, nicht seinerseits ungeklärte Voraussetzungen enthalten darf, sondern aus einer Motivation entspringen muß, die ihrerseits als eine „letzte" einsichtig ist.

Philosophie ist nach Husserls Vorbegriff nichts anderes als der aufs äußerste radikalisierte Wahrheitsbezug überhaupt, im Sinn der unbedingten Forderung nach Ausweisung. Philosophie ist also so verpflichtend wie überhaupt die Ausweisung unserer Setzungen verpflichtend ist. Diese aber liegt in der Tat aller möglichen Verpflichtung überhaupt zugrunde. In der Bereitschaft zur „Rechenschaftsabgabe" (Hu VII 9) für die Wahrheit aller Setzungen und letztlich der in seiner ganzen Lebenshaltung implizierten Setzungen wird der Mensch erst zu einem *selbstverantwortlichen* Wesen (Hu VIII 197). Verantwortlichkeit und letztlich Selbstverantwortlichkeit bedeutet zunächst im spezifisch theoretischen Bereich nichts anderes als Bereitschaft zur Rechenschaft über die Wahrheit der jeweiligen Auffassungen (auch wenn diese Rechenschaft nicht abschließend zu verwirklichen sein sollte). Wenn nun auch alle praktische Rechtmäßigkeit als implizite Wahrheit („Wahrheit des Wertes", ἀγαθὸν ἀληθές) zu verstehen ist (oben S. 188), dann gründet auch alle praktische Verantwortlichkeit in der theoretischen Komponente der Praxis: „*verantwortet* wird letztlich die Echtheit des Wertes und die Wahrheit der Erzielung im *Erkennen*" (Hu VIII 25, 194). Verantwortlichkeit überhaupt ist demnach nichts anderes als das subjektive Korrelat des Anspruchs auf Wahrheitsausweisung, und Philosophie, wie sie in Husserls Vorbegriff konzipiert wird, ist also die „Idee der absoluten Selbstverantwortung – einer Verantwortung für volle und absolute Wahrheit ... Wir sehen ein, daß eine solche Philosophie ... verstanden werden muß als ein Leben überhaupt aus absoluter Selbstverantwortung: das personale Einzelsubjekt, als Subjekt personalen Lebens, will in all seinem Leben, in all seiner Praxis sich wahrhaft frei entscheiden, d. i. so, daß es jederzeit das Recht seiner Entscheidung vor sich selbst verantworten kann" (VIII 197)[15].

Mit der Idee der Verantwortlichkeit ergibt sich also die Notwendigkeit, in die Wahrheitsproblematik und damit in die phänomenologische Problematik überhaupt „das personale Einzelsubjekt" als die Instanz, die auf ihre Verantwortlichkeit ansprechbar ist, einzubeziehen. Die transzendentale Phä-

---

[15] Die Bedeutung der Idee der Selbstverantwortlichkeit für Husserls Begriff der Transzendentalphilosophie wird bei Landgrebe (1961) scharf herausgestellt und instruktiv interpretiert, vgl. besonders S. 140 f., 166 f., 169, 174. Diesem Aufsatz verdanke ich für die Interpretation dieses Abschnitts Anregung und Bestätigung.

nomenologie, die sich auf diesen Vorbegriff aufbauen wird, kann also nicht mehr wie die Phänomenologie der LU (II 353 f.) das „Ich" als einen vermeintlich phänomenologisch nicht vorfindbaren Befund leugnen und sich auf die bloßen Akte und ihren Zusammenhang im „Bewußtseinsstrom" beschränken. Die Idee der Verantwortlichkeit verweist aber nicht nur auf ein *einheitliches* Subjekt gegenüber den mannigfaltigen Akten, sondern auch auf ein *einzelnes* gegenüber anderen Subjekten. In dieser Vereinzelung gründet jene „einzigartige philosophische Einsamkeit" (K 187 f.), die für die Durchführung der transzendentalen Phänomenologie wesentlich werden wird.

Aber wie sich für das transzendentale Ego eine transzendentale Intersubjektivität ergeben wird, so hat auch die Verantwortlichkeit ihren eigentümlichen Ort zwar wesentlich im Einzelnen, aber ist zugleich eine „Verantwortung für die Gemeinschaft" (Hu VIII 197 f.). „Jeder ist für jeden und für jedes Anderen Sich-Entscheiden und Handeln, obschon in wechselndem Maße, mit verantwortlich" (198). Die Idee einer „philosophischen Kultur", auf die die Philosophie letztlich gerichtet ist (oben S. 189), ist also eine in Verantwortlichkeit existierende Gemeinschaft, wobei diese Verantwortlichkeit „nicht eine bloße Summe sich in den einzelnen Personen abspielender Selbstverantwortungen" ist, sondern „eine Synthesis, die „die einzelnen Selbstverantwortungen intentional ineinander verflicht und zwischen ihnen innere Einheit herstellt" (Hu VIII 198).

Husserls Vorbegriff von Philosophie gipfelt also in der Idee der absoluten Selbstverantwortung (vgl. auch FTL 3, 5, Ideen III 139) und bezieht aus ihr seine einsichtige Motivation. Diese Idee bildet daher den höchsten Punkt von Husserls Philosophie überhaupt, aber als solcher ist er nur ein *Ausgangspunkt* geblieben, den Husserl als die Voraussetzung seiner Philosophie der Voraussetzungslosigkeit erst relativ spät erkannt und, bis auf die wenigen Hinweise, die hier referiert wurden, auch dann nicht in seiner Struktur und seinen Zusammenhängen aufzuklären versucht hat. Das ist kein zufälliges Versäumnis, sondern gründet, wie sich zeigen wird (§ 9 c), gerade in Husserls bestimmter Ausdeutung seines Vorbegriffs von Philosophie, dergemäß die Voraussetzungslosigkeit, die absolute Rechtfertigung, nicht nur als kritisch-regulative Idee verstanden wird, sondern ein tatsächlich vorhandener voraussetzungsloser Boden supponiert ist, der nicht mehr als ein Bereich erneuter radikaler Fraglichkeit erscheinen darf. Insbesondere verhindert es Husserls systematische Ausbildung seines Ansatzes, den Zusammenhang der philosophischen Subjektivität mit der empirischen, der in der Radikalisierung des bereits vorphilosophisch erfahrenen Anspruchs auf Ausweisung und Verantwortlichkeit liegt, zum Problem zu machen.

So kann auch die Motivation der Philosophie als eine ursprüngliche und letzte, indem sie aus der Idee der Verantwortlichkeit verstanden wird, zwar einleuchten, aber nicht eigentlich durchsichtig werden, solange die Idee der Verantwortlichkeit nicht geklärt und insbesondere in ihrem Spannungsverhältnis zu der möglichen Gegenmotivation der Unverantwortlichkeit verständlich gemacht wird. Die Verpflichtung zur *Rechtfertigung* der Wahrheit, deren Anspruch in der Verantwortlichkeit übernommen wird, ergibt sich ja noch keineswegs aus dem allgemeinen Wahrheitsinteresse, aus dem Interesse an der *Rechtmäßigkeit* der jeweiligen Setzung. Dieses letztere gehört allerdings analytisch zum *Sinn* jeder Wahrheitssetzung überhaupt, da jedes Fürwahrhalten, das sein Gesetztes als unwahr erkennt, sich selbst aufhebt. Ein Wesen, das auf Wahrheit gerichtet ist, Wahrheit setzt, muß also, weil dieses Setzen durch die Differenz von Prätention und Ausweisung ungesichert ist, ein *Interesse* haben, rechtmäßige Wahrheit zu setzen, da sich sonst sein Setzen und d. h. es selbst als Wahrheit setzendes auflösen würde. Das Interesse an Rechtmäßigkeit folgt also gleichsam aus dem bloßen Interesse am Überleben eines wahrheitssetzenden Wesens als wahrheitssetzenden. Aber dieses Interesse läßt sich doch in beliebigen Kompromissen zwischen zwei entgegengesetzten Möglichkeiten befriedigen: man kann, um die Rechtmäßigkeit der eigenen Setzungen für sich zu sichern, gerade an denjenigen Setzungen, die man bereits vollzogen hat, unbedingt festhalten wollen und muß dann die Frage nach einer Rechtfertigung, in der sie sich als unwahr erweisen könnten, *verhindern*; oder man kann, um die Rechtmäßigkeit der eigenen Setzungen für sich zu sichern, ihre Rechtfertigung gerade *anstreben*. In dem einen Fall will man alles für wahr halten, was man gerade meint, in dem anderen nur das meinen, was sich als wahr ausweist. Die erste Möglichkeit, die der „Unverantwortlichkeit", ist nun aber offensichtlich die natürlichere, sofern das Interesse an der Wahrheit der eigenen Setzung sich hier ungebrochen durchhalten kann, während die zweite Möglichkeit, die nicht ein Interesse an der Wahrheit der Setzung, sondern an der Setzung der Wahrheit ist, eine Distanzierung, ein Desinteresse an den bereits vollzogenen Setzungen zur Bedingung hat. Aus diesem Grund ist es ja dann bei Husserl für die Transzendentalphilosophie, in der sich diese Möglichkeit der Verantwortlichkeit radikalisieren und universalisieren soll, erforderlich, daß sie an allen natürlichen Setzungen und sogar an dem Boden, den sie voraussetzen, „völlig uninteressiert" sein muß (Hu VIIII 96 f., CM 73). Die „Unnatürlichkeit" der philosophischen Haltung, die Husserl so oft betont (vgl. Hu VIII 121), setzt also schon eine entsprechende Unnatürlichkeit der Verantwortlichkeit überhaupt voraus. Dann bleibt aber bei Husserl die Motivation zur Philosophie letztlich ungeklärt. Husserl appelliert lediglich an eine Instanz, deren Verbindlichkeit einleuchten mag, aber spätestens seit Nietzsche nicht mehr als selbstverständlich vorausgesetzt werden durfte.

Diese Dimension zwischen Verantwortlichkeit und Unverantwortlichkeit, die zum Wahrheitsbezug ursprünglich gehört, und die Husserl gerade noch in bedeutsamer Weise berührt, aber vor dem Eingangstor zu seiner transzendentalen Phänomenologie in einem philosophischen Vakuum stehen läßt, wird dann Heidegger in die philosophische Thematik selbst miteinbeziehen. Er setzt genau an der Stelle ein, die bei Husserl als ungeklärte Voraussetzung offen bleibt. Aber wie schon Husserl gerade durch seine bestimmte Auffassung des Wahrheitsbezugs der Philosophie an einer Aufklärung dieser Dimension verhindert wurde, so wird auch Heidegger gerade durch seine (in dieser Hinsicht der Husserlschen diametral entgegengesetzte) Auffassung von Wahrheit von der Problematik der Verantwortlichkeit wieder abgetrieben werden.

b) Die transzendentale Phänomenologie als Erkenntniskritik

Die Fundierung der Phänomenologie durch die Idee der Philosophie als letztausweisender Wissenschaft

Die durch das Wechselverhältnis von Wahrheitsproblem und Phänomenologie charakterisierte philosophische Thematik hatte sich bei Husserl zunächst einfach faktisch aus der konkreten analytischen Arbeit ergeben, ohne daß diese Konzeption schon aus einer einheitlichen Idee von Philosophie hervorgegangen und aus einer ursprünglichen Motivation verständlich geworden wäre (§ 8). Um die neue Problematik einsichtig zu fundieren, mußte Husserl in den Jahren nach dem Erscheinen der LU einen ihr entsprechenden grundsätzlichen Ansatz suchen. So kommt es zu der Ausbildung einer *transzendentalen* Phänomenologie, in der die bisherige konstitutive Phänomenologie aus einer einheitlichen und ursprünglich motivierten Idee von Philosophie entfaltet wird.

Diese ursprüngliche Idee von Philosophie haben wir hier vorangestellt (§ 9 a), obwohl sie von Husserl, soweit es das veröffentlichte Material erkennen läßt, erst nachträglich und auch dann erst allmählich explizit formuliert wurde. Die Frage, die auf der Basis der LU noch offen bleiben mußte: *warum* man überhaupt Philosophie als Phänomenologie verstehen soll, oder *warum* ausgerechnet das Wahrheitsproblem die umfassende und letzte Frage sein soll, hat jetzt in dieser Idee von Philosophie eine Antwort gefunden: die Wahrheitsfrage besitzt in der Tat eine letzte und zugleich universale Motivation, und so kann man den Sinn von Philosophie eben darin sehen, diese Motivation zu voller Auswirkung zu bringen. Die durch das Wechselverhältnis von Wahrheitsproblem und phänomenologischer Dimension charakterisierte Problematik findet also ihre einsichtige Motivation nicht in der phänomenologischen Thematik, sondern im Wahrheitsproblem; aber es versteht sich nun, nach den Analysen der LU, von selbst, daß dieses Wahrheitsproblem phänomenologisch aufzufassen ist, und so ist indirekt auch die phänomenologische Thematik im ganzen einsichtig motiviert.

Aber damit gewinnt nun nicht bloß eine bereits fertige Problematik ihre nachträgliche Rechtfertigung, denn das Wahrheitsproblem, das sich aus der neuen Idee von Philosophie ergibt, ist nicht einfach identisch mit demjenigen, das die phänomenologische Analyse bisher zum Thema hatte: in dieser ging es nur um den *Sinn* von Wahrheit überhaupt und der verschiedenen Typen von Wahrheit, jetzt hingegen soll Wahrheit faktisch *erreicht*, die Wahrheitssetzungen auf höchstmögliche Weise *ausgewiesen* werden. Gewiß hängt beides wesentlich zusammen: letzte Ausweisung von Wahrheit, so wird sich zeigen, ist nur möglich durch Aufklärung des Wahrheitssinnes, und andererseits besteht der phänomenologische Wahrheitsbegriff eben darin, daß sein Sinn korrelativ oder (gemäß dem 2. Wahrheitsbegriff der LU) sogar identisch ist mit der „Idee" des Evidenzaktes, also mit der Möglichkeit der Ausweisung. Aber mögliche Ausweisung und faktische Ausweisung sind eben nicht dasselbe. Mit diesem neuen Aspekt des Wahrheitsproblems gewinnt daher auch die phänomenologische Dimension eine neue Tiefe: letzte faktische Ausweisung vollzieht sich weder in einer anonymen Gegebenheit überhaupt noch in einem freischwebenden einzelnen Akt, sondern sie vollzieht sich jeweilig *für mich*. Die Frage der Ausweisung zwingt zur Anerkennung eines jeweiligen, die Setzungen vollziehenden und auf seine Selbstverantwortung ansprechbaren einheitlichen *Ich*, und die Gegebenheit, in der die Setzungen letztlich auszuweisen sind, ist für jedes Ich die *seine* (vgl. dazu oben S. 191). Mit dieser Anerkennung der phänomenologischen Dimension als einer faktischen, ihrer Verzweigung in die jeweiligen einzelnen Subjektivitäten und der Einsicht, daß kein Ich umhin kann, alle Wahrheit, die es meint, auch die über den Sinn von Wahrheit, letztlich in *seiner* Evidenz und somit in der Urgegebenheit *seiner* Subjektivität auszuweisen, gewinnt die phänomenologische Aletheiologie erst ein letztes Fundament, auch wenn dieses sich als Abgrund erweisen sollte, was freilich bei Husserl noch nicht der Fall ist. Es ist nun zu sehen, wie der Rückgang auf dieses Fundament von Husserl ausgebildet (§§ 9 b und c) und wie auf seiner Grundlage die bisherige konstitutive phänomenologische Thematik aufgenommen und vertieft wird (§ 10). Wenngleich sich die eidetische konstitutive Problematik des Wahrheitssinnes in dem neuen, „transzendentalen" Medium der faktischen Wahrheitsausweisung fundieren lassen muß, handelt es sich doch um zwei verschiedene Aspekte des Wahrheitsproblems, die sich nicht einfach aufeinander reduzieren lassen; die Schwierigkeit wird am Begriff der Konstitution zu fassen sein, der ursprünglich in die eidetische Thematik gehört und nun von der egologisch-faktischen übernommen werden wird.

Die doppelte Motivation in Husserls Vorbegriff von Philosophie

Husserls endgültige philosophische Position, die transzendentale Phänomenologie, wird sich also aus der Verbindung verschiedener Aspekte des Wahrheitsproblems ergeben, die zusammengehören, aber nicht einfach kongruieren und die abgehoben werden müssen, wenn man diese Position nicht nur in ihrer immanenten Schlüssigkeit erweisen oder von außen kritisieren, sondern in ihrer ursprünglichen Motivation und ihren offenen Möglichkeiten verstehen will. Eine Mehrheit von Aspekten ergibt sich hier aber nicht erst durch die Verbindung des neuen, „transzendentalen" Ansatzes mit der alten, konstitutiven Problematik. Die hermeneutische Situation erschwert sich noch dadurch, daß schon der neue Vorbegriff von Philosophie mit seinem Postulat der Letztausweisung zwei verschiedene Deutungen zuläßt, also zwei verschiedene mögliche Motivationen enthält, die sich in Husserls Ausbildung des transzendentalen Ansatzes verbinden, aber in der Interpretation auseinandergehalten werden müssen:

Entweder das Postulat der Letztausweisung wird kritisch als regulative Idee auf unser gesamtes faktisches vermeintliches Erkennen bezogen. Der Sinn von Philosophie besteht dann darin, alle Wahrheitssetzungen im Hinblick auf diese Idee progressiv aufzuklären und zu begründen. Philosophie, so verstanden, ist „Erkenntniskritik" (IdPhä 23, 29), die freilich nicht als „eine ‚bloße' Erkenntnistheorie, eine ‚bloße' Wissenschaftstheorie" zu verstehen ist, sondern jeden, auch den vorwissenschaftlichen und praktischen Wahrheitsbezug umgreift (Hu VIII 25 f.). *Oder* man kann aus jenem Vorbegriff auch eine andere Motivation entnehmen, die wir von dieser kritischen als dogmatische unterscheiden können: statt unseren gesamten faktischen Wahrheitsbezug aufzuklären, können wir nach einem Wissen Ausschau halten, das uns von vorn herein in absoluter Gewißheit und Unbezweifelbarkeit gegeben ist, so daß es jede weitere Frage nach einer Rechtfertigung ausschließt, und auf dieses absolute Wissen sich zurückzuziehen, könnte nun der Sinn einer Wissenschaft sein, die sich aus der Idee der Letztausweisung versteht: Philosophie, so verstanden, ist Wissenschaft von einem absolut Gegebenen, absolute Wissenschaft (IdPhä 23).

Die dogmatische Auffassung in ihrer eben bezeichneten extremen Form scheidet für Husserl aus, weil sie gegen die zweite Komponente seines Vorbegriffs verstieße, dergemäß die Philosophie Universalwissenschaft sein soll, also eine letzte Verantwortlichkeit gegenüber *allen* unseren expliziten und impliziten Setzungen fordert. Die kritische Auffassung seines Vorbegriffs ist also für Husserl die entscheidende, Philosophie ist universale Erkenntniskritik. Aber diese Auffassung verbindet sich nun insoweit mit der dogmatischen, als die Dimension der kritischen Aufklärung ihrerseits als ein absolut Gegebenes erscheint und von daher auch für die ausweisende Aufklärung der jeweiligen Wahrheit ein absoluter Begründungsanspruch erhoben wird, dem, wie sich zeigen wird, die von Husserl wirklich durchgeführte Ausweisung gar nicht zu entsprechen vermag. Obwohl Husserl meint, daß radikale Kritik nur auf dem Boden einer absoluten Gegebenheit möglich ist (IdPhä 29), führt diese dogmatische Voraussetzung in Wirklichkeit zu einer Begrenzung der kritischen Radikalität: in dem Ausmaß, in dem letzte Ausweisung verwirklicht scheint, wird die Frage nach weiterer Ausweisung abgeschnitten.

Diese Grenzen von Husserls Erkenntniskritik, die in der Verbindung der kritischen mit der dogmatischen Motivation gründen, lassen sich konkret bezeichnen (unten §§ 9 c, 10). Deswegen, und weil die erkenntniskritische Komponente von Husserls transzendentalphilosophischer Position als die eigentlich genuine und unaufgebbare erscheint, ist zunächst abstraktiv zu zeigen, wie rein aus der erkenntniskritischen Motivation in Husserls Vorbegriff der transzendental-phänomenologische Ansatz erwächst. Husserl selbst hat freilich auf die dogmatische Komponente nie verzichtet und daher gibt es keinen Text, in dem sie fehlt. Unser Vorgehen hat also keine ausreichende textliche Grundlage und rechtfertigt sich nur aus seiner hermeneutischen Funktion; es hat aber doch einen textlichen Anhalt, sofern Husserl die transzendentale Position in seinen verschiedenen Darstellungen manchmal vom dogmatischen Motiv und manchmal vom kritischen aus *eingeführt* hat. In der klassischen Darstellung der „Ideen" und der „Cartesianischen Meditationen" geht Husserl vom dogmatischen Motiv aus, und die erkenntniskritische Bedeutung der dadurch erreichten transzendental-phänomenologischen Dimension ergibt sich erst nachträglich. „In der umgekehrten Richtung Ordnung haltend als wie es der Cartesianische Ansatz nahelegt" (K 175) geht Husserl hingegen in der „Krisis" vor (3. Teil, Abschn. A); aber auch schon in IdPhä wird der transzendentale Ansatz zunächst rein aus dem erkenntniskritischen Motiv eingeführt und die damit eröffnete transzendental-phänomenologische Dimension erst nachträglich als eine solche gedeutet, die zugleich dem dogmatischen Motiv genügt.

Die Erschließung der transzendental-phänomenologischen Dimension durch die Idee einer radikalen Erkenntniskritik

In seiner ersten Einführung in die transzendentale Phänomenologie – in IdPhä – geht Husserl von der Unterscheidung zwischen „natürlicher" und „philosophischer" Wissenschaft aus. Dabei ist „philosophisch" schon im Sinn von Husserls Vorbegriff verstanden. „Natürliche Geisteshaltung ist um Erkenntniskritik noch unbekümmert" (17). Die natürliche Wissenschaft ist „direkt", d. h. unreflektiert auf ihre Gegenstände bezogen. Sie muß zwar, indem sie ihre Gegenstände in verschiedener Weise vorstellt und schließlich zu mehr oder weniger endgültiger Erkenntnis bringt, Akte vollziehen und die Gegenstände zur Gegebenheit bringen, aber auf diese Akte und Gegebenheitsweisen – auf das „Phänomenologische" – reflektiert sie nicht (vgl. oben S. 172). Später hat Husserl hier genauer unterschieden: auch die natürliche Wissenschaft muß „zwecks Rechtfertigung" auf die Gegebenheitsweisen reflektieren. Man könnte hier auch von einer jeweiligen Epoché sprechen, in der der Wissenschaftler das gegenständlich Gesetzte dahingestellt sein läßt, um seinen Wahrheitsanspruch zu prüfen. Aber diese Reflexion und Epoché „haftet . . . am einzelnen Fall" und bleibt „gelegentlich" (Hu VII 38 f.). Sie vollzieht sich immer schon in festen Bahnen und selbstverständlichen Überzeugungen über das Verhältnis der zu realisierenden Gegebenheitsweisen zu der angestrebten Wahrheit. So bleibt auch die rechtfertigende Ausweisung immer nur eine relative. Zu einer letzten Ausweisung kann es nur kommen in einer prinzipiellen Reflexion über den Sinn von Wahrheit und ihr Verhältnis zur Erkenntnis (IdPhä 20, 25), also nur als „Phänomenologie der Erkenntnis und Erkenntnisgegenständlichkeit" (23). Die phänomenologische Reflexion wird jetzt also aus ihrer Funktion für die Wahrheitsausweisung verstanden. Zwecks Rechtfertigung muß auch schon die Wissenschaft phänomenologisch reflektieren, und zwecks letzter Rechtfertigung muß die Philosophie prinzipiell reflektieren und konstituiert sich so als Phänomenologie.

Wenngleich sich die philosophische Reflexion von der natürlich-wissenschaftlichen grundsätzlich unterscheidet, ist sie doch in der eigenen Tendenz der natürlichen Wissenschaft auf Ausweisung motiviert (oben § 9 a) und geht daher auch – normalerweise auf dem Weg über den Skeptizismus (Hu VII 32 f., 58 ff.) – aus ihr hervor. Daher kommt es nun aber, daß die natürliche Einstellung im Übergang zur philosophischen zunächst noch an sich festhält (IdPhä 18 ff.). Diese „natürliche Reflexion über das Verhältnis von Erkenntnis, Erkenntnissinn und Erkenntnisobjekt" (22) reflektiert zwar schon *allgemein* auf Subjektives und Phänomenologisches, aber ordnet es doch sogleich in die ihr immer noch vorreflexiv selbstverständliche, direkt gegebene gegenständliche Welt ein. So aber „geraten wir" bei der Frage nach letzter Rechtfertigung „in Irrungen und Verwirrungen. Wir verwickeln uns in offenbare Unzuträglichkeiten und selbst Widersprüche" (21).

Verstehen wir nämlich die phänomenologischen Akte als Akte eines Ich, das selbst schon Teil einer gegenständlichen Welt ist, so machen wir bei der Aufklärung der Rechtmäßigkeit der Erkenntnis einer gegenständlichen Welt von dieser gegenständlichen Welt bereits Gebrauch. Diese Erkenntniskritik innerhalb der natürlichen Einstellung, die in der philosophischen Reflexion gewissermaßen auf halbem Wege stehen bleibt, stellt also das Problem auf einer Ebene, auf der es nicht gestellt werden kann und auf der es daher in Unsinnigkeiten und Skeptizismen führt. Mit Recht geht sie davon aus, daß „alle Scheidungen, die ich mache zwischen echter und trügender Erfahrung, und in ihr zwischen Sein und Schein, ... in meiner Bewußtseinssphäre" verlaufen; „jede Begründung, jede Ausweisung von Wahrheit und Sein verläuft ganz und gar in mir und ihr Ende ist ein Charakter im cogitatum meines cogito" (CM 115). Aber indem diese Erkenntnistheorie sich nun zugleich in der natürlichen Einstellung hält, faßt sie diese Bewußtseinssphäre als eine „Bewußtseinsinsel" innerhalb der objektiven Welt auf und versteht jetzt die Frage nach der Rechtmäßigkeit der Erkenntnis als Frage, inwiefern die immanenten Evidenzerlebnisse eine objektive Gültigkeit für eine Welt außerhalb dieser Sphäre haben, obwohl sie doch, wenn sie erkenntniskritisch konsequent wäre, von einem solchen Außerhalb gar nichts wissen dürfte (a. O. 116).

Der Widersinn, in den diese natürliche Erkenntnisreflexion führt, indem sie eine universale Frage nicht universal stellt, zwingt also zu der Erkenntnis, daß die Rechtmäßigkeit der subjektiven Gegebenheiten nur eine Wahrheit und Objektivität betreffen kann, die selbst ein cogitatum unseres und letztlich meines cogito ist, die also als ausgezeichnetes intentionales „Phänomen" in meine Bewußtseinssphäre selbst gehört (a. O. 116 f.). Diejenige Bewußtseinssphäre, auf die in der konsequenten Erkenntniskritik reflektiert wird, läßt sich dann also nicht mehr ihrerseits in die objektive Welt einorden, sondern liegt dieser, hinsichtlich ihrer Gegebenheit, voraus. Das Phänomenologische meiner Akte und der korrelativen Gegebenheitsweisen und meines die Akte vollziehenden Ich (ego-cogito-cogitatum) ist also in der eigentlich philosophischen Reflexion ein Letztes, es ist das „rein" Phänomenologische, das „reine" Bewußtsein, das nicht mehr gegenständlich gegründet werden kann, weil es allem für mich Gegenständlichen als der Bereich seines φαίνεσθαι vorausliegt.

Aber wird hier nicht, um die Absurdität, in die die natürliche Reflexion führt, zu vermeiden, um der bloßen Konsequenz willen eine neue Absurdität eingeführt? Kann man ernsthaft leugnen, daß das empirische Ich (und es ist durchaus das jeweilige empirische Ich, von dem Husserl hier spricht) in der gegenständlichen Welt vorkommt, aus ihr hervorgeht, von ihr abhängt? Doch das will Husserl gar nicht leugnen. Natürlich bin ich, objektiv gesehen, ein Teil der Welt, aber daß und wie ich mir das bin, muß ich doch, wenn ich es zu letztem Verständnis und d. h. zu letzter Ausweisung bringen will, ebenso vor *mir*, in meiner Evidenz ausweisen, daß und wie mir eine objektive Welt überhaupt gegeben ist. Zu unterscheiden ist also die Priorität des objektiven Zusammenhanges und die Priorität der Gegebenheitsweise, und zu unterscheiden ist Ich „als Subjekt für diese Welt", für das also alles Gegenständliche ist, was es mir ist, und sich auszuweisen hat als was es mir gelten soll, und dieses selbe Ich, aufgefaßt als „reales Objekt innerhalb der mir als seiend geltenden Welt" (Ideen III 146).

Im Unterschied zu der natürlichen Reflexion, die auch schon eine phänomenologische sein kann, nennt Husserl diese universale und radikale Reflexion, die das Phänomenologische nicht mehr in die gegenständliche Welt einordnet, *transzendental*, und transzendental nennt er daher auch dasjenige Ich, das sich in dieser Reflexion erschließt, sowie seine ganze phänomenologische Sphäre (Hu VIII 129, CM 65, 72, Ideen 75). Diese Übernahme des Kantischen Terminus muß Mißverständnisse nahelegen. Insbesondere übersieht man leicht, daß für Husserl kein Gegensatz zwischen Transzendental und Empirisch besteht (vgl. CM 103, Ideen III 147). Zwar muß auch für Husserl alle prinzipielle Aufklärung von gegenständlichem Sinn und gegenständlicher Erfahrung auf das „transzendentale" Ich zurückgehen, aber nicht weil dieses im Unterschied zum empirischen Ich die letzte Bedingung der Möglichkeit der Erfahrung enthält, sondern weil es im Unterschied zum objektivierten, „realen" Ich die letzte und zwar konkrete Stätte alles Gegebenseins und aller Ausweisung ist. Das transzendentale Ich ist das empirische Ich, sofern dieses sich bewußt wird, für sich selbst letzte Stätte aller Geltung und aller Ausweisung zu sein. Gerade die apriorische Erkenntnis war für Husserl genauso schon in der vortranszendentalen Phänomenologie möglich (oben § 8). Und obwohl nun die transzendentale Sphäre zu einem Bereich apriorisch-eidetischer Erkenntnis wird (CM 105 f.), ist doch, was die transzendentale Fundierung gegenüber der bisherigen Phänomenologie neues bringt, gerade die Rückbeziehung der apriorischen Thematik auf das einzelne konkrete Ich. Wenn man das nicht festhält, daß für Husserl das transzendentale Ich lediglich den Sinn hat, letzte jeweilige Stätte aller Geltung und Ausweisung zu sein, nicht aber ein letztes Prinzip einer Begründung, kann man dann auch nicht die Lehre von der transzendentalen Konstitution verstehen.

Bisher ist nur aus dem Sinn einer konsequenten Erkenntniskritik gefolgert worden, daß die philosophische Reflexion das Phänomenologische nicht in die gegenständliche Welt einordnen darf, also die gegenständliche Welt im ganzen als Voraussetzung „ausschalten" muß. Aber wenn diese universale Reflexion, die eine universale Ausschaltung fordert, keine bloße Konstruktion sein soll, ist zu zeigen, wie sie sich konkret vollziehen kann. Die Welt ist uns nicht gegeben wie ein einzelnes gegenständlich Gesetztes. Wie kann sich die Reflexion überhaupt auf sie beziehen? Zu allem expliziten Gegenstandsbewußtsein, antwortet Husserl, gehört ein implizites Horizontbewußtsein, ein implizites Bewußtsein einer gegenständlichen „Umgebung", die „in einer festen Seinsordnung ins Unbegrenzte reicht" (Ideen 58 f., Hu VIII 144). So hat auch „jede Geltung ihren Geltungshorizont" (Hu VII 144), letztlich eine in allen Setzungen implizierte „Generalthesis" eines universalen objektiven Zusammenhanges, d. h. einer gegenständlichen Welt, wie immer diese im einzelnen beschaffen sein mag (Ideen 63). Diese Generalthesis war es, die, eben weil sie nur implizierte ist, in der natürlichen Reflexion noch unangetastet blieb, aber eben weil sie wirklich impliziert ist, in der universalen Reflexion auch explizit zu machen ist.

Aber heißt das schon, daß man sie auch „ausschalten" kann? Doch nun muß beachtet werden, was hier „Ausschaltung" besagt. Damit kommen wir zu der entscheidenden Charakteristik von Husserls transzendentaler Reflexion. Als intentional-phänomenologische kann ihr Sinn nicht darin bestehen, von der Welt zu abstrahieren um auf ein weltloses Subjekt zurückzugehen. Wenn Husserl, wie in den „Ideen" und in CM, die transzendentale Reflexion zunächst als Reflexion auf die „reine" Subjektivität versteht, so ist diese doch eine intentionale, zu der ihre gegenständliche Welt mitgehört, nur daß diese jetzt wesensmäßig als cogitatum meines cogito verstanden ist, als „Phänomen" (CM 59 f.). Husserl konnte aber auch, wie in der „Krisis", die transzendentale Reflexion „in der umgekehrten Richtung" durchführen (K 175) und sie primär als Reflexion auf die Gegebenheitsweisen verstehen: die „transzendentale Reduktion" ist eine „Reduktion ‚der' Welt auf das transzendentale Phänomen ‚Welt' und damit (!) auf ihr Korrelat: die transzendentale Subjektivität" (K 155).

Was mit der „Ausschaltung" der gegenständlichen Welt gemeint ist, kommt genau zum Ausdruck, indem Husserl diese Reflexion als „transzendentale Epoché" bezeichnet (Ideen §§ 31 f., CM § 8). ἐποχή bedeutet „Ansichhalten". Die transzendentale Reflexion bleibt in dem vollen natürlichen Weltbezug stehen, nur daß sie seine Setzungen „nicht mitmacht": sie schaltet also nicht die Welt aus, sondern nur die allgemeine Thesis der Welt und damit zugleich alle einzelnen „Stellungnahmen zur vorgegebenen objektiven Welt" (CM 60). So bleibt nicht nur die gesamte Gegenständlichkeit der natürlichen Akte erhalten, sondern auch der ausgeschaltete Setzungscharakter fällt nicht weg, sondern kann nun im Gegenteil, indem er „eingeklammert" wird, thematisiert werden. „Als Phänomenologen enthalten wir uns all solcher Setzungen. Wir werfen sie darum nicht weg ... Vielmehr wir sehen sie uns an; statt sie mitzumachen, machen wir sie zu Objekten ..." (Ideen 225 f.). Sagen wir also, zum Phänomen wird der Gegenstand, wenn wir die Thesis, in der er uns gegeben ist, *ausschalten*, so ist das irreführend; denn genau so gut kann man sagen: zum Phänomen wird der Gegenstand, indem wir die Thesis mit *hinzunehmen*. Indem ich in der Epoché den Gegenstand als „Phänomen" betrachte, wende ich mich nicht vom wirklichen, „transzendenten" Gegenstand ab und einer bloß „immanenten" Erscheinung von ihm zu, sondern ich erkenne, daß gerade der transzendente Gegenstand selbst, von dem *ich* sprechen kann, *mir* gegebener, mein „Phänomen" ist und daß, von einem Außerhalb gegenüber dieser „Immanenz" zu sprechen, sinnlos wäre. Die Rede von einer „Reduktion" ist also mißverständlich und noch vom Standpunkt der natürlichen Einstellung her gesprochen. Eigentlich ist die natürliche Einstellung eine reduzierte, indem sie, die Thesis selbst nicht sehend, sondern nur vollziehend, die Gegenstände der Welt schlicht als seiend vor sich hat, während ich sie in der transzendentalen Einstellung als gesetzte meines Setzens und in den Gegebenheitsweisen sehe, in denen sie mir gegeben sind.

Die transzendentale Reflexion eröffnet also als Epoché in einer neuen Radikalität genau die Dimension, in der sich die vortranszendentale Phänomenologie bereits faktisch bewegt hatte. Diese Dimension wird erschlossen, indem im Hinblick auf letzte Rechtfertigung von Wahrheit alle Wahrheit eingeklammert wird. Denn was in aller Thesis gesetzt ist, ist natürlich nichts anderes als Wahrheit, und daß Husserls transzendentale Reflexion sich als Epoché versteht, beweist ihre ausschließliche Orientierung am Wahrheitsproblem, so wie es in den LU herausgestellt worden war. Wenn man also erstens eine Philosophie ausbilden will, die Husserls Vorbegriff entspricht, und wenn man zweitens (wie es für Husserl nach den LU selbstverständlich war) Wahrheit phänomenologisch versteht, dann und nur dann ergibt sich die aus der Epoché hervorgehende transzendentale Phänomenologie. Dann ist „eine absolut sich rechtfertigende Wissenschaft gemäß dem Ideal letzter Evidenz eo ipso Transzendentalphilosophie" (Hu VIII 39), und zwar phänomenologische Transzendentalphilosophie, und so erfüllt sich auch erst „in der Erkenntnis aus transzendentaler Einstellung" „die höchste und letzte Verantwortung" (Hu VIII 194). „Die transzendentale Methode ist ein Weg, durch Ausschaltung aller natürlichen Wahrheit, durch universalen Umsturz, von sich aus alle Wahrheit, aber dann als absolute, absolut gerechtfertigte, zu verwirklichen" (Hu VIII 168 f.). Ob in der Vorstellung, daß dieses Ziel auch erreichbar ist, nicht ein Dogmatismus liegt, bleibt zu sehen. Daß aber die in der Epoché erschlossene phänomenologische Dimension in der Tat eine Aufklärung des Sinns von Wahrheit ermöglicht, wissen wir schon aus der konstitutiven Phänomenologie, die nun auf der transzendentalen Ebene in neuer Radikalität wiederholt werden kann (§ 10). In ihr erfüllt sich erst die Problematik, zu der die Epoché nur den Ansatz bildet.

c) Die transzendentale Phänomenologie als absolute Wissenschaft

Der letzte Abschnitt zeigte: wenn, unter Voraussetzung des Wahrheitsbegriffs der LU, Husserls Vorbegriff von Philosophie in der *erkenntniskritischen* Ausdeutung zu voller Auswirkung gebracht wird, erschließt sich die transzendental-phänomenologische Dimension. Genau dieselbe Dimension erschließt sich nun aber für Husserl auch dann, wenn er, weiter unter Voraussetzung der Wahrheitstheorie der LU, nun aber eines bestimmten Aspektes von ihr, seinen Vorbegriff von Philosophie in der *dogmatischen* Ausdeutung wirksam werden läßt:

Die cartesianische Epoché

Gemäß der dogmatischen Deutung müßte eine Philosophie, die auf letzte Ausweisung gerichtet ist, sich als absolute Wissenschaft ausbilden, d. h. ein Wissen finden, das tatsächlich absolut gerechtfertigt ist. Gemäß Husserls Wahrheitstheorie ist ein Wissen dann absolut gerechtfertigt, wenn es zu adäquater Evidenz gebracht ist, d. h. wenn sich erweisen läßt, daß es keine unerfüllten Intentionen mehr enthält. Das aber scheint nach Husserls Auffassung gewährleistet, wenn das Gemeinte im Meinen reell gegenwärtig ist, also in der immanenten Wahrnehmung (oben S. 72)[16]. Hier anknüpfend wird in den „Ideen" die adäquate, absolute Gegebenheit, in der das er-

[16] Zur Kritik dieser Auffassung vgl. schon oben S. 85 f.

lebende Bewußtsein für sich selbst da ist, eindrücklich kontrastiert mit der prinzipiell inadäquaten, weil nur in Abschattungen sich bekundenden Gegebenheit, in der uns Räumliches und dann überhaupt „Reales“[17] selbst dann erscheint, wenn wir es wahrnehmen, wenn es uns leibhaft selbstgegeben ist (§§ 41 ff.). Alles reale Sein kann sich, auch wenn es uns in (inadäquater) Evidenz selbst gegeben ist, als Schein herausstellen, ja auch die reale Welt im ganzen „kann sich als Schein erweisen unter dem Titel zusammenhängender Traum“ (CM 57, Hu VIII 44 ff.). Hingegen, wie zweifelhaft auch immer für ein Ego cogito die Gegenstände sein mögen, die es vorstellt: daran, daß es sie vorstellt und daß es als so vorstellendes ist, kann es nicht zweifeln (Ideen § 46, CM § 8).

Die Epoché, die Husserl im Anschluß an diese „cartesianischen“ Überlegungen in den „Ideen“ und in CM durchführt, hat nicht mehr primär den Sinn, alles Gesetzte durch Rückgang auf die Weisen, wie es mir gegeben ist, in seiner Ausweisungsmöglichkeit verständlich zu machen, sondern von einem zweifelhaften Seinsbereich sich abzuwenden um einen zweifelsfreien zu erschließen. Doch gibt es hier für Husserl keinen echten Gegensatz. Wie immer er die Epoché einführt, ob durch das dogmatische Motiv auf dem „cartesianischen Weg“ (K 157 f.) oder durch das erkenntniskritische Motiv auf dem phänomenologischen Weg der Reflexion auf die Gegebenheitsweisen, in jedem Fall ergänzt sich für ihn sogleich das eine durch das andere. Das „absolute Sein“, das auf dem cartesianischen Weg „als Residuum der Weltvernichtung“ übrigbleibt (Ideen § 49), ist intentional, und so ergibt sich sofort der zweite Schritt, daß die gesamte „transzendente“ Gegenständlichkeit des Bewußtseins in der Epoché erhalten bleibt, nur eben als Phänomen, und als solches wird sie zum „Hauptthema der Forschung“ (Ideen 118 f., 174, CM 71). Umgekehrt sieht Husserl in IdPhä keine Möglichkeit, die angestrebte „Erkenntniskritik“ zu „etablieren“, wenn wir nicht von einem „Sein“ ausgehen können, „das wir als absolut gegeben und zweifellos anerkennen müssen“ (29 f.), und als solches wird auch schon hier die phänomenologische Dimension des reinen Bewußtseins in Anspruch genommen (30 ff.).

In der Tat muß die transzendentale Erkenntniskritik diese Ergänzung durch das dogmatische Motiv: einen Boden der absoluten Gewißheit, von sich aus fordern, *wenn* Letztausweisung für sie nicht nur eine regulative Idee, sondern wirklich realisierbar sein soll. Unter dieser Voraussetzung genügt es nicht, das transzendentale Ich als den jeweils letzten Ort aller Ausweisung zu erkennen: es muß als solcher seinerseits ein Letztausweisbares sein, und die phänomenologische Dimension nicht nur der Bereich aller Wahrheitsaufklärung, sondern ihrerseits nicht mehr weiter aufklä-

[17] Zu diesem Begriff von Realität vgl. oben S. 79 Anm. 86.

rungsbedürftig. Unter dieser Voraussetzung wird dann auch jeder Schritt der innerhalb dieser Dimension durchgeführten konstitutiven Wahrheitsaufklärung (unten § 10) den Charakter einer letzteinsichtigen Begründung haben müssen. Aber ob diese Voraussetzung, die nicht aus Husserls Idee von Philosophie, sondern nur aus ihrer dogmatischen Deutung folgt, phänomenologisch legitim ist, läßt sich nun daran prüfen, ob die transzendentale Dimension dieser Auffassung, daß sie adäquat gegeben sei, von sich aus entgegenkommt, und dann auch (§ 10) daran, ob die Idee einer absoluten Begründung dem Begründungsstil der konstitutiven Phänomenologie überhaupt entspricht.

Beginn der kritischen Interpretation: das Problem der Reduktion der Wesenserkenntnis

In der „cartesianischen" Epoché liegt eine bestimmte Vorentscheidung nicht nur hinsichtlich des „phänomenologischen Residuums", sondern auch hinsichtlich des in der Reduktion Einzuklammernden. Wie jenes ein prinzipiell adäquat Gebbares, so soll dieses ein prinzipiell inadäquat Gegebenes sein. Würde man lediglich dem erkenntniskritischen Motiv folgen, so wäre das „natürliche" Sein, das transzendental aufzuklären ist, der Inbegriff aller Wahrheit, die wir nur überhaupt „geradehin" setzen können, ob sie nun inadäquat oder adäquat gegeben ist. Daß auch adäquat gegebene Wahrheit eine phänomenologische Aufklärung erlaubt und fordert, zeigte Husserls Lehre von der analytischen und materialen Wesenserkenntnis (oben §§ 6 f.). Schließlich erfordert auch die immanente Erkenntnis für Husserl eine konstitutiv-phänomenologische Aufklärung (Ideen 197 f., FTL 251), aber diese ist nun erst eine nachträgliche, erst innerhalb der primären Epoché zu vollziehende. Diese selbst betrifft in erster Linie die Dinge der äußeren Wahrnehmung. So liegt hier eine Vorentscheidung, die das „natürliche Sein" primär als „Natur" im Sinn der sich abschattenden Raumdinglichkeit (Realität) festlegt.

Wir beschränken uns auf die Schwierigkeiten, die sich hier für die Wesenserkenntnis ergeben, weil sie bei Husserl selbst greifbar werden und zugleich zu der Frage der adäquaten Gegebenheit der transzendental-phänomenologischen Dimension überleiten. Denn bei der Wesenserkenntnis hat Husserl selbst geschwankt, ob er sie in der Reduktion einklammern oder dem phänomenologischen Residuum zuschlagen soll. Wenngleich er in den „Ideen" bei Wesenserkenntnissen von inadäquat Gegebenem unsicher scheint, ob er sie ihrerseits als inadäquat oder adäquat gelten lassen soll, neigt er doch eher der letzteren Auffassung zu (vgl. 349 f., 367, dagegen 13 f., 365), und diese entspricht auch seiner Lehre von der Wesenserkenntnis[18]. Aber selbst wenn man von diesem Fall absieht, bleiben noch die Wesen von Immanentem, die ihrerseits nicht selbst immanent sind (140), und schließlich die analytischen Wesenserkenntnisse, und diese sind für Husserl gewiß adäquat gegeben (vgl. oben S. 133). Ist es nun der Sinn der durch das dogmatische Motiv bestimmten Epoché, nur das Inadäquate auszuklammern, dann müßte die Epoché als Rückgang auf den gesamten Bestand an adäquat Gegebenem verstanden werden und die subjektiv-phänomenologische Dimension verlöre ihre Auszeichnung. Das ist keine Argumentation von außen, sondern tatsächlich der Weg, den Husserl bei seiner ersten Durchführung der Epoché in IdPhä eingeschlagen hat: Da „allgemeine Gegenständlichkeiten und Sachverhalte ... im strengsten Sinn adäquat selbstgegeben" sind, „bedeutet die phänomenologische Reduktion ... überhaupt nicht Einschränkung auf die Sphäre der cogitatio, sondern die Beschränkung auf die Sphäre der reinen Selbstgegebenheiten ..." (60).

Man könnte meinen, diese unbefriedigende Lösung gehe nicht eigentlich zu Lasten des dogmatischen Motivs, sondern liege daran, daß dieses hier noch nicht zu genügend radikaler Anwendung gekommen sei. Mögen eidetische Zusammenhänge auch in adäquater Evidenz gegeben sein, so reicht diese Evidenz, wie eben der cartesianische Zweifelsweg bezeugt, doch nicht an jene Urgegebenheit heran, in der das Ego cogito sich selbst gegeben ist und die für alle inhaltliche Evidenz überhaupt erst den Spielraum eröffnet. Liegt darin nicht aber, daß diese letzte Stätte der Ausweisung ihrerseits eben keinen gegenständlichen Charakter hat und also überhaupt nicht in der Weise einer Evidenz gegeben ist? Somit wäre es doch das dogmatische Motiv, das Husserl daran hindert, diese Urgegebenheit, indem sie ihm sogleich als höchste gegenständliche Gegebenheit erscheint, von der adäquaten Evidenz der eidetischen Sachverhalte zu unterscheiden.

Das bestätigt sich an der Position der „Ideen", die nun zwar die eidetischen Erkenntnisse nachträglich der Reduktion unterwirft (§§ 59 f.), aber ihren Evidenzcharakter von dem, in dem das Bewußtsein sich selbst gegeben ist, wieder nicht unterscheidet. Während die primäre Reduktion – die der Raumdinglichkeit – durch die inadäquate Gegebenheit der Gegenstände motiviert wurde, wird daher diese nachträgliche Reduktion überhaupt nicht mehr begründet, sondern nur noch darüber reflektiert, ob wir die eidetische Erkenntnis für das Studium des bereits vorgängig reduzierten Bewußtseins brauchen.

[18] Die charakteristische Einseitigkeit der äußeren Wahrnehmung, die der Grund der Inadäquatheit der Gegebenheit von Realem ist, überträgt sich nicht auf die Variation in der Phanatasie, die der Wesenserkenntnis zugrunde liegt. Die Regel, die sich in der Wahrnehmung mehr oder weniger bestätigt und in ihrer Anwendbarkeit auf ein Wahrgenommenes immer noch durchstrichen werden kann, ist doch selbst adäquat gegeben (Ideen 349 f.).

Dabei zeigt sich, daß wir zwar von jeder anderen materialen und auch von der formalen Wesenserkenntnis absehen können, nicht aber von der Wesenserkenntnis von Immanentem, da es doch „unsere Absicht" ist, „die „Phänomenologie selbst als eidetische Wissenschaft ... zu begründen" (142). Dieser Gesichtspunkt, daß die Phänomenologie, sofern sie sich als Wissenschaft ausbilden soll, auf die eidetische Erkenntnis angewiesen ist, war auch schon in IdPhä für die Entscheidung mitbestimmend, die eidetische Erkenntnist nicht einzuklammern (47 ff.), und da nicht einsichtig zu machen war, daß der Evidenzcharakter dieser immanenten Wesenserkenntnis höher ist als der Evidenzcharakter anderer, insbesondere der formal-logischen Wesenserkenntnisse, war es nur konsequent, daß Husserl dort noch alles Eidetische von der Reduktion ausnahm. Das widerspricht jedoch dem Programm der transzendental-phänomenologischen Erkenntnisklärung, und so ist die Entscheidung der „Ideen", die der phänomenologischen Wesenserkenntnis gegenüber der gegenständlichen einen Vorrang einräumt, durchaus notwendig; weil aber weiterhin die adäquate Evidenz für Husserl das einzige Kriterium für die Reduktion ist, dieses aber zur Unterscheidung der phänomenologischen von der gegenständlichen Wesenserkenntnis nicht angewandt werden kann, bleibt jetzt nur eine pragmatische Entscheidung übrig: Husserl befreit von der Epoché diejenigen eidetischen Disziplinen, die er in der Phänomenologie braucht, und unterwirft ihr diejenigen, die er nicht braucht (§§ 59 f.).

Der Zweifel an der adäquaten Evidenz der immanenten Erkenntnis

Diese Lösung weist natürlich über sich hinaus. So gewiß der phänomenologischen Wesenserkenntnis gegenüber der gegenständlichen ein erkenntniskritischer Vorrang zukommt, so kann doch auch die Gegebenheitsweise der phänomenologischen Wesen nicht an jene Urgegebenheit des Cogito heranreichen, die auch für die phänomenologischen Wesenserkenntnisse allererst den Spielraum eröffnet und selbst eine faktische ist. Dieser Unterschied zwischen der Evidenz, in der sich das faktische individuelle Ego cogito selbst gegeben ist, und der Evidenz, in der ihm seine allgemeinen phänomenologischen Strukturen gegeben sind, mußte jetzt für Husserl zum Problem werden. Orientiert er sich aber weiterhin am Kriterium der adäquaten Evidenz, so ergibt sich entgegen dem eigentlichen Sinn der erkenntniskritischen Epoché sogar ein Vorrang der Gegebenheit der eidetischen Strukturen gegenüber der der phänomenologischen Urgegebenheit:

Je mehr nämlich Husserl jetzt der Selbstgegebenheit des transzendentalen Bewußtseins als einer faktischen näher nachgeht, um so schwieriger wird es, sie überhaupt noch als eine adäquat gegebene gelten zu lassen, geschweige denn als die einzige. Die „transzendentale Selbsterfahrung", in der „das ego sich selbst ursprünglich zugänglich" ist, bietet „nur einen Kern von eigentlich adäquat Erfahrenem...: nämlich die lebendige Selbstgegenwart..., während darüber hinaus nur ein unbestimmt allgemeiner präsumptiver Horizont reicht ..." (CM 62). Und wenn das faktische Bewußtsein „seinem Wesen nach ein Fluß" ist (Ideen 103), dann läßt sich nicht einmal dieser „Kern von eigentlich adäquat Erfahrenem" eindeutig herauspräparieren: „ein Erlebnis ist ... in seiner vollen Einheit ... adäquat nicht faßbar", heißt es schon in den „Ideen" (103). „Das Wirklichsein des an sich ersten Erkenntnisbodens steht demnach zwar absolut fest, nicht aber ohne weiteres das, was sein Sein näher bestimmt" (CM 62). Während Raumdingliches als einheitliche Regel mannigfaltiger Abschattungen in seinem jeweiligen *Wasgehalt* eindeutig bestimmbar ist und die wesensmäßige Inadäquatheit seiner Gegebenheit darin besteht, daß die *Existenz* des so bestimmten nie gewiß ist, erweist sich Bewußtsein umgekehrt zwar in seiner *Existenz* als zweifellos, aber als wesensmäßig inadäquat gegeben in seiner Bestimmtheit. Erst auf einer „höheren Stufe" der Allgemeinheit ist eine eindeutige Erkenntnis möglich (Ideen 172), ein „adäquat faßbares Wesen" (PhW 314). Damit wird erst voll verständlich, wie zwingend notwendig es für Husserl war, das Eidetische in den transzendentalen Bereich mit aufzunehmen: nicht nur, weil es „unsere Absicht" ist, „die Phänomenologie selbst als eidetische Wissenschaft ... zu begründen" (oben S. 205), sondern weil in diesem „Reich des Heraklitischen Flusses" überhaupt nur Eidetisches adäquat erkennbar ist (CM 86). Dann scheint aber die Auszeichnung der individuell-faktischen Urgegebenheit überhaupt nicht mehr faßbar.

Die Kritik der immanenten Erkenntnis hinsichtlich ihrer apodiktischen Tragweite

Daß im Bereich des Immanenten keine individuelle Erkenntnis möglich ist, hatte Husserl schon früh gesehen (vgl. PhW 314, IdPhä 47) – nur in den LU, also vor den Vorlesungen über das innere Zeitbewußtsein, schien ihm die adäquate Gegebenheit des Immanenten ganz problemlos –, aber „sehr spät" erst hat er „erkannt", daß diese Schwierigkeiten seinen Ansatz gefährden könnten und daß sie eine „Kritik" der „phänomenologischen Erkenntnis selbst" hinsichtlich ihrer „apodiktisch zu begrenzenden Tragweite" erforderlich machen (FTL 255, CM 62, 68, Hu VIII 169–171). Als „naiv" erscheint jetzt „nicht nur das natürliche Erkennen, das von der transzendentalen Epoché nicht berührt ist, sondern auch das Erkennen auf dem Boden der transzendentalen Subjektivität, solange dieses eben keiner apodiktischen Kritik unterzogen ... ist" (Hu VIII 171). Erst diese Kritik würde jetzt, ganz im Sinn von Husserls Vorbegriff, die „im vollen Sinne philosophische Stufe" der transzendentalen Phänomenologie sein (CM 68).

Diese Kritik, die die Frage betrifft: „Wie weit kann das transzendentale Ich sich über sich selbst täuschen und wie weit reichen die absolut zweifellosen Bestände trotz dieser möglichen Täuschung?" (CM 62), wird jetzt um so dringender, als sich für Husserl in der späten Zeit außer der bereits erwähnten Schwierigkeit der immanenten Wahrnehmung noch eine zusätzliche ergibt: zu aller Gegenständlichkeit, so wird jetzt betont, gehört wesensmäßig Identifizierbarkeit (FTL 139, oben S. 53), also kann auch „die innere Wahrnehmung" nur dadurch als „Selbsterfassung eines *Gegenstandes*" gelten, „daß mögliche und beliebig wiederholbare Wiedererinnerung stillschweigend in Rechnung gezogen ist" (FTL 140, 251). Wiedererinnerung aber schließt, sobald sie die unmittelbare Retention übersteigt (ZB 407 f.), die Möglichkeit der Täuschung ein (FTL 254). Das immanent Wahrgenommene ist also nicht nur deswegen nicht adäquat gegeben, weil es als Fluß kontinuierlich in die Vergangenheit absinkt, sondern auch weil die Wahrnehmung, sofern sie Wahrnehmung eines Gegenstandes sein soll, ein beliebiges künftiges Darauf-Zurückkommen vorwegnimmt, damit aber auch die Möglichkeit einschließt, daß sie sich als Täuschung enthüllt (FTL 139 f., 251 f.). In einer nachträglichen Notiz in den „Ideen", die aus der Zeit nach 1923 stammt und in der Ausgabe der Husserliana in den Text mitaufgenommen ist (S. 107 Z. 27 ff.), bemerkt Husserl unter Berufung auf dieses Argument, daß die dortige Darstellung von der Zweifellosigkeit der immanenten Wahrnehmung „nicht wirklich zulänglich" ist. Und in CM heißt es dann, daß „auch die cogitationes, die in der Einstellung der transzendentalen Reduktion als wahrgenommene ... gegeben sind, keineswegs schon als absolut zweifellos seiende ... in Anspruch" genommen werden können (67).

Die „apodiktische Kritik", die Husserl nun ins Auge faßt, aber nur noch andeutet – am weitreichendsten in CM –, weist in beide Richtungen, die sich aus unserer Interpretation schon nahelegen[19]. Einerseits muß die Orientierung an der Idee der adäquaten Evidenz konsequenterweise dahin führen, daß der zweifellos gegebene Bestand innerhalb des Phänomenologischen gerade nicht das Faktische, sondern nur die eidetischen „Strukturformen" umfaßt (CM 67, 133). Andererseits muß, wenn der Primat der Faktizität dennoch festgehalten werden soll, der Begriff des Adäquaten als höchster Evidenzbegriff fallengelassen werden: Husserl unterscheidet daher jetzt (CM 55 f.) zwischen adäquater Evidenz, die wie bisher als vollständige Gegebenheit verstanden wird, und apodiktischer Evidenz, die eine Gegebenheit ist, die jeden Zweifel ausschließt. Beides fiel früher zusammen[20]. Jetzt hingegen soll

[19] Seebohms Behauptung (S. 108 f.), Husserls Lehre von der Konstitution der immanenten Zeit biete die Antwort auf die Frage nach einer apodiktischen Kritik der immanenten Erkenntnis, läßt sich schwer vereinbaren mit Husserls Erklärung, daß er die Notwendigkeit einer solchen Kritik erst „sehr spät" erkannt habe (FTL 255). Seebohm orientiert sich auch gar nicht an Husserls eigenen Andeutungen in CM, und so kommt seine Interpretation auch nicht mehr auf die Frage der Kritik, „wie weit reichen die absolut zweifellosen Bestände" (CM 62), zurück. Man kann das Problem einer letzten „Kritik" nicht einfach wie Seebohm mit dem einer letzten Konstitution gleichsetzen.

[20] Apodiktische und adäquate Evidenz wurden zwar schon in den „Ideen" unterschieden, aber in einem ganz anderen und fast entgegengesetzten Sinn: das Adäquate und das Zweifellose fielen zusammen, und „apodiktisch" wurde speziell die Evidenz der Wesenserkenntnis genannt im Unterschied zur „assertorischen" (adäquaten oder inadäquaten) Evidenz von Faktischem (§ 137).

die Apodiktizität auch bei „inadäquaten Evidenzen“ möglich sein (a. O.). Daß es umgekehrt auch eine adäquate, aber nicht apodiktische Evidenz gibt, behauptet Husserl nicht und ist für ihn auch kaum denkbar. Trotzdem spricht er jetzt der Apodiktizität gegenüber der adäquaten Evidenz „die höhere Dignität“ zu (55).

Verstehen läßt sich diese Erklärung nur, wenn man beachtet, daß sie speziell „auf den Fall der transzendentalen Selbsterfahrung gemünzt“ ist (62): der transzendentalen Selbsterfahrung kommt, obwohl sie sich, wenn sie sich selbst gegenständlich zu erfassen sucht, nur inadäquat gegeben ist, als Urgegebenheit, in der sich alles auszuweisen hat, gegenüber aller, ob adäquaten oder inadäquaten, gegenständlichen Gegebenheit die „höhere Dignität“ zu. Und weil Husserl, obwohl sich nun herausgestellt hat, daß diese Urgegebenheit nicht von der Art einer adäquaten Evidenz ist, weiterhin an dem dogmatischen Motiv festhält, sieht er das Auszeichnende dieser Urgegebenheit immer noch in einer – wenngleich nun inadäquaten – Apodiktizität.

Abschließende Kritik

Wir sind bisher den Schwierigkeiten gefolgt, die sich durch das dogmatische Motiv für Husserl selbst ergaben, und dann seiner eigenen Kritik, die jedoch, als „Kritik der apodiktischen Tragweite“, ihrer Absicht und auch ihrem Resultat nach das Prinzip des dogmatischen Ansatzes gerade aufrechterhalten sollte. Mit der Idee einer inadäquaten apodiktischen Gegebenheit der transzendentalen Subjektivität weist Husserl aber, indem er seine Position bekräftigt, zugleich über sie hinaus.

Die Unterscheidung des Apodiktischen vom Adäquaten erlaubt es, zwei verschiedene Argumente in Husserls These von der Selbstgewißheit der transzendentalen Subjektivität zu unterscheiden[21]. Das eine ist die apodiktische cartesianische Überlegung, die jedoch, wenn man sie nicht nur von Descartes' verdinglichender, sondern auch von Husserls vergegenständlichender Auslegung befreit, lediglich auf das Sich-selbst-Mitgegebensein des Egocogito und die Vorgängigkeit einer Urgegebenheit führt, in der mir alles gegeben ist und in der sich mir alles auszuweisen hat. In dieser Form ist das cartesianische Argument unangreifbar und erkenntniskritisch unentbehrlich, aber enthält keine Seinsgewißheit, weil auch der Sinn des Seins dieser Urgegebenheit innerhalb dieser Urgegebenheit erst auszuweisen bzw. zu erfragen ist.

[21] Vgl. zum folgenden auch die wichtigen Ausführungen bei Landgrebe (1961) S. 163–76.

Bei Husserl wird dieses Argument jedoch von Anfang an durch das andere, aus der Wahrheitstheorie der LU stammende Argument von der adäquaten Evidenz des Immanenten überdeckt, in Verbindung mit der Voraussetzung, daß die cogitationes „immanente Gegenstände" sind, die – unter dem Gesamttitel „Erlebnis" – denselben Gegebenheitsmodus und denselben Seinssinn haben sollen wie die Empfindungsdaten (vgl. Ideen 80 f.). An den Empfindungsdaten kann man sich die Inkongruenz der beiden Argumente gut verdeutlichen: aus der cartesianischen Überlegung allein, selbst wenn sie als eine apodiktische verstanden wird, ließe sich keine Gewißheit für die Empfindungsdaten herleiten. Andererseits wird nun bei Husserl von dem zweiten Argument her die Evidenz, in der uns eine cogitatio gegeben ist, im Sinn der Evidenz umgedeutet, in der uns ein immanentes Datum gegeben sein soll. Nun wird zwar, wie sich zeigte, die adäquate Evidenz der Cogitationes in den Spätschriften eingeschränkt, aber doch nur wegen der Schwierigkeiten, die sich für sie durch die Zeitstruktur der immanenten Gegenstände ergibt. Diese Schwierigkeiten setzen gerade voraus, daß die Weise, wie die Cogitatio sich selbst gegeben ist, weiterhin nach dem Modell des Gegebenseins immanenter Daten verstanden ist und daher auch ihre Zeitlichkeit gegenständlich gedeutet wird: die Akte sollen „immanente Dauereinheiten" sein (ZB 472), und nur deswegen und nur insofern erweisen sie sich als inadäquat gegeben. So wird die transzendentale Urgegebenheit, obwohl sie nun nicht mehr als adäquat gelten kann, immer noch als gegenständliche und daher jetzt als inadäquat apodiktische Gegebenheit des gegenständlich verstandenen „Bewußtseinsstroms" verstanden.

Entscheidend ist hier, daß Husserl es nie als rätselhaft empfunden hat, *wie* die Cogitationes sich selbst gegeben sind, wie also Selbstbewußtsein und Reflexion zu verstehen ist, sondern selbstverständlich voraussetzte, daß auf jeden Akt in einem zweiten Akt reflektiert werden kann, der den ersten Akt genauso in einer inneren Wahrnehmung vorfindet, wie wir in der äußeren Wahrnehmung irgendein Ding vorfinden. Diese Auffassung von der „immanenten Wahrnehmung", die Husserl als evident in Anspruch nahm, aber doch wohl kaum einem phänomenologischen Befund entspricht, wurde dadurch erleichtert, daß Husserl auch die Wahrnehmungen von Empfindungsdaten, die wir doch eher als äußere, wenngleich abstraktive bezeichnen würden, als immanente versteht (vgl. oben S. 72). Ein Akt scheint nun genauso selbstverständlich immanent wahrnehmbar wie etwa ein Toninhalt. Tatsächlich entwickelt Husserl seine ganze Lehre vom inneren Zeitbewußtsein am Beispiel von immanenten Toninhalten (vgl. ZB 385 ff. und passim) und überträgt sie dann einfach auf die Akte (ZB 430, 437 u. ö.), auf die sie phänomenologisch gar nicht paßt. Wenn wir auf einen Akt „reflektieren", finden wir ihn nicht als intentionales Datum vor, sondern müssen ihn mitvollziehen, und nur im Vollzug ist er für uns da, als immanente Dauereinheit suchen wir ihn vergeblich. So wird Husserl, wie Heidegger dann in seinen frühen Vorlesungen mit Recht betont hat, durch die dogmatische Voraussetzung, daß die Urgegebenheit des Cogito, auf die die erkenntniskritische Reflexion zurückführt, als höchste Evidenz verstanden werden müsse, daran gehindert, den Sinn dieser Urgegebenheit in die kritische Frage mitaufzunehmen. Sein und Gegebensein der cogitatio steht vielmehr von vornherein als absolute, weil immanente gegenständliche Vorfindlichkeit fest (vgl. Ideen 102).

Man könnte darauf hinweisen[22], daß Husserl gerade in seiner Lehre von der immanenten Zeit auf ein vorgegenständliches „Urbewußtsein" zurückgeht, in dem sich alle Erlebnisse als dauernde und wechselnde Einheiten erst konstituieren (ZB 428 f.). In diesem zeitkonstituierenden „absoluten Bewußtsein" (ZB 429, Ideen 198) sind sich die Erlebnisse schon vorreflexiv, vorintentional gegeben, und in ihm erst gründet die Möglichkeit einer nachträglichen Reflexion (ZB 472). Diese Lehre vom vorgegenständlichen Selbstbewußtsein erfolgt jedoch erst sekundär und bleibt ausschließlich am gegenständlich verstandenen Bewußtsein orientiert. Die Selbstkonstitution des immanenten Flusses hat, wie alle Konstitutionslehre, als Leitfaden das zu Konstituierende, und das ist der „Erlebnisstrom". Daß die Akte immanente gegenständliche Dauereinheiten sind, wird vorausgesetzt, und nur zurückgefragt, wie sie uns, wenn sie das sind, als so erstreckte ursprünglich zu Bewußtsein kommen können. Auch in diesem ursprünglichen Bewußtsein ist sich daher der Akt nicht als Vollzug der Cogitatio, sondern als Erlebnis, als immanentes Datum, genauso wie ein Toninhalt, gegeben, und vorgegenständlich heißt dieses Bewußtsein des immanenten Gegenstandes nur, weil er nicht in einem ungegliederten Reflexionsakt, sondern retentional in der Mannigfaltigkeit seiner zeitlichen Phasenabschattungen gegeben ist. Die Retentionsmannigfaltigkeit im ursprünglichen Selbstbewußtsein des Aktes kann nur deswegen nicht ihrerseits als intentionale verstanden werden, weil das zu einem unendlichen Regreß führen würde (ZB 473). So fragt also Husserl weder nach demjenigen Sichselbstgegebensein noch nach derjenigen Zeitlichkeit, die der Cogitatio nicht als immanentem Gegenstand, sondern in ihrem Vollzug als Cogitatio zukäme. Damit bleibt nicht nur das Zeitbewußtsein letztlich unaufgeklärt (da sich aus dem gleichzeitigen statischen Bewußtsein einer Mannigfaltigkeit abgeflossener Jetztpunkte noch kein Zeitbezug erklären läßt), sondern auch jene Urgegebenheit des Ego cogito bleibt unbefragt, die allem gegenständlich Gegebenen als Spielraum seines Gegebenseins und seiner Ausweisung vorausliegt. Hier wird dann Heidegger einsetzen, indem er die Frage nach dem ursprünglichen Sichselbstgegebensein verbindet mit der Frage nach einem ursprünglicheren Zeitbewußtsein.

Das dogmatische Motiv wirkt sich nun aber nicht nur dahin aus, daß Husserl die Urgegebenheit des Ego cogito als apodiktische Evidenz nicht

[22] Vgl. Seebohm (1962) § 26.

mehr in die kritische Frage mitaufnimmt; noch bedeutsamer ist die Auswirkung des dogmatischen Motivs auf die Konstitutionslehre, die nun in der Einstellung der transzendentalen Epoché zu wiederholen ist: ist der ganze Bereich der Cogitationes als ein absolut gegebener angesetzt, dann wird auch die Aufklärung und Ausweisung gegenständlicher Wahrheit bereits als erreichte Letztbegründung erscheinen, sobald sie auf die konstituierenden Akte zurückgeführt ist. Dann braucht das jeweilige Wie der Konstitution seinerseits ebensowenig in die kritische Frage miteinbezogen werden wie die Urgegebenheit als solche.

§ 10 *Die Wiederholung der konstitutiven Phänomenologie auf der transzendentalen Ebene*

Mit der transzendentalen Epoché, in der ich darauf reflektiere, daß alle meine Gegenstände Gegenstände meiner Cogitationes sind (§ 9 b), und in der ich zugleich mein Bewußtsein als einen Bereich apodiktischer Evidenz erfasse (§ 9 c), ist für das Ziel einer letztausweisenden Erkenntniskritik nur ein Ansatz gewonnen, aber auch schon der Weg vorgezeichnet. Er muß darin bestehen, die eingeklammerte Wahrheit des cogitatum in der Urgegebenheit der cogitatio zu letzter Ausweisung zu bringen. Vom dogmatischen Motiv her gesprochen: das cogitatum im ego-cogito-cogitatum muß gleichsam in die Evidenz des ego-cogito eingeholt werden.

Aber diese Aufgabe darf nun nicht als ein bloßes Postulat verstanden werden und ist daher nicht durch eine Konstruktion zu lösen. Für eine solche würden Husserl auch alle Mittel fehlen: obwohl er jetzt alle Erkenntnis auf ein transzendentales Ich bezieht, enthält dieses Ich doch keinerlei Prinzip, aus dem sich seine cogitata oder deren Wesensstrukturen ergeben könnten. „Geltungsgrund" (CM 65) ist das Ich nur in dem formalen Sinn, daß es der letzte Ort aller Ausweisung ist, daß es also die ausweisenden cogitationes der cogitata, die ihm als wahrhaft seiende gelten sollen, selbst vollziehen muß. Die Letztausweisung der cogitata aus den cogitationes wird von Husserl nicht postuliert, sondern sie folgt unmittelbar, wenn auch nur schrittweise, aus der *Korrelation* zwischen cogitatum und cogitatio, die sich in der Epoché ergibt. Die konkrete Auslegung dieser Korrelation ist konstitutive Phänomenologie. Die Konstitutionslehre, die Husserl schon vor der Epoché ausgebildet hatte (§ 8), wird jetzt also mit einer neuen Zielsetzung – nicht nur Wahrheitsaufklärung, sondern letzte Wahrheitsausweisung – und auf einer radikaleren Basis – nicht Akte überhaupt, sondern die je eigenen, in denen sich auch die Akte in specie erst „konstituieren" müssen – aufgenommen. Trotz der Modifikation, die der Sinn von Konstitution dadurch erfährt und die zu einer Zweideutigkeit dieses Begriffs führen wird, steht doch sein deskriptiver Gehalt schon fest, und so wird nicht der Sinn von Konstitution aus einer Idee von Letztbegründung konstruiert, sondern was für Husserl Letztbegründung überhaupt besagen kann, findet – allen hyperbolischen Ansprüchen, die sich aus dem dogmatischen Motiv ergeben, zum Trotz – seinen Sinn und seine Grenze im Wesen der Konstitution.

Die Epoché als Ausgangspunkt der Konstitutionsfrage

Wie ergibt sich aus der Epoché die Konstitutionslehre, und in welcher Weise leistet diese eine letztausweisende Erkenntniskritik?

Die Ausgangslage, die durch die Epoché geschaffen ist, ist nicht die Reduktion auf ein pures Bewußtsein. Daher kann die Frage, die sich aus der Epoché ergibt, nicht lauten: wie kommt das Bewußtsein zu Gegenständen und gerade zu diesen Gegenständen? Die Reduktion, die sich in der Epoché vollzieht, ist vielmehr eine Reduktion auf die volle Korrelation ego-cogito-cogitatum. Und so ist es auch für die Konstitution im Unterschied zur Konstruktion charakteristisch, daß sie nicht vom ego cogito als solchem ausgehen kann, auch nicht von diesem zusammen mit den Empfindungsdaten, da sie dann – weil ihr im Ich kein Prinzip vorgegeben ist – orientierungslos wäre (oben S. 182). Vielmehr „spielt" für die Konstitution „der auf seiten des cogitatum stehende intentionale Gegenstand die Rolle des *transzendentalen Leitfadens* ... Der Ausgang ist ja notwendig der jeweils geradehin gegebene Gegenstand, von dem aus die Reflexion zurückgeht ..." (CM 87).

Strenggenommen muß die Konstitutionsfrage genau an dem Punkt einsetzen und genau durch den Punkt motiviert sein, der in der Epoché erreicht wurde. Dieser Punkt ist nicht nur nicht das bloße Bewußtsein, er ist auch zu allgemein bezeichnet, wenn man sogleich auf das ganze ego-cogito-cogitatum verweist. Innerhalb von diesem ist es doch speziell der *Setzungs-* bzw. *Wahrheitscharakter*, der ausgeschaltet und eben dadurch thematisiert wird (oben S. 200). In der Epoché reflektiere ich darauf, daß alles von mir als wahr Gesetzte (in welchem Modus auch immer: als schlicht seiend, als nichtig, als möglich usw.) Gesetztes meines Setzens ist. Das aber ist eine erste Erkenntnis einer universalen Korrelation, die in einem weiten Sinn dieses Wortes auch schon als „Konstitution" bezeichnet werden kann. Diese Einsicht, daß alles Gesetzte als so Gesetztes Korrelat (nicht Produkt) meines Setzens ist, bedeutet, daß der Sinn des noematischen Setzungscharakters und d. h. eben der Wahrheit voll und ganz aus der Intention meines noetischen Setzens verständlich zu machen sein müßte.

Das ist an sich nicht selbstverständlich, sondern ergibt sich erst dadurch, daß die Intention der Setzung, wie schon Husserls frühere Analysen zum Wesen der Thesis zeigten (oben S. 44 f., 88 f.), auf eine *andere* noetisch-noematische Korrelation verweist, auf die von Wahrheit und *Erfüllung* (Evidenz) (vgl. CM 95). Daß ich etwas als seiend (wahr) setze, heißt (und heißt nichts anderes als) daß ich die *Möglichkeit* einer, sei es in einem Schlage, sei es stufenweise approximativ zu erreichenden *adäquaten Selbstgegebenheit* vorwegnehme (a. O., Ideen 349). Entsprechendes gilt mutatis mutandis für die anderen Setzungsmodi (vgl. oben S. 89 Anm. 91). Gemäß dieser Verweisung findet also der Setzungs- und d. h. Wahrheitscharakter, an dem die Konstitutionsfrage im Anschluß an die Epoché einsetzt, seine eigentliche konstitutive Aufklärung nicht schon in seinem unmittelbaren noetischen Korrelat, der Thesis, sondern erst in den Möglichkeiten der Evidenz, auf die jedoch die Thesis von sich aus verweist. Dieser Übergang von meiner Thesis zu der Möglichkeit meiner Evidenz ist in der Konstitutionslehre der entscheidende Schritt: die unmittelbar aus der Epoché sich ergebende Tatsache, daß alles, was mir als wahr gilt, eben mir gilt, daß alles von mir Gesetzte eben durch meine Akte gesetzt ist, diese Tatsache für sich allein würde nicht ausreichen zu der Behauptung, daß alles von mir Gesetzte sich in meinen Akten „konstituiert", d. h. wesensmäßig Korrelat meiner Akte ist, denn das Setzen weist wesensmäßig über sich hinaus; aber es wäre in der Tat sinnlos, daß es auf etwas über sich hinauswiese, was nicht seinerseits wenigstens potentiell in diesem Bewußtsein zu erfüllen wäre, und erst deswegen kann Husserl sagen, daß „für mich nichts ist, es sei denn aus eigener aktueller oder potentieller Bewußtseinsleistung" (FTL 207). Diese potentielle Bewußtseinsleistung ist nicht die der Setzung, sondern der möglichen Ausweisung.

Aber auch diese Einsicht in die Korrelation der für mich geltenden Wahrheit und meiner möglichen Evidenzleistung enthält noch nicht die Konstitutionslehre im engeren Sinn. Diese ergibt sich erst dadurch, daß nun die Evidenz ihrerseits zu ihrer eigenen konkreten Aufklärung als *Selbstgebung* über sich hinausweist auf die Frage nach dem Wie der Gegebenheit des gegenständlichen Inhaltes des cogitatum (oben S. 174); dieser wird, wie sich für Husserl schon früh zeigte (a. O.), in der Evidenz nicht massiv vorgegeben, sondern diese Vorgegebenheit wird erst in einem synthetischen Akt konstituiert (IdPhä 12, 70 f.). Die sich hierauf beziehende Konstitutionsforschung im engeren Sinn – der Aufweis der synthetischen Vollzüge, in denen Gegenstände der verschiedenen Arten und d. h. der verschiedenen Gegebenheitsweisen zur Selbstgebung kommen (oben S. 178 ff.) – ist nichts anderes als die konkrete Ausführung der Konstitution der Wahrheit in der Evidenz (CM 98, FTL 144 f., oben S. 177 f.). Indem sich nun aber die Selbstgegebenheit des gegenständlichen Inhalts erst in einer Synthesis konstituiert, ist sie in einfacheren Gegebenheiten fundiert, die dem synthetischen Vollzug zugrunde liegen (oben S. 182), und so sieht sich die konstitutive Analyse genötigt, zur vollen Aufklärung der Ausweisungsmöglichkeiten des Geltungssinns, von dem sie ausgegangen ist, die Stufenfolge dieser Fundierungen in der Gegebenheit bis zu den schlichtesten Gegebenheiten – den „Empfindungsdaten" – hinabzuschreiten.

So ergibt sich also die gesamte Konstitutionstheorie in einer konsequenten Schrittfolge aus der vollständigen konstitutiven Auslegung desjenigen Momentes, das in der Epoché eingeklammert wurde: die Konstitution der Wahrheit in den Setzungscharakteren verweist auf ihre eigentliche Konstitution in den Möglichkeiten der Ausweisung und diese wiederum auf die Konstitution der intentionalen „Materie" in allen ihren Fundierungsschichten[23].

---

[23] Daß bei Husserl diese Schrittfolge der konstitutiven Phänomenologie nicht sichtbar wird, liegt daran, daß diejenige Durchführung der Transzendentalphilosophie, die sich primär erkenntniskritisch versteht, in IdPhä, schon abbricht, sobald sie zum Begriff der Konstitution kommt, während in den „Ideen" und in CM der „cartesianische Weg" dazu führt, daß Husserl zuerst das cogita-

Die Konstitutionslehre als letztausweisende Erkenntniskritik

Die Konstitutionslehre ergibt sich nun aber nicht nur aus der vollen Entfaltung des Ansatzes der Epoché; als solche hat sie jetzt zugleich die neue Aufgabe einer letztausweisenden Erkenntniskritik. Letztausweisende Erkenntniskritik betrifft die Frage, wie „die Erkenntnis ihrer Übereinstimmung mit den erkannten Objekten" – ihrer Wahrheit – „gewiß werden" kann (IdPhä 20, 25). Diese Frage findet in der konstitutiven Phänomenologie dadurch ihre Auflösung, daß gezeigt wird, wie die Erkenntnis, die Evidenz, ihrerseits „für Wahrheit und wahrhaft Seiendes jedes uns geltenden Sinnes konstitutiv ist" (FTL 235). Durch die Epoché wird gesichert, daß diese Einsicht, die schon in der phänomenologischen Bestimmung des Wahrheitsbegriffs der LU enthalten war (oben § 5), universal eingehalten und zugleich auf die je eigenen Evidenzmöglichkeiten bezogen wird.

Jede „Gegenständlichkeit ... ist, was sie ist, ob sie erkannt wird oder nicht", aber ist „doch als Gegenständlichkeit möglicher Erkenntnis ... prinzipiell erkennbar, auch wenn sie faktisch nie erkannt worden ist und erkennbar sein wird" (IdPhä 25); und als solche ist sie, sofern sie für mich Geltung haben soll, direkt oder indirekt Gegenständlichkeit meiner möglichen Erkenntnis (Ideen 105 f., FTL 207–9). Auch gerade das Ansichsein, das den Sinn von Wahrheit wesentlich mitausmacht (CM 96), ist subjektiv von mir „Konstituiertes" (a. O.), sonst könnte es für mich keinen Sinn haben: daß das Wahre gegenüber meinen Akten „an sich" ist, heißt, daß es nicht Korrelat beliebiger Akte ist, in denen ich es meine, sondern Korrelat eines ausgezeichneten Aktes, in dem diese Akte sich *erfüllen* und der evtl. seinerseits gar nicht zu realisieren ist, dessen Sinn aber schon in der Intention der bloßen Meinung liegt; daß das Wahre an sich ist, heißt dann ferner, daß es auch in der Erfüllung nicht Korrelat des einzelnen Evidenzaktes ist, sondern Korrelat einer offenen Unendlichkeit *möglicher* Akte desselben Wesens (a. O., oben S. 53, 58 f.): diese Möglichkeit, in der immanenten Zeitlichkeit meines Bewußtseins immer wieder auf dasselbe zurückkommen zu können, wird mir im Evidenzakt mitevident und macht diesen Akt überhaupt erst zu einem Evidenzakt (FTL 251 f., 139 ff.).

Daß meine Erkenntnis ihrerseits für die Wahrheit konstitutiv ist, heißt also natürlich nicht, daß ich schon im Besitz der Wahrheit, im Besitz einer letztausgewiesenen Erkenntnis bin. Es heißt aber, daß ich mir für jede Gegenständlichkeit, rein aus dem Sinn meiner Intentionen und der Art, wie sie auf Erfüllung verweisen, die Möglichkeiten der Ausweisung und damit den Sinn der Wahrheit zu vollkommenem Verständnis bringen kann.

---

tum, von dem ausgegangen wurde, wegläßt und zunächst ausgehend von der cogitatio zeigt, daß und wie sie in allen Weisen der Intentionalität konstitutiv ist (CM §§ 17 ff., Ideen 212). Aber das ist in beiden Werken eine vorläufige Betrachtung. Zum „prägnanteren Begriff der Konstitution" (CM 91) kommt Husserl in beiden Werken erst in der Phänomenologie der Vernunft, d. h. der rechtmäßigen Setzung, die auf Evidenz verweist (CM §§ 23 ff., Ideen 4. Abschnitt, wozu dann auch der 2. Band gehört). Die Schrittfolge, wie sie oben dargestellt ist, läßt sich aus CM §§ 26 und 29 entnehmen.

„Diese Art Verständlichkeit ist die höchste erdenkliche Form der Rationalität" (CM 118), sie also ist das, was in der phänomenologischen Transzendentalphilosophie „Letztbegründung" heißt. Daß das Programm einer Letztausweisung auf dem Wege der konstitutiven Auslegung durchgeführt wird, darin liegt also, daß die *Letztbegründung* im Sinn einer letzten *Aufklärung* verstanden ist. Der Rückgang auf die Evidenz soll nicht die Wahrheit einer Erfahrung, deren Sinn vorausgesetzt ist, sichern, sondern die konstitutive Auslegung läßt sich erst schrittweise aus der faktischen Erfahrung und ihren Implikationen gerade den Sinn von Wahrheit vorgeben, der sich dann auch für verschiedene Gegenstände und in verschiedenen Einstellungen als verschieden erweisen kann. Begründend ist die konstitutive Phänomenologie nur, sofern sie die komplexe Erfahrung in allen ihren Stufen beschreibt, aber die beschriebene Erfahrung wird nicht ihrerseits aus einem Prinzip begründet.

Sinn und Grenzen einer konstitutiv-phänomenologischen Letztbegründung

In welchem Sinn ist es dann aber überhaupt berechtigt, die konstitutive Auslegung als Letztbegründung zu bezeichnen? Gehe ich von einer bestimmten Gegenständlichkeit, die mir in einer bestimmten Einstellung gegeben ist, als „transzendentalem Leitfaden" aus, dann führt mich die konstitutive Aufklärung, wenn ich sie bis zu den einfachsten fundierenden Gegebenheiten durchhalte, zu einem letzten Verständnis, was für diese Gegenständlichkeit innerhalb dieser Einstellung Ausweisung besagt, und sofern sich die Wahrheit in der Ausweisung konstituiert, habe ich den Sinn dieser Wahrheit zu einer „letzten Begründung" gebracht. Ich habe damit erreicht, was anfangs gefordert wurde: das cogitatum in die apodiktische Evidenz des ego-cogito einzuholen (oben S. 212), denn es hat sich nun gezeigt, daß die Gegebenheit des cogitatum ganz und gar einerseits aus den ihrerseits absolut gegebenen konstituierenden cogitationes und andererseits letztlich aus den einfachsten Gegebenheiten, den Empfindungsdaten zu verstehen ist, die für Husserl ebenfalls zum absolut gegebenen reellen Bewußtseinsbestand gehören (oder, wenn man das nicht zugeben will, jedenfalls ein schlicht Gegenwärtiges darstellen).

Was jedoch in dieser Letztbegründung nicht begründet wird, ist, daß die Konstitution jeweils gerade so verläuft wie sie verläuft und nicht anders.

Man könnte hier erstens bezweifeln, ob uns in der reflexiven Schau die jeweils konstituierenden Aktmannigfaltigkeiten, die zu einer bestimmten Gegenständlichkeit gehören, in ihrer Bestimmtheit wirklich so eindeutig gegeben sind wie Husserl es beansprucht (vgl. z. B. Ideen II 90 f.). So gewiß alle objektive Wahrheit ihren Sinn nur relativ auf die subjektiven Ausweisungsmöglichkeiten hat, so ist es doch nur eine Folge von Husserls dogmatischem Motiv (§ 9 c) und d. h. von seiner Überzeugung, alles Immanente sei eo ipso adäquat gegeben, daß diese Ausweisungsmöglichkeiten ihrerseits in immanenter Analyse ohne weiteres durchschaubar und endgültig erkennbar sein sollen. Insbesondere in den unteren Schichten der Konstitution kann man fragen, ob uns die Gegebenheiten hier überhaupt in einfacher Reflexion zugänglich sind, ob Husserl nicht in Wirklichkeit konstruiert statt phänomenologische Befunde zu beschreiben, und ob die Phänomenologie hier nicht Ergebnisse und sogar Methoden der empirischen Psychologie in sich aufnehmen müßte, wie es ja dann bei Merleau-Ponty und anderen geschehen ist, freilich ohne die grundsätzlichen methodischen Probleme geklärt zu haben, die sich daraus ergeben. Bei Husserl selbst hingegen war das Vertrauen zur immanenten Anschauung so groß, daß diese Problematik für ihn überhaupt nicht existierte. Sie soll daher hier auch nicht verfolgt werden.

Hingegen läßt sich eine andere Schwierigkeit bezeichnen, die nicht einer Kritik von außen entspringt, sondern die Grenzen der konstitutiven Letztbegründung, so wie sie sich selbst versteht, betrifft. Auch wenn man der konstitutiven Analyse die endgültige Einsichtigkeit zugesteht, die sie für sich in Anspruch nimmt, hat sie diese Einsichtigkeit doch nur relativ auf die Gegenständlichkeit, von der sie ausgeht. Eben darum muß ja für Husserl „aus leicht verständlichen Gründen" der „jeweils geradehin gegebene Gegenstand" als „transzendentaler Leitfaden" fungieren (CM 87). Aus dem Bereich hingegen, der als „letztbegründender" fungieren soll, ist für das Wie der Konstitution keinerlei Notwendigkeit zu entnehmen, er ist nach dieser Hinsicht nicht begründend. Daß das jeweilige Ich „Urgund" (FTL 209) seiner gegenständlichen Geltungen ist, hat also nur den Sinn, daß es alles, was ihm rechtmäßig gelten soll, im Vollzug seiner Akte und in seiner eigenen Urgegebenheit zur Ausweisung bringen muß. Das Wie dieser konstituierenden Akte aber ist vom transzendentalen Ich nur *hinzunehmen* und daher auch in der philosophischen Reflexion nur analytisch-deskriptiv zu *konstatieren*. Die Konstitutionslehre zeigt, daß dem Ich keine kompakten Gegenstände vorgegeben sind, weil sie sich erst in seinen Akten konstituieren, aber dabei sind ihm doch die Schemata dieser Akte im Vollzug *faktisch vorgegeben*. Damit bestätigt sich auch auf der transzendentalen Ebene, daß (§ 8) der Sinn der Konstitution primär ein eidetischer ist: der Gegenstand konstituiert sich in einem bestimmten Aktschema, und er konstituiert sich in meiner individuellen cogitatio nur, sofern sie diesem Schema folgt. Freilich, ich muß in meiner individuellen cogitatio dieses Aktschema vollziehen, damit es für mich Gültigkeit gewinnen kann, und ich muß mir bewußt werden, daß ich in immer neuen individuellen cogitationes darauf zurückkommen kann (vgl. oben S. 215), damit es sich mir seinerseits als Schema, als Spezies eines Aktes konstituiert, aber dabei erkenne ich doch, daß es das eidetische Wie meines Aktes ist, das den Gegenstand konstituiert, und dieses Wie kann ich nur hinnehmen.

Daß das Wie der Konstitution seinerseits nicht mehr aus dem Ego-cogito begründbar ist, bedeutet für die Idee der Letztbegründung eine entscheidende Qualifikation und Begrenzung. Das dogmatische Motiv in Husserls Transzendentalphilosophie, das eine solche Begrenzung nicht zulassen kann, führt aber nun dazu, daß diese Faktizität und Unbegründbarkeit der Konstitution nicht hervorgehoben wird und an manchen Stellen sogar der Anschein entsteht, als würde das bestimmte Wie der Konstitution doch aus dem Wesen des Bewußtseins folgen (CM 163, 181, Ideen III 36 Z. 3), obwohl Husserl dergleichen nie zu zeigen versucht hat und auf der Basis des Konstitutionsbegriffs nie hätte zeigen können. Entscheidend ist, daß sich Husserl in der sachlichen Durchführung entgegen dem dogmatischen Motiv stets an den Sinn von „Konstitution" hält, wie er sich ihm ursprünglich ergeben hatte (§ 8), und ihn nie im Sinn einer Konstruktion umdeutet, die allein eine wirkliche Letztbegründung erlaubt hätte. Der Begriff der Konstitution enthält einen ontologischen Primat der phänomenologischen Gegebenheitsweisen und des subjektiven Vollzugs gegenüber der vorgegebenen gegenständlichen Wahrheit, und dieser Primat führt jetzt, auf der transzendentalen Ebene, zu einem epistemologischen Primat des je eigenen Vollzugs in der Ausweisung, aber zu keiner möglichen Begründung des Vollzugssinns aus dem Ich.

Daher bleibt alles, was sich über Husserls philosophische Position aus der vortranszendentalen Konstitutionslehre entnehmen ließ (§ 8) – der rein analytisch-deskriptive Charakter dieser Philosophie, die spezifisch phänomenologische Subjektivierung aller gegenständlichen Wahrheit, die strukturell, nicht begründend ist, und die daraus folgende Pluralität möglicher Erfahrungsweisen, die nicht auf ein Prinzip zurückzuführen sind – auch für seine transzendentale Position in Geltung.

Indem also Husserl die Konstitutionsweise mit Recht nicht ihrerseits aus dem ego-cogito begründet, muß er es offenlassen, daß es auch andere mögliche Einstellungen zu derselben Gegenständlichkeit gibt. Als notwendig und evident einsichtig hat sich ja in seinem Verfahren die Konstitutionsweise nur relativ auf die in der jeweiligen Einstellung vorgegebene Gegenständlichkeit ergeben. Dann läßt sich aber die in Husserls Idee der Philosophie geforderte letzte Rechtfertigung und Vorurteilslosigkeit noch nicht, wie Husserl zunächst meint (CM 74), im bloßen Rückgang auf die jeweils konstituierenden Akte erreichen, da man dabei innerhalb der Vorurteile befangen bleibt, die zu dieser Einstellung gehören (K 73). So ergibt sich als die eigentliche Aufgabe, die Konstitutionsweise selbst zu thematisieren und ihrerseits auf ihre Relativität hin zu befragen. Daß Husserl das zunächst überhaupt nicht und auch in den Spätschriften nur zögernd erkannt hat, liegt erstens an dem dogmatischen Motiv, wonach eine letzte Ausweisung nicht nur eine regulative Idee bleiben darf und deswegen die Begründung, die im bloßen Rückgang auf die konstituierenden cogitationes besteht, schon als letzte gelten sollte. Zweitens aber ist es auch aus Husserls Ausgangsstellung überhaupt, dem Ansatz bei einer gegenständlichen Welt, verständlich, daß, indem das unreflektierte Geltenlassen gegenständlicher Wahrheit als die primäre Naivität und das „universale Vorurteil" verstanden war, der konstituierende Bereich des subjektiven Lebens schon eo ipso als das „Universum absoluter Vorurteilslosigkeit" erscheinen konnte (CM 74). Indem Husserl mit Recht die gegenständliche Wahrheit als „relativ" auf die konstituierende Subjektivität erkennt, erscheint zunächst die jeweilige Konstitution schon eo ipso als „absolut" (FTL 241). Aber Husserl hat dann selbst gesehen, daß es „das Erlösende" der phänomenologischen Reduktion ist, „von den Sinnesschranken der natürlichen Einstellung *und so jeder relativen Einstellung* zu befreien", indem sie uns „*überhaupt für die Erfassung von Einstellungsänderungen empfänglich macht*" (Ideen II 179, Hervorheb. v. m.).

Die Epoché von der gegenständlichen Wahrheit, so wird man anerkennen müssen, ist in jedem Fall der erste Schritt, sie ist überhaupt die Voraussetzung dafür, daß man dann auch die jeweilige Einstellung thematisieren und ihre Relativität erkennen kann; aber die Epoché und der aus ihr entspringende Rückgang auf die konstituierenden Akte ist doch nur ein erster Schritt, der seinerseits naiv bleibt, wenn er dann nicht auch den „verborgenen intentionalen Implikationen" und „Horizonten" dieser konstituierenden Akte nachgeht (FTL 176 f., 184, 246, unten § 11 c). Das „Zurückgehen von einem ‚Fertig-Seienden' auf seine intentionalen Ursprünge ergibt", so schreibt Husserl schließlich in der „Krisis", nur ein „relatives ... Verständnis". Jene „Verständlichkeit, die ... keine sinnvolle Frage übrigließe", ist jetzt nur noch ein „Idealfall" (K 171, vgl. auch FTL 240).

Es liegt also in der sachlichen Struktur der spezifisch phänomenologischen, konstitutiven Transzendentalphilosophie, daß sie von sich aus auf eine Transzendentalphilosophie der geschichtlichen Erfahrung verweist (unten § 11 c). „Die Geschichte ist das große Faktum des absoluten Seins" (Hu VIII 506). Was vom Gesichtspunkt einer Letztbegründung im ego-cogito nur negativ als Begrenzung erscheint, hat diesen positiven Sinn. „Geschichtlich" in einem weiten Sinn ist die Konstitution zunächst insofern, als sie aus dem Ich nicht zu konstruieren oder sonstwie zu begründen und ihm daher faktisch vorgegeben ist, daher auch nicht als universal beansprucht werden kann und somit andere Möglichkeiten offenlassen muß; das ist letztlich in Husserls Begriff des Apriori begründet, der nicht aus dem Ich verstanden wird, sondern relativ auf eine jeweilige Sachhaltigkeit ist (oben S. 163 f.) und daher auch, wo er, als konstitutives Apriori, auf Subjektivität bezogen wird, nicht relativ auf die Subjektivität als solche, sondern auf eine jeweilige Erfahrungsweise gilt (oben S. 181) und diese Charakteristik auch auf der transzendentalen Ebene nicht verliert.

Die Konstitution ist dann aber auch geschichtlich in einem engeren Sinn, weil sie, da sie nicht aus gegenständlichen Zusammenhängen zu erklären ist, weil sie der gegenständlichen Wahrheit vorausgeht, und da sie auch nicht aus der Subjektivität als solcher begründet werden kann, nur noch, *wenn überhaupt*, aus ihren implizierten Verweisungen auf andere Erfahrungsweisen und d. h. aus den Zusammenhängen der geschichtlichen Motivation weiter aufzuklären ist (unten § 11 c). So eröffnet sich gerade dadurch, daß für die jeweilige Konstitutionsweise nicht vorweg aus dem Ich eine „Letztbegründung" konstruiert wird, die Möglichkeit, ihren Bedingungen in concreto weiter nachzufragen. Wie weit apriorische Strukturen geschichtlich relativ sind und wie weit sie gar aus geschichtlichen Motivationen genetisch verständlich gemacht werden können, läßt sich nicht vorweg entscheiden, aber daß solche Möglichkeiten bestehen, hat Husserl schließlich selbst gezeigt (§ 11 b–c). Dabei liegt es in Husserls Begriff des Apriori, daß eine Konstitutionsweise durch den Erweis ihrer geschichtlichen Bedingtheit ihre (stets relativ verstandene) Apriorität nicht verliert.

Der geschichtlichen Bedingtheit des subjektiven Lebens nachzugehen, war für Husserl aber auch deswegen nicht leicht, weil der Weg nun nicht mehr, wie bei der Konstitution eines gegenständlich Gesetzten, in die Immanenz des einzelnen Bewußtseins zurück-, sondern aus dieser hinausführt, nun aber nicht in eine Welt der Gegenstände, sondern der Intersubjektivität[24].

Die Zweideutigkeit des Konstitutionsbegriffs und die Intersubjektivität

Der eigentliche Grund, warum die Vorgegebenheit und Faktizität der jeweiligen Konstitutionsweise bei Husserl nicht zum Ausdruck kommt, liegt in der Zweideutigkeit der Rede vom transzendentalen Ich als letztem „Geltungsgrund" (oben S. 217), die ihrerseits in einer Zweideutigkeit gründet, die der Konstitutionsbegriff auf der transzendentalen Ebene annimmt. Diese Zweideutigkeit, die durch das „dogmatische Motiv" begründet ist, ergibt sich durch die undifferenzierte Übertragung der früheren, eidetischen Konstitutionsthematik auf die neue, transzendental-egologische Basis. Gemäß der ursprünglichen Bedeutung von „Konstitution" „gründet" jede gegenständliche Wahrheit *strukturell* in bestimmten subjektiven Vollzügen in specie: sie ist nur als deren Korrelat und d. h. als „Sinn" überhaupt denkbar. Diese subjektiven Vollzüge, in denen sich der Sinn einer Wahrheit konstituiert, sind Vollzüge der Ausweisung. Daher war es allerdings notwendig, daß dieser strukturelle Zusammenhang in die neue Fragestellung, wie ich alle Wahrheit für mich zu letzter Ausweisung bringe, aufgenommen wird, er wird durch sie auch vertieft: er muß in sie aufgenommen werden, weil ich eine Wahrheit für mich zu letzter Ausweisung nur bringen kann, indem ich mich nach dem Sinn dieser Wahrheit richte und d. h., da der Sinn sich in Ausweisungsvollzügen in specie konstituiert, indem ich einzelne Akte dieser Spezies vollziehe; und er wird durch sie vertieft, weil ich auch dies, daß diese Wahrheit sich in bestimmten Ausweisungsvollzügen in specie

[24] Vgl. FTL 243: „Auch als transzendentales Ego (in der absoluten Einstellung) finde ich mich von außen bestimmt ... Was besagt jetzt das Außer-mir und von-Äußerem-bestimmt-sein? Im transzendentalen Sinn kann ich offenbar von einem ‚Äußeren', von Etwas das meine abgeschlossene Eigenheit überschreitet, nur bedingt sein, sofern es den Sinn ‚Anderer' hat ..."

konstituiert, nur in einzelnen Akten dieser Spezies erkenne; aber dabei erkenne ich zugleich, daß die Wahrheit nicht das Korrelat speziell dieses meines, sondern eines beliebigen Ausweisungsaktes dieser Spezies in irgendeinem Subjekt ist (vgl. Hu VIII 495).

Weil Wahrheit wesensmäßig Korrelat von Ausweisung ist, konnte Husserl diesen Unterschied zwischen dem strukturellen „Grund" der *Wahrheit* und dem jeweiligen „Grund" der *Ausweisung* so leicht übergehen. „Konstitution" wird nun von Husserl sowohl der wesensmäßige phänomenologische Aufbau der *Wahrheit* in der Gegebenheit genannt als auch der Aufbau des Weges, in dem *ich* zur Ausweisung dieser Wahrheit gelange. Beides – der strukturelle Primat der phänomenologischen Subjektivität überhaupt gegenüber der gegenständlichen Wahrheit und der faktische Primat der je eigenen und gerade gegenwärtigen Subjektivität für die Ausweisung – sind fundamentale Einsichten Husserls, deren universale Geltung festgehalten werden muß. Nur dadurch, daß Husserl sie nicht klar unterscheidet, wird, wie gezeigt, dem Sinn, in dem vom Ich als einem Grund gesprochen werden kann, mehr zugemutet als er leisten kann; diese Zweideutigkeit im Konstitutionsbegriff mußte sich nun aber auch in der Durchführung der Konstitutionslehre selbst bemerkbar machen, wo der konstitutive Aufbau der Sache selbst mit dem konstitutiven Aufbau ihrer Ausweisung für mich nicht parallel läuft. Eine solche Inkongruenz zeigt sich freilich nicht auf den untersten Konstitutionsstufen, die Husserl zunächst bevorzugte (hier entspricht natürlich der konstitutive Aufbau der Sache der Stufenfolge, in der sie für mich zur Ausweisung kommt); sie mußte sich aber ergeben, wo in die Konstitution auch andere Subjektivitäten als die meine einbezogen sind, insbesondere also schon bei der Konstitution dieser anderen Subjektivitäten selbst:

Vom Gesichtspunkt der Geltung und Ausweisung für mich muß ich auch gegenüber anderen Subjekten „unbeirrbar daran festhalten, daß jeder Sinn, den irgendein Seiendes für mich hat und haben kann, sowohl nach seinem ‚Was' als nach seinem ‚Es ist und ist in Wirklichkeit' Sinn ist *in* bzw. *aus* meinem intentionalen Leben, aus dessen konstitutiven Synthesen" (CM 123). „Daß die Anderen sich in mir als Andere konstituieren, ist die einzig denkbare Weise, wie sie als seiende und so seiende für mich Sinn und Geltung haben können" (156). Wie geschieht diese „Konstitution", wie kommt das Sein eines anderen Ich für mich zur Ausweisung, zur Selbstgegebenheit? Es kann mir nicht wie ein Ding zu „ursprünglicher" (wenn auch inadäquater) „Gegebenheit" kommen, sonst müßte es – als Ich – mit mir zusammenfallen (139); vielmehr wird es mir von solchem, was mir original, in „präsentierender" Wahrnehmung, zugänglich ist, von einem Körper, „appräsentiert", indem er analog zu meinem Leib als fremder Leib aufgefaßt wird und sich als solcher synthetisch bewährt (139 ff.). Präsentation und Appräsentation sind dabei zu „*einer* Wahrnehmung" „verschmolzen", in der mir daher der Andere *als Anderer* (nicht original Gegebener) *selbst* gegeben ist (150–52).

Mit ihm kann ich nun durch verstehende „Einfühlung" in eine „intentionale Gemeinschaft" treten: es konstituiert sich ein „Wechselseitig-für-einander-sein" (CM 157, Hu VIII 136 f.). Indem ich den Anderen als ein Alter-Ego auffasse, fasse ich ihn also als solchen auf, für den ich ebenso ein Anderer bin wie er für mich und für den überhaupt Welt ist wie für mich. Der Andere *konstituiert* sich in mir als ein Wesen, das selbst *konstituierend* ist (154 f.). So kommt es zu einer *intersubjektiven Konstitution* einer gemeinsamen – und dadurch erst im eigentlichen Sinn „objektiven" – Welt (137, 149).

Hier wird nun die Zweideutigkeit der Konstitution greifbar. Einerseits kann und muß Husserl sagen: das *Konstituieren* des Anderen ist für mich seinerseits durch meine präsentierend-appräsentierende Wahrnehmung *konstituiert* (155 Z. 3). Aber das ist nun keine Wesensaussage mehr, die, wie bei der Konstitution von Realem, sein Sein betrifft. Im Gegenteil: da sich mir der Andere als ein solcher „konstituiert", der mir prinzipiell nicht original zugänglich ist, kann er sich „ursprünglich" nur selbst konstituieren (Hu VIII 188, 495). Daß „mein ego in sich ein anderes ego, und zwar als seiendes konstituiert" (CM 152 f.), heißt hier also nicht mehr, daß das Sein des so Konstituierten relativ ist auf diesen Konstitutionsakt, sondern dieses Sein ist als „für sich selbst ursprünglich Konstituiertsein" (in seinem immanenten Zeitbewußtsein) ebenso „absolutes" Sein wie mein eigenes, und es ist dies nicht nur für sich, sondern auch für mich (Hu VIII 190, 490 ff., 505 f., Ideen II 171). Das erkenntniskritische Prinzip, „daß jeder Sinn, den irgendein Seiendes für mich hat ... Sinn ist in bzw. aus meinem intentionalen Leben" (CM 123), wird dadurch natürlich nicht durchbrochen, denn eben dies, daß sich die Anderen seinsmäßig nicht in meinen Akten konstituieren, konstituiert sich für mich erkenntnismäßig in meinen Akten und kann natürlich nur so Sinn und Geltung für mich gewinnen. Aber es zeigt sich, daß dieses Prinzip des erkenntnismäßigen Primats meines ego cogito universale Gültigkeit nur hat, wenn es nicht zugleich als ontologisches beansprucht wird. Und indem das Konstituieren der Anderen sich zugleich als mitkonstitutiv für den Seinssinn der objektiven Welt erweist, zeigt sich nun auch für diese, daß meine cogitatio ontologisch gerade nur insofern für sie konstitutiv ist, als ich sie nicht speziell als die meine verstehe, sondern als in specie dieselbe wie die irgendwelcher Anderer, mit denen ich in intentionale Gemeinschaft treten kann (CM 137, Hu VIII 495). Das „absolute Sein", auf das die objektiven realen Gegenstände ebenso wie die idealen Gegenständlichkeiten „relativ" sind, ist für mich nicht mein Ich, sondern umfaßt diese ganze „Wir-Gemeinschaft" (Ideen III 153, Hu VIII 190). Wesensmäßig relativ auf mich ist nur noch jene „primordinale" gegenständliche Welt, zu der noch keine Konstitution von Anderen gehört und auf die ich „abstraktiv" zurückgehen muß, wenn ich mir erkenntniskritisch zur Klarheit bringen will, wie ich mir das Sein von Anderen zur Ausweisung bringe ohne es schon vorauszusetzen (CM 124 ff.). Aber wiederum ist diese „Eigenheitssphäre" nur ausweisungsmäßig für die objektive Welt „fundierend" (CM 127, 131), während sie sich dann ontologisch als bloße „Erscheinung" der objektiv seienden, der intersubjektiv konstituierten Welt erweist (Ideen II 170 f., 79 ff.).

Die Zweideutigkeit des Konstitutionsbegriffs, dergemäß einerseits das Letztkonstituierende für mich meine transzendentale Urgegebenheit ist, andererseits die Konstitution primär strukturell verstanden wird und daher alle konstituierende Subjektivität – und zwar wiederum für mich – gleichursprünglich ist, führt nun auch zu einer entsprechenden Zweideutigkeit im Begriff des Transzendentalen. Daß für Husserl der strukturelle und nicht der epistemologische Begriff der Konstitution der primäre ist, bestätigt sich jetzt daran, daß sogar der Begriff des Transzendentalen, mit dem zunächst gerade die epistemologische Urgegebenheit meines ego-cogito bezeichnet war (oben S. 198 f.), sich nun ebenfalls und sogar mit Vorrang auf alles erstreckt, was die Struktur des Konstituierens hat, auch wenn es nicht zum „Residuum" meiner transzendentalen Epoché gehört. Auch die Anderen sind *für mich transzendental*, „obschon sie nicht mehr in Originalität und schlichter apodiktischer Evidenz, sondern in einer Evidenz äußerer Erfahrung gegeben sind" (CM 175).

Die innerhalb der realen Welt sich zeigenden und daher zunächst als personale *Realität* aufgefaßten Anderen sind für mich *transzendental*, sofern ich mir bewußt werde, daß auch sie *konstituierend* sind (HU VIII 493) bzw. – was dasselbe ist –, daß auch sie für sich Seiende und d. h. „absolut" Seiende sind (Hu VIII 189 f., 505). Man könnte meinen, gerade diese Erklärung zeigt, daß hier keine echte Zweideutigkeit besteht, weil ja die Anderen nur deswegen transzendental heißen, weil auch sie für sich eine Urgegebenheit sind und eine ebensolche Epoché vollziehen können wie ich. Aber darin läge doch nur dann keine Erweiterung des Begriffs „Transzendental", wenn nun jeder nur für sich selbst transzendental heißen dürfte. Wenn die Anderen auch für mich transzendental heißen, dann liegt darin, daß nicht mehr die Gewißheit, sondern die Seinsstruktur darüber entscheidet, was zum Bereich des Transzendentalen gehört. Vom Gesichtspunkt der Ausweisung ist das wahre Sein des Anderen für mich nur ein „Limes" (CM 175), ich kann daran stets mindestens so sehr zweifeln wie am wahren Sein eines Realen, es verfällt also wie alles Transzendente der Epoché; trotzdem ist sein Sein für mich transzendental, weil es, im Unterschied zu den bloß konstituierten, gegebenen Einheiten, in die phänomenologische Dimension des Konstituierens gehört. Diese phänomenologische Dimension hängt jetzt nicht mehr wie in der früheren eidetischen Phänomenologie gleichsam in der Luft, sondern ist eine faktisch seiende, die sich nun aber auch nicht mehr auf meine einzelne transzendentale Gegebenheit beschränkt, sich jedoch auch nicht in eine Vielzahl jeweils für sich seiender transzendentaler Sphären verteilt, sondern das „absolute Sein ist das des Universums transzendentaler Subjekte, die miteinander in wirklicher und möglicher Gemeinschaft stehen" (Hu VIII

190). Transzendental heißt also nicht nur jede egologische Sphäre für sich, sondern transzendental heißt gerade auch die intentional-konstitutive *Gemeinschaft*, die *Intersubjektivität* (CM 158 u. ö.), obwohl dieser, als einer durch reales Sein vermittelter, *weder* für mich *noch* für den Anderen die Zweifellosigkeit der Urgegebenheit zukommt.

Die Gesetzmäßigkeit orientierter Konstitution

Für die Konstitution der objektiven Welt ergibt sich aus der transzendentalen Intersubjektivität nur, daß meine ausweisenden Akte für die ontologische Konstitution der Gegenstände keinen speziellen Vorrang haben, aber sie sind doch in ihrem Aufbau eidetisch dieselben wie die, in denen diese Gegenstände in ihrem Sein konstituiert sind. Bei der Konstitution des Anderen hingegen stimmt der Aufbau, in dem er für mich zur Ausweisung kommt, nicht einmal mit dem Aufbau, wie er in seinem Sein konstituiert ist, eidetisch überein. Für mich, aus der Außenperspektive, ist sein Leib als erstes gegeben und ist konstitutiv fundierend für die Appräsentation seiner Innerlichkeit; in seiner eigenen, „ursprünglichen" Konstitution ist die Reihenfolge umgekehrt. Wo es sich also um ontologisch Gleichursprüngliches handelt, ist mein erkenntnismäßiges Konstituieren ein Nachkonstituieren eines schon in sich Konstituierten, und da ich von der Forderung, erkenntnismäßig schrittweise von meiner Urgegebenheit auszugehen, nicht lassen darf, ist es ein Nachkonstituieren aus meiner bestimmten Perspektive, die der Eigenperspektive dieses Seins äußerlich ist. Ich kann, gerade weil beide Aspekte der Konstitution – (a) daß alles Seiende seinsmäßig in Gegebenheitsweisen konstituiert ist und (b) daß alles für mich nur aus meinen Akten Geltung gewinnen kann – universal gültig bleiben, über diese Differenz nicht hinwegspringen.

Husserl bringt diese Differenz zwischen dem πρότερον τῇ φύσει und πρότερον πρὸς ἐμέ, die sich erst hier auftut, wo andere Subjektivität miteinbezogen wird, dadurch zum Ausdruck, daß er nun von einer *orientierten Konstitution* spricht, orientiert auf die jeweilige Ausgangssituation als „Nullglied" (CM 161). Würde meine Konstitution der Sache mit der der Sache selbst zusammenfallen, so bestünde kein Grund, sie als orientiert, perspektivisch zu bezeichnen. Das wird erst dann notwendig, wenn meine epistemologische Konstitution der Sache entweder geradezu *anders* orientiert ist als ihre ontologische Konstitution oder die ontologische Konstitution der Sache so beschaffen ist, daß sie mehrere, gleichwertige Zugangsweisen zuläßt, von denen meine nur eine ist. Das erste ist bei der Konstitution des Anderen der Fall, das letztere bei der Konstitution der intersubjektiven Gemeinschaft. Jedes Glied ist hier „Glied einer von ihm aus orientiert gegebenen Monadengemeinschaft" (CM 166). Epistemologisch ist natürlich auch die Gemeinschaft „rein in mir, ... rein aus Quellen meiner Intentionalität für mich konstituiert, *aber als solche*, die in jeder in der Modifikation ‚Anderer' konstituierten als dieselbe, nur in *anderer subjektiver Erscheinungsweise* konstituiert ist" (CM 158, Hervorheb. v. m.).

Die Orientiertheit der Konstitution der Intersubjektivität führt nun aber dazu, daß alle Konstitution orientiert ist, in die die Intersubjektivität miteingeht. Ja Husserl kann sogar sagen, daß die „Gesetzmäßigkeit orientierter Konstitution" für die „Konstitution von Welten irgendwelcher Art" gilt (CM 161). Denn auch schon „die immanente Welt, die wir den Erlebnisstrom nennen", ist ja, ähnlich wie die intersubjektive Gemeinschaft, eine Mannigfaltigkeit von ontologisch Gleichursprünglichem, in bezug worauf die „konstituierende lebendige Gegenwart" nur die jeweilige Ausgangssituation ist, die ihren Vorrang schon im nächsten Jetzt verliert. Orientiert konstituiert ist jetzt aber auch die reale Welt, sofern sie von jedem Anderen, ausgehend von seinem Leib und seinem Hier, mit gleichem Recht aus einer anderen Perspektive gegeben ist (CM 161, 146, 151 f.).

Vor allem gilt nun aber die Gesetzmäßigkeit der subjektiven Orientiertheit für die Konstitution der intersubjektiven geschichtlichen „Kulturwelt" und der „verschiedenen kulturellen Umwelten"; in bezug auf diese führt Husserl den Begriff überhaupt ein. „Jeder Mensch versteht zunächst einem Kerne nach und mit einem unenthüllten Horizont *seine* konkrete Umwelt bzw. seine Kultur" (160). Diese ist wiederum das „Nullglied" (161), zunächst für „ein tieferes Verständnis" dieser eigenen Kulturwelt selbst, wenn ich „den Horizont der für das Verständnis der Gegenwart selbst mitbestimmenden Vergangenheit" erschließe (160). Darüber hinaus ist dann meine Kultur im ganzen Nullglied für das Verständnis „fremder Kulturen". Diese sind „mir und meinen Kulturgenossen nur zugänglich in einer Art Fremderfahrung" (161). Hier wiederholt sich also auf höherer Ebene das Schema der Konstitution des Anderen: jede Kultur konstituiert sich „ursprünglich" in der „sie historisch gestaltenden Gemeinschaft" und ist also von mir als Außenstehendem nur „schrittweise" in einem „Nachverstehen" zugänglich, ausgehend von meiner eigenen Kultur als der für mich epistemologisch „primordinalen" (160 f.). Auch hier also bedeutet die Orientiertheit, wie schon bei der Konstitution des Anderen, nicht bloß die Möglichkeit auch anderer Zugangsweisen, sondern daß mein konstitutiver Ausgangspunkt für das Verständnis der fremden Kultur ein ὕστερον τῇ φύσει ist. Aber auch meine eigene Kultur ist zwar von der Gemeinschaft konstituiert, deren Glied ich selbst bin, doch sofern diese Gemeinschaft eine „historische" ist und ich in sie hineingeboren bin, kann ich auch hier die schon vorgegebenen Konstitutionsweisen nur nachvollziehen und die ursprüngliche Konstitution nur im Rückgang zu den geschichtlichen Ursprüngen leisten.

Damit ist aus der weiteren Entfaltung von Husserls Konstitutionslehre deutlich geworden, wie sich der transzendental-phänomenologische Ansatz unter Beibehaltung seiner wesentlichen Motive in die geschichtliche Dimension vertiefen läßt, auf die die Begrenztheit einer Letztbegründung im ego-cogito verwies (oben S. 219). Allerdings scheint bei Husserl die geschichtliche Konstitution zunächst nur die „höherstufigen" kulturellen Gebilde zu betreffen, die sich erst „auf dem Untergrunde der allgemeinen Natur" konstituieren (CM 162), und auch bei der kulturellen Umwelt geht das philosophische Interesse natürlich darauf, das „Apriori einer solchen Umwelt überhaupt zu erforschen" (CM 165), und dieses scheint nicht seinerseits geschichtlich relativ zu sein (K 142, 176, 381–3, 386)[25]. Aber Husserl hat dann doch, freilich schon unter dem Eindruck von Heideggers „Sein und Zeit", erklärt, es stünde „nichts im Wege", in der Konstitutionslehre „zunächst ganz konkret mit unserer menschlichen Lebensumwelt ... anzufangen" (CM 165). Allerdings zeigt dann die Durchführung dieser Möglichkeit in der „Krisis" (unten § 11 b), daß Husserl diese „Lebenswelt", sofern sie in der Konstitutionslehre ein erstes sein soll, gerade nicht als die kulturelle Umwelt, sondern wiederum als Natur versteht (K 461 Z. 10 f., 141 Z. 7 f.). Und doch wird sich gerade dabei zeigen, daß schon die intersubjektive Konstitution der Natur von geschichtlichen Bedingungen abhängen kann.

[25] Vgl. Gadamer (1963) S. 28.

DRITTER ABSCHNITT

Die Rückwirkung der transzendental-phänomenologischen Position auf die konkrete Wahrheitsproblematik

§ 11 Verflüssigung und Erweiterung des Wahrheitsbegriffs; Lebensweltliche Wahrheit und Geschichtlichkeit der Wahrheit

Der zweite Abschnitt unserer Interpretation hat gezeigt, wie sich Husserls philosophische Position im ganzen aus der Wahrheitsfrage ergibt. „Wahrheitsfrage" ist dabei in einem doppelten Sinn zu verstehen, erstens im Sinn unseres konkreten Fragens nach Wahrheit und Ausweisung, zweitens im Sinn der Frage nach dem Begriff der Wahrheit. Jede dieser beiden Fragen wird, wie sich zeigte, von der anderen umgriffen, sobald sie grundsätzlich gestellt wird. Ausgegangen war Husserl in den LU von der Wahrheitsfrage im zweiten Sinn, und seine besondere, phänomenologische Bestimmung des Wahrheitsbegriffs hatte zur Folge, daß diese Thematik schließlich den ganzen Sachbereich der Philosophie umfassen konnte (§ 8). Eben dadurch wurde es nun nötig, das Wahrheitsproblem aus einer ursprünglichen Motivation verständlich zu machen. So kam es zu dem neuen Ansatz bei der Wahrheitsfrage im ersten Sinn, zu der Konzeption von Philosophie als Radikalisierung und Universalisierung des konkreten Wahrheitsbezugs des Menschen (§ 9 a). Mit der Bestimmung als letztausweisender Universalwissenschaft ist die Philosophie hinsichtlich ihrer Motivation konkretisiert, sachlich wäre aber wiederum diese Bestimmung an und für sich ganz formal. Daß die konkrete Ausbildung dieser Idee von Philosophie zu einer phänomenologischen Transzendentalphilosophie führt, mit der Epoché als Ansatz (§ 9 b) und der universalen Konstitutionsforschung als Durchführung (§ 10), darin liegt, daß sie sich ihrerseits ganz und gar an der phänomenologischen Bestimmung des Wahrheitsbegriffs orientiert. So ergibt sich Husserls philosophische Position aus der konsequenten Entfaltung der konkreten Wahrheitsproblematik, wie sie in den Logischen Untersuchungen entwickelt worden war. Für die Wahrheitsfrage im ersten Sinn, für die Frage der Ausweisung, bedeutet das, daß sie dort, wo sie auf ihre philosophischen Fundamente kommt, wo also die Ausweisung von gegenständlicher Wahrheit – als „Letztausweisung" – ihrerseits zur Ausweisung zu bringen ist, nicht als Begründung aus einem letzten Grund, sondern als Aufklärung des Wahrheits- und Ausweisungssinns verstanden wird. Und das bedeutet für die Idee der Philosophie, daß sie – als

„Phänomenologie der Vernunft“, die „mit der Phänomenologie überhaupt zur Deckung käme“ (Ideen 380) – in ihrer gesamten sachlichen Thematik auf die phänomenologisch-deskriptive Aufklärung des Sinns von Wahrheit und Ausweisung in allen seinen möglichen Abwandlungen ausgerichtet wird.

Husserls philosophische Position, die sich aus der phänomenologischen Wahrheitsproblematik ergeben hatte, führt also ihrerseits in die phänomenologische Wahrheitsproblematik zurück und macht sie zum universalen Thema der Philosophie im ganzen. Abschließend wird zu zeigen sein, was sich daraus nun rückläufig für die phänomenologische Wahrheitsproblematik selbst ergibt. Hier sind zwei Aspekte zu unterscheiden:

Der *erste*, der hier nicht weiter verfolgt werden soll, betrifft die Erweiterung, die das Wahrheitsproblem dadurch erfährt, daß alle philosophischen, also insbesondere alle ontologischen Themen zu aletheiologischen werden (oben S. 178 ff.): alle Unterschiede und Fundierungsverhältnisse von Gegenstandsarten werden aus der Verschiedenheit und den Fundierungsverhältnissen verstanden, in denen sie zur Selbstgegebenheit, zur Evidenz kommen, und so erfordert auch die volle Aufklärung der Evidenz und damit die des wahren Seins für jede Gegenständlichkeit den eigenen Nachweis, wie sie sich „ursprünglich konstituiert“. Diese Erweiterung der Wahrheitsproblematik, derzufolge die gesamte Konstitutionstheorie Wahrheitstheorie ist (oben S. 177, 214), ergibt sich letztlich aus der phänomenologischen Wahrheitsbestimmung selbst, die die Wahrheit aus der Selbstgegebenheit versteht und daher notwendig zu der weiteren Frage führt, wie die verschiedenen intentionalen „Materien“ zur Gegebenheit kommen (oben S. 174, 213 f.). Aber diese Frage kann doch, da sie nur die intentionale „Materie“ betrifft und nicht den Erfüllungscharakter als solchen, nur in einem erweiterten Sinn zur Wahrheitsproblematik gerechnet werden: in den verschiedenen Gegebenheitsweisen der intentionalen Materie konstituieren sich zwar verschiedene Weisen von wahrem Sein, aber dabei kann doch der formale Sinn von Wahrheit als solcher gleichbleiben.

Der *zweite* und in unserem Zusammenhang eigentlich bedeutsame Aspekt betrifft die Auswirkung auf die Wahrheitsproblematik im engeren Sinn. Sie wird von Husserl selbst nach verschiedenen Hinsichten im II. Abschnitt von FTL behandelt, allerdings nicht in systematisch zusammenhängender Form und ohne die verschiedenen Hinsichten ausreichend zu unterscheiden. Daher wird unsere Interpretation, die sich hier hauptsächlich auf diesen Text und den Krisis-Band stützt, die neuen Gesichtspunkte in einer freien Durchführung aus der sachlichen Problematik heraus zu entwickeln haben.

Die Vertiefung und Erweiterung, die sich aus Husserls ausgebildeter philosophischer Position für die formale Bestimmung des Wahrheitsbegriffs ergibt, gründet nach allen ihren Hinsichten darin, daß die phänomenologische Dimension, in die die LU zur Aufklärung des vorgegebenen Wahrheitsbegriffs nur *zurückgegangen* sind, jetzt ihrerseits zum maßgebenden *Aus-*

gangsfeld der Klärung wird. Die Frage ist daher nicht mehr: welches sind die Gegebenheitsweisen bzw. die Aktcharaktere, in denen sich der Sinn von Wahrheit, der als solcher vorausgesetzt ist, konstituiert; sondern: was folgt aus den Gegebenheitsweisen der Intention und Erfüllung, so wie sie in der Erfahrung und den verschiedenen Arten von Erfahrung tatsächlich vorgegeben sind, für den Sinn von Wahrheit?

Dieser Primat des Phänomenologischen – daß das intentionale Leben auf keine Wahrheit bezogen werden kann als auf die, die aus seiner eigenen Intention zu entnehmen ist –, ist zwar schon in den LU potentiell enthalten (oben S. 51 f.), aber kommt erst zu voller Auswirkung, nachdem Husserl die Fragestellung der LU reflektiert und d. h. eben: zur philosophischen Position ausgebildet hat. Weil aber die neuen Gesichtspunkte, die aus dieser phänomenologischen Verflüssigung des Wahrheitsbegriffs erwachsen, dem „dogmatischen Motiv" in Husserls Transzendentalphilosophie (oben S. 195) zuwiderlaufen, setzen sie sich auch auf der ausgebildeten transzendentalen Position erst allmählich und im wesentlichen erst in den spätesten Schriften durch. Wir fassen die neuen Gesichtspunkte, die sich aus dem ausdrücklichen Primat des Phänomenologischen ergeben, zunächst in einem Überblick zusammen:

1. Indem die Erfahrung nur noch auf die Wahrheit bezogen wird, die ihrem eigenen Erfüllungssinn entspricht, wird der Dogmatismus der Apodiktizität der Evidenz überwunden, der in der VI. LU noch als ein Rest der Fragestellung der Prolegomena enthalten war (§ 11 a). Hier kann die Interpretation genau da wiederaufgenommen werden, wo sie beim Evidenzbegriff der LU abgebrochen wurde (oben S. 101 ff.).

2. Bei (1) bleibt der Wahrheitsbegriff als solcher noch fast unberührt. Wenn sich aber der Sinn von Wahrheit in der Gegebenheitsweise konstituieren soll, dann ist es denkbar, daß sich im Rückgang auf die wirklichen Gegebenheitsweisen ein anderer Sinn von Wahrheit konstituiert als der zunächst vorgegebene, und ferner ist es nun auch möglich, daß sich, je nach der Gegebenheits- und Zugangsart, verschiedene Weisen von Wahrheit sogar für dieselben Gegenstände herausstellen. Beides ergibt sich für Husserl mit der Unterscheidung zwischen objektiver „Wahrheit an sich" und „lebensweltlicher" Wahrheit (§ 11 b).

3. Sobald verschiedene Weisen von Wahrheit unterschieden werden, entsteht die Frage nach ihrem Verhältnis. Dieses wird sich als ein konstitutiv geschichtliches erweisen. Der Primat des Phänomenologischen führt dabei zur Idee einer ursprünglichsten Gegebenheit, die zur letzten Instanz aller Wahrheitsaufklärung wird. Der Primat des Phänomenologischen führt bei Husserl auch dazu, die sich in dieser ursprünglichsten Gegebenheit konstituierende Wahrheit als die eigentlichste Wahrheit zu verstehen (§ 11 b).

4. Aus dem Primat des Phänomenologischen folgt schließlich, daß jede Erfüllung relativ ist auf die Intention, die sich auf sie richtet. Dann kann es

bei der Frage nach der Wahrheit einer Intention nicht mehr genügen, ihren eigenen Sinn zur Erfüllung zu bringen, sondern dieser gegenständliche Sinn muß nun seinerseits nach seinen intentionalen Implikationen befragt werden, die sich jetzt als geschichtliche erweisen. Wieder ist es die Problematik der Lebenswelt, die Husserl auch zu dieser Erweiterung des Wahrheitsproblems in die geschichtliche Dimension führt, und zwar sowohl für die empirische Wahrheit wie auch für die philosophische der Konstitution, die den Wahrheitssinn betrifft. Entscheidend ist, daß sich hier nicht einfach eine geschichtliche Relativität der Wahrheit ergibt, sondern daß Husserl sogleich Wege sucht und findet, diese Relativität ihrerseits in die Wahrheitsfrage einzubeziehen, so daß es hier zu einer echten Erweiterung des Wahrheitsbegriffs kommt (§ 11 c).

a) Die Überwindung des Dogmatismus der Apodiktizität

Evidenzaufklärung statt Evidenzsicherung

In der VI. LU hatte Husserl den Gewinn der „ontologischen Umwendung des Evidenzbegriffs", derzufolge die Evidenz nicht als ein psychisches Datum und bloßer Index der Wahrheit, sondern als die Intentionalität im Modus der Selbstgegebenheit verstanden wird, darin gesehen, daß sie die antiskeptische Position der Prolegomena phänomenologisch sichert (oben S. 103 f.). Wenn die Wahrheit in der Evidenz zur *Selbstgegebenheit* kommt, dann scheint es ausgeschlossen, daß sie anders ist als wie sie in der Evidenz erscheint, es scheint also ausgeschlossen, daß die Evidenz sich als Täuschung erweisen, daß ein Anderer oder ich selbst zu einer anderen Zeit die Negation dieser Wahrheit als evident erfahren könnte (a. O.).

Diese Folgerung ist aber nur stichhaltig, wenn 1. die Selbstgegebenheit als eine absolute (adäquate) erscheint und wenn wir 2. die Gewißheit haben, daß, was als adäquat gegeben erscheint, auch adäquat gegeben ist (a. O.). In FTL sieht nun Husserl das eigentlich Bedeutsame der neuen Auffassung der Evidenz gerade darin, daß sie es erlaubt, diese skeptischen Bedenken nicht als äußere Einwürfe zu verstehen, sondern die Möglichkeiten, auf die sie hinweisen, in den positiven Sinn der Evidenz mitaufzunehmen (139 f., 245 ff.). Die Skepsis, die gegen den neuen Evidenzbegriff gerichtet werden kann, kann ja nicht mehr die Frage betreffen, wie wir uns der Evidenz als Index einer absoluten, bewußtseinstranszendenten Wahrheit gewiß sein können (eine Frage, die in der Tat nicht zu beantworten wäre); sie stellt vielmehr den inneren Absolutheitscharakter der Selbstgegebenheit als solcher in Frage, und das ist nun ein Zusammenhang, der einer phänomenologischen Analyse zugänglich ist. So läßt sich der eigentliche Gewinn der neuen Evidenztheorie, statt in einer absoluten Evidenzsicherung, in der Ermöglichung einer Evidenzaufklärung sehen.

Die äußere Erfahrung als eigener Evidenzstil; die Möglichkeit der Täuschung als ein Aspekt der Evidenz selbst

Diese Möglichkeit, daß man die Evidenz, wenn sie als Selbstgebung verstanden ist, statt sie entweder sogleich als absolute Gewißheit in Anspruch zu nehmen oder skeptisch zu verwerfen, daraufhin befragen kann und muß, *wie* das als wahr Gesetzte in ihr zur Gegebenheit kommt, ist freilich von Husserl schon in den LU gesehen worden, sie blieb aber zunächst im Hintergrund. Von vornherein zeigte sich, daß zumindest die Gegenstände der äußeren Wahrnehmung in einer Weise zur Gegebenheit kommen, die durchaus als Selbstgegebenheit verstanden werden muß und dennoch inadäquat ist (oben § 4). Aber erst von den „Ideen" (§§ 138, 143) an wird die inadäquate Gegebenheit nicht lediglich als minderer Grad der adäquaten verstanden, sondern als eine eigene, von der adäquaten prinzipiell geschiedene Evidenzform, die nie in eine adäquate Evidenz überführt werden kann, gerade weil sie jetzt selbst in ihrem synthetischen Zusammenhang mit anderen, wiederum inadäquaten Evidenzen auf adäquate Evidenz als regulative Idee ausgerichtet ist, die aber nicht die Idee einer einzelnen Evidenz, sondern einer unendlichen Synthesis einstimmiger inadäquater Evidenzen ist (Ideen 351, CM 97). Diese prinzipielle Unterscheidung der inadäquaten Evidenz von der adäquaten, die Anerkennung eines eigenen, genuinen „Evidenzstiles" (FTL 144) der inadäquaten Evidenz wird erst auf der transzendentalen Position möglich, weil jetzt die Inadäquatheit nicht mehr als ein Defekt unserer Zugangsweise erscheint, der das wahre Sein der Gegenstände nicht tangierte, sondern als die einzig mögliche Gegebenheitsweise dieser Gegenstände, die sich wesensmäßig in ihr konstituieren (oben S. 76 f.). So ist hier auch die Wahrheit selbst „eine im Unendlichen liegende Idee" (FTL 245), das wahre Sein des Gegenstandes ist die „Korrelatidee zur Idee ... einer vollständigen Synthesis möglicher Erfahrungen" (CM 97).

Die Analyse dieses Evidenzstiles zeigt nun, daß die einzelne Evidenz als perspektivische ihrem eigenen Sinn nach zu ihrer Bestätigung auf weitere Evidenz vorausweist, und nur weil sie so über sich hinausweist, können wir sie überhaupt als unvollkommen, als inadäquat erfahren (FTL 144). Die Unvollkommenheit hat also den positiven Sinn der möglichen „Vervollkommnung" (FTL 248, CM 96). Mit der Möglichkeit der Vervollkommnung ist aber auch die Möglichkeit der „Zunichtemachung" und „Korrektur" gegeben (FTL 248), mit der Angewiesenheit auf „einstimmige Erfüllung mit ihrer stetig sich steigernden Vernunftkraft" auch die Möglichkeit der „Synthesen der Unstimmigkeit", die zu einer Modifikation oder sogar zur „Durchstreichung" des Gesetzten führen (Ideen 339 f.).

Die Analyse der Struktur der Selbstgegebenheit zeigt also zumindest für die Evidenz der äußeren Erfahrung, daß sie sich sehr wohl als Täuschung erweisen kann, aber diese Möglichkeit ist nun nicht eine dem Sinn der

Evidenz äußerliche, sondern ist in ihrer eigenen, vorausgreifenden Intention enthalten. Sie gehört mit zu ihrer positiven Funktion und kann daher auch nicht an ihrem Evidenzcharakter unkritisch-skeptisch irremachen (FTL 144), sondern zeigt die in seinem eigenen Sinn enthaltene Relativität, die aber nur eine Relativität auf weitere Evidenz ist: „Die Möglichkeit der Täuschung gehört mit zur Evidenz der Erfahrung und hebt ihren Grundcharakter und ihre Leistung nicht auf, obschon das evidente Innewerden der Täuschung die betreffende Erfahrung oder Evidenz selbst ‚aufhebt'. Die Evidenz einer neuen Erfahrung ist es, an der die vordem unbestrittene Erfahrung die Glaubensmodifikation der Aufhebung, der Durchstreichung erleidet, und nur so kann sie sie erleiden. Evidenz der Erfahrung ist also hierbei immer schon vorausgesetzt. Die bewußtseinsmäßige ‚Auflösung' einer Täuschung, in der Ursprünglichkeit des ‚nun *sehe* ich, daß das eine Illusion ist', ist selbst eine Art der Evidenz, nämlich die von der Nichtigkeit eines Erfahrenen bzw. von der ‚Aufhebung' der (vordem unmodifizierten) Erfahrungsevidenz" (FTL 139 f.).

Erweiterung auf jede Evidenz

Und nun geht Husserl in FTL über diese im wesentlichen schon in den „Ideen" enthaltene Auffassung noch hinaus. An der eben zitierten Stelle fährt er fort: „Auch das gilt für *jedwede* Evidenz oder für jede ‚Erfahrung' im erweiterten Sinne[1]. Selbst eine sich als apodiktisch ausgebende Evidenz kann sich als Täuschung enthüllen und setzt doch dafür eine ähnliche Evidenz voraus, an der sie ‚zerschellt'" (140, vgl. auch 248).

Daß die Möglichkeit einer späteren Korrektur zur Evidenz selbst gehört, soll jetzt also nicht nur bei derjenigen Evidenz gelten, die von vornherein den Sinn einer inadäquaten, einseitigen Gegebenheit hat, sondern ausdrücklich auch bei der inneren Wahrnehmung (140 f., 251 f.) und „schließlich in anderen Weisen *bei jeder Evidenz ebenso*" (252). Damit wäre nun auch dem zweiten skeptischen Zweifel (oben S. 230) Rechnung getragen, ob nicht auch eine Evidenz, die adäquat scheint, sich noch als inadäquat erweisen kann.

[1] „Erfahrung besagt" in FTL „in der notwendigen Verallgemeinerung: Selbstgebung, Evidenz überhaupt, wofür die Erfahrung im gewöhnlichen, ebenfalls unentbehrlichen Sinn ein ausgezeichneter Sonderfall ist" (248). Mit dieser Erfahrung im gewöhnlichen Sinn ist die durch äußere Wahrnehmung gemeint (a. O.), aber „Erfahruung im ersten und prägnantesten Sinn" ist „als direkte Beziehung auf Individuelles ... definiert" (183), worunter also auch die „innere" Erfahrung fällt (vgl. 251). Die Erfahrung im weitesten Sinn umfaßt hingegen auch die „irrealen Gegenstände" (147). Dieser Gebrauch von „Erfahrung" = Evidenz überhaupt ergibt sich in FTL eben dadurch, daß der Sinn aller Evidenz nicht mehr in der punktuellen Gegebenheit, sondern im „Evidenzstil" gesehen wird.

„Evidenz" wäre jetzt im Gegensatz zur Auffassung der LU überhaupt nicht mehr „im Sinne einer absoluten Apodiktizität, einer absoluten Sicherheit gegen Täuschungen" zu verstehen (140). Wenn das keine leere Behauptung bleiben soll, muß auch die adäquate Evidenz in modifizierter Form jenes Strukturmoment aufweisen, das schon bei der inadäquaten Evidenz die Täuschung möglich machte: das war ihr „antizipatorischer" Charakter (CM 96 f.), das Übersichhinausweisen der Evidenz auf weitere Evidenz von demselben.

Überwindung des Dogmatismus der LU durch Einbeziehung des Ansich in die phänomenologische Analyse

Mit dieser Zielrichtung kann Husserl jetzt die schwache Stelle in dem Argument für die Apodiktizität der LU herausstellen, ihre verborgene dogmatische Voraussetzung. In den LU (oben S. 103 f.) schien es selbstverständlich, daß, wenn die Wahrheit das objektive Korrelat der Selbstgegebenheit ist, eine vollständige Selbstgegebenheit auch jeden Zweifel ausschließen muß. Das wäre jedoch nur schlüssig, wenn die Wahrheit ganz in dieser Selbstgegebenheit aufginge, wenn sie nichts anderes wäre als das objektive Korrelat des gegenwärtigen Aktes. Die Wahrheit ist aber, wie es in den Prolegomena hieß, „Wahrheit an sich", und d. h. phänomenologisch: sie ist das Korrelat der Spezies dieses Aktes (vgl. oben S. 92, 104 Anm. 97), und so betraf der Anspruch der Zweifellosigkeit auch keineswegs nur das Gegenwärtige als solches, sondern enthielt die Antizipation, daß, wenn mir der Inhalt U adäquat gegeben ist, seine Negation U' von keinem Anderen und a fortiori auch nicht von mir selbst zu einer anderen Zeit in adäquater Evidenz erfahren werden könnte (oben S. 103). In den LU wurde also stillschweigend vorausgesetzt, daß das Licht der aktuellen Evidenz über ihre eigene Gegenwärtigkeit hinausreicht und dem Gemeinten „an sich" zugute kommt. Dieses Ansich wurde nicht selbst in die phänomenologische Analyse mitaufgenommen und blieb daher innerhalb der phänomenologischen Wahrheitstheorie ein unbemerkter dogmatischer Rest. Durch ihn war der Evidenz immer noch ein Stück von jener Wunderfunktion erhalten geblieben, die durch den phänomenologischen Evidenzbegriff gerade überwunden werden sollte.

Es ist ein Irrtum, daß Husserls Bemerkung im Vorwort zur 2. Auflage der Prolegomena, der dortige Begriff der „Wahrheiten an sich" sei unzulänglich (LU I xii f), so verstanden sein will, daß der Begriff des Ansich überhaupt zu verwerfen sei[2]. Daß das Ansich in die Wahrheitsbestimmung der VI. LU nicht ausdrücklich aufgenommen wurde, macht nicht ihre Stärke, sondern ihre Schwäche aus. Das Ansich gehört, wenigstens „in einem weitesten Sinne",

[2] So de Waelhens (1953) S. 7, 15, 17.

zum Wesen von Wahrheit überhaupt (CM 96)[3] und auch schon zum intentionalen Sinn überhaupt[4], und die „Unzulänglichkeit" der Prolegomena besteht nur darin, daß der Begriff des Ansich dort noch vorphänomenologisch verstanden ist. Aber erst auf der transzendentalen Position konnte Husserl das Ansich selbst in die phänomenologische Analyse mitaufnehmen, indem er auch diesen Aspekt, der sich scheinbar einer subjektiven Konstitution entzieht, seinerseits auf seine Konstitution befragt (oben S. 215).

Das geschieht nun in FTL (139 ff., vgl. auch CM 96): zu jeder Gegenständlichkeit, so wird jetzt betont, gehört wesensmäßig „Selbigkeit" und d. h. „Identifizierbarkeit" (FTL 139), und diese konstituiert sich phänomenologisch – als „Transzendenz" (148) gegenüber dem einzelnen Akt – im einzelnen Akt selbst, indem er die Möglichkeit *vorwegnimmt*, in beliebiger Wiederholung auf denselben Gegenstand zurückkommen zu können. Dieser „weiteste Transzendenzbegriff" umfaßt auch das „Immanente" (148). „Nur dadurch gilt uns die innere Wahrnehmung als Selbsterfassung eines Gegenstandes, daß mögliche und beliebig wiederholbare Wiedererinnerung stillschweigend in Rechnung gezogen ist" (140, vgl. auch 251, oben S. 207).

So zeigt sich: wenn das „Ansich" in den phänomenologischen Evidenzbegriff ausdrücklich mitaufgenommen wird, wenn also einbezogen wird, daß, was in der Evidenz zur Gegebenheit kommt, eine über die aktuelle *Selbstgegebenheit* hinausreichende *Selbigkeit* des Gegenstandes ist, die jetzt aber ihrerseits nur in bezug auf weitere mögliche Gegebenheit verstanden werden soll, dann gehört es zur eigentlichen Evidenzfunktion auch der adäquaten Evidenz, daß sie antizipatorisch über den aktuellen einzelnen Akt hinausweist. Zwar bedarf die Evidenz, die ihre Gegenständlichkeit nicht schon ihrem eigenen Sinn nach einseitig zur Gegebenheit bringt, keiner weiteren Evidenz zu ihrer *Bestätigung*, aber sie bedarf doch des Ausblicks auf beliebige wiederholende Akte, um überhaupt den Anspruch erheben zu können, ein von ihm, dem einzelnen Akt, Unabhängiges, ein Ansich zu erkennen. In diesem Übersichhinausweisen liegt dann aber auch für die adäquate Evidenz, die sich nicht von vornherein als ergänzungsbedürftig weiß, die *Möglichkeit*,

---

[3] Eine gewisse Einschränkung wird sich unten § 11 b zeigen. Aber auch dort wird das „Ansich" in diesem „weitesten Sinn" nicht, wie man leicht meinen könnte, aufgehoben. de Waelhens spricht S. 7 von einem „Widerspruch" zwischen dem Begriff einer „Wahrheit an sich" und dem phänomenologischen Wahrheitsbegriff. Wäre das richtig, dann müßte der phänomenologische Wahrheitsbegriff weichen, denn das recht verstandene Ansich (oben S. 59) gehört zum formalen Sinn von Wahrheit überhaupt. Daß man diese Selbstverständlichkeit heute vielfach nicht mehr sieht, ist, wie sich zeigen wird, eine Folge von Heideggers Wahrheitsbestimmung, von der sich auch de Waelhens leiten läßt.

[4] Vgl. oben S. 54, 58 f. Wir haben dort, gerade im Anschluß an FTL, den Ausführungen der LU weitgehend vorausgegriffen, um wenigstens in bezug auf den Wahrheitsbegriff selbst den möglichen Mißverständnissen (vgl. oben S. 92) vorzubeugen.

daß sie sich durch weitere Gegebenheiten von demselben doch noch als relativ und ergänzungsbedürftig erweist.

Genauso wie bei der äußeren Evidenz, die sich von vornherein als einseitig bewußt ist, gehört diese Möglichkeit der Täuschung jetzt zum positiven Sinn der Evidenz selbst und kann ihre Evidenzfunktion nicht in Frage stellen (oben S. 232). Die konkrete Analyse, die die Auffassung der Evidenz als Selbstgegebenheit erlaubt, zeigt, daß „ihre Leistung ... nicht in der Einzelheit abgeschlossen" ist (FTL 143). So ist alle Evidenz relativ, aber nur auf neue Evidenz. Die Evidenz bleibt die einzige und letzte Instanz (vgl. schon oben S. 106), aber weil sie jetzt als zeitlich-offene verstanden ist – wir können auch schon sagen: als geschichtliche –, kann keine einzelne Evidenz je als apodiktisch letzte fungieren. Indem sich Evidenz durch Evidenz *korrigiert*, ergibt sich also auch kein leerer Relativismus, in dem eine Evidenz der anderen sinnlos gegenüberstünde. Dagegen ist die Evidenzlehre, die „von der naiv vorausgesetzten Wahrheit-an-sich her die Evidenz *konstruiert*" (245), indem sie meint: „Es ‚muß' zunächst eine absolute Erfahrung geben, und das ist die innere, und es ‚muß' absolut gültige allgemeine Evidenzen geben, und das sind die der apodiktischen Prinzipien, zuhöchst die formal-logischen" (247), nur „Theorie von oben her" (247). Sie „schafft den verkehrten skeptischen Relativismus und den nicht minder verkehrten logischen Absolutismus, beides füreinander Popanzen, sich wechselseitig niederschlagend und wieder auflebend, wie Figuren auf dem Kasperletheater" (246).

Der bloße Nachweis des antizipatorischen Charakters auch der adäquaten Evidenz, ihrer zeitlichen Offenheit, kann freilich nicht ausreichen, um die Möglichkeit einer späteren Korrektur wirklich einsichtig zu machen. Vielmehr müßte, ähnlich wie bei der äußeren Erfahrung, aus dem *Sachgehalt* dessen, was diese Evidenz zur Gegebenheit bringt, verständlich werden, *in welcher Weise* eine Korrektur hier denkbar ist. Sonst bliebe die Rede von der Möglichkeit der Täuschung schließlich eine leere Behauptung. Es ist also, wie für die äußere Erfahrung, so „für jede Art der Evidenz" „in Wesensallgemeinheit verständlich zu machen", wie sie „in Horizonten auf mögliche weitere bestätigende Erfahrungen vorweist, wie sie aber die Möglichkeit wesensmäßig auch offen läßt, daß widerstreitende Erfahrungen sich einstellen, die zu Korrekturen ... führen" (FTL 248). Nun scheint aber doch die adäquate Evidenz gerade dadurch definiert, daß sie zumindest ihrem eigenen Sinn nach diese Möglichkeit nicht offen läßt. Andererseits widerspricht es Husserls Theorie, daß eine Möglichkeit der Korrektur besteht, wo diese nicht schon in irgendeiner Weise im Sinn der Evidenz selbst enthalten ist.

Husserl hat hier keine klare Antwort mehr gegeben, sie läßt sich aber doch aus FTL mit ziemlicher Bestimmtheit ersehen. Wenn sich auch eine adäquate Evidenz noch als unvollständig herausstellen können soll, dann muß diese Unvollständigkeit offenbar eine andere sein als jene, die durch den Begriff der adäquaten Evidenz als vollständiger Evidenz ausgeschlossen wurde. Das weist auf eine Einseitigkeit in Husserls Bestimmung der adäquaten Evidenz. Wenn, wie von Husserl ursprünglich konzipiert (LU III 118), die adäquate Evidenz die ist, die keine offenen Intentionen irgendwelcher Art mehr enthält, dann müßte aus der aufgewiesenen zeitlichen Offenheit der Evidenz eigentlich folgen, daß von einer adäquaten Evidenz, und damit auch von der Wahrheit, in *allen* Seinsbereichen nur noch als von einer „im Unendlichen liegenden Idee" (FTL 245) gesprochen werden dürfe. Soll hingegen auch eine adäquate Evidenz noch (wenn auch verborgene) unerfüllte Intentionen enthalten können, dann ist der Begriff des Adäquaten ein engerer.

Die Problematik, die sich hier für die immanente Wahrnehmung ergibt, haben wir schon wiederholt berührt (oben S. 85 f., 205 ff.). In den „Ideen" bemerkt Husserl, „auch ein Erlebnis" sei „adäquat nicht faßbar", aber das sei eine andere Art der Inadäquatheit als die der äußeren Wahrnehmung (103). Die Inadäquatheit der Gegebenheit des Raumdinglichen, so sahen wir (oben S. 206), bedeutet Zweifelhaftigkeit seiner Existenz, die der Erlebnisse hingegen betrifft die Bestimmtheit ihres Wasgehaltes. So scheint Husserl auch in FTL die Möglichkeit der Korrektur bei einer inneren „adäquaten" Evidenz auf die „Klarheit" zu beziehen, in der wir den Wasgehalt erfassen. „Vollkommene Klarheit" ist eine „Idee" (253).

Sehr viel wichtiger ist die Frage, wie auch die andere Art der bei Husserl sonst als adäquat geltenden Erkenntnisse einer Korrektur fähig sein sollen: die Wesenserkenntnisse, insbesondere die formal-logischen. Ist nicht zumindest bei den letzteren die Vorstellung, solche Evidenzen könnten sich durch wiederholte Akte, durch weitere „Erfahrung" als revisionsbedürftig erweisen, überhaupt absurd? Doch hier wird sich nun zeigen (§ 11 c), daß Husserl eine ganz andere Art der Relativierung ins Auge faßt, die sich nicht aus neuen Aspekten des gegenständlichen Inhaltes ergibt (dieser kommt bei einer logischen Erkenntnis in der Tat zu einer letzten Erfüllung), sondern aus den „verborgenen Implikationen" der Intention selbst; nicht aus den objektiven Horizonten des Gegenstandes, sondern aus den subjektiven Horizonten des Zuganges (FTL 176 f., 184 f.).

b) Verschiedene Möglichkeiten im formalen Sinn von Wahrheit

Die Vertiefung der phänomenologischen Aufklärung des „Ansich"

Die volle Aufklärung des Wahrheitsbegriffs aus der phänomenologischen Dimension, die ausdrückliche Einbeziehung auch seines Ansich-Charakters in die konstitutive Analyse, führte zur Preisgabe des Dogmatismus der Evidenz und zu einem neuen, zeitlich-offenen Evidenzbegriff, in dem der abstrakte Gegensatz von Relativismus und Absolutismus überwunden ist. Bei dieser Neufassung des Evidenzbegriffs wurde jedoch der Wahrheitsbegriff selbst nur begrenzt in Frage gestellt. Was Wahrheit heißt, hat die Analyse zwar im Rückgang auf die phänomenologische Dimension aufgeklärt, aber ihren Sinn dabei vorausgesetzt und sich nicht aus dieser Dimension erst vorgeben lassen. So blieb der formale Sinn von Wahrheit auch ein einziger, der sich nur insofern modifizierte, als das Ansichsein, zunächst für jede „reale Wahrheit"[5] und schließlich für jede Wahrheit überhaupt, zu einer „im Unendlichen liegenden Idee" wurde (FTL 245). Das Ansichsein als solches aber

[5] Hier zeigte sich daher auch schon in den „Ideen" – je nachdem, ob die Wahrheit Korrelat einer adäquaten Evidenz oder einer unendlichen Synthesis einstimmiger inadäquater Evidenzen ist – eine gewisse Verschiedenheit im formalen Sinn von Wahrheit, die sich aber noch auf verschiedene Sachbereiche verteilt.

blieb dabei in seiner konstitutiven Bedeutung für den Wahrheitsbegriff eine feste Voraussetzung.

Nun macht es aber gegenüber anderen transzendentalphilosophischen Positionen den Vorzug des spezifisch phänomenologischen Rückgangs auf die Subjektivität aus, daß er (vgl. oben S. 181), indem er nicht eine vorausgesetzte Wahrheit begründet, sondern sie aus der phänomenologischen Dimension „nur" deskriptiv aufklärt, sich auch erst aus den faktischen Gegebenheitsweisen den Sinn von Wahrheit überhaupt vorgeben lassen muß. Der Sinn von Wahrheit kann sich anders erweisen als zunächst vorausgesetzt, und es können sich auch mehrere Möglichkeiten ergeben. Allerdings kann man sich den faktischen Gegebenheitsweisen nicht völlig orientierungslos überlassen, denn was würde dann berechtigen, das, was in ihnen sich konstituiert, als „Wahrheit" zu bezeichnen? Als Leitfaden muß also allerdings der vorgegebene Wahrheitsbegriff dienen, aber es kann sich doch nun zeigen, daß sich seine Bestimmungen weiter formalisieren lassen als sie zunächst angesetzt waren und daß sie auch in dieser Erweiterung, die sich aus den faktischen Gegebenheitsweisen aufdrängt, noch dem entsprechen, was wir unter „Wahrheit" verstehen[6].

Sicher gehört die Differenz und mögliche Übereinstimmung von Intention und Erfüllung notwendig zum Sinn von Wahrheit überhaupt, aber gerade dadurch, daß Husserl den Wahrheitsbegriff auf diesen phänomenologischen Ursprung zurückgebracht hat, hat er auch schon die für das Verständnis der Aussagewahrheit notwendige Erweiterung auf die kategorialen Bedeutungen ermöglicht (vgl. oben § 6, besonders S. 135 f.). Zur Wahrheit gehört offenbar auch wesentlich, daß sie sich in der „Idee" der Erfüllung konstituiert, daß sie also vom einzelnen Erfüllungsakt unabhängig und in diesem Sinn für ihn „an sich" ist. Aber wieder kann gerade dadurch, daß Husserl in den Spätschriften das Ansich in die phänomenologische Analyse ausdrücklich mitaufgenommen hat, dieser Begriff formalisiert und erweitert werden.

Sobald das Ansich – die Transzendenz des Gegenstandes gegenüber dem Akt, die Unabhängigkeit des Gemeinten und evtl. Wahren von seinem Gegebensein – *phänomenologisch* durchsichtig gemacht ist, kann man es nicht mehr in einem schlechthin „absoluten" Sinn verstehen, als völlige Unabhängigkeit von allem Gegebensein überhaupt: das Ansich transzendiert den einzelnen Akt, aber diese Transzendenz ist ihrerseits phänomenologisch zu verstehen als beliebiges Zurückkommenkönnen auf dasselbe (oben S. 234). Die Gegenstände und die Wahrheiten, die von ihnen gelten, sind zwar

[6] Andererseits ergibt sich hier die Gefahr, die also im Wesen der spezifisch phänomenologischen Wahrheitsthematik angelegt ist, daß im Rückgang auf die Gegebenheitsweisen die Grenzen, die der formale Sinn von Wahrheit enthält, vernachlässigt werden. Diese Gefahr, die als Möglichkeit und Tendenz bereits beim späten Husserl sichtbar wird (vgl. unten S. 244), wird sich dann bei Heidegger, der die Thematik der Gegebenheitsweisen weiter vertieft, verstärkt auswirken.

unabhängig vom jeweiligen Gegebensein, aber nicht vom Gegebensein überhaupt. Es gibt also wohl eine Welt an sich und „im voraus“ – eine „absolute Wahrheit“ – für den einzelnen Akt, aber strukturell ist alles Seiende und alle Wahrheit „letztlich relativ“ auf ihr Gegebensein, „auf die transzendentale Subjektivität“, die schließlich als „transzendentale Intersubjektivität“ zu verstehen ist (FTL 241, 200).

Aber das in dieser Weise relative Ansich ist doch immer noch in dem Sinn absolut, daß die „Identifizierbarkeit“, in der es sich phänomenologisch konstituiert, als eine ideale verstanden ist, d. h. als eine solche, die „ein für allemal und für jedermann“ besteht (FTL 173). Insbesondere die „Wahrheit ist eine dem ideal identischen Urteil bleibend zugehörige Beschaffenheit“ (172). „Ein Urteil ist nicht einmal wahr und das andere Mal falsch, sondern wahr oder falsch ein für allemal“ (a. O.). Wird das Ansich vorphänomenologisch verstanden, sind die identifizierenden Akte, in denen es zur Gegebenheit kommt, nur sekundäre, dann ist es allerdings unvermeidlich die Identität in diesem idealen Sinn zu verstehen, der im Satz vom Widerspruch zum Ausdruck kommt. Wird hingegen die Identität phänomenologisch aus der Identifizierbarkeit verstanden, dann erscheint die Idealität der Identität als ein Überschuß über die faktische und stets endliche Identifizierung, der erst konstitutiv aufzuklären ist (FTL 165, 167). Die ideale Identität, so kann sich jetzt zeigen, ergibt sich aus einer *Idealisierung* einer vorgängigen Identität, die noch nicht diesen idealen Charakter hat.

Lebensweltliche und wissenschaftliche Wahrheit

Sieht man auf die gegenständliche Welt, so wie sie uns „vorgegeben“ ist, d. h. auf unsere „Umwelt“ (Ideen II 182 f., 218, K 22, 124), die Husserl in K auch unsere „Lebensumwelt“ (123) und schließlich meist einfach unsere „Lebenswelt“(123 ff.) nennt, dann zeigt sich, daß die Dinge in ihr zwar in sich selbig, identifizierbar sind, aber „ihre Identität mit sich selbst, ihr Sich-selbst-Gleichsein ... ist ein bloß ungefähres“ (K 22). Das Seiende, wie es uns zunächst begegnet, ist zwar mehr oder weniger bestimmt, aber eben deswegen auch mehr oder weniger unbestimmt, es hat den Charakter des „bloß Typischen“ (a. O.). Es ist zwar gegenüber dem einzelnen Akt weiterhin „an sich“, aber dieses Ansichsein ist jetzt nicht nur, wie bei dem absoluten, aber phänomenologisch verstandenen Ansich, relativ auf die transzendentale Subjektivität überhaupt, sondern auf die jeweilige subjektive Einstellung und Perspektive, auf die subjektive Situation. Die Wahrheiten, mit denen wir es im Leben zunächst zu tun haben, sind „Situationswahrheiten“ (K 135).

Diese sind, obwohl relativ und beschränkt, innerhalb der alltäglichen Praxis ausreichend, ja sogar die bestmöglichen (FTL 245, K 128, 135). Allerdings kann schon innerhalb der Praxis das Bedürfnis nach größerer Bestimmtheit erwachsen, diese bleibt jedoch zunächst eine graduelle (K 22 f.). Die Bestimmtheit in „absoluter Identität", die diese Gradualitäten auf ihren Limes hin *idealisiert*, ist hingegen überhaupt erst das Postulat eines „in Griechenland entspringenden, neuen Menschentums", des wissenschaftlich-philosophischen, das die Idee einer objektiven, allgemeingültigen Wahrheit entwirft (K 124). Diese durch den Satz vom Widerspruch definierte Wahrheit (FTL 171–74), die „ein für allemal und für jedermann" gilt (173 f.), nennt Husserl nun „Wahrheit an sich" im engeren Sinn (FTL 175, K 132 u. ö.), doch darf man deswegen nicht übersehen, daß natürlich auch die lebensweltliche Wahrheit in einem weiteren Sinn (CM 96) an sich und objektiv ist und nur deswegen überhaupt als Wahrheit – als ein „es selbst" (K 130) – gelten kann.

Die „logischen Prinzipien" (der Satz vom Widerspruch und der vom ausgeschlossenen Dritten) gründen also nicht, wie man gewöhnlich sagt und wie auch Husserl in den Prolegomena sagte, „in dem bloßen Sinne der Worte wahr und falsch" (LU I 118), sondern sie begründen ihrerseits innerhalb des umfassenderen Sinnes dieser Worte einen speziellen und in gewisser Weise ausgezeichneten, von dem es aber zunächst nicht einmal klar ist, ob er überhaupt auf die uns faktisch gegebenen Gegenstände angewandt werden kann.

Soll das möglich sein, dann muß das umweltlich Seiende auch inhaltlich erst auf eine absolute Bestimmtheit hin idealisiert werden. Das geschah, wie Husserl in K zeigt, zuerst in dem besonderen Bereich der Geometrie, indem die vagen, schwankenden und nur typisch ähnlichen Gestalten unserer Umwelt schon von den Griechen auf Limesgestalten hin idealisiert wurden (22 f.). Diese zeichnen sich dadurch aus, daß sie „in absoluter Identität zu bestimmen" sind (24). Es ist dann (K 18–36) die besondere Leistung der neuzeitlichen Naturwissenschaft, insbesondere Galileis, daß eine vollständige „Mathematisierung der Natur" gelingt, wodurch es möglich wird, die gegebenen realen Verhältnisse mit Hilfe der verfeinerten Meßkunst approximativ den mathematischen Idealisierungen zu unterwerfen und nun die Welt als eine „unendliche Welt" von „an sich objektiv seienden Dingen" (19, 21) zu fassen. „Alles An-sich ist mathematisches An-sich" (287). Nur mit Hilfe der Mathematisierung wird diejenige „Exaktheit" (24) erreicht, die eine „identische, irrelative Wahrheit" (27) ermöglicht (wie sie der Satz vom Widerspruch fordert) und aus der subjektiv-relativen Welt „eine objektive Welt" macht, „nämlich eine unendliche Totalität von methodisch und ganz allgemein für jedermann eindeutig bestimmbaren idealen Gegenständlichkeiten", eine Welt, die dann „als eine an sich nach allen ihren Gegenständen und nach allen Eigenschaften und Relationen derselben bestimmte, im voraus entschiedene" gedacht wird (30)[7].

[7] Vgl. auch schon Ideen I 90 f., II 75–90, oben S. 91.

Ein neuer Sinn von Phänomenologie: die Frage nach dem ursprünglichst Gegebenen

Damit ist im Rückgang auf die Gegenstände, wie sie uns vorgegeben sind, gezeigt, 1. daß die im engeren Sinn verstandene „Wahrheit an sich" nicht der einzige und nicht der in der Reihenfolge der Gegebenheitsweise erste Sinn von Wahrheit ist, und 2. daß sie aber doch auch, indem sie sich auf der zuerst gegebenen Wahrheit konstitutiv aufbaut, ein legitimer und auf unsere vorgegebene Welt anwendbarer Sinn von Wahrheit ist. Dieses Ergebnis, „daß es zweierlei Wahrheiten gibt: auf der einen Seite die alltäglich-praktischen Situationswahrheiten, ... auf der anderen Seite die wissenschaftlichen Wahrheiten" (K 135), bedeutet nicht nur eine Erweiterung des Wahrheitsbegriffs, sondern diese Erweiterung bringt eine neue Dimension in den Sinn der Phänomenologie überhaupt. Alle bisherigen konstitutiven Unterscheidungen, sowohl diejenigen, die den formalen Sinn des Wahrheitsbegriffs betrafen, als auch die materialen der gegenständlichen Gegebenheit, gingen stets parallel mit entsprechenden Unterscheidungen der Gegenständlichkeiten (reale-kategoriale, immanente-transzendente), auch wenn die ontologische Verschiedenheit der Gegenstände in der phänomenologischen Verschiedenheit der Gegebenheitsweise gründete. Hier hingegen werden zum ersten Mal zwei verschiedene Gegebenheitsweisen und nun im besonderen zwei verschiedene formale Weisen von Wahrheit für *dieselben* Gegenstände unterschieden. Dieselben Gegenstände können auf die eine und andere Art betrachtet werden. Damit realisiert sich diejenige Möglichkeit der Phänomenologie, die in ihrem Begriff des Apriori von vornherein angelegt war (oben S. 181 f.): daß es verschiedene Erfahrungsweisen von demselben geben kann, jede mit ihrer apriorischen Struktur, deren konstitutiver Zusammenhang nun nicht mehr in dem für Husserls Konstitutionstheorie sonst typischen „vertikalen" Aufbau verstanden werden kann, sondern nur noch „horizontal" (oben S. 183). Daß dieser horizontale Konstitutionszusammenhang geschichtlich zu verstehen sein wird (unten § 11 c), hat sich schon bei der Aufklärung der „wissenschaftlichen Wahrheit" angedeutet (oben S. 238 f.).

Mit der Einsicht, daß es verschiedene mögliche Gegebenheitsweisen derselben Gegenstände geben kann, gewinnt die Phänomenologie eine neue Aufgabe und einen neuen Sinn. Immer schon – dadurch war sie von vornherein definiert (§ 8) – fragte sie, wie uns das jeweils Gemeinte, die jeweilige Gegenständlichkeit *gegeben* ist. Diese Frage hat schließlich zu dem von ihr selbst zunächst gar nicht intendierten Resultat geführt, daß dieselben Gegenstände in verschiedener Weise gegeben sein können, und dieses Resultat wirkt auf die phänomenologische Frage so zurück, daß sie jetzt als Frage nach der *ursprünglichsten* Gegebenheitsweise der Gegenstände, als Frage nach unserer faktischen Lebenswelt verstanden wird (K 135–37). Dadurch werden die anderen Gegebenheitsweisen nicht vernachlässigt. Sie sind ihrerseits als

Gegebenheitsweisen nur verständlich zu machen und d. h. in ihrem Wahrheitssinn nur zu erfassen in der Aufklärung ihrer konstitutiven Genesis aus der ursprünglichsten Gegebenheitsweise. Die konstitutive Theorie kann nun nicht mehr, wie im 2. Band der Ideen, am Leitfaden der vorhandenen Wissenschaften durchgeführt werden und nur nachträglich fragen, wie die Gegenstände der physikalischen und biologisch-psychologischen Naturwissenschaften und dann auch die der Geisteswissenschaften konstituiert sind[8], sondern diese phänomenologische Wissenschaftstheorie wird „zum bloßen Partialproblem" (K 137 f.) innerhalb der „universalen und eigenständigen Bedeutung des Problems der Lebenswelt" (136). Alle gegenständliche Wahrheit ist relativ auf ihren Wahrheitssinn, und so wenig man sich darum zu kümmern braucht, solange man innerhalb der jeweiligen Einstellung bleibt, so fordert doch die philosophische Frage nach der Wahrheit dieses Wahrheitssinns – die Frage, was dieser Wahrheitssinn „selbst" ist – die Aufklärung seiner „verborgenen intentionalen Implikationen" (FTL 177 f., 184 f.), die auf das „wirklich Erste ... des vorwissenschaftlichen Weltlebens" zurückführen (K 127). So wird das ursprünglichst Gegebene – die „Lebenswelt" – zur letzten Aufklärungsinstanz aller Wahrheit. Die Lebenswelt ist für die phänomenologische Aletheiologie das konstitutiv „Letztbegründende" (127).

Diese Frage nach dem ursprünglichst Gegebenen wird dann von Heidegger aufgenommen und sehr viel radikaler durchgeführt. Man muß daher den formalen Sinn der Frage, der über Husserl hinausweist, unterscheiden von der inhaltlichen Ausführung, die sie bei ihm erfährt. Wenn Husserl die „Umwelt" der „Natur" entgegensetzt (Ideen II 183) und die „naturalistische" Einstellung als umweltlich sekundär erklärt (181 ff., 285), so ist damit doch nur die im engeren Sinn „objektive Natur" als Gegenstand der „Naturwissenschaft" abgewehrt (180, 183 u. ö.); auch das umweltlich Seiende ist als Objektives, Gegenständliches – als „Ansich im weitesten Sinn" – verstanden; und es bleibt dabei, daß auch innerhalb der Umwelt das zunächst Gegebene das theoretisch Vorgestellte und innerhalb von diesem das sinnlich Erscheinende ist, auf das sich die Akte der „Gemüts- und Willenssphäre" erst aufbauen (186). Die Gegenstände der Lebenswelt sind auch in K strukturell dieselben wie die der Wissenschaft, und der Unterschied ist nur der zwischen der Vagheit des Subjektiv-Relativen und der Idealisierung der exakten Objektivität: „Die Welt als Lebenswelt hat schon vorwissenschaftlich die ‚gleichen' Strukturen, als welche die objektiven Wis-

[8] Allerdings ist im 2. Band der „Ideen" das Problem der Lebenswelt gerade unter dem Titel der „geistigen Welt" vorweggenommen und in ihrem konstitutiven Vorrang gegenüber der objektiven Welt der Naturwissenschaft bereits herausgestellt (vgl. besonders die §§ 34, 49 f., 53, 64), aber diese Einsicht hat sich für den methodischen Aufbau der Konstitutionstheorie noch nicht durchgesetzt.

senschaften ... als apriorische Strukturen voraussetzen ... Das Kategoriale der Lebenswelt hat die gleichen Namen, aber kümmert sich sozusagen nicht um die theoretischen Idealisierungen ..." (K 142 f.). Die Lebenswelt unterscheidet sich also von der wissenschaftlichen Welt nur durch ihren Wahrheitscharakter, und dabei hat wahres Sein in beiden Fällen den Sinn eines gegenständlichen Seins an sich, nur daß dies bei der lebensweltlichen Wahrheit nicht Objektivität im prägnanten Sinn bedeutet. Innnerhalb dieser naturhaften Lebenswelt bleibt das „Problem der Konstitution der ... kulturellen Umwelt" (CM 160) ein „höherstufiges" (163). Die radikalere Fragestellung Heideggers steht jenseits der Möglichkeiten von Husserls philosophischer Position, die – durch „transzendentale Epoché" und „Konstitution" gekennzeichnet – auf eine gegenständliche und im weiteren Sinn naturale Welt orientiert bleibt. Und Heideggers Radikalisierung der Frage nach dem ursprünglichst Gegebenen (unten § 13) wird auch erst dadurch möglich werden, daß er ihren Sinn neu fassen wird: nicht mehr als Frage nach der ursprünglichsten Gegebenheit des Seienden, sondern als Frage nach dem Ursprung von Gegebenheit überhaupt.

Die Frage nach dem Rangverhältnis der beiden Wahrheitsweisen

Die Tatsache, daß die lebensweltliche Wahrheit in der Reihenfolge der Gegebenheitsweise die ursprünglichere ist und der im engeren Sinn objektiven „Wahrheit an sich" konstitutiv zugrunde liegt, bedeutet noch nicht ohne weiteres, daß sie auch die eigentlichere Wahrheit ist. Die Wahrheit konstituiert sich zwar im Gegebensein, aber doch in einem ganz bestimmten, und so könnte, was in der Reihenfolge der Gegebenheitsweise primär ist, seinem Wahrheitssinn nach sekundär sein.

Von einer bestimmten Seite her gesehen, ist das auch tatsächlich der Fall. Wenn zum Sinn von Wahrheit wesensmäßig das Ansichsein, die Identifizierbarkeit gehört, dann liegt es nahe, daß, je höher die Identifizierbarkeit, desto eigentlicher die Wahrheit ist. Aus Husserls Analyse der äußeren Wahrnehmung geht hervor, daß auch schon die vorwissenschaftliche Erfahrung auf die Wahrheit als ein „es selbst" gerichtet ist, das zugleich ein Selbiges, Identisches gegenüber seinen mannigfaltigen Erscheinungen (Abschattungen) ist (oben S. 78). Es liegt im allgemeinen Sinn von Wahrheit, daß, wo immer uns etwas in Perspektiven gegeben ist, das „Irrelative", die einheitliche Regel dieser Perspektiven, „das Wahre" ist, während, was sich als einseitige, subjektiv-relative Gegebenheit erweist, als „Schein" gilt (a. O.). Dieses Irrelative ist innerhalb des alltäglichen Lebens seinerseits „subjektiv-relativ", aber diese Relativität bezieht sich auf Situationshorizonte und schließlich auf allgemeine subjektive Bedingtheiten (wie z. B. bei den „sekundären Eigenschaften"), die im normalen Leben konstant bleiben und erst durch „Anomalitäten" bewußt werden (Ideen II § 18 b–c). Dann liegt es aber in der eigenen Wahrheitsintention bereits des vorwissenschaftlichen Lebens, daß, *wenn* es auf die Relativität seiner Wahrheit aufmerksam wird, diese ihm als bloße „Erscheinung" eines absolut Irrelativen gelten muß (Ideen II § 18 c–h). Dieses absolut Irrelative, das „aus den sinnlichen Relativitäten" selbst „herausbestimmt" wird und, da alles Anschauliche sich als relativ erweist, nur noch mathematisch konstruiert werden kann (76 f., 86 f.), ist das „physikalische Ding" (oben S. 80). Dieses ist nun das „es selbst", das im eigentlichen Sinn „Wahre", und das anschauliche Ding der Lebenswelt erweist sich jetzt ebenso als seine ihm zwar wesentlich zugehörige, aber doch nur einseitige Erscheinung wie schon in der Lebenswelt selbst die Abschattungen gegenüber dem anschaulichen Ding. Das alltägliche Leben hat also zwar seine eigene, begrenzte Irrelativität und braucht sich um die absolute Irrelativität der „objektiv wahren" Welt nicht zu kümmern; wenn es sich aber dazu veranlaßt sieht, diese Begrenzung zu erweitern, bzw. wenn es überhaupt von der wissenschaftlichen Wahrheit, sofern sie bereits geschichtlich vorhanden ist, Notiz nimmt, muß es diese, schon seinem eigenen Wahrheitsbegriff und dem formalen Sinn von Wahrheit überhaupt gemäß, als die eigentlichere Wahrheit anerkennen.

Innerhalb der natürlichen Einstellung, die nicht auf die Gegebenheitsweisen, sondern geradehin auf die Sachen selbst gerichtet ist, muß also, was in der Ordnung der Gegebenheitsweise primär ist, in der Ordnung der Wahrheit, der „Sachen selbst", als sekundär erscheinen. Diese Deutung allerdings, die der Vorrang der objektiven Wahrheit in der natürlichen Einstellung erfährt: daß es eine in absolutem Sinn an sich bestehende Welt von Sachen selbst gibt, wird in der transzendental-phänomenologischen Einstellung korrigiert: auch wenn die objektive Wahrheit ihrem Begriff nach Wahrheit im eigentlicheren Sinn ist, so ist sie doch nicht ein an sich vorhandener Bestand, sondern selbst nur das Ergebnis einer ausgezeichneten Zugangsweise. Es kann daher auch nicht einmal als apriori ausgemacht gelten, daß diese Zugangsweise an den uns allein faktisch vorgegebenen sinnlichen Relativitäten, an denen sie sich bewähren muß, unbegrenzt durchzuführen ist. Es könnte sein, daß die mathematische Idealisierung das Vorgegebene, gerade um es zu einem eigentlich Wahren zu machen, in einer Weise deformiert (verfälscht), die zwar sehr weit, aber nicht unbegrenzt durchzuführen ist. Die Vagheit, die zum Vorgegebenen gehört, würde dann nur methodisch ausgeschaltet und immer weiter zurückgeschoben. Die Idealisierung könnte ein Stadium erreichen, in dem die Vagheit nicht mehr zu eliminieren wäre. Diese Möglichkeit sieht Husserl in der Unbestimmtheitsrelation der Quantenphysik realisiert (K 387 ff.). Hier setzt sich die Vagheit des Vorgegebenen in der mathematischen Idealisierung selbst durch und wird in sie als Wahrscheinlichkeit miteinbezogen (388): das in der Natur Seiende erweist sich in seiner Individualität als nicht „an sich" seiend und „eindeutig bestimmt", sondern als bloß „typisch" bestimmt, als nur „spielraummäßig bestimmbar" (387).

Aber Husserl geht hier noch einen Schritt weiter. Die Lebenswelt liegt nicht nur der wissenschaftlichen Einstellung im ganzen konstitutiv zugrunde, sondern sie bleibt, weil die wissenschaftliche Wahrheit „eine theoretisch-logische Substruktion ist, die eines prinzipiell nicht Wahrnehmbaren" (K 130), auch im einzelnen das Feld aller Ausweisung auch der wissenschaftlichen Wahrheit. Nur „die Lebenswelt ist ein Reich ursprünglicher Evidenzen ... Auf diese Modi der Evidenzen führt alle erdenkliche Bewährung zurück, weil das ‚es selbst' ... in diesen Anschauungen selbst liegt ... und keine gedankliche Substruktion ist, während andererseits eine solche, soweit sie überhaupt Wahrheit beansprucht, eben nur durch Rückbeziehung auf solche Evidenzen wirkliche Wahrheit haben kann" (130 f., vgl. auch 128 f.). Weil also die lebensweltliche Evidenz der wissenschaftlichen Wahrheit nicht nur konstitutiv zugrunde liegt, sondern überhaupt die einzige Erfahrungsevidenz ist, ist die lebensweltliche Wahrheit transzendental gesehen sogar die eigentlichere Wahrheit.

Die Auszeichnung, die andererseits der wissenschaftlichen Wahrheit gemäß dem formalen Sinn von Wahrheit zukommt und der im 2. Band der Ideen noch Rechnung getragen wurde (oben S. 243), wird in K nicht mehr berücksichtigt. Die ursprünglichere Gegebenheit gibt allein den Ausschlag, und der eigene Sinn des Wahrheitsbegriffs wird vernachlässigt. Damit zeigt sich bereits bei Husserl eine Tendenz, die sich dann bei Heidegger verstärkt und bis zur völligen Auflösung des Wahrheitsbegriffs auswirken wird. Bei Heidegger wird die ursprünglichere Gegebenheit sogar dann als die eigentlichere „Wahrheit" bezeichnet werden, wenn sie überhaupt nicht mehr im normalen Sinn des Wortes als „Wahrheit" verstanden werden kann. Husserl hingegen beschränkt die phänomenologische Thematik der Gegebenheitsweisen von vornherein auf gegenständlich Gesetztes und d. h. auf solches, was einen Wahrheitsanspruch erhebt. Er kann daher auch bei der Lebenswelt die Grenzen des Wahrheitsbegriffs gar nicht überschreiten. Die Tatsache aber, daß auch schon Husserl, der eine Philosophie als „strenge Wissenschaft" im Blick hatte, bei dem Vergleich der verschiedenen Weisen von Wahrheit den Aspekt der Selbigkeit gegenüber dem der Selbstgegebenheit vernachlässigt, zeigt, daß diese Tendenz aus der phänomenologischen Fragestellung selbst zu verstehen ist und auch bei Heidegger nicht nur zeitgeschichtlich aus einer negativen Einstellung zu den Wissenschaften verstanden werden kann[9]. Andererseits ist festzuhalten, daß diese Tendenz keineswegs mit Notwendigkeit aus der zweifellos richtigen phänomenologischen Einsicht folgt, daß die Wahrheit sich im Gegebensein konstituiert, wenn nur beachtet wird, daß dieses Gegebensein ein ganz bestimmtes ist.

[9] Zu dieser Auffassung vgl. Gründer (1962).

c) *Die Geschichtlichkeit der Wahrheit und die Wahrheit des Geschichtlichen*

Husserls Phänomenologie ist nach Thema, Ansatz und Methode (Intentionalität, Epoché und Konstitution) auf gegenständlich Gesetztes orientiert, und so ist auch seine Wahrheitstheorie angelegt. Andererseits führt die phänomenologische Aufklärung des Wahrheitssinns auf eine Konstitution in der Subjektivität, und die besondere Form dieser „Begründung" verweist, da sie sich nicht als eine geschlossene Letztbegründung aus dem transzendentalen Ich verstehen läßt, auf eine offene Aufklärung aus der geschichtlichen Erfahrung der transzendentalen Intersubjektivität (oben § 10). Die besondere phänomenologische Bestimmung der Wahrheit ermöglicht aber auch schon, wie sich zeigen wird, die empirischen geschichtlichen Horizonte der gegenständlichen Setzungen in die Wahrheitsproblematik mitaufzunehmen. Daß Husserl in seinen letzten Schriften die Geschichtlichkeit in seiner Wahrheitstheorie berücksichtigt, ist also in seiner phänomenologischen Position überhaupt und in seiner phänomenologischen Wahrheitstheorie im besonderen von vornherein als Möglichkeit angelegt. Aber es ist auch in seiner philosophischen Position begründet, daß das nur ein letzter Ausblick geblieben ist, der sich nicht mehr systematisch voll auswirken konnte, wenn der ursprünglich gegenständlich orientierte Ansatz und seine apodiktische Basis gewahrt bleiben sollten.

Die subjektiv-geschichtliche Relativität der Wahrheit und die Frage nach der Wahrheit dieser Relativität

Es ist nur natürlich, mit dem Wahrheitsproblem im Anschluß an die Aussagewahrheit bei den gegenständlichen Setzungen und ihren Erfüllungen zu beginnen, wie es in den LU geschehen ist und wie es für Husserl auch weiterhin maßgebend blieb. Die Wahrheit der Setzung bestätigt und erfüllt sich am Gegenstand „selbst", sei es in einem einzigen Akt oder in einer Vielheit von Akten, in denen er in der Mannigfalt seiner Perspektiven zur Gegebenheit kommt, sei es in idealer Identität oder in lebensweltlicher Vagheit. In der nötigen formalen Weite, die auch alle kategorialen Momente umfaßt, ohne sie zu vergegenständlichen, können wir auch sagen (oben S. 135): die gegenständliche Setzung (im besonderen also die Aussage) kommt zur (positiven oder negativen) Erfüllung, wenn das Programm ausgeführt wird, das die Intention enthält.

So scheint die Frage der Wahrheit einer Setzung mit der Erfüllung ihrer Intention vollkommen beantwortet. Aber die Erfüllung, die zwar *für* die Intention das Ansich ist, ist es doch nur innerhalb der Bahn eben dieser Intention und ist also ihrerseits relativ auf die Intention. Die Intention steht nicht frei vor ihren Gegenständen, sondern ist ein „Sinngebilde“ (FTL 185), das seinerseits in Sinnhorizonten steht (177, 246), in „verborgenen intentionalen Implikationen“, in welchen „stufenweise Sinn auf ursprünglichen Sinn und die zugehörige noematische Intentionalität zurückweist“ (184). „Die Urteile als Sinne haben danach eine Sinnesgenesis“, eine „Sinnesgeschichte“ (184).

Die Erfüllung einer Urteilssetzung ist zwar für die Setzung selbst das Ansich, aber eben deswegen relativ auf sie und ihre implizierten Horizonte. Die Wahrheit der Setzung kommt daher erst dann zu voller Erkenntnis, wenn nicht nur die von ihr selbst gesetzte Wahrheit zur Ausweisung gebracht ist, sondern auch ihre „intentionalen Implikationen“ zur „Enthüllung“ kommen (184). So zeigt sich, „daß Evidenz zunächst eine naiv betätigte und ‚verborgene‘ Methode ist, die nach ihrer Leistung befragt werden muß, damit man weiß, *was* man in ihr, als einem Bewußtsein im Modus der Selbsthabe, *wirklich selbst hat* und mit welchen *Horizonten*“ (177, Hervorheb. v. m.). „Man hat die Wahrheit dann nicht fälschlich verabsolutiert, vielmehr je in ihren – nicht übersehenen, nicht verhüllt bleibenden, sondern systematisch ausgelegten – Horizonten. Man hat sie mit anderen Worten in einer lebendigen Intentionalität (die da ihre Evidenz heißt), deren eigener Gehalt ... in der Enthüllung der zugehörigen intentionalen Implikationen zu allen Relativitäten führt, in die Sein und Geltung verflochten sind“ (246 f.).

„Horizont“ bedeutet bei Husserl sonst die *gegenständliche* Umgebung des jeweils Vorgestellten (Äußeren oder Inneren), sofern diese Umgebung und die Möglichkeit, ihren Verweisungen zu folgen, zum Bewußtsein von diesem Vorgestellten selbst gehört (vgl. Hu VIII 146 ff., CM 82 f., K 162 ff.). Hier hingegen steht „Horizont“ nicht für die Verweisungen im intentionalen *Gegenstand* auf weitere gegenständliche Momente, sondern für die Verweisung der Intention selbst auf andere „implizierte“ Intentionen, in deren Zusammenhang sie steht. Die Relativität, um die es sich hier handelt, läßt sich nicht gegenständlich verstehen (als Wahrnehmung des Gegenstandes nur von einer bestimmten Seite bzw. unter bestimmten gegenständlichen Bedingungen) und läßt sich daher auch nicht durch weitere gegenständliche Erfüllungen (durch eine möglichst allseitige Erfahrung des Gegenstandes) überwinden. Auch wenn der Gegenstand, so wie er in der Intention intendiert ist, zu vollständiger, zu adäquater Gegebenheit gekommen ist, auch wenn die Intention keine unerfüllten Komponenten mehr enthält, kann sie noch auf „Voraussetzungen“ beruhen, die für sie „Selbstverständlichkeiten“ sind (176 f.) und die in ihrer Relativität nur erkannt werden können durch „Enthüllung der intentionalen Implikationen“ (185). Diese Relativität ist eine Relativität nicht in bezug auf den Gegenstand, sondern in bezug auf das subjektive Leben selbst. Sobald freilich eine solche subjektive Relativität durchschaut ist, sobald also der „genetische“ Zusammenhang einer Intention mit anderen Intentionen erkannt ist, eröffnen sich damit auch neue Zugangsweisen zu dem Gegenstand, und so ergibt sich die Möglichkeit, ihn nach neuen Gesichtspunkten zu betrachten. Aber diese neuen Gesichtspunkte sind „Perspektiven", die sich nicht geradezu am Gegenstand selbst zeigen können, sondern nur auf dem Umweg über die Relativierung des subjektiven Horizontes.

Daß Husserl diese subjektive Relativität der gegenständlichen Wahrheit, sobald er auf sie aufmerksam wird, nicht einfach als Relativität negativ stehen läßt, sondern als eine neue Dimension der Wahrheitsfrage in diese mit aufnimmt, wird durch den phänomenologischen Wahrheitsbegriff und die transzendental-phänomenologische Relativierung des Ansich ermöglicht. Solange man sich das Ansich vorphänomenologisch als absolutes denkt, bleibt man ausschließlich an der gegenständlichen Erfüllung der Intention orientiert. Dann kann die subjektive Relativität der Intention nur als eine Beschränkung unserer Möglichkeit erscheinen, Wahrheit zu erkennen. Ist das Ansich hingegen wesensmäßig relativ auf die Intention, dann wird es in dem, was es „wirklich selbst" ist, in seiner vollen „Wahrheit", erst erkannt, wenn auch die Horizonte dieser Intention enthüllt sind (FTL 177, oben S. 245 f.). Die subjektive Relativität der gegenständlichen Setzung und ihrer Wahrheit kann also ihrerseits auf ihre „Wahrheit" – was sie „selbst" ist – befragt werden: ein „Sinngebilde" wird über die von ihm selbst intendierte Wahrheit hinaus in seiner eigenen „Wahrheit" erkannt, es kommt zur „Gegebenheit" in dem, was es selbst ist, wenn es in seiner *bestimmten* Relativität aufgezeigt wird, die nicht eine äußere ist, sondern aus ihm selbst durch „Auslegung" seiner Horizonte, seiner „verborgenen intentionalen Implikationen" zu entnehmen ist. So ermöglicht also die phänomenologische Bestimmung der Wahrheit als Korrelat der Selbstgegebenheit eine Erweiterung der Wahrheitsfrage auf die geschichtlichen Sinnhorizonte in solcher Weise, daß sie – als Frage nach dem „es selbst" – ihren konkreten Sinn behält und nicht ins Unkontrollierbare entgleitet (vgl. oben S. 5). Allerdings hat Husserl die neue Dimension der Wahrheitsproblematik, die sich hier ergibt, nicht mehr im einzelnen entwickelt, aber seine geringen Andeutungen könnten einer konkreten Ausarbeitung eher als Grundlage dienen als die inzwischen üblich gewordenen globalen Erklärungen über die Geschichtlichkeit der Wahrheit, die sich nicht mehr an den bestimmten Sinn des Wortes „Wahrheit" halten[10].

Die Einsicht in die Relativität der gegenständlichen Setzungen auf ihre subjektiven Horizonte hat sich für Husserl insbesondere aus seiner Problematik der lebensweltlichen Wahrheit ergeben, und zwar nach zwei Seiten: erstens, auf der empirischen Ebene, scheinen sich die lebensweltlichen Wahr-

[10] So sagt man z. B., daß die Wahrheit in dem Sinn geschichtlich ist, daß sie sich geschichtlich wandelt; man spricht von der „Geschichte der Wahrheit". Solche Aussagen haben keinen ausweisbaren Sinn. Daß die Wahrheit einer gegenständ-

heiten von den wissenschaftlichen Wahrheiten durch ihre subjektive Relativität zu unterscheiden (FTL 245 f.); zweitens, auf der transzendentalen Ebene, läßt sich umgekehrt der allgemeine Sinnhorizont der wissenschaftlichen Wahrheit als solcher in seiner Relativität auf seine intentionalen Implikationen (FTL 176) und schließlich in seiner Genesis in der konkreten intersubjektiven Geschichte aufzeigen (oben S. 238 f.).

Geschichtliche Relativität der Wahrheit auf der empirischen Ebene

Es wäre ein Mißverständnis, wenn man meinen würde, der allgemeine Charakter des „Subjektiv-Relativen", der in K als das Wesen aller lebensweltlichen Wahrheit bezeichnet wird (oben S. 238), sei schon identisch mit der Relativität auf subjektive Horizonte, um die es sich hier handelt. Faktisch laufen in Husserls Charakterisierung des Lebensweltlichen als Subjektiv-Relativen mehrere Aspekte durcheinander, die auch oben § 11 b so ungeschieden vorgeführt wurden, wie sie bei Husserl vorkommen, aber nun unterschieden werden müssen.

An *erster* Stelle steht in K der Aspekt der „Vagheit", des bloß „Typischen" der einzelnen anschaulichen Gegebenheiten. Dieser Aspekt ist hier der maßgebende, weil er der allgemeinste ist, der auch schon der untersten Stufe der Konstitution des bloß Naturhaften zukommt. Darauf mußte Husserl großen Wert legen, weil, wenn die „Lebenswelt" als die ursprünglichste Gegebenheit sich nicht in ihrer untersten Stufe als bloße materielle Natur verstehen ließ (oben S. 242), wenn sie ihrerseits (wie bei Heidegger) schon

---

lichen Setzung relativ auf ihren geschichtlichen Sinnhorizont ist, ändert nichts daran, daß sie innerhalb dieses Horizontes absolut gilt, während sie außerhalb dieses Horizontes überhaupt keinen Ort hat. Fragt man hingegen nach der Wahrheit des Horizontes selbst – also danach, was dieser Horizont „selbst" ist, welches seine verborgenen Implikationen, seine ihn mitausmachenden geschichtlichen Traditionen usw. sind –, so ist auch diese Wahrheit, die freilich nur eine regulative Idee ist, absolut und unwandelbar, obwohl der Horizont, dessen Wahrheit sie ist, sich wandelt. Die Rede von dem geschichtlichen Wandel der Wahrheit ist dadurch aufgekommen, daß man die Sinnhorizonte selbst als Wahrheiten bezeichnet. Durch diese Festlegung verliert nicht nur das Wort Wahrheit seinen normalen Sinn, es wird nun auch gerade das nicht erreicht, was erreicht werden sollte: die Erweiterung des Wahrheitsproblems auf die Geschichte; denn wenn die Sinnhorizonte schon selbst als Wahrheiten verstanden werden, verliert die Frage nach ihrer Wahrheit jeden Sinn. (Allerdings kann man, und das tut gerade Husserl, einen transzendentalen Sinnhorizont als einen Sinn von Wahrheit verstehen; aber es ist keine Spitzfindigkeit, darauf hinzuweisen, daß ein Sinn von Wahrheit eben nicht selbst eine Wahrheit ist, so gewiß nun auch nach der Wahrheit von diesem Sinn *von* Wahrheit gefragt werden kann.) Die bezeichnete Verwirrung ist, wie sich im 2. Teil dieser Arbeit zeigen wird, vor allem durch Heideggers Wahrheitsbegriff verursacht worden. Gegen diesen Hintergrund erst zeigt sich die Bedeutung, die Husserls Ansatz auch heute noch zukommt.

von vornherein „Praktisches“ und „Kulturelles“ voraussetzte, die ganze Stufenfolge seiner Konstitutionslehre zusammenbrechen müßte. Darauf wird noch zurückzukommen sein. Diese Vagheit ist nun aber, obwohl ihr als der ursprünglichsten Gegebenheit die „höhere Dignität“ (K 131) gegenüber der absoluten Identität des Objektiven zukommt, lediglich ein negativer Begriff: das Vage ist von "bloß ungefährer", von *geringerer* Identität; das dadurch bestimmte Ansich ist lediglich *nicht* eindeutig bestimmt. Das ist ein unmittelbarer deskriptiver Charakter am Gegenstand und gründet nicht in seiner Relativität auf bestimmte subjektive Bedingtheiten oder Horizonte.

Anders ist es schon bei dem *zweiten* Aspekt, durch den das Lebensweltliche vom objektiv Naturwissenschaftlichen unterschieden wird. Dieser Aspekt, der in K nur eine geringe Rolle spielt, aber im 2. Band der „Ideen“ (§ 18, vgl. oben S. 80, 243) die Führung hat, betrifft die Art der Regeln, durch die die mannigfaltigen anschaulichen Gegebenheiten als Abschattungen eines Dinges „selbst“ synthetisch aufgefaßt werden. Die Einheiten, die sich hier bilden, sind in der Lebenswelt noch beschränkt, weil relativ auf unsere „psychophysische Konditionalität“, während beim physikalischen Ding ein Identisches aus diesen Relativitäten herauskonstruiert wird (oben S. 80). Die Beschränktheit des lebensweltlichen Ansich hat hier also, im Unterschied zum Aspekt der Vagheit, eine angebbare subjektive Kehrseite, auf die sie relativ ist. Aber diese subjektive Relativität ist doch, als psychophysische, keine Relativität auf „intentionale Implikationen“, und sie ist daher auch als die Relativität, die sie ist, nicht durch subjektive Auslegung, sondern durch umfassendere *gegenständliche* Erfahrung zu erkennen (und zu überwinden).

Drittens spricht Husserl bei der lebensweltlichen Wahrheit auch von den „alltäglich-praktischen Situationswahrheiten, freilich relative, aber . . . genau die, die die Praxis jeweils in ihren Vorhaben sucht und braucht“ (K 135, oben S. 238). Das läßt sich zunächst in einem weiten Sinn verstehen, der auch die beiden ersten Aspekte mit umgreift: die Wahrheitsansprüche der alltäglichen Praxis werden vollkommen befriedigt durch die vagen Naturgegebenheiten und ihre psychophysisch begrenzten Regeleinheiten. Aber Husserl meint hier nicht nur, daß die vagen Wahrheiten der anschaulich gegebenen Natur für die Praxis ausreichen, sondern daß die Praxis als solche ihre eigenen Relativitäten stiftet und daß sich hier Wahrheiten ergeben, die nicht in dem gegenständlich zu fassenden Sinn der ersten beiden Aspekte „relativ“ sind, sondern „relativ“ auf die subjektiven Horizonte der „kulturellen Umwelt“ der Praxis (vgl. K 141 Z. 19 ff.). So nennt Husserl auch in FTL an der einen Stelle, wo die subjektive Horizont-Relativität empirisch gemeint ist (245 f.), als Beispiel den „Händler am Markt“ mit seiner „Marktwahrheit“. Diese ist nicht nur „vage“, sondern in ihrem Ansich, das für den Händler selbstverständlich ist, relativ auf seine „Situation“ und deren „Implikationen“, und diese Form von Relativität erst ermöglicht eine positive Aufklärung und Wahrheitsfrage in subjektiver Richtung.

Das gilt nun aber auf der empirischen Ebene für alles „Kulturelle“: „Eine vorgegebene Kulturtatsache überhaupt verstehen, daß heißt schon, ihrer Geschichtlichkeit bewußt sein, obschon ‚implizite‘. Dies aber ist nicht ein leeres Wort, denn ganz allgemein gilt es für jede unter dem Titel ‚Kultur‘ gegebene Tatsache, mag es sich um die niederste Bedürfniskultur handeln oder um höchste Kultur (Wissenschaft, Staat, Kirche, wirtschaftliche Organisation usw.), daß schon in jedem schlichten sie als Erfahrungstatsache Verstehen ‚mitbewußt‘ ist, daß sie Gebilde sei aus einem menschlichen Bilden her. Wie verschlossen, wie bloß ‚implizite‘ mitgemeint dieser Sinn ist, ihm gehört zu die evidente Möglichkeit der Explikation, der ‚Verdeutlichung‘ und Klärung. Jede Explikation und jedes von Verdeutlichung in Evidentmachung Übergehen (sei es auch vielleicht allzu früh steckenbleibend) ist nichts anderes als historische Enthüllung; in sich selbst wesensmäßig ist es ein Historisches und trägt als solches wesensnotwendig den Horizont seiner Historie in sich ... Geschichte ist von vornherein nichts anderes als die lebendige Bewegung des Miteinander und Ineinander von ursprünglicher Sinnbildung und Sinnsedimentierung“ (K 379 f.).

Husserls Erweiterung der Wahrheitsfrage in Richtung auf die Aufklärung von Sinnimplikationen hat also für den gesamten Bereich des „Kulturellen“, der „Geisteswissenschaften“, empirische Relevanz, und hier zeigt sich zugleich, daß diese Sinnimplikationen als konkret geschichtliche verstanden werden. Andererseits ist auch klar geworden, daß nicht alle, sondern nur diese „höherstufigen“ lebensweltlichen Wahrheiten empirisch relativ sind auf subjektive Horizonte. Auf der unteren Stufe der materiellen Realität, die für Husserl auch innerhalb der Lebenswelt die fundierende Schicht bleibt (K 142 f., oben S. 241), ist die Wahrheit des gegenständlich Gesetzten empirisch nicht relativ auf bestimmte Horizonte und intentionale Implikationen. Eine solche Relativität kann hier nur auf der transzendental-philosophischen Ebene bestehen.

Geschichtliche Relativität des Wahrheitssinnes auf der transzendentalen Ebene; die genetische Phänomenologie

Wo Husserl von der Auslegung der „verborgenen intentionalen Implikationen“ als einer, ja sogar der Aufgabe der *Phänomenologie* spricht (FTL 184, 217) und die Phänomenologie im ganzen als „genetische“ bezeichnet (CM 110), scheint mit der intentionalen Genesis zunächst lediglich die konstitutive Verweisung von fundiertem Sinn auf fundierenden Sinn gemeint zu sein wie sie in Husserls klassischer Konstitutionslehre aufgewiesen wird. Die „Sinnesgeschichte“, um die es sich dabei handelt, wird daher als „eine Art Historizität“ bezeichnet (FTL 184), sie ist nicht geschichtlich im engeren Sinn einer „zeitlichen Genesis“ (CM 162). Und wo Husserl bei der genetischen Phänomenologie dann doch auf eine zeitliche Genesis eingeht, ist wiederum zunächst nur diejenige des einzelnen Ego gemeint, mit dem inneren Zeitbewußtsein als der universalen Form (CM 109). Bei dieser „gesetzmäßigen Genesis“ (109), in der sich für jedes Ich in derselben notwendigen Stufenfolge seine Gegenstände konstituieren (112), scheint kein Raum für intentionale Implikationen solcher Art, die als subjektive Relativitäten zu bezeichnen wären und die „Tragweite“ des gegenständlichen Wahrheitssinnes (FTL 176) einschränken können. Jeder Wahrheitssinn ist zwar als konstituierter relativ auf die transzendentale Subjektivität, und er hat, sofern seine Gegenständlichkeit in anderen Gegenständlichkeiten fundiert ist, intentionale Implikationen, aber er gilt doch für seine jeweilige Gegenständlichkeit unbeschränkt.

Dieses Schema, das Husserls ursprünglicher Konstitutionstheorie entspricht, ist nun aber durch die Unterscheidung von zwei Wahrheitsweisen, die sich auf dieselben Gegenstände beziehen, durchbrochen worden. Und tatsächlich steht die Forderung einer genetischen Intentionalanalyse und einer Auslegung der verborgenen Implikationen in FTL (184) gerade in dem besonderen Zusammenhang der Frage nach der konstitutiven Genesis der wissenschaftlichen „Wahrheiten an sich“ aus den lebensweltlichen Wahrheiten. Das ist nun aber eine konstitutive Analyse ganz anderer Art: indem sie in der Auslegung der intentionalen Verweisungen, die im Sinn der „Wahrheit an sich“ liegen, zeigt, wie dieselben Gegenstände auch in anderer Zugangsweise vorgestellt werden können, erweist sich die wissenschaftliche Wahrheit durch Aufweis ihrer verborgenen Genesis (Idealisierung der lebensweltlichen Wahrheit) in ihrer „Relativität“ (245); obwohl den „logischen Prinzipien“, die die Wahrheit an sich definieren, solange man innerhalb dieser gegenständlichen Einstellung bleibt, wirkliche und adäquate Evidenz und universale Geltung zukommt, ist doch ihre „Tragweite“ durch ihre subjektiven Implikationen begrenzt (176 f.). So wird jetzt auch deutlich, wie eine Wesenserkenntnis adäquat und doch noch revisionsfähig sein kann (oben S. 236). Man muß unterscheiden „zwischen Evidenzmängeln, die eine Aufhebung der Erkenntnis offen lassen, und Evidenzmängeln, die das nicht tun, aber ein fehlendes Stück der eben nur einseitigen Evidenz und einseitigen Erkenntnis selbst bezeichnen“ (Hu VIII 32) und die erst offenbar werden, wenn in der genetischen Analyse der intentionalen Implikationen „der in der Evidenz der Positivität verborgene Ursprung der Erkenntnisleistung mit ihrem *urrechtsbestimmenden und -begrenzenden Motivationshorizont* aufgedeckt“ wird (30, Hervorheb. v. m.).

Diese Sinnesgenesis einer Einstellung aus einer anderen ist nun aber auch, wie die Darstellung in K zeigte (oben S. 238 f.), eine geschichtliche im engeren Sinn, und zwar innerhalb einer Geschichte, die nicht die des einzelnen Ego ist, sondern die intersubjektive Geschichte der Kultur. Die Naturwissenschaft, und mit ihr der Sinn von Natur und Wahrheit, der sich in ihr konstituiert, ist eine „interpersonale Kulturleistung“ (Ideen II 288 f.), und die transzendental-phänomenologische Aufklärung dieser Wahrheitsweise ist daher nur möglich als „Enthüllung ihrer historischen Tradition“ (K 380). Obwohl also die jeweilige wissenschaftliche Wahrheit durch ihre Irrelativität auf empirische subjektive Bedingtheiten ausgezeichnet ist, ist doch dieser Wahrheitssinn selbst – die absolute Irrelativität – transzendental gesehen geschichtlich relativ. Das Geschichtliche betrifft hier wie auch schon bei den empirischen intentionalen Implikationen nicht „eine äußere Kausalität“ (K 379), sondern die in diesem Wahrheitssinn selbst enthaltenen „Sinnsedimentierungen“ (K 380, 377, 73, FTL 217), die „entlang der dokumentierten Kette historischer Rückverweisungen“ reaktiviert werden müssen, um die diesem Wahrheitssinn „zugrunde liegenden Urevidenzen“ in ihren Motivationen und Begrenzungen zu restituieren (K 381, 370, 57). Das heißt aber, „die Erkenntnistheorie“ ist „als eine eigentümlich historische Aufgabe“ zu verstehen (379). „Das herrschende Dogma von der prinzipiellen Trennung von erkenntnistheoretischer Aufklärung und historischer ... ist ... grundverkehrt“ (a. O.). „Das Problem der echten historischen Erklärung fällt bei den Wissenschaften mit der ‚erkenntnistheoretischen‘ Begründung oder Aufklärung zusammen“ (381).

Die Rückwirkung des erweiterten Wahrheitsbegriffs auf die philosophische Position; Übergang zu Heidegger

Die durch die phänomenologische Wahrheitsbestimmung ermöglichte Erweiterung der Wahrheitsfrage in die geschichtliche Dimension wirkt sich also ihrerseits auch auf die „phänomenologisch-transzendentale Wahrheit“ (K 176) aus: die Frage nach der „Wahrheit“ des jeweiligen Wahrheitssinnes wird, wenigstens in dem einen Fall der wissenschaftlichen Wahrheit, selbst zu einer historischen.

Blicken wir auf unsere Interpretation im ganzen zurück, so zeigte sich (2. Abschnitt), wie sich Husserls philosophische Position als phänomenologische Transzendentalphilosophie unter Voraussetzung eines Vorbegriffs von Philosophie als Radikalisierung des Wahrheitsbezugs des Menschen aus der konsequenten Entfaltung des phänomenologischen Wahrheitsbegriffs ergab, der in den LU ausgearbeitet worden war (1. Abschnitt). Diese Position wirkte nun auf die konkrete phänomenologische Wahrheitstheorie zurück, indem sie sie verflüssigte und erweiterte (3. Abschnitt), und nun scheint sich diese erweiterte konkrete Wahrheitsproblematik ihrerseits noch einmal auf die philosophische Position auszuwirken. Das ist kein äußerliches Hin und Her, sondern in dieser Bewegung dokumentiert sich die zentrale Stellung des Wahrheitsproblems in Husserls Phänomenologie.

Die Rückwirkung des erweiterten Wahrheitsbegriffs auf die philosophische Position ist jedoch als Möglichkeit schon von vornherein in dieser vorbereitet: das Apriori, wie es von Husserl konzipiert wird, kann dadurch, daß es nicht im Ich, sondern in den jeweiligen Sach- oder Erfahrungsstrukturen gründet, prinzipiell keine universale, sondern nur eine jeweils relative Geltung beanspruchen und bleibt daher für andere Erfahrungsmöglichkeiten offen (oben S. 163 ff., 180 f.). Auf der transzendentalen Ebene zeigte sich, daß das jeweilige Wie der Konstitution nur insofern im transzendentalen Ich „gründet", als es von diesem vollzogen werden muß, doch läßt es sich nicht aus ihm erklären (217 ff.); so blieb der konstitutive Aufbau, indem er nur Fundierungen, nicht Begründungen enthielt (182), noch offen für eine zusätzliche Aufklärung und Kritik, die, da sie dem Ansatz gemäß nicht aus den vorgegebenen Gegenständen, sondern nur aus den Zusammenhängen des subjektiven Lebens selbst erfolgen kann, in die Dimension der Geschichte wies (219). Diese Möglichkeit realisiert sich jetzt bei Husserls Aufklärung der wissenschaftlichen Wahrheit. Nur weil das Apriori dieser Wahrheit nicht, wie im Kantianismus, im Ich begründet worden war, können sich jetzt auch andere Erfahrungsmöglichkeiten zeigen und kann versucht werden, die Konstitution dieses Apriori aus der Geschichte aufzuklären.

Mit dieser geschichtlichen Vertiefung wird nun aber, was in der transzendental-phänomenologischen Position nur offen blieb, in einer Weise positiv verwirklicht, die diese Position selbst gefährdet. Zwar ließ sich zeigen (oben S. 220 ff.), daß die Zweideutigkeit von Husserls Konstitutionsbegriff es zuläßt, die Konstitution im Ich als ein *Nachkonstituieren* einer Konstitution zu verstehen, die sich *ursprünglich* in der *geschichtlichen Intersubjektivität* vollzogen hat, und Husserl versteht nun auch die Konstitution der wissenschaftlichen Wahrheit durchaus in diesem Sinn (oben S. 251 f.). Aber für Husserl war doch eine Konstitution dieser Art nur als eine „höherstufige" denkbar, nicht als die primäre und grundlegende. Denn sonst wäre 1. die von dem „dogmatischen Motiv" geforderte *erreichbare* Letztaufklärung im transzendentalen Ego (oben S. 195, 217) nicht mehr durchführbar; sie bliebe, wenn die Ursprünge der Konstitution nicht im Ich verfügbar vorgegeben sind und alles, was hier unmittelbar evident scheint, trotzdem noch auf seine geschichtlichen Ursprünge und Einseitigkeiten zu befragen ist, eine bloße regulative Idee, und Husserl hat, obwohl er in seiner allgemeinen Wahrheitstheorie den Dogmatismus der Apodiktizität verworfen hat (oben § 11 a), an der Idee der Philosophie als apodiktischer Wissenschaft bis zuletzt festgehalten[11]. 2. Husserls ganze Position, die durch die Epoché primär auf die Gegenüberstellung der transzendentalen Subjektivität und einer Welt der materiellen

[11] Das in der Husserl-Literatur immer wiederkehrende Mißverständnis, der Satz: „Die Philosophie als Wissenschaft, als ernstliche, strenge, ja apodiktisch strenge Wissenschaft – der Traum ist ausgeträumt" (K 508), beziehe sich auf Husserl selbst und nicht vielmehr (wie der Kontext klar zeigt) kritisch auf die Zeitsituation, ist von Gadamer (1963, S. 25 f.) richtiggestellt worden.

Natur orientiert ist, wäre umgeworfen worden, wenn auch schon die primäre Konstitution der materiellen Welt als eine geschichtlich bedingte anerkannt worden wäre. Die Konstitution der „primordinalen" materiellen Welt, die schon konstituiert sein muß, damit ich überhaupt zu einer Intersubjektivität gelangen kann, kann für Husserl nicht ihrerseits bereits von der intersubjektiven geschichtlichen Tradition bestimmt sein.

Obwohl also die historische Vertiefung durch Husserls philosophische Position einerseits gefordert ist, wird sie doch andererseits durch sie selbst verhindert. So konnte sich der historisch erweiterte Wahrheitsbegriff auf der philosophischen Ebene nicht mehr umfassend auswirken. Zwar zeigt sich bei der naturwissenschaftlichen Wahrheit, wie geschichtliche Tradition bis in diejenigen Begriffe hineinwirken kann, in denen sich das materielle Sein konstituiert. Aber weil *diese* materielle Konstitution sich als geschichtlich bedingte erweist, kann sie eben nur als eine „höherstufige" gelten, und es muß daher eine ursprünglichere materielle Konstitution in der Lebenswelt geben, an die ihrerseits eine geschichtliche Frage nicht mehr herangetragen werden darf. So wird nun die Lebenswelt in ihren Strukturen ebenso naiv apodiktisch hingenommen (K 383) und für geschichtlich irrelativ erklärt (K 142, 386) wie sonst die wissenschaftliche. Und weil die Lebenswelt, da die Stufenfolge der Konstitution nicht durchbrochen werden darf, in ihren Fundamenten ebenfalls als rein materielle, als „Natur" (oben S. 225, 241) verstanden werden muß, erhält sie „die gleichen Strukturen" wie die objektive Natur (283). Was heißt das aber anderes als daß sich die Analyse der Lebenswelt in Wirklichkeit weiterhin am Leitfaden der Naturwissenschaft vollzieht. Und das hat dann auch bei der Naturwissenschaft zur Folge, daß die einzige Kategorie, die auf ihre geschichtlichen Implikationen befragt wird, eben die der Idealisierung ist.

Andererseits findet sich die Forderung der geschichtlichen Kritik bei Husserl doch auch schon in einer Universalität formuliert, die nicht nur alle apriorischen Begriffe umfaßt, sondern sogar die Bereitschaft enthält, die philosophische Position selbst in Frage zu stellen:

„Es heißt, die sedimentierte Begrifflichkeit, die als Selbstverständlichkeit der Boden seiner (des Philosophen) privaten und unhistorischen Arbeit ist, wieder lebendig zu machen in seinem verborgenen geschichtlichen Sinn. Es heißt, ... eine verantwortliche Kritik üben, eine Kritik eigener Art, die ihren Boden ... nicht in den privaten Selbstverständlichkeiten des gegenwärtigen Philosophen" hat. „Selbstdenker sein, autonomer Philosoph im Willen zur Befreiung von allen Vorurteilen, fordert von ihm die Einsicht, daß alle seine Selbstverständlichkeiten Vorurteile sind, daß alle Vorurteile Unklarheiten aus einer traditionalen Sedimentierung sind, ... und daß dieses schon von der großen Aufgabe, der Idee gilt, die ‚Philosophie' heißt" (K 73).

Hier bezieht Husserl seinen Vorbegriff von Philosophie, den er ja in der Tat seinerseits aus der Geschichte gewonnen hat (oben § 9 a): die Idee einer letzten Verantwortlichkeit und Vorurteilslosigkeit, nicht mehr wie in der Epoché auf das „universale Vorurteil" der „natürlichen Welt", sondern auf das in der Epoché erschlossene transzendentale Leben selbst, das nun nicht mehr als „ein Universum absoluter Vorurteilslosigkeit" (CM 74) gelten kann. Diese Forderung läßt sich aber innerhalb Husserls eigener Position nicht mehr realisieren. Und wenn Husserl die Lebenswelt als eine von vornherein und im ganzen durch Praxis (K 128 ff.) und Geschichtlichkeit (K 378) bestimmte erkennt, obwohl er durch seine Position genötigt ist, sie in ihrer Grundlage als bloße Natur zu fassen, dann weist er auch hier über seine eigene Position hinaus. Erst Heidegger entwickelt, freilich bereits vor Husserls letzten Schriften, eine grundsätzlich neue Position, auf der die Horizonte der Praxis und der intersubjektiven Geschichte ursprünglicher gegeben sind als die Gegenstände. Diese Position ist das Ergebnis der Rückwirkung des erweiterten Wahrheitsbegriffs auf die Grundposition der transzendentalen Phänomenologie. Wie sehr Husserl selbst an seine gegenständlich orientierte Position gebunden blieb, zeigt sich am auffallendsten daran, daß er Heidegger zugibt, daß „ganz konkret mit unserer menschlichen Lebensumwelt ... anzufangen" sei und ihm zugleich vorwirft, daß er das nicht auf der Basis der transzendentalen Epoché durchführt (CM 165, K 150, Ideen III 140), nicht merkend, daß gerade die Epoché ihn selbst hindert, die Konkretion der Praxis und Geschichte in die Voraussetzung der Lebenswelt mitaufzunehmen, und nicht merkend, daß die „natürliche" Welt, die Heidegger meint, nicht mehr die naturale Welt gegenständlicher Setzungen ist, die eine Epoché zuläßt. Wenn man aber Husserls Prinzip der Epoché und Konstitution zureichend formalisiert (vgl. oben §§ 9b, 10), behält es als das universale regulative Prinzip der Kritik und Ausweisung, in dem sich die Idee letzter Verantwortlichkeit realisiert, seine Geltung auch über Heidegger hinaus.

ZWEITER TEIL

WAHRHEIT UND ERSCHLOSSENHEIT

(HEIDEGGER)

Husserl war von einer konkreten Analyse des Wahrheitsbegriffs ausgegangen und von da erst zur Ausbildung seiner philosophischen Position gekommen: Ontologie wird phänomenologische Aletheiologie und die Philosophie im ganzen zur transzendental ausweisenden Aufklärung von Wahrheit im Rückgang auf die Modifikationen der „Gegebenheitsweise". Auch bei Heidegger bleibt die philosophische Thematik im ganzen auf den Zusammenhang von Wahrheit und Gegebenheit orientiert. Aber die Radikalisierung und Verwandlung, die Heidegger an Husserls philosophischer Position vornimmt, geht nicht vom Begriff der Wahrheit, sondern von dem der Gegebenheit aus. An die Stelle der „Intentionalität" mit ihrem Korrelat „Gegebenheit" tritt die „Erschlossenheit" mit ihrem Korrelat „Lichtung", von hier aus wird die ganze philosophische Thematik neu entworfen, und aus ihr erst wird dann rückläufig auch der Wahrheitsbegriff neu bestimmt und erweitert.

Dieser veränderten Reihenfolge muß der Aufbau der Interpretation Rechnung tragen.

Eine einleitende Betrachtung (§ 12) soll zunächst vorgreifend in groben Zügen Heideggers philosophische Grundposition in Abhebung zu derjenigen Husserls charakterisieren. Sie zeigt, daß die neue Position als eine Radikalisierung von Husserls spezifisch „phänomenologischer" Thematik zu verstehen ist, der Thematik der *Gegebenheit* – wobei der *Wahrheitsbegriff* zunächst unberücksichtigt bleiben kann – und daß sich auch die weitere Entwicklung, die zu Heideggers Spätphilosophie führt, aus dieser Problematik der phänomenologischen Radikalisierung ergibt.

Damit ist eine Basis für die konkrete Interpretation gewonnen, die nun zu fragen hat, was auf dem Boden dieser Vertiefung und Erweiterung der „Phänomenologie" – also auf der Grundlage des Begriffs der „Erschlossenheit" und dann der „Un-Verborgenheit" – für den Wahrheitsbegriff erreicht wird.

Der 1. Abschnitt behandelt die Problematik in „Sein und Zeit" (SuZ). In diesem Werk beginnt Heidegger mit einer Analyse der „Erschlossenheit" und kommt von daher erst nachträglich – in einem Anhang zum 1. Abschnitt (§ 44) – zur Bestimmung des Wahrheitsbegriffs, wobei dann allerdings dieser Begriff mit dem der Erschlossenheit gleichgesetzt wird. Diese Gleichsetzung ist aber eine These, die von der Interpretation nicht unbesehen übernommen werden darf. Sie behandelt daher, Heideggers eigenem Vorgehen entsprechend, in einem vorbereitenden Teil A den Begriff der Erschlossenheit, wobei aber dessen verschiedene Aspekte bereits stärker, als es bei Heidegger geschieht, auf den Wahrheitsbegriff bezogen werden, doch ohne schon von Heideggers eigener Bestimmung des Wahrheitsbegriffs in § 44 Gebrauch zu machen. Auf dieser Grundlage kann dann in einem Teil B die kritische Interpretation des § 44 durchgeführt werden.

Dieses Vorgehen wird sich durch das Ergebnis der Interpretation rechtfertigen. Es wird sich zeigen, daß Heideggers Gleichsetzung von „Wahrheit" und „Erschlossenheit" (Unverborgenheit) nicht haltbar ist und sogar dazu führt, das Wahrheitsproblem zu verdecken. Von diesem negativen Resultat ist aber nicht nur der Begriff der Erschlossenheit als solcher nicht betroffen. Auch das Wahrheitsproblem selbst wird von Heidegger zwar faktisch übersprungen, jedoch potentiell durch die Analysen der Erschlossenheit vertieft und erweitert. Eine immanente, positiv auswertende Kritik, wie sie hier im Gegensatz zu den üblichen mitgehenden oder von außen kritisierenden Interpretationen (oben S. 7) intendiert wird, muß die verschiedenen, nicht notwendig zusammengehörigen Aspekte analytisch sondern und die offenen Möglichkeiten des neuen Ansatzes ebenso berücksichtigen wie die Verwirklichung, die er faktisch gefunden hat. „Höher als die Wirklichkeit steht die Möglichkeit" (SuZ 38).

Im 2. Abschnitt wird von Heideggers späteren Schriften nur noch der Vortrag „Vom Wesen der Wahrheit" (WW) ausführlich interpretiert. Vorher wird kurz die Abhandlung „Vom Wesen des Grundes" (WG) behandelt, teils als Vorbereitung für die Interpretation von WW, teils weil diese Schrift die einzige ist, in der Heidegger das Problem der Ausweisung berührt. WW nimmt in den Schriften nach SuZ eine ausgezeichnete Stellung ein, sofern hier in gewisser Weise der Übergang zu der späteren Position erfolgt (vgl. BH 72). Die Interpretation macht sich das zunutze, indem sie aus den Gedanken dieser Schrift die Fäden bis zu den spätesten Schriften fortzieht und so die späte Position im ganzen mitberücksichtigt ohne die Schriften im einzelnen zu interpretieren. So läßt sich einerseits wenigstens umrißhaft zeigen, wie auf der späteren Position durch die Idee der „Lichtung" als „Un-Verborgenheit" die Konzeption der Erschlossenheit konsequent vertieft wird. Auf der anderen Seite bestätigt sich nicht nur erneut die Verdeckung des spezifischen Wahrheitsproblems, sondern zeigt sich nun auch in ihren Konsequenzen.

Auf Vollständigkeit kann also diese Interpretation von Heideggers Wahrheitsbegriff keinen Anspruch erheben. Insbesondere bleiben auch Heideggers Thesen über die *Geschichte* des Wahrheitsbegriffs, die auf das engste mit seiner Konzeption von der Geschichte des Seins zusammenhängen, vollständig ausgeklammert. Eine kritisch auswertende Interpretation dieser Thesen wäre nur durchzuführen in eins mit einer Re-Interpretation der von Heidegger interpretierten geschichtlichen Positionen, und eine solche überstiege bei weitem den Rahmen dieser Untersuchung.

Auch die Frage nach der Berechtigung von Heideggers Deutung des griechischen Wortes ἀλήθεια als „Unverborgenheit" soll in der vorliegenden Untersuchung nicht behandelt werden[1].

[1] In der Diskussion zu dieser Frage (vgl. neuerdings Heitsch [1962] und [1963] mit Bibliographie 1962, S. 25) wird meist nur entweder für oder gegen die

So wichtig diese historischen Fragen sind für ein Denken, das sich selbst als ein geschichtliches versteht, so sind sie doch der sachlichen Frage nach Sinn und Wert von Heideggers eigenem Wahrheitsbegriff hermeneutisch nachgeordnet.

Außer diesen Grenzen der Untersuchung ist noch eine Lücke zu nennen. Die wichtige Schrift „Vom Ursprung des Kunstwerks", die in einer zureichenden Interpretation von Heideggers Beitrag zum Wahrheitsproblem nicht übergangen werden dürfte, wird nur am Rande berücksichtigt. Die schwierige Frage nach dem Verhältnis von Kunst und Wahrheit bleibt ausgeklammert.

These argumentiert, daß ἀλήθεια etymologisch und/oder im faktischen Sprachgebrauch und/oder in der griechischen Philosophie „Unverborgenheit" bedeute. Daß ἀλήθεια etymologisch mit *lath zusammenhängt, ist kaum zu bezweifeln, aber selbst wenn das Wort auch im faktischen oder philosophischen Sprachgebrauch als „Unverborgenheit" verstanden wurde, wie Heitsch nachweisen zu können glaubt, ist damit noch wenig gewonnen, weil das Wort „Unverborgenheit", wie die nachfolgende Interpretation zeigen wird, mehrdeutig ist. Die Frage ist nicht, ob ἀλήθεια als Unverborgenheit verstanden wurde, sondern was, wenn es so verstanden wurde, Unverborgenheit bedeutete. Die einzige Arbeit, wo das klar gesehen ist und dieser Frage in einem bestimmten Bereich der griechischen Sprache (dem frühen Epos) aufschlußreich nachgegangen wird, ist die von Boeder (1959).

§ 12 *Zur Einleitung: Heideggers Radikalisierung der phänomenologischen Fragestellung*

Warum fällt bei Heidegger die Epoché weg?

Um Heideggers Position in ihrem Unterschied zu derjenigen Husserls verständlich zu machen, kann die Frage als Leitfaden dienen, warum die beiden auszeichnenden Charakteristiken von Husserls phänomenologischer Transzendentalphilosophie: Epoché und Konstitution, bei Heidegger nicht mehr vorkommen. Kann, wo die methodisch grundlegenden Requisiten einer Philosophie fallengelassen sind, überhaupt noch von einer Kontinuität die Rede sein?

Heidegger ist nicht der einzige Phänomenologe, der die Methode von Epoché und Konstitution nicht übernommen hat. Der Göttinger und Münchener Phänomenologenkreis lehnte Husserls transzendentale Methode jedoch auf Grund einer „realistischen" Position ab. Für diese Philosophen lag das Wesentliche des „phänomenologischen Durchbruchs" der LU in der deskriptiven Methode der Wesensschau und der These vom eigenständigen Recht der verschiedenen Seinsbereiche[2]. Der spezifisch „subjektive" Charakter der Analysen schon der LU wurde hier nicht beachtet, und als Husserl ab 1907 die Konstitutionsthematik transzendental ausbildete, ist diese konsequente Wendung als Bruch empfunden worden. Heidegger hingegen hat „Phänomenologie" von vornherein in dem von Husserl gemeinten präzisen Sinn der Erforschung der Modifikationen der Intentionalität in eins mit den korrelativen Gegebenheitsweisen verstanden. So konnte er in seiner ersten Marburger Vorlesung (1923/24), in der er auf dem Wege einer kritischen Husserl-Interpretation Ansätze seiner eigenen Position vorführte, erklären: „Mit der Entdeckung der Intentionalität" in „diesem Sinn" der gleichzeitigen Thematisierung des „Seienden im Wie seines jeweiligen Begegnens" ist „zum ersten Mal in der Geschichte der Philosophie ausdrücklich und klar der Boden für eine radikale ontologische Forschung gefunden"[3]. Genauso wie für Husserl (vgl. oben S. 178 ff.), zeichnet sich eine ontologische Betrachtung für Heidegger nicht dadurch aus, daß sie allgemeine oder allgemeinste Wesensverhalte erkennt, sondern dadurch, daß sie, statt geradezu Gegenständliches, das Wie seines Gegebenseins zum Thema hat. Daß Heidegger Husserls transzendentalen Idealismus nicht übernimmt, kann also nicht daran liegen, daß er den Ansatz beim Gegebensein nicht mitmacht.

---

[2] Vgl. Landgrebe (1939) S. 293 f. Zur näheren Orientierung über den Göttinger und Münchener Kreis vgl. Spiegelberg (1960) I 168 ff.

[3] Vorlesung vom 19. 2. 1924. Von den Vorlesungen, auf die hier Bezug genommen wird, habe ich Kenntnis durch Nachschriften, die aus dem Nachlaß von Helene Weiss stammen. Für die Richtigkeit der Zitate besteht natürlich keine Gewähr.

Gewöhnlich wird der Ausfall der Epoché bei Heidegger mit seinem Begriff des „In-der-Welt-Seins" erklärt. Das ist, wie sich noch zeigen wird, in gewisser Weise richtig, aber nicht in dem Sinn, in dem es gewöhnlich verstanden wird. Man meint, dieser Begriff bringe zum Ausdruck, daß das „Dasein" schon immer und wesensmäßig sich auf etwas – eben seine „Welt" – beziehe, während in Husserls transzendentaler Reduktion das Bewußtsein von dem, worauf es sich bezieht – seiner „Welt" – getrennt werde. So würde jedoch weder Heideggers In-der-Welt-Sein noch Husserls transzendentale Reduktion angemessen verstanden, wenngleich beide einer solchen oberflächlichen Interpretation selbst Vorschub geleistet haben. Wenn Heidegger mit dem In-der-Welt-Sein nichts anderes gemeint hätte als daß das Bewußtsein wesensmäßig auf etwas bezogen ist, dann gäbe es kaum einen ernst zu nehmenden Philosophen, der ihm darin nicht zugestimmt hätte, geschweige denn Husserl. Was von der ganzen erkenntnistheoretischen Tradition in Frage gestellt wird, ist ja nicht, daß das Bewußtsein bei einer Welt sei, sondern daß die Welt, bei der es ist, nicht eine Welt des Traums oder des Scheins ist, sondern den Charakter der Objektivität hat. Daher ist es irreführend, wenn Heidegger (SuZ §§ 13, 43 a) beansprucht, mit dem „In-der-Welt-Sein" das Problem der Erkenntnistheorie aufgehoben zu haben. Husserl geht in der transzendentalen Reduktion nicht auf ein „weltloses Subjekt" zurück, sondern „auf das transzendentale Phänomen ‚Welt'" (K 155), und wenn er in dem berüchtigten § 49 der „Ideen" sogar sagt, daß das Sein der Welt für das Sein des Bewußtseins nicht notwendig sei und daß es denkbar sei, daß es die Welt nicht gibt, so ist damit ausdrücklich nur gemeint, es sei denkbar, „daß es keine einstimmig setzbare, also seiende Welt mehr gibt". Mit „Welt" ist hier die „seiende", d. h. „einstimmig setzbare", „objektive" Welt gemeint, und nur diese wird in der Epoché eingeklammert. Was eingeklammert wird, ist die naiv gesetzte, vom Setzen scheinbar unabhängige Welt, und dabei erschließt sich nun gerade die Welt als „Phänomen", die wesensmäßig Korrelat der Subjektivität ist, und zugleich die Subjektivität, die – als ego-cogito-cogitatum – wesensmäßig auf diese Welt als Phänomen bezogen ist.

Gerade durch die Epoché betritt also Husserl die Dimension von Heideggers In-der-Welt-Sein. Heidegger benötigt die Epoché nicht mehr, um in die Dimension der Gegebenheitsweisen zu gelangen, weil er, nachdem sie von Husserl eröffnet wurde, von vornherein in ihr steht und sie nun aus ihren eigenen Verhältnissen heraus – nicht mehr in ausschließlicher Orientierung auf eine Welt von Gegenständen – entfalten kann.

Daß Heidegger die Epoché nicht mehr mitmacht, ist also nicht, wie Husserl meinte (Ideen III 140), ein Rückfall aus der transzendental-phänomenologischen Problematik, sondern deren eigene Radikalisierung. Die Notwendigkeit der Epoché ist relativ auf Husserls ausschließlichen Ansatz bei einer gegenständlichen Welt, oder anders gewendet: sie ist relativ auf seine Auffassung alles menschlichen Verhaltens als „Intentionalität" und d. h. als objektivierendes Setzen. Das ist die Stelle, an der Heideggers Kritik einsetzt. Nur gegenständlich Gesetztes kann „eingeklammert" werden, und nur wo das gesamte Verhalten als gegenständliches Setzen verstanden ist, kann und muß eine universale Epoché der entscheidende Schritt in der Ausbildung der philosophischen Position sein.

Es liegt jedoch, wie schon Husserls eigene Entwicklung zeigte, gerade in der eigenen Konsequenz des in der Epoché eröffneten Rückgangs auf den phänomenologischen Bereich, daß er sich von diesem Ausgangspunkt emanzipiert: schon bei Husserl erweist sich *erstens* in der phänomenologischen Reflexion eine Gegebenheitsweise als primär, die nicht mehr die Gegebenheitsweise derjenigen Gegenstände ist, von der in der Reflexion ausgegangen worden war (oben S. 241). Die „Lebenswelt" erhält einen Vorrang vor der „objektiv wahren Welt", das heißt: ausschlaggebend für die ontologische Priorität einer Gegenständlichkeit ist nicht mehr der Grad ihrer Objektivität, sondern die „Ursprünglichkeit" ihrer Gegebenheitsweise. Andererseits lag es im Ansatz bei einer gegenständlichen Welt, daß Husserl auch die Lebenswelt noch als einen Bereich objektivierender Setzungen sehen mußte, nur daß das gesetzte Sein nicht mehr „objektiv" in dem engeren Sinn des idealisierten Ansichseins war (oben S. 242). *Zweitens* lag es schon im Sinn des konstitutiven Rückgangs auf die Erfahrungsweise, daß diese nun selbst auf ihre eigenen, geschichtlichen Zusammenhänge und Relativitäten zu befragen war (oben S. 218 f.), aber die Ansätze, die sich daher auch hier konsequenterweise bei Husserl finden (oben S. 250 ff.), konnten wiederum nicht weit reichen, weil ihre Ausbildung durch das die Epoché mitbestimmende dogmatische Motiv einer Letztbegründung: durch die Vergegenständlichung des Subjektiven selbst und seine Auffassung als Bereich apodiktischer Evidenz (208 ff.), verhindert wurde (252 f.). Hier konnte der von Husserl selbst betretene Weg nur fortgeführt werden auf einer neuen Position, die die Gegebenheits- und Erfahrungsweisen nicht mehr nur aus der Rückwendung von einer objektiven Welt sieht.

Lebensphilosophie, Phänomenologie und die Frage nach dem Sinn von Sein

Die Radikalisierung der phänomenologischen Thematik, auf die Husserls eigene Position verweist, war also innerhalb dieser Position selbst durch eine bloße immanente Ausbildung seiner Ansätze und Motive gerade noch nicht zu erreichen. Die immanente Radikalisierung war nur möglich durch einen methodischen Bruch, der seinerseits nur im Verein mit inhaltlichen Impulsen aus anderer Herkunft zu vollziehen war. Hier war die Lebens- und Geschichtsphilosophie der Zeit für Heidegger bedeutsam, besonders Dilthey, und zugleich Kierkegaard und die Anthropologie der älteren theologischen

Tradition[4]. „Ausgang und Ziel der Philosophie", so sagt Heidegger in der ersten Stunde seiner Vorlesung „Einleitung in die Phänomenologie der Religion" (1920/21), „ist die faktische Lebenserfahrung", deren Wesen im „Historischen" liegt. In den frühen Vorlesungen nennt Heidegger, was er später als „Dasein" bezeichnet, noch mit Dilthey „Leben". Aber von vornherein kommt es ihm dabei darauf an, das „Leben" nicht „ästhetisch" zu betrachten, sondern im Wie seiner „Faktizität". Heideggers Ausgangserfahrung war eine nicht erst für die philosophische Betrachtung, sondern im Leben selbst vorgegebene Differenz zwischen dem Leben im Wie seines Vollzugs und den Inhalten, an die es „verfällt".

Man versteht von daher, inwiefern Husserls Ansatz für Heidegger bedeutsam werden konnte und doch ungenügend bleiben mußte. Während die Philosophie des Lebens und der Existenz und auch die frühere christliche Tradition das von ihr Gemeinte dadurch leicht verdeckte, daß sie es mit den Mitteln einer übernommenen Metaphysik des Inhaltlichen („Vorhandenen") explizierte, findet Heidegger in Husserls Phänomenologie eine durchgebildete Methode zur Erforschung des Wie des Gegebenseins in klarer und bewußter Abhebung gegen eine inhaltliche Betrachtung. Aber Husserls Thematisierung des Wie des Gegebenseins bleibt am Gegenständlichen orientiert. Gegenüber solchem Wie unterscheidet sich das Wie des Lebens selbst als das ursprünglichere. In der Vorlesung zur Phänomenologie der Religion unterscheidet Heidegger von dem „Gehalt" jeder Erfahrung (ihrem Inhalt) außer dem „Bezugssinn" auch den „Vollzugssinn"; der „Bezugssinn" betrifft das Wie des Bezugs auf die Gegenstände, das Wie der Intentionalität, und das „Theoretische" entstammt gewissermaßen einer Verselbständigung dieses Bezugs aus dem Vollzug des Lebens selbst. Um sagen zu können, das Wie des Lebensvollzuges sei gegenüber dem Wie der Gegebenheitsweisen der Gegenstände das ursprünglichere, müssen sie allerdings überhaupt vergleichbar sein. Man könnte meinen, hier bestünde vielleicht nur eine Gemeinsamkeit des Wortes. Schließlich bezeichnen wir mit dem Wort „Wie" jede adverbielle Qualifikation. Aber Heidegger versteht jetzt auch den Lebensvollzug – und damit unterscheidet er sich von der Lebensphilosophie, und deswegen ersetzt er schließlich auch den Ausdruck „Leben" durch den Terminus „Dasein" – aus eben jener Dimension, auf die Husserl zurückgegangen ist: der Grundcharakter des Lebensvollzugs ist „Erschlossenheit", „Seinsverständnis". Durch diesen Schritt und seine konkrete Durchführung gelingt es Heidegger auch, die lebensphilosophische und existenzielle Tradition, die sich von der Metaphysik nur abgehoben hatte, auf eine methodische Ebene zu bringen, auf der sie sich mit ihr vergleichen und auseinandersetzen kann.

Der Lebensvollzug ist für Heidegger ein *Seinsvollzug*, eines Seins, das als „Zu-Sein" ein „Wie" des Seins ist (SuZ 42), und von diesem aus wird

---

[4] Vgl. Pöggeler (1959) S. 604 ff. und (1963) 2. Kapitel.

nun auch der Sinn von Sein überhaupt verstanden. Indem das „Dasein" sein Sein, „um" das es ihm „geht", vollzieht, hat es zugleich ein „Seinsverständnis", sowohl dieses Seins wie der Welt, in der es ist (SuZ 12 f.). Diese „Erschlossenheit" ist primär eine solche des Lebensvollzugs selbst, nicht ein Vorstellen von Gegenständen.

Das innerweltliche Seiende braucht und kann jetzt nicht mehr eingeklammert werden, weil es in seiner primären Gegebenheit gar kein gegenständlich Gesetztes, sondern von vornherein von seinen Gegebenheitsweisen einbehalten, dem In-der-Welt-Sein des Daseins zugehörig ist. Gegenüber *dieser* Welt braucht die konstituierende Subjektivität nicht erst transzendental reduziert werden. Wenn Heidegger Husserls Unterscheidung des konstituierenden reinen Ich vom „realen" Ich („Mensch") nicht mehr mitmacht, so heißt das daher nicht, wie es aus Husserls Perspektive scheinen mußte (Ideen III 140, CM 165), daß er nun das Ich wieder nur als Bestandteil der gegenständlichen realen Welt nimmt, sondern daß er die Voraussetzung, der Bereich des empirischen Seins habe den Grundcharakter der gegenständlichen Realität („Vorhandenheit") überhaupt verwirft[5].

Welchen Sinn von Sein das Gegebene überhaupt und jeweils hat, ist jetzt vielmehr erst zu fragen und kann nur im Rückgang auf das Wie des Gegebenseins selbst entschieden werden; in keinem noch so formalen und scheinbar nichts vorwegnehmenden Sinn (etwa Sein = Position) darf es vorausgesetzt werden. Genau dies, daß der Sinn von Sein und Wahrheit nicht vorausgesetzt und nur begründet, sondern erst aus dem Wie des Gegebenseins erschlossen werden soll, war bereits das Charakteristische von Husserls spezifisch phänomenologischer Transzendentalphilosophie (oben S. 180 ff.). Aber nun zeigt sich: so wie der phänomenologische Rückgang von Husserl methodisch angesetzt war, enthielt er bereits eine bestimmte Vorentscheidung über den Sinn von Sein. So wird verständlich, wieso sich Heideggers Problemstellung darauf konzentrieren mußte, die Frage nach dem Sinn von Sein neu zu stellen. Bei Husserl wurde die Ontologie auf eine Phänomenologie hin überstiegen, weil das vorgegebene Sein nur im Gegebensein fundiert werden konnte; bei Heidegger mußte diese Phänomenologie nun ihrerseits zu einer „Ontologie" erweitert werden, weil Husserls Rückgang von der Ontologie auf die Phänomenologie die Ontologie, von der sie ausging – und mit ihr einen bestimmten Sinn von Sein – doch mitnahm. Während die vor-

[5] Vgl. hierzu die Bemerkungen Heideggers zu Husserls Encyclopaedia-Britannica-Artikel über „Phänomenologie", die W. Biemel (1950) interpretiert und dann in seiner Edition von Husserls Artikel in Hu IX (1962) voll wiedergegeben hat (vgl. die Anmerkungen auf S. 239–277 und besonders den textkritischen Anhang S. 601 f.). Zu der Erklärung Husserls, daß das transzendentale Ich der Konstitution „nicht menschliches Ich" sei, bemerkt Heidegger: „Warum nicht? Ist dieses Tun nicht eine Möglichkeit des Menschen, aber eben weil dieser nie vorhanden ist, ein *Verhalten*, d. h. eine Seinsart, die eben von Hause aus ... nie zur Positivität des Vorhandenen gehört" (Hu IX 275).

phänomenologische Ontologie das Sein betrachtet und dabei den Sinn von Sein immer schon voraussetzt, ist es das Charakteristische von Heideggers phänomenologischer Ontologie, daß sie nach dem möglichen Sinn von Sein überhaupt erst fragt; und das kann sie nun eben, weil sie radikalisierte Phänomenologie ist und ihr im Wie des Gegebenseins ein Bereich vorgegeben ist, in den sie hineinfragen kann. Während Husserl also die schlichte Thematisierung des „Seins" in der formalen und den materialen Ontologien durch die transzendentale Reduktion übersteigt, übersteigt Heidegger seinerseits die methodische Stufe, die Husserl damit erreicht hat, durch die Frage nach dem Sinn von Sein. Jedesmal ist die Stufe, die überstiegen wird, die relativ „naive".

Für Husserl schien zunächst mit der transzendentalen Epoché schon *eo ipso* eine „absolute Vorurteilslosigkeit" erreicht (CM 74); aber schon bei seiner eigenen Durchführung der transzendentalen Problematik zeigte sich, daß im bloßen Rückgang in die Dimension der Subjektivität noch eine Relativität und entsprechende Naivität hinsichtlich des Horizontes bleibt, innerhalb dessen man die Reduktion ansetzt (oben S. 218). Die Epoché bewirkt nur den Rückgang von der gegenständlichen Wahrheit auf das konstituierende Leben der Subjektivität; der entscheidende nächste Schritt, den Husserl in der genetischen Phänomenologie ansatzweise durchgeführt hat, aber in sein methodisches Bewußtsein nicht mehr aufnehmen konnte, ist die Frage nach der Wahrheit der Horizonte im Rückgang gemäß ihren „intentionalen Implikationen" (oben S. 245 ff.). Die Überwindung derjenigen Naivität, die in einem bestimmten Horizont befangen ist, ist also nach Husserls eigenen Ansätzen nur noch geschichtlich möglich. Heidegger hat nun, noch bevor Husserl selbst zur genetischen Phänomenologie kam, von vornherein die Geschichtlichkeit zum entscheidenden methodischen Leitfaden der Frage nach dem Sinn von Sein genommen. In der Geschichtlichkeit kommt der Bereich, der in der Epoché nur statisch und abstrakt erreicht war – der Bereich der transzendentalen Subjektivität – in Bewegung und zu konkreter Entfaltung. Nicht schon das „In-der-Welt-Sein" als solches, sondern erst sofern es als Geschichtlichkeit verstanden ist, enthält den entscheidenden methodischen Gesichtspunkt, der bei Heidegger die Husserlsche Epoché gleichsam ablöst.

Heideggers Kritik an Husserl wendet sich daher nicht nur gegen sein Versäumnis der Seinsfrage hinsichtlich desjenigen Seienden, das in der Epoché eingeklammert und in der Konstitution konstituiert wird, sondern vor allem gegen das Versäumnis der Seinsfrage hinsichtlich des Konstituierenden. In den Anmerkungen zu Husserls Encyclopaedia-Britannica-Artikel schreibt Heidegger: „Das Konstituierende ist nicht Nichts, also etwas und seiend – obzwar nicht im Sinne des Positiven. – Die Frage nach der Seinsart des Konstituierenden selbst ist nicht zu umgehen. – Universal ist daher das Problem des Seins auf Konstituierendes und Konstituiertes bezogen" (Hu

IX 602). Und in einer Vorlesung vom Sommersemester 1925, in der die Darstellung des ersten Abschnitts von SuZ durch eine ausführliche Husserl-Interpretation eingeleitet wird, zeigt Heidegger, wie Husserl das „reine Bewußtsein", obwohl bzw. weil er es dem realen Sein als „absolutes Sein" lediglich gegenübergestellt, im Grunde im selben Seinssinn wie dieses versteht, als „Vorhandenes": das Bewußtsein ist sich selbst – trotz der Unterscheidung von adäquater und inadäquater Evidenz – in derselben Zugangsweise gegeben wie das reale Sein, nämlich in der objektivierenden Intentionalität der „Anschauung", der „Evidenz", nur daß die gegenständliche Evidenz jetzt ins Absolute der Apodiktizität gesteigert wird. Die Schwierigkeiten, die sich bei Husserl dadurch ergeben, daß er das Urgegebensein, in dem sich das Bewußtsein selbst gegeben ist, lediglich als eine höchste gegenständliche Evidenz auffaßt, sind oben (§ 9 c) bereits im Hinblick auf Heideggers Kritik dargestellt worden. Die Evidenzproblematik setzt notwendigerweise ein Urgegebensein voraus, einen Spielraum, in den hinein Gegenständliches begegnen kann und in dem es sich in evtl. evidenter Gegebenheit auszuweisen hat (204, 208 f.). Aber eben deswegen kann das Auszeichnende dieses Urgegebenseins nicht seinerseits in einer höchsten Evidenz gesehen werden. Über dem cartesianischen Interesse an der Unbezweifelbarkeit des „ich bin", so zeigt Heidegger auch schon in der Vorlesung vom WS 1923/24 (oben S. 262), hat Husserl wie Descartes die Frage nach dem Seinssinn und der genuinen Gegebenheitsweise dieses „bin" versäumt[6].

Wie ist, so lautet jetzt Heideggers Frage (vgl. SuZ §§ 10, 25, 64), das, was von der Philosophie seit Descartes als Selbstbewußtsein in Anspruch genommen, aber kaum irgendwo[7] und jedenfalls nicht von Husserl weiter befragt und aufgeklärt wurde, eigentlich zu verstehen? Das „Ich" ist sich selbst in allem Verhalten zu Seiendem irgendwie mitgegeben, aber wie? Mag es auch bisweilen so etwas wie eine Reflexion auf Akte geben, so ist es doch phänomenal unangemessen, eine solche vergegenständlichende Rückwendung als die Art und Weise in Anspruch zu nehmen, wie ich mir ursprünglich und ständig mitgegeben bin. Und so kann Heidegger nicht so unmittelbar wie Husserl fragen, wie sich Gegenständliches im Bewußtsein oder – wie es jetzt heißen muß – das Seiende im Seinsverständnis „konstituiert", sondern stellt vor der eigentlichen Frage nach dem Sinn des Seins in einer vorgängigen „Fundamentalontologie" die Frage nach der Art, wie das „Konstituierende"

[6] Vgl. auch SuZ 47. In SuZ wird sonst besonders von Descartes gesagt, daß er bei seinem *cogito sum* die Frage nach dem „*sum*" versäumte (24, 46). In der Vorlesung wird das Versäumnis Husserls mit dem Descartes' nicht einfach gleichgesetzt, sondern Husserls Differenz zu Descartes durchaus Rechnung getragen.

[7] Mit dem deutschen Idealismus scheint sich Heidegger erst nach Erscheinen von SuZ gründlich beschäftigt zu haben. In einer Vorlesung „Der deutsche Idealismus und die philosophische Problemlage der Gegenwart" (SS 1929) hat er dann Fichtes Lehre vom Ich positiv von SuZ her interpretiert.

selbst ist und sich gegeben ist (SuZ § 4). Das ist nicht die Frage nach Sein und Gegebenheitsweise einer bestimmten Region von Seiendem, sondern die Frage nach demjenigen Seienden, zu dessen Sein es gehört, daß sich mit ihm überhaupt erst ein Spielraum für Gegebenheit eröffnet.

So ergibt sich also folgender Fragezusammenhang, der an Stelle von Husserls transzendentaler Reduktion tritt: an die Stelle der selbstverständlichen Voraussetzung von Sein = Gesetztsein, die Husserls transzendentaler Epoché zugrunde liegt, rückt die Frage nach dem Sinn von Sein. Die Dimension, in die hinein sie fragt, ist die nicht mehr nur von den Gegenständen her gesehene abstrakte und statische Subjektivität, sondern die Subjektivität in ihrer eigenen konkreten Bewegtheit als Geschichte. Die Frage nach dem Sinn von Sein bleibt also ebenso wie Husserls Fragestellung transzendental: sie ist nicht die schlichte Thematisierung des Seins, die Husserl bereits in der Epoché überstiegen hat, sondern als Frage nach dem „Sinn des Seins" expliziert sie dieses als Korrelat eines Verstehens (SuZ 152). Aber die konstituierende Subjektivität kann nun ihrerseits nicht in ihrem Sein als selbstverständlich vorausgesetzt werden. „Die Seinsfrage" wird daher „noch einmal um eine Stufe zurückgetrieben zur Frage nach dem Wesen des Verstehens von Sein" (KPM 204).

Die konkrete Analyse dieser „Erschlossenheit" zeigt nun, daß das „Dasein" sich nicht in der absoluten Gegenwart eines schlichten Beisichseins begegnet und daher auch nicht schon als dieses Seiende selbst der Ort des Gegebenseins von anderem Seienden ist, sondern daß jenes Urgegebensein, in das hinein für mich Seiendes begegnen kann, vielmehr ein zeitlich offener Spielraum eines „Da" ist, in dem ich mich meinerseits bereits vorfinde und aus dem heraus ich mir selbst erst begegne. Dieser Spielraum des Sichvorfindens ist aber nicht, wie für eine vortranszendentale Position, durch nichtdaseinsmäßiges Seiendes gebildet, das ja vielmehr erst in diesen Spielraum hinein begegnen können soll. Dieses „Worin des ... Verstehens als Woraufhin des Begegnenlassens von Seiendem ... ist das Phänomen der Welt" (SuZ 86).

Erst von hier aus gewinnt die Erklärung, daß für Heidegger die Epoché deswegen hinfällig wird, weil er das Dasein als In-der-Welt-Sein versteht, ihre Berechtigung. Der Sinn ist dann aber ein ganz anderer als der mit dieser Erklärung üblicherweise gemeinte (oben S. 262). Denn das Wort „Welt" in dem Ausdruck „In-der-Welt-Sein" steht nicht für „das Seiende, das das Dasein wesenhaft nicht ist und das innerweltlich begegnen kann", sondern für „das, ‚worin' ein faktisches Dasein als dieses ‚lebt'" und das überhaupt kein Seiendes und auch nicht die Totalität des Seienden ist (SuZ 65). Mit „In-der-Welt-Sein" ist nicht gemeint, daß das „Dasein" sich schon immer inmitten von Seiendem befindet und sich zu ihm verhält, sondern daß es sich, vor jedem Bezug zu Seiendem und diesen bedingend, immer schon in einem offenen Spielraum des Begegnens vorfindet.

Erst damit ist die entscheidende Ebene von Heideggers neuer Fragestellung erreicht: die spezifisch „phänomenologische“ Thematik wird nicht nur dadurch radikalisiert, daß 1. die Gegebenheitsweisen des innerweltlich Seienden über den Bereich des Gegenständlichen erweitert werden, und nicht nur dadurch, daß 2. auch nach der Gegebenheitsweise des konstituierenden Bewußtseins gefragt und dessen Sein nicht selbstverständlich als gegenständliches vorausgesetzt wird, sondern insbesondere dadurch, daß jetzt 3. überhaupt nicht mehr nur nach den verschiedenen Gegebenheitsweisen von Seiendem gefragt wird, sondern danach, wie so etwas wie „Gegebensein“ überhaupt möglich ist. Dieser dritte Aspekt tritt nicht als ein zusätzlicher zu den ersten beiden hinzu, sondern er ist es, der die Fragen, wie das innerweltliche Seiende gegeben ist, und wie das Dasein sich selbst gegeben ist, leitet und durch den diese beiden Fragen im Begriff der „Welt“ ihrerseits verklammert sind. Diese grundsätzliche Modifikation der Fragestellung, wodurch die „phänomenologische Thematik – die Frage nach dem φαίνεσθαι – nicht nur erweitert, sondern auch vertieft wird, kommt darin zum Ausdruck, daß Heidegger Husserls „Gegebensein“ durch den Terminus „Begegnung“ substituiert. Der Begriff ist in einer Reihe früher Vorlesungen leitend[8] und kommt auch noch in SuZ vor (vgl. § 18), wo er sonst durch die Begriffe Erschlossenheit und Entdecktheit verdrängt (a. O.) und später durch den Begriff „Unverborgenheit“ ersetzt wird.

Wenn Husserl nach dem Wie des Gegebenseins des Seienden fragte, fragte er schon in eine Dimension des Begegnens hinein, die er jedoch nicht als solche in den Blick faßte, sondern in den Begriffen „Intentionalität“ und „Gegebensein“ selbstverständlich voraussetzte. Die Frage nach dem „In-der-Welt-Sein“ ist also die radikalisierte Form von Husserls Epoché, weil jetzt nicht vom Seienden nur auf dessen Gegebenheitsweisen zurückgefragt wird, sondern nach der Dimension der Gegebenheitsweisen selbst, d. h. nach dem Geschehen eines „gelichteten“ Begegnens als solchem. Das Charakteristische dieses Begegnens, des Offenbarwerdens, sieht nun Heidegger darin, daß das Begegnende *als Seiendes* erfahren wird[9]; daher fällt jetzt die Frage nach dem Sinn von Sein für Heidegger zusammen mit der Frage nach der „Erschlossenheit“. Wie Husserl beanspruchen konnte, daß die Philosophie vor ihm zwar Unterschiede der Gegebenheitsweisen kannte, aber diesen phänomenologischen Bereich nirgends systematisch auswertete und zur Basis der ontologischen Fragestellung machte (oben S. 172), so kann nun auch

[8] Vgl. das Zitat oben S. 262.

[9] Vgl. KPM 206: „Dieser Vorzug aber, nicht nur unter anderem Seienden auch vorhanden zu sein, ohne daß sich dieses Seiende unter sich je als solches offenbar wird, sondern inmitten des Seienden an es *als ein solches* ausgeliefert und sich selbst *als einem Seienden* überantwortet zu sein, dieser Vorzug, zu existieren, birgt die Not, des Seinsverständnisses zu bedürfen, in sich.“

Heidegger mit Recht beanspruchen, daß die Frage, auf die er Husserls phänomenologische Thematik radikalisiert, die Seinsfrage in diesem Sinn der gleichzeitigen Frage nach der Bedingung der Möglichkeit von „Begegnung", nicht nur gegenüber Husserl, sondern gegenüber der ganzen philosophischen Tradition neu sei. Daß auf der einen Seite das menschliche „Vorstellen" und auf der anderen das Seiende irgendwie „gelichtet" ist, gehört zwar seit der griechischen Philosophie zum festen Bestand der metaphysischen Tradition, aber dieses Gelichtetsein ist als solches nicht zum Problem gemacht worden. Auch wenn Kant und der deutsche Idealismus nach der Bedingung der Möglichkeit des Vorstellens einer gegenständlichen Welt fragten, setzten sie das Vorstellen als solches schon voraus und fragten regressiv oder konstruktiv nach der Möglichkeit eines gegenständlich so und so bestimmten Vorstellens, nicht nach den Bedingungen der Erschlossenheit als solcher. Solche Aussagen Heideggers wie „Das Nichts ist die Ermöglichung der Offenbarkeit des Seienden als eines solchen" (WM 32), „Sein als solches ist demnach unverborgen aus Zeit" (WM Einl. 16) und „Der Entwurf von Welt ... ermöglicht erst, daß Seiendes als solches sich offenbart" (WG 36), sind nicht neue Antworten auf eine alte Frage, sondern setzen eine neue Frage voraus, die aus der Radikalisierung der phänomenologischen Thematik entstanden ist. Die Leitpunkte dieser Frage – Nichts, Zeit und Welt – kommen daher auch nirgends in der früheren Philosophie in einem vergleichbaren Zusammenhang vor.

Konstitution, Entwurf, Geworfenheit

Die Konsequenzen, die sich aus der neuen Position auch für den Begriff der Konstitution ergeben, wurden schon angedeutet, aber sind noch ausdrücklich hervorzuheben. Wie schon bei der Epoché, kann es auch hier nicht genügen, bloß negativ festzustellen, daß, wenn das Seiende nicht mehr primär als Gegenstand angesetzt ist, die Rede von einer Konstitution nicht mehr paßt; die Frage ist vielmehr, wie die Konstitution selbst positiv verwandelt wird. Heidegger konnte die Idee der Konstitution beibehalten, indem er sie über ihre bestimmte gegenständliche Struktur hinaus zu der These formalisierte, daß das Sein von Seiendem nicht dinglich aus diesem selbst entnommen werden kann, sondern nur transzendental im Rekurs auf das Seinsverständnis zu explizieren ist (vgl. SuZ 207 f.). Gleichzeitig wird nun aber gefordert (a. O.), das Sein dieses Seinsverständnisses nicht als Gegenständlichkeit einfach vorauszusetzen („Akt", „Erlebnis"), sondern das Wie seines Sichgegebenseins seinerseits zum Problem zu machen. Die Konstitution wird jetzt zum „Entwurf", weil das Sein, das im Vollzug des Verstehens „gebildet" wird, in erster Linie Möglichkeiten *zu sein* des Daseins selbst betrifft und erst von daher den Verstehenshorizont auch des innerweltlichen Seienden bildet (vgl. SuZ § 31). Zugleich zeigt sich nun, daß das Dasein, das sich nicht in schlichter *Gegenwart* gegeben ist, sondern sich erst aus dem offenen Spielraum seiner Zeitlichkeit entgegenkommt (oben S. 269), auch nicht der schlichte *Grund* seines Seins ist, sondern sich in einem Spielraum von Möglichkeiten bereits geschichtlich vorfindet. Indem der Entwurf als wesensmäßig „geworfener" verstanden wird, vollzieht er sich nicht mehr wie Husserls Konstitution aus einem subjektiven Vakuum heraus. Damit wird die Unentschiedenheit von Husserls Position, die einerseits aus der dogmatischen Ausdeutung seiner Idee von Philosophie heraus eine Letztbegründung aus dem Bewußtsein postulierte, anderseits als Phänomenologie keine Handhabe zu einer solchen Begründung zur Verfügung hatte (oben S. 218), in der Richtung gelöst, in die bereits Husserls eigene Ansätze einer geschichtlichen Erweiterung der Konstitutionslehre (oben S. 251 f.) weisen. Bei Husserl zeigte sich schon, daß das Konstituieren des einzelnen Bewußtseins als ein Nachkonstituieren verstanden werden muß, aber da seinem Ansatz gemäß das Gegenüber des Bewußtseins primär die gegenständliche Natur war, gab es hier noch keine Möglichkeit, diesen Aspekt in die systematische Position mitaufzunehmen. Mit der geschichtlich verstandenen „Welt" ist jetzt bei Heidegger ein Bereich in den phänomenologischen Ansatz gebracht, der daseinsmäßig und doch dem Dasein vorgegeben ist.

Die Kehre in der transzendentalen Problemstellung

Gegenüber Husserls unmittelbarer Ausrichtung der ontologischen Problematik auf das innerweltliche Seiende forderte Heidegger die vorgängige Frage nach dem Sein des transzendental konstituierenden Subjektes. Bei der Durchführung dieser Frage in SuZ zeigt sich nun aber, daß das „Da", in das hinein Seiendes begegnen kann, ein Spielraum von Welt ist, aus dem sich das „Dasein" seinerseits erst begegnet. So scheint sich gerade aus der konkreten phänomenologischen Erforschung der Subjektivität zu ergeben, daß die Subjektivität nicht schon als solche als der letzte Grund der phänomenologischen Problematik fungieren kann. Muß diese jetzt nicht um eine weitere Stufe zurückgeführt und im Phänomen der Welt selbst fundiert werden?

Die Entscheidung dieser Frage nach dem systematischen Ort des Phänomens der Welt steht bei Heidegger nicht von vornherein fest, sondern wird zum zentralen Problem seiner weiteren Entwicklung. Als methodischer Ansatz war in SuZ der transzendental-philosophische vorgegeben. Aber mit dem Weltproblem sieht sich die Transzendentalphilosophie mit einem Phänomen konfrontiert, das in ihr Subjekt-Objekt-Schema nicht mehr paßt. Die Welt ist weder ein Seiendes, von dem man sagen könnte, daß es sich in der Subjektivität konstituiert, noch ist sie eine Bestimmung des Subjektes selbst. Zwar erscheint die Welt, wenn man, wie es in SuZ zunächst geschieht, von der transzendental-philosophischen Disjunktion von Dasein und nichtdaseinsmäßigem Seienden ausgeht, als „ein Seinscharakter des Daseins" (SuZ 64, 369). Hat man nur das Dasein und das nichtdaseinsmäßige Seiende im Blick, dann muß die Welt auf das Dasein gegründet werden. So etwas wie ein „Da" ist nur im Umkreis des „Daseins" denkbar (SuZ § 44 c). Aber wie ist das nun näher zu verstehen? Gerade die konkreten Analysen der Erschlossenheit in SuZ, in welchen diese in ihrer „Endlichkeit" herausgestellt wird (vgl. KPM §§ 41, 43), mußten zu der Erkenntnis führen, daß das Dasein die Begründungsfunktion, die ihm hier noch transzendental-philosophisch zugemutet wurde, nicht mehr tragen kann. Die nachherige „Kehre" (BH 72) ist von vornherein im Sachgehalt der neuen Problematik enthalten.

Das soll nicht heißen, daß diese Kehre keine Wandlung in Heideggers Denken darstellt, sondern nur – wie Heideggers eigene Deutung in BH (a. O.) verstanden werden könnte – einen methodischen Schritt bezeichnet, der schon in SuZ intendiert war. Zwar ist SuZ so angelegt, daß in dem nicht veröffentlichten 3. Abschnitt „Zeit und Sein" eine Wendung der Thematik erfolgen sollte. Diese hätte der ursprünglichen Disposition nach jedoch nur den Sinn gehabt, daß nun nach der vollzogenen Aufklärung der Seinsverfassung des seinsverstehenden Daseins von daher nach dem „Sinn des Seins" überhaupt gefragt werden sollte (SuZ 438, 17). In dieser Wendung der Thematik ist die nachherige Kehre des Ansatzes noch nicht ohne weiteres enthalten.

Die Idee der „Lichtung" als Welt, als offener Spielraum des Begegnens, bereitet sich in SuZ vielmehr erst vor. Auf der einen Seite wird *Lichtung* noch als Erschlossenheit des Daseins verstanden (SuZ 133), nicht schon als die „Dimension", in die hinein diese Erschlossenheit geöffnet ist (BH 79). Auf der anderen Seite wird die *Welt*, obwohl als „Seinscharakter des Daseins" (SuZ 64), noch primär vom innerweltlich Seienden her gesehen und dem Selbstverhältnis gegenübergestellt (SuZ 146 u. ö.).

In frühen Vorlesungen hatte Heidegger sogar noch zwischen „Selbstwelt", „Mitwelt" und „Umwelt" unterschieden, eine Unterscheidung, die er dann freilich bald als „grundverkehrt" zurückgenommen hat, weil durch dieses Nebeneinander verschiedener Bereiche die phänomenologisch entscheidende Frage nach dem einheitlichen Spielraum des Gegebenseins von Selbst, Mitdasein und nichtdaseinsmäßigem Seienden verbaut wird. In SuZ wird nun gerade nach diesem Zusammenhang gefragt zwischen dem Selbstverständnis des Daseins von seinem eigenen Sein – seinem „Worumwillen" – und dem Begegnenkönnen des innerweltlichen Seienden. *Welt* wird jetzt zwar schon als Spielraum verstanden, aber noch primär als der „Bedeutungszusammenhang", der Verständnisspielraum des *innerweltlichen Seienden,* nicht der Erschlossenheit überhaupt. „Das Verstehen der Bedeutsamkeit als Erschlossenheit der jeweiligen Welt gründet" zwar „im Verstehen des Worumwillen" (297, 86 f.), aber darin liegt dann eben auch, daß das Worumwillen noch nicht selbst in das Weltphänomen aufgenommen ist[10].

Daß das Sichselbstgegebensein und das Begegnen von innerweltlichem Seienden noch nicht in einem einheitlichen Spielraum gesehen werden, gründet darin, daß das Selbstverhältnis zunächst überhaupt noch nicht explizit „spielraumartig", „dimensional" gefaßt ist. Erst bei der Re-Interpretation der Selbsterschlossenheit als Zeitlichkeit im 2. Abschnitt von SuZ wird ausdrücklich herausgestellt, daß das Dasein nur in einem Aufsichzukommen und gleichzeitigen Aufsichzurückkommen sich zu sich verhält, wobei nun dieses zweifache Durchmessen von zeitlicher Dimension zugleich als die Bedingung der Möglichkeit des Spielraums von Gegenwart begriffen wird, innerhalb dessen innerweltliches Seiendes begegnen kann.

SuZ § 69 c, wo dieser Zusammenhang systematisch zusammengefaßt wird, bildet den methodischen Höhepunkt des Werkes und weist schon über dessen Position hinaus, womit zugleich deutlich wird, wo hier noch die Grenzen liegen. Aus dem Wesen der Zeitlichkeit der Erschlossenheit ergibt sich jetzt, daß jede zeitliche „Ekstase" ein „horizontales Schema" hat als die Dimension des „Wohin der Entrückung". Mit dem einheitlichen „Horizont der ganzen Zeitlichkeit" – als das, „*woraufhin* das faktisch existierende Seiende wesenhaft *erschlossen* ist" – ist jetzt von der Sache her das Phänomen der Welt im Sinn der einheitlichen, zeitlich geöffneten Dimension von Lichtung schon erreicht. Bezeichnenderweise wird aber diese Dimension als solche noch nicht thematisch; Heidegger, der um Neologismen nie verlegen war, hat auch noch kein Wort für sie. Die horizontalen Schemata werden nur eingeführt, um aus ihrer Einheit den Zusammenhang der „Um-zu-Bezüge" (der „Welt" im Sinn des 1. Abschnitts von SuZ) „mit dem Um-willen" einsichtig zu machen, und jetzt ist allerdings bedeutsam, daß „Welt" nun nicht mehr das horizontale Schema der Gegenwart, sondern dessen *Zusammenhang* mit dem Schema der Zukünftigkeit (des Um-Willen) genannt wird. Dieser Zusammenhang wird durch die „Einheit der Schemata der Ekstasen ermöglicht". Von

[10] Schließlich hält sich in SuZ zugleich auch noch ein loserer Gebrauch des Wortes „Welt" durch, wonach es nicht einmal für den Bedeutungszusammenhang des innerweltlichen Seienden steht, sondern einfach für dieses Seiende selbst. Die Festsetzung (SuZ 65), daß in diesem Fall das Wort „Welt" in Anführungszeichen gebraucht werden soll, wird nicht eingehalten (vgl. z. B. 146, 176). Die daraus entstehende Zweideutigkeit wird z. B. an folgenden beiden Sätzen deutlich: „Das Woraufhin des Begegnenlassens von Seiendem in der Seinsart der Bewandtnis ist das Phänomen der Welt" (86), „Bedeutsamkeit ist das, woraufhin Welt als solche erschlossen ist" (143).

hier aus fehlt dann nur noch ein Schritt, um diese Einheit selbst als Welt zu fassen. Die transzendentale Position hält sich aber noch eindeutig durch in der Erklärung: „Die Einheit der horizontalen Schemata von Zukunft, Gewesenheit und Gegenwart gründet (!) in der ekstatischen Einheit der Zeitlichkeit."

In WG wird dann die Welt geradezu primär als „Ganzheit des Umwillen" bestimmt (36): sie ist jetzt nicht nur das, wodurch das innerweltliche „Seiende im Ganzen offenbar" wird, sondern bildet vorgängig jene Dimension, „im Überstieg zu der sich allererst Selbstheit zeitigt" (34). Damit ist von der Sache her die Welt als Lichtung in ihrer Vorgängigkeit gegenüber dem Selbstverhältnis der Subjektivität erreicht[11]. Nachdem in WG trotzdem noch einmal ein transzendentaler Begründungsversuch unternommen wird, der jedoch in einem „Ab-grund" endet (49), führt Heidegger dann in WW jene Kehre durch, in der die „Lichtung" als „Ereignis "anerkannt wird, das weder objektiv noch transzendental subjektiv abgestützt ist (unten § 18 c)[12].

---

11 Dadurch, daß das Weltphänomen in WG primär als Horizont des Umwillen (des Entwurfs) gefaßt wird, kann es allerdings wiederum noch nicht die Funktion des vollen Lichtungsspielraums übernehmen und wird daher noch durch die „Eingenommenheit vom Seienden" als Horizont der Geworfenheit ergänzt (WG 42). Dieses Moment wird dann im Kunstwerkvortrag als „Erde" aufgenommen. Das „Offene" wird hier durch das Zusammenspiel von Welt *und* Erde bestimmt, wobei diese beiden Seiten nun zugleich – als Entbergung und Verbergung – die zwei Momente des als Un-Verborgenheit verstandenen Wesens der Lichtung selbst repräsentieren (HW 33 ff.). Erst in den Vorträgen aus der Nachkriegszeit wird, indem das Gegenmoment zur „Erde" nun als „Himmel" gefaßt ist, der Weltbegriff frei zur Bezeichnung des Lichtungsspielraums in seiner Ganzheit (VA 178, TK 42 ff., US 22 ff.).
Im obigen und im folgenden wird Heideggers Weltbegriff einseitig von der Problematik der Erschlossenheit her gesehen, in der er nicht einfach aufgeht. K. Ulmer hat in einer Tübinger Vorlesung zur Geschichte des Weltbegriffs im WS 1963/64 eine umfassende kritisch auswertende Interpretation von Heideggers Weltbegriff durchgeführt, unter Berücksichtigung der ganzen Entwicklung von SuZ bis zu den späten Vorträgen und in positiv-negativer Abhebung zur Tradition. Der Publikation dieser Ergebnisse soll hier nicht vorgegriffen werden.

12 Daß und wie Heideggers „Kehre" wesentlich in einer Preisgabe der metaphysischen und speziell transzendentalen Begründungstendenz aus einem ausgezeichneten Seienden beruht, ist überzeugend von Schulz (1953/4) nachgewiesen worden (vgl. bes. S. 80–88). In dieser Dartellung wird allerdings das bestimmte neue Phänomen, an der diese Begründungstendenz scheitert – die Dimension der Offenbarkeit – nicht hervorgehoben. Daher kann Schulz die Kehre auch als eine solche „vom Nichts zum Sein" fassen (85), während bei Heidegger Nichts und Sein von vornherein im Zusammenhang dieses Problems der Offenbarkeit zusammenzugehören scheinen (vgl. WM 32); und so entsteht auch leicht der Eindruck, als bestünde die Kehre weniger in einer aus der Sache her erforderlichen methodischen Wendung als in einer existentiellen Überwindung des „Selbstbehauptungswillens" (90). (In § 18 c wird sich zeigen, daß die in der Tat so auffällige existentielle Wandlung des späteren Heidegger, wie sie etwa im Übergang vom „Entwerfen" zum „Entsprechen" zum Ausdruck kommt, nicht schon

Damit wird das Selbstverhältnis durch das Phänomen der Welt nicht verdrängt, sondern dieses ist nichts als die Dimension, aus der heraus die Erschlossenheit des Daseins sich vollzieht. Die transzendentale Fragestellung wird nicht in dem Sinn überstiegen, daß das Denken in eine vortranszendentale Haltung der Naivität zurückfällt. Die Welt als Lichtung wird nur im Durchgang durch die Analyse der Subjektivität erreicht, nicht in schlichter Zuwendung zu einem geradehin Gegebenen. Der Ausdruck „Kehre", der den Gedanken einer Rückwendung nahelegt, ist daher ebenso irreführend wie Heideggers Deutung seiner Stellung innerhalb der Geschichte der Philosophie. Mit der recht verstandenen neuen Position wird die Philosophie der Subjektivität nicht rückgängig gemacht, sondern konsequent fortgesetzt. Erst in der Anerkennung der offen geschichtlichen Dimension als eines Letzten und in der Preisgabe der immer noch substanzialen Idee einer Letztbegründung aus der Subjektivität gewinnt die Problematik, die sich in SuZ aus der Radikalisierung der phänomenologischen Fragestellung ergab, ihre angemessene methodische Ebene.

Auf dieser Ebene kann nun aber auch die Frage nach dem Sinn von Sein nicht mehr, wie vorher der Frage nach dem Sein des seinsverstehenden Daseins (oben S. 269), so jetzt der Explikation des Weltphänomens *nachgeordnet* werden. Denn die „Lichtung" (BH 77), der „Zeitspielraum" der Welt (US 214 f., TK 42 ff.), erweist sich jetzt geradezu als „das Sein". Mit der Kehre der transzendentalen Begründungsfrage verwandelt sich also auch in gewisser Weise das, was als „Sein" im Blick steht, allerdings doch wohl nur so, daß sich lediglich präzisiert, was Heidegger von vornherein gemeint hatte. Wie Heidegger das „Sein" in SuZ einführt – als „das, was Seiendes als Seiendes bestimmt" (6) –, scheint es noch gemäß der metaphysischen Tradition vom Seienden (Inhaltlichen) her gesehen zu sein. Gemäß dieser Blickweise erschien das Sein (das „ist") als „Vorhandenheit" (existentia) von vorgängigen Was-Gehalten, die daher ihrerseits auf ihr Was-Sein (essentia) zu befragen waren. Demgegenüber hat Heidegger zunächst schon für das Dasein gefordert, statt das „ist" wie eine leere Bestimmung am Wesen zu betrachten, vielmehr sein Wesen aus dem Wie seines „ist" zu verstehen: „Alles So-sein dieses Seienden ist primär Sein" (SuZ 42). Dieses Sein aber ist als Erschlossenheit (Zeitlichkeit) Sein in der Welt. Ebenso wird jedoch auch schon das nichtdaseinsmäßige Seiende nicht als existierender Wasgehalt, sondern aus dem Wie seines Seins in der Bedeutungsganzheit einer Welt verstanden. Indem das „ist" nicht als Bestimmung am Seienden, sondern

---

im methodischen Sinn der Kehre enthalten ist, sondern in Heideggers Stellung zum Wahrheitsproblem gründet.)

Das bei Schulz übergangene Moment: die Bedeutung der Dimension der Offenbarkeit für die Überwindung des metaphysisch-transzendentalen Begründungsanspruchs in der Kehre ist ebenso klar wie kurz bei Fahrenbach (1964) aufgezeigt.

das Seiende aus seinem „ist" verstanden wird, wird es also aus dem Zeitspielraum der Welt verstanden. Wenn die substantivierte Form „das Sein" als *singulare tantum* überhaupt eine Berechtigung hat, dann zur Bezeichnung dieses ist-Spielraums, der sich als Zeitlichkeit lichtet. Aus dieser Lichtung versteht sich nun zugleich „das Sein" (ist) des *jeweiligen Seienden* als „Un-Verborgenheit" (WM Einl. 10, 16).

Heideggers Anspruch, daß das „Sein als Sein" in der früheren Ontologie nicht thematisiert wurde (WM Einl. 7 f.), kann nicht bezweifelt werden, wenn man genau beachtet, was er damit meint: das aus der Radikalisierung der phänomenologischen Fragestellung gewonnene Lichtungsgeschehen als solches[13]. Die Ontologie, auf die hin Heidegger die naiv angesetzte Phänomenologie Husserls übersteigt (oben S. 266 f.), fällt also schließlich mit der radikalisierten Phänomenologie zusammen, das εἶναι mit dem φαίνεσθαι. Für Husserl konstituierte sich zwar das „seiend" im Gegebensein, bei Heidegger hingegen wird es selbst in das Gegebensein zurückgenommen.

Welche Bedeutung hat die Radikalisierung der phänomenologischen Fragestellung für das Wahrheitsproblem?

Wir haben Heideggers Radikalisierung von Husserls phänomenologischer Fragestellung sowie die sich daraus ergebende Entwicklung in Heideggers Position selbst ausschließlich im Anschluß an den Begriff der *Gegebenheit* skizziert. Husserls Fragestellung war aber ebenso wesentlich wie durch den Rückgang auf die Dimension der Gegebenheitsweisen durch den Hinblick auf *Wahrheit* bestimmt. Was bedeutet Heideggers Radikalisierung der phänomenologischen Thematik für das Wahrheitsproblem?

Heideggers Kritik an Husserls Position betraf in erster Linie Husserls Auffassung alles menschlichen Verhaltens – zu sich selbst und zu anderem Seienden – als Intentionalität, d. h. als gegenständliches Setzen (oben S. 263 f.). Husserl hatte zwar von den „objektivierenden" Akten – den „doxischen" – die Akte des Wollens und Fühlens unterschieden. Aber für seine Position war der Nachweis (oben S. 41) entscheidend, daß alle nichtdoxischen Akte sich in doxische umformen lassen, so daß „alle Akte überhaupt – auch die Gemüts- und Willensakte – ‚objektivierende' sind" (Ideen 290). Husserl kennt also nur solches nicht-gegenständliches Verhalten, das potentiell ein gegenständliches Setzen enthält. Was nun aber dieses (explizite oder implizite) Setzen zu einem Setzen macht, ist sein Wahrheitsanspruch

[13] Hingegen kann man bezweifeln, ob, was Heidegger meint, überhaupt noch legitim als „Sein" bezeichnet werden kann. Das soll in einem anderen Zusammenhang gezeigt werden, um hier nicht zu sehr vom Wahrheitsproblem abzulenken, obwohl es sich vermutlich beim Begriff „Sein" letztlich um dieselbe Schwierigkeit handelt wie beim Begriff „Wahrheit".

(oben S. 44). Dieser Satz läßt sich auch umkehren: wo immer ein Verhalten (explizit oder implizit) Wahrheit beansprucht und d. h. zugleich: seinem eigenen Sinn nach auf Ausweisung angewiesen ist (a. O.), ist es (explizit oder implizit) setzend. Das heißt dann aber: Husserls Einschränkung alles menschlichen Verhaltens auf objektivierendes Setzen kommt einer Einschränkung alles menschlichen Verhaltens auf ein (theoretische, praktische oder ästhetische) Wahrheit beanspruchendes gleich. Und wenn nun bei Heidegger die Erschlossenheit über die Intentionalität hinaus erweitert wird, so heißt das, daß für sie ein Wahrheitsanspruch nicht mehr konstitutiv ist.

Daraus folgt nun aber nicht, daß eine Erschlossenheit, die nicht selbst Wahrheit beansprucht, deswegen nicht doch auch auf andere Weise auf Wahrheit bezogen sein kann. So zeigte sich schon gerade bei Husserl selbst, in seiner Theorie von der Wahrheit eingliedriger (nominaler) Vorstellungen, die Möglichkeit einer Wahrheitsfrage, die keinen Wahrheitsanspruch voraussetzt (oben S. 99 f.): Wir können von einer Sache eine nichtsetzende, schlichte aber vage Vorstellung haben und dann fragen, nicht ob das über die Sache Gesetzte wahr ist, sondern geradezu, was und wie die Sache in Wahrheit ist. Der Übergang von der bloßen Intention zur „Sache selbst" führt hier nicht zur Bestätigung oder Widerlegung, sondern zur Klärung der Intention. Wahr oder falsch kann eine Intention nur sein, wenn sie schon selbst Wahrheit beansprucht, aber nach der Wahrheit der Sache kann man fragen, wo die Ausgangsvorstellung noch keinen Wahrheitsanspruch enthält, und hier kann es daher auch keine Falschheit geben, nur Unklarheit und Einseitigkeit (a. O.). Das ergab sich freilich erst durch Interpretation, Husserl selbst hat seine Lehre vom eingliedrigen Wahrheitsbezug nicht in dieser Richtung ausgewertet (a. O.), und zwar wohl schon auch deswegen nicht, weil er eben auf seiner Position genuine (d. h. nicht bloß neutralisierte) nicht-setzende Vorstellungen nicht sehen konnte. Aber schließlich führte gerade die vollständige Ausarbeitung des möglichen Wahrheitsgehaltes der setzenden Akte selbst zu der Einsicht, daß ihr geradezu Gesetztes relativ auf ihren geschichtlichen Sinnhorizont ist, der seinerseits in den Wahrheitsanspruch dieser Akte nicht mit eingeht (oben S. 245 ff.). Und die Frage nach der Wahrheit dieser Horizonte selbst, die Husserl noch angedeutet, aber nicht ausgearbeitet hat (a. O.), wäre eben von jener Art, die Unklarheiten und Relativitäten herausstellt, aber nicht Falschheit. So ist also schon aus der Konsequenz von Husserls eigener Wahrheitsproblematik eine Erweiterung des möglichen Wahrheitsbezugs auch auf solche Gehalte gefordert, in denen wir zunächst so leben, daß wir nicht auf ihre Wahrheit gerichtet sind.

Da jedoch Heideggers Erweiterung der Erschlossenheit über den Bereich der Wahrheitssetzung hinaus nicht primär am Wahrheitsproblem orientiert ist, ist es keineswegs gesagt, daß jede Form von nicht-objektivierender Erschlossenheit eine Wahrheitsfrage überhaupt zuläßt.

So ergeben sich aus der Radikalisierung der phänomenologischen Thematik eine Reihe bedeutsamer Gesichtspunkte für die Vertiefung und Erweiterung des Wahrheitsproblems, nach welchen die Interpretation bei Heidegger Ausschau zu halten haben wird:

1. Schon für den Bereich der *objektivierenden Setzung* selbst, insbesondere also der Aussage, kann die Beachtung des Erschlossenheitscharakters der Intentionalität zu einem besseren Verständnis auch des Wahrheitsphänomens führen (unten § 15).

2. Bei den verschiedenen Formen der *nicht-objektivierenden* Erschlossenheit darf nach dem Gesagten nirgends einfachhin vorausgesetzt werden, daß es auch einen entsprechenden Wahrheitsbezug gibt. Wenn sich Möglichkeiten von Erschlossenheit zeigen, die nicht auf Wahrheit bezogen sind, hätte das aber dennoch für die Wahrheitsproblematik eine positive Bedeutung, sofern sich damit eine Basis ergäbe, von woher der Wahrheitsbezug durch *Abhebung* weiter aufzuklären wäre.

3. Soweit sich Weisen von nicht-objektivierender Erschlossenheit zeigen, die eine Wahrheitsfrage zulassen, ergibt sich die Möglichkeit einer *Erweiterung* des Wahrheitsbegriffs. Andererseits besteht gerade hier, wo die Erschlossenheit nicht schon von sich aus Wahrheit beansprucht, die Gefahr, daß diese Möglichkeit nicht wahrgenommen wird und es einfach bei der Erschlossenheit bleibt.

4. Schließlich ist noch ein weiterer Punkt zu beachten. Die Radikalisierung der phänomenologischen Thematik führte nicht nur zu einer Erweiterung der Erschlossenheit hinsichtlich des Umfangs ihres „Bezugssinns"; sie ging davon aus, daß gegenüber der ausschließlichen Orientierung am „Bezugssinn" insbesondere auf das Wie des „Vollzugssinns" der Erschlossenheit zu achten sei (oben S. 265). Es wird sich nun fragen, im Hinblick worauf Heidegger diesen Rückgang vom Wozu des Sichverhaltens auf das Wie der Haltung durchführt. Sollte hier der Wahrheitsbezug den maßgebenden Gesichtspunkt abgeben, dann würde das Wie des Vollzugssinns die Wahrhaftigkeit im Verhältnis zu sich selbst betreffen. Damit wäre dann die Idee der Selbstverantwortung, die Husserls philosophischer Position zugrundelag (oben S. 189–193), in die philosophische Reflexion selbst mit aufgenommen, von der sie bei Husserl wegen der gegenständlichen Orientierung noch ausgeschlossen blieb (a. O.). Wenn so der Spielraum von Begegnung, in den Heidegger die Phänomenologie zurückführt, zugleich als Spannungsfeld zwischen dem Interesse an der Unwahrheit und dem Willen zur Wahrheit, zwischen Unverantwortlichkeit und Verantwortlichkeit gedacht wäre, dann würde sich eine Position ergeben, in der in gleicher Weise Husserls Wahrheitsproblematik wie seine phänomenologische Thematik überhaupt radikalisiert wäre.

Diese Frage, ob Heidegger die Spannung zwischen eigentlichem und uneigentlichem Daseinsvollzug aus dem Wahrheitsbezug denkt, wird sich wegen Heideggers ungenügender Unterscheidung zwischen Wahrheit und Erschlossenheit nicht durch ein schlichtes Ja oder Nein beantworten lassen. Um so notwendiger ist es bei einer für die philosophische Position so zentralen Frage, daß die Interpretation die in SuZ ungeschiedenen Tendenzen deutlich sondert, ohne die eine zugunsten der anderen zu verleugnen. Bei der Interpretation der Erschlossenheit in Teil A des 1. Abschnitts soll daher der Wahrheitsbezug der Erschlossenheit verschärft herausgestellt werden. Die Verzerrung, die dadurch entsteht, wird dann bei der Interpretation des Wahrheitsbegriffs in Teil B zurückgenommen, wo sich gegen diesen Hintergrund die entgegengesetzte Tendenz um so deutlicher abheben wird.

Die Frage, ob der Wahrheitsbezug für die neue philosophische Position maßgebend wird, entscheidet sich erst im Übergang zur späteren Position. Heidegger führt die „Kehre“ in WW auf dem Wege einer erneuten Betrachtung zum Wahrheitsbegriff durch. Der volle Sinn dieser Kehre innerhalb Heideggers Philosophie ist nicht schon mit der oben skizzierten Radikalisierung der transzendentalen Position erfaßt, sondern bestimmt sich innerhalb dieser Position durch eine zusätzliche Entscheidung, die sich aus Heideggers Stellung zum Wahrheitsproblem ergibt und dazu führt, daß nun die Dimension der Lichtung selbst als *Wahrheit des Seins* bezeichnet wird (BH 77 u. ö.). So wird also auch bei Heidegger die Wahrheit zum philosophischen Grundbegriff und die „Ontologie“ zur „phänomenologischen Aletheiologie“, jedoch im Unterschied zu Husserl nicht so, daß die Wahrheit im Rückgang auf die phänomenologische Dimension aufgeklärt wird, sondern so, daß sie, wie schon das Sein (oben S. 277), mit dem Geschehen der Lichtung zusammenfällt. Dabei wird zu fragen sein, ob dadurch der Wahrheitsbezug in einer verwandelten Weise für die neue Position grundlegend wird oder ob er, indem die Wahrheit mit der Lichtung gleichgesetzt ist, ausfällt.

ERSTER ABSCHNITT

Erschlossenheit und Wahrheit in „Sein und Zeit“

A. Der Begriff der Erschlossenheit

Die neue Konzeption des Wahrheitsbegriffs, die Heidegger in SuZ § 44 entwickelt, basiert nach allen ihren Hinsichten auf dem neuen Grundbegriff, der sich aus der Radikalisierung der phänomenologischen Fragestellung ergibt, auf dem Begriff der Erschlossenheit. Ein angemessenes Verständnis von § 44 ist daher nur möglich auf der Grundlage einer vorbereitenden Interpretation dieses neuen Begriffs. Das soll in zwei Paragraphen nach den zwei Hinsichten geschehen, nach denen in § 44 das Wahrheitsproblem entfaltet wird: in bezug auf das innerweltliche Seiende und in bezug auf das Dasein selbst als In-der-Welt-Sein. Dabei kann der innere systematische Zusammenhang in SuZ weitgehend beiseite bleiben; auch die im 2. Abschnitt erfolgende Re-Interpretation der Erschlossenheit als Zeitlichkeit ist für die Vorbereitung des Wahrheitsproblems nicht von direkter Bedeutung. Hingegen soll in beiden Paragraphen die Problematik der Erschlossenheit auf das Wahrheitsproblem orientiert und bis unmittelbar an dieses herangeführt werden. Bei der Erschlossenheit des In-der-Welt-Seins selbst (§ 14) ist dabei nicht nur wie bei der des innerweltlichen Seienden (§ 13) die Wahrheitsfrage hinsichtlich eines bestimmten Gehaltes und Bereiches vorzubereiten, sondern zu zeigen, wie Heidegger die Erschlossenheit von vornherein auf den Wahrheitsbezug orientiert, in dem Sinn, daß das Dasein sich *in* seinem Verhältnis zu sich selbst zugleich so oder so *zur* Wahrheitsfrage *stellt* (vgl. oben S. 279 f.).

Die Erschlossenheit ist in der obigen Einleitung nur formelhaft als der neue Grundbegriff eingeführt worden, der Husserls Intentionalität ersetzt, und es wird nun darauf ankommen, sich seines Gehaltes zu versichern. Die Notwendigkeit eines neuen Begriffs ergab sich einerseits durch eine *Erweiterung* des „gelichteten“ Verhaltens (SuZ 147) über das gegenständliche hinaus, an das nicht nur Husserls „Intentionalität“ gebunden war, sondern auch die früheren Begriffe der „Vorstellung“ und „cogitatio“, sowie die in ihnen zusammengefaßten älteren Begriffe der antiken und mittelalterlichen Philosophie. Mit dieser Erweiterung tritt nun aber das „gelichtete Verhalten“, indem es nicht mehr von einem bestimmten Gegenüber her gesehen wird, überhaupt erst *als solches* in den Blick. Daher ergibt sich jetzt a) das Bedürfnis nach einem neuen Terminus, der nicht nur weiter ist, sondern in dem zugleich das gelichtete Verhalten selbst als ein Geschehen zum Ausdruck kommt und nicht in wesenloser Transparenz zugunsten des Gegenüber übergangen wird. Und dieser Begriff der „Erschlossenheit" mit seinem Korrelat der „Offenbarkeit" und der späteren „Unverborgenheit" gibt daher nun auch b) über die inhaltliche Erweiterung hinaus neue formale Fragen auf: 1. die bereits oben (S. 269–71) angezeigte Frage nach der *Bedingung der Möglichkeit* der Offenbarkeit, und 2. die Frage nach der *deskriptiven Struktur* der Erschlossenheit als eines Geschehens: erst durch die Thematisierung des „gelichteten Verhaltens" als solchen kann dieses im Gegensatz zu der statischen Konzeption der Intentionalität in seiner Dynamik zwischen „Verbergung" und „Entbergung" sichtbar werden.

Neben den inhaltlichen Erweiterungen wird also auf diese formalen Fragen besonders zu achten sein, wenn das Spezifische des neuen Begriffs sichtbar werden soll. Die erste dieser Fragen wird sich im Zusammenhang der Frage nach der Erschlossenheit des innerweltlichen Seienden als leitend erweisen (§ 13), während die zweite erst bei der Erschlossenheit des Daseins selbst berücksichtigt werden soll (§ 14).

§ 13 *Das innerweltliche Seiende und seine Erschlossenheit*

Methodische Vorerwägungen; Abhebung gegen Husserls Frage nach der Lebenswelt

Der Ausdruck „innerweltliches Seiendes“ steht in SuZ formal allgemein für alles Seiende, das nicht selbst „weltlich“, d. h. von der Seinsart des „In-der-Welt-Seins“ (Daseins) ist (65). Dieser Ausdruck entspringt also einer formalen Erweiterung von Husserls „Welt“ im Sinn des Alls der Gegenstände der äußeren Sinnlichkeit, dessen fundierende Schicht die „Natur“ ist, d. h. das All der Gegenstände, die in der äußeren Sinnlichkeit selbst zur Anschauung kommen können. „Natur“ in diesem Sinn[1] ist für Heidegger „ein Grenzfall des Seins von möglichem innerweltlichem Seienden“ (65), weil sie ebenso wie die in ihr fundierte personale und kulturelle Welt als „Vorhandenheit“ (gegenständlich gesetztes Sein) verstanden ist, und es nun nicht mehr selbstverständlich scheint, daß Gegenständlichkeit die einzige oder auch nur primäre Seinsart des innerweltlichen Seienden ist.

Wie kann sich nun aber außerhalb der historisch ausschließlich vorgegebenen Gegenständlichkeit eine andere Seinsart überhaupt herausstellen, und evtl. sogar als ursprünglichere? Gewiß nicht durch Aufweis neuer Bereiche von *Seiendem*, denn Gegenständlichkeit ist ein universaler Seinssinn, der, wenn man einmal in ihm steht, alles Seiende umfassen kann. Eine ontologische Fragestellung kann, wie schon bei Husserl, nur im Rückgang auf die *Zugangsweise* durchgeführt werden. Aber dieser Rückgang muß nun eine andere Form annehmen als bei Husserl. Husserls Methode: nach der Weise der Selbstgegebenheit zu fragen, kann jetzt nicht ausreichen, weil dann nur innerhalb einer bereits feststehenden Zugangsweise von einem bereits feststehenden Seienden auf *dessen* Gegebenheitsweise zurückgegangen wird, und insbesondere schon deswegen nicht, weil mit der Idee der Selbstgegebenheit gerade die Gegenständlichkeit des Gegebenen bereits vorausgesetzt ist (vgl. oben S. 58 f.). Die phänomenologische Forderung, auf das schlicht Gegebene zurückzugehen, kann sich jetzt also überhaupt nicht mehr auf die Selbstgegebenheit des Gegenständlichen beziehen, sie betrifft jetzt die Zugangsweise selbst. Gefordert ist, so scheint es, sich möglichst unvoreingenommen in das *Verhalten* zu Seiendem zu „versetzen“ (SuZ 67), in dem wir „zunächst und zumeist“ leben (66, 16). Diese Maxime ist zwar unerläßlich, aber wiederum nicht ausreichend, weil die Horizonte unserer vorgefaßten theoretischen Einstellungen viel zu fest und selbstverständlich sind, als daß sie durch den bloßen Willen zur Unvoreingenommenheit zu beseitigen wären. Der Eindruck, den die §§ 14 f. leicht nahelegen, als befolge

[1] Heidegger unterscheidet von diesem Sinn der Natur noch zwei andere – die „Umweltnatur“ (70 f.) und die „Natur, die uns umfängt“ (211, 70), die im späteren Begriff der „Erde“ in die Weltproblematik mit aufgenommen wird.

Heidegger bei der Beschreibung des „nächstbegegnenden" innerweltlichen Seienden lediglich diese naiv phänomenologische Methode, ist daher auch irreführend.

In Wirklichkeit sind zwei methodische Gesichtspunkte bestimmend. Der eine findet sich in der vorbereitenden Betrachtung in § 13, wo das „erkennende", das gegenständliche Verhalten zum Seienden als in dem „besorgenden" Verhalten „fundiertes" aufgewiesen wird. Diese Methode, von einer vorgegebenen Einstellungsweise auf eine andere dadurch zu kommen, daß nach ihren eigenen genetischen Implikationen gefragt wird, hat sich bereits bei Husserl ergeben, wo er verschiedene Gegebenheitsweisen desselben Seienden herausgestellt hat (oben S. 251).

Husserl begnügte sich dabei aber nicht, nach der relativen Priorität einer Gegebenheitsweise gegenüber einer anderen nach Maßgabe der Fundierungsverhältnisse zu fragen, sondern diese Frage verknüpfte sich, seinem ungeschichtlichen Ansatz zufolge, mit der anderen nach einer absolut ursprünglichsten Gegebenheitsweise (oben S. 240 f.). Und nun ist bemerkenswert, daß Heidegger, wenigstens noch hier in SuZ, ebenfalls nach einer absolut ursprünglichsten Gegebenheitsweise fragt, und dieser zweite methodische Gesichtspunkt bestimmt das Hauptstück der Umweltanalyse §§ 15–18.

Für diese Frage nach einer ursprünglichsten Gegebenheitsweise reichen die stets nur relativen Fundierungsverhältnisse nicht aus. Es bedarf einer absoluten Hinsicht, woran „ursprünglichstes Gegebensein" zu messen ist. Hier erst, bei der Frage nach der Hinsicht für ursprünglichstes Gegebensein, unterscheidet sich Heideggers Analyse des umweltlichen, nächstbegegnenden Seienden grundsätzlich von derjenigen Husserls, und zwar genau nach Maßgabe seiner prinzipiellen Radikalisierung der phänomenologischen Fragestellung. Für Husserl bestimmte sich die Ursprünglichkeit des Gegebenseins aus dem konstitutiven Ausweisungsaufbau des Seienden: das umweltliche Gegebensein wird gegenüber dem idealisierten Gegebensein der wissenschaftlichen Natur als das ursprünglichere *Selbstgegebensein,* als die ursprünglichere Evidenz verstanden (oben S. 244); und daher wird auch die Umwelt in ihrer primären Schicht weiterhin als materielle Natur gedacht (oben S. 242). Für Heidegger hingegen bestimmt sich die Ursprünglichkeit nicht aus dem Selbstgegebensein und daher auch nicht aus dem Ausweisungsaufbau des Seienden, sondern aus der Frage, wie innerweltliches Seiendes überhaupt begegnen kann.

Erst aus dieser grundsätzlichen *methodischen* Differenz ergibt sich die *inhaltlich* radikalere Analyse. Husserl war ja für den „kulturell"-„praktischen" Aspekt der Lebenswelt keineswegs blind, aber da er alle Charaktere an Seiendem als konstituiert in ihrer Ausweisungsmöglichkeit sah, konnte er auch die Charaktere der praktischen Geeignetheit a) nicht anders als gegenständlich und b) nur als sekundär gegenüber einer primären Schicht der materiellen Natur sehen, in der sie, wenn die Ausweisung ihres Vorhandenseins an einem Seienden zur Frage steht, in der Tat fundiert sind. Heidegger hat die partielle Berechtigung dieser Fragestellung merkwürdigerweise nicht mehr gesehen, er sah alles nur noch aus seiner eigenen Fragestellung[2], die wiederum Husserl überhaupt nicht verstanden hätte. Daß uns Seiendes begegnen kann, war für Husserl selbstverständlich. Aber gerade die Intentionalität, die für Husserl ein Faktum war, erschien Heidegger an und für sich vollkommen unverständlich: wie ist es denkbar, daß einem etwas, das lediglich gegenübersteht, „begegnet" und „erschlossen" ist? Setzt das nicht einen Spielraum einer „Angänglichkeit" (137) voraus, und muß diese nicht durch ein Interesse, eine „Sorge" bestimmt sein, damit Seiendes überhaupt eine Zuwendung veranlassen kann? Wenn das aber der Fall ist, muß dann nicht solches Seiende am „ursprünglichsten" begegnen, das am unmittelbarsten aus einem Interessenzusammenhang erfahren ist, und nicht das am schlichtesten Gegebene?

Der Rückgang vom innerweltlichen Seienden zum Phänomen der Welt

Daß Heideggers Analyse des „nächstbegegnenden" umweltlichen Seienden von dieser methodischen Frage geleitet ist und nicht einfach eine möglichst unvoreingenommene Beschreibung sein will, wird klar, sobald man das Hauptstück §§ 15–18 in seinem Zusammenhang und d. h. von hinten her betrachtet und sich nicht nur an den ersten und inhaltsreichsten Paragraphen hält. Man muß sehen, daß Heidegger hier vor der Schwierigkeit stand, einerseits zeigen zu wollen, daß „Welt" die „Bedingung der Möglichkeit" ist für das Begegnenkönnen von innerweltlichem Seienden und daß sich von daher das „Zuhandene" als das „zuerst" Begegnende erweist (83), andererseits aber das Phänomen der Welt nicht einfach voraussetzen konnte und es daher seinerseits erst aus der Art, wie Zuhandenes begegnet, aufweisen mußte. Aus diesem Grund wird zuerst in § 15 das „im Besorgen begegnende Seiende", noch ohne zureichende Begründung, als das „zunächst Gegebene" einfach *angesetzt* (68), und so entsteht leicht der Eindruck, Heidegger meine, ein

[2] Dieselbe Differenz der Fragestellung zeigt sich auch bei der Frage nach der ursprünglichen Gegebenheitsweise des anderen Menschen. Heidegger zeigt (§ 26) mit Recht, daß uns die Anderen ursprünglich ganz anders begegnen als durch „Einfühlung" in ein angeblich zunächst begegnendes Körperding. Diese Sichtweise erscheint jedoch notwendig, wenn man wie Husserl das ursprüngliche Gegebensein des Anderen aus der Frage versteht, wie sein Vorhandensein zur Ausweisung zu bringen ist. Die Berufung auf den „phänomenologischen Tatbestand" ist daher an und für sich irreführend, weil der Schritt über Husserl hinaus nicht darin liegt, daß der phänomenologische Tatbestand angemessener gesehen wird, sondern daß „phänomenologischer Tatbestand" jetzt überhaupt einen anderen Sinn gewinnt.

unvoreingenommener Blick auf das Seiende, wie es uns „zunächst und zumeist" gegeben sei, genüge, um es als Zuhandenes zu erkennen.

Heidegger bezeichnet in § 15 das „im Besorgen begegnende Seiende" als „Zeug" und zeigt, wie seine Wesensstruktur in einem „Um-zu" besteht, in einer „Verweisung" auf ein „Wozu" (68). Diese teleologische Struktur ist an und für sich nicht neu, Heidegger hat sie aus seinen Aristotelesinterpretationen gewonnen. Neu ist aber gegenüber Aristoteles und der Tradition überhaupt (abgesehen davon, daß das durch diese Struktur bestimmte Seiende nun als das primär gegebene angesetzt wird) 1. daß diese Struktur nicht in einem substanzialen Unterbau fundiert ist, sondern unmittelbar das Sein dieses Seienden ausmachen soll, und 2. daß die Verweisung nicht primär aus einem bestimmt definierten Telos verstanden ist, auf die sie einlinig bezogen wäre, sondern aus dem Umkreis, „*worin* sich das Besorgen immer schon aufhält" (75), einer „*Verweisungsganzheit*", wobei „Ganzheit" nicht als Totalität verstanden ist, sondern als offene „Verweisungsmannigfaltigkeit" (68); das, woraus etwa das Werkzeug verstanden ist, ist nicht so sehr das „Werk" (69 f.) als die „Werkstatt", die ihrerseits auf die „öffentliche Welt" über sich hinausweist (71, 75).

Das Sein von Seiendem wird in jedem Fall phänomenologisch aus seiner Begegnungsweise verstanden. Dann kann das Sein des im Besorgen begegnenden Seienden, wenn man es nicht aus einer außerhalb diesem Verhalten selbst stehenden Zugangsweise verstehen will, nur als das Korrelat derjenigen Erschlossenheit bestimmt werden, in der es in der „Unauffälligkeit" (75) des „Umgangs" selbst begegnet und überhaupt nicht gegenständlich als ein Vorhandenes „erfaßt" wird. Das so begegnende Sein wird als „Zuhandenheit" bezeichnet (69). Die Erschlossenheit, in der es begegnet, ist nicht als Intentionalität, als ein „Hinsehen" auf das Seiende selbst gerichtet, sondern „unterstellt sich" als „*Umsicht*" der Verweisungsganzheit. Daher bestimmt sich auch das Sein des Zuhandenen aus der Verweisungsganzheit, „*ein* Zeug ‚ist' strenggenommen nie" (68).

Mit dieser Verweisungsganzheit ist aus der Analyse des innerweltlich zunächst begegnenden Seienden schon das Phänomen der Welt gewonnen. Da es sich jedoch um ein neuartiges Phänomen handelt, glaubt nun Heidegger über den bereits erfolgten ontologischen Aufweis hinaus auch noch zeigen zu müssen, wie das Verweisungsganze, das innerhalb des ungestörten Umgangs stets „unthematisch" bleibt (75), doch auch bisweilen im Besorgen selbst ontisch „aufleuchten" kann (72). Dieser Aufgabe dienen die beiden folgenden Paragraphen. Heidegger zeigt, wie (§ 16) in der „Störung der Verweisung ... die Verweisung ausdrücklich wird" (74) und wie (§ 17) Zeichen dazu dienen können, Verweisungszusammenhänge, die sonst unbemerkt bleiben, ausdrücklich in die Umsicht zu bringen (79 f.). In beiden Fällen wird zwar nur ein bestimmter Verweisungszusammenhang ausdrücklich, aber wenigstens „meldet sich" darin „die Welt" (75, 80). Ob eine phänomenologische Struktur überhaupt einer solchen vorphänomenologischen Bezeugung bedarf und fähig ist, mag fraglich scheinen[3]. Gleichviel, das Phänomen der Welt scheint jetzt gesichert, und so kann Heidegger in § 18 zu seiner eigentlichen Frage übergehen.

Die Welt als Bedingung der Möglichkeit der Erschlossenheit des innerweltlichen Seienden

Die Analysen in §§ 15–17 haben gewissermaßen vom πρὸς ἡμᾶς γνωριμώτερον zum φύσει γνωριμώτερον, vom innerweltlich Seienden zum Phänomen der Welt, zurückgeführt. Jetzt kann die Untersuchung von diesem aus nach der „Bedingung der Möglichkeit“ (87) fragen, daß innerweltliches Seiendes begegnet.

§ 18 beginnt daher mit der Frage: „Wie kann Welt Zuhandenes begegnen lassen? ... Wie kann Welt das Seiende dieser Seinsart hinsichtlich seines Seins freigeben, warum begegnet dieses Seiende zuerst?“ In dieser „Freigabe“ zum Begegnenkönnen soll jetzt die „ontologische Auszeichnung der Welt“ liegen (83).

„Welt ist selbst nicht ein innerweltlich Seiendes, und doch bestimmt sie dieses Seiende so sehr, daß es nur begegnen und entdecktes Seiendes in seinem Sein sich zeigen kann, sofern es Welt ‚gibt‘“ (72). Inwiefern? Wenn Welt das Verweisungsganze ist und das Sein des Zuhandenen in der Verweisung besteht, kann es natürlich ein Zuhandenes ohne Welt nicht geben, ähnlich wie es einen Teil zwar faktisch, aber nicht prinzipiell ohne das korrelative Ganze geben kann. So viel war jedoch schon vorher klar (oben S. 286). Die jetzige These geht vielmehr dahin, daß die Welt spezifisch die Erschlossenheit, das Begegnenkönnen *als solches* ermöglicht.

Wie ist das zu verstehen? Hier ist zu beachten, daß Heidegger erst jetzt ein bestimmtes deskriptives Moment des Verweisungszusammenhangs ausdrücklich herausstellt, daß nämlich alles „Um-zu“ letztlich auf ein „Wozu“ verweist, nach dessen „Um-zu“ nicht wiederum gefragt werden kann, weil es ein „Worumwillen“ (Telos) ist (84). Dieses „betrifft aber immer das Sein des Daseins, dem es in seinem Sein wesenhaft um dieses Sein selbst geht“

[3] Diese methodische Maxime entspringt einer extremen Ausdeutung des deskriptiven Postulats der Phänomenologie, die sich bei Husserl selbst nicht findet. Für Husserl mußte sich eine phänomenologische Struktur nicht dadurch ausweisen, daß sie auch schon außerhalb der phänomenologischen Einstellung nicht nur da ist, sondern auch bemerkt wird. Wahrscheinlich glaubt Heidegger einer solchen antikonstruktiven Sicherung zu bedürfen, gerade weil seine Fragestellung konstruktiver ist als diejenige Husserls (vgl. SuZ 182 1. Satz). Dieselbe methodische Funktion einer ontischen Bezeugung erfüllt vor der Bestimmung der einheitlichen Struktur des Daseins als Sorge die Interpretation der Angst (181 f.).

(a. O.)[4]. Mit diesem Satz weist Heidegger auf die erste Aussage der Daseinsanalyse zurück:

„Das Dasein ist ... dadurch ontisch ausgezeichnet, daß es diesem Seienden in seinem Sein um dieses Sein selbst geht. Zu dieser Seinsverfassung des Daseins gehört aber dann, daß es in seinem Sein ein Seinsverhältnis hat. Und dies wiederum besagt: Dasein versteht sich in irgendeiner Weise und Ausdrücklichkeit in seinem Sein. Diesem Seienden eignet, daß mit und durch sein Sein dieses ihm selbst erschlossen ist" (12).

Wie diese Erschlossenheit, die das Dasein von seinem eigenen Sein hat, näher zu verstehen ist, wird dann das Thema der weiteren Analysen sein (unten § 14). Jedenfalls wird sie nicht ihrerseits nach ihrer „Bedingung der Möglichkeit" befragt, sondern es erscheint unmittelbar einsichtig, daß das Dasein, weil es ihm „um" sein Sein geht, in diesem „Seinsverhältnis" auch ein „Seinsverständnis" hat. Mit der „Sorge" um das eigene Sein scheint unmittelbar eine Erschlossenheit verbunden. Weil nun dieses Worumwillen sich in Umzu-Bezügen an innerweltliches Seiendes verweist, ernötigt und ermöglicht die Erschlossenheit des eigenen Seins zugleich eine Erschlossenheit von innerweltlichem Seienden in den Bahnen der Verweisungszusammenhänge (86). Die Ganzheit dieser Verweisungszusammenhänge aber ist das Phänomen der Welt. Demnach ist die aus dem Worumwillen des Daseins verstandene Welt die Bedingung der Möglichkeit dafür, daß innerweltliches Seiendes begegnet, und darum muß dieses „zuerst" als Zuhandenes begegnen.

Daß dem Dasein innerweltliches Seiendes begegnen kann, wird also dadurch ermöglicht, a) daß sich das Dasein dafür „interessieren" kann, b) daß es in diesem Interesse aus einer Verweisungsganzheit begegnet, und c) daß diese Verweisungsganzheit letztlich auf das Verhältnis des Daseins zu seinem eigenen Sein verweist. Nach allen diesen Hinsichten ergibt sich also aus der neuen Fragestellung eine umgekehrte Reihenfolge als bei Husserl: während für eine von den Gegenständen ausgehende Fragestellung ein Gegenstand zuerst vorgestellt sein muß, bevor ein Interesse an ihm entstehen kann, führt Heideggers Frage, wie es zu einer Erschlossenheit überhaupt kommen kann, zu einem Primat des Praktischen; während für die Orientierung an den Gegenständen das Selbstbewußtsein die Intentionalität nur begleitet und seinen Inhalt erst aus dieser gewinnt, wird in der neuen Fragestellung die Erschlossenheit des eigenen Seins zur Bedingung der Erschlossenheit des innerweltlichen Seienden; und während Husserl von einzelnen Akten und ihren Gegenständen ausgeht, die sich erst zu größeren Zusammenhängen synthetisch konstituieren, führt die Frage nach dem Begegnenkönnen zu einer Ganzheit, die dem Einzelnen vorausgeht[5].

---

[4] Nachträglich wird dann (SuZ 123) auch der (positive oder negative) Bezug zum Sein der anderen Menschen in das Worumwillen mitaufgenommen. Auch der andere Mensch begegnet primär aus seinem und dem eigenen Worumwillen.

[5] Auch im deutschen Idealismus ergab sich schon aus der von Husserl nicht gestellten Frage nach der „Bedingung der Möglichkeit" ein Primat des Selbstbewußt-

Heidegger will nun aber in § 18 nicht nur zeigen, *daß* die aus dem Worumwillen des Daseins bestimmte „Welt" die Bedingung der Möglichkeit des Begegnenkönnens von innerweltlichem Seienden ist, sondern „*wie*" sie dieses Seiende begegnen läßt (83), wie sich also diese Erschlossenheit vollzieht. Zu diesem Zweck wird jetzt der Terminus „Bewandtnis" eingeführt. Wenn man die Leitfrage des § 18 nicht beachtet, kann man nicht verstehen, was mit diesem Begriff gewonnen werden soll, denn inhaltlich wird damit über das Zuhandene nichts neues gesagt.

Die Überlegung knüpft an zwei verschiedene Bedeutungen an, in denen das Wort „Bewandtnis" in der deutschen Sprache gebraucht wird. Erstens (84 f.) sagt man, man lasse es bei einer Sache bewenden, wenn man auch sagen kann, daß man sie „seinläßt" in dem Sinn, daß man sie sich selbst überläßt. Diesen „ontischen" Sprachgebrauch will Heidegger sich nun „ontologisch" zunutze machen, indem er das „Seinlassen" und damit das „Bewendenlassen" so versteht, daß es besagt: „je schon ‚Seiendes' in seiner Zuhandenheit entdecken und so das Seiende dieses Seins begegnen lassen" (85). Das Seiende „seinlassen", es dabei „bewendenlassen", besagt dann nicht: sich ontisch nicht daran kehren, sondern: sich ihm ontologisch so zukehren, daß man es begegnen läßt und damit zugleich in seinem Sein „freigibt". „Bewendenlassen" ist also zunächst einfach der Terminus für die begegnenlassende „Freigabe" des Zuhandenen.

Die Frage wiederholt sich: *wie* vollzieht sich diese Freigabe? Hier knüpft

---

seins, des Praktischen und des Synthetischen. (Hinsichtlich des Primats des Willens für die Realitätserfahrung ist Heidegger überdies direkt von Dilthey und Scheler beeinflußt gewesen, vgl. SuZ 209 f.) Heideggers phänomenologische Frage nach der Bedingung der Möglichkeit der *Erschlossenheit* müßte zu ihrer weiteren Verdeutlichung nach diesen verschiedenen Hinsichten gegen die idealistische Frage nach der Bedingung der Möglichkeit der *Erkenntnis* abgehoben werden. Das kann hier nicht geschehen. Bei Heidegger ist die konstruktive Frage nach der Bedingung der Möglichkeit, in der *ein* Aspekt der Erschlossenheit, die Erschlossenheit des Selbstverhältnisses, als vermeintlich unmittelbar einsichtiger für sich herausgehoben wird, um dann aus ihm die Erschlossenheit des innerweltlichen Seienden gleichsam zu deduzieren, ein Durchgangsstadium gewesen. Aber auch schon in SuZ wird das Selbstverhältnis nicht als ein Prinzip angesetzt, sondern ist selbst deskriptives Thema; und die Bedingungsproblematik zentriert ihrerseits nicht in jener Rückführung, sondern in der deskriptiven Frage, *wie* Welt das Seiende begegnen läßt. Entscheidend ist also, daß von der Sache her bereits ein Primat des Weltphänomens gegenüber dem Selbstverhältnis gegeben ist: das Moment der Ganzheit ergibt sich nicht aus der Einheitlichkeit des Ich, und nur so kann die Ganzheit als eine den einzelnen Gegenständen vorgängige und sich nicht erst synthetisch aus ihnen ergebende gesehen werden, was wiederum die Bedingung dafür ist, daß der Primat des Praktischen sich auf das Sein des innerweltlichen Seienden inhaltlich auswirken kann und dieses nicht mehr ausschließlich als Gegenständlichkeit verstanden wird.

Heidegger an einen zweiten Sprachgebrauch an (84). Man sagt: es hat „mit" einer Sache „bei" etwas seine Bewandtnis. Diese Relation läßt sich nun ohne weiteres im Sinn der in § 15 explizierten Verweisungsbeziehung verstehen: das, „wobei" es „mit" einem Zuhandenen seine Bewandtnis hat, ist sein Wozu.

Verbindet man nun die beiden Bedeutungen[6], so ergibt sich die These, daß sich die begegnenlassende Freigabe des Zuhandenen so vollzieht, daß man es „mit" ihm „bei" seinem Wozu „bewendenläßt", d. h. daß man es nur von diesem Wozu her überhaupt begegnenlassen kann. „Aus dem Wobei des Bewendenlassens her ist das Womit der Bewandtnis freigegeben" (85). Das Womit der Bewandtnis, also das Wozu der Verweisung, ist aber immer schon in ein Verweisungsganzes verschränkt und letztlich in einem Worumwillen verankert. Das, woraufhin etwas im Bewendenlassen freigegeben ist, ist also eine „Bewandtnisganzheit" und letztlich die Welt, die daher bereits „vorentdeckt" sein muß (85).

Dieses Ergebnis erscheint auf den ersten Blick mager genug. Es scheint ja nur wieder darauf hinzuweisen, daß die Welt die Bedingung der Möglichkeit der begegnenlassenden Freigabe des innerweltlichen Seienden ist. Durch das Eingehen auf das „Bewendenlassen" als den Erschließungsvollzug des Daseins hat sich aber das Wesen dieser „Freigabe" konkretisiert: die Welt ist nun nicht nur etwas, auf *Grund* wovon oder *innerhalb* dessen allein dem Dasein Seiendes begegnen kann, sondern das Begegnenlassen des Seienden vollzieht sich im (freilich nicht vergegenständlichenden) *Hinblick* auf Welt. Die Welt ist nicht nur Bedingung des Erschließungsgeschehens, sondern gehört in dieses selbst.

Damit verliert jetzt das „Erschließen" die Leere des Vorstellungsbegriffs und gewinnt eine deskriptive Struktur, die ihm nun *als* Erschließungsvollzug zukommt, und von daher kann auch der Ansatz des menschlichen „Begegnungsverhältnisses" zum Seienden als „Intentionalität" einer grundsätzlichen Revision unterzogen werden, die jetzt aus der konkreten phänomenologischen Analyse selbst erfolgt. Wir sehen hier (vgl. auch SuZ 363[1]) davon ab, daß die Intentionalität bei Husserl auch noch als ein spezifisch vergegenständlichendes Verhältnis gedacht wird, und halten uns nur daran, daß sie ein gleichsam „direktes", unvermitteltes Verhältnis zum jeweils begegnenden Seienden ist. Da Husserl das Verhältnis des Bewußtseins zum vorgestellten Seienden immer nur rückläufig von diesem her sah und die Frage, wie dieses Verhältnis als ein erschließendes überhaupt möglich sei, gar nicht stellte, bestand natürlich keine Veranlassung, dieses Verhältnis nicht als ein direktes und unvermitteltes zu sehen. Demgegenüber versucht nun Heidegger

[6] Es gibt wohl kaum eine andere Sprache, in der sich ein Wort mit diesen beiden Bedeutungen findet. Daher bleibt die Argumentation in einer Übersetzung unverständlich.

zu zeigen, daß das Dasein Seiendes in einem isolierten und unvermittelten Verhältnis überhaupt nicht erschließen könnte, sondern nur, indem es vom Wobei einer Bewandtnis, und d. h. letztlich aus der Welt, darauf gleichsam „zurückkommt" (352 f.). Dieses „Zurückkommen" wird dann in der Wiederholung des 2. Abschnitts aus der Zeitlichkeit verstanden: „Das verstehende Zurückkommen auf ... ist der existenziale Sinn des gegenwärtigenden Begegnenlassens von Seiendem" (366). Die Erschlossenheit von Seiendem ist nur möglich, indem es vorgängig auf Welt hin „überstiegen", „transzendiert" wird (a. O.)[7].

Zunächst wird noch im 1. Abschnitt im 5. Kapitel, in dem Heidegger dann ausdrücklich von der Erschlossenheit handelt, in § 32 („Verstehen und Auslegung") der Faden an dieser Stelle wiederaufgenommen. Hier wird gezeigt, daß das Verstehen von innerweltlichem Seienden wesentlich die Struktur hat, *etwas als etwas* „auszulegen", etwas auf etwas hin zu sehen, und das bedeutet zunächst ganz im Sinn von § 18: auf solches hin, wobei es seine Bewandtnis hat. Seiendes kann demnach überhaupt nur im Licht einer Hinsicht begegnen. Wenn wir es vermöchten, uns gleichsam unmittelbar vor es hinzustellen und es hinsichtslos lediglich „anzustarren", könnte es überhaupt nicht begegnen. „Das schlichte Sehen der nächsten Dinge im Zutunhaben mit ... trägt die Auslegungsstruktur so ursprünglich in sich, daß gerade ein gleichsam als-freies Erfassen von etwas einer gewissen Umstellung bedarf. Das Nur-noch-vor-sich-Haben von etwas liegt vor im reinen Anstarren als Nicht-mehr-Verstehen. Dieses als-freie Erfassen ist eine Privation des schlicht verstehenden Sehens, nicht ursprünglicher als dieses, sondern abgeleitet aus ihm" (149).

Wenn alles Begegnenlassen von innerweltlichem Seienden nur so möglich ist, daß wir es „als etwas" verstehen, dann ist die Als-Struktur nicht nur für das Erschließen des nächstbegegnenden Seienden – des Zuhandenen – konstitutiv, sondern in modifizierter Weise auch für das Erschließen des „Vorhandenen". Das spezifische Begegnenlassen von Vorhandenem vollzieht sich (§ 33) in der *Aussage*, die Heidegger als bestimmende (prädizierende) Aufzeigung (ἀπόφανσις) interpretiert[8]. Und in der Prädikation findet sich in der Tat die Als-Struktur sogar besonders handgreiflich. Auch Vorhandenes kann nur im Lichte einer jeweiligen Hinsicht begegnen, nur daß diese nun nicht aus einer Bewandtnisganzheit gewonnen wird. Diese Interpretation der Synthesis-Struktur der Prädikation als „apophantische Als-Struktur" ist

---

[7] Vgl. dazu auch WG 17–19, 34–36, 44 f.

[8] Heidegger berücksichtigt in seiner Theorie der Aussage traditionell-aristotelisch nur Prädikationen und, indem er die Prädikation als „Bestimmung" versteht, nur Prädikationen von Individuen. Dadurch wird aber seine Interpretation der Aussage nicht wertlos, da sie für die unterste und fundamentale Stufe der sog. atomaren Aussagen gültig bleibt, wenn man auch Relationsaussagen als Prädikationen versteht. Wo das Problem der Aussage in bezug auf die Seinsweise des Seienden gestellt wird, ist diese Beschränkung angemessen.

seit dem Ansatz, den Platon im Sophistes (262 c–d) gemacht hat, der erste Versuch, das Besondere der Prädikation gegenüber der schlichten Vorstellung aus dem Wesen der Erschlossenheit selbst aufzuklären. Für Husserl unterscheiden sich die schlichten (nominalen) und die synthetisch-prädikativen intentionalen Akte und ihre korrelativen Gegenständlichkeiten nur wie zwei Arten von Akten und zwei Ordnungen von Gegenständlichkeiten (vgl. auch schon oben S. 130). Da er nach dem Begegnenlassen als solchem, nach dem Erschließungscharakter der Intentionalität, überhaupt nicht fragt, kann er die prädikativen Akte nur als eine Tatsache hinnehmen, nicht aus ihrer Intentionalität selbst erklären, während Heidegger aus dem Wesen des Erschließens selbst zu zeigen versucht, warum sich das Erschließen von Vorhandenem (in seiner untersten Stufe) gerade als Prädizieren vollziehen muß und daß die schlichten Vorstellungen nur als privative Modifikationen der synthetisch-prädikativen zu verstehen sind.

Zuhandenheit und Vorhandenheit

Wie unterscheidet sich nun aber das Erschließen des Vorhandenen, das sich im apophantischen Als vollzieht, von dem Erschließen des Zuhandenen, dessen Als Heidegger als „hermeneutisches" bezeichnet (158), und wie kann es, wenn das Zuhandene das „zunächst begegnende" Seiende ist, zu einem Erschließen des Seienden als Vorhandenem überhaupt kommen? Diese Frage nach dem Wie der Erschlossenheit ist zugleich die Frage nach diesen Seinsweisen selbst, denn wie sich für Husserl die ontologische Struktur in der Gegebenheitsweise konstituierte, so bestimmt sich für Heidegger das Sein aus der Weise der Erschlossenheit, während es für Husserl bei allem Unterschied in der *Gegebenheitsweise* nur *eine Weise* der *Erschlossenheit* und daher auch nur *einen* Sinn von Sein gab.

Was in SuZ zur Aufklärung des Begriffs der Vorhandenheit gesagt wird, ist freilich ziemlich dürftig. Eine klare Bestimmung dieses Begriffs findet sich nirgends Das primäre Anliegen ist die Herausarbeitung der neuen Seinsweisen der Zuhandenheit und insbesondere der Existenz, gegen die die Vorhandenheit meist nur negativ abgegrenzt wird. Man muß hier berücksichtigen, daß die Erörterung der Vorhandenheit systematisch erst in den fehlenden 3. Abschnitt gehört, in dem der Sinn des Seins und der verschiedenen Seinsweisen aus der Zeitlichkeit als dem ursprünglichen Wesen der Erschlossenheit bestimmt werden sollte, und für den Heidegger die Behandlung der Vorhandenheit offensichtlich geplant hatte (vgl. SuZ 100). Erst aus der Zeitlichkeit ist für Heidegger eine angemessene Bestimmung, wie der übrigen Seinsweisen, so insbesondere der Vorhandenheit möglich. „Vorhandenheit" ist eine vorläufige Bezeichnung für das, was dann von der Zeitlichkeit her als „Anwesenheit" bestimmt werden kann (vgl. 363, 25 f.). Schließlich ist, wenn man die Dürftigkeit der Bestimmung der Vorhandenheit beklagt, zu berücksichtigen, daß Heidegger damit den Sinn von Sein treffen will, der die verschiedenen traditionellen Seinsbegriffe und Seinsunterscheidungen noch umfaßt und der also in der Tradition erst recht nicht bestimmt, weil überhaupt nicht ausdrücklich gesehen worden ist.

Wenn die Erschlossenheit des Zuhandenen wesentlich dadurch bestimmt ist, daß dieses Seiende aus einer Bewandtnisganzheit und d. h. einer Welt heraus begegnet, dann läßt sich der „Umschlag" dieser Erschlossenheit in die andere der Vorhandenheit zunächst negativ als eine „Entweltlichung" des innerweltlichen Seienden verstehen (65, 74). Eine solche Entweltlichung geschieht, wenn das Dasein aus seinem „besorgenden Zu-tun-haben" mit dem innerweltlichen Seienden heraustritt. Es hat dann die Möglichkeit des „Nur-noch-verweilens" bei diesem Seienden (61). Wie kann ihm dieses nun aber überhaupt noch begegnen, wenn das Erschließen nicht mehr in eine „Bewandtnisganzheit" ausgreifen kann (158)? Das „Als" ist ja jetzt von den Verweisungsbezügen „abgeschnitten" (a. O.). Von woher kann dann das Seiende überhaupt noch begegnen? Es besteht die Möglichkeit einer „Modifikation" der Als-Struktur, indem jetzt das, woraufhin das Seiende erschlossen wird, aus ihm *selbst* entnomen wird (a. O.). Der Umschlag von der Zuhandenheit zur Vorhandenheit läßt sich also nicht, wie es manchmal in SuZ den Anschein hat (vgl. 61, 158), bloß negativ aus der „Entweltlichung" der Umsicht verstehen; der Umschlag zum Vorhandenen liegt „nicht daran, daß wir vom Zeugcharakter dieses Seienden nur *ab*sehen, sondern daran, daß wir das begegnende Zuhandene ‚neu' *an*sehen" (361), und zwar so, daß erst jetzt „ein ausdrückliches Hinsehen auf das so Begegnende möglich" wird (61). Wir haben die Möglichkeit, uns dem Seienden selbst, „als solchem", zuzuwenden (158). Das kann zwar ontisch, aber nicht ontologisch so verstanden werden, daß wir den „subjektiven" Aspekt unserer Weltlichkeit von dem Seienden zurücknehmen und es nun vorfinden, wie es bereits „an sich" war. Vielmehr konstituiert sich eben dies, daß das Seiende etwas an sich, „als solches" ist, die Vorhandenheit, überhaupt erst *in* dieser neuen und immer schon auf dem Grunde des vorgängigen besorgenden In-der-Welt-Seins sich vollziehenden *Zuwendung*. Erst nachdem sich so die Vorhandenheit ontologisch (als Seins- und Begegnungsweise) auf dem Grunde der Zuhandenheit konstituiert hat, besteht die Möglichkeit der ontischen Feststellung, daß das Zuhandene immer schon vorhanden war, bzw. daß es Zuhandenes nur „auf dem Grunde von Vorhandenem" gibt (vgl. 71 f.).

Die Vorhandenheit ergibt sich also aus einem eigentümlichen Rückstoß des in die Welt ausgreifenden, das Seiende erschließenden Als auf das Seiende selbst. Daß das Seiende auch jetzt noch *begegnen* kann, liegt daran, daß dieser Rückstoß auf das Seiende selbst dieses nun nicht hinsichtslos vorzustellen braucht, sondern an ihm selbst Hinsichten findet, auf die hin es das Seiende verstehen kann. Diese Hinsichten sind jetzt nicht Verweisungsbezüge, sondern „so etwas wie Eigenschaften" (158), worunter Heidegger offenbar prädikative („kategoriale") Bestimmungen überhaupt versteht, also auch substanziale, relationale und andere. Als Vorhandenes ist das Seiende nicnt mehr das „Womit" des umsichtigen Zutunhabens, sondern das „Worüber" der bestimmenden Aussage (158).

Wenn so auch das Vorhandene die Möglichkeit hat zu begegnen, ist es dann nicht eine willkürliche Bevorzugung des Zuhandenen, wenn Heidegger erklärt, dieses sei das „nächst begegnende" Seiende? Es ist jedoch für Heidegger nicht denkbar, daß die Erschlossenheit je vom Vorhandenen ausgehen könnte, weil sie dann gleichsam keinen Ort hätte. Das Vorhandene ist als „entweltlichtes" Seiendes dadurch charakterisiert, daß es jeweils isoliert begegnet, nicht aus einer vorgängigen Ganzheit heraus. Ein solches isoliertes und interessefreies Begegnen erscheint als Ursprung des Begegnungsgeschehens unverständlich. Ein einzelnes Seiendes kann die Präsenz seines Begegnens nicht selbst erzeugen, es kann nur begegnen, verstehend aufgenommen werden, wenn es in ein vorgängiges „In-der-Welt-Sein" eintritt. Das „Erkennen" als das spezifische Erschließen von Vorhandenem kann daher das Begegnungsgeschehen im ganzen nicht in Gang bringen, sondern setzt immer schon voraus, daß wir bereits bei Seiendem sind, das uns „in der Welt" begegnet (61).

Welt in dem explizierten Sinn ist die Bedingung der Möglichkeit von Begegnung von innerweltlichem Seienden überhaupt. Daher ist das Seiende, das aus einer Bewandtnisganzheit begegnet, das „nächst begegnende". Ist das Dasein aber erst einmal bei innerweltlichem Seienden, dann kann dieses auch in anderer Weise begegnen (88). Heidegger zeigt nun auch, wie der Umgang mit Zuhandenem selbst Veranlassung bietet, das Zuhandene als Vorhandenes zu erschließen, so insbesondere in den verschiedenen Störungsmöglichkeiten des Umgangs (§ 16). Im alltäglichen Leben bleibt dieser Wechsel in der Erschließungsweise gelegentlich, und „zwischen der im besorgenden Verstehen noch ganz eingehüllten Auslegung und dem extremen Gegenfall einer theoretischen Aussage über Vorhandenes gibt es mannigfache Zwischenstufen" (158), die Heidegger freilich nicht näher expliziert hat. Die bei einer Störung im Besorgen „sich kundgebende Vorhandenheit ist noch gebunden in der Zuhandenheit" und noch nicht eine Vorhandenheit von „bloßen Dingen" (74). Es gibt aber auch die Möglichkeit, die seit der griechischen Philosophie unser Dasein mitbestimmt, das Erkennen aus seiner Funktion im Alltag zu emanzipieren und als „Wissenschaft" zu verselbständigen, und von daher erschließt sich dann das innerweltliche Seiende im Ganzen als Vorhandenes, so daß sich gleichsam eine *Welt* von Vorhandenem bildet, ja diese Welt als Totalität des Vorhandenen sind wir von daher geradezu gewöhnt als „die Welt" zu bezeichnen[9]. Sofern diese Welt soll

[9] In einer Interpretation der Geschichte des philosophischen Weltbegriffs in WG (S. 21–34) hat Heidegger gezeigt, daß dieser geläufige „kosmologische" Begriff von Welt als „Totalität" von Vorhandenem keineswegs der historisch einzige ist und sich immer wieder mit einem „existentiellen" verschränkt hat, so daß „das metaphysisch Wesentliche der mehr oder minder klar abgehobenenen Bedeutung von κόσμος, mundus, Welt ... auf die Auslegung des menschlichen Daseins in seinem Bezug zum Seienden im Ganzen abzielt", jedoch der Bezug zum Dasein „aus Gründen, die hier nicht zu erörtern sind" (gemeint ist offen-

begegnen können, muß sie aber aus der Welt des Daseins heraus erschlossen werden. Obwohl das Dasein im Erschließen des *Seienden* von seiner Welt absehen kann, bleibt diese doch der Spielraum, aus dem heraus die *Erschlossenheit* des Seienden sich allein vollziehen kann.

So wesentlich aber gründet alle Erschlossenheit in der Sorge, daß auch dieser durchgehende Entwurf des Seienden auf Vorhandenheit hin, der in der Wissenschaft geschieht (und dann freilich auch unser außerwissenschaftliches Dasein bestimmt), nur dadurch möglich ist, daß er von einem bestimmten *Interesse* geleitet ist, das eine Weise des Seins des Daseins betrifft, so jedoch, daß es gerade auf das begegnende Seiende *als solches* gerichtet ist. Das Telos dieses „reinen Entdeckens" ist nun aber, das Seiende so zu-erschließen wie es *selbst*, ist in dem prägnanten Sinn von *Wahrheit* (363)[10]. Während also Husserl die Genesis der wissenschaftlichen Welt aus der ihrerseits gegenständlich verstandenen Lebenswelt als eine *Modifikation* des Wahrheitssinns versteht, in der das Wahre, das in *jedem* Fall ein „Ansich" (Selbiges, gegenständlich Identifizierbares) ist, zu einem „Ansich" im prägnanten Sinn absoluter Bestimmtheit idealisiert wird (oben S. 237 f.), versteht Heidegger in SuZ[11] die Genesis der Wissenschaft, in der sich *überhaupt* erst eine gegenständliche Welt konstituiert, ganz konsequent aus der Verselbständigung des Wahrheitsinteresses überhaupt.

Vorblick auf das Wahrheitsproblem

Wenn Heidegger die Verselbständigung des Apophantischen in der Wissenschaft aus einer Verselbständigung des Wahrheitsinteresses versteht,

---

sichtlich die Orientierung am Sein als Vorhandenheit) meist vernachlässigt wurde (33 f.).

10 Die wissenschaftliche Thematisierung „zielt auf eine Freigabe des innerweltlich begegnenden Seienden dergestalt, daß es sich einem puren Entdecken ‚entgegenwerfen', d. h. Objekt werden kann ... Das objektivierende Sein bei innerweltlich Vorhandenem hat den Charakter einer ausgezeichneten Gegenwärtigung. Sie unterscheidet sich von der Gegenwart der Umsicht vor allem dadurch, daß das Entdecken der betreffenden Wissenschaft einzig der Entdecktheit des Vorhandenen gewärtig ist. Diese Gewärtigung der Entdecktheit gründet existentiell in einer Entschlossenheit des Daseins, durch die es sich auf das Seinkönnen in der ‚Wahrheit' entwirft" (363).

11 Auf die Unterscheidungen der verschiedenen Begriffe von „Wissenschaft" in den verschiedenen Epochen der abendländischen Geschichte, die Heidegger in seinen späteren Schriften macht (vgl. besonders „Die Zeit des Weltbildes" [1938] [HW 69 ff.] und „Wissenschaft und Besinnung" [1953] [VA 45 ff.]), kann hier nicht eingegangen werden, weil sie unmittelbar mit seiner Interpretation der Geschichte des Wahrheitsbegriffs zusammenhängen, die hier ausgeklammert bleibt (vgl. oben S. 260). Daher wird im obigen auch nicht zwischen dem weiteren Begriff der „Vorhandenheit" und dem engeren (neuzeitlichen) der „Gegenständlichkeit" unterschieden.

folgt dann nicht, daß sich auch schon die umweltlich noch gebundene Apophansis durch die (dann ebenfalls noch im Besorgen gebundene) Ausrichtung auf Wahrheit ergibt, und daß somit der „Umschlag" von der Erschließungsweise des Seienden als Zuhandenen zu der als Vorhandenen überhaupt aus dem Wahrheitsinteresse verstanden werden muß? Aber auch wenn die Wahrheitsfrage nicht der *Grund* für die Konstitution des Seienden als Vorhandenen sein sollte, scheint sich doch aus Heideggers Charakterisierung des Apophantischen zu ergeben, daß diese Zugangsweise jedenfalls die *Bedingung* für eine mögliche Wahrheitsfrage ist: während es für das Zuhandene konstitutiv ist, daß es im Umgang unthematisch bleibt, „um gerade eigentlich zuhanden zu sein" (69), wendet sich die Apophansis dem Seienden ausdrücklich zu, und in dieser Zuwendung konstituiert es sich erst als etwas, was es „als solches" ist (oben S. 293), als ein in sich Bestimmtes und Selbiges, als ein „An sich" in Husserls weitem Sinn von Gegenständlichkeit überhaupt (oben S. 54, 238)[12]. Daß man auf das Seiende als auf ein selbiges gerichtet ist, scheint nun aber die Bedingung dafür zu sein, daß man es auch als das meinen oder danach fragen kann, was oder wie es „selbst", „in Wahrheit" ist im Unterschied zu der Weise, wie es sich faktisch zeigt (oben S. 58 f.); die Selbigkeit scheint die Bedingung dafür zu sein, daß es überhaupt die Differenz gibt zwischen bloßer „Intention" und der Sache „selbst", in der sie sich erfüllt. Zum Begriff „Wahrheit" scheint diese Differenz zu einem „vordergründigen" Gegebensein wesentlich zu gehören,

[12] Heidegger selbst spricht nur von einer Zuwendung zum Seienden „als solchem" (158). Daß diese Zuwendung zum Seienden als solchem zugleich als eine Zuwendung zum Seienden „selbst" zu verstehen ist (oben S. 293) und daß in dem „als solchem" der weite Sinn des „Ansich" liegt, ist ein interpretierender Zusatz, der sich aber unmittelbar aus Heideggers Explikation nahelegt. Heidegger selbst gebraucht in SuZ den Ausdruck „Ansich" gerade als Auszeichnung der Zuhandenheit: „Zuhandenheit ist die ontologisch-kategoriale Bestimmung von Seiendem, wie es ‚an sich' ist" (71). Zu diesem merkwürdigen Satz kommt Heidegger dadurch, daß er „An-sich-sein" als „Ansichhalten" (im Sinn von Sich-Zurückhalten) versteht (75), und dieser Bedeutung würde dann in der Tat die spezifische „Unauffälligkeit" und „Unaufdringlichkeit" des Zuhandenen besonders genügen (75). Zugleich aber beansprucht Heidegger damit auch den ursprünglichen Sinn zu treffen, von dem her das Ansichsein des Vorhandenen aufzuklären wäre (75 f.). Das „Ansich" in dem erkenntnistheoretisch relevanten Sinn ist jedoch nicht als ein Ansichhalten (als ein Sichnichtzeigen) zu verstehen, als welches es höchstens von einer schlechten realistischen Philosophie verstanden wird, sondern steht für jede „Selbigkeit", dergemäß etwas ist was es ist, *gleichgültig* ob es sich gerade zeigt oder nicht, und Husserl hat gezeigt, daß dieser Aspekt sich – als „Identifizierbarkeit" – sehr wohl im Sich-Zeigen *konstituieren* kann. Indem Heidegger das Wort nicht von Husserl, sondern aus jener schlechten Philosophie aufnimmt und das Ansichsein nun zwar nicht als ein Sichnichtzeigen, aber als Begegnen im Modus der Unauffälligkeit versteht, wird das legitime Problem der Konstitution des Ansich im Sinn von Gegenständlichkeit, das gerade auf Heideggers erweiterter Basis von erneuter Dringlichkeit gewesen wäre, umgangen.

und wo diese wegfällt, scheint dann auch von „Wahrheit" nicht mehr sinnvoll gesprochen werden zu können. Sobald wir bei einem Zuhandenen fragen, ob es in Wahrheit so oder so ist, würde es sich in einer „Vorhandenheit" zeigen, die freilich zunächst noch „gebunden in der Zuhandenheit des Zeugs" wäre (74). Heidegger zeigt in § 16, wie durch Störungen im Besorgen das Zuhandene aus seiner für die Zuhandenheit konstitutiven „Unauffälligkeit" heraustritt und als Vorhandenes begegnet, und es wäre zu fragen, ob ein Bezug auf Wahrheit im Besorgen nicht immer mit einer solchen Störung zusammenhängt.

Das würde aber bedeuten, daß in der Erschlossenheit, in der das Zuhandene genuin als Zuhandenes begegnet, überhaupt kein Bezug auf Wahrheit enthalten wäre. Indem Husserls Unterscheidung verschiedener Weisen von *Gegenständlichkeit* im Rückgang auf verschiedene Weisen der *Gegebenheit* radikalisiert wird zu einer Unterscheidung verschiedener Weisen des *Seins* im Rückgang auf verschiedene Weisen der *Erschlossenheit,* ist es also nicht gesagt, daß, wie zu jedem Typus gegenständlicher Gegebenheit eine ausgezeichnete Gegebenheit gehörte, in der sich die Wahrheit konstituierte, so auch zu jeder Erschlossenheit überhaupt noch ein entsprechender Sinn von Wahrheit gehört. Es könnte sein, daß der Begriff der Wahrheit mit der Erweiterung der Erschlossenheit gleichsam nicht mehr Schritt halten kann. Und während es bei Husserl noch selbstverständlich schien, daß sich im ursprünglichsten Gegebensein (da es als Selbstgegebensein – Evidenz – verstanden war) auch die eigentlichste Wahrheit konstituiert, würde dann gerade die ursprünglichste Erschlossenheit noch vor jedem Wahrheitsbezug liegen.

Hier ist jedoch an eine Tendenz zu erinnern, die sich schon bei Husserl zeigte (oben S. 244): die richtige Einsicht, daß die Wahrheit nur aufzuklären ist im Rückgang auf die Gegebenheitsweisen, hatte schließlich dazu geführt, daß, je ursprünglicher die Weise der (Selbst-)Gegebenheit ist, desto eigentlicher auch die sich in ihr konstituierende Wahrheit schien; dabei hatte schon Husserl nicht genügend berücksichtigt, daß ein gewisser Aspekt, der zum Sinn von Wahrheit mit gehört (die Selbigkeit, das Ansichsein), sich im ursprünglichsten Gegebensein gerade nicht in seiner höchsten Möglichkeit verwirklicht (a. O.). Das Interesse an der neu gewonnenen Explikationsdimension wird so dominant, daß die spezifischen Differenzen des zu Explizierenden vernachlässigt werden. Wenn sich diese Tendenz auch bei Heidegger fortsetzen sollte, so würde das *mutatis mutandis* bedeuten, daß die richtige Einsicht, daß die Wahrheit nur aufzuklären ist im Rückgang auf die Weise der Erschlossenheit, zu dem *non-sequitur* führen könnte, daß das Korrelat der ursprünglichsten Erschlossenheit auch als ursprünglichste Wahrheit zu bezeichnen ist, ohne Rücksicht darauf, ob die spezifischen Aspekte dessen, was wir mit Wahrheit meinen, in dieser ursprünglicheren Erschlossenheit auch eigentlicher verwirklicht, ja ob sie in ihr überhaupt noch vorhanden sind. Dieselbe Tendenz, die bei Husserl nur bewirkte, etwas als eigentlichere Wahrheit zu verstehen, was nach einer bestimmten Seite des Wahrheitsbegriffs defizient ist, könnte also bei Heidegger, der überhaupt nicht mehr vom Selbstgegebensein ausgeht, dazu führen, etwas als ursprünglichere Wahrheit zu bezeichnen, was überhaupt nicht mehr als Wahrheit verstanden werden kann.

Andererseits ist es möglich, daß die obige Überlegung sich nur noch nicht genügend von dem Vorurteil der Gegenständlichkeit freimachen konnte. Vielleicht läßt sich nicht nur der Sinn von Sein und Erschlossenheit, sondern auch der der Wahrheit in einer Weise erweitern, daß Husserls Begriffe der „Sache selbst" und der „Erfüllung" einer „leeren Intention" nicht mehr anwendbar sind. Das kann aber wiederum auch nicht einfach behauptet werden, sondern wäre konkret zu zeigen. Die Interpretation muß sich also für beide Möglichkeiten, die sich für das Wahrheitsproblem aus der Erweiterung der Erschlossenheit ergeben könnten, offen halten. Damit ist jetzt aus der Interpretation von Heideggers eigener Analyse der Erschlossenheit des innerweltlichen Seienden eine ausreichende kritisch-hermeneutische Basis für das Verständnis seiner Behandlung des entsprechenden Wahrheitsbegriffs in § 44 gewonnen.

§ 14 Die Erschlossenheit des In-der-Welt-Seins

Die Erschlossenheit, die das Dasein von seinem eigenen Sein hat, betrifft nicht einen zweiten Seinsbereich neben dem des innerweltlichen Seienden. Bei der Analyse des innerweltlichen Seienden ergab sich vielmehr, daß seine Erschlossenheit in der Erschlossenheit des eigenen Seins des Daseins als In-der-Welt-Sein gründet, und zwar nicht nur so, daß diese Erschlossenheit eine Voraussetzung von jener ist, sondern die Erschlossenheit des innerweltlichen Seienden ist in ihrer eigenen Struktur in die Erschlossenheit von Welt gebunden. Mit der Erschlossenheit des In-der-Welt-Seins selbst muß also zugleich die Struktur der Erschlossenheit überhaupt zur Aufklärung kommen.

Das eigene Sein als Zu-Sein; Existenz und Faktizität

Geht man von der Voraussetzung des Seins als Gegenständlichkeit aus, dann muß auch die Erschlossenheit des eigenen Seins intentional verstanden werden, als ein „Bewußtsein von –", als „Selbstbewußtsein". Kommt man zudem, wie Husserl, aus einer primären Orientierung an den Gegenständen auf das Cogito erst zurück, dann ist dieses sich selbst erst in einem zweiten Akt, in einem Akt der „Reflexion" gegeben. Im Begriff der Intentionalität läßt sich die Erschlossenheit des innerweltlichen Seienden und des Ich nicht in einem einheitlichen Zusammenhang denken. Hingegen war schon im deutschen Idealismus ein solcher einheitlicher Zusammenhang erreicht, indem das Verhältnis zu sich selbst als ein durch das Verhältnis zum Gegenüber vermitteltes gesehen wurde, aber diese Einheit war nur eine dialektische, deren Komponenten auf Grund des gegenständlichen Ansatzes nicht strukturell anders gefaßt werden konnten. Und wenn hier auch gesehen wurde, daß das Ich sich nicht wie ein Ding vorfindet, sondern im Sichbegegnen überhaupt erst „ist", wurde doch auch dieser Primat des Vollzugs gegenständlich als ein Sich-Setzen gefaßt, eine Deutung, die sich auch noch auf Kierkegaards Existenzbegriff – ein Verhältnis, das sich zu sich selbst verhält als von einem Anderen Gesetztes – ausgewirkt hat. Der Primat des Vollzugs war ein Primat des gegenständlichen Vorstellens vor dem gegenständlichen Sein, während Heidegger das Sein selbst, indem er es nicht mehr gegenständlich vom Vorstellen her denkt, als Vollzug verstehen kann. Das Verhältnis zu sich selbst, so kann jetzt gesehen werden, besteht nicht darin, daß das Dasein *sich* als *seiend* bzw. so-und-so seiend vorstellt (bzw. setzt), sondern darin, „daß es je sein Sein als seiniges *zu sein* hat", wobei es ihm zugleich „*um* dieses Sein selbst geht" (SuZ 12). „Das Wesen dieses Seienden liegt in seinem Zu-Sein" (42), und dieses Sein als Zu-Sein, das nicht als Vorhandenheit festzustellen sondern als jeden Augenblick bevorstehendes zu leisten ist, nennt Heidegger „Existenz" (12, 42).

Heidegger hat, wie die Seinsstruktur des Zeugs (oben S. 286), so auch dieses Sein als Zu-Sein aus seinen Aristotelesinterpretationen gewonnen. Für Aristoteles ist das Sein (εἶναι) alles Lebendigen sein Lebendigsein (ζῆν)[13], und dieses ist ein stets erst zu Leistendes (ἔργον)[14] und zugleich sein letztes Worumwillen (τέλος)[15]. Wie schon die Umzu-Struktur, so wird aber auch dieses Zu-Sein als ἔργον und τέλος bei Aristoteles und in der Tradition nicht ontologisch maßgebend, sondern bleibt substanzial fundiert: der Seinssinn des Seienden hatte sich für Aristoteles schon vorgängig aus der Perspektive des äußeren Betrachters als οὐσία (selbständig Vorhandenes) bestimmt. Ebenso hatte sich ihm der Sinn der „Erschlossenheit" von Sein schon unabhängig von diesem Seinsverhältnis als gegenständliches Vorsichhaben fixiert. Heidegger hingegen versucht, den Seinssinn dieses Seienden und die Art seiner Erschlossenheit aus diesem Seinsverhältnis heraus zu verstehen.

Wenn das Dasein sein Sein immer erst zu vollziehen hat, dann ist es nicht ein „Vorhandenes", das durch diesen Seinsvollzug bestimmt wäre, sondern Seiendes ist es nur indem es sein *Sein* vollzieht. „Die an diesem Seienden herausstellbaren Charaktere sind daher nicht vorhandene ‚Eigenschaften' eines so und so ‚aussehenden' Seienden, sondern je ihm mögliche Weisen zu sein und nur das. Alles So-Sein dieses Seienden ist primär Sein" (42).

Das Verhältnis des Daseins zu diesem Sein, das es stets erst „zu sein" hat, kann nach zwei Seiten betrachtet werden, die gemeinsam den Tatbestand dieses Zu-Seins einheitlich ausmachen:

Erstens liegt darin, daß das Dasein sein Sein immer erst zu vollziehen hat, daß es ihm stets bevorsteht. Das Dasein ist daher wesentlich „sich vorweg" (191 f.). Es „ist, was es wird" (145). Sein Sein hat daher nicht den Charakter des Verwirklichten, sondern der „Möglichkeit", einer „Möglichkeit" aber, die sich nicht als „modale Kategorie der Vorhandenheit" privativ gegen die Wirklichkeit abgrenzt, sondern „als Existenzial ... die ursprünglichste und letzte positive ontologische Bestimmtheit des Daseins" ist (143 f.). Das Sein des Daseins als Möglichsein ist nicht etwas Ausstehendes, das dann verwirklicht wird, sondern gerade indem es vollzogen wird, bleibt es, solange es vollzogen wird, Möglichsein. Zur Möglichkeit gehört aber immer auch ein Spielraum von Möglichkeiten. Wenn das Sein des Daseins erst vollzogen werden muß, so liegt darin: es kann jeweils so oder so vollzogen werden (12, 144). Wenn also das Dasein von dem Sein, das es zu vollziehen hat, ein Seinsverständnis hat, versteht es sich immer schon in einem Umkreis von Möglichkeiten seines Seins, unter denen es „wählen" muß, es ist „frei" (12, 285). Diese Wahl kann das Dasein eigens vollziehen oder sich der Wahl entziehen, d. h. es kann „eigentlich" existieren, im Modus der Verantwortlichkeit, oder

[13] De Anima 415 b 13.
[14] Eth. Nic. 1097 b 24 ff.
[15] De Anima 415 b 1 f., b 15.

„uneigentlich" (12, 42 f.). Diesen ersten Aspekt der Existenz nennt Heidegger „Existenz" im engeren Sinn (12, 192, 284) oder auch „Entwurf" (145, 284). In dem Terminus „Entwurf" soll das Verhältnis zur „Möglichkeit" ausdrücklich werden: weil das Dasein Möglichsein ist, muß es sich (ausdrücklich oder nicht) immer so oder so „entwerfen". „Der Entwurf ist die existenziale Seinsverfassung des Spielraums des faktischen Seinkönnens" (145).

Der zweite Aspekt ist, daß das Dasein seinem „Zu-Sein" „überantwortet" ist (42, 135). Sein „Zu-Sein" ist ihm aufgegeben, ob es will oder nicht. Es ist zwar Möglichsein und insofern frei, aber daß es sich zu vollziehen hat, daß es Möglichsein ist und daß es auch schon immer in einem bestimmten Umkreis von Möglichkeiten steht, stammt nicht aus seiner eigenen Freiheit, sondern ist dieser *vorgegeben* (284). Diesen Aspekt der Existenz nennt Heidegger ihre „Faktizität" oder auch ihre „Geworfenheit" (135, 284). Mit Faktizität ist hier „nicht die Tatsächlichkeit des factum brutum eines Vorhandenen" gemeint, sondern das „Daß es ist und zu sein hat" des Daseins als Existenz (134 f.). Die „Geworfenheit" meint nicht, daß das Dasein einmal aus einem anderen Bereich in sein In-der-Welt-Sein versetzt wurde, sondern daß es, solange es ist, nicht *aus* ihm selbst, sondern *an* es selbst „entlassen" ist (284); sie drückt die „Faktizität der Überantwortung" aus (135).

Existenz und Faktizität sind untrennbar. Die Geworfenheit ist Geworfenheit in Möglichkeiten des „Zu-Seins"; die Entwurfsmöglichkeiten sind geworfene (145, 284 f.). Die beiden Worte „Geworfenheit" und „Entwurf" sind deutlich mit Rücksicht aufeinander geprägt. In dem doppelten, gleichsam passiven und aktiven „Wurf" soll der komplexe einheitliche Bewegungscharakter dieses Seienden zum Ausdruck kommen, der dann in der „Zeitlichkeit" auf den Begriff gebracht wird.

Zu-Sein und Erschlossenheit

Wie ist nun, wenn das Sein des Daseins als Zu-Sein bestimmt ist, sein „Selbstbewußtsein" zu verstehen? Wie ist es sich in seiner Existenz und Faktizität erschlossen? Wenn die gesuchte Erschlossenheit das Seinsverhältnis ist, das das Dasein zu seinem Zu-Sein hat, dann kann diese Erschlossenheit nicht ein Mittel sein, um an dieses Sein heranzukommen und überhaupt kein Vorstellen dieses Seins, sondern sie müßte in den Vollzug dieses Seins selbst gehören. In der gesuchten Erschlossenheit des eigenen Seins wären Existenz und Faktizität nicht vorgestellt, sondern vollzogen. Wenn so der Seinsvollzug des Daseins nicht durch Erschlossenheit vermittelt ist, sondern selbst Erschlossenheit ist, dann kann man nicht mehr sagen, das Dasein „hat" eine Erschlossenheit, sondern „das Dasein ist seine Erschlossenheit" (SuZ 133). Es bedarf nicht eines Da „um" sein Sein vollziehen zu können, sondern indem es sein Sein vollzieht, „ist" es „sein Da" (132).

Darin bekundet sich die grundsätzlichere Ebene, die hier gegenüber der Erschlossenheit des innerweltlichen Seienden für die Erschlossenheitsproblematik überhaupt erreicht ist. Erschlossenheit von innerweltlichem Seienden war möglich, weil mit der Erschlossenheit des Daseins als In-der-Welt-Sein der Spielraum eines Begegnenkönnens eröffnet war. Für die Erschlossenheit des Daseins kann nicht wiederum ein solcher Spielraum vorausgesetzt werden, vielmehr eröffnet diese Erschlossenheit erst selbst das „Da". Mit der Frage nach der Erschlossenheit des Daseins ist also nicht nur gefragt, wie das Dasein sich sein Sein erschließt, sondern zugleich, wie die Erschlossenheit im ganzen überhaupt geschieht. Mit dem „Da", das sich in der Erschlossenheit des Daseins eröffnet, ist zugleich Welt „da" (133, 143), aus der innerweltliches Seiendes begegnet. Demnach muß die gesuchte Erschlossenheit der Faktizität und der Existenz eine solche sein, in der das Dasein sein „Daß es ist" und imgleichen seine Möglichkeiten als In-der-Welt-Sein erschließt.

Die Erschlossenheit der Faktizität

Wenn die Erschlossenheit nicht nur ein Mittel ist um an das Zu-Sein heranzukommen, sondern das Wie dieses Vollzugs selbst, dann bedarf nicht nur das Zu-Sein einer Erschlossenheit, sondern die Erschlossenheit ist selbst als Zu-Sein zu verstehen. Das Sein, darum es dem Dasein geht und das es „zu sein" hat, ist dann insbesondere das Erschlossen-sein selbst. So kommt es zu dem Satz: „Das Sein, darum es diesem Seienden in seinem Sein geht, ist, sein ‚Da' zu sein" (133). Indem es dem Dasein um sein Sein geht, ist das Worumwillen des Daseins das Da.

Das bedeutet zunächst für die Seite der Faktizität, daß es nicht nur eine *Erschlossenheit der Geworfenheit* geben muß, sondern daß die Geworfenheit zugleich als *Geworfenheit in die Erschlossenheit* zu verstehen ist. Das „Daß es ist und zu sein hat" (134) besagt, daß es „sein Da" ist und zu sein hat (135). Aus dieser Verschränkung von Erschlossenheit und Geworfenheit folgt, daß, wenn es eine Erschlossenheit der Geworfenheit gibt, in ihr sich gerade das Daß des Erschlossenseins selbst erschließt: gesucht ist eine „Erschlossenheit des Seins des Da in seinem Daß" (135). Was sich das Dasein in dieser Erschlossenheit erschließt, ist nicht ein bestimmter Sachgehalt, sondern daß es überhaupt unverschlossen ist: „die Weltoffenheit des Daseins" (137). Diese Weltoffenheit kann das Dasein nicht einfach „haben", aber auch nicht einfach „sein", sondern, indem sein Sein Existenz und seine Existenz Erschlossenheit ist, nur so, daß es sich in diesem Erschlossensein erschlossen ist.

Gibt es im Umkreis der Seinsweisen des Daseins ein Phänomen, das für die gesuchte Erschlossenheit in Anspruch genommen werden kann? Heidegger findet es in der *Stimmung*, in der „sich" das Dasein stets so oder so „befindet". „In der Befindlichkeit ist das Dasein immer schon vor es selbst gebracht", jedoch „nicht als wahrnehmendes Sich-vorfinden“ (135), sondern indem ihm so oder so zumute ist. „In diesem ‚wie einem ist‘ bringt das Gestimmtsein das Sein in sein ‚Da‘“ (134). In der Stimmung erschließt sich dem Dasein ursprünglich sein „Daß es ist und zu sein hat“ (134), das „Da in seinem Daß“ (135).

Die Herausstellung des Erschließungscharakters der Stimmungen zeigt, was die Erweiterung von Husserls intentionaler Gegebenheitsthematik zu einer Problematik der Erschlossenheit *in concreto* leisten kann. In der Tradition konnten „die Gefühle der Lust und Unlust“ nicht als Weisen der Erschlossenheit verstanden werden, weil sie an und für sich nicht intentional sind. In ihnen wird nichts Gegenständliches erschlossen, also schienen sie überhaupt keinen Erschließungscharakter zu haben, sondern als bloß subjektive Zuständlichkeiten gleichsam blind zu sein. Sobald man sich hingegen hinsichtlich der Erschlossenheit nicht nur an die Intentionalität hält, wird an den Stimmungen sichtbar, daß das Phänomen der Welt – als Spielraum des Begegnenkönnens von Seiendem – nicht eine philosophische Konstruktion ist, sondern ein phänomenologischer Befund. Denn in der Stimmung begegnet sich das Dasein in seinem „Daß es ist und zu sein hat“ so, daß ihm in eins damit das „Seiende im Ganzen“ in seinem „Daß es ist“ erschlossen ist. Das „ist“ seines „Daß es ist“ erfährt das Dasein in der Stimmung immer schon als In-der-Welt-Sein, so daß im unreflektierten Dasein die Stimmung sogar primär aus dem innerweltlichen Seienden begegnet. „Sie kommt“ aber „weder von ‚Außen‘ noch von ‚Innen‘, sondern steigt als Weise des In-der-Welt-Seins aus diesem selbst auf“ (136). Das „Seiende im Ganzen“, das sich uns in der Stimmung erschließt (vgl. WW 19, WM 27 f.), ist nicht das Ganze des Seienden, mit dem wir es gerade zu tun haben, auch nicht eine vorgestellte Totalität des Seienden überhaupt, sondern ein Ganzes, das jedem Begegnen von Einzelnem vorausliegt. Dieses Ganze wird in der Stimmung nicht vorgestellt, sondern die Stimmung erschließt die Faktizität unseres In-Seins in ihm. „Die Stimmung hat je schon das In-der-Welt-Sein als Ganzes erschlossen und macht ein Sichrichten auf . . . allererst möglich“ (137).

In der Stimmung wird aber dieser einheitliche Zusammenhang nicht vorgestellt, sondern vollzogen: „Die Gestimmtheit der Befindlichkeit konstituiert existenzial die Weltoffenheit des Daseins“ (137). In der Stimmung wird das In-der-Welt-Sein nicht als etwas offenbar, was schon ist, sondern in ihr konstituiert sich das In-der-Welt-Sein erst. Damit ist nach der Seite der Faktizität erreicht, was vorher (oben S. 301 f.) allgemein gefordert wurde: mit dem Daß des Da des Daseins erschließt sich in eins das Daß des Da von Welt, nicht als zweierlei, sondern daß das Dasein sein Da ist, heißt: es öffnet sich in eine Welt, und damit öffnet sich überhaupt erst Welt.

Auf Grund dieses Sich-Öffnens in Welt, das in der Stimmung geschieht, ist das Dasein auch offen für innerweltliches Seiendes in dem Sinn, daß es von ihm „angegangen“, „affiziert“ werden kann (137).

In dem „Sich-Öffnen" kommt ein Aspekt, den Heidegger im Begriff der „Erschlossenheit" mit verstanden wissen will, zum Ausdruck, den man leicht übersieht, solange man sich die Erschlossenheit nur als eine erweiterte Intentionalität vorstellt. Dann wäre sie wie diese ausschließlich transitivisch verstanden. Das Wort „Erschlossenheit" ist aber nicht nur als das Abstraktum zu „Erschließen" gemeint, sondern zugleich zu „Erschlossensein", wobei dieses Wort von Heidegger nun aber nicht nur passivisch als das objektive Korrelat des Erschließens verstanden ist, sondern – wenn es vom Dasein selbst gebraucht wird – medial. Das Dasein „erschließt sich", heißt also hier: es öffnet sich für (Erschließbares), und dieses Sich-Erschließen ist die Bedingung für alles Erschließen-von, nicht als bloße Voraussetzung, sondern als durchdringende Bestimmung.

Daß das weder nur eine Wortspielerei noch eine Konstruktion ist, wird an den Stimmungen sichtbar. Denn es scheint in der Tat ein Wesensmerkmal der Stimmungen zu sein, daß wir uns in ihnen in je verschiedener Weise öffnen oder verschließen, „aufgeschlossen" sind oder „verschlossen".

Widerspricht aber nicht die Möglichkeit des Sich-Verschließens der allgemeinen Charakterisierung der Stimmung als eines Sich-Öffnens? Sich-Öffnen und Sich-Verschließen sind jedoch Modalitäten von ein und demselben: verschließen kann sich nur ein Wesen, das sich wesensmäßig öffnet, und wenn das Sich-Öffnen die Möglichkeit des Verschlossenseins hinter sich gelassen hätte, wäre es nicht eigentlich ein Sich-Öffnen. Der Begriff „Erschlossenheit" steht also für den ganzen Spielraum der Erschlossenheit im engeren Sinn *und* der Verschlossenheit. Das Kennzeichen, daß ein bestimmtes Phänomen thematisch gesehen und nicht nur vorausgesetzt wird, ist, daß es in Abwandlungen gesehen wird, die sich nur als Modifikationen dieses Phänomens selbst verstehen lassen.

Wie Erschlossensein und Verschlossensein in der Erschlossenheit der Faktizität *zusammenhängen*, wird deutlich, wenn man sich jetzt an das Wechselverhältnis von Geworfenheit und Erschlossenheit erinnert, wie es oben (S. 302) zunächst abstrakt postuliert wurde: da die Geworfenheit eine Geworfenheit in die Erschlossenheit ist, mußte die Erschlossenheit der Geworfenheit verstanden werden als Erschlossenheit des „Daß es sein Da ist und zu sein hat". Dieses „Da" hat sich jetzt näher als das medial verstandene „Erschlossensein" verdeutlicht. Setzen wir das ein, dann würde sich das Dasein in der Erschlossenheit seiner Geworfenheit sein Erschlossensein erschließen, wobei aber auch dieses Erschließen des Erschlossenseins sich seinerseits in der Form eines medial verstandenen Erschlossenseins vollziehen müßte. Abstrakt erscheint das wie eine sinnlose Iteration. Doch wurde bereits deutlich (oben S. 303): die Erschlossenheit der Geworfenheit ist nicht ein „Sich-vorfinden"; die Geworfenheit wird nicht konstatiert, sondern gleichsam aufgefangen. Die Stimmung erschließt die Geworfenheit, indem sie ihr gewissermaßen in ihrer eigenen Sprache antwortet: sie „erschließt nicht in der

Weise des Hinblickens auf die Geworfenheit, sondern als An- und Abkehr" (135). Die Möglichkeit der *Verschlossenheit* ergibt sich also dadurch, daß die Stimmung nicht einfaches Erschlossensein ist, sondern eine Antwort auf das bereits vorgegebene „Daß" des Erschlossenseins in der Sprache des Erschlossenseins selbst. Das Dasein sieht sich in der Stimmung mit der Faktizität seiner Weltoffenheit konfrontiert und erschließt diese Faktizität als Stimmung so, daß es diese Weltoffenheit übernimmt oder zurückstößt und d. h. sich öffnet oder verschließt.

Die Erschlossenheit der Existenz

1. Der Entwurf betrifft dasselbe Zu-Sein wie die Geworfenheit, nur nach einer anderen Hinsicht. In der Stimmung wird das In-der-Welt-Sein, das das Dasein „zu sein" hat (natürlich stets in der Konkretion des im Entwurf artikulierten Worumwillens), hinsichtlich seines Vor- und Aufgegebenseins erschlossen; im Entwurf „wirft" sich das Dasein in das so vorgebene Zu-Sein als sein Worumwillen und versteht es als „Möglichsein". In der Befindlichkeit wird gleichsam die *Notwendigkeit* dieses Möglichseins erschlossen, im Entwurf wird es *als Möglichsein* erschlossen.

Auch die Erschlossenheit der Existenz kann nicht als ein Mittel des Zugangs zur Existenz verstanden werden, sondern die Existenz selbst muß sich als Erschlossenheit verstehen lassen und die Erschlossenheit als Vollzug der Existenz (vgl. oben S. 301). Wie muß dann die Erschlossenheit „der" Existenz verstanden werden? Heidegger bezeichnet den Erschlossenheitscharakter des Entwurfs als *Verstehen* (§ 31). Inwiefern erfüllt dieses die gesuchten Bedingungen?

Heidegger knüpft hier an einen natürlichen Sprachgebrauch an, demgemäß wir sagen, daß wir etwas „verstehen", wenn wir meinen, daß wir etwas „können", einer Sache „gewachsen" sind (143); z. B. versteht man sich auf ein Handwerk. In demselben Zusammenhang gibt es auch einen natürlichen Gebrauch des Wortes „Wissen" (vgl. SuZ 336), demgemäß wir nicht sagen „ich weiß, daß ...", sondern „ich weiß, wie ...". In anderen Sprachen ist diese Bedeutung stärker ausgebildet: *I know how to swim, je sais nager.* Im Deutschen sagen wir hier bezeichnenderweise: *ich kann schwimmen, ich kann Französisch,* während man im Griechischen sowohl δύνασθαι wie ἐπίστασθαι sagen kann. Dieses Wissen ist kein Erkennen; was in ihm „gewußt" wird, sind nicht gegenständliche Sachverhalte, sondern Verrichtungen, Handlungsvollzüge. Der Umgang mit dem Zuhandenen wird nicht gegenständlich vorgestellt und in diesem Sinn gewußt, sondern er ist in sich erhellt (erschlossen) und vollzieht sich eben dadurch in einem bestimmten Wie. Natürlich kann sich ein Handlungsschema auch maschinell oder instinktiv vollziehen. Das Charakteristische des „know how", des in sich erschlossenen

Handlungsvollzugs, ist demgegenüber, daß er sich in einem Möglichkeitsspielraum vollzieht, so daß er sich nicht nur faktisch (wie beim Tier oder einer Maschine) nach den Umständen verändern kann, sondern für diese Veränderung von sich aus offen ist.

Das Verstehen in diesem Sinn des „Könnens" bezieht Heidegger nun insbesondere auf die Existenz selbst. Nicht nur auf bestimmte Verrichtungen mit Zuhandenem muß sich das Dasein, um sie in einem bestimmten Wie vollziehen zu können, verstehen, sondern auf sein In-der-Welt-Sein als ganzes, auf sein eigenes Zu-Sein (143). Dieses ist ihm (oben S. 300 f.) als Möglichsein (und d. h. dann immer auch: in einem Spielraum von Möglichkeiten) zu vollziehen vorgegeben. Das Verstehen erschließt auch dieses Möglichsein nicht in der Weise einer „immanenten Selbstwahrnehmung" (144) und überhaupt nicht in der Weise eines „thematischen Erfassens" (145, 336), sondern so, daß es im Verstehen eine Möglichkeit in sein Worumwillen übernimmt und so oder so vollzieht. Solange das Dasein eine Möglichkeit lediglich vorstellt, hat es sie gerade noch nicht „verstanden" als eine Weise des Existierens. So ist das Verstehen der Entwurf selbst, den Heidegger so verstanden wissen will, daß das Dasein ihn sich nicht gegenständlich vorhält, sondern sich gleichsam in ihn „wirft" (145, 336). Als Entwerfen in diesem Sinn ist das Verstehen nicht nur die Erschlossenheit „des" Existierens, sondern das Existieren selbst als Erschlossenheit. „Das Verstehen ist, als Entwerfen, die Seinsart des Daseins, in der es seine Möglichkeiten als Möglichkeiten *ist*" (145).

2. Das Verstehen ist also ebenso wie die Befindlichkeit eine Erschlossenheit, die ihr Erschlossenes nicht als Seiendes sich gegenüber hat, sondern im eigenen Sein vollzieht und so überhaupt erst eröffnet. Diese Eröffnung, die im In-der-Welt-Sein geschieht, bildet nun, ebenso wie die der Befindlichkeit, als Eröffnung von Welt sowohl das Medium des Verstehens der mitdaseienden Anderen (§ 26) als auch das Woraufhin des Erschließens des innerweltlichen Seienden (146 f.). Während die Befindlichkeit, in der sich das Dasein überhaupt öffnet, die Bedingung dafür ist, von Seiendem „affiziert" zu werden (oben S. 303), bilden sich im Verstehen, indem es diese Weltoffenheit als sein Worumwillen auf diese oder jene Möglichkeit hin entwirft, die Hinsichten aus, auf die hin das affizierende Seiende ausgelegt und so seinerseits „verstanden" wird.

Wie sich diese Auslegung in der Als-Struktur vollzieht, wurde schon vom innerweltlichen Seienden aus dargestellt (oben S. 291 f.), wobei freilich das Worumwillen als Ausgangspunkt des Verstehens noch undifferenziert und sein Zusammenhang mit der Erschließung des innerweltlichen Seienden entsprechend äußerlich blieb. Aus der Art, wie Heidegger auf das Worumwillen in der Umweltanalyse Bezug nimmt (SuZ 84), kann der Anschein entstehen, als bestünde es im bloßen Subsistieren, und das Verstehen des Zuhandenen beziehe sich darauf nur durch dessen Verweisungszusammenhang.

Aber erstens gehört schon im Besorgen selbst nicht erst das, was mit dem Zuhandenen erreicht werden soll, in das Worumwillen des Daseins, sondern im Umgang selbst vollzieht ja das Dasein ständig sein Sein, um das es ihm geht. Und die obige Charakterisierung des Sich-Verstehens auf einen Umgang mit Zuhandenem (S. 305) läßt erkennen, daß das Verstehen des Zuhandenen unmittelbar in das Sich-Verstehen auf das Wie des Umgangs, der in das Sein des Daseins gehört, verwoben ist. Das Dasein versteht nicht einerseits das Wie seines Umgangs und andererseits das Zuhandene, sondern beides ist im Verstehen eines Handlungsschemas untrennbar eins.

Wenn wir nun zweitens den Satz, daß das Sein, darum es dem Dasein geht, sein Erschlossensein ist (oben S. 302), wie schon bei der Geworfenheit, auch hier einsetzen, dann braucht die Erschlossenheit des innerweltlichen Seienden, insbesondere aber die des Mitdaseins, nicht nur insofern zu interessieren, als dieses Seiende in Verweisungen der Dienlichkeit steht, sondern kann nun auch unmittelbar interessieren. Gerade in der „eigentlichen" Existenz, in der es dem Dasein um sein „eigenstes Selbstseinkönnen" geht, ist auch das erschließende Sein beim innerweltlichen Seienden und mit den Anderen „aus deren eigenstem Selbstseinkönnen heraus bestimmt" (298). Dem Dasein kann es immer nur um sein eigenes Sein gehen, aber dieses ist als Erschlossenheit so beschaffen, daß sein eigener Vollzug sich gerade aus der Hingabe an das Selbstseinkönnen von anderem Seienden bestimmen kann. Eine Möglichkeit dieser Ausrichtung ist dann auch die, in der das Dasein „sich auf das Seinkönnen in der ‚Wahrheit' entwirft", indem es ihm um das „pure Entdecken" des Seienden, wie es selbst ist, geht (SuZ 363, oben S. 295).

Auf diesen „Ursprung der Wissenschaft aus der eigentlichen Existenz" (a. O.) geht Heidegger allerdings nicht näher ein. Jedenfalls erweist sich jetzt, gemäß dem Ursprung der Apophansis aus dem umsichtigen Begegnenlassen, das theoretische Vorstellen mit seinen Modifikationen „Anschauung" und „Denken" als „Derivat" des Verstehens (147). Auch das ist freilich nicht näher ausgeführt; dazu ist auch der Begriff des Verstehens in SuZ zu wenig durchgebildet. „Alles Erklären wurzelt als verstehendes Entdecken des Unverständlichen im primären Verstehen des Daseins" (336). Erklärt werden muß also nur, wie schon Dilthey sagte, was man nicht versteht, und – so ist wohl zu ergänzen – nur wo Seiendes erklärt werden muß, wird es vorgestellt. Die Erklärung selbst aber ist, ebenso wie die Apophansis überhaupt, „verstanden", sie ist – im Unterschied zu dem zu erklärenden Seienden, das als „Vorhandenes" „unverständlich" ist (151) – ein Sinngebilde.

„Sinn" ist allgemein das Korrelat des Verstehens (SuZ 324, 151). Was man versteht, ist bzw. hat Sinn. Husserl war auf das Phänomen des Sinns bei der Analyse der intentionalen Akte und ihres sprachlichen Ausdrucks gestoßen als dasjenige, was innerhalb des intentionalen Inhalts über den gemeinten Gegenstand hinausreicht – der „Gegenstand im Wie" (oben S. 36 ff.). Weil Husserl aber primär an der Idee des Gegenstandes orientiert blieb und daher auch die apophantischen Sinngebilde aus der Perspektive ihrer nachträglichen Vergegenständlichung sah, mußte er auf den Begriff des Verstehens nicht zurückgreifen, freilich kam deswegen auch seine Unterscheidung von Sinn und Gegenstand nicht zu ausreichender Klarheit (a. O.). Heidegger hingegen setzt gewissermaßen am anderen Ende an, nicht bei den einzelnen Sinngebilden, die sich in der Rede artikulieren (SuZ 161), sondern „Sinn" ist primär „das, worin sich die Verstehbarkeit von etwas hält, ohne daß es selbst ausdrücklich und thematisch in den Blick kommt. Sinn bedeutet das Woraufhin des primären Entwurfs" (324). Heidegger geht also von den geschichtlichen *Sinnhorizonten* aus, die sich bei Husserl erst als ein *Grenzphänomen* ergaben und in der an den Gegenständen orientierten Betrachtung ihrerseits ortlos blieben, während sie jetzt als das gefaßt werden, woraufhin sich das Dasein in seinem Zu-Sein in der Welt versteht. Das muß dann auch für das Wahrheitsproblem bedeuten, daß es von vornherein dort angesetzt wird, wohin es bei Husserl schließlich zurückgeführt wurde, bei der Frage nach der Wahrheit der Verstehenshorizonte. Die Wahrheit der „Existenz" wird sich als die „ursprüngliche Wahrheit" erweisen (297, 220 f.).

3. Wie das Erschlossensein, das in der Stimmung geschieht, nicht als Negat des Verschlossenseins zu verstehen war, sondern für den ganzen Spielraum der Möglichkeiten des Sich-Öffnens *und* -Verschließens steht, ist auch das Erschließen des Verstehens als allgemeine Bezeichnung für den ganzen Spielraum des Verstehens *und* Nichtverstehens zu denken: „Das Dasein ist in der Weise, daß es je verstanden bzw. nicht verstanden hat, so oder so zu sein" (144).

Wenn man sich auf eine Verrichtung mit Zuhandenem nicht versteht, eine Sache nicht „kann", so kann das erstens den Sinn haben, daß man sich überhaupt außerhalb des Spielraums des Sich-darauf-Verstehens befindet, oder aber zweitens, daß man die Verrichtung zwar vollzieht, aber unangemessen, oder drittens, daß man, wissend, daß man sie unrichtig vollziehen kann, von ihr so Abstand nimmt, daß man auf sie bezogen bleibt, um sie sich nun „richtig" anzueignen. Weil jede Verrichtung, die „gekonnt" sein muß, in einem Spielraum von Vollzugsmöglichkeiten steht, von welchen nur eine die „richtige" ist, ist der Vollzug vom Verstehen nicht nur begleitet, sondern geleitet, so aber, daß das Verstehen gegen das Nichtverstehen immer erst erworben und ständig gesichert werden muß. Die allgemeine Aussage, daß das Dasein in seinen Verrichtungen mit Zuhandenem *verstehend* ist, bedeutet, daß es sich in diesem Spannungsverhältnis zwischen Verstehen *und* Nichtverstehen befindet.

Inwiefern kann nun auch beim Verstehen der Existenz in dieser Weise von einem Nichtverstehen die Rede sein? Setzt das nicht ebenso voraus, daß eine Weise des Existierens richtig ist und andere unrichtig sind? Was soll hier aber Richtigkeit besagen, und von woher könnte sie entschieden werden? Mag das Dasein *in concreto* bestimmte Vorstellungen vom rechten Leben haben; dürfen sie in diesen ontologischen Überlegungen vorausgesetzt werden? Das tut Heidegger jedoch nicht. Die Rede von einem Nichtverstehen der Existenz ergibt sich vielmehr aus einem fundamentalen Tatbestand der Existenz selbst, daß sie nämlich Möglichsein ist und dadurch immer schon in einem Spielraum von Möglichkeiten steht. Daher kann es für die Existenz nie selbstverständlich sein, wie sie sich zu vollziehen hat. Nur weil das Dasein in einem solchen Spielraum seines Seins steht, kann und muß sein Seinsvollzug die Ausdrücklichkeit eines „Verstehens" haben; eben deswegen ist dieses Verstehen aber auch stets ein Nichtverstehen. Das Existenzverständnis des Daseins vollzieht sich in einem Spannungsverhältnis zwischen „Durchsichtigkeit" und „Undurchsichtigkeit" seines In-der-Welt-Seins (146 f.). Nicht weil man über ein ideales Verstehen verfügte, von dem her anderes als Nichtverstehen bezeichnet werden könnte, muß von einem solchen die Rede sein, sondern gerade weil sich das Dasein in einer Situation der Undurchsichtigkeit faktisch vorgegeben ist, die sich aber auf Durchsichtigkeit ausrichten kann.

Wenn Heidegger sagt, das Dasein verstehe seine Möglichkeiten nur indem es sich in sie „wirft" (336), darf das daher nicht so verstanden werden, als stürze sich das Dasein blindlings in die sich gerade anbietenden Möglichkeiten; so vielmehr würde es sie gerade nicht *als Möglichkeiten* verstehen, und diese Möglichkeit, die „Wahl" nicht eigens zu vollziehen, ist die „uneigentliche Existenz" (oben S. 301). Eine Möglichkeit kann freilich als Existenzmöglichkeit nur erschlossen werden als zu vollziehende. Aber als *Möglichkeit* wird sie nur erschlossen, indem das Dasein sich auch gegen sie entscheiden kann und, wenn es sich für sie entscheidet, dies im Bewußtsein des Nichtgewählthabens der anderen tut (285). In dieser Situation der Freiheit gründet, wenn das Dasein sie sich nicht verdeckt, das Bedürfnis des Sichdurchsichtigwerdens und d. h. die Frage nach der *Wahrheit* der eigenen Existenz (297, 307). Daher denkt Heidegger das Aushalten der Freiheit und die Tendenz zur Durchsichtigkeit (Wahrheit der Existenz) zusammen im Begriff der *Entschlossenheit* als der eigentlichen Existenz (§ 60). Die „Entschlossenheit" bedeutet nicht, daß sich das Dasein in einen Entschluß stürzt, sondern daß es die Wahl hinsichtlich des Wie seines Seins, die ihm ständig aufgegeben ist, selbst vollzieht und damit als „Gewissenhabenwollen" seine Freiheit übernimmt: es vollzieht sein Sein im Modus der Verantwortlichkeit (288); und zugleich steht das Wort (indem es als Ent-schlossenheit verstanden wird) für die „eigentliche Erschlossenheit", in der sich das Dasein in seiner „Situation" durchsichtig zu werden sucht (§ 60). Da diese Durchsichtigkeit gerade durch das Verstehen des Nichtverstehens ausgezeichnet ist, gehört zum Entschluß das „Sichfreihalten für seine mögliche und je faktisch notwendige Zurücknahme" (308). Weil das Verstehen der Existenz als Möglichsein nicht gegenübersteht, sondern ihr eigener Vollzugsmodus ist, gehören das eigentliche Verstehen (die Durchsichtigkeit) und das eigentliche Möglichsein (die Freiheit als Verantwortlichkeit) zusammen.

Zuletzt zeigte sich schon, daß die eigentümliche Bewegtheit der Erschlossenheit im Modus des Verstehens von sich aus einen Wahrheitsbezug in sich trägt. Wenn wir jetzt das Ergebnis der bisherigen Interpretation für das deskriptive Verständnis der Erschlossenheit zusammenfassen und dann nach der einheitlichen Bewegtheit der Erschlossenheit im ganzen fragen, wird sich zeigen, daß jener Wahrheitsbezug – allerdings in einer eigentümlichen Gegensätzlichkeit – auch für diese Bewegtheit im ganzen bestimmend ist. So wird sich noch vor der Frage, wie sich auf dem Boden der Erschlossenheit der Wahrheitsbegriff neu verstehen läßt, umgekehrt eine fundamentale Bedeutung des Wahrheitsbezuges für das Verständnis der Erschlossenheit selbst ergeben.

Die Interpretation wurde sowohl bei der Erschlossenheit der Geworfenheit wie bei der der Existenz jeweils so weit geführt, daß die für das Wesen der Erschlossenheit entscheidende Struktur eines Spielraums und einer Bewegtheit zwischen Verschlossenheit und Erschlossenheit sichtbar werden konnte. Die (intransitive) Erschlossenheit der Stimmung umfaßt den ganzen Spielraum zwischen Erschlossensein und Verschlossensein, und das nicht nur im Sinn einer Skala verschiedener Möglichkeiten, sondern jede Aktualisierung einer solchen Möglichkeit trägt die Spannung beider Pole in sich und ist selbst als Sich-Öffnen oder Sich-Verschließen eine Bewegtheit zwischen ihnen. Ebenso umfaßt die (transitive) Erschlossenheit des Verstehens den ganzen Spielraum zwischen Durchsichtigkeit und Undurchsichtigkeit, und auch hier befindet sich jedes faktische Verstehen in einer Bewegtheit zur Durchsichtigkeit (in der eigentlichen Existenz) oder gegen sie (in der uneigentlichen). Von daher läßt sich nun auch das Begegnenlassen des innerweltlichen Seienden in der Als-Struktur als ein „Entdecken" (85, 220 ff.) – oder, wie Heidegger dann in den späteren Schriften prägnanter formuliert, als ein „Entbergen" – fassen, in dem das Seiende gewissermaßen der „Verborgenheit" entnommen wird (222)[16].

Mit diesem dynamischen Spannungsverhältnis ist der deskriptive Grundcharakter der „Erschlossenheit" erreicht, der sehr simpel scheint, aber entscheidend ist, weil die Erschlossenheit *als* Erschlossenheit sich nur aus dieser Polarität erfahren läßt. Erst dort, wo die Erschlossenheit in diesem Spannungsverhältnis verstanden ist, wird sie nicht nur vorausgesetzt, sondern überhaupt ausdrücklich gesehen, und sobald sie so gesehen wird, zeigt sich:

[16] Da diese allgemeine Struktur des „Entdeckens" von Seiendem (insbesondere in der Apophansis) sich für Heidegger mit der speziellen Struktur jenes ausgezeichneten Entdeckens vermischt, in dem das Seiende so erschlossen wird wie es „selbst" ist, soll diese Entbergungsstruktur der Erschlossenheit des innerweltlichen Seienden erst im Zusammenhang der Wahrheitsproblematik weiter verfolgt werden (unten § 15).

nur weil sie sich in diesem Spannungsverhältnis vollzieht, kann sie sich überhaupt vollziehen; ein bloßes Vorsichhaben von etwas – die Intentionalität – ist nur auf dem Grunde von und innerhalb solcher Erschlossenheit möglich. Die Erschlossenheit unterscheidet sich von der Intentionalität nicht nur als der weitere Begriff, so daß es Weisen von Erschlossenheit gibt, die intentional sind, und andere, die es nicht sind, sondern als die umfassendere Struktur. Man wäre versucht zu sagen: die Intentionalität verhält sich zur Erschlossenheit wie die Momentaufnahme zum Bewegungsfilm, wenn die Analogie nicht insofern zu schwach wäre, als die Bewegtheit der Erschlossenheit sich nicht erst aus den einzelnen Momenten zusammensetzt, sondern in jedem selbst enthalten ist.

Jeder intentionale Akt ist in einem Erschlossenheitsgeschehen enthalten, das (als Befindlichkeit) ein Heraustreten des Erschließenden aus einem Verschlossensein und gleichzeitig (als Verstehen) ein Herausnehmen von Erschließbarem aus einer Verborgenheit ist. Erschlossenheit ist nicht das im Offenen Stehen des Erschließenden und Erschlossenen, sondern das Heraustreten aus der Verschlossenheit und das Herausnehmen aus der Verborgenheit.

Aber die Verschlossenheit bildet nicht nur den Pol, *von dem her* die Erschlossenheit in ihrer Bewegtheit zu verstehen ist, sondern zum Sein des Daseins gehört zugleich eine gegenläufige Bewegtheit, eine Verschließungstendenz in der Befindlichkeit und eine Verdeckungstendenz beim Verstehen. Erst aus der Spannung auch gegen die entgegengesetzten Tendenzen ist die volle Bewegtheit der Erschlossenheit als das Zu-Sein des Daseins zu verstehen. Wie kommt es überhaupt zu solchen gegenläufigen Tendenzen, wenn das Sein des Daseins in der Erschlossenheit bestehen soll? Und wie hängen Erschließung und Verschließung zusammen? Lassen sie sich nur als verschiedene Stimmungs- und Verstehensmöglichkeiten einander gegenüberstellen oder besteht ein innerer Zusammenhang? In der Tat versucht Heidegger das Sein des Daseins als eine zweiseitige Bewegtheit zu verstehen, aus der der einheitliche Zusammenhang dieser verschiedenen Möglichkeiten sichtbar werden soll.

Man muß hier von der „Geworfenheit" ausgehen. Schon in diesem Wort kommt eine Bewegtheit zum Ausdruck. Inwiefern läßt sich diese als der Ausgangspunkt der gesuchten zweiseitigen Bewegtheit der Erschlossenheit verstehen?

Hier ist zu beachten, daß Heidegger nicht indifferent einen allgemeinen Begriff der Befindlichkeit ansetzt, der seinen verschiedenen Modifikationen gegenüber gleichsam neutral wäre. Vielmehr ergibt sich aus der Grundsituation der Geworfenheit der Vorrang einer bestimmten Befindlichkeit und von da aus eine Bewegung zu anderen Weisen der Befindlichkeit, so daß die Geworfenheit als solche nicht so sehr ein Oberbegriff ist als die konkrete Vermittlung der verschiedenen Arten der Befindlichkeit. Es liegt nämlich im Wesen der Geworfenheit – darin, daß dem Dasein sein Zu-Sein zu vollziehen *auf-* und *vor*gegeben ist, ob es will oder nicht –, daß sie vom Dasein ursprünglich nur als *Last* erfahren werden kann (134 f., 284), sonst könnte das Dasein seine Geworfenheit als Geworfenheit, sein „Daß es ist und zu sein hat" überhaupt nicht *erfahren.* Auch „die gehobene Stimmung ... erschließt, wenngleich enthebend, den Lastcharakter des Daseins" (134). Gerade die gehobene Stimmung, in der das Dasein den Lastcharakter seines Zu-Seins in sein Worumwillen aufgenommen oder sich ihn verdeckt hat, läßt sich *als gehobene* Stimmung nur auf dem Boden dieses Lastcharakters des Daseins verstehen; nur wo eine „Schwere" (284) vorgegeben ist, ist ein Gehobensein möglich, nicht umgekehrt. Die Bestimmtheit der Geworfenheit als Last bedeutet nicht, wie das vielfach verstanden wurde, einen Vorrang der depressiven Stimmung gegenüber der gehobenen; vielmehr ist ja die Stimmung immer schon die „Antwort" des Daseins auf sein Geworfensein, in der es sich dieses so oder so erschließt (oben S. 305). Die Depression ist ebenso wie die Euphorie oder die „fahle Ungestimmtheit", „in der das Dasein ihm selbst überdrüssig wird" (134), jeweils eine verschiedene „Antwort" des Daseins auf die „Überantwortung" der Faktizität. Daß diese verschiedenen Möglichkeiten bestehen, auf die Geworfenheit zu antworten, ist nur aus der Bestimmtheit der Geworfenheit als Last zu verstehen.

Was das Dasein in der Stimmung als Lastcharakter erfährt, ist die „Endlichkeit" seines Seins, das wesensmäßig „nichtig" ist, sofern es „*nicht* von ihm selbst in sein Da gebracht" ist, „*nicht durch* es selbst, sondern *an* es selbst entlassen ist" (284).

Zur Geworfenheit gehört aber noch eine weitere „Nichtigkeit", die ihr nicht qua *Geworfenheit,* sondern qua Geworfenheit in die *Existenz* zukommt. Die Existenz ist Möglichsein und steht als solche immer schon in einem Spielraum von Möglichkeiten: als *Freisein* steht das Dasein „je in der einen oder anderen Möglichkeit, ständig ist es andere *nicht* und hat sich ihrer im existenziellen Entwurf begeben" (285). Das Dasein kann nicht umhin, sich als faktisch existierendes je so oder so zu entwerfen und kann doch als sich wesenhaft nicht und nie ganz verstehendes seines Entwurfs nie sicher sein. Sein In-der-Welt-Sein ist ein wesenhaft haltloses, es existiert in der Schwebe. Diese Schwebe erhält ihre äußerste Schärfe dadurch, daß im Möglichsein des Zu-Seins nicht nur liegt: so oder anders sein zu können, sondern zugleich auch stets die Möglichkeit, zu sein oder überhaupt nicht zu sein, die ständige Möglichkeit, daß das Zu-Sein, worumwillen das Dasein ist, abbricht (261 ff.).

Diesen Schwebecharakter des In-der-Welt-Seins nennt Heidegger dessen *Unheimlichkeit.* Wiederum gilt: „Das beruhigt-vertraute In-der-Welt-Sein ist ein Modus der Unheimlichkeit des Daseins, nicht umgekehrt. Das Unzuhause muß existenzial-ontologisch als das ursprünglichere Phänomen begriffen werden" (189). Die Faktizität dieser Nichtigkeit der Existenz kann sich das Dasein ebenso wie den Lastcharakter der Faktizität als solcher nur in der Befindlichkeit genuin erschließen. Aber auch hier ist die Befindlichkeit immer schon eine bestimmte Antwort auf das Erschlossene: „Die Stimmung erschließt ... als An- und Abkehr" und nur so (135). Die Befindlichkeit, in der sich dem Dasein die Unheimlichkeit seines In-der-Welt-Seins als Schwebesituation so erschließt, daß es sich mit ihr konfrontiert, nennt Heidegger „Angst" (§ 40). Diese Angst erschließt „das Dasein *als Möglichsein*" (188) und bringt es so vor die ständige Möglichkeit des Todes (251, 265 f.) und damit „vor sein Freisein" (188). Die Konfrontation mit der Möglichkeit des Todes und mit dem eigenen Freisein gehören unmittelbar zusammen, denn die Möglichkeit des Nichtseins „befreit von der Verlorenheit in die zufällig sich andrängenden Möglichkeiten" (264) und „verbürgt" daher die „Eigentlichkeit der Entschlossenheit" in der Bereitschaft zur Durchsichtigkeit und verantwortlichen Wahl (383, 305 ff.). In der gleichzeitigen Erschlossenheit des „Seins zum Tode" und des Freiseins in der Angst begegnet sich das Dasein nicht mehr in einer bestimmten Möglichkeit seines Entwurfs, sondern in seinem puren Zu-Sein in der Welt als solchem und d. h. in dem offenen Spielraum seines Sichentwerfenmüssens. Während sich in jeder Stimmung in irgendeiner Weise die „Welt" als Spielraum des Begegnens von Seiendem eröffnet, erschließt sich in der Angst, indem sie alles, was dem Dasein einen Halt geben kann – alles Seiende und alle bestimmten Möglichkeiten – „entgleiten" läßt (WM 29), das Offene als Offenes, d. h. „die Welt als Welt", „das In-der-Welt-Sein als solches" (SuZ 186 f.)[17].

Das Sein des Daseins, dessen Faktizität sich ihm in der Befindlichkeit

[17] Das ist eine der Stellen in SuZ, wo „Welt" nicht mehr nur als der Spielraum des Begegnenkönnens des innerweltlichen Seienden, sondern bereits als der vorgegebene Spielraum der Erschlossenheit überhaupt gesehen wird (vgl. oben S. 272 ff.). Dabei klingt zugleich ein Unterschied an, den Heidegger weder hier noch später herausgearbeitet hat. Auch in WG gehört dann zwar das Worumwillen selbst und sogar primär zur Welt, aber der offene Spielraum ist dort der im jeweiligen Entwurf selbst eröffnete Spielraum der Offenbarkeit des *Seienden*. Hier hingegen zeigt sich in der Angst, bzw. Freiheit ein Spielraum der Entwurfsmöglichkeiten selbst. Mit der „Welt" in diesem zweiten Sinn ist offensichtlich gegenüber der „Welt" in dem ersten Sinn eine andere und fundamentalere Ebene erreicht; der Unterschied ist strukturell, und nicht dadurch zu fassen, daß man die Welt im zweiten Sinn „Welt als Welt" nennt. Heidegger hat diesen Unterschied in SuZ u. a. deswegen übersehen können, weil er das der Freiheit entgegenstehende Verfallen weitgehend nicht als Verfallen an die jeweilige Möglichkeit, sondern als Verfallen an das innerweltliche Seiende verstanden hat (unten S. 315).
Heidegger erklärt zwar an der angeführten Stelle, daß, wenn die Angst „die Welt als Welt" erschließt, das nicht bedeutet, „daß in der Angst die Weltlichkeit der Welt begriffen wird" (187). Was bedeutet dann aber „Welt als Welt" positiv? Diese unzureichende Unterscheidung zwischen der ontisch erfahrenen Welt und der ontologischen Struktur von Welt wird sich in WG und beim späteren Heidegger aus bestimmten Gründen noch verschärfen (vgl. unten §§ 17 und 18 d).

erschließt, ist also „durch und durch von Nichtigkeit durchsetzt" (285). Von daher wird jetzt jene der Erschlossenheit entgegengesetzte Bewegtheit im Sein des Daseins verständlich. Denn das Dasein erschließt sich sein eigenes Sein genuin nur im entsprechenden Vollzug, nicht im theoretischen Konstatieren. Die Unheimlichkeit und den Lastcharakter seines Seins kann es zunächst genuin nur so „realisieren", daß es vor dieser Nichtigkeit *zurückweicht:* „Die Befindlichkeit erschließt das Dasein in seiner Geworfenheit ... zunächst und zumeist in der Weise der ausweichenden Abkehr" (136). Das Dasein konfrontiert sich mit seiner Unheimlichkeit immer erst aus dieser primären Abkehr heraus. Es ist immer schon auf der „Flucht vor ihm selbst", vor seinem In-der-Welt-Sein. Wohin kann es aber aus dem In-der-Welt-Sein fliehen? Die Möglichkeit besteht, daß es angesichts der Unheimlichkeit seiner Erschlossenheit sich „verschließt". In den verschiedenen Weisen der „Verstimmung", besonders in der „Depression", verschließt sich das Dasein mehr oder weniger. Aber auf diese Weise weicht es seiner Unheimlichkeit gerade nicht aus, sondern konfrontiert sich mit ihr, allerdings so, daß es sie nicht in sein Worumwillen übernimmt. Dem Dasein geht es um sein Sein als Erschlossensein; im Sichverschließen gibt es sein Erschlossensein und damit sich selbst gewissermaßen auf: das Sichverschließen ist keine Fluchtmöglichkeit, sondern nur ein letzter Ausweg, wenn das Dasein seine Fluchtmöglichkeiten abgesperrt findet. Die Flucht ist vielmehr nur so möglich, daß sich das Dasein die Nichtigkeit seines In-der-Welt-Seins verdeckt. Das Dasein hat eine ursprüngliche „Verdeckungstendenz" (256, 331). Diese Verdeckungstendenz ist von der Möglichkeit des Sichverschließens klar unterschieden. Indem sich das Dasein die Unheimlichkeit seines In-der-Welt-Seins verdeckt, setzt es sich vielmehr in den Stand, sich gleichsam ungestört öffnen zu können. Ja es öffnet sich dem jeweiligen Seienden und den jeweiligen Möglichkeiten sogar in einem Ausmaß, daß es in diesen ganz „aufgeht" (175), gerade *um* sich die Nichtigkeit des In-der-Welt-Seins, die Fragwürdigkeit der jeweiligen Möglichkeit verdecken zu können.

Diese Flucht- und Verdeckungsbewegung, in der sich das Dasein immer schon befindet, bezeichnet Heidegger als „Verfallen" (§ 38). In der „Bewegtheit des Verfallens" (177) setzt sich der „Wurf- und Bewegtheitscharakter der Geworfenheit" gleichsam fort (179, vgl. auch 139 und KPM § 43). Das Dasein kann seine Geworfenheit zunächst nur in der Weise des Verfallens „auffangen".

In dem Begriff „Verfallen" soll also der spezifische Bewegungscharakter der „Uneigentlichkeit" der Existenz zum Ausdruck kommen, in der das Dasein seine Freiheit nicht übernimmt. Das Selbst dieser Existenz wird von Heidegger als das „Man-selbst" gekennzeichnet, weil das Dasein im Verfallen sich der Verantwortlichkeit seiner Existenz entschlägt und die Wahl seines Seinkönnens sich von dem abnehmen läßt, was „man" tut und für richtig hält (§ 27). „Das Man" nimmt „dem jeweiligen Dasein die Verantwortlichkeit ab" und „entlastet so das jeweilige Dasein in seiner Alltäglichkeit" (127).

Das Woran des Verfallens ist nicht, wie Heidegger es vielfach mißverständlich ausgedrückt hat (175 u. ö.), die „Welt" im Sinn des innerweltlichen Seienden: das Verfallen „liefert" das Dasein „nicht an Seiendes aus, das es nicht selbst ist, sondern drängt es in seine Uneigentlichkeit, in eine mögliche Seinsart *seiner selbst*" (178). Woran das Dasein verfällt, sind seine eigenen Möglichkeiten, nämlich so, daß es sich ihren Möglichkeitscharakter verdeckt, um sich nicht in Frage gestellt zu sehen. Insbesondere sucht es solche Weisen zu sein, in denen es das Wissen um sein eigenes Sein verdrängen kann: Weisen der „Zerstreuung" (172), aus der sich wiederum eine eigene Bewegtheit, „ein spezifisches Unverweilen" (172 f., 347) mit spezifischen Weisen der Erschlossenheit ergibt (§§ 35–37), wie die „Neugier" (§§ 36, 68 c), in der es dem Verfallen – wie dem Dasein überhaupt – um sein Sein als Erschlossensein geht, jetzt jedoch so, daß es sehen will „nicht um das Gesehene zu verstehen, d. h. in ein Sein zu ihm zu kommen, sondern *nur* um zu sehen. Sie sucht das Neue nur, um von ihm erneut zu Neuem abzuspringen. Nicht um zu erfassen und um wissend in der Wahrheit zu sein, geht es der Sorge dieses Sehens", sondern um „seiner selbst als In-der-Welt-Sein ledig zu werden" (172). Wodurch unterscheidet sich ein solches Sehen von einem eigentlichen Verstehen, dem es um das Seiende selbst geht? Dadurch, daß es sich dagegen wehrt, „in ein Nichtverstehen gebracht zu werden" (172). Die spezifische Erschlossenheit des Verfallens ist ebenso wie ihre eigentümliche Weise der Übernahme von Möglichkeiten eine solche, die sich gegen ihre Nichtigkeit absperrt.

Durch die Verdeckungstendenz des Verfallens ist das Dasein, wie Heidegger etwas vage formuliert, wesensmäßig ein „Sein in der Unwahrheit" (256 f., 222); genauer wird man sagen müssen: es ist wesensmäßig durch ein *Interesse an der Unwahrheit* bestimmt. Daß die sich aus dem Wesen der Erschlossenheit ergebende, der Erschlossenheit entgegengesetzte Bewegtheit auch der *Wahrheit* entgegengesetzt ist, ist nicht selbstverständlich (obwohl es auf Grund des Wahrheitsbegriffs, wie Heidegger ihn dann entwickelt, so scheinen muß). So enthält die Möglichkeit des Sich-Verschließens in der Stimmung (oben S. 314) an und für sich gewiß keinen Bezug zur Unwahrheit, wenngleich eine solche Stimmung die Möglichkeit eines Sichdurchsichtigwerdens erschweren oder sogar ausschließen kann; aber als solche ergibt sie sich vielmehr aus der Konfrontation mit der Wahrheit des eigenen Seins. Die Verdeckungstendenz des Verfallens hingegen ist gegen Wahrheit gerichtet, und zwar in zwei verschiedenen, wenngleich unmittelbar zusammengehörigen Weisen: das Verfallen besteht zunächst in einem Interesse, das eigene Sein als Möglichkeit *nicht* zu *sehen*. Da sich das Dasein von seinem eigenen Sein nicht einfach abwenden kann, besteht die einzige Möglichkeit, es nicht zu sehen, darin, es *anders* zu sehen als es ist. Nach dieser Seite besteht also geradezu ein Interesse an der Unwahrheit. Was das Dasein sich so verdeckt, ist aber sein eigenes Freisein, das sich nur in der Wahrheitsfrage des Sichdurchsichtigwerdenwollens realisieren kann. Daß das Dasein sich die Wahrheit hinsichtlich seines eigenen Seins *als solchen* verdeckt, bedeutet also zugleich, daß es sich hinsichtlich der *jeweiligen Möglichkeiten*, in denen es sich versteht, gegen die Wahrheitsfrage sperrt. Hinsichtlich der jeweiligen Möglichkeiten, auf die hin es sich versteht und die es in sein Worumwillen aufgenommen hat, hat das Dasein also zwar nicht geradezu ein Interesse an der Unwahrheit, aber ein positives Desinteresse an der Wahrheitsfrage: das Interesse ist hier nicht, die Sache anders zu sehen als sie ist, sondern sie nicht anders zu sehen als man sie gerade sieht. Unter den Titeln „Gerede" (§ 35) und „Zweideutigkeit" (§ 37) hat Heidegger dieses Verstehen im Modus der Uneigentlichkeit beschrieben, in dem das Dasein sich gegen die Differenz zwischen Wahrheit und Unwahrheit seines Verstandenen unempfindlich macht.

Die Bewegtheit der Erschlossenheit in ihrer Ganzheit und die Wahrheit als ihre zweiseitige Motivation

Heidegger hat versucht, das Verfallen mit der Geworfenheit und dem Entwurf unter dem Titel „Sorge" zu einem „Strukturganzen" der Erschlossenheit zu verbinden (§ 41). Das Verfallen läßt sich aber nicht wie Geworfenheit und Entwurf auf einer Ebene mit diesen als ein formales Strukturmoment fassen, sondern ist, strukturell betrachtet, als „Uneigentlichkeit" eine bestimmte, wenngleich das ganze Sein des Daseins beherrschende *Modalität von* Geworfenheit und Entwurf neben der anderen Modalität der „Eigentlichkeit", die – als „Angst" und „Entschlossenheit" – ebenfalls eine Modalität sowohl der Geworfenheit wie des Entwurfs ist[18]. Aber diese

---

[18] Daß Heidegger das Verfallen mit Entwurf und Geworfenheit in einem Strukturganzen zu verbinden versucht, wird verständlicher, wenn man berücksichtigt, daß er die Uneigentlichkeit vielfach als ein Verfallen an das innerweltliche Seiende versteht (oben S. 315), so daß er das „Verfallen" auch geradezu als formalen Terminus für das „Sein bei" innerweltlichem Seienden überhaupt verwenden kann. Da jedoch auch die „eigentliche Existenz" auf ihre Weise innerweltliches Seiendes erschließt, hätte diese Auffassung konsequenterweise auch zur Unterscheidung eines eigentlichen und uneigentlichen Verfallens führen müssen (SuZ 350 kommt es beinahe zu einer solchen Formulierung: „Das Verfallen ist zeitlich primär in der Gegenwart (Gegenwärtigen, bzw. Augenblick [!]) verwurzelt", wobei zu beachten ist, daß der „Augenblick" vorher [338] als das Gegenwärtigen [Sein bei] im Modus der Eigentlichkeit erklärt worden war); dann aber wäre der Terminus „Verfallen" zur Bezeichnung der Modalität der Uneigentlichkeit offenbar unbrauchbar geworden. Heidegger muß diese Schwierigkeit gespürt haben, da er mehrfach als „das dritte Wesensmoment der Erschlossenheit" die „Rede" anführt statt des Verfallens (296 u. ö.). Aber daß sich in der

Grundmöglichkeiten sollen nun nicht indifferent nebeneinander und als bloße Modifikation den formalen Strukturmomenten gegenüber gestellt bleiben, sondern in der Einheitlichkeit eines Bewegungsganzen verstanden werden. Nur sofern „die" Erschlossenheit nicht als ein „Strukturganzes",

---

„Rede", die Heidegger als „die bedeutungsmäßige Gliederung der befindlichen Verständlichkeit des In-der-Welt-Seins" bestimmt hatte (162), nur das „Sein bei innerweltlichem Seienden" artikulieren soll, ist auch nicht ganz einleuchtend.
Ist die dreifache Strukturgliederung der „Sorge" überhaupt berechtigt, auch wenn man das dritte Moment einfach als „Sein bei" faßt und von dessen Identifizierung mit dem Verfallen oder der Rede absieht? Ihre eigentliche Einsichtigkeit gewinnt diese Gliederung nachträglich aus der dreifachen Struktureinheit der Zeitlichkeit, die dann auch als der „Sinn der Sorge" herausgestellt wird (§ 65). Bei der konkreten Interpretation der verschiedenen Strukturmomente der Sorge auf ihre Zeitlichkeit in den §§ 67 ff. zeigt sich dann aber, daß *jedes* dieser Strukturmomente die *ganze* Struktureinheit der Zeitlichkeit enthält, auch wenn mit je verschiedenem Gewicht (350). Die Sorgestruktur reflektiert demnach nicht einfach die Struktur der Zeitlichkeit, so daß also von daher doch wieder keine Notwendigkeit für diese drei Strukturmomente der Sorge gegeben scheint. Worin besteht dann aber der eigentliche Sinn dieses „Strukturganzen"?
Sowohl bei der Geworfenheit als auch beim Entwurf hatte sich gezeigt, daß in ihnen mit dem eigenen Sein als In-der-Welt-Sein zugleich Welt erschlossen ist, womit zugleich nach beiden Seiten die Bedingung für das Begegnenlassen von innerweltlichem Seienden gegeben war. Wiederum erscheint es dann aber merkwürdig, das „Sein bei" als ein drittes Strukturmoment auf derselben Ebene mit Geworfenheit und Entwurf zu sehen. – Aber nun ist zu beachten, wie Heidegger die Geworfenheit und den Entwurf, wo er die Sorge-Struktur entwickelt, bezeichnet: das Moment der Existenz wird gefaßt als „Sich-vorweg-sein des Daseins", das der Faktizität als „Schon-sein-in-einer-Welt", das des Verfallens als „Sein bei (innerweltlich begegnendem Seienden)" (192). Geworfenheit und Entwurf stehen demnach hier nicht primär für zwei verschiedene Seiten in der Erschlossenheit des eigenen Seins *und* der Welt, sondern der Entwurf für das Selbstverhältnis, die Geworfenheit für die Erschlossenheit der Welt, die ihrerseits das Verfallen als das Sein bei innerweltlichem Seienden ermöglichen soll. In der Sorge-Struktur soll demnach die „Verklammerung" (192) der Erschlossenheit von Selbst und innerweltlichem Seienden sichtbar werden. Diese konstruktive Absicht wird dann in WG noch deutlicher. Auch in WG wird der Entwurf primär auf das eigene Seinkönen orientiert (das dann hier zugleich als „Welt" bezeichnet wird, oben S. 275) und die Faktizität primär als Geworfenheit in einen unbestimmten Umkreis von Seiendem verstanden (was SuZ 192 „Welt" genannt wird), und aus der „Einheit" dieser beiden Seiten soll sich nun die dritte des Sich-Verhaltens zu bestimmtem innerweltlichen Seienden geradezu ergeben (WG 44). Es ist merkwürdig, daß Heidegger, der der Erkenntnistheorie den Vorwurf machte, mit ihrer vermeintlichen Frage, wie das Bewußtsein aus seiner „Innensphäre" zu einer Außenwelt komme, das phänomenale „In-der-Welt-Sein" des Daseins zu überspringen (SuZ 61 f., oben S. 263), gerade selbst das Bedürfnis hatte, die Frage nach der Ermöglichung dieser „Transzendenz" (in einer freilich modifizierten Form, vgl. WG 15, 18 f.) zu stellen. Selbst wenn eine solche Konstruktion überhaupt einen Sinn haben sollte – Heidegger hat sie dann, nachdem er diese Tendenz in WG auf die Spitze getrieben hatte, in der „Kehre" aufgegeben –, wird die deskriptive Bedeutung von Entwurf

sondern als Bewegungszusammenhang verstanden wird[19], erscheint es sinnvoll, die Erschlossenheit als Einheit von Geworfenheit, Entwurf *und* Verfallen zu sehen. Auch so darf freilich die strukturelle Heterogeneität dieser Momente nicht übersehen werden: Geworfenheit und Entwurf *modifizieren* sich in dieser Bewegung, das Verfallen kennzeichnet die Bewegung selbst. Daß sich zwischen den formalen Strukturmomenten und ihren bestimmten Modifikationen überhaupt ein konkreter Bewegungszusammenhang ergeben kann, liegt daran, daß hier das eine Strukturmoment, die Geworfenheit, schon in seinem formalen Wesen – das sich seinerseits aus einem bestimmten Aspekt des Strukturganzen (der Nichtigkeit von Faktizität *und* Existenz) bestimmt (oben S. 312 f.) – den Ansatz zu einer konkreten Bewegtheit enthält, die in ihrem Verlauf durch alle Momente bestimmt ist: aus dem Wesen der *Geworfenheit* selbst ergibt sich, daß das Dasein sich sein „Daß es sein Da ist", um sich nicht *verschließen* zu müssen, „zunächst und zumeist" im Modus der Abkehr erschließt, so daß die Bewegtheit, in die es dadurch kommt, als *Verfallen* dem *Entwurf* seinerseits eine *Verdeckungstendenz* verleiht, in der sich das Verstehen gegen sein mögliches Nichtverstehen und d. h. gegen die Wahrheitsfrage abzusperren sucht.

Die Erschlossenheit läßt sich also – anders als die Intentionalität – nicht nur als abstrakte und modifizierbare Struktur sehen, sondern, weil sie in das Zu-Sein gehört, „um" das es dem Dasein geht, zeigt sie sich in einer Bewegtheit, in der nun der gegenläufigen Richtung des Sich-Verschließens und Verdeckens sogar ein Primat zukommt. Im Verfallen fällt das Dasein nicht erst aus einem vorgängigen Zustand heraus, sondern diese Bewegtheit kennzeichnet von vornherein das Sein des Daseins, so daß „das eigentliche Selbstsein" sich umgekehrt nur als „eine existentielle Modifikation des Man" und aus dem Gegenzug gegen das Verfallen verstehen läßt. Das Verfallen ist die alles tragende Grundbewegung des Daseins. Der Verdeckungstendenz „vermag es sich nie zu entziehen. In ihr und aus ihr und gegen sie vollzieht sich alles echte Verstehen, Auslegen und Mitteilen, Wiederentdecken und neu Zueignen" (169).

---

und Geworfenheit durch diese doppelte Funktion offensichtlich überladen. Die Zuordnung des Entwurfs zum Selbst, der Geworfenheit zur Welt läßt leicht den Geworfenheitscharakter der *Möglichkeiten* übersehen und gibt dem Worumwillen den Anschein eines zunächst *freischwebenden* Selbstverhältnisses. Eine Folge davon ist die Auffassung der Uneigentlichkeit als ein Verfallen an das *innerweltlich Seiende* (oben S. 315).
Die konstruktiven Teile von SuZ – der Entwurf der Sorge-Struktur in § 41 und der z. T. gewaltsame Versuch der §§ 67 ff., in alle Weisen der Erschlossenheit die drei Zeitlichkeitsekstasen hineinzudeuten – fallen gegenüber jenen Abschnitten, in denen deskriptiv Neuland betreten wird, stark ab, und eine Interpretation, die sich an diesen systematisch zentralen Stücken orientiert, wird daher leicht steril.

[19] Heidegger versucht beides in eins zu fassen, vgl. SuZ 192.

Wenn nun aber die Verdeckungstendenz des Verfallens die Grundbewegung des Daseins ist, inwiefern kann dann überhaupt die Gegentendenz der Verantwortlichkeit und des Sichdurchsichtigwerdenwollens aufkommen? Erst beides zusammen würde die Bewegtheit der Erschlossenheit im ganzen ausmachen.

Die Möglichkeit der Gegentendenz liegt schon im Wesen des Verfallens selbst als Fluchtbewegung. Denn wenn das Dasein es nötig hat, ständig auf der Flucht zu sein, so heißt das, daß das Wovor der Flucht ständig „hinter ihm herkommt" (184). Was man nötig hat, sich ständig zu verdecken, muß eine ständige Tendenz haben, sich zu erschließen. Die „Unheimlichkeit setzt dem Dasein ständig nach und bedroht, wenngleich unausdrücklich, seine alltägliche Verlorenheit in das Man" (189). Man braucht hier also nicht nach einer zweiten Bewegung zu suchen, sondern das Verfallen trägt in sich, als die Bewegung, die es ist, die gegenläufige Tendenz.

Daß die Verantwortlichkeit, die das Dasein zunächst und zumeist nur so mit sich trägt, daß es ihr ausweicht, sich auch gegen das Verfallen durchzusetzen vermag, findet Heidegger im Phänomen des Gewissens bezeugt. Im „Ruf des Gewissens" ruft sich das Dasein aus dem Verfallen in seine Verantwortlichkeit zurück (§§ 56–58). Das verfallende Dasein hat die *Möglichkeit,* auf den Ruf zu hören und im „Gewissen-haben-wollen" seine Freiheit zu übernehmen (§§ 58, 60).

Das Dasein hat sich dann auch in seiner Befindlichkeit mit der „Unheimlichkeit" und dem „Lastcharakter" seines Seins konfrontiert; wenn es an diesem weder zerschellt, so daß es sich verschließt, noch ihn sich verfallend verdeckt, hat es ihn in sein Worumwillen mitaufgenommen; diese Stimmung, die durch die Angst hindurchgegangen ist und die Nichtigkeit der Existenz akzeptiert hat, ist von einer „Gehobenheit", die die Last des Zu-Seins nicht zurückgelassen, sondern in sich aufgenommen hat.

Das Phänomen des Gewissens bezeugt aber, genau genommen, nur, daß sich das Dasein in seine Freiheit *zurückrufen* kann. Was kann das Dasein jedoch dazu bewegen, diesem Ruf zu folgen? Heidegger hat diese Frage nicht mehr gestellt. Ist sie überhaupt unberechtigt? Aber Heidegger hat auch die Bewegtheit des Verfallens nicht nur als eine faktische konstatiert, sondern in ihrer „Motivation" einsichtig gemacht. Was für ein „Motiv" kann das Dasein haben, sich in seiner Verantwortlichkeit zu übernehmen?

Hier scheint nun der Wahrheitsbezug ebenso aufschlußreich zu sein wie das Interesse an der Unwahrheit für das Verständnis des Verfallens. Das Interesse an der Wahrheit liegt sogar dem Interesse an der Unwahrheit noch zugrunde, und von ihm aus lassen sich erst beide entgegengesetzten Tendenzen verständlich machen. Es liegt nämlich im Begriff der Wahrheit, daß man etwas nicht für wahr halten kann, wenn man weiß, daß es eine Täuschung ist; man müßte sonst die Identität mit sich selbst verlieren. Was sich uns als wahr zeigt, erhebt eben damit einen absoluten Anspruch, es anzuerkennen, solange es sich so zeigt. Daher ist die einzige Möglichkeit, sich ihm zu entziehen, es zu verdecken. Man kann sich nur auf etwas entwerfen, was man für wahr hält; wenn man sich auf etwas entworfen hat, was man für eine Täuschung hält, hat man eben damit den Entwurf schon durchgestrichen und kann diese Seinsweise nicht vollziehen. Ein Wesen, das überhaupt auf Wahrheit und Unwahrheit bezogen ist, ist also so grundsätzlich auf Wahrheit angewiesen, daß es auch die Unwahrheit nur in der Verkleidung der Wahrheit wollen kann. Die Täuschung ist nur so möglich, daß man das, was nicht wahr ist, für wahr hält. Daß die Wahrheit bindend ist, zeigt sich also auch und gerade daran, daß wir uns dem Anspruch von etwas, was sich uns als wahr zeigt, nur entziehen können, indem wir es für unwahr halten, d. h. indem wir das, was nicht wahr ist, für wahr halten. Die Verdeckungstendenz des Verfallens impliziert daher als Interesse an der Unwahrheit immer schon ein Interesse an der Wahrheit, das hier allerdings gerade nicht ein Interesse ist, sich nur auf das zu entwerfen, was wahr ist, so daß nun nach der Wahrheit gefragt werden müßte, sondern ein Interesse daran, daß der faktische Entwurf wahr ist, so daß die Möglichkeit einer Wahrheitsfrage gerade vermieden werden muß.

Schon die Motivation des Verfallens läßt sich also nur aus dem Gebundensein des Daseins an Wahrheit verstehen. Die Motivation des Verfallens schien sich zunächst hinreichend einleuchtend aus der „Unheimlichkeit" des In-der-Welt-Seins zu ergeben. Aber daraus wird zunächst nur verständlich, daß das Dasein eine Tendenz hat, dieser Unheimlichkeit auszuweichen. Daß dieses Ausweichen in der Weise der Verdeckung geschieht, liegt darin begründet, daß das Dasein sich dem Anspruch eines Gesehenen nur entziehen kann, indem es dieses für unwahr und das Unwahre für wahr hält.

Aus diesem Gebundensein an Wahrheit läßt sich dann aber auch insbesondere die Gegentendenz in ihrer „Motivation" verstehen. Daß die Verantwortlichkeit des Daseins dem Verfallen ständig gleichsam nachsetzt, ergab sich unmittelbar aus dem Fluchtcharakter des Verfallens selbst. Daß das Verfallen sich die Verantwortlichkeit nie ganz verdecken kann, bezeugte insbesondere der „Ruf des Gewissens". Offen blieb nur, was denn überhaupt das Dasein veranlassen kann, diesem Ruf zu folgen, wenn die Übernahme der Verantwortlichkeit dem natürlichen Gefälle des Daseins als Verfallen entgegenläuft. Wenn nun aber das Dasein nicht umhin kann, das, was sich ihm als wahr zeigt, als bindend anzuerkennen, dann kann es sich, *wenn* es den Ruf des Gewissens überhaupt hört (d. h. *wenn* es seine Verantwortung überhaupt sieht), diesem Anspruch nicht entziehen. Es kann sich diesem Anspruch nur entziehen, indem es ihn überhört, d. h. ihn verdeckt.

Wäre es dann, so könnte man noch fragen, nicht das Natürliche, daß sich das Dasein diesen Anspruch ständig und absolut verdeckt? Aber eine solche absolute Verdeckung des eigenen Seins ist nicht möglich, sie widerspräche sich selbst: in dem Ausmaß, in dem sich das Dasein bemüht, diesen Anspruch zu verdecken, erkennt es ihn auch an.

Das Dasein sucht sich ständig sein eigenes Sein zu verdecken, andererseits kann es diese Verdeckung nie zur Vollkommenheit bringen. *Wie weit* sie ihm gelingt, bzw. wie weit es umgekehrt nicht umhin kann, dem Anspruch der Verantwortlichkeit zu folgen, entscheidet sich nur in der Konkretion der jeweiligen Existenz. Die Verantwortlichkeit wird im Verfallen in ihrer Verdecktheit evtl. kaum spürbar vernommen, aber ihr Anspruch ist, so sehr er auch verdrängt sein mag, absolut; darin liegt keine Voraussetzung eines „übersinnlichen" Wesenskerns des Menschen, vielmehr folgt diese Unbedingtheit analytisch aus dem Sinn von Wahrheit und Unwahrheit. Auf der anderen Seite geht das natürliche Interesse des Daseins unaufhebbar auf die Verdeckung der Verantwortlichkeit, auf die Verdrängung der Wahrheitsfrage. Das Sein des Daseins als Erschlossenheit vollzieht sich in dem Spannungsfeld zwischen diesem Interesse und jenem Anspruch. Diese gegenläufige und doch einheitliche Bewegtheit, die sich als Freisein jeweils so oder so konkretisiert, macht das volle Geschehen der „Erschlossenheit" aus.

Konsequenzen für die Wahrheitsproblematik; die Bedeutung der Verdeckungstendenz für die Wahrheitsfrage überhaupt und für die Methode der Philosophie im besonderen; Vergleich mit Psychoanalyse und Ideologiekritik

Die positiv-negative Bedeutung des Wahrheitsbezugs für die Bewegtheit der Erschlossenheit ist hier schärfer herausgehoben worden als das in SuZ selbst geschehen ist. Wenngleich für Heidegger die Verantwortlichkeit (das „Gewissen-haben-wollen") mit dem „eigentlichen" Wahrheitsbezug unmittelbar zusammenhängt (296 f.), liegen die Akzente doch anders. Warum das so ist, kann erst nach der Interpretation von Heideggers Bestimmung des Wahrheitsbegriffs verständlich werden. Dann wird auch die hier erfolgte Überblendung zurückzunehmen sein (§ 16).

Unter diesem Vorbehalt lassen sich jetzt die Konsequenzen dieser Analyse der Erschlossenheit für die Wahrheitsproblematik herausstellen. Weil die „Erschlossenheit" nicht einfach eine erweiterte Aktstruktur bezeichnet, sondern das Geschehen, in dem im Sein des Daseins sich überhaupt erst ein Lichtungsspielraum öffnet, konnte sich ergeben, daß sie einem möglichen Wahrheitsbezug nicht nur formal zugrundeliegt, sondern einen solchen von sich aus enthält und in ihrer eigenen Bewegtheit zweiseitig von ihm bestimmt ist. Und da die Erschlossenheit im Zu-Sein des Daseins verankert ist, „um" das es diesem geht, erscheint der Wahrheitsbezug jetzt von vornherein als *Interesse* an der Wahrheit, bzw. Unwahrheit. So zeigt sich jetzt innerhalb der Erschlossenheit selbst jene Möglichkeit der „Verantwortlichkeit" in der Bereitschaft zur Wahrheitsfrage und Rechtfertigung, aus deren Radikalisierung Husserl die formale Idee der Philosophie verstanden hatte, die seiner philosophischen Position zugrunde lag (oben S. 189–93). Diese Möglichkeit der Verantwortlichkeit hatte Husserl nur vorausgesetzt, konnte sie von seinem Ansatz her nicht mehr ihrerseits zur Aufklärung bringen (a. O.). Verantwortlichkeit und Unverantwortlichkeit sind keine möglichen Modifikationen der intentionalen Akte. Jetzt hingegen lassen sie sich als die Eigentlichkeit bzw. Uneigentlichkeit der Erschlossenheit verstehen.

Die ausdrückliche Thematisierung der Verantwortlichkeit in ihrem Spannungsverhältnis zur Unverantwortlichkeit führt nun aber zu der Erkenntnis, daß dem Interesse an der Unwahrheit gegenüber dem möglichen Willen zur Wahrheit ein Primat zukommt. Daß das Dasein primär an der Unwahrheit und nicht an Wahrheit interessiert sei, läßt sich natürlich nicht allgemein sagen. Innerhalb der jeweiligen gegenständlichen Bereiche seines Besorgens und der Wissenschaften hat das Dasein normalerweise von der Wahrheit mehr zu gewinnen als von der Unwahrheit. Wo es sich hingegen um die Horizonte seines Selbstverständnisses handelt, auf die alle gegenständliche Wahrheit relativ ist und bei denen jetzt das Wahrheitsproblem angesetzt wird, besteht das Interesse an der Unwahrheit so allgemein, daß es sogar die Bedingung der Möglichkeit aller anderen Interessen ist. Jedes Interesse, das sich auf ein bestimmtes Worumwillen entworfen hat, ist immer schon vom Interesse an der Unwahrheit durchdrungen, weil das Dasein als erschlossenes darauf angewiesen ist, die Verstehenshorizonte seiner Interessen für gerechtfertigt zu halten; um sich überhaupt in einem Interesse halten zu können, muß es daher die Frage nach der Wahrheit vermeiden. Das Interesse an der Unwahrheit liegt allem übrigen Interesse zugrunde, weil die Wahrheit das einzige ist, dessen Gegenteil, wenn es als solches erkannt ist, sich *eo ipso* aufhebt, und daher das einzige, was auch ohne und gegen Interesse bindet. Damit führt aber gerade die Einsicht in den Grund des primären Interesses an der Unwahrheit zur Erkenntnis der Möglichkeit, wie sich dennoch der Wahrheitsanspruch durchsetzen kann, der dann auch wiederum die Bedingung der Möglichkeit der Übernahme *jedes* interessenkonträren Anspruchs ist, also insbesondere jeder möglichen Moralität.

Indem also Heidegger das Wahrheitsproblem im Bereich des Worumwillen, der „Praxis“, ansetzt, ergibt sich wie schon für Nietzsche und andere die Einsicht, daß das natürliche Interesse des Menschen nicht primär auf Wahrheit geht; indem aber das Worumwillen aus der Erschlossenheit verstanden wird, kann sich zeigen, wie dieses natürliche Interesse nicht nur nicht primär auf Wahrheit, sondern primär gegen Wahrheit gerichtet ist; darin aber zeigt sich eine prinzipielle Angewiesenheit auf Wahrheit, und damit dann auch die *Möglichkeit* des Willens zur Wahrheit, der nun nicht mehr einfach naiv vorausgesetzt ist.

Wirkt sich nun die vertiefte Einsicht in das Wesen von Verantwortlichkeit und Wahrheitsbezug in einer entsprechenden Weise auf die philosophische

Position aus wie bei Husserl? Diese Frage läßt sich nicht beantworten, weil in SuZ noch kein bestimmter Begriff von Philosophie vorkommt. Hingegen wirkt sich die Einsicht in den Primat der Verdeckungstendenz auf Heideggers philosophische *Methode* aus, ebenso wie Husserls Konzeption des Wahrheitsbezugs auf die seine.

Für Husserls philosophische Methode war die Überzeugung grundlegend, man brauche sich nur unmittelbar vor die Sache zu bringen, um sie in ihrer Wahrheit zu erkennen, und: was uns in unmittelbarer Gegenwart gegeben ist, bildet einen Bereich apodiktischer Evidenz (vgl. oben S. 85 f.). Als Husserl dann auf die Horizontrelativitäten aufmerksam wurde, betonte er zwar: sich vor die Sache selbst bringen, sei nicht so einfach, wie das klingt; es erfordere, den „verborgenen Implikationen" nachzugehen; aber der philosophische Bereich blieb trotzdem ein gegenständlich verstandener, in apodiktischer Evidenz vorgegebener; vor allem aber kannte Husserl auch beim Rückgang in die verborgenen Implikationen keine subjektiven Hemmnisse.

Wenn hingegen eine prinzipielle Verdeckungstendenz vorausgesetzt wird, dann gilt auch schon für das vorphilosophische Fragen nach Wahrheit, sofern es die eigenen Verstehenshorizonte betrifft, daß man sich nicht mehr einfachhin vor die Sache selbst bringen kann: „Es ist nicht so, daß je ein Dasein ... vor das freie Land einer ‚Welt' an sich gestellt würde, um nur zu schauen, was ihm begegnet" (SuZ 169). „Wenn das Dasein die Welt eigens entdeckt und sich nahebringt, wenn es ihm selbst sein eigentliches Sein erschließt, dann vollzieht sich dieses Entdecken von ‚Welt' und Erschließen von Dasein immer als Wegräumen der Verdeckungen und Verdunkelungen, als Zerbrechen der Verstellungen, mit denen sich das Dasein gegen es selbst abriegelt" (129).

Wie kann sich nun aber dieses „Wegräumen der Verdeckungen" vollziehen? Man kann sich von seiner Interessengebundenheit nicht durch einen bloßen Willensakt befreien. Denn dazu müßte man wissen, wovon und wozu man sich zu befreien hätte. In der Verdeckungsleistung der Wahrheitsverdrängung liegt aber, daß sie das, was sie verdeckt, so verdeckt, daß sie auch die Tatsache verdeckt, daß sie verdeckt; sonst wäre die Verdeckung gar nicht wirklich durchgeführt. Auf der anderen Seite kann auch gerade die grundsätzliche Bereitschaft zur Frage nach der Wahrheit ein Gebilde der Verdeckungstendenz sein, um in dem Bewußtsein, dem Wahrheitsanspruch zu genügen, die wirkliche Infragestellung seiner Perspektiven zu umgehen. Die Verdeckungstendenz geht so weit, daß das Interesse an der Unwahrheit dem Willen zur Wahrheit so täuschend ähnlich sieht, daß das Dasein seiner Wahrhaftigkeit prinzipiell nie gewiß werden kann.

Wenn sich nun aber das Dasein die Wahrheit seines Seins immer schon so verdeckt, daß es die Tatsache des Verdeckens mitverdeckt, wie ist es dann überhaupt möglich, *in concreto* nach Wahrheit zu fragen? Die Wahrheit ist getrennt von der Unwahrheit gar nicht auffindbar, da sie immer schon von der Verdeckungstendenz gleichsam eingewickelt ist. Man kann daher der Verdeckungstendenz nicht einfach absagen, sondern muß auf sie selbst eingehen, um ihr die Wahrheit abzufragen. Es liegt im Wesen der Verdeckungsfunktion, daß sie selbst jetzt noch der einzige Zugang zur Wahrheit ist.

Wie kann aber der Verdeckungstendenz das von ihr Verdeckte abgefragt werden, wenn sie doch eben darin besteht, das zu Verdeckende und damit zugleich sich selbst zum Verschwinden zu bringen? Das einzige, was hier noch einen Zugang offen läßt, ist die Tatsache, daß das Verdecken das zu Verdeckende nie zum Verschwinden gebracht *hat,* sondern es stets und immer noch zum Verschwinden *bringt.* Die Verdeckungsaktion ist nie abgeschlossen, weil es im Wesen des Verdeckens liegt, daß es sich auf das zu Verdeckende richtet und seinen Wahrheitsanspruch, gerade um ihn auszuschalten, vernehmen muß und daher nie aufhören kann, ihn auszuschalten. Diese spezifische Bewegtheit des Verdeckens verrät es: das Verdecken ist eine „Fluchtbewegung", und diese kann auf das Wovor der Flucht abgefragt werden. Die Bewegtheit des Verdeckens, sein Fluchtcharakter, zeigt sich an einer spezifischen Interessiertheit, sich an bestimmte Auffassungen und Perspektiven zu klammern, und an einer spezifischen Empfindlichkeit, vor bestimmten Grenzen zurückzuweichen. So ergibt sich aus der eigentümlichen Eingewickeltheit der Wahrheit des eigenen Seins in die eigene Verdeckungstendenz, daß solcher Wahrheit nur nachgefragt werden kann im Aufmerksamwerden auf die spezifische Affektbesetztheit unserer Auffassungen und Vorstellungen.

Daß der Wahrheit nur in dieser indirekten Weise im Eingehen auf die Verdeckungstendenz nachgegangen werden kann, hat Heidegger nun insbesondere in der Methode seiner eigenen ontologischen Untersuchung zur Anwendung gebracht. Während für Husserl das in der Epoché eröffnete Sein des Bewußtseins unmittelbar zugänglich ist, ist für Heidegger dem Dasein das eigene Sein auf Grund seiner Verdeckungstendenz „das Fernste" (311). „Die Seinsart des Daseins fordert daher von einer ontologischen Interpretation, die sich die Ursprünglichkeit der phänomenalen Aufweisung zum Ziel gesetzt hat, daß sie sich das Sein dieses Seienden gegen seine eigene Verdeckungstendenz erobert" (a. O.). Die Analyse des Daseins wird zunächst in einer möglichst „indifferenten" Seinsweise, in der „Durchschnittlichkeit" seiner „Alltäglichkeit" angesetzt (§ 9) und geht dann, sobald sich in dieser eine spezifische Verdeckungstendenz zeigt, vorrangig dieser Verdeckungstendenz – dem „Verfallen" – nach, um dann „die Freilegung des ursprünglichen Seins des Daseins . . . im Gegenzug zur verfallenden ontisch-ontologischen Auslegungstendenz" durchzuführen (311). So gewinnt Heidegger seine These von der Unheimlichkeit als Grundcharakter des In-der-Welt-Seins nicht, indem er sich in eine entsprechende Befindlichkeit versetzt, in der einem so zumute wäre, sondern zu dieser gelangt er erst aus der Interpretation des Verfallens, dessen offenkundiger Fluchtcharakter daraufhin befragt wird, *wovor* es zurückweicht (184 f.)[20].

Nun hat man freilich schon vor Heidegger, besonders durch Marx und Freud, die Interessengebundenheit der Vorstellungen vom eigenen – individuellen oder gesellschaftlichen – Sein und die sich daraus ergebende Verdrängs- und „Ideologie"-Tendenz des Menschen erkannt und erforscht. Während einerseits Psychoanalyse und Ideologiekritik, da sie diese Erkenntnisse aus der konkreten Forschung gewonnen haben, zu einem größeren Reichtum deskriptiver und methodischer Bestimmungen gekommen sind, liegt andererseits das Neue bei Heidegger darin, daß er diese Zusammenhänge systematisch aus der „Erschlossenheit" und dem Wahrheitsbezug des Menschen zu verstehen sucht[21]. Man könnte allerdings meinen, daß Heidegger nur ein einziges Verdeckungsinteresse des Menschen kennt, nämlich das seiner „nichtigen" Grundstruktur, der „Unheimlichkeit", während Psychologie und Soziologie die Verdrängungstendenzen und Ideologieneigungen des Menschen aus der ganzen Mannigfaltigkeit seiner individuellen und

---

20 Tatsächlich scheint Heideggers „Deskription" der Angst in SuZ § 40 und WM 28–34 gerade phänomenologisch am einleuchtendsten, wenn man diesen in SuZ ausdrücklich hervorgehobenen methodischen Ansatz beim Verfallen ernst nimmt und die Analyse nicht als eine Beschreibung einer bekannten Erlebnisgattung versteht. Heideggers Analyse läßt sich nicht an den Erlebnissen bewähren oder entkräften, die man normalerweise als Angsterlebnisse bezeichnet, denn diese mögen evtl. in den Bereich dessen gehören, was Heidegger als „Furcht" bezeichnet oder Zwischenphänomene sein. So könnte man skeptisch sein, ob die bekannte Ängstlichkeit im Dunkeln, auf die Heidegger sich beruft (SuZ 189), nicht vielmehr ein Phänomen der Furcht ist. Die „eigentliche Angst" ist „selten" (SuZ 190, WM 32 f.), und man muß es im Grunde ebenso offen lassen, ob sie je erfahren worden ist, wie Kant es offen lassen konnte, ob der kategorische Imperativ je befolgt worden ist.

21 Sartre hat in „L'Etre et le Néant" (85 ff.) im Anschluß an Heidegger (vgl. a. O. S. 82) und in Auseinandersetzung mit der Psychoanalyse das Problem der Selbsttäuschung (mauvaise foi) wieder aufgenommen. Aber so einleuchtend seine Kritik der psychoanalytischen Theorie vom Unbewußten scheint, die das Verdrängte vom Bewußtsein dinglich trennt, so wenig gelingt es doch Sartre selbst, das Phänomen der Selbsttäuschung positiv aufzuhellen. Seine cartesianische Konzeption des Bewußtseins als absolut transparentes, ohne Verschattung, ist dafür auch denkbar ungeeignet. Hier scheint vielmehr gerade Heideggers Konzeption der Erschlossenheit, die von vornherein in einem Spannungsverhältnis zur „Verborgenheit" steht, aufschlußreich. Das „Bewußtsein" erstreckt sich im Verdecken und Entdecken von sich aus in einen Bereich des nicht unmittelbar Zugänglichen, und das „Unbewußte" als (zunächst) völlig Unzugängliches läßt sich von daher als Grenzphänomen verstehen. Sartre hingegen trägt zum Verständnis des Verdeckungscharakters als solchen gar nichts bei, sondern entwickelt mit seinem „Sein was man nicht ist und Nicht-Sein was man ist" lediglich eine Struktur zum *inhaltlichen* Verständnis der Selbsttäuschung, die sich als mauvaise foi im engeren Sinn oder als sog. sincerité jeweils auf die eine Seite dieses dialektischen Seins versteifen soll; wie sie sich aber gegen die andere Seite blind zu machen vermag, wird nicht gezeigt.

gesellschaftlichen Wirklichkeit zu verstehen suchen. Insbesondere von der Ideologiekritik könnte in diesem Zusammenhang geltend gemacht werden, daß der Mensch ein gesellschaftliches Wesen sei und seine primären Verdeckungstendenzen keineswegs sein eigenes, individuelles Sein betreffen und im übrigen stets ganz bestimmte sind, die aus der konkreten Geschichtlichkeit und ihren Nöten und Bedürfnissen verstanden werden müssen.

Solche Einwände unterstellen, daß Heidegger mit dem „Verfallen" – dem Verdrängen der „Unheimlichkeit" – ein faktisches Verdrängungsinteresse unter anderen bevorzugt. Das „Verfallen" soll aber nicht eine bestimmte konkrete Tendenz des Daseins sein, sondern steht lediglich für die formale Struktur der Verdeckungstendenz überhaupt: wenn man sich aus spezifischen Bedingungen und Interessen die Wahrheit über bestimmte Dinge verdecken will, um sich in einer bestimmten Möglichkeit halten zu können, wehrt man sich zwar gegen diese bestimmten Dinge, aber man wehrt sich gegen sie, indem man die Frage nach ihrer Wahrheit unterdrückt. Jedes Interesse, die Wahrheit von dem oder jenem zu verdecken, ist aber auf ein Interesse am Verdecken *der Wahrheitsfrage* angewiesen, und diese Verdeckungstendenz *als solche* ist das „Verfallen". Heidegger hat also nicht die Verdeckungstendenz und den möglichen Wahrheitswillen des Daseins auf den besonderen Aspekt bezogen, der ihm nun einmal das Wesen des Menschen zu sein schien; er hat umgekehrt das Wesen des Menschen überhaupt erst aus diesem Spannungsgefüge zwischen Verdeckungstendenz und Wahrheitsanspruch bestimmt. Das so verstandene Wesen des Menschen ist dann aber auch nichts, was jenseits der konkreten und mannigfaltigen Verdeckungsinteressen läge, so daß man, wenn man ihm entspräche, diese übergehen könnte. Wenngleich also diese Bestimmung der ontologischen Struktur des Menschen als „Unheimlichkeit", wie Heidegger selbst sagt, auf einer „bestimmten ontischen Auffassung von eigentlicher Existenz beruht" (SuZ 310), so besteht diese Auffassung doch lediglich in der Voraussetzung der Verantwortlichkeit zur Wahrheit, und so ist diese Wesensbestimmung nur in dem Maße zufällig und unverbindlich, wie es unverbindlich sein mag, sich im Spannungsfeld zwischen Verantwortlichkeit und Unverantwortlichkeit zu wissen. Daß schließlich Verdeckungstendenz und Verantwortlichkeit bei Heidegger nicht primär gesellschaftlich verstanden werden, heißt nicht, daß sie aufs Individuelle bezogen sind, denn Heidegger spricht überhaupt nicht von dem, *worauf* sie sich jeweils beziehen, sondern *wie* sie sich vollziehen: auch wo das, *was* wir uns verdecken und in seiner Wahrheit erfragen mögen, unser gesellschaftliches Sein ist, ist doch Verantwortlichkeit und Unverantwortlichkeit eine mögliche Bestimmung nur des Einzelnen als Einzelnen (vgl. oben S. 190 f.), und nur der Einzelne kann nach Wahrheit fragen und Wahrheit unterdrücken.

Daß von Heidegger das in allen konkreten Verdrängungen implizierte *spezifische* Interesse an Verdeckung *als solcher* herausgehoben wurde, war nun aber wiederum die Bedingung dafür, daß die diesem Interesse entgegengesetzte Möglichkeit der Selbstverantwortung verständlich werden konnte. Die dem Verdrängungsinteresse entgegengesetzte Wahrheitstendenz bietet freilich solange keine Verständnisschwierigkeiten und wird daher auch allgemein anerkannt, als sie ihrerseits pragmatisch untergeordnet ist, der Anpassung dient usw. Hingegen ist die Möglichkeit einer Wahrheitsfrage, die das eigene Sein als geschichtliche Praxis betrifft und dennoch nicht pragmatisch untergeordnet sondern Selbstzweck ist, nicht nur in der empirischen Forschung als Wirklichkeit nicht nachweisbar, sondern schon in ihrem Begriff widernatürlich. Daß sie dennoch bei einem Wesen, das auf Verdeckung von Wahrheit angewiesen ist, als *Möglichkeit* notwendig gegeben ist, läßt sich hingegen in einer philosophischen Betrachtung (aber auch nur in einer solchen) einsehen, die darauf reflektiert, was apriori-analytisch zu einem Wahrheitsbezug gehört (vgl. oben S. 319–21). Während nun die Verdrängungstendenz, da sie nicht Selbstzweck sein kann, sondern von den mannigfaltigen Lebensbedürfnissen motiviert ist, von sich aus in dieser Mannigfaltigkeit gleichsam zersplittert bliebe, ist der mögliche Wille zur Wahrheit des eigenen Seins, da er von keinem anderen Interesse, sondern lediglich vom Wahrheitsanspruch selbst bestimmt ist, prinzipiell einheitlich. In der Möglichkeit der Selbstverantwortlichkeit konstituiert sich daher überhaupt erst die Einheit des Selbst (vgl. SuZ § 64). Und nur weil sich die mannigfaltigen Verdrängungsinteressen gegen diesen einheitlichen Wahrheitsanspruch zur Wehr setzen müssen, verbinden sie sich ihrerseits zu einem einheitlichen Interesse an der Unwahrheit als solcher. Um einzelnes verdecken zu können, muß man sich insbesondere verdecken, daß man sich als verantwortliches Selbst ergreifen und nach Wahrheit fragen könnte, also das, was Heidegger die Unheimlichkeit des In-der-Welt-Seins nennt.

B. Der Wahrheitsbegriff

Mit der ausführlichen Interpretation der Erschlossenheit hat sich die Untersuchung des Bodens versichert, von dem aus Heidegger in SuZ § 44 seine Bestimmung und Erweiterung des Wahrheitsbegriffs durchführt. Daß die Vertiefung und Erweiterung von Husserls Thematik der „Gegebenheit" auch eine Vertiefung und Erweiterung der Wahrheitsproblematik ermöglicht, hat sich schon angedeutet. Wo in den beiden Paragraphen des vorigen Abschnitts die Linien bereits bis zum Wahrheitsproblem durchgezogen wurden, geschah das allerdings zum Teil in freien Überlegungen, die zwar stets eine Stütze, aber nicht immer einen ausreichenden Rückhalt im Text hatten. Ein solches Vorgehen war jedoch zur Vorbereitung einer immanent kritischen Interpretation von Heideggers Wahrheitsbegriff durchaus erforderlich. Während die Ausdeutung der Erschlossenheit die Interpretation des Wahrheitsbegriffs vor einem Übersehen von Heideggers eigentlichen Intentionen und einer Kritik von außen bewahren sollte, konnte die vorgängige freie Reflexion auf das Wahrheitsproblem einen Erwartungshorizont bereitstellen, der – aus Heideggers eigener Problematik heraus – den nötigen Abstand gegenüber dem Text gewährleistet. Dabei wird sich jetzt nicht nur zeigen, was von den vorhergehenden Überlegungen keine ausreichende Grundlage in Heideggers Text hat, sondern auch, warum es sie nicht haben kann. Jene Überlegungen werden dadurch aber nicht hinfällig, weil die Interpretation nicht nur zeigen will, wie Heidegger das Wahrheitsproblem faktisch ausgebildet hat, sondern wie es auf der von ihm bereitgestellten neuen Basis ausgebildet werden könnte.

Wie notwendig diese Vorbereitung war, ist daran zu ersehen, daß keine einzige der bisherigen Interpretationen, die Heideggers Begriff der Erschlossenheit überhaupt positiv aufgenommen haben (vgl. oben S. 7), an der entscheidenden These von § 44 Anstoß genommen hat, „mit der Erschlossenheit" sei „das ursprünglichste Phänomen der Wahrheit erreicht" (220 f.). Nach der obigen Interpretation der Erschlossenheit muß diese Auffassung, daß die Wahrheit nicht nur im Rückgang auf die Erschlossenheit aufzuklären sei, sondern mit der Erschlossenheit geradezu zusammenfalle, auf das höchste befremden. Wie kommt Heidegger zu dieser These, und was bedeutet sie?

Die Argumentation läßt sich zunächst in einem kurzen Überblick zusammenfassen. Sie erfolgt in zwei Abschnitten: § 44 a „Der traditionelle Wahrheitsbegriff und seine ontologischen Fundamente", und § 44 b „Das ursprüngliche Phänomen der Wahrheit und die Abkünftigkeit des traditionellen Wahrheitsbegriffs". Abschnitt (a) behandelt die Aussagewahrheit und kommt zu dem Ergebnis, daß sie verstanden werden muß als „Entdecken". Nun war „Entdecken" in den vorangegangenen Analysen von SuZ der allgemeine Terminus für die Erschlossenheit des innerweltlichen Seienden überhaupt (SuZ 85) und wird als solcher auch hier wieder bestätigt (221, 223). Von daher ergibt sich in Abschnitt (b) die Erweiterung der Wahrheit auf alle Erschlossenheit von innerweltlichem Seienden, und schließlich auch auf die Erschlossenheit des In-der-Welt-Seins, geradezu automatisch. Und da schon früher (ZuS 83 ff., oben S. 287 ff.) gezeigt worden war: „Die Entdecktheit des innerweltlichen Seienden *gründet* in der Erschlossenheit der Welt" (220), ist die Erschlossenheit des In-der-Welt-Seins „das *ursprünglichste* Phänomen der Wahrheit" (220 f.).

Diese beiden Schritte der Erweiterung der Wahrheit aus dem Bereich des Apophantischen auf den des vorgegenständlichen Begegnenlassens von innerweltlichem Seienden und auf den der Erschlossenheit des In-der-Welt-Seins wurden in den vorgreifenden Reflexionen unserer Interpretation der Erschlossenheit vorbereitet. Dabei erwies es sich jedoch als *problematisch*, wie es auch innerhalb eines vorgegenständlichen Begegnenlassens von innerweltlichem Seienden einen Wahrheitsbezug geben könne (oben S. 295 ff.), und ebenso schien auch nicht jeder Aspekt der Erschlossenheit des In-der-Welt-Seins *ohne weiteres* einen Wahrheitsbezug zuzulassen (oben S. 315). Diese Schwierigkeiten scheinen jetzt dadurch, daß die Wahrheit geradezu im Entdecken, bzw. in der Erschlossenheit als solcher liegt, von vornherein behoben, und so braucht nun auch bei jenen Weisen der Erschlossenheit, *innerhalb* deren man einen Wahrheitsbezug ohne weiteres anerkennen würde, zwischen dem Allgemeinen der Erschlossenheit und dem Speziellen des Wahrheitsbezugs nicht weiter unterschieden werden. Dieser Auffassung scheint auch die Möglichkeit einer unwahren Erschlossenheit nicht zu widersprechen, denn die Unwahrheit kann jetzt (222) konsequent als die Verborgenheit verstanden werden, die zum Entbergen selbst gehört (vgl. oben S. 310).

Geht aber nicht, wenn „Wahrheit" in dieser Weise geradezu als die Erschlossenheit selbst verstanden wird und nicht als eine bestimmte Differenz innerhalb der Erschlossenheit, der spezifische Sinn von „Wahrheit" verloren? So wird zu prüfen sein, ob hier überhaupt noch von einer Erweiterung des Wahrheitsbegriffs auf der Grundlage der Erschlossenheit gesprochen werden kann, oder ob der Wahrheitsbegriff nicht in der Erschlossenheit gleichsam untergeht. In diesem Fall würde aber die Erschlossenheit, gerade weil sie selbst schon Wahrheit heißt, überhaupt nicht mehr auf Wahrheit orientiert sein. Ist jedoch eine solche Möglichkeit denkbar, nachdem gerade gezeigt wurde, wie die Erschlossenheit es erlaubt, das Grundverhältnis des Menschen in radikalisierter Weise zweiseitig auf Wahrheit zu beziehen? Die Möglichkeit, daß ein und derselbe Ansatz zwei entgegengesetzte Ausführungen zuläßt, ist jedoch durchaus gegeben. In unserem speziellen Fall leuchtet ein, daß zwischen einer äußersten Erweiterung des Wahrheitsbegriffs, wie sie durch die Erschlossenheit ermöglicht wird, und einer Preisgabe dieses Begriffs nur ein kleiner Schritt liegt, der allerdings über einen Abgrund führt. Eine Interpretation der Wahrheitsproblematik bei Heidegger kann also ihrem Gegenstand nur dann gerecht werden, wenn sie in dem Fall, daß Heidegger den spezifischen Wahrheitsbegriff tatsächlich übergehen sollte, sowohl die Konsequenzen dieses Schrittes in Heideggers Lehre von der Erschlossenheit zeigt, als auch Punkt für Punkt die positiven Möglichkeiten nachweist, die hier übergangen und doch zugleich – so paradox das klingt – eröffnet werden. Gerade wenn Heidegger in seiner faktischen Durchführung den Wahrheitsbegriff überspringen sollte, ist es um so nötiger, diesen potentiellen Beitrag für das Wahrheitsproblem eigens herauszustellen.

Damit sind die beiden Aufgaben der weiteren Interpretationen bezeichnet. Als erstes ist jedoch die Frage zu entscheiden, ob Heideggers Gleichsetzung von Wahrheit und Erschlossenheit tatsächlich in der befürchteten Weise verstanden werden muß. Die Antwort müßte sich aus der Argumentation von § 44 gewinnen lassen. Aus der obigen Übersicht ist zu ersehen, daß der entscheidende Schritt dieser Argumentation der erste ist, daß die Wahrheit der Aussage in ihrem „Entdeckendsein" liegt. Alles weitere ergibt sich dann fast deduktiv. So wird bei der Interpretation von Heideggers Lehre von der Aussagewahrheit in § 44 a zunächst zu fragen sein, wie er zu dieser Auffassung kommen konnte (§ 15). In diesem Schritt liegt der Schlüssel zum Verständnis von Heideggers gesamter Wahrheitstheorie, auch der der späteren Schriften. Unsere Frage kommt hier zu einer eindeutigen Entscheidung. Auf dieser Grundlage ist dann das Problem der Erweiterung des Wahrheitsbegriffs in § 44 b im Hinblick auf die angegebenen beiden Aufgaben zu interpretieren (§ 16).

§ 15 *Die apophantische Wahrheit*

Der Verlust des spezifischen Wahrheitsphänomens in der Interpretation der Aussagewahrheit

Mit Recht ist Heidegger sowohl in SuZ wie in den späteren Schriften, wo immer er seinen Wahrheitsbegriff entwickelt hat (WG 12, WW 12, HW 40), stets von der Aussagewahrheit ausgegangen. Denn wenngleich er zeigen will, daß es einen weiteren und sogar ursprünglicheren Wahrheitsbegriff gibt, muß sich doch die Rechtmäßigkeit einer Wahrheitsbestimmung zunächst an demjenigen Sinn von Wahrheit ausweisen, der der geläufigste und allgemein anerkannte ist. Daß ein Wahrheitsbegriff auf die Aussagewahrheit paßt, ist die Minimalbedingung, die er erfüllen muß, wenn er überhaupt ein Wahrheitsbegriff sein soll.

Auch die Übereinstimmungstheorie der Aussagewahrheit übernimmt Heidegger in § 44 a zunächst als Ausgangspunkt und stellt die Frage, wie diese Übereinstimmung zu verstehen ist (215). In den kritischen Überlegungen, die nun folgen, hat sich Heidegger keine sehr starken Gegner ausgesucht. Die Auffassung, daß das eine Glied der Übereinstimmung als „idealer Urteilsgehalt“ zu verstehen sei, findet er unbefriedigend, denn wenn das andere Glied als „reales Ding“ verstanden wird, würde es sich in der Übereinstimmung um eine „Beziehung zwischen ideal Seiendem und real Vorhandenem“ handeln, die in ihrem „ontologischen Sinn“ unbestimmt bliebe (216 f.). Mit dieser Kritik glaubt Heidegger jede Theorie zu treffen, die auf einen „idealen“ Gehalt Bezug nimmt. Eine Auffassung wie diejenige Husserls, derzufolge beide Glieder der Übereinstimmung als ideale Wesen von Akten, bzw. deren Korrelate zu verstehen sind (oben S. 91 f., 95 f.), wird aber von dieser Kritik nicht getroffen, und es wird sich zeigen, daß auch auf Heideggers Basis der Rekurs auf das „ideale Wesen“ des „Entdeckens“ für das Verständnis der Aussagewahrheit durchaus erforderlich bleibt.

Heidegger geht dann (217) zur Kritik der Bildertheorie über, einer Anschauung, die schon 25 Jahre früher von Husserl erledigt worden war (LU II, 421 ff.): fragen wir nach der Wahrheit einer Meinung, so handelt es sich nicht um die Übereinstimmung einer immanenten Vorstellung mit einem transzendenten Sein, sondern auf das Seiende sind wir auch schon in der bloßen Meinung gerichtet. Und wahr ist nun die Meinung, die Aussage dann, wenn sie das Seiende so aufzeigt, „wie es an ihm selbst ist“, wenn das Seiende „in Selbigkeit so ist als wie seiend es in der Aussage aufgezeigt, entdeckt wird“ (218).

Mit dieser Deutung des „so-wie“ der Übereinstimmung übernimmt Heidegger also zunächst die für Husserls Wahrheitserklärung maßgebende Bestimmung des „selbst“, und in einer Anmerkung verweist Heidegger an dieser Stelle auch ausdrücklich auf die Analysen der VI. Logischen Untersuchung. Was Heidegger durch seine *Argumentation* erreicht hat, ist also nur die Position Husserls (freilich ohne deren Differenziertheit), und der entscheidende Schritt über Husserl hinaus wird nicht mehr begründet, ja nicht einmal als eigener Schritt kenntlich gemacht.

Worin sich Heideggers Auffassung von derjenigen Husserls unterscheidet, läßt sich nur aus den verschiedenen Varianten entnehmen, die er der zuerst gegebenen Bestimmung als äquivalente Formulierungen an die Seite stellt. Die erste Bestimmung lautete: die Aussage ist wahr, wenn sie das Seiende „so" aufzeigt, entdeckt, „wie es an ihm selbst ist". Das „so-wie" wird hier von Heidegger gesperrt gedruckt. Offensichtlich ist es für das Wahrheitsverhältnis wesentlich, denn es bezeichnet die Übereinstimmung des Seienden *so* wie es von der Aussage entdeckt wird, mit eben diesem Seienden „*wie* es an ihm selbst ist". Um so überraschender ist es, daß Heidegger ohne Begründung nun auch eine Formulierung bringt, in der das „so-wie" fehlt. Er sagt: „Die Aussage ist wahr, bedeutet: sie entdeckt das Seiende an ihm selbst." Diese Umformulierung ist jedoch durchaus legitim, sie entspricht auch noch ganz der Auffassung Husserls. Denn da die Übereinstimmung, wenn sie zutrifft, eine Identität ist (oben S. 92), kann man, wenn die Aussage das Seiende so aufzeigt, wie es selbst ist, auch schlicht sagen: sie zeigt das Seiende an ihm selbst auf. Das „so-wie" ist in dem „an ihm selbst" impliziert. Aber Heidegger führt nun in einer dritten Formulierung die Vereinfachung noch um einen Schritt weiter: er streicht, wieder ohne Begründung, auch das „an ihm selbst". Die Aussage ist wahr, bedeutet jetzt schlichtweg: sie entdeckt das Seiende. Und damit ist die These erreicht: „Wahrsein (Wahrheit) der Aussage muß verstanden werden als Entdeckendsein" (218). Erst mit dieser Wendung hat Heidegger sich deutlich von Husserl abgesetzt und seinen eigenen Wahrheitsbegriff gewonnen. Um so merkwürdiger ist es dann aber, daß gerade dieser kleine, aber entscheidende Schritt nicht weiter erläutert wird.

Als es zunächst hieß, eine Aussage sei dann wahr, wenn das gemeinte Seiende „in Selbigkeit so ist, als wie seiend es in der Aussage aufgezeigt, entdeckt wird", schien noch kein besonderes Gewicht auf dem Wort „entdeckt" zu liegen. Als Aufzeigen und Entdecken versteht Heidegger die Aussage überhaupt, und was die Wahrheit der Aussage ausmacht, schien nicht die Tatsache zu sein, daß das Seiende von ihr entdeckt wird, sondern *wie* es von ihr entdeckt wird, nämlich „ so wie es an ihm selbst ist". In der letzten Formulierung aber zeigt sich, daß gerade diese Qualifikation, die das Wesentliche auszumachen schien, für Heidegger entbehrlich wird und die Wahrheit im Aufzeigen, Entdecken als solchem besteht.

Wie ist das zu verstehen? Offenbar wird die neue Auffassung der Aussagewahrheit durch die neue Auffassung der Aussage überhaupt ermöglicht, indem der Aussage-Akt jetzt nicht mehr wie von Husserl aus der Intentionalität als ein bloßes Vorstellen und Meinen, sondern aus der Erschlossenheit als „Aufzeigen" und „Entdecken" verstanden wird. Solange man die Aussage als ein Vorstellen oder Meinen versteht, kann man natürlich nicht sagen: eine Aussage ist dann wahr, wenn sie das Seiende *meint*; denn die Art, wie sie es meint, kann auch falsch sein. Man muß also schon sagen: sie ist dann wahr, wenn sie das Seiende so meint wie es selbst ist. Versteht man hingegen das Aussagen als ein Aufzeigen und Entdecken, dann scheint es zu genügen, wenn man ohne Qualifikation sagt: die Aussage ist dann wahr, wenn sie das Seiende *entdeckt*; denn wenn sie falsch ist, entdeckt sie es gar nicht, sondern „verdeckt" es. So scheint sich beim Wahrheitsproblem der Begriff der Erschlossenheit in einer unerwarteten Weise zu bewähren. Es scheint jetzt nicht mehr nötig, von zwei Gegebenheitsweisen des Seienden zu sprechen (dem Seienden, wie es gemeint ist, und dem Seienden, wie es selbst ist) und von deren Übereinstimmung. Tatsächlich meint Heidegger, wie er nachträglich zeigt (223, 5), die Übereinstimmung nicht nur neu interpretiert, sondern als „abkünftig" erwiesen zu haben. Es genügt jetzt zu sagen: eine Aussage ist wahr, wenn sie das Seiende entdeckt, und sie ist falsch, wenn sie es verdeckt.

Daß mit dem Begriff des „Entdeckens" oder – wie Heidegger später sagt – „Entbergens" in der Tat auch für den Wahrheitsbegriff Wesentliches gewonnen ist, wird noch zu zeigen sein. Daß dieser Gewinn aber nicht, wie Heidegger meinte, darin liegt, daß die Qualifikation „so wie es selbst ist" entbehrlich wird, ist jetzt leicht zu sehen. Die explizite Rekonstruktion der stillschweigenden Überlegung, die Heideggers These zugrunde liegt, hat auch schon ihre schwache Stelle sichtbar werden lassen. Sie liegt in der Zweideutigkeit, in der Heidegger das Wort „Entdecken" verwendet.

Zunächst steht es für das Aufzeigen überhaupt, entsprechend dem griechischen ἀποφαίνεσθαι. In diesem Sinn ist jede Aussage entdeckend, die falsche so gut wie die wahre. Zugleich verwendet Heidegger aber das Wort, entsprechend dem griechischen ἀληθεύειν, in einem engen und prägnanten Sinn, demgemäß die falsche Aussage vielmehr kein Entdecken, sondern ein Verdecken sein soll. Dann versteht es sich freilich von selbst, daß die Wahrheit im Entdeckendsein liegt, aber was heißt nun Entdecken, wenn es nicht mehr Aufzeigen überhaupt bedeutet? Wodurch unterscheidet sich Entdecken (2) von Entdecken (1), das ἀληθεύειν vom ἀποφαίνεσθαι?

Auf diese Frage gibt Heidegger keine Antwort, weil er die beiden Begriffe gar nicht ausdrücklich unterscheidet. Daher kann er, nachdem er zu dem Resultat gekommen war, die Wahrheit bestehe im Entdeckendsein, in der anschließenden Erklärung des Falschen von der „Entdecktheit im Modus des Scheins" sprechen (222). Dabei wäre doch die These von der Wahrheit als Entdeckendsein nur dann einleuchtend, wenn man daran festhielte, daß die falsche Aussage nicht entdeckend ist. Statt dessen sagt nun Heidegger, in der falschen Aussage sei das Seiende „in gewisser Weise schon entdeckt und doch noch verstellt" (222). Das Verdecken der falschen Aussage schließt demnach ein gewisses Entdecken nicht aus. Aber in welchem Sinn ist dann die falsche Aussage entdeckend, und in welchem verdeckend? Da Heidegger weder das Entdecken der wahren Aussage noch das Verdecken der falschen Aussage näher qualifiziert, bleibt ihm nur der Ausweg einer quantitativen Bestimmung: in der falschen Aussage sei das Seiende „nicht völlig verborgen" (222). Soll das heißen: in der falschen Aussage sei das Seiende teilweise entdeckt und teilweise verborgen? Dann würde das Falsche sich aus einem Teil Wahrheit und einem Teil Verborgenheit zusammensetzen. Natürlich hat das Heidegger nicht gemeint, aber dann bleibt eben, wenn man sich auf die beiden Begriffe Entborgenheit und Verborgenheit beschränkt, gar keine Möglichkeit, den besonderen Sinn des Falschen und damit auch den des Wahren zu bestimmen.

Die falsche Aussage verbirgt in der Tat, aber was und wie? Man wird doch wohl sagen müssen: sie verdeckt das Seiende, wie es selbst ist, und zwar dadurch, daß sie es in einem anderen Wie entdeckt, nämlich so wie es nicht selbst ist. Ebenso gibt es keine Möglichkeit, jenes Entdecken im engeren Sinn, welches die Wahrheit einer Aussage ausmacht, vom Entdecken im weiteren Sinn der Apophansis zu unterscheiden, als dadurch, daß es das Seiende so entdeckt wie es selbst ist. Um den Zusatz „so wie es selbst ist" ist also bei der Charakteristik des wahren Aussagens nicht herumzukommen, und die Bestimmung der Entdecktheit, die diesen Gesichtspunkt entbehrlich machen sollte, muß, sofern sie eine Bestimmung von Wahrheit sein soll, ihrerseits von ihm Gebrauch machen.

Heidegger aber geht auch in den auf SuZ folgenden kleineren Schriften bei dem Versuch, die Wahrheit der Aussage auf die Unverborgenheit zurückzuführen, immer wieder gerade über den Aspekt hinweg, auf den es bei der Wahrheit ankommt. Damit die Aussage sich nach dem Seienden richten kann, so heißt es dann in WW, in WG (12) und im Kunstwerkaufsatz (HW 40), muß das Seiende sich zeigen, unverborgen sein. Also liege der Wahrheit der Aussage als Richtigkeit die Wahrheit des Seienden als Unverborgenheit zugrunde. Daß man den Aspekt des Seienden, demgemäß die wahre Aussage sich danach richtet, selbst Wahrheit nennt, ist berechtigt und entspricht auch dem natürlichen Wortverständnis (vgl. auch den dritten Wahrheitsbegriff der LU, oben S. 94 f.). Aber man kann nicht das, wonach die wahre Aussage sich richtet, einfach im Sich-Zeigen, in der Unverborgenheit als solcher sehen. Auch die falsche Aussage richtet sich nach etwas, was sich zeigt. Auch der Schein ist in diesem weiten Sinn des Wortes „unverborgen". Man könnte zwar entgegnen, der Schein sei keine eigentliche Unverborgenheit. Aber damit stößt man nur wieder auf dieselbe Zweideutigkeit, die sich in SuZ beim Entdecken zeigt und die Heidegger nirgends expliziert hat. Die wahre Aussage, so wird man doch sagen müssen, richtet sich gerade nicht nach dem Seienden, wie es sich unmittelbar zeigt, sondern nach dem Seienden, wie es selbst ist.

Diese Differenz innerhalb der „Unverborgenheit" zwischen einem unmittelbaren, gleichsam vordergründigen Gegebensein – Husserls „bloßer Intention" – und der Sache selbst wird von Heidegger nicht berücksichtigt. Es ist aber gerade diese Differenz, aus der das Wort „Wahrheit" überhaupt erst seinen Sinn gewinnt. Würde sich das „Entdecken" darin erschöpfen, daß es das Seiende aus der „Verborgenheit" ans Licht hebt, dann bestünde gar kein Anlaß, von Wahrheit und Unwahrheit zu sprechen. Zu dieser Unterscheidung kommt es erst dadurch, daß unser Verhältnis zum Seienden ein eigentümlich indirektes ist, in dem Sinn, daß uns das Gemeinte gewöhnlich *nicht selbst* gegeben ist und wir es dennoch meinen können und es deswegen auch anders meinen können als es ist[22].

Mit dem Verlust des spezifischen Wahrheitsphänomens wird also zugleich das Wesen der apophantischen Erschlossenheit selbst unangemessen vereinfacht. Es fällt gleichsam eine Tiefendimension aus bzw. ein bestimmter Richtungssinn des Erschlossenheitsgeschehens. Heidegger zeigt, wie die Aussage

---

[22] Sehr instruktiv ist in diesem Zusammenhang Heideggers nachträglicher Versuch am Ende von § 44 b, die „Abkünftigkeit des traditionellen Wahrheitsbegriffs" im Sinn der „Übereinstimmung" nachzuweisen (223–5). Zu einer „Übereinstimmung" komme es erst dadurch, daß „das Dasein ... sich nicht in ‚originärer' Erfahrung vor das Seiende selbst zu bringen" braucht und dabei doch „in einem Sein zu diesem" bleiben kann; die „Entdecktheit des Seienden" ist dann in der bloßen Aussage „verwahrt"; „das Ausgesprochene" wird, indem es „aufgenommen und weitergesprochen werden kann", „gleichsam zu einem innerweltlichen Zuhandenen", bzw. „Vorhandenen"; wenn nun das „Entdeckendsein" dieses Vorhandenen eigens am Seienden „ausgewiesen" werden soll, dann zeigt es sich „als vorhandenes Übereinstimmen zweier Vorhandener" (224).
Die Möglichkeit der Sachferne wird hier also wie ein Sonderfall oder gar Abfall aus einem ursprünglicheren Verhältnis gesehen. So bringt hier Heidegger selbst zum Ausdruck, daß er den ursprünglichen Sinn von Wahrheit aus einem ungebrochenen, distanzlosen Bezug versteht. Das hat ihn nicht gehindert, zwei Seiten vorher die Unwahrheit, die doch gewiß ohne die Möglichkeit der Sachferne nicht zu denken ist, in ihrer wesentlichen Zusammengehörigkeit zum Phänomen der Wahrheit zu erörtern.
Das eigentlich Problematische dieser Argumentation von Heidegger liegt jedoch in ihrem zweiten Teil, und zwar darin, daß sie den vermeintlichen Nachweis der Abkünftigkeit des *Phänomens* der Übereinstimmung mit der Polemik gegen eine schlechte philosophische *Interpretation* dieses Phänomens verbindet. Auf diese Weise soll die Abkünftigkeit noch plausibler gemacht werden, faktisch wird dadurch das Phänomen jener schlechten Interpretation überlassen, statt es seinerseits neu zu interpretieren. Es besteht keine Notwendigkeit, die Übereinstimmung als ein Verhältnis zweier Vorhandener zu verstehen (geschweige denn zweier innerweltlicher Vorhandener), vielmehr hätte es, wie im nächsten Abschnitt dieses Paragraphen deutlich werden wird, von Heideggers Ansatz her nahegelegen, sie als Übereinstimmung zweier Weisen des „Entdeckens" (im Sinn der Apophansis) zu verstehen.
Bei Heidegger bleibt nun unklar, ob die „Übereinstimmung" überhaupt ein – wenn auch „abkünftiges" – *Phänomen* ist, wie es an dieser Stelle scheint, oder ob sie, wie es an anderer Stelle scheint (SuZ 33), als ein „konstruierter Wahrheitsbegriff" nur das Produkt jener schlechten Interpretation sein soll.

dynamisch als „Aufzeigen", „Entdecken" zu verstehen ist, in dem das Ausgesagte gleichsam der Verborgenheit entnommen wird. Aber im Aufzeigen liegt, sofern es auf *Wahrheit* gerichtet ist, neben dieser Ausrichtung von der Verborgenheit zur Unverborgenheit zugleich eine Ausrichtung von der bloßen Intention zur Sache selbst, und dieser zweite Richtungssinn ist dem ersten in gewisser Weise sogar entgegengesetzt, indem es in ihm nicht darum geht, die Sache zur Gegebenheit zu bringen, sondern die Gegebenheit zur Sache. Das „Verdecken" der Sache selbst, das in der falschen Aussage geschieht, läßt sich nicht, wie Heidegger meint (SuZ 222, HW 42 f.), als ein Fall von „Verbergung" unter diese einfach subsumieren.

Man sage nicht, mit dem Gesichtspunkt des „selbst" werde Heidegger von außen am Wahrheitsbegriff Husserls gemessen. Erstens geht Heidegger selbst ausdrücklich von eben diesem Wahrheitsbegriff aus (oben S. 389) und erhebt den Anspruch, ihn mit dem neuen Begriff des Entdeckens entbehrlich zu machen. Zweitens kommt es hier auf den Begriff des „selbst" und des „Selbstgegebenseins" als solchen gar nicht an – schon bei Husserl zeigte sich, daß er nicht ausreicht (oben S. 135 f.) –, mit ihm soll nur überhaupt die Differenz zwischen „Erfüllung" und „Intention" bezeichnet werden, wie immer diese dann adäquat zu verstehen sein mag. Diese Differenz ist nun aber gewiß nicht eine Eigentümlichkeit des Wahrheitsbegriffs Husserls, sondern gehört konstitutiv zu dem, was wir meinen, wenn wir das Wort „wahr" gebrauchen.

Man sage auch nicht, Heidegger wolle eben gar nicht das explizieren, was wir mit dem Wort „Wahrheit" meinen, sondern überhaupt nur das umfassendere Phänomen der Erschlossenheit. Was hätte ihn in diesem Fall dazu veranlassen können, gerade das Wort „Wahrheit" zu gebrauchen? Etwa daß die Erschlossenheit der Wahrheit „zugrunde liegt"? Und das berechtige sogar, sie als „ursprünglichere Wahrheit" zu verstehen? Aber dann könnte man sie mit demselben Recht auch als ursprünglichere Falschheit bezeichnen. Doch hier ist gar nichts zu deuteln. Der Text zeigt deutlich genug, daß Heidegger nicht nur nach einer formalen Bedingung der Aussagewahrheit fragt, sondern diese zugleich selbst bestimmen will. Natürlich geht er dann sogleich über sie hinaus, das liegt ja gerade im Sinn seiner zweideutigen Bestimmung.

Heidegger geht also keineswegs über das Wahrheitsproblem einfach hinweg, in dem Sinn, daß er es nur beiseite und somit offen ließe. Für Heideggers Verhältnis zum Wahrheitsproblem ist vielmehr gerade entscheidend, daß er an dem Wort „Wahrheit" festhält und ihm in den zweideutigen Worten „Entdecken" und „Unverborgenheit" eine Deutung gibt, die zwar den spezifischen Sinn von Wahrheit nicht mehr ausdrücklich enthält, aber doch noch in ihm schillern kann. Daher kommen bei Heidegger einerseits immer wieder ungeschieden Aspekte des spezifischen Wahrheitsbezugs durch, die es erlauben, wenn man sie für sich heraushebt und entsprechend interpretiert, das Verständnis des Wahrheitsbegriffs wesentlich zu fördern; und so enthielt Heideggers Text sogar eine ausreichende Grundlage, die Erschlossenheit im ganzen aus einem zweiseitigen Bezug auf Wahrheit im spezifischen Sinn zu interpretieren (oben § 14). Andererseits wirkt sich diese Zweideutigkeit doch in erster Linie in der anderen Richtung aus. Sie führt dazu, daß Heidegger sich nicht einfach von der Wahrheitsproblematik ab- und einer anderen Thematik (der Erschlossenheit) zuwendet, sondern daß diese andere Thematik (statt die Wahrheitsproblematik in sich aufzunehmen) nun *an die Stelle* der Wahrheitsproblematik tritt. So läßt sich nicht einmal mehr die offengelassene Stelle des übergangenen Wahrheitsproblems sehen; und die Interpretationen der folgenden Paragraphen werden zeigen, welche weiteren Konsequenzen sich aus diesem *quid pro quo* ergeben.

Heideggers positiver Beitrag zum Verständnis von Aussage und Aussagewahrheit

Läßt man den Zusatz „wie es selbst ist" fallen und sieht die Wahrheit der Aussage einfach in ihrem „Entdecken" (Aufzeigen), dann ist das spezifische Wahrheitsphänomen übersprungen. Versteht man hingegen die Wahrheit der Aussage als ein „Aufzeigen der Sache wie sie selbst ist" und bezeichnet das *so bestimmte* Aufzeigen als „Entdecken", dann liegt darin gegenüber Husserls intentionaler Konzeption ein wesentlicher Fortschritt. Der potentielle Gewinn, der mit Heideggers Begriff des Entdeckens für das Verständnis von Aussage und Aussagewahrheit gegeben ist, darf neben dem Versäumnis jener Distinktion nicht übersehen werden. Die Zweideutigkeit von Heideggers Wahrheitsbegriff bringt es allerdings mit sich, daß dieser positive Beitrag in seiner eigenen Analyse des Wahrheitsbegriffs in § 44 nicht recht sichtbar wird. Hingegen finden sich wertvolle Hinweise in dem Abschnitt über die Aussage (§ 33) und vor allem in der kurzen Interpretation der aristotelischen Theorie vom λόγος ἀποφαντικός, die Heidegger im Zusammenhang seiner Erklärung des Begriffs „Phänomenologie" gibt (§ 7b). Hier kann die Interpretation wenigstens einsetzen; im weiteren Verlauf wird sie dann die Möglichkeit, die sich hier zeigt, selbständig ausdeuten müssen.

Wenn Heidegger die Aussage als eine *Tätigkeit* aus der Erschlossenheit als *Aufzeigen* versteht[23], nimmt er scheinbar nur die aristotelische Bestimmung des Urteils als ἀπόφανσις auf (De Interpretatione cap. 4). Aber Aristoteles hat aus dieser Bestimmung nichts weiter gemacht, sie blieb bei ihm

[23] Die Bestimmung des Urteils als Tätigkeit wäre an und für sich nicht neu. Aber wo das Urteil in der Tradition als Tätigkeit bestimmt wurde, war diese entweder im Sinn der Zustimmung oder Entscheidung verstanden (Stoa, Descartes, Brentano) oder als Synthesis (Kant, Fichte, Hegel, Husserl), nicht hingegen aus der Erschlossenheit als Aufzeigen.

eine bloße Bezeichnung. In der Tradition hat man sie dann, besonders durch den lateinischen Terminus *propositio*, in dem die aus der Dialektik stammende πρότασις aufgenommen ist, überhaupt aus den Augen verloren. Als das definierende Kennzeichen der ἀπόφανσις gegenüber anderen Satzarten – wie Befehlen, Wünschen, Fragen – bezeichnet Aristoteles nicht die Funktion des Aufzeigens selbst, sondern die Eigenschaft solcher Sätze, wahr oder falsch zu sein (a. O.), und diese Bestimmung ist seither maßgebend geblieben. In dieser Unterscheidung werden die anderen Satzarten nur privativ bestimmt als diejenigen Sätze, die nicht wahr oder falsch sein können. Sie basiert nicht auf etwas, was den Aussagen und den anderen Satzarten gemeinsam ist. Obwohl diese Bestimmung ein geeignetes Erkennungsmerkmal abgibt, ist sie daher als definierende Wesensbestimmung unzureichend.

Von daher muß man sich die Bedeutung von Heideggers neuer Auffassung verständlich machen: gesucht ist eine Wesensbestimmung der Aussagen, durch die sie mit den anderen Satzarten positiv vergleichbar werden, und diese Wesensbestimmung müßte sich dann freilich dadurch ausweisen, daß die Eigenschaft, wahr oder falsch zu sein, aus ihr folgt; von hier aus müßte sich dann auch das Wahr- und Falschsein seinerseits neu verstehen lassen. Eine eigentliche Wesensbestimmung der Aussage müßte sich schließlich auch dadurch ausweisen, daß auch das andere traditionelle Kennzeichen, wodurch die Urteile, nicht von den anderen Satzarten, sondern von den anderen Vorstellungsweisen unterschieden wurden – ihr Synthesis-Charakter –, in ihr gründet.

Wie kann man die Aussagen und die anderen Satzarten gemeinsam bestimmen? Die Urteile bzw. Aussagen wurden gewöhnlich – insbesondere auch bei Husserl – von einer Gegenständlichkeit her verstanden, die in ihnen bzw. den Akten, denen sie Ausdruck verleihen, vorgestellt werden. Die anderen Satzarten dagegen beziehen sich zwar auch auf Gegenstände (SuZ 161 f.), aber diesen Bezug implizieren sie nur. Darin liegt gerade nicht ihr Spezifisches. Dieses beruht in einem intersubjektiv zu verstehenden Telos, das durch sie erreicht werden soll (die Ausführung einer Handlung beim Befehl, die Antwort bei einer Frage); diese Redeweisen sind nur als Weisen des „Besorgens“: teleologisch, funktional zu verstehen, und diese Funktion hat ihren Sinn aus dem „Miteinandersein“ (a. O.). Will man also die Aussagen nach derselben Hinsicht bestimmen wie die anderen Satzarten, so kann man sie nicht mehr schlicht von der Gegenständlichkeit her verstehen, die in ihnen vorgestellt wird. Man muß eine Hinsicht finden, wonach auch sie als intersubjektive Funktionen mit einem bestimmten Telos verstanden werden können.

Genau das leistet die Bestimmung des Aufzeigens. Das Aufzeigen ist „die Funktion“ dieser Rede (SuZ 33), und auch sie ist normalerweise intersubjektiv als „Mitteilung“, „Mitsehenlassen“ zu verstehen (155), wenngleich dieser intersubjektive Aspekt (wie bei den anderen Redeweisen) auch wegfallen kann. Das ist hier deswegen besonders leicht gegeben, weil das Aufzeigen sich zwar (normalerweise) an einen Anderen wendet und „gehört" sein will, aber sein Telos bereits in dem erreicht, was es mit seinem Gegenstand „tut", indem es ihn „aufzeigt", und sich nicht erst in einer Handlung des Anderen erfüllt, die es veranlassen soll. Die Funktion liegt hier im Erschließen des Gegenständlichen als solchem. Mit diesem Rückstoß des Erschließens auf sich selbst, der in der besonderen Funktion der Apophansis liegt, ist also zugleich eine primäre Orientierung dieser Rede auf ihr „Worüber" (vgl. SuZ 158, 161), auf ihren Gegenstand, gegeben. Hier liegt der Grund, warum der funktionale Charakter dieser Rede überhaupt übersehen und das Urteilen als bloßes Vorsichhaben eines Gegenständlichen verstanden werden konnte.

Aus dieser apophantischen Funktion der Aussage glaubt nun Heidegger erstens ihren Synthesis-Charakter verständlich machen zu können: „nur weil die Funktion des λόγος als ἀπόφανσις im aufweisenden Sehenlassen von etwas liegt, kann der λόγος die Strukturform der σύνθεσις haben ... Das συν hat hier rein apophantische Bedeutung und besagt: ... etwas *als* etwas sehen lassen."[24] Bei den einfachen Prädikationen ist also das copulative „ist" gleichsam der Träger der Apophansis (SuZ 159 f.). In diesem Synthesis-Charakter liegt nun aber seinerseits – hier wird jetzt einfach die alte platonisch-aristotelische Lehre aufgenommen – die Möglichkeit des Falschen begründet (vgl. SuZ 226), und so kann Heidegger zusammenfassend erklären: „weil der λόγος ein Sehenlassen ist, *deshalb* kann er wahr oder falsch sein" (33). Damit wäre also diese Eigenschaft der Aussage als Folge jener aus der gemeinsamen Betrachtung mit den anderen Redeweisen sich ergebenden funktionalen Wesensbestimmung erwiesen.

Dieser Zusammenhang von apophantischer Funktion und der Eigenschaft, wahr oder falsch zu sein, ist jedoch noch enger zu verstehen. Die apophantische Funktion liegt nicht nur wegen ihrer synthetischen Struktur der Möglichkeit, wahr oder falsch zu sein, *zugrunde*. Weil vielmehr diese Möglichkeit gegeben ist, das Gemeinte auch anders zu zeigen als es selbst ist, liegt es im eigenen Sinn dieser Funktion, daß sie ihr Telos nur erreichen kann, wenn sie das Gemeinte so aufzeigt wie es selbst ist: die Apophansis erfüllt ihre Funktion nur, wenn sie wahr ist; sie verfehlt ihr Telos, wenn sie falsch ist[25]. Wie man nun von jeder funktional verstandenen Schlechtigkeit nur sprechen kann im Hinblick auf die Leistung, die zu vollbringen ist, so muß man auch hier sagen: nur weil die Aussage auf das Aufzeigen der Wahrheit als auf ihr *Telos* bezogen ist, kann sie die *Eigenschaft* haben, wahr oder falsch zu sein.

---

24 Vgl. auch SuZ 154 f., 156 und oben S. 291.

25 Vgl. Aristoteles, Eth. Nic. 1139 a 28 f.: τῆς δὲ θεωρητικῆς διανοίας ... τὸ εὖ καὶ κακῶς τἀληθές ἐστι καὶ ψεῦδος. τοῦτο γάρ ἐστι παντὸς διανοητικοῦ ἔργον.

Man kann die Zweideutigkeit in Heideggers Terminus „Entdecken" dadurch vermeiden, daß man für den weiten Sinn nur das Wort „Aufzeigen" gebraucht und das Wort „Entdecken" (oder bezeichnender: „unverdeckt aufzeigen") auf den engen Sinn beschränkt (die falsche Aussage ist dann ein Aufzeigen, aber kein Entdecken). Dann folgt aus der obigen Überlegung, daß das *Telos jedes Aufzeigens* im *Entdecken* liegt[26]. Dieser Satz unterscheidet sich natürlich klar von jenem zweideutigen, daß jedes Aufzeigen eine Art Entdecken *ist*. In ihm wird lediglich die bekannte Tatsache neu beleuchtet, daß jede Aussage – bzw. jeder setzende Akt –, ob sie nun wahr oder falsch *ist*, *Anspruch* erhebt, wahr oder falsch zu sein. In der Art, wie diese Tatsache hier aufgenommen wird, zeigt sich nun aber nach einer ersten Hinsicht der Gewinn, der in der funktionalen Auffassung der Aussage auch für das Verständnis des Wahrheitsbegriffs liegt: Husserl hatte diesem Aspekt des „Anspruchs" auf Rechtmäßigkeit im Setzungscharakter der Aussagen und darüber hinaus der intentionalen Akte überhaupt voll Rechnung getragen (oben S. 42 ff., 88 f.), aber dieser Faktor ließ sich doch auf der Basis der Intentionalität lediglich konstatieren. Daß ein gegenständliches Vorsichhaben einen Rechtmäßigkeitsanspruch enthalten soll, ist im Grunde unverständlich. Von einem solchen Anspruch kann man erst sinnvoll sprechen, wo eine Tätigkeit auf ein Telos bezogen ist, so daß sie dieses erfüllen oder verfehlen kann.

Damit ist nun auch schon klar geworden, daß, wenn die Aussage als solche funktional verstanden wird, auch der Sinn von Wahr und Falsch nur noch funktional verstanden werden kann. Hier liegt die Bedeutung von Heideggers Erklärung der wahren Aussage als ein „Entdecken", der falschen als ein „Verdecken" (SuZ 33), die – wenn man dabei das „wie es selbst ist" als nur unausgesprochen jeweils mitversteht[27] – nicht nur passend, sondern Husserls intentionaler Erklärung überlegen ist. Das zeigt sich vor allem am Verständnis des Falschen, auf das Husserl bezeichnenderweise kaum eingegangen ist (vgl. LU III 126). Die Schwierigkeit für eine intentionale Erklärung bestünde hier darin, daß es nicht genügt zu sagen, falsch sei ein Sachverhalt, der mit der Sache selbst nicht übereinstimmt, bzw. das Vorstellen eines solchen Sachverhaltes. Ein solcher Sachverhalt wäre lediglich nichtseiend, und das entsprechende Vorstellen vielmehr wahr. Falsch ist das Vorstellen eines solchen Sachverhaltes erst dadurch, daß es ihn *setzt* und d. h.

[26] Natürlich nicht des *Aufzeigenden*. Dieser kann verdecken wollen. Aber er kann das nur, indem er sich eines Vollzugsschemas bedient, dessen eigenes Telos das Entdecken ist.

[27] Und darin liegt dann zugleich unausgesprochen der Gesichtspunkt der Übereinstimmung: ein Aufzeigen ist „entdeckend", es zeigt die Sache so auf wie sie *selbst* ist, wenn es mit demjenigen Aufzeigen, dem die Sache selbst *gegeben* ist, der „Materie" nach übereinstimmt.

das Nichtseiende als seiend vorstellt[28]. Dieses „Setzen" einer Bestimmung der Sache *anstelle* derjenigen, die ihr „selbst" zukommt, läßt sich nun aus der apophantischen Funktion einheitlich als *Verdecken* der Sache, wie sie selbst ist, verstehen.

Soweit ist unsere Interpretation bei Heidegger ausreichend belegt und unterscheidet sich nur dadurch, daß sie die Zweideutigkeit vermeidet, die es Heidegger erlaubt, die falsche Aussage sowohl als Verdecken wie als Entdecken zu bezeichnen. Sobald man nun aber in die unmittelbaren Konsequenzen dieser Konzeption einzudringen sucht, findet man keinen Rückhalt mehr im Text und gerät sogar in Widerspruch zu ihm.

Mit der funktionalen Erklärung müßte es jetzt insbesondere möglich werden, den ontologischen Status der Aussage als „Sinngebilde" angemessener zu fassen, als das bei Husserl geschehen ist. Die Interpretation stieß immer wieder auf die Schwierigkeit (oben S. 36–38, 115 f., 118, 127), daß Husserl einerseits erkannte, daß ein synthetischer Akt – also insbesondere ein Aussageakt – nur auf seine fundierenden Gegenstände – also insbesondere das Aussagesubjekt – gegenständlich gerichtet ist, nicht aber auf sein eigenes Korrelat, das sich vielmehr erst im Vollzug des Aktes „konstituiert"; zwar ist eine nachträgliche nominalisierende Vergegenständlichung des Konstituierten stets möglich, aber hat doch nur den Sinn, daß das Konstituierte nun seinerseits zum „fundierenden" Gegenstand (insbesondere zum Aussagesubjekt) einer höheren Synthesis wird. Andererseits hat der Begriff der Intentionalität immer wieder dazu geführt, daß Husserl sich dann doch – insbesondere auch beim Wahrheitsbegriff (oben S. 96) – an der vergegenständlichten Form orientierte. So konnte es dann scheinen, daß ein Akt sein Wahr- oder Falschsein von der Gegenständlichkeit beziehe, die er vorstellt, während sich doch die Gegenständlichkeit erst in dem Akt konstituiert. Daher erwies sich eher jener zweite, noetische Wahrheitsbegriff der LU, den Husserl später fallenließ: die Wahrheit als Übereinstimmung der idealen Spezies des signitiven Aktes mit der idealen Spezies des Erfüllungsaktes, als der eigentlich genuine (oben S. 95 f., 135), nur daß es nun wiederum unbefriedigend schien, den ungegenständlichen noematischen Sinn einfach mit der idealen Spezies der Noesis zusammenfallen zu lassen (oben S. 38, 96). Das noematische Sinngebilde ist als unmittelbares Korrelat der Noesis *in specie* – von dieser unterschieden, ohne ihr doch selbständig gegenüberzutreten – nur zu fassen, wenn das Verhältnis zwischen Noesis und Noema funktional verstanden wird. Diese Auffassung ist schon in Husserls Konstitutionsbegriff vorgezeichnet (oben S. 38, 175 f.), wenngleich dabei die „Leistung" und ihr „Geleistetes" noch nicht aus der Erschlossenheit (Apophansis), sondern nur aus dem synthetischen Moment verstanden werden: die allgemeine Spezies des Aktes

[28] Vgl. dazu schon die Bemerkung in Platons Sophistes 240 d–e, auf die dann auch Aristoteles in seiner berühmten Definition Metaph. 1011 b 26 f. Rücksicht genommen hat.

und des Erfüllungsaktes im besonderen kommt nicht durch abstrahierende Reflexion auf das immanent wahrnehmbare subjektive Gebilde des Aktes zur Gegebenheit, sondern in der synthetischen Regel, die der Akt *befolgt*, und die ihn zu einer bestimmten *Leistung* – seinem Noema – bestimmt. In der gemeinsamen funktionalen Bestimmung durch die Regel als Vollzugsschema sind Noesis und Noema untrennbar eins ohne einfachhin zusammenzufallen.

Während Husserl aber auch beim Konstitutionsbegriff immer wieder auf die gegenständliche Interpretation zurückgriff, ist mit der Auffassung der Aussage als Aufzeigen eine Bestimmung gewonnen, die von vornherein funktional ist und eine gegenständliche Deutung eigentlich ausschließen müßte. Indem die propositionale Synthesis als Apophansis verstanden wird, sollte die Versuchung nicht mehr so groß sein, sich den Aussagegehalt dinglich als dem Aufzeigen vorgegebenes Seiendes vorzustellen, denn er enthält ja nun das Aufzeigen in sich selbst und ist gleichsam geronnene subjektive Leistung. Das Aufgezeigte ist nicht Objekt, sondern Geleistetes des Aufzeigens *ins specie* und getrennt von diesem gar nicht denkbar. Man kann sich das auch schon an dem von Husserl selbst herausgestellten Anspruchscharakter der Aussage verdeutlichen: nicht erst der einzelne Akt, der eine Aussage vollzieht, sondern die Aussage selbst, wie sie in einem Satz zum Ausdruck kommt, enthält den Anspruch, wahr zu sein; bei einfachen Prädikationen ist das copulative „ist" der Träger dieses Anspruchs. Ein Sinngebilde, das einen Anspruch enthält, wird man nicht mehr versucht sein, sich als ein Etwas, als ein Seiendes zu denken.

Dieselbe Einsicht ergibt sich nun auch aus der neuen Bestimmung von Wahr und Falsch. Man muß sich dazu, im Gegensatz zu Heideggers eigenen vagen Formulierungen, den Sinn, den diese Bestimmungen haben müssen, wenn sie für das Verständnis der Aussagewahrheit brauchbar sein sollen, nun auch strukturell klar verdeutlichen: die Aussagen, an die Heidegger denkt, sind zunächst einfache Prädikationen von individuellen Gegenständen (vgl. oben S. 291 Anm. 8). Nur hier ist die Rede vom Aufzeigen, Entdecken und Verdecken ohne weiteres klar. Diese Verben haben ein doppeltes Objekt: ihr eigentliches transitives Objekt ist das Aussagesubjekt, an dem sie gleichsam in ihrer synthetischen Funktion ansetzen, und das in ihnen als das oder das aufgezeigt, entdeckt, verdeckt wird. Das andere Objekt (der „Sachverhalt") konstituiert sich erst durch nachträgliche Vergegenständlichung des im Vollzug dieser Tätigkeiten synthetisch Geleisteten. Es wäre also falsch, wollte man sagen, daß der *Sachverhalt* entdeckt oder verdeckt wird. Der falsche oder wahre Sachverhalt ist vielmehr die vergegenständlichte Form der Entdeckungs- bzw. Verdeckungsleistung, er *ist* geronnenes Entdecken oder Verdecken. Man kann nun aber auch nicht, wie es bei Heidegger oft scheint, einfachhin sagen, das *Seiende* (das Aussagesubjekt) werde entdeckt oder verdeckt; die Qualifikation, daß es *als* etwas aufgezeigt wird, ist hier wesentlich und nicht so harmlos wie sie scheint. In ihr liegt nämlich, daß das, *was* entdeckt oder verdeckt wird (das volle noematische Korrelat) dem Entdecken bzw. Verdecken nicht vorausliegt und überhaupt nicht außerhalb einer Aussage zu fassen ist. Versteht man das Aufgezeigte (Entdeckte, Verdeckte) als das Seiende, so verdinglicht man es ebenso, wie wenn man es auf der anderen Seite als Sachverhalt versteht. In beiden Fällen wird die Eigentümlichkeit von „Sinn" verdeckt[29].

Wenn der Aussagegehalt außerhalb der Aussage nicht denkbar ist, so kann das natürlich nicht heißen, daß er erst mit der jeweiligen Aussage zustandekommt und wahr oder falsch wird. Denn „die Aussage", die als entdeckende wahr oder als verdeckende falsch ist, kann nur als die Aussage *in specie*, als das Vollzugsschema der jeweiligen Aussage verstanden werden. Die Unterscheidung zwischen der Aussage *in specie* und der jeweiligen Aussage ist, wenn man Heideggers Ansatz korrekt durchführen will, auch und gerade auf seiner Basis durchaus unentbehrlich, da es zum Sinn von Wahrheit und Falschheit gehört, daß sie der Aussage an sich zukommen, gleichgültig ob sie verifiziert ist oder nicht und gleichgültig auch ob sie überhaupt faktisch von jemandem vollzogen wird oder nicht.

So läßt sich zusammenfassend sagen: Der primäre Träger der Bestimmungen Wahr und Falsch ist „die Aussage", verstanden als der Aussageakt *in specie*. Ein einzelner Aussageakt ist wahr oder falsch, je nachdem er ein Vollzugsschema realisiert, in dem die Sache, so wie sie selbst ist, entdeckt

[29] In diesem Zusammenhang ist auch die Bedeutung des Wortes „selbst", soweit es zur Aufklärung der Aussagewahrheit überhaupt brauchbar ist (oben S. 135 f.), näher zu präzisieren. Die vage Bestimmung der Wahrheit als Übereinstimmung der gemeinten Sache mit der Sache selbst, wie sie für Husserl durch seine Orientierung am Gegenständlichen maßgebend werden konnte, ist irreführend. Denn „Sache" läßt sich in einer solchen Formulierung nur als „Sachverhalt" verstehen. Von einer Übereinstimmung zwischen einem „gemeinten Sachverhalt" und einem „Sachverhalt selbst" zu sprechen (vgl. EU 342) hat aber überhaupt keinen verständlichen Sinn. (Auch meine eigene Exposition in (1965) S. 392 halte ich deswegen für verfehlt.) Das Wort „selbst" kann nur das Aussagesubjekt qualifizieren, allerdings wiederum nicht geradehin, sondern hinsichtlich der Weise, wie es aufgezeigt wird. Man muß hier also, statt geradezu von der „gemeinten Sache" und der „Sache selbst", von der „Sache wie sie gemeint ist" und der „Sache wie sie selbst ist" sprechen. Nur bei dieser Formulierung kommt zum Ausdruck, daß die falsche Aussage dieselbe Sache meint wie die entsprechende wahre; nur deswegen kann sie falsch sein. Auch die falsche Aussage zeigt die Sache selbst auf, aber nicht wie sie selbst ist. – Das „selbst" nicht als Qualifikation des Aussagesubjekts, sondern des Sachverhalts zu verstehen, war deswegen so verlockend, weil nur auf diese Weise eine allgemeine Bestimmung der Aussagewahrheit möglich wurde, auch für Aussagen, die kein einzelnes Subjekt haben. Man hätte daraus aber die Konsequenz ziehen müssen, daß das „selbst" sich für eine allgemeine Bestimmung der Aussagewahrheit nicht eignet (oben S. 135 f.). Daß der Ausdruck „Sache selbst" im weiteren Bereich der Aussagen eine leere Rede bleibt, wird deutlich, wenn man dieses „selbst" konkret durch ein entsprechendes „Selbstgegebensein" einzulösen versucht (a. O.).

oder verdeckt wird (in dem einzelnen Akt wird von der an sich bestehenden Möglichkeit eines Aufzeigens in einer jeweiligen intersubjektiven oder auch solitären Situation faktisch Gebrauch gemacht). Und ein Sachverhalt ist wahr oder falsch, je nachdem er sich in einem entdeckenden oder verdeckenden Vollzugsschema konstituiert.

Bei Heidegger selbst fehlt freilich die Unterscheidung zwischen dem fakischen Akt des Entdeckens und dem Entdecken *in specie.* Indem sich der Mangel dieser Unterscheidung mit der Zweideutigkeit im Begriff des Entdeckens verbindet, ergibt sich eine Auffassung, derzufolge die Wahrheit nicht ein angemessenes Aufzeigen von einem unangemessenen unterscheidet, sondern ein aufgezeigtes Seiendes von einem verborgenen: das Seiende *wird* wahr, wenn es faktisch aufgezeigt wird.

Die entsprechenden Ausführungen in SuZ finden sich im ersten Teil des abschließenden Abschnitts (c) von § 44: „Bevor die Gesetze Newtons entdeckt wurden, waren sie nicht ‚wahr' ... Die Gesetze wurden durch Newton wahr" (226 f.). Wenn ein Sachverhalt, solange er überhaupt nicht bekannt ist, noch nicht wahr ist, dann wäre es wohl auch konsequent zu sagen, daß er aufhört, wahr zu sein, wenn er gerade von niemandem beachtet wird, und daß seine Wahrheit wächst, von je mehr Menschen er beachtet wird. Doch ist Heidegger durch sein *singulare tantum* „das Dasein" vor solchen Möglichkeiten geschützt. Wie steht es aber mit einem Satz, der wohl schon bekannt, aber noch nicht verifiziert ist? Wenn eine Aussage nicht erst dadurch wahr wird, daß sie verifiziert wird, dann möchte man meinen, daß sie auch schon wahr war, bevor sie überhaupt faktisch vollzogen wurde, und daß das die Bedingung dafür ist, daß die faktisch vollzogene ausgewiesen werden kann.

Daß dem faktischen Vollzug der Aussage etwas vorausgeht, wird jedoch auch von Heidegger zugestanden, nur daß er dies nun nicht mehr als Wahrheit fassen kann: „Die Gesetze Newtons waren vor ihm weder wahr noch falsch, kann nicht bedeuten, das Seiende, das sie entdeckend aufzeigen, sei vordem nicht gewesen ... Mit der Entdecktheit des Seienden zeigt sich dieses gerade als das Seiende, das vordem schon war" (227). Man wird hier fragen wollen: ist denn, was die Gesetze Newtons aufzeigen, „Seiendes"? Wie kann man, was Newton entdeckte, anders fassen als eben durch die Gesetze Newtons? Man sieht: dadurch, daß Heidegger den Sinn der Wahrheit in das *faktische* Aufzeigen legt, kann er nun auch, was sich aus seiner These von der Aussage als Aufzeigen zu ergeben schien: daß das Aufgezeigte vom Aufzeigen nicht dinglich zu trennen ist, nicht festhalten; was dem faktischen Aufzeigen vorhergeht, kann, da zwischen der einzelnen Aussage und der Aussage *in specie* nicht unterschieden wird, das Aufzeigen nicht strukturell in sich tragen, sondern ist „Seiendes".

Heidegger beschließt diese Überlegungen mit der Erklärung: „Daß es ‚ewige Wahrheiten' gibt, wird erst dann zureichend bewiesen sein, wenn der Nachweis gelungen ist, daß in alle Ewigkeit Dasein war und sein wird" (227). Damit soll der Satz am Anfang dieses Abschnitts aufgenommen werden: „Wahrheit ‚gibt es' nur, sofern und solange Dasein ist" (226). Sofern man unterstellen kann, daß Heidegger in diesem Stück den spezifischen Sinn von Wahrheit doch mit im Auge hat, wird hier einfach die ontische mit der ontologischen Ebene verwechselt: auf Grund der unzweifelhaften ontologischen Relativität von Wahrheit als solcher auf das Dasein wird die ontische Unabhängigkeit der jeweiligen Wahrheit von ihrem faktischen Erkanntwerden geleugnet.

Zum Schluß sei noch bemerkt, daß auch die hier versuchte positive Ausdeutung von Heideggers Ansatz, die zwischen dem Aufzeigen als solchem und dem Aufzeigen der Sache wie sie selbst ist unterscheidet, und ebenso zwischen dem Aufzeigen *in specie* und dem faktischen Aufzeigen, für eine allgemeine Theorie der Aussagewahrheit nicht ausreicht, weil sie nur für Prädikationen von Einzelsubjekten ohne weiteres verständlich ist. Wie Husserl sich primär, so hat sich Heidegger sogar ausschließlich an solchen Aussagen orientiert (vgl. oben S. 291 Anm. 8). Nur in diesem Bereich, in dem die Rede von der „Sache selbst" ohne weitere Ausdeutung klar ist, ist auch die Rede vom Aufzeigen, Entdecken und Verdecken unmittelbar verständlich. Wo hingegen unklar ist, was unter der „Sache selbst" zu verstehen ist, wie bei negativen Existenzaussagen und bei komplexen Aussagen (oben S. 128 f., 135 f.), würde auch die genaue Bedeutung des „Entdeckens" und „Verdekkens" erst näher aufzuweisen sein. Die oben dargelegte Überlegenheit von Heideggers Ansatz gegenüber Husserls Theorie gilt daher ohne weiteres auch nur hinsichtlich der gegenständlichen Bestimmung der Aussagewahrheit, die bei Husserl im Vordergrund steht. Die Interpretation konnte jedoch zeigen, daß Husserls Begriff der Erfüllung einer Intention, der über den der Selbstgegebenheit hinausreicht, eine Bestimmung der Aussagewahrheit erlaubt, die den Aussagegehalt nicht verdinglicht, und zudem universal anwendbar ist: eine Aussage ist wahr, wenn sie mit der Idee der Erfüllung der in ihr enthaltenen Intentionen übereinstimmt (oben S. 135). Dabei blieb aber der Sinn von Aussage letztlich unbestimmt. So ergäbe sich hier die Aufgabe, Heideggers funktional apophantische Konzeption so auszubauen, daß sie auch diese weitere Bestimmung erhellen könnte und damit selbst auf alle Aussagewahrheit anwendbar würde.

Die Erweiterung des apophantischen Wahrheitsbezuges

Für die zuletzt bezeichnete Erweiterung der Apophansis *innerhalb* der Aussagewahrheit finden sich bei Heidegger keine Ansätze. Hingegen liegt in Heideggers dynamischer Konzeption eine Erweiterung des apophantischen Wahrheitsbezugs *über* die Aussagewahrheit *hinaus.* Es liegt im Wesen des aus der Erschlossenheit verstandenen Aufzeigens, daß es, ob es nun wahr ist oder falsch, das Aufgezeigte der „Verborgenheit" entnimmt. In der Aussage geschieht dieses „Entbergen" gleichsam in einem Schlage. Wenn aber schon die Wahrheit der Aussage in dieser Weise dynamisch als „Entbergen der Sache selbst" verstanden wird, dann läßt sich jetzt auch ein progressives Entbergen der Sache selbst, im Sinn einer schrittweisen Annäherung an die Wahrheit, als Wahrheitsbezug denken.

Zu einer solchen Erweiterung des Wahrheitsbezugs bestand in der Tradition kein Anlaß, solange der Wahrheitsbegriff auf die Aussagewahrheit beschränkt blieb oder, wo er erweitert wurde, als „ontologische" Wahrheit ebenfalls von solcher Art war, daß der Wahrheitsbezug als Wahrheitsbesitz oder (bei der noch zu verifizierenden Aussage) als Anspruch auf Wahrheitsbesitz verstanden werden konnte. Nun zeigte sich aber schon bei Husserl, freilich nicht eigentlich ausgearbeitet (oben S. 99 f.), ein Wahrheitsbezug, in dem wir Wahrheit weder beanspruchen noch besitzen, sondern, ausgehend von einer vagen Vorstellung einer komplexen Sache und fragend, was sie „selbst" sei, progressiv zu ihrer Wahrheit unterwegs sind. Dieses Unterwegssein, nicht in seiner jeweiligen Station, sondern in seiner Bewegtheit als solcher, läßt sich aus der Intentionalität, die zwar über ihre jeweilige Erfüllung als Intention hinausweisen kann, aber als Vorstellen prinzipiell statisch ist, nicht begreifen.

Der eigentliche Gewinn von Heideggers neuem, aus der Erschlossenheit gewonnenen Verständnis des Wahrheitsbezugs als „Entdecken" liegt in dieser Möglichkeit, auch und gerade das Unterwegssein zur Wahrheit als Wahrheitsbezug zu verstehen. Das ist nun aber entscheidend für solche Bereiche der Wahrheitsfrage, wo diese, wie bei der Frage nach der Wahrheit der geschichtlichen Verstehenshorizonte des eigenen Seins, nicht nur allmählich zu den Aussagen gelangt, in denen sie dann die Wahrheit, wenn auch nur teilweise und auf Widerruf, besitzt, sondern überhaupt keine geradezu verifizierbaren Aussagen erreicht und prinzipiell in der Approximation bleibt (unten § 16).

Entscheidend ist diese Möglichkeit, das Unterwegssein zur Wahrheit als Wahrheitsbezug zu verstehen, auch grundsätzlich philosophisch. Wenn nämlich alle gegenständliche Wahrheit und Unwahrheit relativ ist auf die geschichtlichen Horizonte des Selbstverständnisses und die Erschlossenheit des Daseins jetzt primär auf diese bezogen ist, dann kann das Grundverhältnis des Menschen überhaupt nicht mehr als Wahrheitsbezug verstanden werden, solange Wahrheitsbezug als Wahrheitsbesitz definiert ist. Während das *Interesse* des Daseins in bezug auf sein Selbstverständnis primär auf Unwahrheit gerichtet ist, aber wenigstens die Möglichkeit hat, sich auf Wahrheit auszurichten (oben S. 322), *befindet* sich das Dasein grundsätzlich in der „Unwahrheit" als „Undurchsichtigkeit" (oben S. 309); nur aus dieser heraus und durch diese hindurch kann es sich auf Wahrheit richten. Wenn also das Grundverhältnis des Menschen überhaupt noch als Wahrheitsbezug verstanden werden soll, dann ist das jetzt nur als ein Bezug denkbar, in dem die Wahrheit nicht als realisierbarer Besitz, sondern als Zielpunkt einer Bewegung verstanden ist.

Das ist es, was Heidegger mit dem Begriff des Entdeckens (Entbergens) erreichen will und, freilich nicht ganz deutlich, durch die Erklärung zu fassen sucht, daß das Dasein „gleichursprünglich in der Wahrheit und Unwahrheit ist" (229, 222). Man könnte meinen, daß Heideggers Bestimmungen bei der Aussagewahrheit nur deswegen so zweideutig und unzureichend ausgefallen sind, weil sie eigentlich für diese Erweiterung des apophantischen Wahrheitsbezuges geprägt wurden. Für diese könnten sie nun gerade angemessen scheinen, weil hier das „Entdecken" nicht als ein „Aufzeigen der Sache selbst" zu verstehen ist, die vielmehr nie schlicht gegeben ist, so daß das „Entdecken" stets noch in der Verborgenheit bleibt. Tatsächlich wirkt sich jedoch die Zweideutigkeit von Heideggers Begriff der Aussagewahrheit auch auf diese Erweiterung des Wahrheitsbezugs so schädlich aus, daß Heidegger nun gerade diese neue Möglichkeit des Wahrheitsbezugs nicht mehr eigentlich auf Wahrheit orientieren kann. Wenngleich nämlich dieses progressive Entbergen natürlich nicht als ein Erreichthaben der Sache selbst verstanden werden kann, muß es doch, wenn es überhaupt ein Wahrheitsbezug sein soll, gerade in seinem Durchgang durch die Verborgenheit, in der die Sache gegeben ist, auf diese in ihrem „wie sie selbst ist" ausgerichtet sein. Wenn die vollständige „Erfüllung" der Intentionen, die absolute „Evidenz" als die vollständige „Durchsichtigkeit", nicht realisierbar ist, so wird doch der *Begriff* der Evidenz dadurch nicht entbehrlich, sondern muß nun als regulative Idee fungieren[30]. Und wenn dieses progressive „Entdecken" stets noch in der Verborgenheit bleibt, so kann es eben deswegen nicht selbst als „Wahrheit" verstanden werden. Bei der Aussage ließ sich die Wahrheit geradezu als der Wahrheitsbezug *in specie* fassen. Es ist nun aber gerade das Charakteristische des progressiven Entbergens, daß in ihm Wahrheitsbezug und

[30] Wie wenig Heidegger die Problematik, die sich hier ergeben müßte, überhaupt gesehen hat, zeigt auch der zweite Teil von § 44 c, in dem von der Notwendigkeit der „Wahrheitsvoraussetzung" gehandelt wird (227–9). Die Frage, ob wir voraussetzen können, daß es Wahrheit gibt, wird durch die Gleichsetzung von Wahrheit und Erschlossenheit zur Trivialität: „Weil zum Sein des Daseins dieses Sichvoraussetzen gehört, müssen ‚wir' auch ‚uns', als durch Erschlossenheit bestimmt, voraussetzen" (228). In dieser Argumentation zeigt sich so drastisch wie an keiner anderen Stelle von SuZ, wie Heidegger den spezifischen Wahrheitsbegriff auflöst. Die Frage nach der Möglichkeit von Wahrheit – einer ausgezeichneten Erschlossenheit – wird mit dem Hinweis auf das allgemeine Faktum der Erschlossenheit überhaupt beantwortet. Auf diese Weise wird nicht nur die Frage, gegen die hier argumentiert wird, nicht getroffen. Diese Frage hätte sich vielmehr gerade auf Heideggers eigener Basis verschärft stellen müssen. In der Tat brauchen wir *nicht* vorauszusetzen, daß es Wahrheit „gibt", außer im Sinn einer regulativen Idee.

Wahrheit nicht nur faktisch, sondern auch strukturell auseinandertreten. Daher hätte bei der Erweiterung auf das progressive Entdecken der Sache selbst nur der Begriff des Wahrheitsbezugs, nicht der der Wahrheit selbst übertragen werden dürfen. Dadurch, daß Heidegger das progressive Entdecken selbst als ein Geschehen von Wahrheit bezeichnet, verbaut er sich die Möglichkeit, dasjenige, worauf diese Bewegung zuläuft, als Wahrheit zu verstehen. Bei der Interpretation der späteren Schriften, wo Heidegger dieses Geschehen als Un-Verborgenheit zu fassen sucht, werden diese Schwierigkeiten genauer zu verfolgen sein (unten § 18 d).

§ 16 *Die Frage nach der Bedingung der Möglichkeit der Aussagewahrheit und die Erweiterung des Wahrheitsbegriffs*

Überblick über SuZ § 44 b

Nachdem in § 44 a die Aussagewahrheit als Entdecken bestimmt wurde, fragt Heidegger in § 44 b nach der „Bedingung“ ihrer „Möglichkeit“ (226). Dieser Rückgang auf den Grund der Möglichkeit der Aussagewahrheit vollzieht sich in zwei Schritten. Jedesmal wird gefragt, was dem zunächst als „Wahrheit“ Vorgegebenen zugrunde liegt, und dies wird dann seinerseits als Wahrheit und als die jeweils „ursprünglichere“ Wahrheit verstanden. So führt die Frage nach der Bedingung der Möglichkeit in beiden Schritten zugleich zu einer Erweiterung des Wahrheitsbegriffs.

In dem *1. Schritt* wird die Wahrheit von der Aussagewahrheit auf alles Begegnenlassen von innerweltlichem Seienden erweitert. Wenn nämlich die Wahrheit der Aussage im Entdecken liegt, dann scheint notwendig zu folgen, daß *alles* „Entdecken“ von innerweltlichem Seienden, auch das umsichtig besorgende, eine Weise von Wahrheit ist. Und da, wie früher gezeigt wurde, das *aufzeigende* Entdecken von innerweltlichem Seienden in seiner vorgängigen *umsichtigen* Erschlossenheit gründet, ist diese gegenüber der Aussage sogar die „ursprünglichere Wahrheit“ (223, vgl. auch WG 12).

Alles Begegnenlassen von innerweltlichem Seienden ist also „wahr“. An diesem Ergebnis des 1. Schrittes knüpft der *2. Schritt* an: „Die Entdecktheit des innerweltlichen Seienden *gründet* in der Erschlossenheit der Welt ... Daher wird erst mit der Erschlossenheit des Daseins das ursprünglichste Phänomen der Wahrheit erreicht“ (220 f.).

Die Kürze, in der dieser Schritt hier durchgeführt wird, darf nicht über das Ausmaß und die Bedeutung der in ihm enthaltenen Problematik täuschen. Daß und wie die Entdecktheit des innerweltlichen Seienden in der Erschlossenheit von Welt (bzw. des Daseins als In-der-Welt-Sein) gründet, wird hier nur deswegen nicht weiter ausgeführt, weil es schon, wie Heidegger ausdrücklich bemerkt, „durch die frühere Analyse der Weltlichkeit der Welt ... gezeigt“ wurde (220). Und „das ursprünglichste Phänomen der Wahrheit“ – die Erschlossenheit des In-der-Welt-Seins selbst – ist „nichts anderes“ als „was früher hinsichtlich der existenzialen Konstitution des Da ... aufgezeigt wurde“ (221). Die Problematik der Erschlossenheit, die oben in §§ 13 und 14 als Vorbereitung für das Wahrheitsproblem interpretiert wurde, ist also für Heidegger, wie sich nun nachträglich herausstellt, bereits die ursprünglichste Wahrheitsthematik selbst. Der § 44 am Ende des 1. Abschnitts von SuZ ist nicht ein Anhang mit der Aufgabe, auf der Basis der Erschlossenheit auch den Wahrheitsbegriff zu klären und zu fundieren, sondern indem der engere Begriff der Aussagewahrheit auf seine Bedingung der Möglichkeit zurückgeführt wird, kommt die Untersuchung mit dem „ursprünglichsten Phänomen der Wahrheit" in ihr Zentrum, auf das hin sich nun alle vorangegangenen Analysen versammeln lassen (vgl. 221). So wird der Begriff der Wahrheit zum Leitwort für Heideggers Grundfrage nach der Erschlossenheit. Diese Frage hat die hier (220 f.) bezeichneten zwei Stufen: was ermöglicht es, daß Seiendes begegnen kann?, und: wie eröffnet sich dieser Spielraum, in dem Seiendes begegnen kann, selbst? Das „ursprünglichste Phänomen der Wahrheit" ist dieses Sich-Eröffnen des Spielraums des Da, der Welt als Lichtung. Daher steht auch der 2. Abschnitt von SuZ im Zusammenhang der so verstandenen Wahrheitsfrage; der § 44 steht nicht zufällig am Übergang vom ersten zum zweiten Abschnitt: in der ekstatisch-horizontalen Zeitlichkeit öffnet sich der Spielraum jeglichen Begegnen- und Nichtbegegnenkönnens (§ 69 c). Die Zeitlichkeit ist die Geschehensweise dieser „ursprünglichsten Wahrheit" (vgl. WM Einl. 16).

So fundamental diese Problematik nun auch an und für sich ist, so zeigt doch gerade der Rückblick auf die Erschlossenheitsthematik, daß hier gar nicht nach der spezifischen Bedingung der Möglichkeit von Wahrheit gefragt wird, sondern nach der Bedingung der Möglichkeit eines Begegnenkönnens überhaupt. Dieser Tatbestand verwischt sich bei Heidegger wiederum durch die Mehrdeutigkeit, in der er das Wort „Entdecken" gebraucht, nämlich 1. für das Aufzeigen des Seienden so wie es selbst ist, 2. für das Aufzeigen überhaupt, 3. für alle Erschlossenheit von innerweltlichem Seienden. In dem 1. Schritt von § 44 b wird die These von der Wahrheit = Entdecken, die nur einleuchtet, wenn man das Entdecken im Sinn (1) festhält, nicht nur wie schon in § 44 a auf das Entdecken im Sinn (2) übertragen, sondern nun auch auf das Entdecken in dem ganz weiten Sinn (3). Diese zweite Übertragung setzt die erste voraus, und damit bestätigt sich noch einmal das Ergebnis der Interpretation von § 44 a, daß für Heidegger bei der Bestimmung der Wahrheit gerade das spezifische Charakteristikum der Wahrheit unwesentlich wird.

Und jetzt zeigen sich erst die Konsequenzen der in § 44 a versäumten Unterscheidung in ihrem ganzen Umfang: weil für Heidegger das Wesentliche der Wahrheit nicht darin liegt, wie sie erschließt, sondern daß sie überhaupt erschließt, kann er sie – in dem 1. Schritt von § 44 b – *ohne weitere Begründung* auf alle Erschlossenheit von innerweltlichem Seienden übertragen. Ist man aber erst einmal so weit gegangen, dann besteht kein Grund, warum man nicht *jede* Weise von Erschlossenheit als einen Wahrheitsbezug verstehen soll, und so ist es nur konsequent, wenn – im 2. Schritt von § 44 b – der Wahrheitsbegriff auf alle Erschlossenheit überhaupt erweitert und die Lichtung des „Da" als „das ursprünglichste Phänomen der Wahrheit" verstanden wird. Sie ist es in der Tat, wenn man den Wahrheitsbegriff mit dem der Erschlossenheit einfach gleichsetzt.

Damit ist dann aber der Wahrheitsbegriff nicht erweitert, sondern gar nicht mehr festgehalten. So wiederholt sich hier auf einer umfassenderen

Ebene, was sich schon bei der Interpretation von § 44 a zeigte. Heidegger erörtert gar nicht den spezifischen Wahrheitsbegriff im Horizont der Erschlossenheit, sondern thematisiert unter dem Namen „Wahrheit“ sogleich die Erschlossenheit selbst. Indem die Erschlossenheit einfachhin Wahrheit genannt wird, bleibt die Frage nach dem Ort des spezifischen Phänomens der Wahrheit innerhalb der erweiterten Erschlossenheit ungestellt. Und die verbale Gleichsetzung von Erschlossenheit und Wahrheit läßt diese Frage gar nicht mehr aufkommen.

Dieses negative Ergebnis schließt aber wiederum, wie schon bei der Bestimmung der Aussagewahrheit, nicht aus, daß Heidegger auch hier zumindest potentiell eine wirkliche Vertiefung und Erweiterung des Wahrheitsproblems dadurch ermöglicht hat, daß er es auf die umfassende Thematik der Erschlossenheit orientiert. So wird jetzt in einer kritischen Wiederholung der wesentlichen Schritte von § 44 b zu fragen sein, was sie nun doch für das spezifische Wahrheitsproblem leisten. Damit wird einerseits der latente Gewinn von Heideggers neuem Ansatz sichtbar, andererseits wird so auch erst eigentlich deutlich, welche Fragen er – auf der von ihm selbst bereitgestellten Problemebene – übergangen hat: 1. die Frage nach der Bedingung der Möglichkeit des spezifischen Wahrheitsbezuges, 2. die Erweiterung des Wahrheitsbegriffs auf außertheoretische Weisen der Erschlossenheit von innerweltlichem Seienden, 3. die Frage nach dem Ort des Wahrheitsbezuges in der Erschlossenheit der eigenen Seinsweisen des Daseins als geschichtliche Existenz.

Die Frage nach der Bedingung der Möglichkeit des Wahrheitsbezuges

So wie Heidegger diese Frage in § 44 b durchführt, fragt er nach der Bedingung der Möglichkeit nicht spezifisch des Wahrheitsbezuges, sondern von jeglichem Begegnenlassen von Seiendem: die Erschlossenheit von Welt ist die Bedingung für alles erschließende Begegnenlassen von innerweltlichem Seienden, sei dies nun ein wahres oder falsches Aufzeigen oder eine Erschlossenheit, die überhaupt nicht auf Wahrheit bezogen ist. Die Bedingung, auf die Heidegger zurückgeht, ist also zwar auch eine Bedingung von Wahrheit, aber doch nur in der Weise einer *conditio sine qua non*. Der spezifische Sinn des Wahrheitsbezuges wird dadurch nicht aufgeklärt.

So unbefriedigend Heideggers Durchführung dieser Frage nun aber auch ist, so bedeutsam ist es doch, daß er eine solche Frage überhaupt stellt. Ihrer Intention nach geht sie auf eine Aufklärung des Wahrheitsbezuges überhaupt, und in diesem Sinn ist diese Frage vor Heidegger nie gestellt worden. Wie von Kant und im Kantianismus nach der Bedingung der Möglichkeit der empirischen Wahrheit gefragt wurde, ist das Faktum des Wahrheitsbezuges doch immer vorausgesetzt gewesen. Heideggers Frage, wie es überhaupt dazu kommt, daß der offenständige Bezug des Menschen sich gerade auf so etwas wie Wahrheit richtet, liegt Kant ebenso fern wie Husserl. Für Husserl „gründet“ zwar die Wahrheit konstitutiv in Gegebenheitsweisen, aber daß wir überhaupt im Verhältnis zu unseren Gegenständen in der Differenz der Selbstgegebenheit und der indirekten Gegebenheitsweisen stehen, konnte auf der Ebene der Intentionalität nur hingenommen werden. Diese Differenzen qualifizieren die Intentionailtät nur, sie lassen sich aus ihr nicht verständlich machen. Erst mit der „Erschlossenheit“, in der der offenständige Bezug des Menschen als solcher und in seiner Dynamik auf den Begriff gebracht wird, ist überhaupt eine Dimension gewonnen, von woher der Wahrheitsbezug seinerseits verständlich gemacht werden kann. In welcher Weise das geschehen kann, wird sich ansatzweise bei der Interpretation von WG und WW zeigen (unten §§ 17, 18 b), wo Heidegger diese Frage nach der Bedingung der Möglichkeit des Wahrheitsbezuges aus der Erschlossenheit aufnehmen und dabei bestimmte Aspekte des spezifischen Wahrheitsbegriffs berücksichtigen wird.

Die Erweiterung des Wahrheitsbezuges auf andere Weisen der Erschlossenheit von innerweltlichem Seienden

Die Frage der möglichen Erweiterung des Wahrheitsbegriffs vom aufzeigenden Sehenlassen von Vorhandenem in der Aussage auf außertheoretische Weisen der Erschlossenheit von innerweltlichem Seienden, also insbesondere auf das umsichtige Besorgen von Zuhandenem, erscheint bei Heidegger deswegen so unproblematisch, weil er schon bei der Aussage den Sinn von Wahrheit unspezifisch nimmt: wenn die Wahrheit der Aussage darin liegt, daß sie Seiendes entdeckt, d. h. begegnen läßt, dann ist es allerdings trivial, daß auch der besorgende Umgang mit Zuhandenem eine Weise von Wahrheit ist, und zwar gilt das dann ebenso von *allem* Umgang wie von *jeder* Aussage: „Das Sein bei innerweltlichem Seienden, das Besorgen, ist entdeckend“ – so kann Heidegger den Tatbestand ohne weitere Qualifikation zum Ausdruck bringen (223).

Hält man hingegen an dem bestimmten Sinn fest, in dem wir von der Wahrheit einer Aussage sprechen – daß sie Seiendes so aufzeigt, wie es selbst ist –, dann ist offenbar eine Übertragung auf andere Weisen der Erschlossenheit nur dann sinnvoll, wenn auch sie in einem entsprechenden Spannungsfeld stehen, das Seiende so zu erschließen, wie es selbst ist, oder anders. Als „wahr“ würde man dann, wie bei der Aussage, so auch bei den anderen Erschließungsweisen, nur jenen ausgezeichneten Modus bezeichnen, in dem das Seiende in seinem „wie es selbst ist“ getroffen wird. Ein Erschließen wird aber etwas in seinem „es selbst“ nur dann treffen oder nicht treffen können, wenn es auf ein solches „es selbst“ – wie immer dieses näher zu verstehen ist – überhaupt abzielt.

Nun scheint es aber doch Weisen von Erschlossenheit zu geben, die ihrem eigenen Erschließungssinn nach gar nicht darauf ausgehen, etwas in seinem Selbstsein zu erschließen, so z. B. die nicht-apophantischen Weisen der Rede (oben S. 338). Heidegger geht, wo er dieses Phänomen streift, sehr rasch darüber hinweg: „Das Bitten z. B. macht auch offenbar, aber in anderer Weise" als die Apophansis (SuZ 32). Liegt nun das Wesen der Wahrheit im Offenbarmachen als solchem, dann muß auch jede nicht-apophantische Rede eine Weise von Wahrheit sein. Auf der anderen Seite folgt Heidegger der aristotelischen Lehre, daß das Wahr- oder Falschsein der Aussage in ihrer apophantischen Funktion fundiert ist (SuZ 33, oben S. 339). Er nimmt dann aber den Sinn von Apophansis sogleich wieder unspezifisch und hält die aristotelische Unterscheidung zwischen δηλοῦν und ἀποφαίνεσθαι ebensowenig durch wie die zwischen ἀποφαίνεσθαι und ἀληθεύειν. Hält man sich an den natürlichen Sinn des Wortes „wahr", dann kann man eine nichtapophantische Rede wie z. B. eine Bitte nicht als „wahr" bezeichnen: sie erhebt weder den Anspruch, wahr zu sein, noch ließe sich sagen, was ein solcher Anspruch überhaupt besagen sollte, weil der Erschließungssinn hier gar nicht darauf ausgeht, etwas in seinem „es selbst" zu treffen.

Die nichtapophantische Rede ist freilich überhaupt nicht ein Begegnenlassen von *Seiendem* und wurde hier nur deswegen herangezogen, weil an ihr besonders leicht zu sehen ist, daß auch die Meinung: wenn schon nicht alle Erschlossenheit überhaupt als wahr zu bezeichnen ist, so gebe es doch in jedem Umkreis von Erschlossenheit einen ausgezeichneten Modus „Wahrheit", falsch wäre.

Weniger eindeutig erscheint die Sachlage bei der Erschlossenheit des „umsichtigen Besorgens", das hier exemplarisch für alle vortheoretische, „vorprädikative" Erschlossenheit des innerweltlichen Seienden stehen möge (vgl. WG 12). Die Probleme, die sich hier aufdrängen, sind schon bei der Interpretation der Erschlossenheit des innerweltlichen Seienden antizipiert worden (oben S. 295 ff.). Den spezifischen Wahrheitsbegriff berücksichtigen, hieße hier nicht, an einem engen Wahrheitsbegriff dogmatisch festhalten und eine Beziehung der vortheoretischen Erschlossenheit auf Wahrheit leugnen, sondern diese Beziehung zum Problem machen statt sie zu trivialisieren. Hätte Heidegger den spezifischen Wahrheitsbegriff festgehalten, statt ihn mit der Erschlossenheit einfach gleichzusetzen, dann hätten seine Analysen nichts verloren und wären für das Wahrheitsproblem erst fruchtbar geworden. Folgende Problemkreise hätten sich etwa ergeben können:

1. Wenn man Heideggers Erweiterung der Sichtigkeit des Daseins über den Bereich des im weitesten Sinne Gegenständlichen hinaus nicht *eo ipso* als eine entsprechende Erweiterung des Wahrheitsbezuges gelten läßt, so folgt daraus nicht, daß diese Erweiterung nicht gerade auch für die Aufklärung des Wahrheitsbezuges fruchtbar gemacht werden kann. Wenn nämlich jeglicher Wahrheitsbezug immer erst auf dem Untergrund einer

sich noch überhaupt nicht auf Wahrheit richtenden Erschlossenheit erwächst, müßte sich das Wesen des Wahrheitsbezuges gerade in Abhebung gegen diese vorgängige Erschlossenheit konkreter aufklären lassen.

2. Der spezifische Wahrheitsbezug scheint, als ausdrückliches Sehenlassen oder Fragen, wie das Seiende selbst sei, wesensmäßig eine Vergegenständlichung zu implizieren, in der das Seiende als Identifizierbares fixiert wird (oben S. 295 ff.). Aber ungegenständliches und vergegenständlichendes Sich-Verhalten müssen nicht als disjunkte Möglichkeiten verstanden werden. Das bezeugt schon Heideggers eigene, freilich nur gelegentliche Rede von einer in der Zuhandenheit noch „gebundenen" Vorhandenheit (oben S. 297). Die Wahrheit einer Aussage über einen umweltlichen Zusammenhang – z. B. über die Verwendbarkeit eines Zeugs – kann gewiß nicht in einem puren Betrachten des Seienden entschieden werden, sondern nur im Vollzug der entsprechenden Handlung. Aber im apophantischen Eingehen auf das Seiende stellen wir uns doch innerhalb des Umgangs aus dessen unthematischer Unmittelbarkeit, die das Zuhandene in seiner Unauffälligkeit beläßt, heraus. Das Zuhandene wird, ohne schon seine Zuhandenheit zu verlieren, vergegenständlicht.

Die Vergegenständlichung konstituiert also nicht einen Bereich, sondern ist eine Komponente und eine Tendenz in der sich auf Wahrheit ausrichtenden Erschlossenheit. Der Entwurf des Seienden im ganzen auf eine Totalität absolut fixierter und an sich bestehender Objekte ist nur ein extremer Grenzfall, der sich aus der einseitigen Radikalisierung dieses Wahrheitsaspektes ergibt, so daß nun das Wesen des Seienden selbst ausschließlich von daher bestimmt wird. Das führt dazu, daß das Seiende, indem es vorweg aus dieser radikalisierten Perspektive von Selbigkeit (Identität) anvisiert wird, nicht mehr als das Seiende, als welches es ursprünglich selbst gegeben ist, begegnen kann. Die Tendenz der Vergegenständlichung, die dem Wahrheitsbezug wesentlich ist, kollidiert also gerade mit dem formalen Sinn von Wahrheit überhaupt, das Seiende so zu sehen, wie es selbst gegeben ist[31]. Diese Gegensätzlichkeit im Wahrheitsbezug selbst zeigt sich auch schon auf der untersten Ebene, im Apophantischen als solchem, das ebenfalls bereits (wenn es richtig ist, daß unser primärer Zugang zum Seienden vorprädikativ ist), das Seiende nicht mehr so begegnen läßt wie es selbst gegeben ist. Von daher gewinnt Heideggers These, daß das vorprädikative Begegnenlassen nicht nur auch eine Weise von Wahrheit ist, sondern eine ursprünglichere Wahrheit als die Aussage (SuZ 223, WG 12), nicht bloß auf dem Boden seines eigenen Wahrheitsbegriffs, sondern auch im Hinblick auf den spezifischen Sinn von Wahrheit, eine gewisse Berechtigung. Und hier liegt auch der berechtigte Sinn von Heideggers späterer Kritik an der neu-

[31] Vgl. Tugendhat (1965) S. 395.

zeitlichen Vergegenständlichung des Seienden. Aber diese Kritik konnte so einseitig nur ausfallen, weil sie vom Standpunkt einer Idee von Wahrheit durchgeführt wurde, in der der spezifische Wahrheitsbezug nicht mehr festgehalten war. Denn dieser ist darauf angewiesen, daß das, nach dessen Wahrheit gefragt wird, die Bestimmtheit des „so und nicht anders" hat. Im Begriff der Wahrheit (im „wie es selbst ist") liegt also eine echte Gegensätzlichkeit zwischen Selbstgegebensein und Selbigkeit, die nicht einseitig zugunsten einer der beiden Aspekte entschärft werden darf. Diese müßten vielmehr innerhalb der Wahrheitsfrage als gegenseitige Regulative verstanden werden[32]. Heidegger selbst sagt in WW, der eigentliche Wahrheitsbezug, als Sein-lassen des Seienden und d. h. Sicheinlassen auf das Seiende, sei nur in einem „Zurücktreten vor dem Seienden" möglich (WW 15). Was ist dieses Zurücktreten vor dem Seienden anderes als eine Vergegenständlichung, freilich eine solche, die sich gerade auf das Seiende einläßt, wie es von sich aus gegeben ist, sich aber doch andererseits aus dem unthematischen vortheoretischen Zutunhaben mit und Aufgehen im Seienden ausdrücklich herausnimmt? So ergäbe sich hier, statt eine ungegenständliche Wahrheit gegen den vergegenständlichenden Wahrheitsbezug auszuspielen, die Aufgabe, die verschiedenen Möglichkeiten von Vergegenständlichung im Hinblick auf das volle Wesen des spezifischen Wahrheitsbegriffs konkret herauszuarbeiten.

3. Daß jeder Wahrheitsbezug in irgendeiner Form eine Vergegenständlichung impliziert, bedeutet nicht, daß es nicht dennoch wesentlich verschiedene Weisen von Wahrheit geben kann. Zweifellos kann der Wahrheitsbezug, wie er in einer vortheoretischen Erschlossenheit, also etwa in der des umsichtigen Besorgens, auftritt, nicht einfach als eine Vorform und als ein niedrigerer Grad des rein theoretischen verstanden werden. Zu fragen wäre, in welcher Weise und in bezug worauf man hier davon sprechen kann, daß „es selbst" getroffen wird oder nicht, und welches hier die Kriterien dieses Treffens sind. Was Heidegger hier wohl vorschwebte, sofern bei ihm der spezifische Wahrheitsbegriff unausdrücklich mitgemeint war, war eine Wahrheit des umsichtigen Besorgens, die nicht so sehr das jeweilige innerweltliche Seiende betrifft als die „Situation" im ganzen, in der sich das Dasein jeweils umweltlich befindet (vgl. SuZ 326). Das Wort „Umsicht" würde dann nicht für die umweltliche Erschlossenheit überhaupt stehen, sondern – seinem natürlichen Wortsinn entsprechend – für jenen ausgezeichneten Modus dieser Erschlossenheit, demgemäß wir sagen, jemand sei und handle „umsichtig", im Gegensatz etwa zur „Kopflosigkeit" (SuZ 141). Was sich der Umsichtige in seinem „wie es selbst ist" präsent hält und wovon er sein Handeln leiten läßt, ist weder das einzelne Seiende noch die einzelne Verrichtung, sondern das Ganze der jeweils fälligen Verrichtungen und Verpflichtungen in ihrem Zusammenhang und ihren angemessenen

[32] a. O.

Gewichtsverhältnissen[33]. Dieser Wahrheitsbezug der Umsicht hält sich offenbar in einem schwer zu beschreibenden Zwischenzustand zwischen unthematischer Verrichtung und thematischem Vorstellen. In der unthematischen Verrichtung bliebe der Handelnde an die jeweilige Tätigkeit verloren, ohne Übersicht und umsichtiges Gespür für das offene Ganze der Situation; im thematischen Vorstellen wiederum hätte er sich aus der Situation herausgenommen und sie nicht mehr als die erschlossen, die sie selbst ist.

Diese „Wahrheit" der Umsicht betrifft nicht mehr das „es selbst" des innerweltlichen Seienden, sondern gehört schon in das Wahrheitsproblem des In-der-Welt-Seins.

Wahrheit in der Erschlossenheit des In-der-Welt-Seins

Am erheblichsten erscheinen die Folgen des Verlustes des spezifischen Wahrheitsbegriffs bei der Erschlossenheit des Daseins selbst. Hier, wo Heidegger nach dem Ursprung aller Erschlossenheit fragt und wo er seine bedeutsamsten neuen Gedanken entwickelt, hätte man auch den wichtigsten Beitrag für das Wahrheitsproblem erwartet. Unsere Darstellung der Erschlossenheit des In-der-Welt-Seins (§ 14) zeigte auch, wie die volle Explikation der Bewegtheit der Erschlossenheit von sich aus auf einen positiv-negativen Wahrheitsbezug führt. Indem Heidegger nun aber das Wort „Wahrheit" schon von vornherein einfach im Sinn von Erschlossenheit versteht, können auch hier die Fragen nach dem Verhältnis zwischen Erschlossenheit und Wahrheit, nach Ort und Bedeutung des Wahrheitsbezuges innerhalb der Erschlossenheit des In-der-Welt-Seins gar nicht mehr aufkommen. Das hat dann aber zur Folge, daß die Erschlossenheit des In-der-Welt-Seins überhaupt nicht mehr auf Wahrheit orientiert wird. Folgende Problemkreise hätten sich nahegelegt, wenn der spezifische Wahrheitsbegriff berücksichtigt worden wäre:

1. Beziehen sich alle Aspekte der Erschlossenheit des In-der-Welt-Seins auf Wahrheit, und in welcher Weise? Was bedeutet dabei jeweils Wahrheit und Wahrheitsbezug? Ist die ursprüngliche Lichtung des „Da" nur die Bedingung dafür, daß wir uns auf Wahrheit beziehen können, in dem Sinn, daß ein Spielraum von Lichtung sich öffnen muß, damit wir überhaupt Seiendes oder auch eigene Seinsweisen in ihrem „selbst" treffen und verfehlen können, oder liegt ein spezifischer Wahrheitsbezug schon im Sich-Öffnen dieses Spielraums selbst?

---

[33] Vgl. die aristotelischen Begriffe der τέχνη und φρόνησις (Eth. Nic. VI), die ebenfalls als Weisen einer außertheoretischen und auf Theoretisches nicht reduzierbaren Wahrheit verstanden sind. Aristoteles hat dabei den spezifischen Sinn von Wahrheit durchaus festgehalten, indem diese Weisen des ἀληθεύειν als Weisen eines Treffens verstanden und von entsprechenden Möglichkeiten des Verfehlens unterschieden werden.

Da diese ursprüngliche Öffnung insbesondere in der Stimmung geschieht (oben S. 303 f.), führt das zu der Frage, ob es auch schon innerhalb der Erschlossenheit der Stimmung einen Wahrheitsbezug gibt. Man möchte meinen (vgl. oben S. 315 f.): in der Stimmung öffnet oder verschließt sich das Dasein auf die eine oder andere Weise überhaupt erst seiner Welt; wie es sich jeweils öffnet oder verschließt, so öffnet oder verschließt es sich eben. Nach Wahrheit zu fragen, erscheint hier ebenso sinnlos wie bei der nicht-apophantischen Rede (oben S. 353). Andererseits spricht Heidegger auch von „verschließenden" Stimmungen (136). An dieser Stelle bedeutet das „Verschließen" nicht, daß das Dasein „sich" verschließt (als Gegensatz zum Sich-Öffnen) – darin ließe sich noch keine Unwahrheit sehen –; das „Verschließen" ist hier im Sinn eines „Verdeckens" gemeint, demzufolge die Offenheit des In-der-Welt-Seins, die in der Stimmung erschlossen wird, nicht *so* erschlossen wird *wie* sie ist, nämlich *als* Offenheit, in ihrer „Unheimlichkeit" (oben S. 312 f.). Sofern also die Stimmungen – nicht gegenständlich, sondern in der Weise des Sich-Konfrontierens oder der Flucht – die Welt in ihrer Offenheit erschließen oder verdecken können, könnte man sie vielleicht sinnvoll als „wahr" bzw. „unwahr" bezeichnen.

2. Weniger zweifelhaft als bei der Befindlichkeit erscheint die Frage, ob man von Wahrheit und Unwahrheit sprechen kann, beim Verstehen. Im Verstehen ist sich das Dasein nicht so sehr in seiner Weltoffenheit überhaupt erschlossen als in den bestimmten Möglichkeiten (Seinsweisen), auf die es sich entworfen hat. Und hier ist nun, obwohl das Verstehen im Unterschied zur gegenständlichen Setzung nicht schon in sich einen Wahrheitsanspruch enthält, ein *ausdrücklicher* Wahrheitsbezug möglich. Während man bei der Stimmung sagen kann: es ist mir eben wie mir ist, kann man hier nicht sagen: ich verstehe mich eben wie ich mich verstehe, denn das Verstehen ist sich nicht durchsichtig (oben S. 308 f.), es weist von sich aus über sich hinaus. Wenn das Verstehen auf seine Undurchsichtigkeit eingeht und sich durchsichtig zu werden sucht, fragt es nach seiner „Wahrheit"[34]. Wir fragen dann, was die bestimmten Möglichkeiten und Horizonte, auf die hin wir uns (einzeln und sozial) unklar verstehen, eigentlich „selbst" sind, oder ganz allgemein: was wir (im Unterschied zu der faktischen undurchsichtigen Vorgegebenheit unseres Seins und Wollens) „in Wahrheit" sind und „in Wahrheit" wollen.

Der Wahrheitsbezug solchen Fragens unterscheidet sich freilich von dem der Aussage. Die Aussage enthält schon von sich aus einen Wahrheitsanspruch, das Verstehen hält sich in einem *Horizont* von gegenständlicher Wahrheit,

[34] Ein solcher ausdrücklicher Wahrheitsbezug ist in der oben (S. 355 f.) besprochenen „Umsicht" noch nicht gegeben. Der Umsichtige hat in seinem Tun einen vorgegebenen umweltlichen Umkreis von Aufgaben und Tätigkeiten adäquat erschlossen ohne nach der Wahrheit dieser vorgegebenen Aufgaben selbst zu fragen.

der zunächst selbst nicht thematisch ist und überhaupt nicht Tatsächliches betrifft. Fragen wir nach der Wahrheit einer vorgegebenen Aussage, so versuchen wir ihren Wahrheitsanspruch zu verifizieren; fragen wir nach der Wahrheit eines Sinnhorizontes, so versuchen wir ihn zu klären. Die unwahre Aussage ist falsch, unwahrer Sinn ist einseitig. So käme hier also jene Art der Wahrheitsfrage zur Anwendung, die sich bei Husserl bei der Interpretation seiner Lehre vom Wahrheitsbezug eingliedriger Akte ergab, aber von ihm selbst nicht ausgewertet worden war (oben S. 99 f.). Bei der Klärung von Sinnhorizonten wäre schließlich die „Evidenz", die in der vollendeten Durchsichtigkeit erreicht würde, noch in anderem Sinn nur eine *regulative Idee* als bei der Aussagewahrheit (oben S. 105, 231 ff.), wo wenigstens der gemeinte Gehalt eindeutig und nur seine Geltung nicht endgültig ist. Das heißt jedoch nicht, daß sich nicht bestimmte Kriterien angeben ließen, wie undurchsichtig Verstandenes zu immer größerer Durchsichtigkeit zu bringen ist.

Diese Andeutungen sollen wieder nur vage anzeigen, in welcher Richtung sich eine Aufklärung der Wahrheit des Verstehens bewegen müßte, die von einer Theorie der hermeneutischen Wahrheit zu erwarten wäre[35]. Auch wurde schon gezeigt (oben S. 346 f.), daß sich Heideggers Begriff des Entbergens für das Verständnis einer solchen progressiven Wahrheitsannäherung besonders geeignet hätte und von Heidegger zweifellos auch mit in diesem Sinn gemeint war. Konkrete Überlegungen, wie das geschichtliche Selbstverständnis sich auf Wahrheit beziehen kann, fehlen jedoch bei Heidegger völlig. Weil nämlich das Verstehen – als Erschlossenheit – schon von vornherein als „Wahrheit" angesetzt ist, kann die Frage, wie das Verstehen sich auf Wahrheit beziehen kann, gar nicht aufkommen. Im Grunde wiederholt sich hier nur dieselbe Vernachlässigung der Unterscheidung zwischen Erschlossenheit überhaupt und Erschlossenheit der Sache selbst wie bei der Aussage. Aber bei der Aussage blieb das ohne weitere Konsequenzen, denn hier ist der Unterschied zwischen ἀποφαίνεσθαι und ἀληθεύειν in Wirklichkeit so klar, daß niemand deswegen, weil er die Apophansis als solche wahr nennt, darauf verzichten würde, nach der Wahrheit einer Aussage erst noch zu fragen. Beim Verstehen hingegen, dessen Wahrheitsbezug

[35] Ansätze finden sich bei Bollnow (1963). Bei Gadamer (1960) konnte sich der großangelegte Versuch einer hermeneutischen Theorie wohl gerade deswegen nicht am Wahrheitsbegriff orientieren, weil er Heideggers Wahrheitsbegriff grundsätzlich übernimmt (vgl. S. 463 f.). Das wirkungsgeschichtliche hermeneutische Gespräch bleibt ohne Regulativ. Eine erneute Ausrichtung der Hermeneutik auf Wahrheit im spezifischen Sinn würde diese nicht wieder – was bei Gadamer überwunden ist – primär auf das Gegenüber (die Wahrheit des geschichtlichen Objekts) orientieren, aber sie auch nicht nur in der Dialektik des geschichtlichen Gesprächs als solcher sehen, sondern von der Frage nach der Wahrheit der *eigenen* Horizonte *ausgehen*. (Die Ansätze dazu finden sich bei Heidegger selbst, vgl. SuZ 37 und 392 ff.)

Heidegger erst selbst herauszustellen suchte, wäre der spezifische Unterschied zwischen Wahrheit und Unwahrheit erst auszuarbeiten gewesen. Und das war nun bei Vernachlässigung des spezifischen Wahrheitsbegriffs nicht mehr möglich: wenn alles Verstehen, jedes geschichtliche Weltverständnis schon an und für sich als eine „Wahrheit" bezeichnet wird, kann man nicht mehr *nach* der Wahrheit *des* Verstehens erst noch fragen. Der Verlust des spezifischen Wahrheitsbegriffs hat hier also nicht nur zur Folge, daß philosophisch die Frage nach Sinn und Möglichkeiten der Ausweisung nicht mehr gestellt werden kann, sondern daß nun auch ontisch die Notwendigkeit der jeweiligen Ausweisung nicht empfunden zu werden braucht. Die Gleichsetzung von Wahrheit und Erschlossenheit macht es möglich, das geschichtliche Weltverständnis in den Wahrheitsbezug mit aufzunehmen und es trotzdem nicht auf Ausweisung zu beziehen. Und da die Wahrheit des In-der-Welt-Seins als „das ursprünglichste Phänomen der Wahrheit" bezeichnet wird, entsteht der Anschein als gehöre die Notwendigkeit der Ausweisung überhaupt nicht wesensmäßig zum Sinn von Wahrheit. Hier zeichnet sich eine gefährliche Tendenz ab, deren weitere Entwicklung im Übergang zu Heideggers späterer Position im 2. Abschnitt zu verfolgen sein wird.

Einerseits wird also von Heidegger alle Aussagewahrheit, überhaupt alle gegenständliche Wahrheit, in der Erschlossenheit des Verstehens, in den jeweiligen Horizonten des geschichtlichen Selbstverständnisses, fundiert und auf sie relativiert, andererseits fällt diese Erschlossenheit des Verstehens, auf die sich nun das ganze Wahrheitsproblem konzentriert, aus der Wahrheitsfrage heraus. Husserl, der erst spät und nur am Rande die Relativität der gegenständlichen Wahrheit auf die subjektiven, geschichtlichen Perspektiven beachtet hat, hat sofort den spezifischen Wahrheitsbegriff auf diese Perspektiven bezogen und gefragt, was es bei ihnen heißen kann, sie zur Selbstgegebenheit zu bringen (oben S. 246 f.). Was Husserl zu dieser Frage beigetragen hat, ist wenig, aber es bezeugt, daß die Frage sinnvoll ist, während Heidegger, der ihre Basis breiter und grundsätzlicher ausgearbeitet hat, die Frage fallen läßt.

3. Wenn alle gegenständliche Wahrheit sekundär und relativ ist und die „ursprünglichste" Wahrheit die des eigenen Seins des Daseins, die „Wahrheit der Existenz" (221) ist, dann kann das Verhältnis des Daseins zur Wahrheit nicht mehr ein rein theoretisches sein. Unsere frühere Interpretation der „Eigentlichkeit" und „Uneigentlichkeit" der Existenz im Hinblick auf den Wahrheitsbezug des Daseins (§ 14) bestätigt sich in § 44 b, wo Heidegger die Eigentlichkeit („Entschlossenheit") geradezu „die Wahrheit der Existenz" nennt (221, 297, 307) und die Unwahrheit dem Verfallen zuordnet: „Das Dasein ist, weil wesenhaft verfallend, seiner Seinsverfassung nach in der ‚Unwahrheit'" (222). Daß Heidegger die eigentliche und uneigentliche Existenz im Hinblick auf ihr Verhältnis zu Wahrheit und Unwahrheit bestimmen kann, scheint gegen die These zu sprechen, daß er

die spezifische Differenz von Wahrheit und Unwahrheit beim Verstehen übergangen hat. Aber gerade die Zweideutigkeit von Heideggers Wahrheitsbegriff erlaubt es, daß auch der spezifische Wahrheitsbegriff immer mit hereinspielt (oben S. 336), und der Text gibt genug her, daß sich auch unsere frühere Interpretation der Unterscheidung von eigentlicher und uneigentlicher Existenz im Hinblick auf den spezifischen Wahrheitsbezug belegen läßt. Wo Heidegger aber den Begriff der „Wahrheit der Existenz" erläutert (297), bestimmt er nicht so sehr die Eigentlichkeit aus dem Wahrheitsbezug als umgekehrt die (von ihrem spezifischen Sinn frei gewordene) Wahrheit aus der Eigentlichkeit:

So wie Heidegger das eigentliche Selbstsein beschreibt, ist daran zunächst kein spezifischer Wahrheitsbezug erkennbar: eigentlich als es selbst existiert das Dasein im „Vorlaufen zum Tode", aus dem es sich auf sein „eigenstes Schuldigsein" zurückbringen läßt, sich in seiner „Geworfenheit übernimmt" und sich aus dieser auf konkrete Möglichkeiten seiner Existenz entwirft. Die Erschlossenheit des so bestimmten eigentlichen Selbstseins, die „Entschlossenheit", wird nun einfach als die „eigentliche Wahrheit des Daseins" und als „Wahrheit der Existenz" bezeichnet (297). Die Entschlossenheit richtet sich nicht nach der Wahrheit, sondern die „Wahrheit" der jeweiligen Möglichkeit besteht eben darin, daß das Dasein sich aus seinem eigentlichen Selbstsein zu ihr entschließt.

Die Schwierigkeit dieser Konzeption liegt offenbar darin, daß zwischen der formalen Bestimmung des eigentlichen Selbstseins (als Vorlaufen zum Tode usw.) und dem Entwurf der jeweiligen konkreten Möglichkeiten ein unvermittelter Sprung liegt. Damit soll nicht übersehen werden, daß, wie Heidegger sagt, die Antwort auf die Frage, wozu sich die Existenz entschließen soll, jeweils nur der Entschluß selbst zu geben vermag (298). Auf welche Möglichkeiten er sich zu entwerfen hat, kann ihm weder aus dem formalen Wesen der eigentlichen Existenz noch sonstwoher *vorgegeben* sein. Wenn aber andererseits die konkrete Möglichkeit, auf die sich die Existenz entwirft, nicht einfach beliebig sein soll, müßte das formale Wesen des eigentlichen Selbstseins so beschaffen sein, daß es in sich selbst eine Hinsicht hätte, unter der es seine konkreten Möglichkeiten wählt. Daß das Dasein im Vorlaufen zum Tode, in dem es sich mit seinem eigensten Seinkönnen konfrontiert, die höchste „Instanz" findet, von woher es überhaupt erst zwischen Möglichkeiten, die seinem Sein wesentlich oder zufällig sind, entscheiden kann (302, 313, 384), leuchtet ein; aber diese Hinsicht bliebe für sich allein abstrakt. So sagt Heidegger selbst: „Die faktisch erschlossenen Möglichkeiten der Existenz sind aber doch nicht dem Tod zu entnehmen" (383); der Tod verweist vielmehr gerade von sich weg auf das „eigenste Gewesensein" (325 f., 383). Und hier sieht es nun bei Heidegger so aus, als ob dieses Gewesensein – als „Schicksal" – dem aus dem Vorlaufen zum Tode auf sich zurückkommenden Dasein unmittelbar vorgegeben wäre (384). Wissen wir aber ohne weiteres, was unser eigenstes Gewesensein ist? Überdies ist der Umkreis der vorgegebenen Möglichkeiten unseres Gewesenseins immer größer als der, den wir in unsere Existenz aufnehmen können (285). Hier sieht es dann bei Heidegger so aus, als ob die Wahl unvermittelt und hinsichtslos geschähe, und so ergibt sich ein eigentümlicher Dezisionismus.

Berücksichtigt man den spezifischen Wahrheitsbegriff und gesteht man ihm im Umkreis des Verstehens der eigenen Möglichkeiten einen Sinn zu, dann scheint er sich hier ganz natürlich als das „missing link" anzubieten. Nicht als könnte Wahrheit eine vorgegebene Instanz sein, an der die sich anbietenden Möglichkeiten nur gemessen werden müßten. Solche verfügbare Wahrheit ist offenbar im Umkreis von Existenz und Geschichte nicht gegeben, und das scheint ja auch der Grund zu sein, warum Heidegger die Hinsicht auf Wahrheit fallengelassen hat (vgl. oben S. 359). Wahrheit ist gerade nicht gegeben, sondern Undurchsichtigkeit, damit aber auch die Möglichkeit, nach Wahrheit zu fragen, Durchsichtigkeit zu suchen. Die aus dem Vorlaufen zum Tode auf sich zurückkommende Existenz findet sich und ihre Möglichkeiten nicht durchsichtig vor, sondern sieht sich vor die Frage gestellt, was sie in Wahrheit sei, in Wahrheit wolle. Statt sich unvermittelt zu entscheiden, fragt sie kritisch nach der Wahrheit der Möglichkeiten. Nur der aus dieser Frage entspringende Entschluß ist nicht beliebig, sondern eine eigentliche, d. h. verantwortliche Wahl[36]. Geschieht die Wahl unvermittelt, ohne die Orientierung auf Wahrheit, dann fehlt ihr eine Hinsicht, woraufhin sie die gegebenen Möglichkeiten abwägend übersteigen kann, so daß sie ihnen in Wirklichkeit ebenso ausgeliefert bleibt wie die uneigentliche Existenz. Das Wesen der eigentlichen Existenz, wie sie von Heidegger angesetzt ist, kann also nur aus dem Wahrheitsbezug angemessen begriffen werden.

Dann kann man aber die Eigentlichkeit gerade nicht als „Wahrheit der Existenz" und die von ihr ergriffenen Möglichkeiten als „wahr" bezeichnen, ebensowenig das Verfallen als „Sein in der Unwahrheit". Das Sein in der Undurchsichtigkeit wäre vielmehr für das Dasein überhaupt konstitutiv, und die Eigentlichkeit wäre dadurch charakterisiert, daß sie im Bewußtsein dieser Undurchsichtigkeit sich auf die Wahrheit richtet, nach ihr fragt, während gerade die Uneigentlichkeit dadurch charakterisiert wäre, daß sie ihre

[36] Man könnte meinen, wenn die Wahrheit nicht gegeben, sondern nur eine regulative Idee ist, werde ein Entschluß, wenn er sich nach der Wahrheit orientiert, nie zustande kommen. Gefordert ist jedoch nicht, daß der Entschluß auf die Wahrheit warte, sondern sich auf sie richte. Bieten sich z. B. zwei undurchsichtige Alternativen an, von denen eine jetzt ergriffen werden muß, dann ist der Entschluß verantwortlich, wenn er die eine Möglichkeit ergreift im Bewußtsein nicht zu wissen, ob es die wahre ist, willkürlich hingegen, wenn er überhaupt nicht im Horizont möglicher Wahrheit geschieht.

jeweilige Möglichkeit bereits für wahr hält und sich dadurch der Wahrheitsfrage entzieht. Diese Auffassung kann sich insbesondere auf Heideggers eigene Analyse der Erschlossenheit des Verfallens stützen, wo gezeigt wird, wie dieses sich in der „Zweideutigkeit" des „Geredes" gegen den Unterschied von Wahrheit und Unwahrheit unempfindlich und damit der Wahrheitsfrage unbedürftig macht (oben S. 316). Entsprechend müßte dann die Eigentlichkeit nicht als Wahrheit, sondern als Offenheit für die Wahrheit gekennzeichnet werden. Da nun Heidegger die Worte „Wahrheit" und „Unwahrheit" nicht in ihrem spezifischen Sinn gebraucht, sondern Wahrheit = Erschlossenheit, Unwahrheit = Verschlossenheit (222, 308), so könnte man seine Bezeichnung der Eigentlichkeit und Uneigentlichkeit als Wahrheit und Unwahrheit mit der hier entwickelten Auffassung so zur Übereinstimmung bringen, daß die Uneigentlichkeit in der „Verschlossenheit" gegen die Wahrheit bestünde und die Eigentlichkeit in der „Erschlossenheit" (Aufgeschlossenheit) für sie. Es ist aber gerade die Folge von Heideggers Wahrheitsbegriff, daß er diese Unterscheidung zwischen der Offenheit für die Wahrheit (in der Wahrheitsfrage) und dem Wahrheitsbesitz nicht mehr zuläßt. Daher wird die Erschlossenheit der Eigentlichkeit auch geradezu als „Durchsichtigkeit" bezeichnet (146, 299), die, wenn man den spezifischen Wahrheitsbegriff berücksichtigt, ebenso wie die Wahrheit, nur als „regulative Idee" dieser Erschlossenheit verstanden werden könnte.

Heidegger hat dann im Übergang zu seiner späteren Position den dezisionistischen Aspekt des Verstehens, zu dem der Ausfall des Wahrheitsbezuges in SuZ geführt hat, selbst zurückgenommen, und es wird zu fragen sein, ob dabei der spezifische Wahrheitsbegriff doch noch mit aufgenommen wird.

ZWEITER ABSCHNITT

Der Wahrheitsbegriff im Übergang zu Heideggers späterem Denken

Die besondere Deutung, die der Wahrheitsbegriff in SuZ gefunden hat – seine Gleichsetzung mit der Erschlossenheit – führt dazu, daß „Wahrheit" für Heidegger zum Leitwort seiner Grundfrage nach der Möglichkeit von Offenbarkeit wird. Daß Seiendes als *offenbares* begegnen kann, heißt für Heidegger, daß es *als Seiendes* begegnen kann (vgl. oben S. 270). Die Frage nach der Möglichkeit der Offenbarkeit – die so verstandene „Wahrheitsfrage" – fällt daher für Heidegger mit der Seinsfrage zusammen.

In den beiden vorhandenen Abschnitten von SuZ wird diese Frage durch die Analyse der Seinsverfassung des Daseins als Erschlossenheit vorbereitet, aber noch nicht durchgeführt. Wenn hier auch schon nach der Möglichkeit des Begegnenkönnens von innerweltlichem Seienden gefragt wird, so wird diese Frage doch noch nicht allgemein als Frage nach der Möglichkeit der Offenbarkeit von Seiendem gestellt.

In den auf SuZ folgenden kleineren Schriften und Vorträgen – „Was ist Metaphysik?" (WM), „Vom Wesen des Grundes" (WG) und „Vom Wesen der Wahrheit" (WW) – wird diese Grundfrage jeweils von verschiedenen Seiten skizzenhaft durchgeführt, offenbar zur Vorbereitung der eigentlichen Durchführung in dem geplanten 3. Abschnitt von SuZ, zu dem es dann nicht mehr gekommen ist.

In WG und WW ist dabei der Wahrheitsbegriff leitend. Beide Schriften gehen, in einer Schrittfolge, die in etwa der von SuZ § 44 entspricht, von der Aussagewahrheit zur Offenbarkeit des Seienden zurück und stellen dann die Frage nach dem Grund der Möglichkeit dieser Offenbarkeit. In WG wird diese Frage noch transzendentalphilosophisch beantwortet (oben S. 321): der Grund der „Wahrheit" liegt in der „Freiheit" als einer Struktur des Daseins (WG 49). In WW vollzieht sich dann in dieser Frage eine „Kehre": „die Freiheit ist nur deshalb der Grund der inneren Möglichkeit der Richtigkeit, weil sie ihr eigenes Wesen aus dem ursprünglicheren Wesen der einzig wesentlichen Wahrheit empfängt" (WW 14) – aus der „Wahrheit des Seins" (27).

Die allgemeine systematische Bedeutung dieser „Kehre" ist in der Einleitung bereits bezeichnet worden (oben S. 272 ff.), so daß sich die Interpretation jetzt auf die Bedeutung des Wahrheitsbegriffs für die Kehre und der Kehre für das Wahrheitsproblem konzentrieren kann. Mit der Kehre gewinnt Heidegger seine endgültige philosophische Position, daher lassen sich aus dem Gedankengang von WW bereits alle wesentlichen Aspekte entwickeln, die für den Wahrheitsbegriff des späten Heidegger charakteristisch sind.

Im Unterschied zu SuZ, wo bei der ausdrücklichen Bestimmung des Wahrheitsbegriffs der spezifische Sinn von Wahrheit völlig übergangen wird, geht Heidegger sowohl in WG als auch in WW (und nur in diesen beiden Schriften) jeweils auf einen Aspekt ein, der zum spezifischen Sinn von Wahrheit gehört: in WG ist das die „Ausweisung", in WW das „Maß". Die Interpretation wird zu fragen haben, was dadurch für das Verständnis des Wahrheitsbegriffs, aber auch für das, was Heidegger „Wahrheit" nennt und worauf sich seine Grundfrage bezieht, gewonnen wird.

Es wird sich zeigen, daß sich die Durchführung der „Kehre" in der Erschlossenheitsproblematik in WW gerade an demjenigen Aspekt der „Offenbarkeit" orientiert, den Heidegger dem spezifischen Wahrheitsbegriff entnimmt, an ihrem „Maß"-Charakter. Indem Heidegger aber den spezifischen Wahrheitsbegriff selbst weiterhin übersieht, hat das zur Folge, daß die Verbindlichkeit des Maßes von der Wahrheit auf die Offenheit als solche gleichsam abgeleitet wird. Während in SuZ der Erschlossenheit jede Beziehung auf ein Maß fehlte, wird jetzt die Offenheit selbst zum Maß. So verbindet sich mit der in der Erschlossenheitsthematik begründeten Kehre im systematischen Ansatz der philosophischen Grundfrage eine im Ausfall des Wahrheitsbezugs begründete Kehre im Verständnis der Freiheit. Nach dieser Seite erweist sich die Kehre als Kehre um den Wahrheitsbegriff herum, in dem Sinn, daß sie durch die aus dem Verlust des Wahrheitsbegriffs entstandene Situation der Unverbindlichkeit veranlaßt wird, aber den Wahrheitsbezug ihrerseits umgeht und ihre Position nun gleichsam auf seiner anderen Seite bezieht.

So ist also der Verlust des spezifischen Wahrheitsbegriffs bei Heidegger nicht nur ein Tatbestand, der sich lediglich von außen konstatieren ließe, sondern wird zusammen mit der Vertiefung der Erschlossenheitsthematik zum entscheidenden Motiv der weiteren Entwicklung. Diese führt zu einer Position, die wie diejenige von Husserl als phänomenologische Aletheiologie bezeichnet werden kann, jedoch mit dem Unterschied, daß der phänomenologische Bereich der Gegebenheitsweisen zu der „Lichtung" des Seins vertieft worden ist, und daß diese Lichtung nicht mehr auf Wahrheit bezogen wird, sondern an ihre Stelle tritt.

Derjenige Aspekt des spezifischen Wahrheitsbezugs hingegen, der in WG berührt wird – die „Ausweisung" –, bleibt für Heideggers Position ohne Konsequenzen. Weil Heidegger aber hier dem spezifischen Wahrheitsbegriff am nächsten kommt, ist vor der Interpretation von WW wenigstens kurz auf die Bedeutung und die Grenzen dieses Versuchs in WG einzugehen.

§ 17 *Wahrheit und Ausweisung in der Abhandlung „Vom Wesen des Grundes"*

Am Anfang der Abhandlung kommt Heidegger im Anschluß an eine Leibniz-Interpretation zu der Feststellung, daß zwischen „Grund" und „Wahrheit" ein „wesensmäßiger Bezug" besteht (11). Die Frage nach dem Wesen des Grundes soll daher auf dem Umweg über die Frage nach der Möglichkeit von Wahrheit beantwortet werden. Die „Satzwahrheit" ist nun aber in der Wahrheit des Seienden als der „ursprünglicheren Wahrheit" fundiert (12). Diese „ontische Wahrheit" wird, wie in SuZ in der Entdecktheit, so hier einfach in der „Offenbarkeit des Seienden" gesehen. Was ermöglicht diese? Das ist die Leitfrage der Abhandlung.

Damit Seiendes als solches zugänglich werden kann, muß es in seinem Sein verstanden werden. „Enthülltheit des Seins" – die „ontologische Wahrheit" – „ermöglicht erst Offenbarkeit von Seiendem" (13). Wie die Offenbarkeit des Seienden schon als solche („ontische") Wahrheit genannt wird, so wird also auch die „Enthülltheit" des Seins schon an und für sich als („ontologische") Wahrheit bezeichnet.

Seiendes also kann nur offenbar sein, sofern es „in seinem Sein" (14) begegnet, d. h. das Offenbarsein gründet in dem „Unterschied von Sein und Seiendem", in der „ontologischen Differenz" (15): das „Wesen von Wahrheit" ist „ontisch-ontologisch gegabelt" (15). Damit ist aber die Frage nach dem Grund der Möglichkeit der Offenbarkeit von Seiendem noch nicht beantwortet, sondern nur bestimmter gestellt, und so ist jetzt nach dem „Grund der ontologischen Differenz" zu fragen (15).

Heidegger findet diesen Grund in der „Transzendenz", in der das Dasein das Seiende im Ganzen auf eine Welt hin übersteigt (15–19). Ein Überblick über die Geschichte des Weltbegriffs (21–34) zeigt, daß er immer schon „auf die Auslegung des menschlichen Daseins in seinem Bezug zum Seienden im Ganzen abzielt" (33 f.). Und Heidegger selbst bestimmt nun Welt als die Ganzheit dessen, „aus dem her das Dasein sich zu bedeuten gibt, zu welchem Seienden und wie es sich dazu verhalten kann" (34), also als die Ganzheit seines eigenen Existenzsinnes, auf die hin es sich versteht: „die jeweilige Ganzheit des Umwillen" (36). Und der Entwurf der so verstandenen Welt „ermöglicht erst, daß Seiendes als solches sich offenbart" (36).

Dieses Ergebnis wird dann in dem letzten Abschnitt der Abhandlung im Hinblick auf den Begriff des Grundes näher auseinandergelegt. Das Entwerfen des Umwillen „ist das, was wir Freiheit nennen" (40). Als stiftender Entwurf von Welt ist die Freiheit gründend (41). Sie ist nun aber zugleich gründend in dem weiteren Sinn, daß sie Grund „nimmt", indem sie von dem Seienden, das sie entwerfend übersteigt, schon geworfen-befindlich „eingenommen" ist, angegangen wird (42). Erst dieses beides zusammen – das Übersteigen auf Möglichkeiten (Welt) in eins mit dem Hinnehmen von

Vorgegebenem (Faktischem) – ermöglicht die „Intentionalität", d. h. das Offenbarmachen von Seienden, die „ontische Wahrheit" (44).

Die Einheit von Entwurf und Geworfenheit macht zugleich auch erst das volle Wesen der Freiheit aus: Freiheit ist kein absoluter Ursprung, sondern der Entwurf vollzieht sich auf dem „Boden" vorgegebener Möglichkeiten, dergestalt daß ihm „bestimmte andere Möglichkeiten ... entzogen" sind und er doch als Entwurf das Vorgegebene jeweils „überschwingt" (43). Die Freiheit ist die „Einheit von Überschwung und Entzug" (48), sie ist gewissermaßen das Zusammentreffen von Möglichkeit und Vorgegebenheit.

Wenn nun die Einheit von Weltentwurf und Geworfenheit die „ontische Wahrheit" ermöglicht, dann muß diese durch das so charakterisierte Wesen der Freiheit bestimmt sein: das Offenbarmachen von vorgegebenem Seienden ist von solcher Art, daß es sich immer schon „in einem Umkreis von Möglichem" bewegt (48, 44). Diese Differenz zwischen dem Vorgegebenen und dem Möglichen nötigt zur Warumfrage, zur Begründung. Das Gründen im Sinn des Weltentwurfs und das Gründen im Sinn der Eingenommenheit von Vorgegebenem lassen demnach gemeinsam ein Gründen in einem dritten Sinn entspringen: das Gründen als Begründen (44).

In anderer Weise hatte Heidegger auch in „Was ist Metaphysik?" gezeigt, daß zu dem offenständigen Verhalten zum Seienden wesensmäßig die Möglichkeit der Warumfrage gehört (WM 37). In beiden Schriften wird betont, daß Seiendes nur offenbar werden kann auf Grund einer „Transzendenz", in der wir es überschreiten: in WM ist das, woraufzu die Transzendenz geschieht, das „Nichts" (32), in WG die Möglichkeit. Offenbar gehört beides zusammen: die Möglichkeit ist Möglichkeit des Nicht-so-seins; und das Nicht führt zur Warumfrage nur, weil das vorgegebene offenbare Seiende kein Notwendiges ist. In WG liegt das „nicht" in der „Endlichkeit" der Freiheit, in der Kollision zwischen Überschwung und Entzug, die in SuZ ausdrücklich als die „Nichtigkeit" des Daseins bezeichnet worden war (SuZ 285).

Die Notwendigkeit des Begründens wird nun in WG als die des *Ausweisens* und der *Rechtfertigung* gekennzeichnet (45). Damit ist jetzt ein Aspekt des spezifischen Wahrheitsbezugs getroffen: wenn wir von Begründung im Sinn von Ausweisung sprechen, ist das, was ausgewiesen wird, stets der Wahrheitsanspruch. Somit hätte Heidegger hier einen Grundzug des spezifischen Wahrheitsbezugs aus dem Wesen der Erschlossenheit als solcher aufgeklärt (vgl. oben S. 351 f.): das Bedürfnis nach der Wahrheitsfrage bzw. einem Wahrheitsausweis liegt dann im Wesen des offenständigen Verhaltens als solchem angelegt.

Weil Heidegger nun aber das Wort „Wahrheit" auch hier stets im Sinn von Erschlossenheit überhaupt gebraucht („Offenbarmachen"), kommt der Zusammenhang zwischen Ausweisung und Wahrheit nicht eigentlich zur Deutlichkeit. Heideggers Terminologie führt dazu, daß in seiner Darstellung „Wahrheit" – ein „schon offenbarer Zusammenhang von Seiendem" (45) – als der *terminus a quo* der Begründungsfrage erscheint, nicht als ihr *terminus ad quem*; und wenn Heidegger auch den *terminus a quo* – gleichsam das „Motiv" – der Begründungsfrage durch die Kollision zwischen Vorgegebenheit und Möglichkeit einsichtig machen kann, bleibt ihr *terminus ad quem* – die Dimension der möglichen Erfüllung der Begründungsfrage – überhaupt offen. Um sie einzubeziehen, hätte offenbar neben dem Gesichtspunkt der Vorgegebenheit (Tatsächlichkeit) und dem der Möglichkeit auch ein solcher der Notwendigkeit (einer ausgezeichneten Gegebenheit, die die Möglichkeit ausschließt) – und sei es auch nur als regulative Idee – berücksichtigt werden müssen.

Die Unbestimmtheit, in der Heidegger das Wort Wahrheit gebraucht, erlaubt es auch nicht, eine Frage zu formulieren, die sich jetzt nahelegen muß, ob nämlich jede Warumfrage eine Wahrheitsfrage ist. Man unterscheidet sonst zwischen der Frage nach dem Grund einer Aussage bzw. Meinung (ratio) und der nach dem Grund einer Sache (causa). Nur die erste ist eine Wahrheitsfrage im engeren Sinn, und nur bei ihr sprechen wir von Ausweisung und Rechtfertigung. Heidegger hingegen *spricht* zwar von „Ausweisung", *erläutert* aber die Warumfrage gerade in der anderen Richtung, wenn er sagt, die Begründung vollziehe sich durch „Anführung des Seienden, das sich dann z. B. als ‚Ursache' oder als ‚Beweggrund' (Motiv) für einen schon offenbaren Zusammenhang von Seiendem bekundet" (45). Tatsächlich muß Heidegger hier in erster Linie an diese letztere Art der Warumfrage denken, weil er die Aussagewahrheit am Anfang der Untersuchung als eine abgeleitete zurückgestellt hatte (oben S. 365). Dann wird man aber überhaupt fragen müssen, ob die Rede von „Ausweisung" und „Rechtfertigung" hier nicht nur äußerlich von Leibniz aufgenommen ist, von dem Heidegger in dieser Abhandlung ausgegangen war. Für Leibniz ist tatsächlich jede Warumfrage eine Wahrheitsfrage, gemäß seiner Auffassung, daß alle Wahrheit letztlich eine notwendige ist, und die Ausweisung einer Tatsachenaussage daher den Rückgang auf die volle Kausalität der Sache miteinschließt. Man könnte – auch ohne Leibnizens Wahrheitstheorie zu teilen – sagen, daß zur Erkenntnis der „vollen" Wahrheit des Gemeinten nicht nur die Selbstgegebenheit des gerade Gemeinten erforderlich sei, sondern die „ganze" Gegebenheit dieser Sache, die Sache in ihrer ganzen Bedingtheit. Aber eine solche Auffassung – daß jede Frage nach Grund in einem weiteren Sinn nach Wahrheit fragt – kann sich doch eigentlich erst ergeben, wenn man überhaupt den spezifischen Sinn von Wahrheit berücksichtigt.

So scheint also dieser bedeutsame Versuch, einen Grundzug des spezifischen Wahrheitsbezugs aus der Erschlossenheit als solcher aufzuklären, seine eigenen Möglichkeiten deswegen nicht voll entfalten zu können, weil der spezifische Wahrheitsbegriff nicht eigentlich im Blick steht. Daher bleibt dieser Versuch auch in Heideggers Werk vereinzelt; der Gesichtspunkt der Ausweisung wird in den folgenden Schriften nicht mehr aufgenommen, ja er wird auch schon in dieser Abhandlung, so zentral er einerseits herausgestellt ist, wieder abgedrängt und beschränkt. Das soll abschließend nach zwei Hinsichten gezeigt werden, jeweils im Anschluß an bisher übergangene prinzipielle Intentionen dieser Schrift, die aber nicht befriedigend durchgeführt scheinen.

1. Die Frage, von der die Abhandlung ausgeht, die Frage nach dem Grund der Offenbarkeit des Seienden, war als Frage nach dem „Grund der ontologischen Differenz" bestimmt worden (oben S. 365). Daher muß sich jetzt die „Freiheit" (die Einheit von Weltentwurf und Geworfenheit), da sie sich als der Grund der Offenbarkeit des Seienden erweist, als der Ursprung dieses „ontisch-ontologisch gegabelten Wesens von Wahrheit" herausstellen. Deswegen soll jetzt das Begründen, das aus der Einheit von „Überschwung" und „Entzug" entspringt, in erster Linie die „ontologische Wahrheit" sein (45), die „ontologische Begründung des Seienden" durch das Sein (47), und nur weil „alles ontische Entdecken" von dieser ontologischen Begründung „durchwaltet" ist, müsse es „in seiner Weise ‚begründend' sein, d. h. . . . sich ausweisen" (45). Das erscheint nun sehr schematisch. Es hätte zumindest weiterer Ausführungen bedurft, um einsichtig zu machen, daß die ontologische „Begründung" des Seienden durch das Sein der Grund dafür sei, daß das ontische Verhalten zum Seienden seinerseits ontisch begründend sein muß. Auch hat ja Heidegger die Notwendigkeit gerade des ontischen Begründens vielmehr direkt aus der Kollision zwischen Vorgegebenem und Möglichem erklärt (vgl. 44!), und das ontologische Begründen erscheint wie nachträglich eingeschoben (vgl. 45!). Das führt dann aber dazu, daß das ontische Ausweisenmüssen durch die ontologische Wahrheit überhaupt zurückgedrängt und entlastet wird: die ontologische ist die „eigentliche Begründung" (46), „als vorgängigste Antwort schlechthin die erst-letzte Begründung" (45). Dabei bleibt offen, ob und wie auch die ausdrückliche ontologische Begründung, die sich in der Philosophie vollzieht, als „Ausweisung" verstanden werden müsse[1].

---

[1] Damit zeigt sich schon hier, was dann in WW und später verschärft hervortreten wird, daß der Bezug zur Wahrheit des Seins *an die Stelle* der ontischen Wahrheitsfragen tritt. Auch in Hinsicht auf den Begriff des Grundes kommt das in der späten Vorlesung „Der Satz vom Grund" zu voller Deutlichkeit: erst dadurch, daß das Sein „sein Wesen" als Grund „verbirgt", entsteht überhaupt die Warum-Frage und wird nach den Gründen von Seiendem gefragt (SG 183). Das Sein als Grund aber ist „Ab-Grund" (185), und da Heidegger alle Begründung als Rückführung auf Seiendes versteht, ist „jede Begründung . . . dem Sein . . . ungemäß" (a. O.). Auf die Frage der Ausweisung innerhalb der Philosophie ist Heidegger, soweit ich sehe, außer der kurzen Bemerkung BH 117 nur in dem „Brief an einen jungen Studenten" (VA 182–5) eingegangen, der eigentlich nur zeigt, daß Heidegger zu dieser Frage nichts zu sagen wußte. Wie stark die Tendenz wurde, den Anspruch der Ausweisung auszuschalten, zeigt seine Bemerkung über „das griechische λόγον διδόναι" in SG (181): „Man kann diese griechische Wendung richtig übersetzen durch: Rechenschaft ablegen, den Grund angeben; aber man denkt dabei nicht eigentlich griechisch. Griechisch gedacht, sagt λόγον διδόναι: etwas Anwesendes in seinem so und so Anwesen und Vorliegen darbieten, nämlich dem versammelnden Vernehmen." Demnach hätte also Sokrates nicht griechisch und überhaupt umsonst gedacht.

2. Es ist zu beachten, daß Heidegger die ontologische Differenz im ganzen auf das dritte, sich aus den beiden anderen Momenten der Transzendenz erst ergebende Moment – auf das der „Intentionalität" – beschränkt. Demnach wären die beiden anderen Momente – der „Weltentwurf" und die „Eingenommenheit im Seienden" – weder ontisch noch ontologisch, sondern der Grund für die ontologische Wahrheit, die ihrerseits die ontische Wahrheit begründen soll.

Wie ist das zu verstehen? Daß sich die „Welt", die hier ihrerseits noch in der „Freiheit" begründet wird, als der Grund der Offenbarkeit des Seienden erweist, wird hier noch so ausgelegt, daß sie zugleich der Grund der „ontologischen Wahrheit", also der „Enthülltheit des Seins" (13) ist. Als „Sein" wird demnach noch das bezeichnet, was Heidegger später „das Sein des Seienden" (im Sinn des „Seienden als Seienden") nennt, während er später gerade die Lichtung der Welt als das „Sein selbst" versteht (oben S. 275 f.). Was hier „ontologische Differenz" genannt wird, fällt also nicht mit dem späteren „Unterschied" zwischen Welt (Sein) und Seiendem (vgl. US 25) zusammen. Diese Verschiebung ist jedoch im wesentlichen nur terminologisch. Die entscheidende These lautet auch schon hier: die ontologische Differenz im metaphysischen Sinn als Differenz zwischen dem Seienden und seinem Wesen qua Seiendem gründet ihrerseits in der Lichtung der Welt. Diese neue Idee von Sein als Spielraum von Offenheit statt als Wesen scheint nun aber in Frage gestellt, wenn man bei diesem Spielraum seinerseits die „metaphysische" Unterscheidung zwischen der jeweiligen Welt und ihrem Wesen qua Welt (der „Weltlichkeit" von SuZ) zuläßt, und so wird jetzt die Differenz zwischen Ontischem und Ontologischem im Gegensatz zu SuZ vom Phänomen der Welt selbst ferngehalten. So verständlich aber Heideggers Intention ist, so zweifelhaft bleibt die Durchführung. Heidegger hat seine These von der Abkünftigkeit oder gar Entbehrlichkeit der Unterscheidung von Faktischem und Wesen nie erwiesen. Und gerade in WG, wo Welt „als die jeweilige (!) Ganzheit des Umwillen eines Daseins" verstanden wird (36), ist schwer zu verstehen, inwiefern die Unterscheidung von SuZ zwischen Welt und Weltlichkeit entbehrlich sein und die so verstandene Welt bereits jene fundamentale Begründungsfunktion übernehmen können soll, die ihr hier zugemutet wird. Wenn es überhaupt möglich sein soll, das ontologisch Letzte als Weltspielraum statt als Wesen zu denken, und wenn dieser Spielraum nicht naturalistisch, sondern geschichtlich gedacht werden soll, dann dürfte „Welt" nicht als jeweiliges Entwurfsganzes, das dann ein „Spielraum" nur noch für Seiendes ist, verstanden werden, und auch nicht als eine konkrete geschichtliche Verkettung solcher Entwürfe, sondern als der konkret erfahrene Möglichkeitsspielraum, in den hinein die Entwürfe ihrerseits geschehen und der stets über sie hinausreicht[2]. Dieser Spielraum würde dann gerade in der Wahrheitsfrage, in der der jeweilige Entwurf in seinen Grenzen thematisch wird, erfahren. Aber die Entwicklung von Heideggers Weltbegriff geht, wie sich zeigen wird (§ 18 d), in eine andere Richtung.

Weil nun Heidegger auf der Seite des „Ontischen" nur das Verhalten zu *Seiendem* sieht, beschränkt sich das Postulat der Ausweisung auf die „Intentionalität" und erstreckt sich nicht auch auf den Bereich des Weltentwurfs und des Umwillen. Das ist freilich gerade mit Rücksicht auf die Art, wie Heidegger selbst die Warumfrage expliziert, gar nicht einleuchtend. Wenn

---

[2] Aber auch der so verstandene Spielraum kann die Rede von einer Wesensstruktur nicht einfachhin ersetzen. Vgl. oben S. 313 Anm. 17.

die Warumfrage aus der Kollision zwischen Überschwung und Entzug entspringt, in der sich das Dasein in bezug auf seine eigenen Möglichkeiten befindet (vgl. 43!), dann müßte sich das Postulat der Ausweisung in erster Linie auf eben diese Seinsweisen des Daseins selbst beziehen.

In der einzigen Schrift also, in der Heidegger die spezifische Wahrheitsfrage berücksichtigt, nimmt er die Erschlossenheit von Welt – das geschichtliche Selbstverständnis des Daseins – von ihr aus. Damit bestätigt sich die Vermutung, die schon bei der Interpretation von SuZ angedeutet wurde (oben S. 359): daß gerade der Bereich, den Heidegger in das Zentrum der Wahrheitsproblematik stellt, einen Wahrheitsbegriff nahelegen mußte, in dem die Notwendigkeit der Ausweisung ausgeschaltet ist. Denn in diesem Bereich könnte, anders als schon bei Tatsächlichem, ausgewiesene Wahrheit nur als regulative Idee verstanden werden (oben S. 358). Versteht man hingegen die Erschlossenheit und „Eröffnung“ von Welt bereits selbst als „Wahrheit“, dann wird es möglich, auch hier einen unmittelbaren Bezug zur Wahrheit herzustellen. Und indem, wie sich nun in WW zeigen wird, die Wahrheit als Un-Verborgenheit die Unwahrheit in sich aufnimmt, wird, ohne die Undurchsichtigkeit unserer geschichtlichen Welt zu leugnen, wieder ein positiver Wahrheitsbezug möglich, ein Wahrheitsbezug, der keine Gewißheit mehr beansprucht, den aber auch die Ungewißheit nicht mehr stört.

§ 18 *Die Bedeutung der Wahrheitsproblematik für den Übergang zur späteren Position in dem Vortrag „Vom Wesen der Wahrheit"*

Die vier Abschnitte dieses Paragraphen ergeben sich aus dem Gedankengang von WW und führen zugleich immer tiefer in die zentrale Problematik des späten Heidegger. In dem ersten wird kurz ein Randproblem berührt; der zweite interpretiert jenen Aspekt des spezifischen Wahrheitsbegriffs, den Heidegger in WW aufnimmt; der dritte zeigt, wie Heidegger auf dieser Grundlage in WW die „Kehre" durchführt; und der vierte interpretiert den Grundbegriff, der sich auf der neuen Position ergibt, die „Wahrheit des Seins" als „Un-Verborgenheit". In den beiden letzten Abschnitten werden zunehmend spätere Schriften herangezogen. In jedem Abschnitt versucht sich die Untersuchung zunächst der positiven Bedeutung von Heideggers Gedanken zu versichern und interpretiert sie dann im Lichte des übergangenen Wahrheitsproblems.

a) Aussagewahrheit und Sachwahrheit

Wie in SuZ geht Heidegger auch in WW von der überlieferten Bestimmung der Wahrheit als Übereinstimmung aus. Dabei berücksichtigt er jetzt aber nicht nur die „Aussagewahrheit", sondern auch die „Sachwahrheit", dergemäß wir z. B. von wahrem und falschem Gold sprechen. Wie die Aussagewahrheit Übereinstimmung der Erkenntnis mit der Sache ist, so soll die Sachwahrheit Übereinstimmung der Sache mit der Erkenntnis sein, mit der „Idee" der Sache, mit ihrem „Wesensbegriff" (7 f.). Heidegger betont zwar, daß „die Satzwahrheit nur möglich" sei „auf dem Grunde der Sachwahrheit" (7), schränkt dann aber die nun folgende Frage nach der „inneren Möglichkeit der Übereinstimmung" doch wieder auf die Aussagewahrheit ein.

Eine entsprechende Fundierung der Sachwahrheit wird weder hier noch später durchgeführt. Offensichtlich war es jedoch Heideggers Intention, diese Wahrheit des Seienden – „was das Seiende in Wahrheit ist" (HW 39) – ihrerseits in der „Wahrheit des Wesens" (Seins) zu gründen, in der, gleichsam von der anderen Seite her, auch die Aussagewahrheit gründen soll (vgl. HW 39!). In einem Zusatz der 2. Auflage von WW (1949) bemerkt Heidegger: „Der Vortrag ‚Vom Wesen der Wahrheit' sollte bereits im ursprünglichen Entwurf durch einen zweiten ‚Von der Wahrheit des Wesens' ergänzt werden" (26). Dieser zweite Vortrag wäre vermutlich von der in dem ersten Vortrag beiseitegelassenen Wahrheit des Seienden ausgegangen, und Heideggers umfassende These wäre dann, daß sowohl die Wahrheit der Aussage (weil sie ihrerseits in der Offenständigkeit des Verhaltens überhaupt gründet) als auch die Wahrheit des Seienden (weil sie ihrerseits in der Offenbarkeit des Seienden gründet) beide letztlich in der einen Wahrheit des Seins den Grund ihrer Möglichkeit finden.

Ist diese Extrapolation richtig, dann ist Heidegger freilich bei der Sachwahrheit ebenso über das Spezifische der Wahrheit hinweggegangen wie bei der Aussagewahrheit. Die spezifische Differenz zwischen dem, was eine Sache in Wahrheit ist und dem Anschein, den sie bietet, wäre ebenso in dem allgemeinen Wesen der Offenbarkeit des Seienden untergegangen wie die spezifische Differenz zwischen wahrer und falscher Aussage in dem allgemeinen Wesen der Erschlossenheit[3].

---

[3] Daß Heidegger die „Sachwahrheit" in der angedeuteten Weise in der Offenbarkeit gründen lassen wollte, ist auch daran zu ersehen, daß er das traditionelle Verständnis dieser Sachwahrheit als *adaequatio rei ad intellectum* deutet (7 f.): diese Bezogenheit des Seienden auf den Geist mußte sich als Offenbarkeit verstehen lassen, die dann ihrerseits letztlich nur aus der Offenheit des Seins zu verstehen wäre (vgl. VA 252). In Wirklichkeit ist aber diejenige „Sachwahrheit", dergemäß wir von wahrem und falschem Seienden (z. B. wahrem und falschem Gold) sprechen, in der Tradition gar nicht als *adaequatio rei ad intellectum* verstanden worden und läßt sich auch von der Sache her nicht so verstehen. Heidegger scheint hier in seiner Anknüpfung an die scholastische Auffassung zwei verschiedene Begriffe von Sachwahrheit zu vermischen, die bei Thomas deutlich unterschieden sind. Diejenige Sachwahrheit, die in der *adaequatio rei ad intellectum divinum* besteht (die „transzendentale Wahrheit"), kommt jedem Seienden als solchem zu und hat keinen Gegenbegriff: *per comparationem ad intellectum divinum nulla res potest esse falsa* (De Veritate I, 10). Von falschem Seienden sprechen wir nach Thomas nur in bezug auf den *intellectus humanus*, nämlich dann, wenn das Seiende (z. B. Scheingold) von sich aus anders erscheint als es ist und so durch seine äußere Erscheinung dem *intellectus humanus* eine Vorstellung nahelegt, die seiner inneren Natur nicht entspricht (vgl. a. O. und Aristoteles Metaph. 1024 b 21 f.). Es ist also für Thomas keineswegs so, wie es in Heideggers Darstellung aussieht, daß sich die Richtung der Übereinstimmung bei der Sachwahrheit gegenüber derjenigen der Aussagewahrheit umkehrt. In beiden Fällen ist vielmehr das Maß die Sache selbst. Und es erscheint auch gar nicht möglich, den Schein als ein Nichtübereinstimmen des Seienden mit seiner Idee oder seinem Begriff zu verstehen. Wenn z. B. ein Stück Messing wie Gold erscheint, dann stimmt es selbst zwar nicht mit dem Begriff überein, den seine Erscheinung nahelegt, es stimmt aber sehr wohl mit seinem eigenen Begriff überein. Wo ein Seiendes mit seinem Wesensbegriff nicht übereinstimmt, ist es schlecht (untauglich zu dem, wozu es da ist), aber nicht unwahr. Sowohl die Satzwahrheit als auch die Sachwahrheit betrifft die Übereinstimmung der Sache im Wie einer vordergründigen Gegebenheit (sei es als signitive Gegebenheit, sei es als partielle Selbstgegebenheit) mit der Sache selbst. Und nun kann man sagen, daß *beide* Übereinstimmungsverhältnisse gleichermaßen voraussetzen, daß es überhaupt eine Sache selbst gibt. Erst *diese* Sachwahrheit bezeichnet nicht mehr die Übereinstimmung *mit* der Sache selbst, sondern eben dieses Selbstsein des Seienden, das die Bedingung für eine Übereinstimmung mit ihm (sowohl der Aussage wie der Erscheinung) ist, und erst diese Sachwahrheit ist es, die für die scholastische Metaphysik ihrerseits in einer Übereinstimmung mit dem *intellectus divinus* gründet (vgl. De Veritate I, 2), für Kant hingegen in der transzendentalen Übereinstimmung der Bedingungen der Möglichkeit der Gegenstände der Erfahrung mit den Bedingungen der Möglichkeit der Erfahrung selbst. Eine derartige totale Sicherung, daß das Seiende, nach dessen Wahrheit wir fragen, auch wirklich ein Wahres

b) Das Wahre als Maß

Im 2. Abschnitt von WW fragt Heidegger nach der „inneren Möglichkeit" der als Übereinstimmung verstandenen Aussagewahrheit und findet sie in der „Offenständigkeit des Verhaltens", und zwar „alles Verhaltens" (11). Die beiden Schritte, die in SuZ § 44 in den Abschnitten (a) und (b) getrennt durchgeführt wurden (die Bestimmung der wahren Aussage als Entdecken und die Übertragung auf alle Erschlossenheit), werden hier also zusammengenommen. Der Gesichtspunkt des „so-wie" aber, der in SuZ fallengelassen wurde, wird jetzt festgehalten, und damit bleibt die Erörterung näher am spezifischen Wahrheitsbezug als in SuZ. Die (wahre) Aussage entdeckt das Seiende nicht einfach, sondern stellt es „so" vor „wie es ist", sie „richtet" sich danach als nach ihrem „Maß". „Das offenständige Verhalten ... muß eine Vorgabe des Richtmaßes ... übernehmen. Dies gehört zur Offenständigkeit des Verhaltens" (11 f.).

Nimmt man das Sich-Richten-nach, Sich-Anmessen-an als Kennzeichen des spezifischen Wahrheitsbezugs, dann ist also Heideggers These, daß zur Erschlossenheit als solcher der Wahrheitsbezug wesentlich gehört. Wie in WG der Aspekt der Ausweisung, so soll hier ein anderer Aspekt des spezifischen Wahrheistbezugs – das Sichanmessen – aus dem Wesen der Erschlossenheit also solcher verständlich gemacht werden. Diese Aufklärung des spezifischen Wahrheitsbezugs aus der Erschlossenheit des Daseins ist eine Aufgabe, die sich schon bei der Interpretation von SuZ als eine neue Möglichkeit zeigte, aber in SuZ deswegen nicht eingelöst wurde, weil der spezifische Wahrheitsbegriff gar nicht berücksichtigt worden war (oben S. 351).

Wird jetzt in WW der spezifische Wahrheitsbegriff berücksichtigt? Was ist es, woran die Erschlossenheit sich anmißt? Welchen Wesens ist das „Maß"?

Formal kann man das Woran des Sichanmessens das Wahre nennen. Aber das ist zunächst nur ein Wort, und so wiederholt sich die Frage: welchen Wesens ist das Wahre als das Woran des Sichanmessens?

Man kann antworten: das Wahre, das Woran des Sichanmessens, ist das Seiende, und diese richtige, aber in dieser Form immer noch zu unbestimmte Antwort kann man auch im Text nachweisen. So heißt es: „Das Verhalten ist offenständig zum Seienden." Das Aussagen „unterstellt" „sich einer Weisung", „das Seiende, so – wie es ist, zu sagen" (11). Entsprechend wird das offenständige Verhalten nachher als ein „Sein-lassen des Seienden" und dieses wiederum als „Sicheinlassen" auf das Seiende verstanden (14).

Noch einmal aber wird man fragen müssen: was bedeutet es, daß das Aussagen das Seiende so zu sagen hat, wie es „ist"? Was bedeutet hier das

(Bestimmtes) ist, ist aber für unser Fragen nach Wahrheit nicht notwendig. Für Husserl bleibt es offen, ob es eine wahre Welt letztlich gibt (Hu VIII 48 ff.), und die Wahrheitsfrage geschieht ins Ungewisse.

„ist"? Was heißt „das Seiende", und inwiefern ist es von solcher Art, daß es das offenständige Verhalten „bindet" (12) und für es ein Maß ist?

Darauf antwortet Heidegger: „das Seiende" – das bedeutet: „das Offenbare" (11). Das *Sein* des Seienden ist seine Offenbarkeit, seine „Unverborgenheit" (15). Und erst dieses Wesen des Seienden, daß sein Sein in seiner Offenbarkeit besteht, macht es für Heidegger verständlich, daß es für das offenständige Verhalten ein Maß ist, woran dieses sich zu halten hat: „Alles Verhalten hat seine Auszeichnung darin, daß es ... je an ein Offenbares *als ein solches* sich hält" (11). „Das Sich-freigeben für eine bindende Richte ist nur möglich als Freisein zum Offenbaren eines Offenen" (12). „Seinlassen – das Seiende nämlich als das Seiende, das es ist –, bedeutet, sich einlassen auf das Offene und dessen Offenheit" (14), „Sicheinlassen auf die Entborgenheit des Seienden" (15).

Wieso liegt es im Wesen der Offenbarkeit des Seienden, daß es das Verhalten an sich „binden" kann? Weil das Seiende dadurch, daß es dem Verhalten offenbar ist, dieses an sich hält: das Verhalten „setzt sich", indem es ein offenständiges ist, „dem Seienden als einem solchen aus" (15), nämlich so, daß es „das jeweilige Seiende das Seiende sein läßt, das es ist" (14). „Das Sicheinlassen auf die Entborgenheit des Seienden verliert sich nicht in dieser, sondern entfaltet sich zu einem Zurücktreten vor dem Seienden, damit dieses in dem, was es ist und wie es ist, sich offenbare und die vorstellende Angleichung aus ihm das Richtmaß nehme. Als sogestaltiges Sein-lassen setzt es sich dem Seienden als einem solchen aus ..." (15).

Für die Interpretation kommt es darauf an, die wesentliche Einsicht, die hier gewonnen ist, festzuhalten und zugleich den Punkt zu bezeichnen. der dabei unbefriedigend bleibt. Die wesentliche Einsicht ist, daß es im Wesen der Offenständigkeit des Verhaltens bzw. der Offenbarkeit des Seienden liegt, daß sich das Verhalten an das Seiende bindet: in der Erschlossenheit *als solcher* liegt die Anweisung, das Seiende „sein" zu „lassen", und d. h. dann immer auch schon: es so sein zu lassen wie es ist. Daraus aber, daß es im Wesen der *Offenbarkeit* des Seienden liegt, daß sich das Verhalten an das *Seiende* als sein Maß zu binden hat, folgt noch nicht, daß dieser Maß-Charakter in der Offenbarkeit selbst liegt. Im Gegenteil: das Maß soll doch ein Maß *für* die Offenständigkeit des Verhaltens, *innerhalb* der Offenbarkeit des ihm Gegebenen sein: durch das Maß unterscheidet sich angemessen Offenbares (wie das Seiende ist) von unangemessen Offenbarem (wie es nicht ist); wie soll dann das Maß in der Offenbarkeit als solcher liegen? Wenn also auch die *Anweisung*, sich nach einem Maß zu richten, in der Offenständigkeit und Offenbarkeit liegt, so kann doch derjenige Sinn von „Sein", demgemäß wir von der angemessenen Aussage sagen, daß sie das Seiende so sein-läßt, wie es *ist*, nicht seine Offenbarkeit als solche sein. Was dieses „ist" als Maß bedeutet, kann offensichtlich nur bestimmt werden, wenn das Verhalten, das sich an dieses „ist" hält (angemessen ist), abgehoben wird von solchem Verhalten, das sich daran nicht hält (unangemessen ist). Aber eben das geschieht bei Heidegger nicht: genauso wie in SuZ bleibt die Unwahrheit bei der Bestimmung der Wahrheit beiseite und wird erst nachträglich berücksichtigt (17 ff.)[4], und wie in SuZ ergibt sich daraus eine eigentümliche Zweideutigkeit, derzufolge einerseits vom offenständigen Verhalten überhaupt die Rede ist, andererseits aber – ohne klare Abhebung – vom spezifisch wahren, angemessenen; hielte man sich in diesem ersten Teil von WW genau an Heideggers Wortlaut, so müßte man daher meinen, unwahre Aussagen, unangemessenes Verhalten gebe es überhaupt nicht[5].

Berücksichtigt man nun diese Differenz zwischen dem sich an das Maß anmessenden Verhalten und dem sich nicht so anmessenden, dann ergibt sich: „das Seiende", woran sich das offenständige Verhalten anzumessen hat, ist nicht „das Offenbare", sondern „das Seiende wie es selbst ist", und dieses kann vielmehr durchaus verborgen sein. Das „ist", das für das Entbergen ein Maß ist, meint nicht die Entborgenheit, sondern das Selbstsein[6]. Heideggers Erkenntnis, daß es im Wesen der Offenbarkeit des Seienden liegt, daß das offenständige Verhalten sich an das Seiende anzumessen hat, um es so sein zu lassen wie es ist, hätte also zu der weiteren Konsequenz führen müssen, daß es dann im Wesen der Offenbarkeit des Seienden liegt, daß sie in sich eine Tiefendimension hat: daß sie sich differenziert in eine unmittelbare Offenbarkeit, wie das Seiende sich uns jeweils zeigt, und eine mögliche Offenbarkeit des Seienden, wie es selbst ist.

---

[4] So wirkt es merkwürdig, wenn Heidegger gerade der traditionellen Wahrheitstheorie den Vorwurf macht, bei der Bestimmung der Wahrheit die Unwahrheit nicht berücksichtigt zu haben (9, 17). Daran ist nur richtig, daß für die übliche Auffassung die Unwahrheit weder eine Art von Wahrheit ist noch in das „volle Wesen" der Wahrheit mithineingehört (WW 23, HW 43). Aber gerade zu diesen Thesen konnte Heidegger nur kommen, *weil* er bei der vorgängigen Bestimmung der Wahrheit den Gegensatz zur Unwahrheit nicht berücksichtigt hat. Worin sich Heidegger hingegen mit Recht von der Tradition unterscheiden könnte, wäre die primäre Aufklärung des Wahrheitsbezuges aus der Bewegung *zwischen* Unwahrheit und Wahrheit statt aus einem Wahrheitsbesitz (vgl. oben S. 346 f.). Aber gerade das Spannungsverhältnis zwischen zwei ungleichwertigen Polen läßt sich nur beschreiben, wenn man die beiden Pole voneinander unterschieden hält und nicht mit dem Namen des positiven Pols zugleich die ganze Strecke und die Bewegung zwischen ihnen bezeichnet. Ein Mindestmaß an Rücksicht auf die einfachsten logischen Verhältnisse wäre hier sicher nicht nur eine Akkomodation an „den gesunden Menschenverstand und seine unglückliche Gereiztheit" (24) gewesen (20), sondern durchaus der Sache selbst zugute gekommen.

[5] So heißt es z. B.: „Die vorstellende (!) Aussage sagt ihr Gesagtes so vom vorgestellten Ding, wie es als dieses ist (11), „Alles (!) Verhalten hat seine Auszeichnung darin, daß es, im Offenen stehend, je an ein Offenbares als ein solches sich hält" (11).

[6] Vgl. dazu den grundsätzlichen Vorbehalt gegenüber Heideggers Idee von „Sein" oben S. 277 Anm. 13.

Wenn also Heidegger sagt: „Die Aussage hat ihre Richtigkeit zu Lehen von der Offenständigkeit des Verhaltens; denn nur durch diese kann überhaupt Offenbares zum Richtmaß werden für die vorstellende Angleichung" (WW 11), dann ist diese Behauptung entweder trivial oder falsch: sie ist trivial, wenn die hier behauptete Fundierung der Richtigkeit in der Offenständigkeit nur besagen soll, daß die Offenständigkeit für die Richtigkeit eine *conditio sine qua non* ist, trivial deswegen, weil sie es ebenso für die Unrichtigkeit ist; und sie ist falsch, wenn diese Fundierung nicht nur im Sinn einer notwendigen, sondern einer zureichenden Bedingung gemeint ist. Damit fällt dann aber auch die Folgerung, die Heidegger aus dieser Behauptung zieht: „Wenn aber nur durch diese Offenständigkeit des Verhaltens die Richtigkeit (Wahrheit) der Aussage möglich wird, dann muß das, was die Richtigkeit erst ermöglicht, mit ursprünglicherem Recht als das Wesen der Wahrheit gelten" (12). Es ist allerdings einleuchtend, daß man das, woran sich die richtige Aussage anmißt, „mit ursprünglicherem Recht" als „wahr" bezeichnen kann, aber dies ist dann nicht „das Offenbare", sondern „das Seiende wie es selbst ist".

Obwohl also Heidegger in WW im Unterschied zu SuZ einen Aspekt des spezifischen Wahrheitsbezugs – das Gerichtetsein auf ein „Maß" – berücksichtigt und das „so-wie" festhält, übergeht er doch weiterhin den spezifischen Wahrheitsbegriff als solchen und damit denjenigen Gesichtspunkt, der innerhalb der Offenbarkeit und für diese als Maß fungieren kann. Die Folge ist, daß das Offenbare selbst zum Maß wird. Wenn aber das, was an einem Maß gemessen werden soll, selbst zum Maß erklärt wird, verkehrt sich offensichtlich der Sinn des Maßnehmens in sein Gegenteil. Der Sinn des Maßnehmens ist, die Beliebigkeit des zu Bemessenden (hier also des Offenbaren bzw. des Entbergens) kritisch auf einen bestimmten Gesichtspunkt hin (hier den der Wahrheit) einzuschränken. Läßt man das Entbergen sich nach dem Seienden richten, wie es offenbar ist, wie es sich zeigt, so wird die Beliebigkeit gerade sanktioniert, oder aber die Beliebigkeit wird – wie sich noch zeigen wird (unten § 18 d) – von einem anderen Gesichtspunkt aus eingeschränkt als dem der Wahhreit. Daß also jetzt mit dem Sichanmessen ein Aspekt des spezifischen Wahrheitsbezugs berücksichtigt wird, führt gerade, weil der Wahrheitsbezug nicht als solcher im Blick steht, sondern nur ein Merkmal von ihm aufgenommen wird, in Wirklichkeit noch weiter von ihm ab: wird die „so-wie"-Struktur festgehalten, aber nicht auf das „wie es selbst ist" orientiert, dann charakterisiert sie ein Verhalten, das nicht nur – wie das „Entdecken" von SuZ – gegenüber der Wahrheitsfrage neutral ist, sondern sich ihr entzieht. Zwar wird das Sichanmessen in WW nicht ausdrücklich als ein Sichanmessen an das *unmittelbar* Gegebene bestimmt, denn der Gegensatz des unmittelbar Gegebenen und der Sache selbst wird gar nicht beachtet, aber es wird doch eben deswegen selbst als ein *unmittelbares* verstanden: es enthält kein negativ-kritisches Moment[7]. Das wird sich an der Art und Weise bestätigen, wie nun im folgenden der Wahrheitsbezug als Freiheit bestimmt wird. Denn zur Freiheit scheint das negative Moment des Abstandnehmens gegenüber dem unmittelbar Gegebenen wesentlich zu gehören. Um so aufschlußreicher ist es dann, wenn es auch bei ihr beiseite gelassen wird.

c) Heideggers Kehre und das Wahrheitsproblem

Die Überwindung des transzendentalen Ansatzes in der Kehre von der Freiheit zur Unverborgenheit

Heidegger bezeichnet nicht sogleich das Maß selbst – das Offenbare – als das „Wahre". Das Ergebnis des 2. Abschnitts von WW ist vielmehr zunächst, daß das „Wesen der Wahrheit" das „offenständige und ein Richtmaß vorgebende Verhalten" ist (12). Im folgenden 3. Abschnitt wird der „Grund der inneren Möglichkeit" (12, 13) des so gekennzeichneten Wesens der Wahrheit als „Freiheit" bestimmt: das Sich-Binden an ein Maß ist nur möglich als „Sich-Freigeben für" diese Bindung. Damit soll aber nicht nur der Wahrheitsbezug als ein Akt der Freiheit bestimmt, sondern ebenso das Wesen der Freiheit aus dem Wahrheitsbezug verstanden werden: die Freiheit überhaupt – jedes mögliche Sichfreigeben für Bindung – soll verstanden werden „als Freisein zum Offenbaren eines Offenen" (12). Das läßt sich erst aus dem folgenden 4. Abschnitt verstehen.

Hier versucht Heidegger zu zeigen, daß „die Freiheit ... nur deshalb der Grund der inneren Möglichkeit der Richtigkeit (ist), weil sie ihr eigenes Wesen aus dem ursprünglicheren Wesen der einzig wesentlichen Wahrheit empfängt" (14). „Die einzig wesentliche Wahrheit", das ist – so werden wir vorgreifend sagen dürfen – „die Wahrheit des Wesens" (25 f.), d.h. die Lichtung des Seins. So stehen wir hier vor der „Kehre" vom „Wesen der Wahrheit" in die „Wahrheit des Wesens", die Heidegger in der späteren

[7] Dieses kritische Moment hat Heidegger hingegen in WG berücksichtigt, wo er von der „Ausweisung" spricht (oben § 17). Es ist merkwürdig, daß Heidegger an den zwei einzigen Stellen seines Werkes, wo er den spezifischen Wahrheitsbezug berührt, jene in WG und diese in WW, auf zwei verschiedene Aspekte eingeht, die zusammengehören, aber die Heidegger nicht zusammenbringt: in WG spricht er zwar von der Ausweisung, aber ohne die Hinsicht, in der sie sich erfüllen würde (das „Maß") anzugeben (oben S. 367); in WW spricht er von der Beziehung auf das Maß, aber ohne zu berücksichtigen, daß sie die Ausweisung impliziert. In beiden Fällen können die zwei Seiten nicht zusammengesehen werden, weil die Hinsicht des „wie es selbst ist" fehlt. Aus der obigen Interpretation läßt sich ersehen, daß WG dem spezifischen Wahrheitsbezug wesentlich näher kommt als WW. Aber die weitere Entwicklung schließt sich ausschließlich an WW an.

Schlußbemerkung (26) als die Grundbewegung dieses Vortrags bezeichnet hat. Und daß diese Kehre zugleich die „Kehre" innerhalb Heideggers Denken (oben S. 272 ff.) ist, von der der Humanismusbrief spricht (BH 72), wird daran deutlich, daß die Freiheit, die in WG als „Grund des Grundes" (49) den letzten Punkt der transzendentalen Begründung bildete, nun ihrerseits – eben nicht mehr begründet wird, sondern ihr Wesen aus „der einzig wesentlichen Wahrheit empfängt".

Man kann daher die Stellung des Freiheitsbegriffs in WW nur angemessen verstehen, wenn man sich vor Augen hält, daß Freiheit für Heidegger das Letzte ist, worauf transzendental-philosophisch als „Grund der inneren Möglichkeit" zurückgegangen werden kann. Die Kehre muß sich daher als eine Kehre im Wesen der Freiheit vollziehen. Vorbereitet ist sie schon in WG durch die Bestimmung der Freiheit als „Abgrund" (49). Die Freiheit ist Grund nicht im Sinn eines absoluten, eines in sich gegründeten Grundes, sie hat aber auch nicht ihren Grund in einem anderen, sie ist *wesensmäßig* „endlich" (43, 49 f.).

Auf der anderen Seite soll nun gerade die „Wahrheit" dasjenige sein, was die Kehre im Wesen der Freiheit erfordert. Wenn die Freiheit „ihr eigenes Wesen" aus „der einzig wesentlichen Wahrheit empfängt", dann ist diese Kehre nicht nur eine solche im Wesen der Freiheit und zugleich im Wesen der Wahrheit, sondern eine Kehre von der Freiheit zur Wahrheit. Die Wahrheit – als Unverborgenheit verstanden – wird zum philosophischen Grundbegriff.

Inwiefern ermöglicht das Zusammendenken von Wahrheit (Offenbarkeit) und Freiheit eine Kehre im Wesen beider? Wir nehmen zunächst den Tatbestand auf. In WG (oben S. 365 f.) war die Freiheit das einheitliche transzendentale Geschehen von „Weltentwurf" und „Geworfenheit" und so zugleich die „Einheit von Überschwung und Entzug" von Möglichkeiten des Umwillen. Dabei kam dem Moment des Entwurfs ein „Vorrang" zu (41). Im Entwurf „hält sich" Freiheit „das Umwillen entgegen ... Hierin enthüllt sich aber die Freiheit als die Ermöglichung von Bindung und Verbindlichkeit überhaupt" (40). An diesen letzten Aspekt knüpft Heidegger in WW an, wenn er vom Sichfreigeben für eine bindende Richte" spricht (WW 12). Aber woran sich die Freiheit bindet, ist nicht „irgendwie Seiendes" (15). Allerdings war auch in WG das Entworfene nicht Seiendes, sondern Welt (Umwillen). Hier verschiebt sich jedoch in WW der Akzent. Woran sich die Freiheit bindet, ist zwar nicht jeweilig Seiendes, aber die Offenbarkeit (das „ist") des jeweilig Seienden. Als „Freiheit zum Offenbaren eines Offenen" läßt sie „das jeweilige Seiende das Seiende sein, das es ist" (14). „Freiheit enthüllt sich jetzt als das Seinlassen von Seiendem" (14).

Wie kommt Heidegger zu dieser neuen Bestimmung der Freiheit gegenüber derjenigen in WG? Um das zu erkennen, muß man berücksichtigen, daß in WG die Freiheit als „Transzendenz" die Bedingung der Möglichkeit der

Offenbarkeit des Seienden ist, der „Grund“ der „Differenz“ der ontologischen und ontischen Wahrheit (15, 45 f.). Diese „ontologische Differenz“ ist die zwischen dem „Seienden“ und seinem „ist“, welche es macht, daß uns das Seiende offenbar wird, so daß wir es sein-lassen können (indem wir – ausdrücklich oder nicht – sagen: es – ist). Das Übersteigen des Seienden im Weltentwurf des Worumwillen soll also nach WG der Grund dafür sein, daß wir Seiendes sein-lassen können, daß es uns offenbar wird. Aber wie steht es um dieses Worumwillen selbst? Wird uns die Welt als Worumwillen im Entwurf nicht ihrerseits offenbar? Und was wäre dann der Grund für *diese* Offenbarkeit? So zeigt sich: die Frage nach der Bedingung der Möglichkeit von Offenbarkeit (des Seienden) setzt eigentlich Offenbarkeit (von Welt) immer schon voraus. Wo die transzendentale Frage an die Offenbarkeit selbst angesetzt wird, vermag sie zwar zunächst noch einen Schritt – bis zum Phänomen der Welt – zurückzugehen, aber hier scheitert sie. Der Versuch von SuZ und WG, das Seinsverständnis in einer Seinsverfassung des Daseins zu begründen, erweist sich als nicht durchführbar. Man kann nicht nach dem „Grund der ontologischen Differenz“, nach der Bedingung der Möglichkeit der Offenbarkeit fragen: das Da „ereignet“ sich[8].

Wenn also die Freiheit als Entwurf des Umwillen, die der Grund der Offenbarkeit sein sollte, ihrerseits Offenbarkeit dessen voraussetzt, wozu sie frei ist, dann heißt das, daß die Freiheit, um überhaupt zu diesem oder jenem frei sein zu können, immer schon sein muß „Freiheit zum Offenbaren eines Offenen“, und wiederum nicht nur zu diesem oder jenem Offenbaren, sondern das setzt immer schon voraus die „Aus-setzung in die Entborgenheit des Seienden als eines solchen“ (WW 15).

Die Folge dieser Vorgängigkeit der Entborgenheit als solcher ist, daß jetzt in WW die Unterscheidung zwischen dem Entwurf des Worumwillen und dem Verhalten zu Seiendem zurücktritt: Freiheit ist nicht mehr primär der Entwurf des Worumwillen, sondern das Sein-lassen von Seiendem überhaupt. Entsprechend wird von jetzt an „Welt“ nicht mehr primär vom Willen her, sondern als „Lichtung des Seins“ verstanden (vgl. BH 70, TK 42 f.)[9]. Das Worumwillen – schon in SuZ wurde es als das Zu-Sein des Daseins und dieses Zu-Sein als Erschlossenheit gesehen (oben S. 302) – bestimmt sich nun vielmehr seinerseits aus der „Aus-setzung in die Entborgenheit“ (vgl. BH 71, 77). Das Wort „Existenz“, das in SuZ das Verhältnis des Daseins zu den Möglichkeiten seines Worumwillen bezeichnet (SuZ 12), steht jetzt – als „Ek-sistenz“ – für diese „Aus-setzung in die Entborgenheit“ (WW 15).

So haben jetzt Freiheit und Wahrheit (Offenbarkeit) in ihrem gegenseitigen Verhältnis und damit zugleich jede in ihrem eigenen Wesen eine

[8] Dieses Grundwort von Heideggers spätem Denken – „Ereignis“ – besagt eben, daß die Lichtung ein Geschehen ist, das eine Begründungsfrage nicht mehr zuläßt, vgl. US 258.

[9] Daß hier freilich auch noch ein anderes Motiv im Spiel ist, wird sich noch zeigen.

Kehre erfahren, indem die Freiheit nicht mehr der Grund der Offenbarkeit ist, sondern „ihr eigenes Wesen" aus der Offenbarkeit „empfängt" (WW 14).

Heidegger hatte dieser Angewiesenheit des Daseins auf das ihm schon Vorgegebene bereits in SuZ durch den Begriff der „Geworfenheit" Rechnung getragen. Aber die Geworfenheit war doch ihrerseits als „Seinscharakter des Daseins" verstanden (SuZ 135), so daß der transzendentale Ansatz erhalten bleiben konnte. In WG behält nicht nur der Entwurf einen Vorrang, sondern auch das „Bodennehmen" der Geworfenheit wird als ein „Sich-Gründen" gesehen (43), so daß noch die ganze einheitliche Struktur als „Transzendenz", als eine vom Dasein ausgehende Bewegtheit verstanden werden kann, die im Dasein ihren „Ursprung" hat (49). Das Dasein ist nicht nur als entwerfendes, sondern auch als geworfenes *gründend* (vgl. 41, 46 f.). Das primär vom Entwurf her verstandene Wesen der Freiheit (vgl. 40 f.) wird zugleich für das ganze Sein des Daseins maßgebend (41).

Was sich demgegenüber in WW anbahnt, wäre nur äußerlich beschrieben, wollte man jetzt von einem Vorrang der Geworfenheit gegenüber dem Entwurf sprechen. Vielmehr wird das Wesen des Entwurfs selbst umgedacht und dadurch auch das der Geworfenheit. In WW kommen beide Begriffe nicht vor, im Begriff der Freiheit ist jedoch der des Entwurfs enthalten. Die Freiheit des Entwurfs wurde in WG verstanden als ein „Sichentgegenhalten" und „Bilden" des Umwillen (40). Daß aber die so bestimmte Freiheit „zugleich als die Ermöglichung von Bindung und Verbindlichkeit" verstanden werden kann, blieb hier eine bloße These. Im Gegenteil scheint doch in dem „Bilden" ein freies, wenngleich wesentlich durch die Geworfenheit bedingtes *Setzen* zu liegen, und inwiefern für das Dasein das von ihm selbst im jeweiligen Entwurf Gesetzte Verbindlichkeit haben soll, bleibt offen. Man kann dem Entwurf, wie er in SuZ und in WG gedacht wird, ein thetisch-dezisionistisches und damit letztlich willkürliches Moment nicht absprechen (vgl. oben S. 424 f.). Heidegger hat freilich später betont, der „Entwurf" in SuZ sei nicht als ein „vorstellendes Setzen" und als „Leistung der Subjektivität" zu verstehen, sondern als der „ekstatische Bezug zur Lichtung" (BH 72 f., vgl. auch HW 55). Aber er gesteht doch an der gleichen Stelle zu, daß dieser Aspekt in SuZ noch nicht wirklich herauskam (vgl. auch WM Einl. 17).

Eben dieser Bezug des Entwurfs zur Offenbarkeit ist es, der nun in WW in den Vordergrund rückt: der Entwurf war zwar schon in SuZ als eine Weise von Erschlossenheit verstanden worden, aber erst in WW wird die Freiheit als Freiheit *zur Offenbarkeit* gesehen; und da Heidegger nun zugleich die Offenbarkeit als Wahrheit versteht und Wahrheit wesensmäßig Maß ist für die Offenständigkeit des Verhaltens (oben § 18 b), wird jetzt erst verständlich, inwiefern die Freiheit in dem, wozu sie frei ist, eine Verbindlichkeit findet: „Das Sich-freigeben für eine bindende Richte ist nur möglich als Freisein zum Offenbaren eines Offenen" (WW 12). Es liegt im Wesen dessen, wozu die Freiheit frei ist (im Wesen der Offenbarkeit als

Wahrheit), daß es nicht gesetzt, sondern nur *anerkannt* werden kann. Die Freiheit ist „Seinlassen" des Seienden als das, „was es ist und wie es ist", und dieses Seinlassen geschieht als ein „Sicheinlassen auf die Entborgenheit des Seienden" (14 f.). Der Entwurf hat jetzt das, worauf er angewiesen ist, nicht mehr als Geworfenheit gleichsam im Rücken, sondern *vor* sich. Er ist nicht mehr nur bedingt, sondern seine eigene Bewegtheit *als Entwurf* ist – als Freiheit zum Offenbaren – ein Sichbedingenlassen. Das zu Erschließende kommt dem Verstehen immer schon entgegen, erschließt „sich" ihm.

Das gilt auch für die Offenbarkeit des jeweiligen Seienden, in erster Linie aber für die Offenheit als solche, die Heidegger später die „Wahrheit des Seins" nennt. In bezug auf diese wird in den späteren Schriften die Bewegtheit des Entwurfs (sein „Wurfcharakter") geradezu als Bewegtheit dessen verstanden, wofür der Entwurf sich öffnet: „Das Werfende im Entwerfen ist nicht der Mensch, sondern das Sein selbst" (BH 84, vgl. auch HW 59). Aus dieser Bewegtheit kann jetzt aber *zugleich* die der Geworfenheit verstanden werden: „Der Mensch ist ... vom Sein selbst in die Wahrheit des Seins ‚geworfen'" (BH 75, vgl. auch 84, 90). Indem also der Entwurf den „aktivischen" (setzenden) Charakter verliert, den er in SuZ und WG hatte, kann er sich mit der Geworfenheit zu einer einzigen einheitlichen Bewegtheit verbinden, und diese verliert nun ihrerseits den „passivischen" Charakter, der ihr in SuZ eignete.

In den späteren Schriften heißt es dann, daß der Mensch von dem sich lichtenden Sein „angesprochen" und „gerufen" wird, und nur indem er diesem Anspruch entspricht, auf diesen Ruf hört, kann er die Erschlossenheit vollziehen. In dieser Rede vom Angesprochenwerden und Ent-sprechen (und den mannigfachen analogen Wendungen) liegt gegenüber dem „Sicheinlassen" von WW ein weiterer Schritt. Er scheint sich daraus zu ergeben, daß die Erschlossenheit, die in WW in erster Linie auf das *Seiende* gerichtet war (oben S. 379), wieder primär auf die geschichtliche Welt bezogen wird (thesenhaft auch in WW 16 f.). Das entspricht dem ursprünglichen Sinn von „Entwurf" und „Freiheit" in SuZ und WG. Indem nun aber das in WW aus der Offenbarkeit neu verstandene Wesen der Freiheit maßgebend bleibt, muß auch und gerade das Erschließen der geschichtlichen Welt so verstanden werden, daß das zu Erschließende dem Erschließen entgegenkommt, indem es „sich" erschließt. Die geschichtliche Welt ist aber wesensmäßig sprachlich, sie erschließt sich uns, indem sie uns anspricht. Eben dies muß dann in ausgezeichneter Weise von der geschichtlich verstandenen Lichtung des Seins gelten. Heidegger denkt sie letztlich als die Sprache selbst (US 30).

Bevor man hier den Vorwurf einer Personalisierung und Theologisierung des Seins erhebt[10], ist zu beachten, daß Heidegger dem Wesen von etwas gerecht zu werden versucht, das weder Ding noch Person, weil überhaupt

[10] Vgl. Gründer (1962) S. 330.

kein Seiendes ist, sondern geschichtlicher und sprachlicher Sinn. Die Sprache, die Sinn *ist*, aber nur *von* Seiendem spricht, macht es offenbar nicht leicht, hier die gemäßen Worte zu finden, ohne auf der einen Seite einer Verdinglichung zu verfallen oder auf der anderen eine Personalisierung nahezulegen. Das eigentlich Problematische dieser Auffassung Heideggers liegt nicht in dem Angesprochenwerden als solchem, sondern in der *Unmittelbarkeit*, in der Heidegger Angesprochenwerden und Entsprechen zusammendenkt. Diese Schwierigkeit ergibt sich aber nicht erst in dieser vermeintlich „personalen" Wendung, sondern liegt bereits in der neuen Weise, wie Geworfenheit und Entwurf zusammengedacht werden, und ist schon in dem neuen Begriff von Freiheit enthalten, wie er in WW konzipiert wird. Da aber die Kehre im Begriff der Freiheit aus dem Wesen der Wahrheit gedacht wird, scheint das Fragwürdige der Kehre ebenso wie das, was an ihr einleuchtet, letztlich im Wahrheitsproblem zu gründen:

Der Ausfall des Freiheitsbegriffs in der Kehre als Folge der Preisgabe des Wahrheitsbegriffs

Einleuchtend war, daß die Offenbarkeit als solche nicht transzendental in der Freiheit als einer Seinsstruktur des Daseins gründen kann, sondern diese umgekehrt aus jener „ihr eigenes Wesen ... empfängt" (WW 14, oben S. 379). Und diese Wendung ist in WW nicht allein, aber doch mit dadurch ermöglicht worden, daß bei der als Wahrheit bezeichneten Offenbarkeit zugleich ein Aspekt des spezifischen Wahrheitsbegriffs berücksichtigt wird: das „Maß" (oben S. 380 f.). So konnte das in WG nur behauptete Verbindlichkeitsmoment der Freiheit verständlich gemacht und damit der Setzungscharakter des Entwurfs überwunden werden. Auf der anderen Seite scheint nun aber der Freiheit, wie sie in WW verstanden wird – als Freisein zum Offenbaren eines Offenen, als Seinlassen des Seienden, als Aus-setzung in die Entborgenheit – gerade ihr spezifischer Freiheitscharakter verloren zu gehen: daß zur Freiheit wesensmäßig gehört, in einem Spielraum von Möglichkeiten zu stehen und sich entscheiden zu müssen. Von diesem Möglichkeitscharakter der Freiheit, der in SuZ der maßgebende war (285) und in WG noch wesentlich zu ihr gehörte (43), wird zwar in WW nebenbei Gebrauch gemacht (16, 17), aber er wird doch vorweg als sekundär beiseite geschoben (15), ohne daß gezeigt würde, wie er in dem hier angesetzten Wesen der Freiheit gründet[11]. Nun ließe sich das gewiß leicht nachholen

[11] Das Endstadium dieser Umdeutung der Freiheit findet man in VA 32 f.: „Das Wesen der Freiheit ist ursprünglich nicht dem Willen oder gar nur der Kausalität des menschlichen Wollens zugeordnet. Die Freiheit verwaltet das Freie im Sinne des Gelichteten, d. h. des Entborgenen ... Alles Entbergen kommt aus dem Freien, geht ins Freie und bringt ins Freie. Die Freiheit des Freien besteht

– es leuchtet ein, daß nur ein Wesen, das „frei“ ist im Sinn der Erschlossenheit, in einem Spielraum von Möglichkeiten stehen kann[12] –, aber es ist doch bedeutsam, daß die Erschlossenheit, wie sie hier entworfen wird, durch diesen Möglichkeitscharakter im Unterschied zu SuZ und WG nicht mehr wesentlich mitbestimmt wird.

Daß dieser Möglichkeitscharakter in WW und den späteren Schriften nicht nur zufällig beiseite bleibt, wird vollends deutlich, wenn man die neue Weise, wie Entwurf und Geworfenheit jetzt zusammengedacht werden, berücksichtigt (oben S. 380 f.). Denn in SuZ (285) und WG (43) konstituiert sich die Freiheit gerade im Schnittpunkt von Geworfenheit und Entwurf: in einen Umkreis von Möglichkeiten geworfen, muß das Dasein wählen. Die Freiheit ist „die Einheit von Überschwung und Entzug“ (WG 48). So muß der spezifische Freiheitscharakter verlorengehen, wenn Entwurf und Geworfenheit ihre Inkongruenz verlieren und zu der bruchlosen Einheit gebracht werden, wie sie sich in den späteren Schriften zeigt. Der Entwurf sieht sich nun nicht angesichts einer Vielzahl von vorgegebenen Möglichkeiten auf die Notwendigkeit einer Entscheidung zurückgeworfen, sondern er braucht nur dem, was sich ihm verbindlich zuwirft, zu entsprechen.

Damit ist zugleich der *bestimmte Aspekt* der „Kehre“ bezeichnet, der den Ausfall des spezifischen Freiheitsmomentes bewirkt: der Grund liegt nicht in der prinzipiellen Umkehr des transzendentalen Ansatzes, dergemäß das Subjekt nicht mehr als „Bedingung der Möglichkeit“ der Offenbarkeit fungieren kann; auch nicht in der entsprechenden Umorientierung von Geworfenheit und Entwurf, dergemäß der Entwurf die Geworfenheit nicht mehr als Bedingtsein im Rücken, sondern als Zugeworfenheit und Angesprochenwerden vor sich hat, denn diese Auffassung schließt nicht aus, daß, was uns anspricht, mannigfaltig und widersprechend ist und eine Wahl erfordert. Der Grund liegt vielmehr darin, daß das Offenbare unmittelbar als Maß und damit als verbindlich angesetzt ist.

Während in SuZ und WG die Freiheit des Daseins so gedacht war, daß kein möglicher Bezugspunkt von Verbindlichkeit gegeben war, geht jetzt umgekehrt über der Verbindlichkeit die Freiheit verloren. Weil für Heidegger die Wahl innerhalb eines Spielraums von mannigfaltig vorgegebenen Möglichkeiten letztlich nur dezisionistisch durch eine Setzung entschieden werden konnte, kann, wenn dieser Setzungscharakter überwunden werden soll, die Situation des Daseins überhaupt nicht mehr als ein Spielraum von mannigfaltigen Möglichkeiten gesehen werden. Warum ist das notwendig?

---

weder in der Ungebundenheit der Willkür noch in der Bindung durch bloße Gesetze. Die Freiheit ist das lichtend Verbergende, in dessen Lichtung jener Schleier weht, der das Wesende aller Wahrheit verhüllt und den Schleier als den verhüllenden erscheinen läßt.“

12 Vgl. schon Aristoteles Metaph. IX, 2 und 5.

Warum kann Heidegger Freiheit und Verbindlichkeit nicht zusammendenken? Die nächstliegende Antwort auf diese Frage ist: weil das spezifische Wahrheitsphänomen übersehen wird. Wäre nämlich auf der früheren Position die Hinsicht auf Wahrheit berücksichtigt worden, dann wäre damit ein regulativer Bezugspunkt von Verbindlichkeit vorgegeben gewesen, so daß die Entscheidung keine bloße Setzung gewesen wäre (vgl. oben S. 361). Und wäre bei der Kehre nicht nur ein Merkmal des spezifischen Wahrheitsbegriffs, sondern dieser selbst in den Blick getreten, dann hätte die Verbindlichkeit nicht dem Offenbaren schon als solchem zugesprochen werden können, so daß die Notwendigkeit einer Entscheidung nicht weggefallen wäre. Die Wahrheit kommt dem unmittelbar Gegebenen – seien es Ansichten von Seiendem, seien es Möglichkeiten des Daseins – nicht als solchem zu, sondern ist das, woraufhin über die Vielzahl von Möglichkeiten, in dem es sich zeigt, entschieden werden kann. Die Verbindlichkeit der Wahrheit ist eine solche, die, da sie nicht auf der Ebene des unmittelbar Gegebenen liegt, die Freiheit – eine Mannigfaltigkeit von Möglichkeiten, die eine Entscheidung fordert – nicht ausschließt, sondern impliziert.

Weil bei Heidegger diese Tiefendimension der Wahrheit fehlt, konnte bei ihm in der Kehre an die Stelle einer unmittelbaren *Setzung* nur eine ebenso unmittelbare *Hinnahme* treten. *Beide* stehen, als unmittelbare Bezüge, gerade in ihrer Gegensätzlichkeit gemeinsam auf einer Seite gegenüber dem Wahrheitsbezug, der im Unterschied zu diesen „positiven" Bezügen als kritischer und fragender zu charakterisieren wäre[13]. Das bloße Ent-sprechen bleibt, weil dem jeweils gerade Ansprechenden ausgeliefert, im Resultat ebenso willkürlich wie die Setzung, nur daß die Beliebigkeit jetzt dem Gegenüber überlassen wird und daher sich selbst verborgen bleibt.

Wenn es so an dem übersehenen Wahrheitsbezug liegt, daß hier das Wesen der Freiheit nicht festgehalten werden kann, dann kann offenbar auch der Wahrheitsbezug gerade nicht in der Weise als Freiheit verstanden werden, wie es in WW geschieht. Der Grundgedanke dieses Abschnitts, daß der Wahrheitsbezug überhaupt als Freiheit zu verstehen sei, leuchtet ein. Aber daß dabei die Freiheit ausschließlich als „positive" verstanden wird, als Freiheit *zum* Offenbaren, bestätigt nur (oben S. 376), daß Heidegger das Sichanmessen als ein *unmittelbares* versteht, das kein negativ-kritisches Moment enthält. Denn dieses negativ-kritische Moment gegenüber dem *Gegebenen*, das im Sichanmessen an *Wahrheit* impliziert ist, müßte gerade im Wesen der Freiheit, wenn es mit dem Wahrheitsbezug zusammengebracht wird, ausdrücklich werden. Hier hätte dann neben dem „positiven" Wesen

[13] Es liegt daher in der Konsequenz von Heideggers Kehre, daß letztlich auch „das Fragen nicht die eigentliche Gebärde des Denkens ist, sondern das Hören ..." (US 175). Das Denken ist „allem zuvor ein Hören ... ein Sichsagenlassen und kein Fragen" (180). Der frühere Satz „Das Fragen ist die Frömmigkeit des Denkens" (VA 44) wird ausdrücklich widerrufen (US 175 f.).

der Freiheit zugleich ihr „negatives" Wesen hervorgehoben werden müssen: die Bedingung der Möglichkeit dafür, daß wir nach Wahrheit fragen können, ist, daß wir uns von dem jeweils Gegebenen frei machen können und uns nicht unmittelbar von ihm bestimmen zu lassen brauchen[14]: die Freiheit als Reflexion. Sie ist es auch, in der sich ein entscheidungsbedürftiger Spielraum von Möglichkeiten eröffnet. Indem der Mensch sich in der Reflexion von dem unmittelbaren Andrang und Anspruch des Gegebenen befreit, stellt er sich gewissermaßen auf sich selbst, aber diese „Subjektivität", in der sich das „Selbst" als verantwortliches konstituiert, braucht nicht als ein Sich-Setzen verstanden werden, sondern ließe sich als das bloße Korrelat des Hinausfragens über das Gegebene begreifen. Nur wenn die „Freiheit *zum* Offenbaren" die reflektierende Freiheit *vom* Gegebenen impliziert, ist das „Sicheinlassen" ein Seinlassenwollen des Seienden wie es *selbst* ist, d. h. ein Wahrheitsbezug.

Die radikale Abkehr von der Philosophie der „Subjektivität", als welche Heidegger seine Kehre versteht, geschieht daher auf Kosten des Wahrheitsbezuges und der Verantwortlichkeit[15]. In SuZ war das Dasein noch als verantwortliches Selbst verstanden, aber ohne den Gesichtspunkt der Wahrheit blieb die Verantwortlichkeit bereits hier abstrakt, ohne mögliche Erfüllungsdimension, und daher unerträglich. In einem bestimmten und bedeutsamen Sinn war freilich auch schon diese Position nicht mehr subjektivistisch: das Selbst war nicht „absolutes Subjekt", sondern endliches Dasein; als solches hatte es das, woraufhin es sich verstand (die Erschlossenheit überhaupt und die Wahrheit der jeweiligen Möglichkeit) nicht in seiner eigenen Verfügung. Da das Dasein in SuZ aber die Wahrheit der jeweiligen Möglichkeit nicht nur nicht in seiner Verfügung hat, sondern auch der regulative Ausblick auf Wahrheit fehlt, trat hier im Entwurf noch ein subjektivistisches Moment hervor, und sogar ein besonders anstößiges: eine grund- und hinsichtslose Setzung. Es ist einleuchtend, daß *diese* Subjektivität überwunden werden

[14] Zwar sagt Heidegger auch einmal: „Das Sicheinlassen auf die Entborgenheit des Seienden ... entfaltet sich zu einem Zurücktreten vor dem Seienden" (WW 15), aber dieses Zurücktreten geschieht doch nur, „damit" das Seiende „in dem, was es ist und wie es ist, sich offenbare und die vorstellende Angleichung aus ihm das Richtmaß nehme". Dieses Zurücktreten enthält bei Heidegger gegenüber dem Gegebenen kein negatives Moment.

[15] Auch diese letzte Konsequenz wird von Heidegger schließlich selbst ausgesprochen, wenn er sagt, daß es in der „Gegend", die „das verborgen Wesende der Wahrheit ist" (G 61), „nichts zu verantworten gibt, weil es die Gegend des Wortes ist, das allein sich selbst verantwortet. Uns bleibt nur das Hören auf die dem Wort gemäße Antwort. Das ist genug; auch dann noch, wenn unser Sagen nur ein Nachsagen der gehörten Antwort ist" (49). Das Zitat zeigt deutlich, daß die Preisgabe der Subjektivität als Verantwortlichkeit die Folge des *unmittelbaren* Zusammendenkens von Anspruch und Entsprechen ist. Das „Nachsagen" tritt an die Stelle sowohl des Fragens (oben S. 384 Anm. 13) als auch der Verantwortlichkeit.

mußte. Da der spezifische Wahrheitsbezug unberücksichtigt blieb, gab es nur die Möglichkeit einer schlichten Umkehrung des Verhältnisses. Damit war dann aber auch diejenige Eigenständigkeit und Eigentätigkeit der Subjektivität ausgelöscht, die für die Verantwortlichkeit und das Fragen nach Wahrheit unerläßlich scheint. Daß hier noch Alternativen wären, tritt gar nicht in den Blick, vielmehr wird die ganze neuzeitliche Thematik der Subjektivität auf die der Setzung reduziert, d. h. als Verabsolutierung *jenes* Aspektes von Subjektivität verstanden, den Heidegger in der *eigenen* Position zu überwinden hatte.

So läßt sich also die Kehre sowohl in dem, was sie positiv leistet, als auch in dem, was sie verdeckt, aus dem Wahrheitsproblem verstehen: in dem, was sie positiv leistet, weil es, *nicht* nur, wenn man Offenbarkeit und Wahrheit *gleichsetzt*, einleuchtet, daß die Freiheit ontologisch nicht der Grund der Offenbarkeit sein kann; sie kann, wenn man Offenbarkeit und Wahrheit *unterscheidet*, auch nicht der Grund dafür sein, sondern gründet ihrerseits darin, daß der offene Spielraum, in dem sie sich vorfindet, eine Tiefendimension hat, deren Horizont Wahrheit heißt. Unterscheidet man Offenbarkeit und Wahrheit, dann leuchtet immer noch ein, daß die Freiheit auch ontisch von allem Offenbaren „angesprochen" wird, nicht mehr aber, daß sie dem Anspruch zu entsprechen und das Seiende, so wie es sich zeigt, sein zu lassen hat, weil sie nämlich einen Ausblick auf jene Tiefendimension hat und damit auf die *Möglichkeit* von solchem, dessen Anspruch allerdings bindend wäre. Weder die Ebene des Offenbaren noch die des Wahren wird „gesetzt" oder „gebildet", aber die *Spannung* zwischen den beiden Ebenen nötigt das Verhalten, gegenüber der ersten Ebene und im Blick auf die zweite an sich zu halten (und so konstituiert es sich zu einem verantwortlichen Selbst) und diese Spannung in einer eigenständigen Bewegtheit (als Prüfen, Zweifeln, Fragen, Entscheiden) auszuschreiten. Weil aber bei Heidegger die Ebene des Offenbaren und die des Wahren zusammenfallen, kann bei ihm mit der Kehre die Eigenständigkeit und Eigentätigkeit des Daseins wegfallen. So kommt es, daß sich mit jener Kehre in der ontologischen Begründung diese Umwendung in der ontischen Haltung des Daseins verbindet. Auch diese Umwendung der Haltung ist konsequent, aber einleuchtend nur unter Voraussetzung der konsequenten Auslassung des Wahrheitsbezugs.

Daß die Kehre nach dieser Seite nicht geglückt ist, zeigt sich daran, daß jenes Phänomen in SuZ, das den Setzungscharakter enthielt, nämlich die *Entscheidung* zwischen konkurrierenden Möglichkeiten, gar nicht neu interpretiert, sondern einfach beiseite gelassen wird. Zwar meint Heidegger die „Entschlossenheit" von ihrem thetischen Charakter dadurch zu befreien, daß er sie als „Ent-schlossenheit" (Aufgeschlossenheit) interpretiert (HW 55). Wenn ein Verhalten, das als ein „offenständiges" und „aufgeschlossenes" verstanden wird, *eo ipso* kein thetisches ist (weil es sich ansprechen läßt), dann wäre freilich auch richtig, was Heidegger beansprucht, daß die „Entschlossenheit" in SuZ latent die Überwindung ihres dezisionistischen Moments enthielt, denn auch dort war schon der Grundcharakter der Entschlossenheit die Erschlossenheit (oben S. 309). Berücksichtigt man aber die wirkliche Situation einer Entscheidung, in der verschiedene Möglichkeiten uns ansprechen, aus denen eine gewählt werden muß, dann wird deutlich, daß die Offenständigkeit als solche von dem subjektiv-thetischen Moment gar nicht befreit; das könnte nur die Hinsicht auf Wahrheit. Heidegger kann daher, wie gezeigt, seine Kehre nur so durchführen, daß er von der konkreten Situation des Daseins in einem Spielraum von Möglichkeiten, wie sie in SuZ Thema war, absieht.

Was bedeutet das dann aber für das faktische Verhalten des Daseins, das sich aus dieser Kehre versteht? Entweder das Dasein bleibt in seiner konkreten Situation und läßt sich jeweils unmittelbar von etwas „ansprechen" und bestimmen, indem es sich die anderen Möglichkeiten verdeckt. Diese Haltung schien sich aus dem bisher interpretierten Teil von WW nahezulegen. Der nun folgende Teil von WW wird zeigen, daß es noch einen anderen Weg gibt: das Dasein versteht sich überhaupt nicht mehr aus seinen konkreten Möglichkeiten, vielmehr übersteigt es das unmittelbar Gegebene, aber nicht auf dessen eigene Wahrheit, sondern auf die Offenbarkeit als solche, die zugleich Verbergung ist, auf die Wahrheit des Seins.

d) Heideggers Grundposition nach der Kehre; die Wahrheit des Seins als Un-Verborgenheit

Die Verbergung

Der Schlußteil von WW, der von der Un-Wahrheit als Verbergung und Irre handelt, könnte die kritischen Überlegungen der beiden letzten Abschnitte (§§ 18 b und c) als voreilig erscheinen lassen. Denn hier zeigt sich, daß für Heidegger die eigentliche Freiheit gerade nicht darin besteht, es „bei diesem oder jenem Seienden und seiner jeweiligen Offenbarkeit bewenden" zu lassen (20). In der Tat erfährt, was aus dem ersten Teil des Vortrags über das Wesen der Wahrheit entnommen werden konnte, im zweiten Teil durch die Ausführungen über die „Unwahrheit" eine wesentliche Modifikation. Aber diese Modifikation im zweiten Teil setzt doch den Ansatz im ersten Teil voraus, und so wird sich zeigen, daß unsere kritischen Überlegungen auf einer höheren Ebene ihre Bedeutung behalten, und die zunächst isolierte Interpretation des ersten Teils berechtigt und notwendig war.

Vor allem muß die Interpretation aber auch hier wieder vor den kritischen Überlegungen, die das spezifische Phänomen der Wahrheit betreffen, zunächst versuchen, den positiven Sinn von Heideggers Gedanken zu verstehen, die die Offenheit als solche betreffen. Freilich zeigte schon die bisherige Interpretation, daß sich beides nicht mehr einfach trennen läßt, und der Ausfall des spezifischen Wahrheitsproblems auf Heideggers positive Gedanken zurückwirkt. Das wird im folgenden noch deutlicher werden. Denn mit dem Thema der Verbergung haben wir den eigentlichen Grundgedanken nach der Kehre erreicht. Wir folgen zunächst wieder der eigenen positiven Intention des Textes und sehen vorerst von dem spezifischen Wahrheitsphänomen ab.

Wir gehen von einer eigentümlichen Zweideutigkeit aus, die in der Rede von der „Entbergung des Seienden als eines solchen" liegt. Dieser in dem ersten Teil von WW immer wiederkehrende Zusatz „als eines solchen" scheint darauf hinzuweisen, daß es sich hier um die spezifisch philosophische, ontologische „Entbergung" handelt, die auf das Seiende als Seiendes, auf das Sein des Seienden geht. Aber der Zusammenhang zeigt deutlich, daß vielmehr alles offenständige Verhalten überhaupt gemeint ist. Für Heidegger ist es die Auszeichnung alles „offenständigen Verhaltens" (im Unterschied zu sonstigen Beziehungen zwischen Seiendem und Seiendem), daß es sich auf das Seiende *als* Seiendes, auf das Seiende „als solches", in seinem Sein, bezieht (oben S. 363, 374). Dieser Seinsbezug zeigt sich im ständigen, ausdrücklichen oder unausdrücklichen „ist"- und „ist nicht"-Sagen. Aber im ontischen Verhalten sind wir auf das „ist" nicht eigens gerichtet. In allem Verhalten liegt jedoch, eben weil es auf das Seiende als solches sich bezieht, die *Möglichkeit* einer solchen Blickwendung. Und so spricht Heidegger auch schon in dem Abschnitt über die Freiheit unversehens von der Philosophie (15 f.). Zur Unterscheidung sagt er jetzt aber „das Seiende als solches im Ganzen".

Diese Zweideutigkeit im Wesen der Entbergung – daß sie auf das *Seiende* in seinem Sein gerichtet ist, aber eben deswegen auch auf das *Sein* des Seienden[16] – kommt nun in dem folgenden Abschnitt zum Austrag. Jetzt werden „das Entbergen des Seienden als eines solchen" und die „Offenbarkeit des Seienden im Ganzen" ausdrücklich unterschieden (18, 23). Diese zwei Ausdrücke stehen nicht für das Thema von Ontologie, bzw. Kosmologie. Vielmehr steht der erste für das ontische Verhalten zum *Seienden*, der zweite für die Offenheit des *Seins*. Im letzten Satz des Vortrags sagt Heidegger ausdrücklich, „das Seiende im Ganzen" sei eine vorläufige Bezeichnung für „das Sein" (25)[17]. Und dieses ist nichts anderes als das „ist", das wir vom Seienden sagen, aber nun nicht *sofern* wir es vom Seienden sagen (und es selbst übersehen), sondern das „ist" als solches, „das Sein als Sein" (WM Einl. 8). Der Unterschied zwischen dem Entbergen des Seienden als solchen und der Offenbarkeit des Seienden im Ganzen steht also für das, was Heidegger in

[16] Für diese Formulierungen vgl. WG 14.

[17] Vgl. auch den Hinweis auf die „Wahrheit des Seins" (WW 20).

WG (15) „die ontologische Differenz“ nennt. Das „Sein“ kann „das Seiende im Ganzen“ genannt werden, weil es die Offenheit ist, die alles mögliche Seiende immer schon vorgängig umgreift; dieses „im Ganzen“ ist von der metaphysisch-kosmologischen Idee des „Ganzen des Seienden“ als All des wirklich Seienden zu unterscheiden (vgl. WM 27 f.).

Aber auch jetzt, da Heidegger eigens auf die Offenbarkeit des Seins eingeht, ist zunächst nicht von der Philosophie die Rede, sondern die Frage ist, wie „das Seiende im Ganzen“ im faktischen Dasein offenbar ist[18]. Das „im Ganzen“ ist nicht eine vorhandene Allheit, sondern wird erfahren es dynamisch als das über alles jeweils Gegebene immer noch Hinausliegende. Das jeweils Gegebene ist aber das jeweils *Offenbare;* was über es hinaus liegt, ist *verborgen.* Dieses kann seinerseits entborgen werden, aber dann liegt auch über dieses hinaus Verborgenes: das Verborgene wechselt, aber die *Verborgenheit* – die „Verbergung“ – bleibt, und sie macht es überhaupt erst möglich, daß wir das jeweils Entborgene übersteigen können. Dieses alles jeweilig Entborgene immer noch und immer schon Übersteigende *als solches* ist das „im Ganzen“. So besteht also die Offenbarkeit des „im Ganzen“ in der Verbergung. Die Rede von der Offenbarkeit der Verborgenheit enthält keinen Widersinn. Wäre für uns nicht das Verborgene *als* Verborgenes offenbar, gäbe es kein Hinausgehen über das jeweils Offenbare und d. h. überhaupt kein Entbergen.

Das Sein als Un-Verborgenheit

Bevor wir auf den Zusammenhang eingehen, in den Heidegger die Verborgenheit mit der *Wahrheit* bringt, ist kurz die prinzipielle Bedeutung zu bezeichnen, die dem Gedanken der Verborgenheit in Heideggers spätem Denken zukommt. Der Wesensbezug des Entbergens zur Verborgenheit lag von vornherein in Heideggers ausdrücklicher Thematisierung der „Erschlossenheit“ (oben S. 310). Aber erst nach der Kehre gewinnt die Verbergung eine entscheidende Bedeutung für Heidegger und wird zum „Grundzug des Seins selbst“ (PW 52).

Nicht zufällig wird die Verbergung in WW als die Offenbarkeit des „Seienden im Ganzen“ eingeführt. Vor der Kehre war es ja gerade (in WM) die Transzendenz des Daseins über das einzelne Seiende zum „Seienden im Ganzen“ und seinem Entzug im Nichts, wodurch die *Offenbarkeit* des

[18] Erst am Ende des Vortrags kommt Heidegger ohne klare Abhebung auf die Philosophie zu sprechen und gebraucht nun wieder wie auf S. 15 f. die Formel „das Seiende als solches im Ganzen“ (23 f.). Indem zum „im Ganzen“ wiederum der Ausdruck „als solches“ tritt, soll vielleicht angedeutet werden, daß, was sich im faktischen Dasein unthematisch zeigt, nun in theoretischer Ausdrücklichkeit erfragt wird.

Seienden ermöglicht wurde. Die Verbergung ist nun nichts anderes als diese entziehende „Transzendenz", sofern sie nicht mehr primär als eine Struktur des Daseins verstanden wird, sondern in die Offenbarkeit selbst hineingenommen ist. Die Verbergung übernimmt also nach der Kehre gewissermaßen die systematische Funktion der Transzendenz. Die Verbergung ist „älter als jede Offenbarkeit" (WW 19), d. h. sie ist die Bedingung der Möglichkeit der Offenbarkeit, aber jetzt als Grundzug dieser selbst verstanden. Die Offenbarkeit kann überhaupt Offenbarkeit nur sein und als Offenbarkeit nur erfahren werden, wenn sie nicht ein Zustand ist, sondern als Entbergung ein Hervorgehen aus der Verborgenheit: „Un-Verborgenheit" (vgl HW 43) Und das offenständige Verhalten des Daseins gründet jetzt seinerseits in der Verbergung: diese ist „älter auch als das Seinlassen", das nur entbergen kann, weil es „zur Verbergung sich verhält" (WW 19).

Statt zu sagen, die Offenbarkeit muß nach der Kehre aus der Verborgenheit verstanden werden, kann man freilich auch umgekehrt sagen: weil Heidegger die Bedingung der Möglichkeit der Offenbarkeit von vornherein in der Endlichkeit (im Entzug) gesehen hat, die Offenbarkeit als unverfügbar, wurde die Kehre notwendig. In der Verborgenheit wird die Endlichkeit in die Offenbarkeit selbst hineingenommen.

Und weil nun die *Offenbarkeit* und das *Sein* des Seienden für Heidegger wesentlich zusammengehören (oben S. 388), wird die Un-Verborgenheit zum Grundzug des Seins des Seienden. Das aus der bloßen Offenbarkeit her verstandene Sein ist die bloße Anwesenheit. In ihr ist das „ist" des Seienden gegenüber diesem selbst – dem Inhaltlichen, „Realen" – auf den Rest der bloßen Vorhandenheit reduziert. Geht man aber auf den Sinn des „ist" als Anwesenheit (auf das „Sein als Sein") näher ein, so weist es ebenso wie die Offenbarkeit über das anwesend Seiende hinaus: Das Anwesen ist nicht bloße Vorhandenheit, sondern „Aufgang des Verborgenen in die Unverborgenheit" (PW 46, vgl. auch HG 54). Wird das „ist" als solche „Anwesung" (a. O.) verstanden, dann kommt das Seiende in ihm gewissermaßen auf uns zu und hält doch an sich. Nur aus diesem „wesenden" Sinn des „ist" läßt sich verstehen, daß uns das Seiende *in seinem Sein* „angeht" und anspricht (oben S. 381 f., vgl. US 201, ID 23). Die durch die Kehre als Sein-lassen verstandene Freiheit läßt sich also erst eigentlich aus der in die Verborgenheit zurückgedachten Offenbarkeit verstehen (vgl. WW 23).

Das Hinausreichen des „ist" in die und aus der Verborgenheit versteht Heidegger zugleich aus der Zeitlichkeit: Das Anwesende kommt „aus der Verborgenheit hervor und kommt in der Unverborgenheit an. Aber weilend ankünftig *ist* das Anwesende, insofern es auch schon aus der Unverborgenheit hinweg und auf die Verborgenheit zu abgeht ... Das jeweilige Anwesende, das gegenwärtige, west aus dem Abwesen. Dies ist gerade vom eigentlich Anwesenden zu sagen, das unser gewöhnliches Vorstellen von allem Abwesen ausscheiden möchte" (HW 322 f.). Hier wird noch einmal von einer anderen Seite deutlich, wie mit der Verborgenheit die wesentlichen Aspekte der „Transzendenz" des Daseins – die Zeitlichkeit und das „nicht" – in das Sein des Seienden eingehen[19]:

Die *Zeitlichkeit* ist nicht nur die Bedingung der Möglichkeit für das Begegnenkönnen (Anwesen) des Seienden, sondern gehört in dieses Anwesen selbst. „Sein als solches ist ... unverborgen aus Zeit" (WM Einl. 16).

Das *Nicht* erscheint gegenüber dem Seienden als der „Gegenbegriff", aber schon in WM, wo das „Nichts" auch bereits als Entzug gedacht war, erwies es sich „als zugehörig zum Sein des Seienden" (WM 36). Daß ein Seiendes *ist,* heißt, daß es anwesend ist im „Zeit-Spiel-Raum" der Welt (vgl. US 214). Dieses Offene als der „Ort" alles Anwesens (Seins) von Seiendem ist das, was Heidegger „das Sein" nennt. Dieses „Sein" ist aber zugleich das vom Seienden her gesehene „Nichts" (WM Nachw. 41, HW 104), das, woheraus Seiendes zum Sein kommt und wohinein es zu nichts wird[20]. Sowohl das „ist nicht" wie das „ist" bezieht das Seiende in den offenen Spielraum der Un-Verborgenheit (BH 112 f.).

Das Sein ist als das Offene die Lichtung: das dem Seienden Anwesen und Unverborgenheit *Gebende;* das Sein ist als das Offene zugleich die Verbergung: das dem Seienden Anwesen und Unverborgenheit *Entziehende.* Das Sein (das „im Ganzen") ist der gebend-entziehende Spielraum der Un-Verborgenheit des Seienden.

Das Sein des Seienden ist die Un-Verborgenheit, aber wie wird diese selbst offenbar? Die Lichtung ist Lichtung des Seienden, das „im Ganzen" ist die Verbergung des Seienden, aber wie sind Lichtung und Verbergung ihrerseits offenbar?

Hält man sich zunächst nur an den Charakter der Unverborgenheit, sieht man von der Verbergung ab, so gilt auch dann schon: „Die Unverborgenheit selbst jedoch bleibt als diese verborgen" (N II 353). Denn es liegt im Sinn der Unverborgenheit selbst, daß das, *was* uns offenbar ist, das jeweils Unverborgene ist, das unverborgen Seiende, nicht die Unverborgenheit. „Das Sein entzieht sich, indem es sich in das Seiende entbirgt" (HW 310). „Indem sie (die Lichtung) Un-Verborgenheit des Seienden bringt, stiftet sie ... Verborgenheit des Seins" (d. h. ihrer selbst) (HW 311). Hier ist also von Verborgenheit in einem anderen Sinn die Rede als vorher. Wenn wir sagen, alle Unverborgenheit verweist auf und enthält Verborgenheit, so ist das etwas anderes, als wenn wir sagen: alle Unverborgenheit ist ihrerseits als solche verborgen.

Aber beide Aussagen hängen nun doch auch wesentlich zusammen. Erst wenn dieser Zusammenhang begriffen ist, kann die These von der Ver-

---

[19] Diese Strukturen des Daseins werden nun ihrerseits aus der Verborgenheit verstanden, vgl. US 23: „Im Tod versammelt sich die höchste Verborgenheit des Seins."

[20] Vgl. das obige Zitat HW 322 f. und die ganze Anaximander-Interpretation.

bergung als Grundzug des Seins (oben S. 390) in dem vollen Sinn, in dem sie von Heidegger gemeint ist, verständlich werden. Auf Grund der eben gegebenen Erklärung ist zwar einsichtig, daß *für* unser Verhalten zum Unverborgenen die Unverborgenheit selbst verborgen bleibt; aber ist sie auch prinzipiell verborgen, können wir uns der Unverborgenheit nicht, indem wir vom Unverborgenen auf seine Bedingung reflektieren, eigens zuwenden, und erweist sie sich dann nicht als das Unverborgenste? So jedenfalls ist das verborgene Offenbarsein des Seins im Verhältnis zur Offenbarkeit des Seienden in der Tradition gesehen worden: das Sein ist zwar nicht das γνωριμώτερον πρὸς ἡμᾶς, wohl aber das γνωριμώτερον τῇ φύσει (SG 112 ff.). Demgegenüber betont Heidegger (a. O.), daß bei ihm die Verborgenheit des Seins prinzipiell gemeint ist: auch und gerade, wenn wir uns der Unverborgenheit eigens zuwenden, verliert sie nicht ihre Verborgenheit. Der Grund liegt eben darin, daß die Unverborgenheit für Heidegger wesentlich Un-Verborgenheit ist: die Unverborgenheit als solche kann daher nur in der Weise offenbar werden wie die Verbergung. Wie aber kann die Verbergung offenbar werden? Nur als ihrerseits Verborgene: der Verbergung können wir uns nicht nach der Analogie der Offenbarkeit dadurch eigens zuwenden, daß wir vom Verborgenen, wie dort vom Offenbaren, auf seine Bedingung reflektieren, die sich dann als das an sich Zugänglichste erwiese. Denn das Verborgene ist nicht ein unmittelbar Gegebenes wie das Offenbare. Verborgenes ist immer nur Verborgenes im Entzug oder Vorenthaltensein von Offenbarkeit. Wir können uns daher der Verborgenheit nur eigens zuwenden, indem wir vielmehr vom Unverborgenen ausgehen, uns dem Entzug, von dem es durchherrscht ist, überlassen und in dem Entzug auf das Entziehen als solches reflektieren (vgl. WM). Nur so, im Geschehen der Verbergung selbst und in keinerlei direkter Schau, wird sie uns selbst zugänglich. Sie ist daher ihrerseits verborgen, ja „das erstlich Verborgene" (WW 20). Die Verbergung, so sahen wir, ist das (Unverborgenes) Entziehende, Verweigernde; als solches entzieht sie sich jedoch zugleich selbst. Die Lichtung aber – die Unverborgenheit – ist nur in eins mit der Verbergung zugänglich. Daß die Unverborgenheit somit prinzipiell verborgen ist, heißt natürlich nicht, daß sie überhaupt nicht zugänglich ist, sondern daß sie nur zugänglich wird, indem wir uns dem alles Unverborgene durchherrschenden Entzug öffnen. Das Denken „folgt dem Sein in sein Sichentziehen" (N II 368). Das Sein wird uns also weder zugänglich, indem wir das offenbare Seiende auf einen transzendenten Bereich hin übersteigen, noch indem wir auf einen bedingenden transzendentalen Bereich zurückgehen, sondern indem wir auf die Verbergung als die im Offenbaren selbst liegende „Transzendenz" eingehen.

Wenn so „das Sein" als „die Verbergung" nur zugänglich wird, indem wir uns dem faktischen Geschehen der Verbergung überlassen, dann gilt auch das Umgekehrte: wir können das jeweilig Anwesende nur entgleiten lassen und das jeweilig Offenbare auf das Verborgene übersteigen, wenn wir uns, ob ausdrücklich oder nicht, der „Verbergung des Seienden im Ganzen" geöffnet haben. Andererseits können wir es aber auch „bei diesem oder jenem Seienden und seiner jeweiligen Offenbarkeit bewenden" lassen, indem wir die Verbergung verdrängen oder, wie Heidegger sagt, „vergessen" (WW 20). Die Verbergung bringt also in das „offenständige Verhalten" nicht nur eine Tiefendimension, sondern führt auch zur Unterscheidung zweier entgegengesetzter Grundmöglichkeiten des Verhaltens zum Offenbaren, mit denen auf der neuen Problemebene die frühere Unterscheidung von Eigentlichkeit und Uneigentlichkeit wiederaufgenommen wird. Die frühere Unterscheidung wird jetzt ihrerseits aus der neuen Perspektive uminterpretiert: „Das Vergessen der Wahrheit des Seins zugunsten des Andrangs des im Wesen unbedachten Seidenden ist der Sinn des in ‚SuZ' genannten ‚Verfallens'" (BH 77 f.). „Die in ‚Sein und Zeit' gedachte Entschlossenheit ist ... die Eröffnung des Daseins aus der Befangenheit im Seienden zur Offenheit des Seins" (HW 55). Die Berechtigung dieser Uminterpretation liegt in dem über die Kehre hinweg sich durchhaltenden, wenngleich hier nicht ausdrücklich genannten Gesichtspunkt der Nichtigkeit, die früher primär als Wesenszug der eigenen Existenz (Endlichkeit), jetzt hingegen als Wesenszug des Seins (Verborgenheit) gesehen wird. In beiden Fällen liegt es an diesem *einen* Grundzug der Nichtigkeit, daß sich das Dasein in der Spannung zweier entgegengesetzter Möglichkeiten vollzieht, weil die Nichtigkeit notwendig zu einem Interesse der Verdrängung führt, die eigene Grundsituation aber nie völlig verdrängt werden kann (vgl. oben S. 311 ff.).

Ob freilich das Ja-und-Nein zur Endlichkeit des Selbstseins so einfach in das Ja-und-Nein zum Entzug des Seins aufgehoben werden kann, ohne daß Wesentliches verloren geht, ist nicht ohne weiteres ersichtlich und hängt wohl davon ab, *wie* die Zuwendung zum Sein näher gedacht wird. Zur Endlichkeit des Selbstseins gehörte wesentlich die Verantwortlichkeit der Wahl innerhalb eines Umkreises von Möglichkeiten. Die „Ent-schlossenheit", verstanden als Aufgeschlossenheit zum Sein, *kann*, je nachdem, wie sie näher verstanden wird, die Bedingung der Möglichkeit für die Entschlossenheit im Sinn der verantwortlichen Wahl sein, sie *kann* aber auch an die Stelle der Wahl treten und damit vielleicht ihrerseits eine Entlastungsfunktion übernehmen.

Die Auswirkung der Preisgabe des Wahrheitsbegriffs auf die Auffassung der Verborgenheit

Mit Absicht ist hier Heideggers Grundposition nach der Kehre – die Auffassung von der Lichtung des Seins als Verbergung – zunächst dargestellt worden ohne den Wahrheitsbegriff zu berücksichtigen. Denn nur so wird es jetzt möglich, den bestimmten Ort, der dem Wahrheitsbegriff in diesem entscheidenden Zusammenhang zugewiesen wird, richtig zu beurteilen und vor allem zu ermessen, welche Rückwirkung die bestimmte Art, wie Heidegger den Wahrheitsbegriff versteht, auf seine Konzeption von der Lichtung des Seins als Verbergung hat.

Die Aufgeschlossenheit für die Verbergung, das Sichnichtversteifen auf das Gegebene, ist offenbar in verschiedenen Weisen denkbar, aber zumindest in WW steht offensichtlich als maßgebende Möglichkeit diejenige im Blick, die wir normalerweise als *Wahrheitsfrage* bezeichnen würden. Wenn es etwa heißt, daß wir es „zumeist immer bei diesem oder jenem Seienden und seiner jeweiligen Offenbarkeit bewenden" lassen (20), dann besteht doch wohl die Gegenmöglichkeit darin, daß wir über die faktische Offenbarkeit des Seienden hinaus nach dem fragen, was es verborgenerweise in Wahrheit ist. So wird auch verständlich, daß Heidegger hier die Verbergung des Seienden im Ganzen „das Geheimnis" nennt (19 f.) und daß er die Gegenmöglichkeit, die „Vergessenheit der Verbergung", als „Irre" bezeichnet, die ihrerseits als „die offene Stätte und der Grund des Irrtums" gekennzeichnet wird (22). Es scheint also, daß Heidegger, nachdem er vorher zwar den Wahrheitsbezug als Sichbinden an das *Offenbare* bestimmt hatte, ihn jetzt doch gerade als Infragestellen des Offenbaren und Hineinfragen ins Verborgene versteht. So wird jetzt auch in der Urfassung des Vortrags[21] von der Freiheit gesagt, sie sei die „Aufgeschlossenheit zum Geheimnis", und die Formulierung an der entsprechenden Stelle in der Druckfassung, sie sei „das entschlossene, d. h. das sich nicht verschließende Verhältnis" (20), meint, wenn man den Kontext berücksichtigt, offensichtlich dasselbe. So gewinnt also unsere kritische Interpretation des ersten Teils des Vortrags eine Bestätigung aus Heideggers eigenen weiteren Ausführungen im zweiten Teil.

Aber waren dann jene kritischen Überlegungen nicht voreilig? Keineswegs. Denn jetzt zeigt sich andererseits erst, wie unwiderruflich sich Heidegger auf die Auffassung von der Wahrheit als Offenbarkeit festgelegt hat. Hier nämlich, wo er dem spezifischen Wahrheitsbezug der Sache nach so nahe kommt, ist es ihm nicht möglich, das, was im Hinausfragen über das Offenbare und im Hineinfragen ins Verborgene gesucht wird, das *Wahre*

[21] Ich stütze mich auf eine Mitschrift von Helene Weiss des am 11. 12. 1930 in Freiburg gehaltenen Vortrags, der offenbar mit dem von Schulz (1953/4) 88 f. auszugsweise zitierten, am 5. 12. 1930 in Marburg gehaltenen Vortrag schon nicht mehr ganz übereinstimmt. Um zu zeigen, daß die Urfassung noch „vor der Kehre" liegt, wie er sie versteht (vgl. oben S. 262 Anm. 3), zitiert Schulz u. a. folgenden Satz des Schlußabschnitts: „‚Es' – das Philosophieren – ‚ist zumal die Strenge des Fragens, die dem Seienden als solchem gleichsam ins Gesicht springt und es in die Entborgenheit zwingt'" (89). In der Nachschrift von H. Weiss stehen zwischen „ist" und „zumal" die Worte: „die Gelassenheit der Milde, die der Verborgenheit des Seienden im ganzen sich nicht versagt und es ist" (vgl. WW 24).

zu nennen. Es bleibt vielmehr bei der anfänglichen Bestimmung des Wahren als des Offenbaren, und so muß nun die Verborgenheit, auf die hin das Offenbare überstiegen wird, konsequenterweise als die „Un-Wahrheit" (19) bezeichnet werden. Selbstverständlich ist hier „Un-Wahrheit" nicht im Sinn des Falschen oder des Scheins gemeint, sondern dieses (im Unterschied zur „Irre") „eigentliche Un-wesen der Wahrheit" (20) ist als „Unentborgenheit" (19) ihr „vor-wesendes Wesen" (20) und als solches das „anfängliche Wesen der Wahrheit" selbst (23). Also ein oberflächliches Mißverständnis ist hier ausgeschlossen; aber daß überhaupt die Verbergung als Un-Wahrheit bezeichnet wird (vgl. auch HW 43), ist aus der Sache, die hier gemeint sein müßte – der Wahrheitsfrage – gar nicht zu verstehen, sondern gründet einzig in der vorausgegangenen Bestimmung der Wahrheit als Offenbarkeit. Die Zweideutigkeit dieser Bestimmung – daß das Sichanmessen an das Offenbare, wenn es Anpassung an das Gegebene, „Beharren" auf dem „Gangbaren" (21) ist, auch gerade das Gegenteil des Wahrheitsbezugs sein kann (oben S. 376) – wird jetzt also herausgestellt, aber ohne daraus für den Begriff der Wahrheit die Konsequenzen zu ziehen, und das muß nun seinerseits seine Rückwirkung auf das Verhalten selbst haben,

Es wäre natürlich ebenso verkehrt, wollte man das „Wahre", statt als das „Offenbare", als das „Verborgene" bestimmen. Zwar ist der eigentliche Wahrheitsbezug – weil das Wahre, mit Ausnahme von trivialen Grenzfällen, nicht das unmittelbar Offenbare ist – nur als Hinausfragen über das Offenbare und Hineinfragen ins Verborgene denkbar, und daher könnten Heideggers Gedanken zur Verbergung die Grundlage bilden für ein neues Verständnis des Wahrheitsbezugs, das nicht mehr von einem verfügbaren oder unmittelbar erreichbaren Wahrheitsbesitz ausgeht, sondern das Sein in der Unwahrheit als die Grundsituation des Menschen anerkennt (oben S. 346 f.). So sehr nun aber zum Wahrheitsbezug eine „Aufgeschlossenheit" zum Verborgenen gehört, so wenig kann er doch dadurch schon definiert werden, da er dann gänzlich direktionslos wäre. Wenn wir nach der Wahrheit einer Sache fragen, fragen wir weder nach ihrer Offenbarkeit, noch nach ihrer Verborgenheit, sondern danach, wie sie selbst ist, und das ist uns (normalerweise) faktisch verborgen, kann uns aber (normalerweise, wenn auch vielleicht nur teilweise) offenbar werden. Weder die Offenbarkeit noch die Verborgenheit und am allerwenigsten ihre Verbindung in der Un-Verborgenheit können (so sehr sie die Dimension dieses Fragens mitausmachen) für sich allein das kennzeichnen, wonach wir in der Wahrheitsfrage fragen. Heidegger hat in WW gesehen, daß man die Wahrheit nicht wie in SuZ einfach als Erschlossenheit bestimmen kann ohne zu berücksichtigen, daß sie einen Maß-Charakter hat; statt nun aber zu fragen, worin dieser Maß-Charakter liegt, setzte er ihn einfach in die Offenbarkeit selbst. Die Folge war, daß sich der Wahrheitsbezug in sein Gegenteil verkehren ließ. Diese Zweideutigkeit wird nun ihrerseits dadurch behoben, daß dem Maßnehmen am offenbaren Seienden als „insistente ... Wegwendung vom Geheimnis“ (22) die eigentliche Freiheit als „Aufgeschlossenheit zum Geheimnis“ gegenübergestellt wird, der nun aber wiederum jeglicher Ausblick auf ein Maß fehlt, es sei denn das Geheimnis selbst, die Lichtung des Seins, die Un-Verborgenheit als solche.

Die Ersetzung der Wahrheitsfrage durch die Offenheit zur Wahrheit des Seins

Die zuletzt angezeigte Möglichkeit kennzeichnet nun tatsächlich den Weg, der jetzt eingeschlagen wird. Das Transzendieren des jeweils Offenbaren in die Verborgenheit kann nicht auf seine jeweilige Wahrheit hin geschehen, denn für diese Wahrheit fehlt hier der Begriff. So kann das Offenbare nur noch auf die Verbergung als solche überschritten werden. In WW wird daher die Aufgeschlossenheit zur Verbergung des Seienden im Ganzen nicht so gesehen, daß sie das Verhalten zugleich in die konkreten Wahrheitsfragen hinsichtlich des ihm jeweils Offenbaren verweist, sondern diese werden als „nicht wesentliche“ ihrerseits der „Ansässigkeit im Gängigen“ (20 f.) zugeordnet. So tritt nun *an die Stelle* des Überschreitens des Offenbaren auf seine *jeweilige* verborgene Wahrheit das Überschreiten des Offenbaren auf *das* verborgene Sein. Dieses *quid pro quo* kann bei Heidegger deswegen als solches gar nicht in Erscheinung treten, weil das *verborgene Sein* als die *Un-Verborgenheit* (oben S. 391 f.) in seiner Terminologie zugleich als die eigentliche *Wahrheit* verstanden werden kann. Diese *Wahrheit des Seins* (WW 20) ist die „einzig wesentliche Wahrheit“ (14).

Weil für Heidegger feststeht, daß Wahrheit Offenbarkeit besagt, kann das Offenbare, wenn es noch nicht an und für sich das eigentliche Wahre sein und daher auf *Wahrheit* hin ins Verborgene überschritten werden soll, nur auf seine *Offenbarkeit* hin überstiegen werden, freilich so, daß diese jetzt, als *Un-Verborgenheit* verstanden, die Verborgenheit in sich mit aufnimmt. Allerdings *könnte* man gerade dieses Resultat, daß uns das Offenbare als Un-Verborgenes begegnet und auf eine Tiefendimension von Verborgenheit verweist, so auffassen, daß wir nun über es hinaus nach seiner Wahrheit fragen müßten: dann würde uns die Aufgeschlossenheit für das Sein als Un-Verborgenheit zugleich in die Wahrheitsfrage bringen. Aber dazu müßte die Wahrheit als der regulative Horizont dieser Tiefendimension der Verborgenheit anerkannt werden. Die Verborgenheit, wie Heidegger sie versteht, enthält kein solches Woraufzu des Rückgangs. Sie ist ausschließlich als Dimension der Herkunft und des Entzugs von Unverborgenheit verstanden (vgl. oben S. 389–91) und enthält keine positive Bestimmung, auf die hin wir das Offenbare überschreiten könnten. Weil im Gegenteil der Ansatz bei der Wahrheit als Offenbarkeit maßgebend bleibt, führt die Rücksicht auf die Verborgenheit nur dazu, daß diese in das „volle Wesen“ der nun als Un-Verborgenheit verstandenen „Wahrheit“ (WW 23) mitaufgenommen und so das Gegebene *in sich* vertieft wird, indem es als aus der Verborgenheit Hervortretendes und sich Entziehendes erfahren und freigelassen wird, nicht aber, daß über es hinaus nach einem nicht Gegebenen als seiner Wahrheit zurückgefragt würde. Statt daß wir über das Offenbare hinaus nach einem *Verborgenen,* nach einer anderen, wahreren Ansicht fragen müßten, erfahren wir die *Verborgenheit* unmittelbar in der Un-Verborgenheit des Offenbaren selbst.

Die unmittelbare Erfahrung der Verborgenheit im Unverborgenen, die ein Hinausfragen über das Gegebene nicht erfordert, kommt in prägnanter Form zum Ausdruck in dem Wort, das Heidegger für die Verbergung als solche gebraucht: das Geheimnis. Geheimnis ist ein Verborgenes, das in seiner Verborgenheit bewahrt bleiben muß und ein Eindringen nicht erlaubt. So bedeutsam dieser Ausblick erscheint, wenn er als eine Grenzmöglichkeit verstanden würde, so problematisch ist er doch, wenn er das Verhältnis zum Verborgenen im ganzen beherrscht. Die Aufgeschlossenheit zum Verborgenen, die dieses von vornherein als Geheimnis erfährt, hat der Wahrheitsfrage entsagt.

Die endgültige Ausschaltung der Wahrheitsfrage durch die Konzeption der Wahrheit als Un-Verborgenheit; die Lichtung des Seins als Wahrheitsrefugium

So sehr es also an sich denkbar wäre, daß die Aufgeschlossenheit für den Spielraum der *Un-Verborgenheit* zugleich dazu führt, das Offenbare auf seine (jeweilige) *Wahrheit* hin zu überschreiten, so hat doch gerade die bestimmte Stellung, die Heidegger in diesem Spielraum, von seinem Ansatz her völlig konsequent-, dem Wort *Wahrheit* zuweist, die umgekehrte Konsequenz. Wahrheit ist nicht das Maß, *woraufhin* das Gegebene in die Verborgenheit hinein überschritten werden könnte, sondern als Wahrheit des Seins ist sie das auf kein solches Maß bezogene *Geschehen* des Hervortretens aus der Verborgenheit und Sichentziehens in sie, bzw. der *Spielraum* dieses Geschehens.

Dieser neue und für Heidegger endgültige Wahrheitsbegriff, wonach „die Wahrheit das Gegenwendige von Lichtung und Verbergung ist“ (HW 49)[22], ist von dem spezifischen Sinn von Wahrheit noch weiter ent-

[22] Die Vorstufe dieser Formulierung im Kunstwerkaufsatz ist der Satz „Die Wahrheit ist in ihrem Wesen Unwahrheit“ (HW 43), das heißt: zu aller Unverborgenheit gehört wesentlich Verborgenheit, ein völlig einleuchtender Satz also, solange man nicht für „Unverborgenheit“ „Wahrheit“ setzt; aus ihm folgt vielmehr, wenn man Wahrheit im spezifischen Sinn versteht: alles Unverborgene ist unwahr, und: die Wahrheit ist nur eine regulative Idee.

fernt als die Auffassung von Wahrheit als Entdecken, Erschlossenheit oder Offenbarkeit. War es dort noch möglich, durch bestimmte Ergänzungen den spezifischen Sinn von Wahrheit wiederherzustellen, so ist das jetzt nicht mehr durchführbar. Die Un-Verborgenheit bedeutet gegenüber der Offenbarkeit eine Vertiefung, als vermeintlicher Wahrheitsbegriff aber muß sie die Möglichkeit der Wahrheitsfrage endgültig verschütten: sie bestätigt noch einmal die Auffassung, daß das Wahre das Unverborgene sei und nimmt zugleich durch die Umdeutung des „Un"- die Verborgenheit, von der aus diese Auffassung in Zweifel gezogen werden könnte, in die Unverborgenheit selbst mit auf. Dadurch aber entzieht sie der Wahrheitsfrage endgültig die für sie notwendige regulative Idee eines Maßes. Dieses Maß wäre eine bestimmte Art von Offenbarkeit, aber läßt sich nicht als eine bestimmte Art von gegenwendigem Verhältnis zwischen Offenbarkeit und Verborgenheit bestimmen, geschweige denn als dieses Verhältnis überhaupt.

Weil jetzt aber feststeht, daß zu dem, was Wahrheit heißt, die Eigenschaft gehört, Maß zu sein, wird an Stelle des jeweilig Offenbaren das Geschehen bzw. der Spielraum der Un-Verborgenheit selbst zum Maß. Während der Ausblick auf Wahrheit nur eine formale Hinsicht auf Maß eröffnet hätte, die sich inhaltlich erst jeweils erfüllen müßte, ist aber die Un-Verborgenheit im Unterschied zur Wahrheit (und auch zur Offenbarkeit) kein formaler Begriff von Maß und ist daher selbst das, *was zum* Maß wird. (Solange es noch hieß: das Wahre ist das Offenbare, hatte sich das Verhalten danach zu richten, *was* jeweils offenbar war; wenn aber die Wahrheit in der Un-Verborgenheit besteht, dann ist das keine formale Anweisung, sich nach dem jeweiligen Vorgegebenen [oder zu Erfragenden] zu richten, sondern nennt selbst das, woraufhin alles Vorgegebene versammelt werden soll.) So wird das Geschehen, bzw. der Spielraum der Un-Verborgenheit, indem er nicht auf Wahrheit bezogen, sondern selbst als „Wahrheit" bezeichnet wird, statt zur transparenten Dimension der Frage, selbst zur ausgezeichneten Antwort.

Als solche wirkt sie im Gegensatz zur Wahrheitsfrage nicht nur *statisch*, indem sie das Verstehen nicht über das jeweils Offenbare hinaustreibt, sondern in dessen Verborgenheit hineinhält; sie wirkt zugleich *konzentrisch*, indem sie alles Verhalten zu Offenbarem gleichmäßig auf sich versammelt, während die Ausrichtung auf Wahrheit wegen deren formalem Wesen sich zentrifugal hätte zersplittern müssen in die jeweiligen Sachzusammenhänge. Im Unterschied zur Wahrheitsfrage muß die Ausrichtung auf Un-Verborgenheit sich nicht *ausbreiten;* sie nimmt das jeweilige Offenbare auf, ohne in es *eindringen* zu müssen. Sie beläßt ihm daher seine Unmittelbarkeit und führt, wo es vor Alternativen stellt, nicht in die Wahl hinein, sondern über sie hinweg.

Das Offene verliert deswegen in den Spätschriften auch den primären Unheimlichkeitscharakter, demgemäß es *keinen Halt* gibt, sondern, wie in

SuZ, in die jeweilige Wahl und, wenn der spezifische Wahrheitsbegriff berücksichtigt würde, in die Wahrheitsfrage von sich fortweist. Zwar ist die Aufgeschlossenheit zur Un-Verborgenheit nur möglich als eine schwebende Haltung, in dem Sinn, daß sie auf keinem Seienden beharrt, aber es ist kein Schweben in der Wahl und in der Frage: in der Un-Verborgenheit *hat* sie ihre Wahrheit. Die „Wahrheit des Seins" gibt den „Halt für alles Verhalten" (BH 115).

Während in SuZ die höchste Instanz der Existenz – der Tod – das Dasein gerade in die Entscheidung seiner jeweiligen Möglichkeiten zurückverwies, dann aber kein formales Regulativ gegeben war, woraufhin die Wahl in concreto vollzogen werden konnte (oben S. 360), tritt jetzt, da die höchste Instanz aus der Erschlossenheit selbst als Lichtung des Seins gedacht wird, diese Instanz, da sie wiederum kein Regulativ für die Wahl enthält, selbst *an die Stelle* der Wahl. Damit bestätigt sich auf einer höheren Ebene unser früheres Ergebnis (oben S. 387), daß die Kehre insofern keine echte ist, als sie nicht denselben Phänomenbereich neu interpretiert, sondern die neue Interpretation zum Entschwinden dieses Phänomenbereiches führt. Die einzige Möglichkeit, das Moment der vorgegebenen *Verbindlichkeit* des zu Erschließenden zu erhalten ohne der *Beliebigkeit* des jeweils Offenbaren zu verfallen (oben S. 376), ist, wenn die Hinsicht auf den spezifischen Sinn von Wahrheit fehlt, der Rückzug in die Lichtung selbst. Die Wahrheit wäre – als Idee einer ausgezeichneten Erschlossenheit – die zur Erschlossenheit selbst gehörige Instanz der Erschlossenheit gewesen. Für ein Denken, das die Erschlossenheit zum alles umgreifenden Thema hat und das daher zugleich die Wahrheit zu seinem Grundbegriff macht, muß, wenn der spezifische Wahrheitsbegriff dennoch fehlt, schließlich der Spielraum der Erschlossenheit – die Lichtung des Seins – zum Wahrheitsrefugium werden.

Der Verfall des Weltbegriffs

Die Lichtung des Seins wird daher in Heideggers Spätschriften nur noch so und als Spielraum von solchem gesehen, daß weder eine Wahl noch gar eine Wahrheitsfrage in ihr aufzukommen braucht. In diesem Zusammenhang muß beachtet werden, daß im Zuge der Kehre der ganze Bereich der mannigfaltigen und konkurrierenden geschichtlichen Möglichkeiten des Daseins – also der Bereich, innerhalb dessen eine Wahl erforderlich und die Wahrheitsfrage wichtig wäre – immer mehr aus dem Blick entschwindet, und sich schließlich nur noch auf der einen Seite die *Lichtung* als solche und auf der anderen die *Dinge* gegenüberstehen. Dabei war es gerade eine entscheidende Errungenschaft von SuZ, daß Heidegger dort die Erschlossenheit – und damit potentiell auch die Wahrheitsfrage – aus der primären Orientierung am Seienden herausnahm und als *Verstehen* auf *Sinn* und d. h. auf das geschichtliche In-der-Welt-Sein und seine Möglichkeiten bezog. Die von daher verstandene „Welt“ sollte dem Seienden erst den jeweiligen Spielraum seines Offenbarwerdens eröffnen. Hier zeigte sich aber bereits in WG eine Schwierigkeit (oben S. 369), die sich nun in den späteren Schriften in anderer Richtung fortsetzt: weil die Welt – als Zeitspielraum – an die Stelle des metaphysischen Seins – als Allgemeines – treten sollte, durfte die Unterscheidung von SuZ zwischen „Ontologischem“ und „Ontischem“, in der die metaphysische (genauer: Husserlsche) Unterscheidung zwischen Wesen und Faktischem aufgenommen war, auf die Welt nicht mehr angewandt werden. So wurde die Unterscheidung von SuZ zwischen jeweiliger Welt und Weltlichkeit fallengelassen, und da sie durch keine entsprechende neue Unterscheidung ersetzt wurde, mußte jetzt entweder die formale oder die konkrete Bedeutung zurücktreten. Die Position von WG, wo Welt einerseits noch ganz konkret als „die jeweilige Ganzheit des Umwillen eines Daseins“ gedacht war (a. O.), andererseits bereits die Rolle des Seins als Bedingung der Möglichkeit der Offenbarkeit des Seienden übernommen hatte, ließ sich auf die Dauer nicht halten. In der Folge sollte zwar an der Jeweiligkeit und Geschichtlichkeit von Welt festgehalten werden, andererseits mußte sie doch genügend weit verstanden sein, damit sie die Bedeutung von „Sein“ erfüllen konnte. Ohnehin führte jetzt die Problematik der Kehre, wie sie sich für Heidegger im Anschluß an WG in WW stellen mußte, dazu, daß das Wesentliche im Begriff der Welt nun nicht mehr so sehr im Inhaltlichen von „Sinn“, „Möglichkeiten“, „Worumwillen“ gesehen wurde als vielmehr darin, der Spielraum der Offenbarkeit (und dann: der Un-Verborgenheit) zu sein (vgl. oben S. 379). Weil nun von diesem „ontologischen“ Sinn von Welt kein ontischer mehr unterschieden werden sollte, blieb (und das ist hier das Entscheidende) auf der Seite des „Ontischen“, d. h. auf der Seite dessen, *wovon* die Welt im ontologischen Sinn der Spielraum ist, nur das innerweltliche Seiende übrig.

Diese Regression des Weltbegriffs ergibt sich also einerseits aus dem Willen, die metaphysische Unterscheidung von formal-allgemeiner Struktur und jeweiliger Konkretion im Bereich der Welt nicht mehr zuzulassen und wird andererseits unterstützt durch den konzentrischen Effekt der Umdeutung der Wahrheit zur Un-Verborgenheit. Das innerweltliche Seiende bekommt nun wieder im Gegensatz zu SuZ den ontischen Primat, und dieser wirkt natürlich seinerseits auf die ontologische Problematik zurück, so daß die Welt nicht als der Spielraum der Offenbarkeit und Verschlossenheit von *Sinn*, sondern als der Spielraum der Un-Verborgenheit des *Seienden* verstanden wird[23].

[23] Obgleich also Heidegger betont, daß er nicht mehr nach dem „Sein des Seienden“ fragt und seine Seinsfrage von dieser „metaphysischen“ abhebt als Frage nach dem „Sein als Sein“, so ist doch mit diesem Sein als Sein der offene Spiel-

Eine Zwischenstellung nimmt der Kunstwerkaufsatz ein. Welt ist hier nicht mehr das jeweilige ontische Sinnganze eines einzelnen Daseins wie in WG, aber immer noch Sinnganzes: sie umfaßt die „wesentlichen Weisungen" und „Entscheidungen" einer geschichtlichen Epoche (HW 33, 37, 43). Diese wird jedoch bereits so weit gedacht (vgl. 63!), daß sich mit einer Wandlung der so verstandenen Welt jeweils das Sein selbst wandelt (vgl. 59), ja die „Lichtung" dieser geschichtlichen Welt *ist* als Spielraum der Un-Verborgenheit *das Sein*. Dieses Sein aber wird als Sein von *Seiendem* verstanden (44 u. ö.), d. h. die jetzt gewissermaßen „ontologisch" verstandene Welt ist (so weit man sehen kann) nicht ihrerseits der Spielraum von ontischen geschichtlichen Möglichkeiten und mannigfaltigem Sinnverständnis, sondern von Seiendem. Und da die Lichtung der Welt in eins mit der „Verbergung" des naturhaft Vorgegebenen – der „Erde" – jeweils gültig von der Kunst eröffnet wird, erscheint auch hier schon kein Raum mehr für Wahl und Wahrheitsfrage.

In den späten Schriften scheint sich dann der Sinnaspekt aus der ontischen Mannigfaltigkeit gänzlich in die eine Wahrheit des Seins zurückzuziehen. Die Welt, wie sie in den späten Vorträgen als „Geviert" von Erde und Himmel, Sterblichen und Göttlichen dargestellt wird, ist ein Spielraum von *Seiendem* und enthält nicht einmal mehr den geschichtlichen Sinnaspekt der Welt im Kunstwerkaufsatz. Die „Sterblichen" und „Göttlichen" sind Seiendes (TK 45), seiend sind insbesondere die „Dinge", die, im Geviert anwesend, es „versammeln", – die Dinge unseres Umgangs und der Natur. „Erde" und „Himmel" hingegen entsprechen der „Erde" und der „Welt" des Kunstwerkaufsatzes. So müßte man also den Bereich von „Sinn" und „Möglichkeiten", wenn irgendwo, dann unter dem Titel „Himmel" erwarten. Statt dessen heißt es: „Der Himmel ist der Sonnengang, der Mondlauf, der Glanz der Gestirne, die Zeiten des Jahres, Licht und Dämmer des Tages ..." (VA 177, 150 f.). Das Geschichtliche, das die Welt im Kunstwerkaufsatz noch enthielt, ist jetzt entschwunden. Himmel und Erde stehen einfach für Lichtung und Verbergung des „Zeitspielraums" (US 214) der Un-Verborgenheit der Dinge. Und das Geschichtliche scheint sich nun auf ein einziges Geschehen zu reduzieren, nämlich das epochale Geschick von Ankunft und Entzug eben dieses einen Seins als Un-Verborgenheit des Seienden (HW 310 f.)[24].

---

raum des *Seienden* gemeint, d. h. die Vertiefung der ontologischen Fragestellung hebt den dinglichen ontischen Ansatz, der in der Frageformel „Sein des Seienden" liegt, nicht auf, ja sie kehrt, verglichen mit SuZ (und man wird sagen müssen: gegen das Bewußtsein unserer Zeit überhaupt) zu ihm zurück.

[24] Entsprechend wird die „Irre" nicht mehr (wie ansatzweise in WW [22], vgl. auch EM 83) formal gesehen als der Spielraum des Verfehlens von jeweiliger Wahrheit (für die ohnehin der Begriff fehlt), sondern wird als Geschichte der Seinsvergessenheit ausschließlich auf die Wahrheit des Seins bezogen (vgl. HW 310 f. und schon WW 23).

Wird hier aber nicht übersehen, daß Heidegger das aus dem „Geviert" verstandene Sein mit der *Sprache* zusammensieht (vgl. US 20 ff.), und ist Sprache nicht wesentlich „Sinn"? Doch gerade die Art, wie Heidegger in den Spätschriften die Sprache versteht, zeigt, daß er auf der ontischen Ebene ausschließlich Seiendes im Blick hat. Die Sprache wird nicht wie in SuZ aus ihrem eigenen Wesen als *Rede* verstanden, deren „Geredetes" stets „Sinn" ist (vgl. SuZ 161 f.), sondern vom Seienden her als Nennen, Rufen, Zeigen (vgl. US 20 f.). Grammatisch ausgedrückt ist für den späteren Heidegger die eigentliche Spracheinheit nicht der *Satz*, sondern das *Wort*.

Die Wahrheit als Anwesung und die Gelassenheit

Daß die ontische Dimension des Sinns zugunsten des Seienden verschwindet oder zumindest zurücktritt, bestätigt sich schließlich an der Rückwirkung, die der Ausfall dieser Dimension auf Heideggers Wahrheitsbegriff hat. Denn nun zeigt sich, daß Heidegger in den Spätschriften die Wahrheit als Unverborgenheit nicht so sehr als Offenbarkeit von Sinn, sondern primär als Anwesenheit von Seiendem, bzw. als den Spielraum dieser Anwesenheit versteht: Anwesenheit und Unverborgenheit werden gleichbedeutend gebraucht, ebenso Abwesenheit und Verborgenheit (vgl. HW 320 ff.), und die eigentliche „Wahrheit" als das einheitliche Geschehen der Un-Verborgenheit ist ein Hervortreten und Sichzurückziehen des Seienden in die und aus der Anwesenheit (vgl. HW 322 f., PW 46 u. ö.).

Gewiß ist es sinnvoll, die verschiedenen Weisen von „Unverborgenheit": Anwesenheit, Offenbarkeit usw., und ebenso ihre Gegenbegriffe, zusammenzusehen. In diesem umfassenden Sinn ließ sich auch Heideggers Idee der Un-Verborgenheit vorgängig darstellen (oben S. 389–91). Aber bei Heidegger werden über der Zusammenschau die wesentlichen Differenzen, die hier offensichtlich bestehen, gar nicht berücksichtigt, und so wird es möglich, das Wort *Wahrheit*, das ausschließlich in den Spielraum der Offenbarkeit und Verborgenheit von Sinn gehört, der Un-Verborgenheit überhaupt und, da die Dimension von „Sinn" zurücktritt, nun sogar primär der „Anwesung" des Seienden zuzuordnen. Da Heidegger die Seinsfrage nicht auf Sinn, sondern auf Seiendes orientiert, gewinnt die Wahrheit für ihn erst mit dieser Wendung ihre eigentliche ontologische Relevanz (vgl. HW 322, WM Einl. 10), von ihr her will daher auch der Titel „Wahrheit des Seins" verstanden sein.

Damit entfernt sich nun aber Heideggers Unverborgenheit noch um eine weitere Stufe vom spezifischen Sinn von Wahrheit, indem jetzt nicht nur innerhalb der Dimension der Wahrheitsfrage das Wort Wahrheit anders bestimmt ist (oben S. 397 f.), sondern aus dieser Dimension ganz herausgenommen wird. Die „Verborgenheit", aus der Seiendes in die Anwesenheit hervorkommt und in die es im Vergehen zurücktritt, ist nicht die Verborgenheit, in die hinein wir nach Wahrheit fragen können. Offenbarkeit-Verborgenheit von Sinn und Anwesenheit-Abwesenheit von Seiendem sind zwei voneinander nicht unabhängige, aber doch klar zu unterscheidende Verhältnisse. Abwesendes kann in dem, was es ist, offenbar sein, Anwesendes verborgen. Die Offenbarkeit und gegebenenfalls Wahrheit, daß etwas so und so ist, bleibt bestehen, wenn das Seiende vergangen ist. Für Heidegger hingegen hat sich dann das Seiende aus der „Wahrheit" – der „Unverborgenheit" – zurückgezogen, ebenso wie es mit seinem Entstehen in die „Wahrheit" hervorgetreten ist (vgl. HW 320 ff., VA 19 u. ö.).

Daß die Un-Verborgenheit in den Spätschriften von der Offenbarkeit-Verborgenheit von Sinn in die „Anwesung" von Seiendem verlegt wird, bestätigt, daß die Dimension des Sinns entschwindet und führt nun seinerseits dazu, daß die für die Wahrheit des Seins aufgeschlossene Haltung, wie sie in den Spätschriften gesehen wird, aus einer möglichen Wahrheitsfrage ganz heraustritt, nicht nur weil die Verborgenheit unmittelbar im Unverborgenen erfahren wird; nicht nur weil die Lichtung selbst an die Stelle der jeweiligen Wahrheit tritt; sondern auch weil jetzt das, wozu das Dasein sich verhält, zu einer Wahrheitsfrage gar keine Veranlassung mehr bieten kann. Die für die Verborgenheit aufgeschlossene Haltung, die nicht auf dem jeweils Gegebenen „insistiert", kann dieses, da es nicht als vermeinter Sinn, sondern als anwesendes Seiendes verstanden ist, nicht auf seine Wahrheit befragen, sondern hat es als aus der Unverfügbarkeit und Verborgenheit der Lichtung ankommend zu erfahren und in ihren Entzug freizulassen (vgl. HW 320 ff.).

So tritt an die Stelle der Verantwortlichkeit das Ethos der „Gelassenheit". Diese gegenüber dem Anwesenden bloß noch negativ verstandene Freiheit, die ihr Positives nur mehr in der Wahrheit des Seins selbst hat (G 61), ist die einzige Möglichkeit, dem insistenten „Wollen" abzusagen (G 32 ff.), wenn durch den Ausfall der Wahrheitsdimension die Möglichkeit der Verantwortlichkeit nicht mehr gegeben ist (G 49).

Die Wahrheitsfrage und die Philosophie

Mit diesem Titel ist der letzte Abschnitt von WW überschrieben. In ihm zeigt sich, daß das spezifisch philosophische Verhalten zur Wahrheit sich von dem eigentlichen Wahrheitsbezug überhaupt, wie er in dem Vortrag entwickelt wurde, nicht mehr recht unterscheiden läßt (vgl. oben S. 388 f.). Wenn das Gegebene nicht mehr auf seine jeweilige Wahrheit, sondern nur noch auf die Wahrheit des Seins überstiegen werden kann, dann wird die Philosophie zur einzigen Möglichkeit des eigentlichen „Wahrheits"-Bezuges. Dieses Ineinanderübergehen von „ontischer" und „ontologischer" Ebene vollzieht sich nun aber von beiden Seiten. Denn indem auch dem philosophischen Denken, das hier in WW noch als ein „Fragen" verstanden wird, die Tiefendimension der Wahrheit fehlt, in die hinein ein solches Fragen geschehen könnte, verliert es in den späten Schriften zunehmend seinen Frage-Charakter (oben S. 384 Anm. 13) und läßt sich – als „Andenken" der Wahrheit – überhaupt nicht mehr als „Philosophie" verstehen (BH 119). Die Preisgabe des spezifischen Wahrheitsbegriffs mußte schließlich zur Selbstaufgabe der Philosophie führen.

So zeigt die Entwicklung von Heideggers Denken gleichsam im Negativ, wie wesentlich die Philosophie mit der Idee der kritischen Verantwortlichkeit verbunden ist.

Husserl hatte diese Idee einer auf universale Wahrheitsausweisung bezogenen Verantwortlichkeit eindrucksvoll herausgestellt und zur Grundlage seiner philosophischen Position gemacht. Aber das Interesse an gesichertem Wahrheitsbesitz führte hier zu einer dogmatischen Ausdeutung dieser Idee, derzufolge die Philosophie einen Bereich absoluter Evidenzen zur Verfügung hätte, aus dem sie absolut und endgültig begründen könnte. Diese philosophische Position konnte nicht einmal das ihr selbst zugrunde liegende Phänomen der Verantwortlichkeit in ihre eigene Thematik und die sich aus ihr selbst ergebende Problematik der Geschichtlichkeit in ihren Ansatz aufnehmen. Für die heutige Problemlage, in der das Bedürfnis besteht, das Wahrheitsproblem im Zusammenhang von Praxis und Geschichte zu sehen, und in der ein Wahrheitsbezug des menschlichen Lebens im ganzen nicht mehr selbstverständlich vorausgesetzt werden kann, blieb sie in jedem Fall zu eng.

Hält man an Husserls Idee von Philosophie – nicht an seiner philosophischen Position – fest, so besteht die Gefahr der heutigen Philosophie offenbar darin, daß man auf der einen Seite das menschliche Leben im ganzen überhaupt nicht mehr auf Wahrheit orientiert und auf der anderen sich auf eine Minimalbestimmung des Wahrheitsbegriffs zurückzieht. In beiden Fällen, die sich natürlich auch verbinden können, wäre die Idee der kritischen Verantwortlichkeit preisgegeben.

Hier liegt die Bedeutung der Position Heideggers. Sie besteht nicht darin, daß dem Wahrheitsbegriff der neueren Philosophie und der modernen Wissenschaft eine „ursprünglichere" Wahrheit entgegengesetzt würde, eine „Wahrheit", die lediglich die Kehrseite der positivistischen Einschränkung des spezifischen Wahrheitsbegriffs ist und sich mit ihr nur zu gut verbindet. Die bisher noch nicht überholte Bedeutung von Heideggers Position für die Wahrheitsfrage liegt vielmehr darin, daß sie das Grundverhältnis des Menschen von vornherein als geschichtlich-praktisches – als „Sorge" – angesetzt und dieses zugleich als „Erschlossenheit" verstanden hat. Dadurch wird es möglich, den spezifischen Wahrheitsbegriff so zu erweitern, wie es in der heutigen Problemlage gefordert ist, und das menschliche Leben im ganzen auf Wahrheit auszurichten ohne den Primat der Unwahrheit zu verkennen. An die Stelle eines unmittelbaren Wahrheitsbesitzes und einer entsprechenden absoluten Begründungsbasis tritt ein Spielraum von Wahrheit und Unwahrheit, der ungesichert und geschichtlich ist.

Heidegger hat zwar gemeint, mit Husserls dogmatischer Voraussetzung einer verfügbaren apodiktischen Evidenz falle auch der Evidenzbegriff als solcher. Aber die Evidenz in Husserls Sinn bezeichnet einfach das subjektive Korrelat der Wahrheit – die Ausweisung – und ist als regulative Idee auch auf Heideggers Position unentbehrlich. Mit der Preisgabe des Begriffs der Evidenz ist Heidegger daher auch der spezifische Wahrheitsbegriff selbst entglitten. Er mochte meinen, daß die Erweiterung und Vertiefung, wie er sie durchführte, die Preisgabe der Idee der kritischen Ausweisung erforderte. Demgegenüber hat die Interpretation Schritt für Schritt zeigen können, 1. daß in diesem Fall die Erweiterung und Vertiefung überhaupt nicht mehr eine solche des Wahrheitsbezuges ist, und 2. daß die Berücksichtigung des spezifischen Wahrheitsbegriffs Heideggers positiver Problematik an keiner Stelle Abbruch tut, sondern ihr im Gegenteil eine weitere und ihr selbst gemäße Tiefendimension verleiht. Zuletzt wurde auch deutlich, daß die Erschlossenheit ihre Dimensionalität und Offenheit, die für Heidegger zu ihrem Wesen gehört, überhaupt verliert, wenn sie den kritischen Wahrheitsbezug nicht in sich aufnimmt. Ohne die Wahrheit als regulativen Horizont kann sich die Offenheit nicht in ihrer Schwebe halten und geht in eine neue, nun aber vorkritische Unmittelbarkeit zurück.

Daß in Heideggers Durchführung seines Ansatzes der spezifische Wahrheitsbegriff ausfiel, ist also, prinzipiell gesehen, ein Zufall. Man hört so etwas nicht gerne. Meist meint man heute, eine philosophische Position dann angemessen zu verarbeiten, wenn man sie in ihrer immanenten oder geschichtlichen Notwendigkeit erweist. Sie auseinanderzunehmen und zu fragen, was an ihr „wahr" ist, erscheint naiv. Es könnte jedoch für das Wahrheitsproblem und auch für die produktive Fortführung der Möglichkeiten, die in Heideggers Ansatz liegen, wichtig sein, daß man den Ausfall des Wahrheitsbegriffs nicht Heideggers Ansatz als solchem zur Last legt. In der Interpretation hat sich schon gezeigt, was Heideggers Begriffe der Erschlossenheit und Un-Verborgenheit für die Erweiterung des Wahrheitsbegriffs und für die Aufklärung des Wahrheitsbezugs leisten *könnten*. Damit zeichnet sich zugleich eine philosophische Position ab, die mit Heidegger auf die transzendentalphilosophische Voraussetzung einer letzten Begründungsbasis verzichtet und sich dennoch aus Husserls Idee einer universalen kritischen Verantwortlichkeit verstehen würde.

Verzeichnis der zitierten Schriften

I. Schriften von Husserl

Philosophie der Arithmetik. Halle 1891.
„Psychologische Studien zur elementaren Logik", Philos. Monatshefte 30 (1894), 159–191.

LU^1 I, II = Logische Untersuchungen. 1. Auflage. Halle 1900/01. 2 Bde.

LU I, II, III = Logische Untersuchungen. 2. und 3. Auflage. 1913, 1922. 3 Bde. (Zur Vereinfachung werden die Bände II, 1 und II, 2 als II und III zitiert.)

„Bericht über deutsche Schriften zur Logik in den Jahren 1895–99", Arch. f. system. Philos. 9 (1903), 113–132, 237–259, 393–408, 523–543 und 10 (1904) 101–25.

ZB = Vorlesungen zur Phänomenologie des inneren Zeitbewußtseins. Herausg. von M. Heidegger. Jahrb. f. Philos. u. phänomenol. Forsch. 9 (1928) 367–498.

IdPhä = Die Idee der Phänomenologie. Fünf Vorlesungen (1907). Hrsg. von W. Biemel (Husserliana Bd. II). Haag 1950.

PhW = „Philosophie als strenge Wissenschaft", Logos I (1910/11), 289–341.

Ideen = Ideen zu einer reinen Phänomenologie und phänomenologischen Philosophie. Halle 1913. Zitiert nach der Ausgabe von W. Biemel (Husserliana Bd. III). Haag 1950.

Ideen II, III = Ideen zu einer reinen Phänomenologie und phänomenologischen Philosophie. 2. und 3. Buch. Hrsg. von M. Biemel (Husserliana Bd. IV und V). Haag 1952.
„Erinnerungen an Franz Brentano", in: O. Kraus, Franz Brentano. München 1919. S. 153–167.

FTL = Formale und transzendentale Logik. Halle 1929.

CM = Cartesianische Meditationen. Hrsg. von S. Strasser (Husserliana Bd. I). Haag 1950.

K = Die Krisis der europäischen Wissenschaften und die transzendentale Phänomenologie. Mit ergänzenden Texten hrsg. von W. Biemel (Husserliana Bd. VI). Haag 1954.

EU = Erfahrung und Urteil. Redigiert und herausg. von L. Landgrebe. Hamburg 1948.

Hu VII = Erste Philosophie (1923/4). 1. Teil: Kritische Ideengeschichte. Mit ergänzenden Texten herausg. von R. Boehm (Husserliana Bd. VII). Haag 1956.

Hu VIII = Erste Philosophie (1923/4). 2. Teil: Theorie der phänomenologischen Reduktion. Mit ergänzenden Texten herausgegeben von R. Boehm (Husserliana Bd. VIII). Haag 1959.

Hu IX = Phänomenologische Psychologie (1925). Mit ergänzenden Texten herausg. von W. Biemel (Husserliana Bd. IX). Haag 1962.

Unveröffentlichte Manuskripte zur Umarbeitung der VI. LU im Husserl-Archiv Louvain vgl. oben S. 22.

II. Schriften von Heidegger

SuZ = Sein und Zeit. Halle 1927.

KPM = Kant und das Problem der Metaphysik (1929). 2. Auflage Frankfurt am Main 1951.

WM = Was ist Metaphysik? 5., durch Einleitung und Nachwort vermehrte Auflage, Frankfurt a. M. 1949.

WG = Vom Wesen des Grundes (1929). 3. Auflage Frankfurt a. M. 1949.

WW = Vom Wesen der Wahrheit (1930/1943). 3. Auflage Frankfurt a. M. 1954.

EM = Einführung in die Metaphysik (1935). Tübingen 1953.

PW = Platons Lehre von der Wahrheit; mit einem Brief über den ‚Humanismus'. Bern 1947.

BH = Brief über den Humanismus (zitiert nach PW).

HW = Holzwege. Frankfurt a. M. 1950.

VA = Vorträge und Aufsätze. Pfullingen 1954.

SG = Der Satz vom Grund. Pfullingen 1957.

ID = Identität und Differenz. Pfullingen 1957.

US = Unterwegs zur Sprache. Pfullingen 1959.

G = Gelassenheit. Pfullingen 1959.

HG = „Hegel und die Griechen", in: „Die Gegenwart der Griechen im neueren Denken", Festschr. f. H. G. Gadamer (Tübingen 1960), 43–57.

N = Nietzsche. 2 Bde. Pfullingen 1961.

TK = Die Technik und die Kehre. Pfullingen 1962.

III. Andere Schriften

(zitiert wird mit Namen und Erscheinungsjahr)

Adorno, Th., Zur Metakritik der Erkenntnistheorie; Studien über Husserl und die phänomenologischen Antinomien. Stuttgart 1956.

Asemissen, H. U., Strukturanalytische Probleme der Wahrnehmung in der Phänomenologie Husserls (Kantstudien Erg. H. Bd. 73). Köln 1957.

Bar-Hillel, Y., „Husserl's Conception of a Purely Logical Grammar", Philos. and Phenom. Research 17 (1956/7), 362–369.
Biemel, W., „Husserls Encyclopaedia Britannica Artikel und Heideggers Anmerkungen dazu", Tijdschr. voor Philos. 1950, 246 ff.
– „Die entscheidenden Phasen der Entfaltung von Husserls Philosophie", Zeitschr. f. philos. Forsch. 13 (1959), 187–213.
Boeder, H., „Der frühgriechische Wortgebrauch von Logos und Aletheia", Arch. f. Begriffsgesch. IV (1959), 82–112.
Bollnow, O. F., „Die Objektivität der Geisteswissenschaften und die Frage nach dem Wesen der Wahrheit", Zeitschr. f. philos. Forsch. 16 (1962), 3–25.
Brentano, F., Psychologie vom empirischen Standpunkt. 2 Bde. (1874). Herausg. von O. Kraus, Leipzig 1924/5.
– Vom sinnlichen und noetischen Bewußtsein. Herausg. von O. Kraus. Leipzig 1928.
– Wahrheit und Evidenz; Erkenntnistheoretische Abhandlungen und Briefe. Herausg. von O. Kraus. Leipzig 1930.
– Vom Ursprung sittlicher Erkenntnis (1889). 3. Auflage Leipzig 1934.
Bretschneider, W., Sein und Wahrheit; Über die Zusammengehörigkeit von Sein und Wahrheit im Denken Martin Heideggers. Meisenheim 1965.

Carnap, R., „Truth und Confirmation", in: Feigl and Sellars, Readings in Philosophical Analysis. New York 1949. S. 119–127.
Chisholm, R., Perceiving: A Philosophical Study. Ithaca (N. Y.) 1957.

Delius, H., Untersuchungen zur Problematik der sogenannten synthetischen Sätze apriori. Göttingen 1963.

Fahrenbach, H., „Zum 75. Geburtstag Martin Heideggers", Stuttgarter Zeitung vom 25. September 1964, S. 10.
Farber, M., The Foundations of Phenomenology. Cambridge (USA) 1943.
– „Heidegger on the Essence of Truth", Philos. and Phen. Research 18 (1957/8), 523–532.
Findlay, H. N., Meinong's Theory of Objects and Values. 2. Aufl. Oxford 1963.
Fink, E., „Operative Begriffe in Husserls Phänomenologie", Zeitschr. f. philos. Forsch. 11 (1957), 321–337.
Frege, G., „Über Sinn und Bedeutung", Zeitschr. f. Philos. u. philos. Kritik N. F. 100 (1892), 25–50.

Gadamer, H.-G., Wahrheit und Methode. Tübingen 1960.
– „Die phänomenologische Bewegung", Philos. Rundschau 11 (1963), 1–45. 1–45.
Gründer, K., „M. Heideggers Wissenschaftskritik in ihren geschichtlichen Zusammenhängen", Arch. f. Philos. 11 (1962), 313–35.

Heitsch, E., „Wahrheit als Erinnerung", Hermes 91 (1963), 36–53.
– „Die nicht-philosophische Aletheia", Hermes 90 (1962), 24–33.
Henrich, D., „Über die Grundlagen von Husserls Kritik der philosophischen Tradition", Philos. Rundschau 6 (1958), 1–26.
Hoche, H. N., Nichtempirische Erkenntnis; Analytische und synthetische Urteile bei Kant und Husserl. Meisenheim 1954.

Jaspers, K., Von der Wahrheit. München 1947.

Kamlah, W., „Der moderne Wahrheitsbegriff", in: „Einsichten", Festschr. f. G. Krüger (1962) 107 ff.
Kern, I., Husserl und Kant; eine Untersuchung über Husserls Verhältnis zu Kant und zum Neukantianismus. Haag 1964.
Kneale, W. und *Kneale, M.*, The Development of Logic. Oxford 1962.

Landgrebe, L., „Husserls Phänomenologie und die Motive zu ihrer Umbildung", Revue Intern. de Philos. I (1938/9), 277–316.
– „Husserls Abschied vom Cartesianismus", Philos. Rundschau 9 (1961) 133–77.
Levinas, E., La théorie de l'intuition dans la phénoménologie de Husserl. Paris 1930.
Lewis, C. I., Mind and the World Order (1929).
– An Analysis of Knowledge and Valuation. La Salle (Illinois) 1946.

Marx, W., Heidegger und die Tradition. Stuttgart 1961.
Meinong, A., Über Annahmen. 2. Aufl. Leipzig 1910.
– Über die Erfahrungsgrundlagen unseres Wissens (Abhandl. zur Didaktik und Philos. der Naturw. I, 6) Berlin 1906.
– „Selbstdarstellung", in: Die deutsche Philosophie der Gegenwart in Selbstdarstellungen. Herausg. von R. Schmidt. 1. Bd. Leipzig 1921.
– Gesammelte Abhandlungen, 2 Bde. Leipzig 1913/4.
Mohanty, J. N., Edmund Husserl's Theory of Meaning. Haag 1964.

Pitcher, G. (Hrsg.), Truth. Englewood Cliffs (USA) 1964.
Pöggeler, O., „Sein als Ereignis", Zeitschr. f. philos. Forsch. 13 (1959), 597–632.
– Der Denkweg Martin Heideggers. Pfullingen 1963.

Quine, W. V. O., From a logical point of view. Cambridge (USA) 1953.

Ralfs, G., „Kritische Bemerkungen zu Heideggers Lehre von der Wahrheit", Kantstudien 48 (1956/7), 525 ff.
Ramsey, F. P., The Foundations of Mathematics. London 1931.

Sartre, J.-P., L'Etre et le Néant. Paris 1943.
Schulz, W., „Über den philosophiegeschichtlichen Ort Martin Heideggers", Philos. Rundschau 1 (1953/4), 65–93, 211–32.
Seebohm, T., Die Bedingungen der Möglichkeit der Transzendental-Philosophie. Bonn 1962.
Spiegelberg, H., The Phenomenological Movement. 2 Bde. Haag 1960.
Stegmüller, W., „Das Universalienproblem einst und jetzt", 1. Teil, Arch. f. Philos. 6 (1956), 192 ff.
Strawson, P. F., „Truth", Aristotelian Society Suppl. Vol. 24 (1950).

Tarski, A., „Der Wahrheitsbegriff in den formalisierten Sprachen", Studia Philosophica I (Lwow 1936), 261–405.
Theunissen, M., „Intentionaler Gegenstand und ontologische Differenz; Ansätze zur Fragestellung Heideggers in der Phänomenologie Husserls", Philos. Jahrb. d. Görres-Gesellsch. 70 (1963) 344–362.
Tugendhat, E., Ti Kata Tinos; eine Untersuchung zu Struktur und Ursprung aristotelischer Grundbegriffe. Freiburg i. Br. 1958.
– „Tarskis semantische Definition der Wahrheit und ihre Stellung innerhalb der

Geschichte des Wahrheitsproblems im logischen Positivismus", Philos. Rundschau 8 (1960), 131–59.

– „Zum Verhältnis von Wissenschaft und Wahrheit", in „Collegium Philosophicum", Festschr. f. J. Ritter, Basel 1965, S. 389–402.

Twardowski, K., Zur Lehre vom Inhalt und Gegenstand der Vorstellungen. Wien 1894.

Versenyi, L., Heidegger, Being and Truth. New Haven 1965.

de Waelhens, A., Phénoménologie et Vérité. Essai sur l'evolution de l'idée de vérité chez Husserl et Heidegger. Paris 1953.

de Waelhens, A., und *Biemel, W.*, „Heideggers Schrift ‚Vom Wesen der Wahrheit'", Symposion III (Freiburg 1952), 471–508.

Wagner, H., „Kritische Betrachtungen zu Husserls Nachlaß", Philos. Rundsch. 1 (1953/4), 1–22, 93–149.

Wiplinger, F., Wahrheit und Geschichtlichkeit; eine Untersuchung über die Frage nach dem Wesen der Wahrheit im Denken Martin Heideggers. Freiburg/München 1961.

Namenverzeichnis

Sachverzeichnis

www.ingramcontent.com/pod-product-compliance
Lightning Source LLC
LaVergne TN
LVHW010952100826
845153LV00002B/205

* 9 7 8 3 1 1 0 1 0 2 8 9 5 *